国家出版基金项目
NATIONAL PUBLICATION FOUNDATION

U0102551

中国海上丝绸之路通史
第一辑
中国海洋文明发展史

先秦两汉时期：早期海上丝绸之路

陈支平　王子今　著

王子今　主编

海峡出版发行集团 | 鹭江出版社
THE STRAITS PUBLISHING & DISTRIBUTING GROUP

2024年·厦门

图书在版编目(CIP)数据

先秦两汉时期:早期海上丝绸之路/陈支平,王子
今主编;王子今著.—厦门:鹭江出版社,2024.3
(中国海上丝绸之路通史)
ISBN 978-7-5459-1969-1

Ⅰ.①先… Ⅱ.①陈… ②王… Ⅲ.①海上运输—丝
绸之路—研究—中国—先秦时代②海上运输—丝绸之路—
研究—中国—汉代 Ⅳ.①K203

中国版本图书馆 CIP 数据核字(2022)第 231206 号

中国海上丝绸之路通史(第一辑)

XIANQIN LIANGHAN SHIQI: ZAOQI HAISHANG SICHOU ZHI LU

先秦两汉时期:早期海上丝绸之路

陈支平　王子今　主编　王子今　著

出版发行：鹭江出版社

地　　址：厦门市湖明路 22 号　　　　　　邮政编码：361004

印　　刷：恒美印务(广州)有限公司

地　　址：广州南沙开发区环市大道南 334 号　　联系电话：020－84981812

开　　本：787mm×1092mm　1/16

插　　页：4

印　　张：30.75

字　　数：480 千字

版　　次：2024 年 3 月第 1 版　　　2024 年 3 月第 1 次印刷

书　　号：ISBN 978-7-5459-1969-1

定　　价：180.00 元

如发现印装质量问题,请寄承印厂调换。

总　序

　　任何一种文明都是在与其他文明的交融对话中不断发展的。作为世界上最古老的几个文明之一，中华文明在历史长河中既扮演了文明传播者的角色，也不断从其他文明中汲取各种养分。在这种文明交往的世界体系中，中华文明既壮大发展了自身，也为世界文明的进步作出了重大贡献。

　　长期以来，学界对中国社会文明史的研究，主要侧重传统农业社会发展史方向，对中国海洋发展史的关注度则相对薄弱。这一方面是因为中国自古以来就是一个"以农立国"的国度，历代社会的经济基础及意识形态，基本上围绕"农业"展开；另一方面是因为历代统治者为了政权的巩固与社会的稳定，往往把从事海上活动的人群视为对既有社会形态的威胁，经常实施诸如禁止出海活动的法令。在这些因素的作用下，中国的海洋文明发展史以及由此开拓出的海上丝绸之路的历史与文化，必然受到历代政府与士大夫们的漠视，甚至备受打击。

　　中国是一个临海国家，从北到南，大陆海岸线长度约一万八千千米。事实上，在这样的地理优势之下，我们的先民很早就开始从事海洋活动。这种活动除了延续至今的海洋捕捞、海洋养殖之外，还不断通过国家、社会的不同领域与层面向外延伸，寻求与外界的联系和发展。可以说，中国海洋文明存在于"海—陆"一体的结构中。中国既是一个大

陆国家，又是一个海洋国家，中华文明具有陆地文明与海洋文明双重性格。中华文明以农业文明为主体，同时包容游牧文明和海洋文明，形成多元一体的文明共同体。中华民族拥有源远流长、辉煌灿烂的海洋文化和勇于探索、崇尚和谐的海洋精神。没有古代中国的海洋文明，也就谈不上近代中国海权的旁落；没有古代中国的海洋文明，也就没有当代中国海权的复兴。我们不能因为中国在近代落伍和被欺凌、被打压，就否认中国传统海洋文明的辉煌。①

中国的先民正是在长达数千年的不断探索、实践之下，才让中国的海洋文明发展史在世界文明史上留下光辉的篇章。

一、对中国海洋发展的回顾

中国先民在上古时期进行的海洋活动，应该是沿着海岸线进行海洋捕猎和滩涂养殖活动。在不断与大海搏击与互相适应的过程中，逐渐形成了辉煌灿烂的海洋文化和勇于探索、崇尚和谐的海洋精神。中华海洋文明是中华原生文明的重要组成部分，与中华农业文明几乎同时发生。在汉武帝平定南越以前，东夷、百越等海洋族群创造的海洋文明仍是一个独立的系统。

早期中华海洋文明的逐渐形成，伴随着海上活动区域的日益扩大。有学者指出，中国历史文献中的百越族群，与人类学研究的南岛语族属于同一范畴，两者存在亲缘关系。百越族群逐岛漂流航行的活动范围，是从东海、南海几经辗转到达波利尼西亚等南太平洋诸岛，百越族群是大航海时代以前人类最大规模的海上移民。东夷、百越被纳入以华夏文明（即内陆文明、农业文明、大河文明）为主导的王朝统治体系后，海洋文明逐渐被进入沿海地区的汉族移民承继、涵化，和汉化的百越后裔

---

① 杨国桢、王鹏举：《中国传统海洋文明与海上丝绸之路的内涵》，《厦门大学学报（哲学社会科学版）》2015 年第 4 期。

一道，铸造了中华文明的海洋特性，拉开了海上丝绸之路的帷幕。① 由于中国沿海传统渔业和养殖业在中国历代社会经济中所占份额较小，因此，中国的海洋文明发展历史，主要体现在向海外发展并且与海外各地相互连接的海上丝绸之路上。

从现有的资料看，中华民族海洋先民与世界其他民族的交流，早在公元前10世纪时就已产生。由于地处亚欧大陆，东临大海，中国在早期的对外交流中，率先开辟西通西域、东出大海的两条主要通道，中华文明与世界文明交往基本格局的雏形自此形成。

《山海经》中提到"闽在海中"，这是一种传说。但是"闽在海中"的传说，是数千年来中国南方民族与东亚民族长期交往的历史记忆。"闽"是福建地区的简称。福建地区处于陆地，何谓"海中"？这一传说实际上说明了我国东南沿海地区面向大海以及宝岛台湾在东南海洋中的特殊地理位置，乃至中国东南沿海地区与南洋各地包括南岛语族居民长期交融的文化互动关系。这种关系无疑就是后来海上丝绸之路的先声。

中国北方有"箕子入朝鲜"的记述，称公元前1046年，周武王灭商，命召公释放箕子，箕子率5000人前往朝鲜。公元前3世纪末，朝鲜历史上第一次记载了"箕氏侯国"。《史记》记载，箕子在周武王伐纣后，带着商代的礼仪和制度到了朝鲜半岛北部，被那里的人民推举为国君，并得到周朝的承认，史称"箕子朝鲜"。现代谱系学的研究成果证实，现今许多朝鲜人和韩国人的祖先来自华夏地区。

春秋战国时期有"徐福东渡日本"的记载。徐福东渡，一直被公认为华夏民族及其文化传入日本的重要历史事件。《史记·淮南衡山列传》记载了徐福东渡事件，后又有徐福在日本平原、广泽为王之说。徐福东渡日本，促成了一代"弥生文化"的诞生，并为日本带去了文字、农耕和医药技术。据统计，日本的徐福遗迹有50多处。

春秋战国时期文献多数缺失，至今留存的文献记载十分有限，但是从上述传说和记述中，我们可以了解到中国古代先民并没有辜负大海的恩

---

① 杨国桢：《海洋丝绸之路与海洋文化研究》，载李庆新主编《海洋史研究（第七辑）》，社会科学文献出版社，2015。

赐。在当时生产力低下、航海技术相当原始的情况下，他们仍不断地尝试循着大海，向东面和东南面拓展，谋求与海外民族的联系与合作。

汉唐时期是中国历史上的强盛时期，社会生产力得到长足的进步，交通工具特别是航海技术有了空前的提升，中外文化交流也进入稳步发展阶段。强盛的国力和丰富多彩的文化，吸引着东亚各国前来学习，唐代的政治文化制度对东方邻国的政治文化体制产生了直接的影响。可以说，汉唐时期中国闻名于世的陆上丝绸之路和海上丝绸之路已经形成，中国海洋发展史进入了一个崭新的阶段。

公元前 139 年，张骞出使西域，这是丝绸之路开通的先声。东汉永元九年（97），西域都护班超派遣甘英出使大秦，扩大华夏文化对西域的影响，也丰富了汉人对西域的认识。陆上丝绸之路开辟以后，中国的丝织技术随丝织品输入西方，促进了中外文化交流和贸易往来，加强了西汉与西域地区的联系。

与此同时，自中国沿海起始的海路，西达印度、波斯，南及东南亚诸国，北通朝鲜、日本。公元前 2 世纪到公元前 1 世纪，西汉王朝的使节已在南海航行。中国古籍《汉书·地理志》最早提到的中西海路交通的路线是："自日南（今越南中部）障塞、徐闻（今广东徐闻）、合浦（今广西合浦）船行可五月，有都元国；又船行可四月，有邑卢没国；又船行可二十余日，有谌离国；步行可十余日，有夫甘都卢国。自夫甘都卢国船行可二月余，有黄支国……平帝元始中，王莽辅政，欲耀威德，厚遗黄支王，令遣使献生犀牛。自黄支船行可八月，到皮宗；船行可二月，到日南、象林界云。黄支之南，有已程不国，汉之译使自此还矣。"[①]《汉书·地理志》所记载之海上交通路线，实为早期的海上丝绸之路，当时海船载运的"杂缯"，即各种丝绸。到 2 世纪 60 年代，罗马帝国与东汉通过海上丝绸之路发生联系。三国时期的吴国曾派遣朱应、康泰出使南海，促进了中国与南海诸国的联系。5 世纪，中国著名旅行家法显由陆上丝绸之路前往印度，回国时取道海上丝绸之路，经师子国（今斯里兰卡）、耶婆提（今印度尼西亚苏门答腊岛一带）回国。此时，

---

① 《汉书》，中华书局，1962，第 1671 页。

海上交通已相当频繁，中国与东南亚地区、印度洋地区已有广泛联系，特别是来自中国与印度的僧人为弘扬佛法，交往更为密切。这一时期，中国与阿拉伯半岛、波斯湾地区之间也有一定规模的海上交流活动。

唐朝是海上丝绸之路的大发展时期。隋唐五代时期，与中国通商的国家有赤土、丹丹、盘盘、真腊、婆利等。中唐之后，西北地区丝绸之路阻塞，华北地区经济衰落，华南地区经济日益发展，海上交通开始兴盛。这一时期，海上丝绸之路的繁荣程度远远超过了陆上丝绸之路。与中国通商的国家有拂菻、大食、波斯、天竺、师子国、丹丹、盘盘、三佛齐。航路是以泉州或广州为起点，经过海南岛、环王国、门毒国、古笪国、龙牙门、罗越国、室利佛逝、诃陵国、个罗国、哥谷罗国、胜邓洲、婆露国、师子国、南天竺、婆罗门国、信度河、提罗卢和国、乌剌国、大食国、末罗国、三兰国。同时，唐代即有唐人移民海外。其中，唐代林氏始祖渡海至韩国，繁衍至今约有 120 万人。2001 年，韩国林氏到泉州惠安彭城村寻根谒祖，传为佳话。

中国宝岛台湾以其雄踞东南海中的地理位置，在中国海洋文明发展史及对外交通的海上丝绸之路中扮演着无可替代的角色。最新考古发掘资料证实，以台北地区十三行文化遗址为代表，在距今 1800 年至 400 年之间，台湾是联结中国大陆与海外的一个重要中转站。这里出土的文物，既有来自大陆的青铜器物，也有来自南亚地区甚至更远区域的玻璃器皿。这些出土文物充分说明，我国东南地区及台湾地区在唐宋时期就已经成为我国海上丝绸之路的重要港口与据点。

隋唐时期我国海洋文明发展的一个重要标志，是中国文化向周边国家传播。隋唐时期是我国专制集权发展的鼎盛时期，政治、经济、文化均较为发达，与邻近诸国往来频繁，互相影响，对我国及邻近各国的经济、文化发展，具有积极的推进意义。唐贞观十七年（643），李义表、王玄策出使印度，天竺迦摩缕波国童子王要求将《道德经》翻译成梵文。他们归国后，唐太宗命玄奘等完成翻译，王玄策在第二次出使印度时，即将翻译好的《道德经》赠送给童子王，并赠送了老子像。这是迄今为止最早的有文字可考的关于《道德经》传入印度的记述。不仅如此，侨居中国的波斯人、阿拉伯人亦受中国文化的熏陶。当时的长安可

谓亚洲各国留学生聚集的地方，也是世界文化传播中心。

汉字作为世界上使用人数最多的文字，对日本、朝鲜、韩国、越南、哈萨克斯坦等亚洲诸国均产生过深远且重大的影响。日本民族虽有古老的文化，但其本族文字则较晚出现。长期以来，日本人民以汉字作为传播思想、表达情感的载体，称汉字为"真名"。公元 5 世纪初，日本出现借用汉字的标音文字——"假名"。公元 8 世纪时，以汉字标记读音的日本文字已较为固定，其标志是《万叶集》的编定。日本文字的最终创制由吉备真备和弘法大师（空海）完成。他们两人均曾长期留居中国唐朝，对汉字有很深的研究。前者根据标音汉字楷体偏旁创造了日文"片假名"，后者采用汉字草书创造日文"平假名"。尽管自公元 10 世纪起，假名文字开始在日本盛行，但汉字的使用却并未因此废止。时至今天，已在世界上占据重要地位的日本文字仍保留着 1000 多个简体汉字。

朝鲜文字称谚文。它的创制和应用是古代朝鲜文化的一项重要成就。实际上，中古时期的朝鲜亦如日本，没有自己的文字，使用的是汉字。新罗统一后稍有改观，时人薛聪曾创造"吏读"，即用汉字表示朝鲜语的助词和助动词，辅助阅读汉文书籍。终因言文各异，"吏读"无法普及。李朝初期，世宗在宫中设谚文局，令郑麟趾、成三问等人制定谚文。他们依中国音韵，研究朝鲜语音，创造出 11 个母音字母和 17 个子音字母，并于 1443 年编成"训民正音"公布使用，朝鲜从此有了自己的文字。

公元 10 世纪以前，越南是中国的郡县。秦、汉、隋、唐均曾在此设官统辖，故越南受中国文化的影响较深。越南独立后，无论是上层人士的交往，还是学校教育、文学作品创作，均以汉字为工具。直至 13 世纪，越南才有本国文字——字喃。字喃是以汉字为基础，用形声、假借、会意等方法创制的表达越南语音的新字。15 世纪时，字喃通行越南全国，完全取代了汉字。

不仅文字，唐代的政治制度同样对东亚各国产生了不小的影响。科举制度和三省六部制是中国古代政治制度的重要组成部分，也是支持官僚政治高度发展的两大杠杆。科举制度和三省六部制萌芽于汉代，建立于隋唐，不仅影响了东亚世界政治制度的发展，还促进了西方文官制度的建立。在唐代，有不少来自朝鲜、安南（今越南）、大食（今阿拉伯）等国的留学人员参加中国的科举考试，其中尤以朝鲜人为多。公元9世纪初，朝鲜半岛还处于百济、新罗、高句丽并立的三国时代，新罗的留唐学生十分向往中国的科举制度，并且来中国参加科举考试。821年，新罗学生金云卿首次在唐朝科举中登第。截至唐亡的907年，新罗学生在唐登第者有58人。五代时期，新罗学生及第者又有32人。958年，高丽实施科举制度。日本也于8世纪时引进中国的科举制，建立贡举制。唐会昌五年（845），唐王朝允许安南同福建、黔府、桂府、岭南等地一样，每年选送进士7人、明经10人到礼部，同全国各地的乡贡、生徒一起参加科举考试。科举制度虽然最早产生于中国，但其声望及影响并非仅囿于中国。从其诞生之日起，历朝历代就有不少外国学子到中国学习和参加科举考试，绝大多数人学有所成，像桥梁一样促进了国与国之间在文化、教育等方面的交流，为增进中国人民与其他各国人民的友谊作出了不可磨灭的贡献。他们的历史功绩永载中国海洋文明发展史及中外文化交流史史册。

新罗受唐文化影响最深。当时入唐求学的新罗学子很多，仅840年一年，从唐朝回国的新罗留学生就有100余人。他们学成归国后，协助新罗统治者仿效唐朝的政治制度，建立起从中央到地方的行政组织。8世纪中叶，新罗仿效唐朝改革了行政组织，在中央设执事省（相当于唐朝的中书省），在地方设州、郡、县、乡。日本也是与唐朝有密切来往的东亚国家之一。仅在唐朝一代，日本就派遣了12批遣唐使团到中国学习，次数之多，规模之大，时间之久，学习内容之丰富，可谓空前，推动了中日文化交流的第一次高潮。通过与中国的不断交往，日本在政治、经济、军事、文化、生产技术以至生活风尚等方面都受到中国的深刻影响。其中，影响最大的是646年日本的大化改新。日本在这次革新中充分借鉴了唐朝经验，建立了以天皇为中心的中央集权国家，官吏任免权收归中央。这次改革还仿效唐朝的三省六部制，在中央设立相应机构，各司其职，置八省百官。从649年"冠位十九阶"的制定到701年《大宝律令》、718年《养老律令》的先后制定，全新的封建官僚体制取

代了贵族官僚体制（现在日本的中央部级还称作"省"）。同一时期，安南所推行的文教制度和选拔人才政策也与隋唐几乎相同。世界五大法系之———"中华法系"的代表《唐律疏议》，对越南法制史有重大影响。中国政治制度对东亚、南亚国家的影响一直延续到宋明时期。

佛教传入中国，经过中国文化的滋养，再传入东亚各国，对东亚各国的宗教文化产生了深刻影响。鉴真先后6次东渡到达日本，留居日本10年，辛勤不懈地传播唐朝多方面的文化成就。唐代前期和中期以后，新罗留学生研习当时盛行的天台宗、法相宗、律宗、华严宗、密宗和禅宗。

唐朝时期，中国的典籍源源不断地传入东亚各国，形成了一个高潮。日本飞鸟、奈良时代甚至出现了当时举世罕见的汉书抄写事业。日本贵族是最早掌握汉字和汉文化的社会阶层。日本平安时代（794—1192）是贵族文化占主流的时代。这一时代的贵族，包括皇室在内，均以中国文明为榜样，嗜爱汉籍，对唐诗推崇备至。平安时代初期，嵯峨天皇敕令编撰了《凌云集》和《文华秀丽集》两部汉诗集，开启其后三百年间日本汉文化发达之先河。

唐代国学等汉籍传入东亚各国，形成了一条通畅的"书籍之路"。早期"书籍之路"航线从中国江南始发，经朝鲜半岛，再至日本列岛，这是与东亚海上丝绸之路相辅相成的文化传承之路，构建了东亚文化交流的新模式。

宋元时期中国海洋文明发展史在更广阔的范围展开。一方面，在传统"朝贡贸易"的刺激下，民间从事私人海上贸易的情况不断出现；另一方面，理学成为中国儒学的新形态，很快成为东亚各国的道德文化范本。中国禅宗的兴盛也深深地影响着周边各国。中国的"四大发明"进一步影响世界，中国与东南亚各国的往来日渐密切，与非洲的联系也日益紧密。

宋元时期，儒学向亚洲国家传播，对东亚及东南亚产生深远的影响。对东亚的影响主要是朱子学和文庙制度的东传。四书五经等儒家经典的思想和智慧传到朝鲜、日本和越南，这些教化中国民众的核心精神也深深影响着东亚各国。在朝鲜，高丽王朝的安珦于1290年将《朱子全书》抄回国内后，白颐正、禹倬等人开始不遗余力地在朝鲜发扬程朱理学。他们的后学李齐贤、李穑、郑梦周、郑道传等人，成了推动朝鲜朱子学发展的中流砥柱。日本的朱子学传播伴随着佛教的交流。日本僧人俊芿曾带回朱熹的《四书章句集注》等著作，日本僧人圆尔辩圆曾持朱熹的《大学或问》《中庸或问》《论语精义》《孟子精义》等著作回国。同时，宋朝僧人道隆禅师曾赴日以儒僧身份宣传理学，元朝僧人一宁禅师赴日宣传宋学，培养了一大批禅儒兼通的禅僧，如虎关师炼、中岩圆月、义堂周信等。15 世纪末朱子学在日本形成三大学派：萨南学派、海南学派和博士公卿派。在越南，陈圣宗于绍隆十五年（1272）下诏求贤才，能讲四书五经之义者，入侍帷幄。于是，越南出现了一批积极传播朱子学的先驱，如朱文安、黎文休、陈时见、段汝谐、张汉超、黎括等。黎朝建立后，仍然大力提倡朱子学，将朱子学确立为正统的国家哲学。

宋元时期，除了朝鲜、日本、越南等经过海路与中国交往，并且产生文化影响力之外，东南亚各国也同中国产生了直接的联系。例如泰国，宋朝曾于 1103 年派人到罗斛国，1115 年罗斛国的使者正式来到中国，罗斛国与中国建立友好关系。罗斛先后五次（分别于 1289 年、1291年、1296 年、1297 年和 1299 年）派遣使者出访元朝。1238 年，泰族首领马哈柴柴查纳亲王后裔坤邦克郎刀创建了以素可泰为中心的素可泰王国（《元史》中称"暹罗"），历史上称作素可泰王朝。宋元时期，泰国医生使用的药物中，30％为中药。他们也采用中医望、闻、问、切的诊治方法。中国的针灸术也流行于泰国。再如缅甸。缅甸蒲甘国 1106 年第一次遣使由海路入宋，于 1136 年第二次遣使由陆路经大理国入宋。纵观整个元代，缅甸至少 13 次遣使至元朝，元朝向缅甸遣使约 6 次。1394年，明朝在阿瓦设缅中宣慰司，与阿瓦王朝关系密切。再如柬埔寨。真腊是 7—16 世纪柬埔寨的国名。公元 616 年 2 月 24 日，真腊国遣使贡方物。苏利耶跋摩二世在位时（1113—1150），曾两次遣使来中国访问。真腊国分别于 1116 年、1120 年、1129 年遣使入宋，宋朝廷将"检校司徒"称号赐予真腊国王。1200 年，真腊遣使入宋赠送驯象等礼品。宋宁宗以厚礼回赠，并表示真腊"海道远涉，后勿再入贡"。1295 年，元成宗

（铁穆耳）派遣使团访问真腊，周达观随行。回国后，他写下了《真腊风土记》。唐宋时期中国与老挝的交往在史书中几乎没有记载。元朝曾在云南边外设老丫、老告两个军民总管府。1400 年至 1613 年间，中、老两国互相遣使达 43 次，其中澜沧王国遣使入明 34 次，明朝向澜沧王国派遣使节共 9 次，并在澜沧王国设"军民宣慰使司"。960 年，占城国悉利胡大霞里檀遣使李遮帝入宋朝贡。982 年，摩逸国（今菲律宾群岛一带）载货至广州海岸。1003 年、1004 年、1007 年，蒲端王其陵遣使来华"贡方物"。1011 年，蒲端王悉离琶大遏至遣使入宋"贡方物"。1372 年，吕宋（位于菲律宾北部）遣使来贡。1003 年，三佛齐王思离朱罗无尼佛麻调华遣使入宋。宋元时期，随着中国海洋文明及海上丝绸之路的发展，中国与东南亚各国建立了比较稳定的联系。

15 世纪初叶，郑和船队开始了史诗般的航行；16 世纪之后，中国沿海贸易商人也拼搏于东西洋的广阔海域。世界东西方文明在这一时期产生了直接的碰撞与交流。中国文化在面对初步全球化格局的挑战时，演绎了许多可歌可泣的历史篇章；中华文明在新的碰撞交流中，将自身的影响力扩大到全球。中国海洋文明发展的历史又向前迈进一步。

中国明代前期郑和下西洋，体现了中国古代航海技术的最高水平。自永乐三年（1405）开始，一支由 200 余艘"巨舶"、27000 余人组成的庞大舰队在郑和的带领下踏上了海上征程。在近 30 年的航行中，郑和船队完成了人类史无前例的壮举：先后 7 次跨越三大洋，遍历世界 30 多个国家。这支当时世界上最强大的海上舰队的足迹，东达琉球、菲律宾和马鲁古海，西至莫桑比克海峡和南非沿海的广大地区，定期往返，到达越南、马来西亚、斯里兰卡、印度、沙特阿拉伯等 30 多个国家和地区，最远曾达非洲东部、红海、麦加，并有可能到过澳大利亚、新西兰和美洲。1904 年，郑和下西洋 500 年后，梁启超在《新民丛报》发表《祖国大航海家郑和传》，请国人记住这位"伟大的航海家"，说"郑君之初航海，当哥伦布发现亚美利加以前六十余年，当维哥达嘉马发现印度新航路以前七十余年"。而郑和与带给美洲、非洲血腥殖民主义的西欧航海家最大的不同，则是其宣扬"宣德化而柔远人"的和平贸易理念。这支秉持明太祖"不征"祖训的强大海军，不仅身负建立朝贡贸易的重任，也扮演了维持海洋秩序，使"海道清宁"的角色。在感慨这支强大的海军因明朝廷内外交困不得不中止使命，中国失去在15世纪开始联结世界市场的机会之余，我们还应思考郑和与他史诗般的跨洋航行留给我们的启示：是不是只有牺牲人性与和平的殖民主义才是"全球化"的唯一可行路径？我们的海洋、我们的世界，能否建立起一个以"仁爱""和平"的理念联结在一起的政治秩序？

15世纪中叶，肩负中国官方政治使命的郑和航行虽然画上了句号，但以中国为核心的东亚海洋贸易网络的勃兴与发展却从未停止。郑和船队对东亚、南亚海域的巡航，为中国历代沿海居民打开了通向大洋的窗口，而明朝海禁政策导致朝贡贸易的衰落，更刺激了民间海外贸易的大发展，最终迫使明朝廷做出"隆庆开关"的决定，民间私人海外贸易获得了合法的地位。东南沿海各地民间海外贸易进入了一个新时期。此时，中国沿海海商的足迹几乎遍及东亚和东南亚各国，其中日本、吕宋（今菲律宾）、暹罗（今泰国）、满剌加（今马六甲）等地为当时转口贸易的重要据点。他们把内地的各种商品，如生丝、丝织品、瓷器、白糖、果品、鹿皮及各种日用珍玩运销海外，换取大量白银及香料。由于当时欧洲商人已经染指东南亚各国及我国沿海地区，这一时期的海外贸易活动实际上也是一场东西方争夺东南亚贸易权的竞争。16世纪至17世纪上半叶，以闽粤商人为主的中国商人集团在与西方商人的竞争和抗衡中始终占有一定的优势，成为世界市场中非常活跃的贸易主体。随着国内外商品市场的发展，作为交换媒介的货币也发生了重要变化，自唐、五代以来一直流行于民间的白银，随着海外贸易中大量白银货币的入超，最终取代了明朝的法定钞币，成为通行的主要货币。

繁盛的海外贸易对增加明朝廷的财政收入具有无可替代的重要作用。实际上，明朝已经成为当时的世界金融中心。明代后期及清代前期，中国与世界已经紧密地联系在一起。中国商人奔走于东西洋之间，促进了中国与亚洲各国的经济和文化交流。公元15世纪之后，来自欧洲的商人及传教士群体，纷纷来到亚洲，更是与中国的商人发生了直接的交往。

万历时期，即16世纪末、17世纪初，欧洲陷入经济萧条，大西洋

贸易衰退，以转贩中国商品为主的太平洋贸易发展为世界市场中最活跃的部分。中国商品大量进入世界市场，在一定程度上缓和了世界市场贵金属相对过剩与生活必需品严重短缺的不平衡状态；因嗜好中国精美商品而掀起的"中国热"，刺激和影响了欧洲工业生产技艺的革新，促进了经济的发展。中国商品为17世纪西方资本主义的兴起作出了不可磨灭的贡献。

16至18世纪，"中国热"风靡西方世界，欧洲人沉浸在对东方文明古国心驰神往的迷恋之中。思想家们开始思索西方与东方、欧洲与中国之间的深层次交流。欧洲的启蒙运动思想家们正是在这样一种氛围中，援引儒家思想，赞美中国。中国悠久的历史和发达的文明令欧洲人欣羡不已。为欧洲带来有关中国的信息从而引发热潮的人，主要是16—18世纪持续不断地来到中国的耶稣会士。由于此时的陆上丝绸之路已经衰败，从陆路来到中国，交通相当不便，于是海上交通便成为15世纪以后西方人来到中国的主要通道。换言之，中国的海洋文明发展史，在15世纪以后开始逐渐向世界各地延伸。

明末清初时期，中西之间的文化交流达到了前所未有的深度与广度，呈现出第三次高峰。在此时期，来华天主教传教士，尤其是耶稣会士，充当了重要的文化交流桥梁。一方面，在传播天主教教义的动机的驱使下，西方传教士译介了大量的西方科学文化知识，使明清时期的中国知识界对"西学"有了初步的了解和认识；另一方面，通过定期撰写书信报告、翻译中国典籍等方式，传教士也将中国悠久灿烂的文化及中国现状介绍到欧洲，致使17—18世纪的欧洲"中国热"经久不衰。可以说，这一时期中西文化的接触和交流，对东西方社会的发展和进步都产生了重要的影响。这个时期中国文化比较系统地传入欧洲，对18世纪欧洲社会文化转型和正在兴起的启蒙运动产生了重大影响。18世纪中叶，启蒙运动在欧洲兴起。启蒙思想家在继承古希腊、古罗马以来西方理性主义精神遗产，尤其是近代实证论、经验论的同时，也把眼光投向了中国，他们发现了在2000年前（公元前5世纪时）就已清晰地阐述了他们想说的话的伟大哲人——孔子。在耶稣会士从中国带回的各种知识中，没有哪一样像孔子的思想那样引发欧洲知识界的热烈研究与讨论，而与之相关联的，对中国的理性主义、文官制度、科举制度和法律的探讨，更是直接成为欧洲启蒙运动的重要灵感。许多著名的启蒙思想家，对孔子及中华学说赞扬不已。如伏尔泰从儒学的"人道""仁爱"思想和儒家道德规范的可实践性看到了他所寻求的理想社会的道德理论和道德经验。莱布尼茨惊呼："东方的中国，竟然使我们觉醒了！"孟德斯鸠从中国的儒学中看到了伦理政治对君主立宪的必要性。百科全书派的代表人物曾经赞扬中国是世界上唯一把政治和伦理道德相结合的国家。

18世纪以来，西方的工业革命确立了资本主义制度的坚固基础，殖民化的欲望日益增强。传统的中华古国，在西方列强坚船利炮的冲击下，陷入了深重的危机。然而，富有包容性和创新性的中国海洋文化，在逆境中不断寻求变革之路，探索着文化的新生与重构。以鸦片战争为标志，在西方现代文明的冲击之下，中华文明遭遇空前危机，其主体性地位不断被质疑，中华文明向海外扩展的内在动力也大为减弱。然而，中华文化内在的包容性与创新性，激发了一代又一代的中国人，特别是知识分子群体。中国的仁人志士从未停止对中华民族复兴之路的探索。他们勇于直面危机，努力探索，求新求变，从而推动中华文化的自我调整和现代化嬗变。中华文明面对的是"三千年未有之大变局"，中国长期的文化优势和文化优越感被西方殖民主义的强势文化不断消解。因此，伴随着西方历次的殖民战争，许多中国人在阵痛之后开始了文化自觉和文化反思。这种文化自觉和文化反思最集中的表现即对西方先进科学技术和社会科学理论的引进传播，最终孕育了20世纪初的新文化运动，这成为中国近代名副其实的启蒙运动。

无论是林则徐、魏源等人的"师夷长技以制夷"，还是洋务派人士的"师夷长技以自强"；无论是维新派人士的"立宪救国"，还是资产阶级革命派的"民主共和"；无论是以"民主"和"科学"为旗帜的新文化运动，还是以马克思主义为旗帜的中国共产党领导的新民主主义革命，无不体现出中国传统文化勇于面对逆境的韧劲。当然，逆境中的复兴之路，是十分艰辛、曲折的。仁人志士在不断的探索及实践中，最终找到"只有社会主义才能救中国"的伟大真理。

近代中国文化在中外文化交流中虽然身处逆境，但是其顽强的生命

力，使这一时期中华文明的海外交流和传播从未间断，并且呈现出某些新的传播特征。从对外经济往来的层面说，西方的经济入侵，固然使中国传统经济受到了很大的冲击，但是善于求新求变的中国民众，特别是沿海一带的商民们，忍辱负重，敢于向西方学习，尝试改变传统的生产格局，发展工农业实业经济，拓展海外贸易，取得了良好的成效，从而为中国现当代社会经济的转型与发展奠定了不可忽视的基础。

从文化层面看，20世纪初中国遭受的巨大浩劫，牵动东西方文明交流向更深入的方向走去。中国知识分子在吸收西方近代知识智慧的同时，深刻地反思中国传统文化的精髓与糟粕，继而为国家和民族的命运奋起反抗。在中学西传的过程中，以在传统海商聚居地出生的辜鸿铭、林语堂为代表的晚清知识分子的贡献很大。这一时期，中国古典文明的现代意义虽然在国内受到质疑和批判，但是在西方社会依然被广泛关注。中国传统的儒家经典、古典诗歌、明清小说在这一时期仍被大量译介到西方。许多汉学家如葛兰言、高本汉等对此都有专业的研究。

在近代中外文化交流中，海外华侨群体也作出了杰出贡献，如创办华文报刊、华文学校等，提倡华文教育。华文教育无形中扩大了中文社会的影响力，促进了中国文化与南洋本土文化的交流，同时也使南洋居民在一定程度上认识和了解了博大精深的中华文化。

随着明清时期特别是近代以来中国民间群众移民海外数量的增加，这一时期中国文化的对外传播形成了某些值得注意的新特征，这就是遍布世界各地的"唐人街"的形成与传播。近代中国文化在中外文化交流中虽然处于逆境，但中国商民在海外的发展从来没有停止，中国文化的海外交流和传播一直没有间断，中国的一些文化习惯，如中国茶文化传到西方之后，依然表现出强大的影响力，成为西方的一种流行文化。而华侨华人对世界各地经济发展的贡献，更是世界各国人民有目共睹的。

近代以来，中国人民的艰辛探索终于迎来了中华人民共和国的诞生。新中国成立之后，殖民主义文化被彻底抛弃，中华文明及其深厚的海洋文化发展潜力得到全面的复苏与拓展，中国与世界各地的经济交往以前所未有之势蓬勃发展，中华文化在中西文化交流中展现出前所未有的自觉和自信。特别是改革开放以来，随着中国综合国力和国际话语权的不断提升，中华文明及海洋事业在国际事务与中西文化交流中，表现出强大的拓展动力和趋势。中华海洋文化及中国海上丝绸之路，再次焕发出独特魅力，不断地延伸创新，影响世界，成为中国走向世界的最强音。

纵观中国海洋文明发展的历史过程，以及中华海洋文化与世界文化的交流历史，既有畅行的通途，也有布满艰辛的曲折之路。无论是唐宋时期由朝贡体系促成的政治制度、礼仪制度、文字文学、宗教信仰等的向外传播，还是宋明以来中国沿海商民的私人海上贸易和华侨移民，都对世界文明的进步与世界经济的发展作出了重要贡献。即使是在以往被人们忽视的科学技术领域，英国著名汉学家李约瑟（Joseph Needham）在其著作《中国科学技术史》一书中，对中国古代科学技术为世界所作的贡献作出了很高的评价。当然，近代以来，中华文明以及中国海洋文明的发展，备受压抑，历尽磨难，但始终保有顽强的生命力、特有的文化魅力和世界影响力。当改革开放的春风吹遍神州大地的时候，中华文化更是在频繁的交流中不断丰富发展，体现出越来越鲜明的包容性格和进取精神。这一历史发展过程也充分证明，中华文明作为世界文明花坛中的一朵奇葩，必将在今后的历程中更加绚丽多彩。在全球化日益显著的今天，我们有责任也有义务让包括中国海洋文明在内的中华文明在继承中不断发扬光大，为整个世界文明的发展与和谐共存贡献力量。

二、对中国历代政府海洋政策的反思

中国历代政府所推行的海洋政策，无疑对各个时期海洋事业的发展与迟滞，产生了极为重要的作用。众所周知，欧洲中世纪以来，西方各国争相向海外发展势力，在全世界包括东方各地争夺势力范围。在这一系列的海外扩张过程中，国家的海洋政策起到了至关重要的推进作用。西方国家一直是海商、海盗寻求海外势力范围的坚强后盾。然而，中国历代政府的海洋政策与此截然不同。秦汉以来，中国历代政府关于海洋事务的政策基调，基本上围绕所谓的朝贡体系展开。到了近代，中国积贫积弱，朝贡体系因而备受海内外政治家与学者的非议乃至蔑视。

秦汉以来的朝贡体系无疑是中国历代对外关系的基石。近现代以来，人们诟病这一外交体系主要因为两个方面：第一，中国历代政府以朝贡体系为主的外交方式，把自身置于"天朝上国"或"宗主国"的地位，把交往的其他国家视为"附属国"；第二，中国历代朝贡体系下的外交，是一种在经济上得不偿失的活动，外国贡品的经济价值有限，而中国历代朝廷赏赐品的经济价值大大超出贡品的经济价值。

进入近现代时期，由于西方列强的侵略及中国自身发展的迟滞，中国沦为"落后挨打"的半封建半殖民地社会。在许多西方人和日本人的眼里，中国是一个可以随意宰割的无能国度。在这种观念的影响下，西方人和日本人探讨中国近现代以前，特别是中国历代的朝贡体系时，就不免带有某种先入为主的偏见，嘲笑中国历代的朝贡外交体系是一种自不量力、自以为是的"宗主国"虚幻政策。与此同时，20世纪中国学界普遍沉浸于向西方学习的文化氛围中，相当一部分学者也就自然而然地接受了这种带有蔑视和嘲笑意味的学术观点。因此，近现代以来国内外学者对明朝朝贡体系的批评，存在明显的殖民主义语境。与此形成鲜明对照的是，同时期大英帝国所谓"日不落帝国"及其后的美国霸权主义，却很少受到世人的蔑视与取笑。

中国历代朝贡体系之下的外交在经济上得不偿失的观点，很大程度上受20世纪四五十年代以来关于中国封建社会内部是否已经出现资本主义萌芽问题讨论的影响。由于受到西方学界的影响，中国大部分学者希望自己比较落后的祖国能够像西方的先进国家一样，走上资本主义社会这一有历史发展规律可循的道路。而发展资本主义社会的前提是商品经济、市场经济及对外贸易经济的高度发展。于是，在这样的学术背景下，20世纪五六十年代，中国历史学界探讨明清时期的商品经济、市场经济及海外贸易等领域，取得了不错的成绩。人们发现，西方国家在资本原始积累的过程中，对外关系、对外贸易以及海外掠夺，对这些国家的资本主义经济发展和社会变革起到了至关重要的助力作用，反观中国传统朝贡体系下的经济贸易，得不偿失，未能给中国资本主义的萌芽和发展提供丝毫的帮助。然而，从纯经济的角度来评判中国历代的朝贡体系，实际上严重混淆了明朝的国际外交关系与对外贸易的应有界限。

毋庸讳言，中国历代的朝贡外交体系是承继中国两千年来"华夷之别"的传统文化价值观而形成的。这种朝贡外交体系，显然带有某种程度的政治虚幻成分。同时，它又只是一种国与国之间的政治外交礼仪而已。这种朝贡式外交礼仪中的所谓"宗主国"与"附属国"，也只是一种名义上的表述，两者的关系并不像欧洲中世纪国家那样，必须以缴纳实质性的贡赋作为联系纽带。因此，我们评判一个国家或一个朝代的外交政策及其运作体系，并不能仅仅因为它的某些虚幻观念和经济上的得失，就武断地给予负面的历史判断。如果我们要比较客观和全面地评判中国历代的对外关系，就应该从确立这一体系的核心宗旨及其实施的实际情况出发，同时参照世界上其他国家对外关系的历史事实，进行综合分析，如此才能得出切合历史真相的结论。

中国历代对外朝贡体系的确立，是建立在国与国、地区与地区之间和平共处的核心宗旨上的。这一点我们在明朝开创者朱元璋及其儿子明成祖朱棣关于对外关系的一系列谕旨中就不难发现。朱元璋在《皇明祖训》中明确指出："四方诸夷，皆限山隔海，僻在一隅，得其地不足以供给，得其民不足以使令。若其自不揣量，来扰我边，则彼为不祥。彼既不为中国患，而我兴兵轻伐，亦不祥也。吾恐后世子孙，倚中国富强，贪一时战功，无故兴兵，致伤人命，切记不可。"① 洪武元年（1368），朱元璋颁诏于安南，宣称："昔帝王之治天下，凡日月所照，无有远迩，一视同仁，故中国尊安，四方得所，非有意于臣服之也。"从这个前提出发，中国对外关系的总方针就是要"与远迩相安于无事，以共享太平之福"②。永乐七年（1409）三月，明成祖朱棣命郑和下西洋，"敕谕四方海外诸番王及头目人等……祇顺天道，恪守（遵）朕言，循理（礼）安分，勿得违越；不可欺寡，不可凌弱，庶几共享太平之福"。③ 在这种对外关系的总方针下，明初政府开列了朝鲜、日本、大小琉球、安南、真腊、暹罗、占城、苏门答腊、西洋、爪哇、彭亨、百

---

① 《皇明祖训》条章，载《四库全书存目丛书》，齐鲁书社，1996。

② 《明太祖实录》卷三四。

③ 郑鹤声、郑一钧：《郑和下西洋资料汇编》上册，齐鲁书社，1980，第99页。

花、三佛齐、浡泥，以及琐里、西洋琐里、览邦、淡巴诸国，皆为"不征诸夷国"。① 在与周边各国的具体交往过程中，朱元璋本着中国自古以来的政策，主张厚往薄来。在一次与琐里的交往中，他说道："西洋诸国素称远番，涉海而来，难计岁月。其朝贡无论疏数，厚往薄来可也。"② 明初奉行的一系列对外政策和措施，充分体现了明朝政府在处理国际关系中所秉持的不用武力，努力寻求与周边国家和平共处之道的基本宗旨。

在寻求国与国之间和平共处的核心宗旨的前提下，明朝与周边的一些国家，如朝鲜、越南、琉球等，形成了宗主国与附属国的关系，这也是不争的事实。但这种宗主国与附属国关系的形成，更多是承继以往历朝的历史因素。纵观全世界中世纪以来宗主国与附属国的关系，就会发现，宗主国与附属国的关系基本上是通过三种途径形成的：一是通过武力征服强迫形成，二是通过宗教关系或是民意及议会的途径形成，三是在传承历史文化的条件下通过和平共处的途径形成。显然，在这三种宗主国与附属国关系中，只有第三种，即以和平共处方式形成的宗主国与附属国的关系，是最经得起历史检验和值得后世肯定的。中国历代建立起来的以和平共处为核心宗旨的宗主国与周边附属国的关系，正是这样一种经得起历史检验和值得后世肯定的对外关系。正因为如此，纵观历史，虽然这些附属国会不时发生内乱等极端事件，历经政权更替，但无不以得到明朝中央政府的册封为荣，即使是叛乱的一方，也都想方设法得到明朝中央政府的承认。可以说，当这些附属国发生内乱，明朝中央政府基本上采取充分尊重本国实际情况的原则，从道义上给予正统的一方支持，以稳定附属国的国内情势，维护区域和平局面。当遭遇外患陷入国家危机的时候，这些附属国也经常向明朝求援。其中最典型的例子，就是万历年间朝鲜遭到日本军阀丰臣秀吉侵略时，明朝政府应朝鲜王朝的求援，派出大量军队，帮助朝鲜王朝抵抗日本军队的进攻，最终把日本军队赶出朝鲜，维护了朝鲜王朝的领土完整和国家尊严。尤其值

---

① 郑一钧：《论郑和下西洋（修订本）》，海洋出版社，2005，第9页。

② 《明史》卷三二五《外国六·琐里》，中华书局，1974，第8424页。

得一提的是，在这场规模不小的抗倭战争中，明朝政府不但派出军队参战，而且所有的战争经费都由明朝政府从财政规制中支出，"糜饷数百万"①。作为宗主国，明朝对附属国朝鲜的战争支援，完全是无偿的。

在历代对外朝贡体系中，中国对外国朝贡者优渥款待，赏赐良多。而这些朝贡者，来自东亚、南亚甚至中东的不同国家与地区，带来的所谓贡品，更多是作为求得明朝中央政府接待的见面礼，仅是"域外方物"而已。作为受贡者的明朝政府，对各国的所谓贡品并没有具体的规定。因此，明朝朝贡体系中的外国"贡品"，是不能与欧洲中世纪以来宗主国与附属国之间定期、定额的"贡赋"混为一谈的。明朝朝贡体系中的"贡品"，随意性、猎奇性的成分居多，缺乏实际经济价值。因此，如果单纯从经济效益衡量，当然是得不偿失。但是这种所谓的经济上的"得不偿失"，实际上被我们近现代时期的许多学者无端夸大了。明朝政府在接待来贡使者时，固然实行"厚往薄来"的原则，但无论是"来"还是"往"，其数量都是比较有限的，是有一定规制的，基本上仅限于礼尚往来的层面。迄今为止，除了郑和下西洋这种大型对外交往行为给国家财政造成一定的压力之外，我们还看不到中国历代正常朝贡往来中的"厚往薄来"对政府的财政产生过不良的影响。即使有，也是相当轻微的，因为所谓"厚往"，仅仅只是礼物和人员接待费用而已。明朝政府对一般来贡国国王的赏赐，基本上是按照本朝"准公侯大臣"的规格施行的。② 如果把这种"得不偿失"与万历年间援朝抗倭战争的军费相比，只能算是九牛一毛！万历年间支援朝鲜的抗倭战争，从根本上说，是为了维护地区的和平与稳定，而不是为了维持朝贡体系。

从更深的层面来思考，我们判断一个国家或一个时期的对外政策是否正确，不能仅仅以经济效益作为衡量得失的主要标准。国与国之间的外交关系和国与国之间的经济贸易关系，固然有必然的联系，但又不完全等同，外交关系与贸易往来必须有所区分，不能混为一谈。在 15 至 16 世纪以前欧洲国家所谓的"大航海时代"尚未来临，在世界的东方，

①《明史》卷三二二《外国三·日本传》，第 8358 页。
② 郑一钧：《论郑和下西洋（修订本）》，第 13 页。

明朝可以说是这一广大区域中最大，也是最为核心的国家。作为这一广阔区域中的大国，对维护这一区域的和平稳定是负有国际责任的。假如这样一个核心国家，凭借自身的经济、军事优势，四处滥用武力，使用强权征服其他国家，那么这样的大国是不负责任的，区域的和平与稳定是不可能长久存在的。从这样的国际关系理念出发，明朝历代政府所奉行的安抚周边国家、厚往薄来，以和平共处为核心宗旨的对外朝贡体系，正是体现了明朝作为东方核心大国的责任担当。事实上，纵观世界历史，所有曾经或现在依然是区域核心大国的国家，在与周边弱小国家和平相处的过程中，由于肩负维护区域和平稳定的义务和责任，在经济上必须承担比其他周边弱小国家更多的负担，这几乎是一种必然的现象。换句话说，核心大国所承担的政治经济责任，同样是另外一种"得不偿失"。但是这种"得不偿失"，是作为区域大国承担区域和平稳定责任的重要前提。另一方面，明朝作为东亚区域最大、最核心的大国，在勇于承担国际义务与责任的同时，被周边国家视为"宗主国"或"中国"，因而自视为"天朝上国"，也是十分顺理成章的事情。如果我们时至今日依然目光短浅地纠缠在所谓"朝贡体系"贸易中"得不偿失"的偏颇命题，那就大大低估了中国历朝历代政府所奉行的和平共处的国际关系准则。这种国际关系准则，虽然带有某些"核心"与"周边"的"华夷之别"的虚幻成分，但对中国的历史延续性及其久远的历史意义，至今依然值得我们欣赏和思考。

我们若明白自秦汉以来中国历代政府所施行的"朝贡体系"，实质上只是一种政治上的外交礼仪，就不难想象中国历史上历代政府所认知的世界，仅局限在亚洲一带，应该是建立在一种和谐相处的氛围之内的。由于中国是这一时期亚洲最大又最有实力的国家，建立以中国为核心的亚洲世界，也就顺理成章地成为政策制定的依据了。

我们再从秦汉以来至明清时期中国海洋政策的纵向面来考察。秦汉以来至隋唐时期，中国与海外各地的经济贸易活动相对稀少，有限的贸易也基本上被局限在"朝贡贸易"的圈子之内。宋代之后，经济层面的活动，包括私人海外贸易活动，才逐渐兴盛起来。因此，宋代是中国历代政府执行对外海洋政策的一个重要转折期。从秦汉以迄隋唐，由于海上私人贸易活动比较罕见，政府制定的对外海洋政策基本着眼于政治与文化外交的层面。与周边许多国家政治与文化体制较为落后的情形相比，中国的政治与文化体制有较为突出的优势。政府把对外海洋政策着眼于政治与文化的层面，并不会对中国的政治与社会统治产生不良后果。因此，在这个时期内，国家政府对政治体制与文化形式的输出，往往采取鼓励的方式。而这种对外海洋政策，在一定程度上促进了隋唐时期中国政治制度向朝鲜、日本、越南等邻近国家的传播。以文化形式向外传播，扩散的范围将更为广阔。因此，我们可以说，宋代以前，中国政府的对外海洋政策与民间的对外联系基本上是吻合的。

但是到了宋代，情况有了很大的改变。一方面，随着与周边国家和地区经济交往的增多，沿海一带出现了不少私人海上贸易现象。这种私人海上贸易活动已经超出了"朝贡体系"所能约束的范围，政府自然把这种活动视为"违禁走私"活动，政府的主要思考点在于确保社会环境和政治统治的稳定。南宋时期著名学者兼名臣真德秀在泉州担任知州时有一项重要事务，就是布置海防，防范海上贸易活动，即所谓"海盗"活动，剿捕流窜于海上的"盗贼"。很显然，从宋代开始，政府的海洋政策出现了两种相互矛盾的走向：一方面继续维持以往的"朝贡体系"，另一方面对民间海上私人贸易活动严加禁止，阻挠打击。

宋朝廷禁止和打击民间私人海上贸易的做法，被后世的统治者们延续下来。特别是到了明代，这种做法对海洋贸易的阻碍作用愈加突显。从明代中叶开始，东南沿海商民从事海上私人贸易已经成为经济发展的趋势。特别是到了 15 世纪之后，世界局势发生了重大变化，处于资本主义原始积累阶段的欧洲人开始向世界的东方进发，"大航海时代"已经到来。这就使得 15 世纪之后的明朝社会，被迫进入一个前所未有的"世界史"的国际格局之中。[①] 从比较世界史的视角来观察，明初中国国力鼎盛的时期，正是欧洲"黑暗"的中世纪。西方出现资本主义的曙光，和明中叶以降中国社会经济与文化思潮新旧交替的冲动几乎同时到来。

----

① 陈支平：《从世界发展史的视野重新认识明代历史》，《学术月刊》2010 年第 6 期。

随着欧洲资本主义原始积累的步步推进，早期殖民主义者跨越大海，来到亚洲东部的沿海，试图打开中国社会经济的大门，谋取资本原始积累的最大利润。差不多在同一时期，伴随中国明代中期社会经济特别是商品市场经济的发展，中国商人也开始尝试突破传统经济格局和官方朝贡贸易的限制，冒险走出国门，投身到海上贸易的浪潮之中。

16世纪初，西方的葡萄牙人、西班牙人相继东航，分别以满剌加、吕宋为根据地，逐渐扩张势力至中国的沿海。这些欧洲人的东来，刺激了东南沿海地区商人的海上贸易活动。嘉靖、万历时期，民间私人海上贸易活动冲破封建政府的重重阻碍，取代朝贡贸易，并迅速兴起。中国海商的足迹几乎遍及东亚、东南亚各国，其中尤以日本、吕宋、暹罗、满剌加等地作为转口贸易的重要据点。他们把内地的各种商品，如生丝、丝织品、瓷器、白糖、果品、鹿皮及各种日用珍玩等，运销海外，换取大量白银及香料等回国出售。由于当时欧洲商人已经染指东南亚各国及我国沿海地区，因此这一时期的海外贸易活动，实际上也是一场东西方争夺东南亚贸易权的竞争。中国沿海商人，以积极应对的姿态，扩展势力至海外各地。研究中国明代后期东南亚海上贸易的学者普遍认为，17世纪前后，中国的商船曾经遍布南海各地，从事各项贸易，执东西洋各国海上贸易的牛耳。

明代中后期不仅是中国商人积极进取，应对"东西方碰撞交融"的时期，而且随着这种碰撞交融的深化，中国的对外移民也成了常态。在唐宋时期，虽说中国的沿海居民中也有迁移海外者，但数量有限且非常态，尚不能在迁移的地方形成具有一定规模的华侨聚居地。而拥有真正意义上的海外移民并且形成华侨群体的年代，应是始于中国明朝时期。这种情况在福建民间的许多族谱中多有反映，譬如泉州安海的《颜氏族谱》记载，该族族人颜嗣祥、颜嗣良、颜森器、颜森礼及颜侃等五人，先后于成化、正德、嘉靖年间到暹罗经商并侨寓其地至死。《陈氏族谱》记载该族族人陈朝汉等人于正德、嘉靖年间到真腊经商且客居未归。再如同安汀溪的黄姓家族，成化年间有人去了南洋，繁衍族人甚众。永春县陈氏家族则有人于嘉靖年间到吕宋经商并定居于当地。类似的例子很多，举不胜举。① 到中国明代后期，福建、广东一带迁移国外的华人，已经逐渐向世界各地拓展。印度尼西亚的巴达维亚城是荷兰东印度公司所在地，1619年前当地华侨不足四百人。不到十年，即截至1627年，该城华侨已达三千五百人，而其中大多数是来自福建漳州、泉州的移民。又据有关记载，从明代中后期始，中国的丝绸、瓷器等商品已由中外商人贩运到墨西哥等拉美地区，一些广东商民甚至在墨西哥的阿卡普尔科等地从事造船业或其他行业的生产经营活动。②

　　这些移居海外的华人，为侨居地早期的开发与经济繁荣作出了较大的贡献，如福建巡抚徐学聚所说："吕宋本一荒岛，魑魅龙蛇之区，徒以我海邦小民，行货转贩，外通各洋，市易诸夷，十数年来，致成大会。亦由我压冬之民，教其耕艺，治其城舍，遂为噢区，甲诸海国。"③对于这一点，即使是西班牙殖民者也不得不承认。如马尼拉总督摩加在16世纪末宣称："这个城市如果没有中国人确实不能存在，因为他们经营着所有的贸易、商业和工业。"一位当时的目击者胡安·科博神父（Father Juan Cobo）亦公正地说："来这里贸易的是商人、海员、渔民，他们大多数是劳动者，如果这个岛上没有华人，马尼拉将很悲惨，因为华人为我们的利益工作，他们用石头为我们建造房子，他们勤劳、坚强，在我们之中建起了最高的楼房。"④一些菲律宾史学家对此也作出了公正的评价，《菲律宾通史》的作者康塞乔恩（Joan de la Concepcion）在谈到17世纪初期的情况时写道："如果没有中国人的商业和贸易，这些领土就不可能存在。"如今仍屹立在马尼拉的许多老教堂、僧院及碉堡，大多是当时移居马尼拉的华人所建。约翰·福尔曼（John Foreman）在《菲律宾群岛》一书中亦谈道："华人给殖民地带来了恩惠，没有他们，生活将极端昂贵，商品及各种劳力将非常缺乏，进出口贸易将非常窘

① 王日根、陈支平：《福建商帮》，香港中华书局，1995，第117—119页。

② 黄国信、黄启臣、黄海妍：《货殖华洋的粤商》，浙江人民出版社，1997，第144页。

③ 徐学聚：《报取回吕宋囚商疏》，载《明经世文编》卷四三三《徐中丞奏疏》。

④ Teresita Ang See, *Chinese in the Philippines*, vol. 1, Manila, 2018, p. 137.

困。真正给当地土著带来贸易、工业和有效劳动等的是中国人，他们教给这些土著许多有用的东西，种植甘蔗、榨糖和炼铁，他们在殖民地建起了第一座糖厂。"①

移居印度尼西亚的华人同样为巴达维亚的发展与繁荣作出贡献。荷兰东印度公司在到来的第一个世纪里，不但使用了华人劳力和华人建筑技术建造巴达维亚的城堡，而且把城里的财政开支都转嫁到华人农民的税收上，凡城市的供应、贸易、房屋建筑，以及巴达维亚城外所有穷乡僻壤的垦荒工作都由华人来承担。② 荷兰东印度公司在 17 世纪下半叶才把糖蔗种植引进爪哇，在欧洲市场上它虽然不能与西印度的蔗糖竞争，但它取得了印度西北部和波斯的大部分市场，并且还出售到日本，而这些新引进的糖蔗的种植工作几乎是由华人承包的。③ 因此，英国学者博克瑟（C. R. Boxer）曾说："假如马尼拉的繁荣应归功于移居那里的华人的优秀品质，那么当时作为荷兰在亚洲总部的巴达维亚的情况亦一样。华人劳工大多数负责兴建这座城市，华人农民则负责清除城市周围的村庄并进行种植，华人店主和小商人与马尼拉的同胞一样，占据零售商的绝大部分。我们实事求是地说，荷兰东印度公司对其首府的迅速兴起应极大地感激这些勤劳、刻苦、守法的中国移民。"④ 到了清代以至民国时期，庞大的华侨华人群体，更是为世界各地的社会经济发展作出了不可磨灭的贡献。

15 世纪至 17 世纪，固然是西方殖民主义者向世界各地扩张的时期，但其时东方的中国社会，中国商人以积极进取的姿态，同样把自己的活动范围向海外延伸。这种双向碰撞交融的历史进程，无疑从另一个源头上促进了"世界史"大概念的形成与发展。因此可以说，15 世纪至 17

---

① John Foreman, *The Philippine Islands*, London, 1899, p. 118.

② J. C. Van Leur, *Indonesian Trade and Society*, The Hague, 1960, pp. 149, 194.

③ John F. Cady, *Southeast Asia: It's Historical Development*, New York, 1964, p. 225.

④ C. R. Boxer, Notes on Chinese Abroad in the Late Ming and Early Manchu Periods Compiled from Contemporary Sources（1500—1750）, in *Tien Hisa Monthly*, 1939 Dec., vol. 9, no. 5, pp. 460—461.

世纪的中国社会，同样是推进"世界史"格局形成的重要组成部分。

明代中后期，也就是 16—17 世纪，东西方的经济与文化碰撞，中国沿海商民积极应对西方所谓"大航海时代"的来临，这本来是中国海洋发展的绝佳时机。但遗憾的是，中国政府并未像西方政府那样，成为海洋商人寻求拓展海外势力范围的坚强后盾，而是采取了相反的政策措施——禁绝打击。由于受到政府禁海政策的压制，中国明代东南沿海地区的商人不得不采取亦盗亦商的经营行为。从中世纪世界海商发展史的角度来考察，亦商亦盗的武装贸易形式，也是中世纪以至近代西方殖民者海商集团所采取的普遍形式。不同的是，西方殖民者的海盗行径大多得到本国政府的支持。"大航海时代"的葡萄牙人、西班牙人、荷兰人，都以本国政府的支持和强大的武装为后盾，企图打开中国沿海的贸易之门。[1] 而中国海商集团的武装贸易形式，是在政府的压制下不得不采取的一种自我保护措施。在中国政府的压制下，东南海商的武装贸易形式虽然能够在中国明代后期这一特定的历史空间中得以发展，但最终不能长期延续并发展下去。终清之世，中国东南海商再也未能形成一支强大的武装力量。从国际贸易的角度看，这也是中国海商逐渐失去东南海上贸易控制权的重要原因之一。16 世纪至 19 世纪中叶，中国的海商只能在政治与社会的夹缝中艰难行进。

中国历代朝贡体系虽然奉行与周边国家地区和平共处的宗旨，但这种仅着眼于政治仪式层面的外交政策，忽略了文化层面的外交交流（这里的文化层面，主要指带有意识形态的宗教、信仰、教育及生活方式等）。而这种带有政治仪式意味的外交政策，将随着政治的变动而变动，缺乏长久的延续性。因此，到 17 世纪后东亚及中东的政治版图发生变化时，中国对南亚、西亚以至中东的政治影响力迅速衰退。

通过对中国历代政府对外海洋政策的分析，我们不难了解到，中国历代政府所制定的对外海洋政策，主要围绕政治稳定展开，海洋经济的发展，基本上不能进入政府决策者的考量之中。虽然说政府也在某些场

---

① 毛佩琦：《明代海洋观的变迁》，载中国航海日组委会办公室、上海海事大学编《中国航海文化论坛》（第一辑），海洋出版社，2011，第 268 页。

合、某些时段对民间海上私人贸易设立管理机构并予以课税等，但是这些行为大多是被动的，是为了更有效地管制民间的"违禁"贸易行为。这种"超经济"的对外海洋政策和"朝贡体系"维系了中国与周边地区，也就是亚洲地区近两千年和谐共存的国际关系，使亚洲不曾出现像欧洲中世纪那样国与国之间攻伐不断的混乱局面。另一方面，国家政府对民间海上私人贸易活动的禁绝压制，也在一定程度上阻碍了中国海洋文明发展史的顺利前进。

三、宋明以来中国海上丝绸之路发展的两种路径

正如前文所论述的，在中国的海洋文明发展史上，宋代是一个关键的转折期。宋代以前，中国的海洋事务基本上在政府的"朝贡体系"下施行。而宋代以后，特别是明代以来，民间从事海上私人贸易活动的现象日益增加，最终大大超出国家政府"朝贡体系"控制下的经济活动范围。从中国海洋活动的范围看，唐宋时期中国的海洋活动及文化的对外传播，主要局限在亚洲相邻国家以至中东地区，和欧洲等西方国家的联系及对其的影响，是间接的，且相对薄弱。但是到了明代，情况就不一样了。双方不但在贸易经济上产生了直接并带有一定对抗性的交往，而且由于西方大批耶稣会士的东来，双方在文化领域也产生了直接的交往。

明代中叶之后，伴随世界地理大发现和新航路的开通，西方的思想文化及科学技术也日渐向外传播。而明代嘉靖、万历时期社会经济发展，海外贸易引发对传统商品扩大再生产和改革工艺的要求，迫切需要科学技术的创新和总结。欧洲耶稣会士带来的西方科技，如天文、历算、火器铸造、机械制造、水利、建筑、地图测绘等知识，又以其新奇和实际的应用刺激了讲究实学的士大夫的求知欲望。在这双重因素的交互推动下，出现了一股追求科技知识的新潮，产生了一次小型的"科学

革命"①。这种思想文化与科学技术的变化，充分地体现了这一时期中国文化与西方文化直接碰撞和交融的初步成果，同时也折射出当时的中国社会在面对新的世界格局调整时，是以一种包容开放的心态来与西方展开交流的。

正因为如此，尽管当时西方耶稣会士是带着传教目的来的，而且对所谓"异教徒"文化往往怀有某种程度的蔑视心态，但是在较为开放的中国社会与文化面前，这批西方耶稣会士敏锐地意识到中国传统文化的博大精深，所以他们中很少有人用轻视的眼光看待中国文化。由于有了这种较为平等的文化比较心态，明代后期来华的耶稣会士们，在一部分中国上层知识分子的协助下，开始较为系统地从事向欧洲译介中国古代文化经典的工作，竭力把中国的政治、经济、社会的基本状态及文化的基本内涵，介绍到西方各国。在这种较为平等的中西文化交流与文化传播中，中国的文化在西方获得了应有的尊重。

到了清代中期，中国政府采取了较为保守封闭的对外政策，尤其是对思想文化领域的交流，逐渐采取压制的态势。在这种保守封闭的政策之下，中国文化的对外传播受到了一定的阻碍。更为重要的是，随着西方资本主义革命的不断胜利和工业革命的巨大成功，"欧洲中心论"的文化思维已经在西方社会牢固树立。欧洲的政治家和知识分子也逐渐失去了对中华文化的敬畏之心。直至近代，虽然说仍然有一小部分中外学人继续从事翻译介绍中国文化经典的工作，但是在绝大部分西方人士的眼里，所谓中华文化，只是落后民族的低等文化。尽管他们的先哲也许在不同的领域提及并赞美过中国的儒家思想，然而到了这个时候，大概也没有多少人肯承认他们的高度文明思想跟远在东方的中国儒家文化有什么瓜葛。时过境迁，18 世纪以后，中国以儒家经典为核心的意识形态文化在世界文化整体格局中的影响力大大下降，对外传播的作用日益衰微。

但是我们还必须看到，随着宋元以来民间私人海上经济活动的不断

---

① 杨国桢、陈支平：《明史新编》，傅衣凌主编，人民出版社，1993，第 427—432 页。

加强，沿海一带的居民也随着这种海上活动的推进，不断地向海外移民。这就促使中国海洋文明发展与海上丝绸之路形成了两种不同的路径，一种是由政府主导的"朝贡体系"和由知识分子主导的以传播儒家经典为核心的意识形态文化，另一种是随沿海商民迁移海外而传播出去的与一般民众生活方式相关的基层文化。

据文献考察，宋明以来，特别是明代以来，中国迁居海外的移民基本上来自明代私人海上贸易最发达的地带，往往是父子、兄弟相互传带的家族式移民。1571年，西班牙殖民者进抵菲律宾群岛并构建了以马尼拉城为中心的殖民据点，积极开展与东亚各国的贸易往来，采取吸引华商前来贸易的政策，前往菲律宾岛的华商日渐增多，其中不少人定居下来。明代福建官员描述："我民往贩吕宋，中多无赖之徒，因而流落彼地不下万人。"[①] 有的记载则称这些沿海商民"流寓土夷，筑庐舍，操佣贾杂作为生活"，"或娶妇长子孙者有之，人口以数万计"。[②] 到了清代，中国东南沿海人民往海外的迁移活动，基本上呈不断递升的状态。随着国际交往的扩大和资本主义市场的网络化，中国海外移民的数量及所涉及的地域均比以往有所增长。到了近现代，中国东南沿海海外移民的足迹，已经遍布亚洲之外的欧洲和美洲各地，甚至到了非洲。

这种家族、乡族成员连带的海外移民方式，必然促使他们在海外新的聚居地较多地保留祖地的生活方式。于是，家族聚居、乡族聚居生活方式的延续，民间宗教信仰的传承，风尚习俗与方言的保存，文化教育与娱乐偏好的追求，都随着一代又一代移民的言传身教，顽强地延续下来。这种由民间传播至海外的一般民众的生活方式，逐渐在海外形成了富有中国特色的文化象征。因此，我们在回顾中国以儒家经典为核心的意识形态文化在明代后期向西方传播的同时，绝不能忽视明代中后期以来一般民众生活方式对外传播的文化作用及意义。当近代以来中国的意识形态文化在西方人眼里日益衰微的时候，以往被人们忽视的由沿海商

---

① 张燮：《东西洋考》卷五，载《东洋列国考》，中华书局，1981，第91页。

② 顾炎武：《天下郡国利病书》卷九三《福建三》，广雅书局光绪二十六年刊本，第13册。

民迁移海外而传播出去的一般民众的基层文化传播途径，实际上成了 18 世纪以后中华文化向海外传播的主流渠道。

虽然说从 16—17 世纪以来，中国东南沿海居民不断地、大批地向世界各地移民，形成华侨群体，并在自己的居住国形成具有中华文化特征的社会文化氛围，但是我们还必须看到，这种由下层民众传播到世界各地的中华文化，无论是宗教信仰、生活习俗，还是文化教育及艺术娱乐，基本上都是在华人的小圈子里打转，极少扩散到华人之外的族群当中去。也就是说，中华文化在海外的这种传播，不太可能对华人之外的群体乃至国家、地区产生重要的影响力。

中国历代的对外关系，基本上是遵循两条道路开展的：一是王朝政府的朝贡体系，一是宋代以来民间海外贸易与对外移民的系统。如前所述，王朝的朝贡体系，关注的是政治礼仪外交，宋代以后缺乏带有国家层面的文化输出和传播。而宋明以来的民间海洋活动，关注的是经济问题，民间文化输出的目的在于维系华人小群体和谐相处的稳定局面，极少往政治层面上去思索，因此这种民间文化的输出，影响力极其有限。也就是说，中国海上丝绸之路的发展模式，自宋代以来，严重缺失了国家层面的对外文化传播与输出。反观 15 世纪以来西方殖民者的东扩，在庞大的商业船队到来的同时，天主教的传教士也不断涌入，想方设法地在东方世界包括中国在内的广大民众之中传播西方的宗教信仰与意识形态。时至今日，西方天主教、基督教对中国社会的渗透，依然十分强大。有些东亚国家，如韩国，其民众对基督教的信仰大大超出了以往对东方佛教的信仰。起源于中东地区的伊斯兰教，同样也是如此。本来，华人移民率先进入东南亚地区，但是后来的伊斯兰教徒，充分利用和扩展与东南亚国家和地区上层阶层的交往，使伊斯兰教在东南亚地区得以迅速传播，如今东南亚地区的许多居民被伊斯兰教同化。伊斯兰教文化在这些地区后来居上，占据了统治地位。虽然有少部分中国学者一厢情愿地认为明代前期郑和下西洋对东南亚地区的伊斯兰教传播起到了重要作用，但是这种论点的历史依据，大多是属于现代的，很难得到东南亚

地区伊斯兰教系统文献的印证①，基本上属于自娱自乐、自说自话的范畴。

在中国历代海洋事业及海上丝绸之路的发展历程中，文化传播与输出的缺失，极大地限制了中国对周边国家特别是东南亚国家和地区的整体影响。尽管中国历代政府希望通过朝贡体系谋求与周边国家的和平共处，中国海外移民也对居住国社会经济的发展作出了重大的贡献，但是由于文化上的隔阂，使得无论是中国与周边国家、地区的关系，还是华侨华人与当地族群的关系，都处于比较尴尬的境地。就东南亚地区百余年的发展情况而言，华侨华人在经济上为当地的发展作出了重大的贡献，但是经济上越成功，对当地的贡献越大，往往越难与当地族群形成亲密和谐关系，二者之间的隔阂始终存在。一旦这些国家或地区出现政治上、经济上的波动，当地族群往往把社会、政治及经济上的怨恨发泄到华侨华人群体上。百余年来，东南亚地区是华侨华人人数最多的地区，同样居住在这些地区的其他外来族群，却很少受到血腥的排斥，唯独华侨华人，不时受到当地政府或当地民众的排斥、攻击与屠杀。这其中的原因当然是十分复杂的，但是我们不得不认识到，中国海上丝绸之路在发展历程中忽视了文化的传播与输出，造成不同国家与地区之间文化上的隔阂，无疑是其中一个重要的因素。

中国的海洋文明发展历史及中国海上丝绸之路历史的前进道路，虽然在 18 世纪之后受到一定的挫折，但是其整体发展趋势并没有发生明显的改变，中国通过海上丝绸之路与世界的联系，始终保持波浪式的前进态势。而随着中国改革开放的大踏步前进，到了 21 世纪，中国发展包括"海上丝绸之路"在内的"一带一路"重大倡议日益坚定。"建设丝绸之路经济带和 21 世纪海上丝绸之路的战略构想，兼顾陆地与海洋，是建立在中国既是一个陆地国家，又是一个海洋国家的历史土壤上，统筹陆海

---

① 如孔远志先生是主张郑和下西洋时向东南亚地区传播伊斯兰教的学者，但是他也承认："海外现有的关于郑和在海外传播伊斯兰教的记载，尚缺乏有力的佐证。"参见孔远志：《论郑和与东南亚的伊斯兰教》，载中国航海日组委会办公室、上海海事大学编《中国航海文化论坛》（第一辑），第 81 页。

大格局、全方位对外开放的大手笔。它秉承和平合作、开放包容、互学互鉴、互利共赢的精神，通过政策沟通、道路联通、贸易畅通、货币流通、民心相通等一系列规划项目和实践，促进沿线国家深化合作，建设成一个政治互信、经济融合、文化包容的利益共同体、命运共同体和责任共同体。这个构想本身就是对传统中华文明的传承和弘扬。21世纪海上丝绸之路建设不是简单的经济过程、技术过程，而是文明的进步过程。仅仅靠资金的投入和技术的推广是不够的，需要正确的理论指导和历史经验教训的借鉴。因此，忽视基础研究并不可取，挖掘海洋文明史资源，深化中国海洋文明史研究，推动历史研究与当代研究的互通互补，不仅是提高讲好海洋故事能力的必要条件，更是推进中国文明的现代转型，建设海洋强国的内在诉求。"[1] 正因为如此，我们今天梳理中国海洋文明发展历史与中国海上丝绸之路历史的前进脉络，其现实意义是不言而喻的。

四、我们撰写"中国海上丝绸之路通史"的基本思路

中国海洋文明的发展及由此形成的中国海上丝绸之路，不仅给中国的社会经济与文化增添了不断奋进的鲜活元素，同时也为世界文明注入了不可或缺的源头活水。自现代以来，中外学界的不少学者都对中国的海洋文明发展史及海上丝绸之路历史文化进行过诸多探讨解析。但是迄今为止，学界对中国海洋文明发展史及海上丝绸之路历史文化的研究，主要侧重中国对外交通史、中国海外贸易史和中外文化交流史等领域。而对中国海洋文明发展史及海上丝绸之路的另外一种发展路径，即上面论及的以往被人们忽视的由沿海商民从事的海洋事业，以及由此迁移海外并传播到世界各地的基层文化的传播途径的研究，是缺失的。中国的海洋文明发展史及海上丝绸之路历史文化，从根本上讲，是由从秦汉以来一代又一代的民众构筑起来的。我们今天探讨和解析中国海洋文明发

---

① 杨国桢、王鹏举：《中国传统海洋文明与海上丝绸之路的内涵》，《厦门大学学报（哲学社会科学版）》2015年第4期。

总序

31

展史及海上丝绸之路历史文化，理应将较多的关注点放在构筑这一光辉历史与文化的下层民众上。近年来，随着中国海洋意识的提升，学界对中国海洋文明发展史及海上丝绸之路历史文化的讨论和学术研究日益增多，涌现出诸多富有见识的学术论述，其中以杨国桢先生主编的"海洋与中国"丛书、"海洋中国与世界"丛书和"中国海洋文明专题研究"丛书最具规模。这三套丛书用很大篇幅探讨、剖析了海洋文明与海洋文化中一般民众的生活方式及基层文化，使中国海洋文明发展史和海洋社会经济史的研究更贴近海洋草根文化的本源真实。

近年来，学界还组织出版了一些以"海上丝绸之路"为主题的研究成果，这其中有清华大学出版社出版的《海南与海上丝绸之路》、厦门大学出版社出版的"海上丝绸之路研究丛书"、世界图书出版社出版的"海上丝绸之路断代史研究"丛书和安徽人民出版社出版的"南方丝绸之路研究丛书"。在这几种有关海上丝绸之路研究的图书中，《海南与海上丝绸之路》是地域性研究著作，而厦门大学出版社出版的"海上丝绸之路研究丛书"则是专题性研究成果的汇集。这些专题性研究成果的出版，将进一步推进对海上丝绸之路历史文化的研究，扩展我们对海上丝绸之路的考察视野，具有良好的学术意义。然而，这批著作过于注重专题性的叙述，因此也缺乏对中国海上丝绸之路历史文化的整体把握。世界图书出版社出版的"海上丝绸之路断代史研究"丛书，比较简要地概述了从秦汉至明清时期中国海上丝绸之路的演变历史。但是这一历史叙述基本建立在中国本土立场上展开，对海上丝绸之路涉及的其他区域及华侨华人在世界上的伟大贡献，基本上未涉及，这不得不说是一个很大的遗憾。因为海上丝绸之路是世界性的，我们无法忽视中国海上丝绸之路与沿路各地的相互联系。正是这种联系，使其成了真正意义上的海上丝绸之路。

回顾近30年中国学界对中国海洋文明发展史及海上丝绸之路历史文化的研究，不难发现以往对中国海洋文明发展史和海上丝绸之路历史文化的研究，更多是建立在宏观概念的探讨与专题性分析上。需要指出的是，在当前国家提倡"一带一路"重大倡议时，社会上乃至学界的一部分人，蹭着国家重视海洋意识的热度，赶着海上丝绸之路的时髦，提出了一些脱离中国海洋文明发展真实历史的观点，正如杨国桢先生所批评的：“现在一些研究成果，对海洋的历史作用的认识存在分歧。一种认为传统中国是一个陆权国家，海洋并不重要，现代国家的发展要重建陆权。一种急于表达中华海洋文明是世界领跑者、优秀角色，提出中国或福建是世界海洋文明发源地，近代以前至少 15 世纪以前是海洋之王……这些现象的出现，是中国海洋史学发展不成熟的表现。一些声音很高的人本身对历史毫无素养，写的书是‘非历史的历史研究’，他们看了一些历史论著就随意拔高观点，宏观架构出理论体系，当然会对社会产生误导。比如最近在海峡两岸引起轰动的南岛语族问题，考古学界、人类学界、语言学界的研究成果，把他们的一部分来源追溯到我国东南沿海或台湾地区。于是台湾有人说：‘台湾是人类文明发源地。’福建有人说：‘福建是世界海洋文明的发源地。’这是真的吗？我认为史学界应该重视，开展讨论，辨明是非。这类问题还有不少，不宜视而不见。”①

从这样的思考出发，我们认为有必要撰写一系列比较全面又清晰体现中国海洋文明发展史及海上丝绸之路历史文化的著作，尤其是能在一定程度上反映历代中国商民从事的海洋事业，以及由此迁移海外而传播到世界各地的一般民众基层文化传播途径。当然，要使我们的这系列著作能够达到这样一个目标，涉及三个方法论的问题，有必要在这里与大家逐一探讨。

首先，作为中国海洋文明发展的全史性著作，叙述书写的边界在哪里？所谓中国海洋文明发展通史，顾名思义，要叙述的是与海洋相关联的社会经济活动。但是我们不能赞同有些学者把中国的海洋文明发展史局限在海洋之中发生的历史事件。在本文的开章伊始，我们对中国的海洋历史形成这样的认识：中国海洋文明存在于“海—陆”一体的结构中。中国既是一个大陆国家，又是一个海洋国家，中华文明具有陆地与海洋的双重性格。中华文明以农业文明为主体，同时包容游牧文明和海洋文明，形成多元一体的文明共同体。中华民族拥有源远流长、辉煌灿

---

① 朱勤滨：《海洋史学与“一带一路”——访杨国桢教授》，《中国史研究动态》2017 年第 3 期。

烂的海洋文化和勇于探索、崇尚和谐的海洋精神。中国海洋文明发展的这种"海—陆"一体的结构，决定了其与大陆文明的发展，具有天然的、不可分割的联系。从某种意义上讲，中国的陆地文明与海洋文明是相互促进、相互制约、相辅相成的。二者的发展历程，是无法断然割裂的。基于这样的思考，我们对叙述中国海洋文明发展历史边界的整体把握，并不仅限于发生在海洋当中的活动，而是从较为宏观的视野考察中国历代海洋活动中陆地与海洋的各方关系，从而更加全面地描述中国海洋文明发展的基本概貌。

其次，我们撰写的这部中国海洋文明发展通史，既然是基于中国海洋文明存在于"海—陆"一体结构的观点之上，那么这一极为宏观的审视所牵涉的领域又未免过于空泛和难于把握。为了更集中地体现中国历代海洋活动的主体核心部分，我们认为，在中国海洋文明发展历史的进程中，人的作用始终是第一位，海洋社会的核心是海洋活动中的人。"在海洋发展历史上，不同的海上群体和涉海群体塑造了不同的海洋社会模式，如古代的渔民社会、船员社会、海商社会、海盗社会、渔村社会、贸易口岸社会等等。他们有各自的身份特征、生计模式，通过互动结合，形成不同风格的群体意识和规范。海洋史就是要去研究海洋社会中的结构、经济方式，及其孕育的海洋人文。"① 我们只有更加深入与全面地反映历代人民在中国海洋文明发展进程中所发挥的无与伦比的历史作用，才能更加贴近中国海洋文明发展历史与文化的真实面貌，还原出一个由历代人民艰苦奋斗创造出来的历史本真。当然，要较为全面且如实地描述历代人民在中国海洋文明发展历程中所扮演的角色及其所发挥的作用，就必须深入地剖析历代人民所秉持的生活方式的方方面面，举凡社会、经济、精神、宗教信仰、文化教育、风俗习尚等，都是我们这部著作所要体现的重要内容。

再次，我们这部中国海洋文明发展史，虽然把论述的核心放在海洋活动中的"人"，但是中国自秦汉以来就是一个中央集权制国家，国家

---

① 朱勤滨：《海洋史学与"一带一路"——访杨国桢教授》，《中国史研究动态》2017 年第 3 期。

制度对政治、社会、经济、文化等各个方面都具有不可替代的强制力，而传承了两千多年的儒家文化等上层意识形态，同样也对中国历代的政治、社会、经济、文化等各个方面的发展起到不可忽视的影响作用。中国的海洋文明发展进程同样也是如此，无论是汉唐时期政府主导的"朝贡体系"，还是宋明以来民间私人海上贸易与海外移民的兴起，无不在相当程度上受到国家政府的制度设计和制度约束，从而在不同程度上影响着中国海洋文明发展的历史进程。特别是明清以后，国家政府对民间私人海上贸易活动及海外移民活动基本采取了压制的政策，对中国海洋文明的国际化进程产生了一定的阻碍作用。中国历代政府与中国海洋文明发展的这种复杂又多元的关系，以及中国传统儒家文化、道德观念对中国海洋文明发展历程所产生的影响力，无疑是我们在探讨中国海洋文明发展史及中国海上丝绸之路历史文化时应关注的内容。

最后，关于中国海洋文明发展历史，虽然最初海洋活动的产生是基于海岸线上的生产生活活动，如捕捞、养殖以及沿着海岸线的短途商业活动等，但随着海洋活动的扩展与进步，中国的海洋活动势必从海岸线走向大海，走向东南亚、南亚、中东以至欧洲、美洲各地。因此，中国海洋文明发展史，无疑是中国海洋活动不断向大海拓展活动空间的历史，而这一历史发展进程，就不单单涉及中国一个国家或地域的问题，而是涉及双向的国际问题。我们现在论述中国海洋文明发展史，总是脱离不了中国海上丝绸之路的话语，这正说明了中国的海洋文明发展史，是与中国海上丝绸之路的发展史紧密联系在一起的。海上丝绸之路是亚洲海洋文明的载体，不是中国一家独有的。从文化视角出发，海上丝绸之路可阐释为"以海洋中国、海洋东南亚、海洋印度、海洋伊斯兰等海洋亚洲国家和地区的互通互补、和谐共赢的海洋经济文化交流体系"。在某种意义上，海上丝绸之路是早于西方资本主义世界体系出现的海洋世界体系。这个世界体系以海洋亚洲各地的海港为节点，自由航海贸易为支柱，经济与文化交往为主流，包容了各地形态各异的海洋文化，形成和平、和谐的海洋秩序。中国利用这条海上大通道联通东西洋，既有主动的，也有被动的成分；沿途国家加入海上丝绸之路的运作，不是中国以武力强势和经济强势胁迫的。从南宋到明初，由于造船、航海技术

的发明和创新，中国具有绝对的海上优势，但中国并不利用这种优势追求海洋权力，称霸海洋。所以海上丝绸之路自开辟后一直是沿途国家交往的和平友善之路，直到近代早期欧洲向东扩张，打破了亚洲海洋秩序，才改变了海上丝绸之路的和平性质。海上丝绸之路作为历史的符号，覆盖了西太平洋和印度洋的地理空间，代表传统海洋时代和平、开放、包容的精神和文化。① 从这样的思路出发，我们对中国海洋文明发展史的认识，应该是具备国际视野的。从某种意义上或许可以说，中国的海洋文明发展史，也是我们海洋先民的足迹不断地向海外跋涉迈进的历史。这一点，同样是我们在这系列专著中力求表达的一个重要部分。

从以上的学术思路出发，我们撰写的"中国海上丝绸之路通史"丛书，应该是一套能充分体现中国历史上海洋事业与海上丝绸之路的纵向发展与横向发展的全方位的史学著作。也就是说，这批著作一方面较详尽地阐述了中国自先秦至民国时期海上事业与海上丝绸之路的发展概貌，另一方面也对各个历史时期中国海洋事业与海上丝绸之路发展阶段的主要特征进行专题性研究。其次，我们必须把研究的视野从中国本土逐渐向世界各地延伸，而不能局限于中国本土，不能仅仅以中国人的眼光来审视这一伟大的历程。我们必须追寻我们华侨先人的足迹，他们不惧汹涌的波涛，走向世界各地，从而为中华文化的对外传播，为世界各地的社会发展作出巨大的贡献，他们与祖籍家乡保持紧密联系、始终与祖籍家乡同呼吸共命运。中国海洋文明发展史与海上丝绸之路历史与文化的世界性，是该系列专著要表达的一项重要内容。其三，以往对中国海洋文明发展史及海上丝绸之路的研究都只关注社会经济活动，而事实上中国海洋事业与海上丝绸之路的发展演变过程除了包含社会经济活动，还包含文化、思想、教育、宗教等方方面面的上层建筑领域的内涵。因此，该系列专著还包括政治制度、文化精神等方面的内容，探索中国海洋社会经济发展的基本历程及其与文化等上层建筑领域的相互关系，寻找中国海上丝绸之路的文化意义及其对世界的重要贡献。

---

① 杨国桢、王鹏举：《中国传统海洋文明与海上丝绸之路的内涵》，《厦门大学学报（哲学社会科学版）》2015年第4期。

当然，要比较全面而清晰地反映中国海洋文明发展史及海上丝绸之路历史文化，并不是一件简单的事情，没有一定的篇幅，是不足以反映中国海洋文明发展史及海上丝绸之路历史文化的全貌的。因此，我们联络了厦门大学、中国人民大学、闽南师范大学、福建中医药大学、闽江学院等多所高等院校的研究学者，分工合作，组成撰写 20 卷作品的研究队伍。我们从中国海洋文明发展史及海上丝绸之路历史文化的纵向和横向两个方面，进行多视野、多层次的探讨，经过三年多的努力，终于完成了这套数百万字的著作。我们希望这套专著能把两千年来的中国海洋文明发展史及海上丝绸之路历史文化，特别是把从事海洋事业、构筑海上丝绸之路的一般民众艰辛奋斗的历史，以及把中国传统文化传播到世界各地，推动世界文明多元化前进的本真面貌，呈现给广大读者。

我们深切知道，要全面深入地呈现中国海洋文明发展史及海上丝绸之路历史文化，单凭这样一套专著是远远不够的。由于我们的学力有限，这部多人协作完成的专著一定还存在不少缺点和错误。我们希望借这套专著的出版问世之机，向各位方家学者求教，希望得到方家学者的批评指正，以促使我们改进，并与海内外有意于研究中国海洋文明发展史及海上丝绸之路历史文化的同仁们一道探索，一道前进，共同促进中国海洋文明发展史及海上丝绸之路历史文化的学术研究更上一层楼。

陈支平

2022 年 10 月

总序

目录

第一章　上古华夏人的海洋观与最初的海洋探索　　／ 1

第一节　考古发现的早期海洋文化　　／ 1

第二节　"海外有截"　　／ 21

第三节　《山海经》的海洋史解读　　／ 28

第四节　"海"与"晦"　　／ 46

第五节　"天下""海内"观念　　／ 49

第六节　中原人世界意识中的"四海"　　／ 64

第二章　滨海地区海洋资源的初步开发与早期

海洋交通　　／ 83

第一节　关于"海物惟错"　　／ 83

第二节　《管子》设计的"海王之国"　　／ 93

第三节　海洋渔业的进步　　／ 110

第四节　海洋盐业的发展　　／ 128

第五节　海洋"珠玑"生产　　／ 138

第六节　早期海洋航行　　／ 149

第三章　秦始皇的海洋意识与秦帝国的海洋

　　　　交通经营　　　　　　　　　　　　　　/ 165

　　第一节　秦始皇海上巡行　　　　　　　　　/ 165

　　第二节　秦始皇南海置郡　　　　　　　　　/ 184

　　第三节　秦东门　　　　　　　　　　　　　/ 200

　　第四节　"并海"交通　　　　　　　　　　 / 204

　　第五节　秦宫"海池"与王莽"渐台"　　　 / 212

　　第六节　秦始皇陵地宫设计中的海洋元素　　 / 221

第四章　汉帝国对海洋的关注与海上航运能力　　 / 245

　　第一节　"削之会稽""夺之东海"　　　　　 / 245

　　第二节　东海郡武库的地位　　　　　　　　/ 249

　　第三节　汉武帝"东巡海上"　　　　　　　 / 254

　　第四节　"横海征南夷，楼船戍东越"　　　　/ 269

　　第五节　杨仆楼船军"从齐浮渤海"击朝鲜　 / 281

　　第六节　马援楼船军"破交阯""击九真"　　 / 296

第五章　秦汉时期的东洋航运　　　　　　　　　/ 317

　　第一节　"燕人""齐客"入海　　　　　　　 / 317

　　第二节　"海北"朝鲜航路　　　　　　　　　/ 326

　　第三节　徐福东渡　　　　　　　　　　　　/ 339

　　第四节　"外国"远海航程　　　　　　　　　/ 355

　　第五节　"海人"称谓　　　　　　　　　　　/ 358

第六节　海上"仙人"传说　　　　　　　　　　／ 362

第六章　秦汉时期的南洋航运　　　　　　　　　／ 384

第一节　"入海市明珠"　　　　　　　　　　　／ 384

第二节　南海海港与"船行"航线　　　　　　　／ 392

第三节　关于"蛮夷贾船"的理解　　　　　　　／ 400

第四节　"杂缯"：海上丝绸之路的确证　　　　／ 404

第五节　南海的"琅邪"　　　　　　　　　　　／ 417

第六节　上古南洋航路的考古发现　　　　　　　／ 423

主要参考文献　　　　　　　　　　　　　　　／ 444

后记　　　　　　　　　　　　　　　　　　／ 447

第一章
上古华夏人的海洋观与最初的海洋探索

华夏文化自诞生之时起，其空间环境的东方就是海洋。滨海居民区与中原基本区并没有明显的文化差异。就文明史的进程来说，二者表现出大致同步的态势。而内地距离海岸很远的地方，也因早期货币形式"贝"的流通，出现对海洋的尊崇。关于上古时期华夏文明中的海洋因素，我们可以通过考古发现得以认识。

这一时期出现了初步的海洋资源开发及海上航行尝试行为。而航海行程的延伸，即海洋航行能力的提升，也是以海洋气候及海洋水文等方面的知识积累为条件的。

第一节　考古发现的早期海洋文化

考古工作的收获，为我们认识上古社会的历史与文化提供了丰富的资料，开拓了宽广的视野。我们要了解当时人们对海洋的文化理念及对海洋的探索开发，必然要通过考古发现开启新的思路，获取新的知识。

一、"贝丘""贝中聚"

有学者在总结渔业历史时指出："吾国辽东半岛沿海地方，已发现有原始时代贝冢之遗迹……盖原始住民常以贝类充食，日久则其居处附近，遂积有贝壳成堆。此种遗冢中，除包括完整及破碎贝壳外，往往杂

有贝斧、贝针、贝圈等制品不少。渔业在原始生活中之重要，已可想见。"① 海洋渔业的早期开发，通过这种遗存得以体现。

齐地古名为"贝丘"，在春秋时已有文献记载。《左传·庄公八年》："冬十二月，齐侯游于姑棼，遂田于贝丘。"杜预注："姑棼、贝丘，皆齐地。田，猎也。乐安博昌县南有地名贝丘。"西汉清河郡有贝丘县。《汉书》卷二八上《地理志上》"清河郡"条："贝丘，都尉治。"颜师古注引应劭曰："《左氏传》'齐襄公田于贝丘'是。"据说贝丘县治所在今山东临清市南十五里大辛庄南，三国魏属清河郡，西晋属清河国，北魏属清河郡，移治今临清市东北，北齐省入清河县。② 据《续汉书·郡国志四》，乐安国博昌"有贝中聚"，李贤注："《左传》'齐侯田于贝丘'，杜预曰：'县南有地名贝丘。'"可知贝丘也称作"贝中聚"。③

"贝丘"和"贝中聚"等地名，保留了体现人类与海洋关系的重要信息，可以看作标志早期海洋开发进程值得重视的文化信号。

"贝丘"在现代考古学语境中，又是指代古代人类居住遗址的专门称谓。贝丘遗址以包含大量古代人类作为食余垃圾丢弃的贝壳为特征，大多属于新石器时代，还有些属于青铜时代或稍晚时期。日本称之为贝冢。贝丘遗址多位于海、湖泊或河流的沿岸，在世界各地广泛分布。贝丘中夹杂着贝壳、其他各种食物残存，以及石器、陶器等古代文化遗物。

中国沿海发现贝丘遗址最多的，是辽东半岛、山东半岛（或称胶东）、长山群岛等地。此外，贝丘在河北、江苏、福建、台湾、广东及广西等地的沿海地方也有分布。可以说，沿海各地贝丘曾经的主人，是早期开发海洋资源的先行者。

考古学者指出："根据贝丘的地理位置和贝壳类的变化，可以了解

① 李士豪、屈若搴：《中国渔业史》，上海书店，1984，第1页。

② 史为乐主编《中国历史地名大辞典》（增订本），中国社会科学出版社，2017，第435页。

③《后汉书》，中华书局，1965，第3472页。另见《齐乘》卷五《丘陇》"贝丘"条："博兴南五里。《左传》：齐侯田于贝邱，见豕，射之，豕人立而啼，乃公子彭生也。即此地，亦曰'贝中聚'。"于钦：《齐乘校释》，刘敦愿、宋百川、刘伯勤校释，中华书局，2012，第483页。

古代海岸线和海水温差的变迁，对于复原当时的自然条件和生活环境也有很大帮助。"[①] 研究山东半岛贝丘遗址的考古学者通过调查和发掘，复原了新石器时代齐地沿海自然环境的形势，并对当地气候变迁、海岸线迁移、海平面变化及植被演变等提供了新的说明。贝丘遗址的考古工作发现了诸多反映新石器时代人类和自然界相互关系的重要信息。[②] 进一步的调查和发掘，又极大地丰富了原来的认识。据不完全统计，山东半岛"已经发现的新石器时代贝丘遗址已达百余个，年代基本上在距今7000～4600年间"。[③] 研究者指出："在同一时期，辽东半岛也出现了较多的贝丘遗址。从考古学文化的特征来看，这些贝丘遗址的陶器群和石器群表现出很多共性，表明在当时可能存在一个横跨渤海湾的文化互动圈。位于渤海湾内的绝大部分岛屿都有遗址发现，也说明当时的人已经有了较强的海洋适应能力。"[④] 这种"能力"，当然包括海上航行能力。

有学者以北阡遗址发现为标本，研究山东半岛海洋聚落生业经济，指出山东半岛在邱家庄一期至紫荆山一期阶段（北辛文化晚期至大汶口文化早期）出现过一个文化繁荣期。当时，"以贝丘遗址为代表的海洋聚落在半岛沿海地域涌现，半岛各个地区均发现了较多的这个时期的遗址"。山东半岛"从北辛文化晚期发展而来的以贝丘遗址为典型特色的海洋性经济为主的生业模式，一直活跃到大汶口文化早期阶段"。"典型的贝丘遗址如福山邱家庄遗址、乳山翁家埠遗址、牟平蛤堆顶遗址等，在遗址地表上散落着大量的贝壳，甚至某些地层完全是由贝壳堆积而成的。从直观上看，这时期的遗址主要是以海洋贝类为主要食物进行消费的。"考古发掘的收获告知我们，"在北阡遗址发现的软体动物根据其栖

---

① 中国大百科全书总编辑委员会《考古学》编辑委员会、中国大百科全书出版社编辑部编《中国大百科全书·考古学》，中国大百科全书出版社，1986，第47页。

② 中国社会科学院考古研究所编《胶东半岛贝丘遗址环境考古》，社会科学文献出版社，2007。

③ 原注："王富强：《周代以前胶东地区经济形态的考古学观察》，《海岱地区早期农业和人类学研究》，科学出版社，2008年。"

④ 焦天龙：《史前中国海洋聚落考古的若干问题》，载厦门大学海洋考古学研究中心编、吴春明主编《海洋遗产与考古》，科学出版社，2012，第16页。

息地可以分为淡水类和咸水类（主要栖息于潮间带的品种）两类""淡水类软体动物数量较少"，"咸水类软体动物中，以缢蛏和牡蛎的数量为最多，其中可以进行统计的缢蛏总量达到了惊人的 210164 件，而牡蛎的数量也达到了 63599 件"。① 此外，人们在北阡遗址还发现了脉红螺 844 件，文蛤 117 件，昌螺 60 件，乌贼 51 件，毛蚶 42 件，青蛤 15 件，贝壳 11 件，滩栖螺 9 件，海螺 5 件，蟹守螺 2 件，芋螺 2 件，蛤仔 1 件，托氏昌螺 1 件。② 研究者指出："大汶口早期阶段距今约 6100—5500 年，北阡遗址所处的大汶口早期阶段的持续时间如果按照 300 年计算，陆生动物的数量根本无法支撑遗址日常的肉食消费……而此时，先民日常所需要的肉食资源和蛋白质主要来自海洋贝类。"许多例证可以说明，"在特定的环境或者在特殊的时期，相对陆生资源开发来说，贝类资源的开发可能是最佳的觅食策略"。③

山东烟台的牟平蛤堆顶遗址所在地点属于蛤堆后村，从地名可知这个村与贝丘的关系。这是山东半岛"较大的一处贝丘遗址"，"遗址地表散落大量碎蚌壳"。地层堆积，第 3 层"夹杂大量蚌壳"，第 4 层"夹杂较多蚌壳"。出土物包括"大量蛤壳、鱼骨"，出土陶器也多为"夹蚌陶质"。据分析，"遗址当时与海岸线的距离应该在 1 千米左右。当时人们食用的贝壳始终以蛤仔为主。受海侵影响，遗址周围形成了低洼地环境，人们在海边建立居住地，通过捕捞、采集、狩猎等方式来获取食物。地表大量堆积的贝壳及夹杂其中的鱼骨、兽骨遗骸反映了这是一处

---

① 聂政：《胶东半岛史前海洋聚落生业经济初步研究——北阡遗址的个案分析》，第二届海洋文化遗产调查研究新进展学术研讨会论文，厦门，2014。
② 宋艳波：《北阡遗址 2007 年出土动物遗存分析》，《考古》2011 年第 11 期；宋艳波：《北阡遗址 2009、2011 年度出土动物遗存初步分析》，《东方考古》第 10 集。
③ 国外学者于 20 世纪在阿拉斯加东南的斯塔卡镇及加利福尼亚的圣昆廷地区进行的实验考古项目证明了这一点。转见聂政：《胶东半岛史前海洋聚落生业经济初步研究——北阡遗址的个案分析》。

典型的贝丘遗址及当时沿海居民以渔猎和采集为基础的经济情况"。①

从山东古代文化遗存的分布情况看，旧石器时代遗存、后李文化遗址、北辛文化遗存、白石村文化遗存、大汶口文化遗存、龙山文化遗存、岳石文化遗址、商时期遗存，在沿海地方都有相对集中的分布。②海洋，是这一地区居民早期生活和生产最重要的自然环境。

《禹贡》中说："莱夷作牧。"宋人毛晃在《禹贡指南》卷一中说："《春秋》：夹谷之会，莱人以兵劫鲁定公。孔子曰：两君合好，而夷裔之俘以兵乱之。是知古者东莱之有夷也。"③《史记》卷二《夏本纪》中说："莱夷为牧。"裴骃在《集解》中云："孔安国曰：莱夷，地名，可以牧放。"司马贞在《索隐》中说："按《左传》云：莱人劫孔子，孔子称夷不乱华。又云：齐侯伐莱。服虔以为东莱黄县是。今按《地理志》黄县有莱山，恐即此地之夷。"④《汉书》卷二八上《地理志上》说："莱夷作牧。"颜师古注："莱山之夷，地宜畜牧。"⑤莱夷，可能是齐地远古居民部族或者部族联盟的代称。他们的生存和发展，是以海洋为基本条件的。

宋人罗泌在《路史》卷二七《国名纪四》"莱"条中写道："莱，子爵，来也。登之黄县东南二十五，故黄城是。乐史云：即莱子国。古之莱夷，今文登东北八十不夜城也。《元和志》。齐人迁之郳，曰东莱。汉故东莱郡，昔晏弱城东。阳川逼莱，乃齐境上青之临朐。随立莱州，亦作郲。《宣七》又《襄七》齐人以郲寄卫侯。"⑥莱人，即被中原正统文

① 山东省文物考古研究所、烟台市博物馆、牟平区博物馆编《烟台市牟平区蛤堆顶遗址调查、勘探简报》，载山东省文物考古研究所编《海岱考古》（第六辑），科学出版社，2013，第13页，第5页，第3页。
② 谢治秀主编《中国文物地图集·山东分册》，中国地图出版社，2007，第48—59页。
③ 毛晃：《禹贡指南》卷一，收入《景印文渊阁四库全书》第56册，台湾商务印书馆，1986，第9页。
④《史记》，中华书局，1959，第55页。
⑤《汉书》，中华书局，1962，第1526页。
⑥ 罗泌：《路史》，收入《景印文渊阁四库全书》第383册，第332页。

化的坚持者称作"莱夷"的自远古即活跃于这一地方的族群，是齐地早期开发海洋的先驱。

傅斯年曾经注意到早期中国文化有一西一东两个重心，其文化符号被称作"夏"与"夷"。他指出，因地形的差别，两地"形成不同的经济生活，不同的政治组织，古代中国之有东西二元，是很自然的现象""东西对峙，而相争相灭，便是中国的三代史"。三代的文化局势，"大体说来，东方经济好，所以文化优；西方地利好，所以武力优"。"自春秋至王莽时，最上层的文化只有一个重心，这一个重心便是齐鲁。这些话虽在大体上是秦汉的局面，然也颇可以反映三代的事。"就政治、经济、文化区域而言，所谓"地理重心""属于东平原区的，是空桑"。至于离海较近的地方，傅斯年认为，"在东平原区中，其北端的一段，当今河北省中部偏东者，本所谓九河故道，即黄河近海处的无定冲积地。这样的地势，在早期社会中是很难发达的"，"这样的一块地方，当然不能成为早期历史中心。至于山东半岛，是些山地，便于小部落固守，在初时的社会阶段，亦难成为历史的重心"。[①] 有考古学者注意到，在"胶东地区的沿海地带和部分岛屿"发现的文化遗存"地方特色鲜明"，这种"长期保持着一些地方传统"的考古学文化，或许可以说明傅斯年的推断"也许是有道理的"。[②]

其他滨海地区虽然"不能成为早期历史中心"或者"历史的重心"，却依傍海洋获得了持续的发展，按照自己的步伐稳健地走向文明的新高度。

2020 年 5 月，"迄今为止东南沿海埋藏最深、年代最早的一处海岸贝丘遗址"——浙江余姚井头山遗址考古发现的公布，将浙江沿海地方"人类活动史和文明发展史"再次向前推到了距今 8000 年前。该遗址中，"贝类残骸堆积成山，都是食用后丢弃的蚶、螺、牡蛎、蛏、蛤、蚌等"，

---

① 傅斯年：《夷夏东西说》，载岳玉玺、李泉、马亮宽编选《傅斯年选集》（中国现代社会科学家选集丛书），天津人民出版社，1996，第288—289页。

② 王迅：《东夷文化与淮夷文化研究》，北京大学出版社，1994，第28—29页。

"贝类没有发现火烧痕迹，应该是直接水煮食用"。[1]

关于福建沿海地区的贝丘遗址，也有学者对其分布及发生、消亡进行了研究，并与其他地区的贝丘遗址进行比较。[2]

在稍晚的年代，在俄罗斯东西伯利亚南部沿海地区发现的早期文化，有分布于南至波西耶特湾、东至奥涅加港的沿海地带的锡杰米文化。锡杰米文化得名于符拉迪沃斯托克（海参崴）附近锡杰米河河口发掘的遗址。早期研究者称之为"贝丘文化"。遗址出土"适于捕猎大型海鱼、海兽而且可以回收的石鱼标头、海象牙鱼钩"。曾经居住在这里的人们"大量采捕海生软体动物，食余的贝壳堆积成贝丘"。该遗址出土的陶器，"碗有椭圆形的，类似中国古代的耳杯"。铁器少见，"铸造的方銎锛的形制与中国东北地区战国遗址所出者相同"。研究者判断，这些文化"与后来靺鞨文化的关系""有待进一步研究解决"。[3] 沿海地方文化的联系、沟通和相互影响，很有可能通过海路航行实现。

二、海介虫："古者货贝"

许多上古遗迹都出土了海贝。这一现象可以说明内地居民对海洋珍物的喜爱，也透露了海洋早期开发的历史迹象。

《说文·贝部》中说："贝，海介虫也……古者货贝而宝龟。周而有泉，至秦废贝行钱。"段玉裁解释"海介虫"："介虫之生于海者。"对于"古者货贝而宝龟"，段玉裁说："谓以其介为货也。《小雅》：'既见君子，锡我百朋。'笺云：'古者货贝，五贝为朋。'《周易》亦言十朋之龟。故许以贝与龟类言之。《食货志》：'王莽贝货五品。大贝、壮贝、幺贝、小贝皆二枚为一朋。不成贝不得为朋。龟货四品。元龟当大贝十朋，公龟

① 崔志金：《8000 年前，向海而生的井头山人》，《中国海事》2000 年第 12 期。
② 蔡保全：《从贝丘遗址看福建沿海先民的先住环境与资源开发》，《厦门大学学报（哲学社会科学版）》1998 年第 3 期。
③ 林沄：《东西伯利亚南部近海地区早期铁器时代文化》，载《中国大百科全书·考古学》，中国大百科全书出版社，1986，第 98—99 页。

当壮贝十朋，痰龟当幺贝十朋，子龟当小贝十朋。此自莽法.'郑笺《诗》云：'古者五贝为朋.'注《易》以《尔雅》之十龟。未尝用歆、莽说也."① 《说文·収部》中说："具，共置也。从廾。贝省。古以贝为货."② 《说文·刀部》中说："则，等画物也，从刀贝。贝，古之物货也."③ 也有说到自古以来以"贝"作为货币的史实。《说文·贝部》中提到贿、财、货、赐、资、購、赈、贤、责、贺、贡、赞、赈、赍、贷、赂、赠、败、赣、赉、赏、赐、貤、赢、赖、负、贮、贰、宾（旧作"賓"）、赊、贳、赘、质、贸、赎、费、责、贾、贩、买（旧作"買"）、贵、贱、赋、贪、贬、贫、赁、赇、购、赃、贷、賮、赋等字皆"从贝"。④ 也就是说，这些字都与以"海介虫"这种"古之物货"作为一般等价物的货币形式有关。

《艺文类聚》卷八四引晋人郭璞的《贝赞》曰："先民有作，龟贝为货。贵以文采，贾以小大。简则易资，犯而不过."⑤ 根据所谓"先民有作"，我们可确定以海贝作为货币自远古时代即已出现。

三、海贝：流通、收藏与崇拜

作为第一部关于中国经济史、经济思想史、经济政策史的论著，《史记》在卷三〇《平准书》的最后一段文字中，以"太史公曰"的形式，陈述了极简的货币史。其中说到水生动物遗骸"龟贝"曾经充当货币的情形：

> 太史公曰：农工商交易之路通，而龟贝金钱刀布之币兴焉。所从来久远，自高辛氏之前尚矣，靡得而记云。故《书》道唐虞之际，《诗》述殷周之世，安宁则长庠序，先本绌末，以礼义防于利；事变多

---

① 许慎：《说文解字注》，段玉裁注，上海古籍出版社，1981年影印本，第279页。
② 同上书，第104页。
③ 同上书，第179页。
④ 同上书，第279—283页。
⑤ 欧阳询：《艺文类聚》，汪绍楹校，上海古籍出版社，1965，第1440页。

故而亦反是。是以物盛则衰，时极而转，一质一文，终始之变也。《禹贡》九州，各因其土地所宜，人民所多少而纳职焉。汤武承币易变，使民不倦，各兢兢所以为治，而稍陵迟衰微。齐桓公用管仲之谋，通轻重之权，徼山海之业，以朝诸侯，用区区之齐显成霸名。魏用李克，尽地力，为强君。自是之后，天下争于战国，贵诈力而贱仁义，先富有而后推让。故庶人之富者或累巨万，而贫者或不厌糟糠；有国强者或并群小以臣诸侯，而弱国或绝祀而灭世。以至于秦，卒并海内。虞夏之币，金为三品，或黄，或白，或赤；或钱，或布，或刀，或龟贝。及至秦，中一国之币为二等：黄金以镒名，为上币；铜钱识曰半两，重如其文，为下币。而珠玉、龟贝、银锡之属为器饰宝藏，不为币。

这段话三次说到"龟贝"。《史记》中也只出现这三次"龟贝"。关于"龟贝"，司马贞在《索隐》中曰："古者货贝宝龟，《食货志》有十朋五贝，皆用为货，贝各有多少两，贝为朋，故直二百一十六，元龟十朋，故直二千一百六十，已下各有差也。"[1] "太史公"说，在社会交易最初出现时，"龟贝"作为货币进入经济生活，这是远古传说的事，历史迹象已经不是很明朗。经历夏商周的发展进步，秦终得统一，"龟贝"的货币功能成为历史记忆。货币统一之后，"黄金""为上币"，"铜钱""为下币"，"龟贝"和"珠玉""银锡"一样，不再具有"币"的功用。

按照《汉书》的说法，在"龟贝"作为货币流通的时代，"金刀龟贝，所以分财布利通有无者也"。[2] 国家统一货币、以"铜钱"取代"龟贝"，是在汉武帝推行五铢钱时。"商以足用，茂迁有无，货自龟贝，至此五铢。"[3] 在王莽时代"会有上书言古者以龟贝为货，今以钱易之，民以故贫，宜可改币"[4]，于是贝币再行。王莽推行的新币制导致社会经济混乱，"莽知民愁，乃但行小钱直一，与大钱五十，二品并行，龟贝布

①《史记》，第1442—1443页。

②《汉书》卷二四上《食货志上》，第1117页。

③《汉书》卷一〇〇下《叙传下》，第4242页。

④《汉书》卷八六《师丹传》，第3506页。

属且寝"，但后来又有反复，"天凤元年，复申下金银龟贝之货，颇增减其贾直"。①

据《史记》记载，"贝"作为货币，"自高辛氏之前尚矣，靡得而记云"。但是海贝见于许多早期遗址，这反映了《说文·贝部》中所谓"古者货贝"的历程。

20 世纪 30 年代，瑞典地质学家兼考古学家安特生（J. G. Andersson）初步考察了包括中国在内的多地古代海贝使用现象的来源、历史和功用。他认为，"海贝的形状、耐磨性、厚而坚硬的外壳无疑适于用作货币"。可能在海贝成为货币之前的很长时间里，人们崇拜它是出于其他目的。"尤其在远离海洋的内陆，赠送海贝更增添了海贝的价值，使得其在后来演变成货币。"② 日本学者江上波夫对中国出土的海贝也有持续的研究。他在 1932 年发表《极东子安贝的流传》一文，后来又著有《东亚子安贝的流传》（1967 年）、《东亚子安贝文化的推移》（1974 年）、《子安贝（宝贝）与南海丝绸之路及子安贝文化向亚洲、非洲的传播》（1993 年）等文章。他认为，中国新石器时代的人群没有使用海贝，使用海贝的习俗始于殷商。对于中国内陆所用海贝来自南海一说，江上波夫也进行了论证。③

有学者明确否认海贝充当货币的功能，认为殷商时期不可能发生大规模的商业行为，而且那时获得海贝也不容易，因此判断殷商时期的海贝不可能充当实际意义的货币。④

学界对于早期海贝发现的争论，多集中于对其性质判断的分歧；是

① 《汉书》卷二四下《食货志下》，第 1179 页，第 1184 页。

② 据介绍，对安特生的研究形成影响的论著有：斯蒂恩（Steaven）的《民族贝壳学——原始货币研究》，斯奈德（Snyder）的《贝壳研究》，亚当逊（Adamson）的《塞内加尔的自然历史》及杰克逊（J. W. Jackson）的《早期文化的迁徙证据——贝壳》等。

③ 王必建：《先秦秦汉时期海贝遗存研究》，硕士学位论文，河南大学考古学系，2018，第 4—6 页。

④ 花原：《试谈殷商时期海贝不能充当实际意义的货币》，《中州钱币》2007 年总第 15 期。

否作为货币使用，是争议的焦点。在这里，我们更关注的则是这些海产品如何跨越遥远的空间距离，到达远离海域的地方。这里仅就距海较远地方海贝的发现，列举若干相关研究成果。有学者指出，卡约文化时期是青海地区海贝使用的鼎盛阶段。在马家窑文化马家窑类型和半山类型时期多见在背部钻一两个细小的孔的"小孔式"海贝，在马厂类型时期又出现了"大孔式"海贝，到齐家文化、卡约文化时期多为"大孔式"海贝。自马家窑文化马厂类型时期到齐家文化时期，海贝的功用从作为装饰为主逐渐向作为实用货币过渡。在卡约文化时期，海贝已经成为成熟的货币形式。关于青海地区所使用海贝的传入路径，学者认为主要有三种：（1）氐羌道，即由云南经犍为、蜀中传入；（2）由中原地区传入；（3）由印度经尼泊尔、西藏传入。① 据相关学者所制《先秦秦汉时期遗址中出土海贝最大量比较表》，史前时期"单个遗址出土海贝最大量（枚）"的，为青海省同德县宗日文化遗址，多达 92 枚；其次是同样处于青藏高原的青海省海东市乐都区马家窑文化马厂类型时期墓葬，有 15 枚；第三为西藏昌都卡若文化遗址，有 10 枚。② 新疆出土海贝的古墓群，年代为商代至西汉。有研究者认为这些海贝是货币，称之为"贝币"。③

上古社会生活中的海贝，有时体现了复杂的文化内涵。有的学者关注海贝符号体现的巫术意识，其象征生殖和繁衍的意义也受到重视。④

林文勋认为，东南亚、南亚的海贝很早就大量流入云南。海贝流入云南，持续时间长，规模大，并且一直作为云南主要法定货币，对云南社会经济发展的影响很大。通过海贝联系中外的交往线路，可以称作"贝币之路"。他指出，从云南及西南其他地方输往国外的商品主要是一些土特产品，"只是到了清代后期和近代，生丝一度才有大量的流通"。因此，他不赞同称这条通道为"丝绸之路""西南丝绸之路"或"南方

① 董志强、岳永芳：《青海古代的原始货币——海贝》，《青海民族研究》2000 年第 1 期。

② 王必建：《先秦秦汉时期海贝遗存研究》，第 34 页，第 35 页。

③ 钱伯泉：《上古时期新疆的贝币和贝饰》，《新疆钱币》2001 年第 1 期。

④ 章立明：《海贝：符号系统的文化解释》，《学术探索》2002 年第 2 期。

陆上丝绸之路"。①

有学者指出，关于中国考古发现的"海贝"的性质，研究者的意见之所以不一致，在于"推测多于实证"，"缺乏更多的海贝种属鉴定工作"，以及"更广域的文化关联性分析不够"等学术局限。②

四、舟楫的发明

早期海船的形式，通常为独木舟。

独木舟的制作，体现生产力达到一定的水准。《易·系辞下》中说到"黄帝尧舜"时代的发明："刳木为舟，剡木为楫。舟楫之利，以济不通，致远以利天下。"③ 摩尔根在《古代社会》中写道："燧石器和石器的出现早于陶器，发展这些石器的用途需要很长的时间，它们给人类带来了独木舟、木制器皿，最后在建筑房屋方面带来了木材和木板……"④ 在石器使用造就的木作技术成就之中，摩尔根将交通工具列于日常用具与居所之先。恩格斯大概是赞同这样的意见的。他在《家庭、所有制和国家的起源》中论述"蒙昧时代""高级阶段"生产力的进步时写道："火和石斧通常已经能够使人制造独木舟，在有的地方已经使人能够用方木和木板来建筑房屋了。"⑤

有学者总结考古发现的中国独木舟遗存，可以大致归入沿海地区的发现的，数量不多。

---

① 林文勋：《"贝币之路"及其在云南边疆史研究中的意义》，《中国边疆史地研究》2013 年第 1 期。

② 王必建：《先秦秦汉时期海贝遗存研究》，第 28 页。

③《十三经注疏》，阮元校刻，中华书局，1980 年影印本，第 87 页。

④ 路易斯·亨利·摩尔根：《古代社会》，杨东莼、马雍、马巨译，商务印书馆，1977，第 13 页。

⑤《马克思恩格斯选集》，中共中央编译局编译，人民出版社，2012，第 31 页。

表1 中国独木舟遗存与有关文物表

（仅选取汉晋以前可大致归入沿海地方者）

出土时间	出土地方	出土文物的名称和形制	文物断代
1958 年	浙江温州	四艘独木舟，其中一艘长 7.8 米，中宽 0.64 米，深 0.2 米	晋代
1964 年	广东揭阳	一艘独木舟，长约 12 米，宽 1.5 米，舱内四道隔板，尾部有一孔，用楠木制成	不详
1973 年	福建连江	一艘独木舟，长 7.1 米，首宽 1.2 米，尾宽 1.6 米，用樟木刳成	距今 2170±95 年
1973—1978 年	浙江余姚河姆渡遗址	六支独木舟木桨，有一支残长 0.6 米，宽 0.12 米，厚 0.02 米，叶长 0.5 米，柄上刻横线与斜线组成的几何形花纹；另一支残长 0.92 米，全器细长扁平，如柳叶状	距今约 7000 年
1973—1978 年	浙江余姚河姆渡遗址	舟形陶器，长 7.7 厘米，高 3 厘米，宽 2.8 厘米，两头尖，首部有系缆孔，尾部微翘，底部呈瓠形，夹炭黑陶质地	距今约 7000 年
1974 年	广东潮安	一艘独木舟	不详
1975 年	广东揭西	一艘独木舟，长约 12 米，宽约 1.5 米，舱内设四道隔板，尾有一孔	不详

第一章 上古华夏人的海洋观与最初的海洋探索

13

（续表）

出土时间	出土地方	出土文物的 名称和形制	文物断代
1976 年	广东化州	六艘独木舟，其中 2 号舟基本完整，长 5 米，中宽 0.5 米，深 0.22 米，首尖尾梯，底呈鸡胸形，形制如梭，首尾略翘	距今 1745±100 年，东汉
1979 年	辽宁丹东	舟形陶器，长 13 厘米，宽 5.5～6.6 厘米，高 2.2 厘米，长条圆形，横剖面呈半圆形，夹砂红陶	距今 6000 年以上
1979 年	辽宁大连长海	舟形陶器残半件，长条形，首尖上翘，平底，长 7 厘米，宽 1.5～2 厘米	距今 5000 余年
1979 年	辽宁大连旅顺	舟形陶器，夹砂灰褐陶，口为长条椭圆形，平底	距今约 4000 年
1979 年	山东庙岛群岛大黑山岛	木舟船尾残迹，木板厚约 5 厘米，板面平整，榫卯可辨	距今约 4000 年
1979 年	山东荣成湾北部郭家村	独木舟一艘，长约 3.9 米，中宽 70 厘米，首尾宽 60 厘米，舱深 30～40 厘米，有两道隔梁	不详，约属新石器时代
1979 年	浙江萧山跨湖桥	独木舟一艘	距今约 8000 年

以上资料来自中国古代航海史研究者的学术专著。有学者指出："自从有了浮筏和独木舟，人类就开始在水面上取得了航行活动的自由，尽管这些舟筏是多么的简陋，但正是倚仗着它们，中华各族人民的祖先

们开始到较深和较阔的水面上去进行捕捞、交通和迁徙活动了。从此，中国古代航海史揭开了'蒙昧航海'时期的扉页。"①

中国古代造船史研究者重视早期独木舟的考古发现。山东省荣成市泊于镇松郭家村毛子沟的独木舟，发现于"一处海相沉积小盆地，北临黄海，距现在的海岸线约2千米"。"山东的考古工作者，依据渤海、黄海和东海海岸带7处不同堆积深度下的牡蛎、贝壳的放射性碳同位素测定数据，估计毛子沟独木舟最下层的堆积当不会晚于距今3800—3000年这一时期，即商、周时期。"有研究者指出："胶东地区三面环海，有着广阔的水域和浅海滩涂。毛子沟的独木舟正是古代先民从事近海交通、捕捞和滩涂采集的重要工具。山东半岛毛子沟独木舟和一些贝丘遗址的发现再一次证明：我国沿海一带的先民在与海洋接触并且在充分利用海洋的同时，也在创造属于自己的海洋文化。"②

在距今约8000年的浙江萧山跨湖桥遗址出土的独木舟，也是滨海地区的重要发现。③ 有学者认为，这艘独木舟"不仅在中国在亚洲是唯一的，在全世界的范围来说也是罕见的"，"凸显"了"中国舟船文明的辉煌"。④

五、有段石锛：东南方向新石器的越海传播

在考察新石器时代石质工具的特征时，人们发现了这样的迹象。一种形制特别的石器——有段石锛，其制作和使用的区域主要在中国东南部，少量在华北东部，在华北西部却不曾发现。

在总结与有段石锛相关的考古学认识时，有学者指出："起源于珠江三角洲地区的有肩石器在中南半岛地区的传播，证明了史前时代华南

① 孙光圻：《中国古代航海史》，海洋出版社，2005，第27—29页。
② 席龙飞：《中国造船通史》，海洋出版社，2013，第19—20页。
③ 浙江省文物考古研究所、萧山博物馆编《跨湖桥》，文物出版社，2004；施加农：《跨湖桥文化》，文物出版社，2018。
④ 席龙飞：《中国造船通史》，第23页。

地区同中南半岛地区密切的文化联系。"①

　　林惠祥曾提及"有段石锛在东南海岛及太平洋诸岛的发现"，如在太平洋中波利尼西亚的发现、"菲律宾的发现"、"苏拉威西及北婆罗洲的发现"、"台湾的发现"等，又列举"有段石锛在大陆上的发现"，含在"香港的发现"、杭州古荡良渚的发现、"福建武平的发现"、"广东海丰的发现"、"长汀的发现"、"福建其他地方的发现"、广东其他地方的发现、"江西的发现"、"浙江的发现"、"江苏的发现"、"安徽的发现"、"华北的发现"等。对于以往研究者关于这种石器发明制作及传播路径的多种意见，林惠祥通过认真研究予以澄清。

　　林惠祥认为有段石锛出自亚洲大陆，后流传至中国台湾和菲律宾、波利尼西亚。至于这种石器的制作地点，他"以为应是在中国大陆东南区即闽、粤、浙、赣和苏、皖一带地方"。对于出自大陆的有段石锛是怎样越过海洋传到中国台湾和菲律宾、波利尼西亚诸岛的，它的路线是怎样的，林惠祥也进行了推测，认为它到达"台湾应是由闽粤过去"，到达"菲律宾应是由台湾或由广东往东沙群岛等处移去"，到达"苏拉威西和北婆罗洲是由菲律宾传去"，到达波利尼西亚诸岛"也应是由菲律宾传去"。他还指出，"太平洋诸岛远隔重洋"，这种文化传播"需有较进步的造船航海技术"才能实现。②

　　林惠祥的分析是可信的。

　　有的研究者则认为，有段石锛虽然自大陆向海外传播，但是促成这种传播的主要人群，也许在某一历史阶段是"波利尼西亚人"。论者写道："从航海史角度考虑，中国东南沿海的有段石锛向海外地区的传播，很可能是分两步走的。""从世界航海史资料看，波利尼西亚人自古就擅长航海，有建造独木舟的卓越技艺和悠久传统。他们的独木舟，形制狭

① 傅宪国：《论有段石锛和有肩石斧》，《考古学报》1988年第1期；中国社会科学院考古研究所编著《中国考古学·秦汉卷》，刘庆柱、白云翔主编，中国社会科学出版社，2010，第1008页。

② 林惠祥：《中国东南区新石器文化特征之一：有段石锛》，《考古学报》1958年第3期。载蒋炳钊、吴春明主编《林惠祥文集》，厦门大学出版社，2012，第424—444页。

长，并带有舷外支架，以提高在大洋中航行的稳定性。"关于所谓"分两步走"的传播方式，论者说："首先，由中国新石器时代的原始祖先通过沿岸航行或越海漂航，将它们传播到离大陆较近的（中国）台湾、菲律宾、苏拉威西与北婆罗洲等地区；然后，再由波利尼西亚人在相当漫长的历史时期内，将它们从东南亚地区逐步传播到太平洋波利尼西亚诸岛及新西兰等处。"

这样的意见与林惠祥的说法比较，增加了"波利尼西亚人"在有段石锛传播过程中的作用。但是我们要注意这样的问题：第一，此说推想成分过多；第二，其时段是"在相当漫长的历史时期内"；第三，论者在分析这些人群的人种时，将"波利尼西亚人"与"中国大陆沿海"居民联系起来。论者接着写道："众所周知，波利尼西亚人，是太平洋上古老的航海民族，其文明与马来文明颇为相似。据人类学研究成果，第一批蒙古利亚海洋系的黄种人先从亚洲大陆北部迁徙到中国大陆沿海，再南下到南洋群岛，成为广义上的马来族；然后逐渐向东移居波利尼西亚群岛。我国学者在 20 世纪 70 年代初，也曾对山东大汶口和西夏侯两组人骨进行过测量，表明这两组的平均数，绝大多数位于波利尼西亚近代组相应项目平均数的变异范围内，都具有波利尼西亚、关岛和夏威夷组相同的拔牙风俗和颅骨的枕部畸形；两组还都具有与波利尼西亚组相似的'摇椅下颌'特征。另外，大汶口文化的男性遗骨身高在 1.72 米，与现今的波利尼西亚人的平均身高也一致。另据距今 7000 年的河姆渡遗址报告，当时越人的人骨也与某些太平洋尼格罗人种类似，彼此与亚洲大陆原始的蒙古利亚人种，有过共同的遗传基因。通过对这些资料的分析，我们不难推测中国沿海居民很可能曾在遥远的时代就从海上航行到东南亚与南洋一带，并成为波利尼西亚混合民族的主要人种来源之一；而所谓的有段石锛大约是随着这种民族迁移而传去的。"[①] 这样的分析，或许可以为我们探索有段石锛的越海传播提供参考。

英国历史学者汤因比在关于海洋是有利于文化传播的地理条件的论述中，说到波利尼西亚人的航海事业对文化交流的意义。他指出："草

① 孙光圻：《中国古代航海史》，第 38—42 页。

原像'未经耕种的海洋'一样，它虽然不能为定居的人类提供居住条件，但是却比开垦了的土地为旅行和运输提供更大的方便。"汤因比是在有关"海洋和草原是传播语言的工具"的讨论中发表这样的意见的。他认为："海洋和草原的这种相似之处可以从它们作为传播语言的工具的职能来说明。大家都知道航海的人们很容易把他们的语言传播到他们所居住的海洋周围的四岸上去。古代的希腊航海家们曾经一度把希腊语变成地中海全部沿岸地区的流行语言。马来亚的勇敢的航海家们把他们的马来语传播到西至马达加斯加、东至菲律宾的广大地方。在太平洋上，从斐济群岛到复活节岛、从新西兰到夏威夷，几乎到处都使用一样的波利尼西亚语言，虽然自波利尼西亚人的独木舟在隔离这些岛屿的广大洋面上定期航行的时候到现在已经过去了许多世代了。此外，由于'英国人统治了海洋'，近年来英语也就变成世界流行的语言了。"① 我们曾经借用汤因比的相关论述说明丝绸之路海洋方向和草原方向的交通路线形成的地理条件。② 这里汤因比关于"波利尼西亚人的独木舟"与"从斐济群岛到复活节岛、从新西兰到夏威夷，几乎到处都使用一样的波利尼西亚语言"的关系的提示，或许对我们理解"在相当漫长的历史时期内"通过海洋的文化传播形式有所裨益。

中国有段石锛"起源于中国的东南沿海，逐次传播到南洋和太平洋"，已经成为考古学界的共识。有学者重视河姆渡遗址出土的有段石锛，以为是"河姆渡海洋文化代表性器物"。而河姆渡文化遗存于河姆

---

① 汤因比：《历史研究》，索麦维尔节录，曹未风译，上海人民出版社，1966，第234—235页，第208页。前一段文字的另一种译本如下："确实，欧亚草原比任何其他干旱地区更接近另一种非常难以相处的自然成分——海洋。草原的表面与海洋的表面有一个共同点，就是人类只能以朝圣者或暂居者的身份才能接近它们。除了海岛和绿洲，它们那广袤的空间未能赋予人类任何可供其歇息、落脚和定居的场所。二者都为旅行和运输明显提供了更多的便利条件，这是地球上那些有利于人类社会永久居住的地区所不及的。"阿诺德·汤因比：《历史研究》（修订插图本），刘北成、郭小凌译，上海人民出版社，2000，第113页。

② 王子今：《丝绸之路交通的草原方向和海洋方向》，载《丝路文明》（第五辑），上海古籍出版社，2020。

渡遗址之外，"在滨海的慈溪、鄞县（今鄞州区）以及东海的舟山群岛上的舟山、岱山和嵊泗等市、县也先后发现了30多处"。"河姆渡文化不仅传播到许多沿海岛屿，而且越海传播到了（中国）台湾、菲律宾及南太平洋诸岛，最有力的证据就是史前有段石锛。""有段石锛远播太平洋"[1]，是与航海史相关的文化事实。有学者指出："河姆渡先民制作的石锛，是目前亚洲地区出土文物中最早的石锛，它的发展演变，向太平洋西岸及岛国传播脉络清楚，影响深远，成为国际文化交融中的典型器物之一。"有段石锛作为"海洋文化典型器物"，其传播标志着古老的中国文明"在这一文化圈中影响之深，年代之久"。有段石锛的越海传播，"在中外文化交流史书上写下了光辉的一页"。[2]

六、青铜时代中国与东南亚文化交流的实证

青铜时代中国与东南亚地区的文化联系有新的发展。中国的青铜制品和玉器的生产和使用，对东南亚地区有重要的影响。

具有区域文化个性的铜鼓，曾经在中国华南地区及西南地区流行。这类器物的早期形式已经在东南亚发现。这一事实证明了中国与东南亚相互间文化联系的紧密。[3] 有学者认为，铜鼓在东南亚包括印度尼西亚的发现，表明"早期铜鼓的传播可能主要是伴随着族群迁徙而进行的"。[4]

另一种形制特别的青铜器，或称"不对称形铜钺"，或称"靴形铜

---

① 席龙飞：《中国造船通史》，第27页，第26页。

② 林士民：《再现昔日的文明——东方大港宁波考古研究》，上海三联书店，2005，第24—31页。

③ 童恩正：《试论早期铜鼓》，《考古学报》1983年第3期；《再论早期铜鼓》，载《中国铜鼓研究会第二次学术讨论会论文集》，文物出版社，1986，第11页。中国社会科学院考古研究所编著《中国考古学·秦汉卷》，刘庆柱、白云翔主编，中国社会科学出版社，2010，第1008页。

④ 杨勇：《论古代中国西南与东南亚的联系——以考古发现的青铜器为中心》，《考古学报》2020年第3期。

钺"，其分布地域与前面说的"早期铜鼓"类同，也在中国华南、西南及东南亚地区流行。① 在东南亚地区，这种器物"主要出自越南北部，在印尼、缅甸等地也有零星分布"。② 因此，它也应当被看作"中国同中南半岛地区的文化联系"的物证。③ 有学者指出，越南北部出土的不对称形铜钺，"其纹饰多与舟船有关"。④ 这一迹象也提示我们这些文物的主人的水上航行能力。

正如有学者所指出的，这些青铜器的发现"充分反映出历史上的西南夷与东南亚曾有过十分密切的联系，而且这种联系错综复杂，有很多族群和区域都牵涉其中，联系的形式、背景和动因等也多种多样，具体的交通线路更超乎我们的已有认识"。⑤

有学者注意到，T形断面的玉环和石环在华北地区多有发现。而同样的器物在越南北部和东南亚地区也有比较广泛的分布。这一情形，似可说明东南亚与中国中原地区也存在某种文化交流。⑥ 要考察这种交流的路径，我们就不能不关注较长航程的海路交通。

---

① 汪宁生：《试论不对称形铜钺》，《考古》1985 年第 5 期；中国社会科学院考古研究所编著《中国考古学·秦汉卷》，刘庆柱、白云翔主编，第 1008 页；杨勇：《论古代中国西南与东南亚的联系——以考古发现的青铜器为中心》，《考古学报》2020 年第 3 期。

② 范勇：《再论不对称形铜钺》，《文物》1992 年第 6 期。

③ 中国社会科学院考古研究所编著《中国考古学·秦汉卷》，刘庆柱、白云翔主编，第 1008 页。

④ 松井千鹤子：《所谓"靴形斧"について》，上智大文学部纪要分册《上智史学》，1981，第 18—20 页；范勇：《再论不对称形铜钺》，《文物》1992 年第 6 期。

⑤ 杨勇：《论古代中国西南与东南亚的联系——以考古发现的青铜器为中心》，《考古学报》2020 年第 3 期。

⑥ 吉开将人：《论"T字玉环"》，香港中文大学中国考古艺术研究中心编《南中国及邻近地区古文化研究——庆祝郑德坤教授从事学术活动六十周年论文集》，香港中文大学出版社，1994，第 255 页。中国社会科学院考古研究所编著《中国考古学·秦汉卷》，刘庆柱、白云翔主编，第 1008 页。

第二节 "海外有截"

夏商时期，沿海部族与内地部族已经形成文化风格大致相同的共同体。海洋资源开发的程度，使盐业和渔业得以成为当时的经济支柱。海外文化受到的关注，以及航运能力的提升，达到新的历史水准。

一、"四海之外率服，截尔整齐"

商王朝的区域权力控制，以"海"界定。《诗·商颂·长发》中有"相土烈烈，海外有截"的名句。郑玄笺："截，整齐也。""其威武之盛，烈烈然。四海之外率服，截尔整齐。"孔颖达疏："《正义》：截者，斩断之义。""相土是昭明之子，契之孙也。""契封商国，相土嗣之，止为一国之君而已，不得威行海外。今云'海外有截'，故知入为王官之伯，出长诸侯也。""云四海者，不知所主何方，故总举四海言之。截然整齐，谓守其所职，不敢内侵外衅也。王肃云：相土能继契，四海之外，截然整齐而治，言有烈烈之威。"[1] 所谓"海外有截"的"海外"，被解释为"四海之外"。政治权力"威武之盛，烈烈然"，而"四海之外率服，截尔整齐"，正是对控制能力与服从空间的解说。

关于"相土烈烈，海外有截"，朱熹在《诗集传》中的解释是："截，整齐也。至是而商益大，四方诸侯归之，截然整齐矣。"[2] 而所谓"益大"，所谓"整齐"，要用"海外有截"来形容其空间规模，是一种新的政治文化现象。

关于早期中国社会的海洋意识，顾颉刚、童书业指出："最古的人实在是把海看做（作）世界的边际的，所以有'四海'和'海内'的名

---

[1]《十三经注疏》，阮元校刻，中华书局，1980年影印本，第626页。
[2]《诗集传》，朱熹集注，上海古籍出版社，1980，第245页。

称……《诗·商颂》说：'相土烈烈，海外有截。'（《长发》）这证明了东方的商国（宋国）人也把'海外有截'看做（作）不世的盛业。"① 当时人们的天下观、世界观和海洋观，虽然未明朗，但是与海洋认识相关，这值得我们注意。

二、安阳殷墟的鲸鱼骨

安阳殷墟是有发现海洋生物遗存的。

最引人注意的是鲸鱼骨骼。宋正海、郭永芳、陈瑞平在《中国古代海洋学史》中写道："关于鲸类，不晚于殷商，人们对它已有认识。安阳殷墟出土的鲸鱼骨即可为证。"② 德日进、杨钟健在《安阳殷墟之哺乳动物群》中记载了殷墟哺乳动物骨骼的发现："鲸鱼类 若干大脊椎骨及四肢骨。但均保存破碎，不能详为鉴定。但鲸类遗存之见于殷墟中，乃确切证明安阳动物群之复杂性。有一部系人工搬运而来也。"③

鲸鱼是人们熟悉的海洋生物中体格最大者。汉代文献已经记录了有关鲸鱼的重要信息。《汉书》卷二七中之上《五行志中之上》："成帝永始元年春，北海出大鱼，长六丈，高一丈，四枚。哀帝建平三年，东莱平度出大鱼，长八丈，高丈一尺，七枚，皆死。"④《太平御览》卷七二引《孙绰子》曰："海人曰：'横海有鱼，一吸万顷之陂。'"⑤《文选》卷一二木玄虚《海赋》中说到"横海之鲸""陆死盐田"的情形："巨鳞插云，

① 顾颉刚、童书业：《汉代以前中国人的世界观念与域外交通的故事》，《禹贡半月刊》第五卷第三、四合期，1936年4月。
② 宋正海、郭永芳、陈瑞平：《中国古代海洋学史》，海洋出版社，1989，第348页。
③《中国古生物志》丙种第十二号第一册，中华民国实业部地质研究所、国立北平研究院地质学研究所，1936，第2页。此信息之获得承裘靖教授赐示，谨此致谢。
④《汉书》，第1431页。王子今：《鲸鱼死岸：〈汉书〉的"北海出大鱼"记录》，《光明日报》2009年7月21日。
⑤ 李昉等：《太平御览》，中华书局，1960年复制重印本，第341页。

鬐鬣剌天，颅骨成岳，流膏为渊。"李善注引《魏武四时食制》："东海有鱼如山，长五六里，谓之鲲。时死岸上，膏流九顷。"[1]《太平御览》卷九三八引《魏武四时食制》曰："东海有大鱼如山，长五六里，谓之鲸鲲。次有如屋者。时死岸上，毫流九顷，其须长一丈，广三尺，厚六寸，瞳子如三升槐，大骨可为矜。"[2]《曹操集》文集卷三《四时食制》引"《御览》卷九百三十八"作："东海有大鱼如山，长五六里，谓之鲸鲲，次有如屋者。时死岸上，膏流九顷。其须长一丈。广三尺，厚六寸，瞳子如三升碗，大骨可为矛矜。"[3]"膏流九顷"应当是正确的。

这是汉代及以后的人们对"鲸鲲""死岸上"情形的观察和记忆。殷商时期类似情形的发生及时人的感觉，都是海洋学史研究应当关注的内容。鲸鲲死在海滨，故安阳殷墟的发现应"系人工搬运而来"。鲸鱼骨在当时不大可能通过海上捕杀获得，未可作为航海史料采用。但是"横海之鲸""陆死盐田"情形的文物实证得以存留，可以作为反映当时社会海洋认识的片段信息。

三、小屯"鲻鱼"的发现

人们在河南安阳小屯的早期发掘中，"在地下灰坑中，捡得鱼骨数十件"。学者对这些"想系庖厨之弃物"的遗存进行鉴定，确定是六种鱼类的骨头，有五种"均为安阳本地产物"，其中的"鲻鱼（Mugil sp.）"特别值得注意。

有研究者指出，"此五种鱼类分布至广，即至今日河南北部尚盛产之，且为当地人民普通食用之鱼"，但"鲻鱼"则不同。研究者说：

① 萧统编《文选》，李善注，中华书局，1977 年缩小影印本，第 182 页。吕延济注："此说大鲸失浪也。""陆死盐田，谓死于岸上海畔，故云盐田。巨，大也。颅骨，头骨也。膏，脂也。言大鳞插入云，鬐鬣上刺天，头骨成山，流脂为渊。并言极大。"萧统编《六臣注文选》，李善、吕延济、刘良、张铣、吕向、李周翰注，中华书局，1987，第 235 页。

② 李昉等：《太平御览》，第 4167 页。

③ 曹操：《曹操集》，中华书局编辑部编，中华书局，2018，第 72 页。

唯鲻鱼能在殷商时代见于安阳，实最为奇异之事；因吾人熟知有数种鲻鱼，产于中国东南沿海江河入海之处，而从无内地鲻鱼之记载。[1] 因是吾人推想此鱼未必为安阳土产，乃由沿海防腐保藏而运往内地者；或者此鱼实系安阳土产，而殷商时代此处之地理环境与现实不同，可能此地有盐分较高之内地湖泊，或者有直接入海之川流，鲻鱼得溯江而上以抵安阳或其近处。凡此均有待于别方面之证据以决定之而均属饶有兴趣之问题也。[2]

历史上安阳附近的生态环境确实有所变化，但是"可能此地有盐分较高之内地湖泊，或者有直接入海之川流，鲻鱼得溯江而上以抵安阳或其近处"的推想似难得到"别方面之证据"。更有可能的是，鲻鱼"由沿海防腐保藏而运往内地"。

关于夏商考古的权威论著，就这一发现，也明确说"鲻鱼属海鱼"[3]，否定了古时安阳有"盐分较高之内地湖泊"或"直接入海之川流"的判断。

安阳殷墟发现的海产"鲻鱼"遗存，是这一时期海洋渔业发展水平及受到社会重视程度的文物证明。

四、东营商周遗址出土"文蛤""丽文蛤"

东营广北农场一分场一队东南遗址出土了可鉴定的软体动物标本206件，"涉及海洋软体动物 2 纲、8 科、11 种，共 203 件"。海洋贝类"分别是腹足纲的脉红螺（1 件）、托氏昌螺（1 件），双壳纲的青蛤（135件）、四角蛤蜊（25 件）、短文蛤（13 件）、文蛤（2 件）、牡蛎（8 件）、

---

[1] 原注："Chu，Y. T. 1931 Index Phiscium Sinensium. Biol. Bull. St. John's Uuiv. No. 103."

[2] 伍献文：《记殷墟出土之鱼骨》，载梁思永、夏鼐编辑《中国考古学报》第四册，中国科学院历史语言研究所专刊之十三，商务印书馆，1949，第139—140 页。

[3] 中国社会科学院考古研究所编著《中国考古学·夏商卷》，杨锡璋、高炜主编，中国社会科学出版社，2003，第373 页。

江户明樱蛤（4 件）、缢蛏（12 件及若干残片）、毛蚶（1 件）"。其中，"青蛤占标本总数的 2/3 强，数量最多"。研究者指出，"通过对青蛤壳长、壳高进行统计分析的数据来看"，"均为处（于）生长旺盛期的青蛤，没有老年贝和幼贝，可推测当时不存在捕捞压的问题"。我们还看到这样的分析："从这些海洋贝类现生种的生存环境来看，多为黄海渤海沿岸常见种，栖息在潮间带或稍深的海域。多样的贝壳遗存可以直接证明当时先民的食谱较为丰富，也直接证明先民对海洋及海洋生物的了解已经比较全面，如潮汐规律、贝壳种类、采捞时间、加工利用等。结合对该遗址出土动物骨骼的鉴定结果，可以推测采捞贝壳应是这一时期先民生业的一种季节性补充行为。"

这样的"生业"，应当是以海上航行能力为条件的，特别是在"稍深的海域""采捞"，尤其如此。

分析报告指出："在所有贝类遗存中，只有文蛤（Meretrix meretrix）最为特殊，为当地天然海域所不见。因为现生文蛤主要分布于浙江以南沿海及西太平洋海区。这两枚文蛤均出土于地层中（T7⑤）。"以下所说明的发掘信息特别重要："距离本遗址仅有 2 千米的西南遗址出土了较多的文蛤、丽文蛤（Meretrix lusoria），且西南遗址的时代为商周时期。"

研究者又提到了"距离此地不远的南河崖遗址出土贝类"，其年代为"同时代"，就是说，也是商周时期的遗存。[1]

有学者分析了山东南河崖盐业遗址群的贝类遗存，指出这一遗址的贝类采集时间集中在秋季，贝类生长基本处于正常自然状态，没有捕捞压的明显迹象。这一遗址出土文蛤计 2407 件，"占软体动物遗存总数的71.59％"。研究者还注意到，"当时的先民只选择性地采集肥美的 2—4

---

① 西北民族大学历史文化学院、山东省文物考古研究院：《东营广北农场一分场一队东南遗址软体动物遗存分析报告》，载山东省文物考古研究院编《海岱考古》第十辑，科学出版社，2017，第 248—251 页。

龄文蛤食用"，并指出，"现代对比标本来自与山东气候不同的福建沿海"。① 可见通过相关信息分析证明当时的气候与现今的不同，也是有意义的。

五、沂水纪王崮 M1 随葬的大型海鱼

沂水纪王崮 M1 是 2012 年发掘的春秋中晚期莒地的一座诸侯国贵族墓，墓中南边箱出土了鱼类骨骼遗存。② 据说，这可能"是目前国内遗址中出土鱼类遗存数量较多、保存较好的""从所有动物种属来看，不管是可鉴定标本数还是最小个体数，鱼都是最多的"。③ 其中"共出土鱼类遗存 14339 件，大部分为鱼类骨骼遗存，另有少量破碎鳞片。由于鱼类遗存易碎，不可鉴定部位、种属的骨骼碎片，占总标本数的 40%，可鉴定标本数为 8521 件，占总数的 60%。骨骼标本总重量为 2249.37 克"。④

据动物鉴定报告，"多数器物内均鉴定出鱼骨"，"至少有一部分器物内原本就盛放着鱼骨"。鉴定者总结，纪王崮 M1 出土的"大量的鱼"中的"海洋种类"，比较明确的有"疑似真鲷、黄鱼等鲈形目海洋种属的标本"，但鉴定者对这些海鱼的体量没有说明。⑤

齐晓筠比对现生鱼类标本，做了进一步的统计，结合鱼类生态学、

① 李慧冬：《南河崖西周煮盐遗址贝类采集季节的初步分析》，《华夏考古》2012 年第 3 期。

② 郝导华等：《山东沂水纪王崮发现大型春秋墓葬》，《中国文物报》2012 年 10 月 12 日第 8 版；吕凯、尹纪亮、郝导华：《山东沂水纪王崮二号墓发掘取得重要收获》，《中国文物报》2014 年 1 月 31 日第 8 版。

③ 山东大学历史文化学院、山东省文物考古研究院：《山东沂水纪王崮 M1 动物鉴定报告》，载山东省文物考古研究院编《海岱考古》第十辑，第 190 页。

④ 齐晓筠：《山东沂水纪王崮 M1 随葬鱼类遗存研究》，全球史视野下的东亚海洋史学术研讨会论文，济南，2021。

⑤ 山东大学历史文化学院、山东省文物考古研究院：《山东沂水纪王崮 M1 动物鉴定报告》，载山东省文物考古研究院编《海岱考古》第十辑，第 183 页，第 192 页。

历史文献记载进行分析，对上述鉴定结果进行了一定的修正。据新的鉴定和分析，"随葬的鲍鱼至少代表 36 个个体"，"可以确定鲍鱼在被捕捞后应该未经历去头处理，而是作为整体随葬"，但是"在下葬时应该被去掉鳃部""真鲷也应该是作为整体随葬的，不存在去头的行为""标本应代表至少 10 个个体""在 1239 块鲍鱼骨骼中，有烧黑痕迹的标本为227 块，约占总数的 18%……从分布来看，鲍鱼全身都有被烧灼的痕迹，其中脊椎骨中 1/5 有被烧灼的痕迹。然而，在脊椎上看不到切痕，能辨认出的切痕大多存在于主鳃盖骨、上颌骨等骨骼上，数量比较少""在出土的 200 块真鲷骨骼中，有烧黑痕迹的标本为 49 块，约占总数的24%；分布部位……基本遍及全身各处骨骼""骨骼上均未见切割痕迹"。

研究者介绍："真鲷为暖温性底层鱼类，喜集群，栖息于岩礁、沙泥底质海区，栖息水深 30—200 米。分布于我国渤海、黄海、东海、南海、台湾海域，在日本北海道以南和朝鲜半岛海域、西太平洋暖温性水域皆有分布。体长可达 1 米。其外表特征明显，体鲜红色，体侧遍布蓝色小点。为名贵经济鱼类，肉质鲜美。"[1] 对骨骼标本的测定，"受到收集标本量的限制，无法对出土真鲷个体的体长进行复原，本次研究中收集到的现生真鲷标本，其骨骼参数小于出土骨骼的参数，根据现生标本的体长和体重，可以大致推断纪王崮 M1 中随葬的真鲷个体全长应超过28 厘米，重量在 500 克以上，属于较大的成年个体"。关于"鲍鱼"，研究者说："鲍鱼也写作'鳘鱼'，俗称米鱼、黑鲍、命鱼、敏鱼。为暖温性中下层鱼类，栖息于沿岸及近海泥或沙泥质底海域，或近岸礁石、岛屿附近及河口，一般栖息水深 15—70 米。分布于我国黄海、东海、南海海域，在日本中南部海域、朝鲜半岛海域、西北太平洋温暖水域也有分布。在我国的主要产地有山东烟台、辽宁营口和丹东、浙江舟山，以及福建、广东等地。其适温、适盐范围较广，生长速度快，3 龄可以达到性成熟，最大年龄约为 12—13 龄。1—6 龄鱼的体长范围为 330—630毫米，成鱼体长可达 1 米以上，体质量约 25 千克；常见个体体长 45—

① 原注："a. 刘静、付仲、赵春龙等：《渤海鱼类》，第 138 页，科学出版社，2019
　　年。b. 孙为刚：《加吉鱼小考》，《走向世界》2013 年。"

55 厘米。鲵鱼游泳能力强，活动范围大，产卵、索饵和越冬时进行长距离洄游。初夏生殖期集结成较大的群体，洄游至岛屿、内湾的近岸浅水域。产卵期一般为 7—10 月，在近岸地区产卵；产卵后亲鱼于 11—12 月在外海越冬场越冬。当代捕捞鲵鱼的方式主要是底拖网、沿岸张网、流刺网、钓具等。"① 研究者写道："尽管受到收集标本量的限制，无法对出土鲵鱼个体的体长进行复原，但本次研究中收集到的现生鲵鱼标本，其骨骼参数与出土骨骼的参数相差不多。根据现生标本的体长和体重，可以大致推断纪王崮 M1 中随葬的鲵鱼个体全长应在 70—80 厘米，重量在 3.5 千克以上，属于较大的成年个体"。

研究者分析，真鲷和鲵鱼"洄游、产卵的时间""相似"，"均为初夏，二者可能是在相似的时间段于近海捕获的"。②

第三节　《山海经》的海洋史解读

《山海经》自古号称"奇书"，或说"吾国古籍，瑰伟瑰奇之最者，莫《山海经》若"。③《山海经》共十八卷，"分《山经》五卷和《海经》十三卷两大类，其中《海经》部分最有价值"。④《海经》涉及我国古代地理、神话、历史、民族、生物、矿产等多方面的信息，值得研究。其

---

① 原注："a. 张涛、庄平、杨刚等：《中国沿海鱼类》第 175 页，中国农业出版社，2020 年。b. 陈大刚、张美昭：《中国海洋鱼类》，中国海洋大学出版社，2015 年。c. 刘静、付仲、赵春龙等：《渤海鱼类》第 145 页，科学出版社，2019 年。d. 彭苗苗、陈峰、方舟：《鲵（Miichthys miiuy）基础生物学研究进展》，《渔业信息与战略》，2020 年第 4 期。"

② 齐晓筠：《山东沂水纪王崮 M1 随葬鱼类遗存研究》，全球史视野下的东亚海洋史学术研讨会论文，济南，2021。

③ 袁珂：《〈山海经校注〉序》，载袁珂校注《山海经校注》，上海古籍出版社，1980，第 1 页。

④《〈山海经校注〉出版说明》，载袁珂校注《山海经校注》，上海古籍出版社，1980，第 1 页。

中一些内容对我们探索早期海洋开发的历史有重要的价值。有关海神崇拜、海洋渔业、海洋生态、沿海部族及海岛部族生存条件的信息，都可以通过分析《海经》获得。《山经》中也有若干关于海洋知识的记录。考察中国早期海洋史和海洋学史，我们不应忽视《山海经》的意义。

一、"塓""嵋""禺""淍"："海隅"的"日出"祭

《山海经·大荒南经》中写道："东南海之外，甘水之间，有羲和之国。有女子名曰羲和，方日浴于甘渊。羲和者，帝俊之妻，生十日。"袁珂指出，"东南海之外"，"无南字是也"，应为"东海之外"，又引郭璞云："《启筮》曰：'……有夫羲和之子，出于旸谷。'……沐浴运转之于甘水中，以效其出入旸谷虞渊也，所谓世不失职耳。"袁珂指出："郭注二旸谷宋本均作汤谷。"① 而所谓"甘水""甘渊"，据《山海经·大荒东经》，在"东海之外大壑，少昊之国"。② "东海之外，大荒之中，有山名曰大言，日月所出。""大荒之中，有山名曰合虚，日月所出。""大荒中有山名曰明星，日月所出。""大荒之中，有山名曰鞠陵于天、东极、离瞀，日月所出。"袁珂指出，"大言"，"《初学记》卷五引此经作大谷"。对于"明星山"，袁珂说："此明星山，为日月所出山之三也。"对于"鞠陵于天山"等，袁珂也提示："此鞠陵于天山（包括东极、离瞀二山），为日月所出山之四也。"③《山海经》中所说"日月所出"之山虽然颇多，但是尽在"东海之外"。

宋镇豪在《夏商社会生活史》中写道："甲骨文中也有记商代人观察日出或祭出日入日的史料。"他举例"有一篇三期卜骨上记有""一组祭日卜辞"，可见如下文字：

王其观日出，其截于日，剿。

―――――――

① 《山海经校注》，袁珂校注，第381—382页。
② 同上书，第338页。
③ 同上书，第340页，第344页，第346页，第348页。

　　　　弜祀。弜剗。

　　　　其……湡，王其焚。

　　　　其沉。剗其五牢。

　　　　其十牢。吉。

论者指出："'观日出'和'截于日'，前者是具体物象，后者是概念抽象化的受祭格。'截'有'治'义，如《诗·大雅·常武》：'截彼淮浦'，毛传：'截，治也。'商王观察日出而治祭日神，有认识自然现象和辨识太阳运动规律的内在内容，其治祭自有揆日测度天象标准的祭礼意义。在举行的祭礼中，还施行了剗杀牛牲、祀祝、焚烧、沉玉于河等一系列祭仪。"论者还写道："值得注意者，此次观日出的祭地是在湡地，与《尧典》说的'宅嵎夷曰旸谷，寅宾出日'，全相密合，绝非偶然。其地可能在山东，《尚书·禹贡》有云：'海岱惟青州，嵎夷既略。'《说文》云：'堣夷在冀州阳谷，立春日，日值之而出。'[①] 大概这一祀日祭地的选定，起自夏代，商人承之，有'顺时覛土'[②] 的特殊地望标位。世界民族中祀日之地的选定，也可看到这类现象。"

　　论者又说道："日本祭太阳重视东西轴，或以二至的日影来定祭地，如高安山既是夏至日出山顶的场所，又是冬至太阳沉于海的观察地。[③] 这说明世界民族在各自的文明发展进程中有其共性，而中国的夏商，通以春秋季某特定日子和某一特定地点观测太阳与祭日，显示了各自的特色。"[④] 日本"高安山""又是冬至太阳沉于海的观察地"的说法，正好与《山海经·大荒北经》"夸父不量力，欲追日景，逮之于禹谷"[⑤] 的说

---

① 今按：《说文·土部》，许慎：《说文解字注》，段玉裁注，上海古籍出版社，1981年影印本，第682页。

② 今按：《后汉书》卷六一《黄琼传》李贤注引《国语》："古者太史顺时覛土，农祥晨正日月，底于天庙。"中华书局，1965，第2034页。

③ 原注："《日本古代の太陽祭祀と方位観》，《東アジアの古代文化》第24號，1980年，82～84页。"

④ 宋镇豪：《夏商社会生活史》，中国社会科学出版社，1994，第470—471页。

⑤《山海经校注》，袁珂校注，第427页。

法相互对应。

《说文·土部》："堣，堣夷，在冀州旸谷。立春日，日值之而出。从土，禺声。《尚书》曰：'宅堣夷。'"段玉裁注："旸各本作阳。今正。《日部》曰：'旸，日出也。'引《虞书》曰'旸谷'。则此当作'旸'可知也。《山部》'嵎'下曰：'首嵎山在辽西。一曰嵎铁，嵎谷也。'嵎铁嵎三字皆与此异。'嵎'当作'禺'。盖堣夷旸谷者，孔氏古文如是。禺铁嵎谷者，今文尚书如是。今《尧典》作'宅嵎夷'，曰旸谷。依古文而堣讹嵎，恐卫包所改耳。《玉篇》《唐韵》皆作堣，可证。《尧典音义》曰：《尚书考灵曜》及《史记》作'禺铁'，《尚书正义》卷二曰：夏侯等书古文宅堣夷堣作嵎者讹为宅嵎铁。'嵎铁'即'禺铁'之异字。凡纬书皆用今文，故知许《土部》所称为古文，《山部》为今文。《尚书》如昧谷为古文，柳谷为今文，正同。详见《古文尚书撰异》。"关于"堣夷""旸谷"所在，段玉裁有所讨论："堣夷旸谷，许明云在冀州。《山部》曰：首嵎山在辽西，一曰禺铁、嵎谷。一曰犹一名，非有二物。辽西正在冀州。然则《尧典》之堣夷非《禹贡》'青州'之嵎夷。司马贞注《禹贡》云：《今文尚书》及《帝命验》并作禺铁在辽西。此谓《尧典》也。陆氏引马云：嵎，海隅也；夷，莱夷也。马释《尧典》始以《禹贡》释之，而《伪孔传》大意从之，羲和测日不必远至海外也。《伪孔》云：日出于谷而天下明，故称旸谷。似以此旸谷与日初出东方汤谷合而一之。其谬不亦甚乎。"在"立春日，日值之而出"句下，段玉裁写道："日正当堣夷而出，乃许所闻《尚书》古义如此。"①

现在看来，"堣""嵎""禺"地名所在，"青州""冀州"或"山东""辽西"诸说并存，而认为"海隅也"即海滨地方的判断，显然是合理的。观瞻礼拜祭祀"出日"，体验"日出""而天下明"的神圣感觉，其地应在"海隅"。甲骨文"王其观日出，其截于日""其……溈……"中的"溈"，即宋镇豪所说"此次观日出的祭地是在溈地"，也应当在"海隅"。顾颉刚、童书业曾经分析"最古的人实在是把海看做（作）世界

---

① 许慎：《说文解字注》，第682—683页。

的边际的"，又引"《尚书·君奭篇》说：'海隅出日罔不率俾。'（从郑读）"① 指出了"海隅出日"在他们信仰世界中的庄严意义。

对"王其观日出，其截于日"中"截"字的理解，是否可以与《诗·商颂·长发》"相土烈烈，海外有截"中的"截"联系起来？这或许也是个有意思的问题。

二、"东海""北海"的"海神"

《史记》中两次说到"海神"。《史记·秦始皇本纪》："始皇梦与海神战，如人状。问占梦，博士曰：'水神不可见，以大鱼蛟龙为候。今上祷祠备谨，而有此恶神，当除去，而善神可致。'乃令入海者赍捕巨鱼具，而自以连弩候大鱼出，射之。自琅邪北至荣成山，弗见。至之罘，见巨鱼，射杀一鱼。遂并海西。"② 这是正史中最早出现"海神"的例子。而"博士"又称"海神"为"水神"。"海神"又见于《史记》卷一一八《淮南衡山列传》：

> 又使徐福入海求神异物，还为伪辞曰："臣见海中大神，言曰：'汝西皇之使邪？'臣答曰：'然。''汝何求？'曰：'愿请延年益寿药。'神曰：'汝秦王之礼薄，得观而不得取。'即从臣东南至蓬莱山，见芝成宫阙，有使者铜色而龙形，光上照天。于是臣再拜问曰：'宜何资以献？'海神曰：'以令名男子若振女与百工之事，即得之矣。'"秦皇帝大说，遣振男女三千人，资之五谷种种百工而行。徐福得平原广泽，止王不来。③

"海神"，在这里又称作"神""海中大神"。

---

① 顾颉刚、童书业：《汉代以前中国人的世界观念与域外交通的故事》，《禹贡半月刊》第五卷第三、四合期，1936年4月。
②《史记》，中华书局，1959，第263页。
③《史记》，第3086页。

《汉书》中没有直接以明确的文字体现"海神"这一称谓，却有涉及"海神"的历史文化信息。《汉书》卷六《武帝纪》记载："（元封）五年冬，行南巡狩，至于盛唐，望祀虞舜于九嶷。登灊天柱山，自寻阳浮江，亲射蛟江中，获之。舳舻千里，薄枞阳而出，作《盛唐枞阳之歌》。遂北至琅邪，并海，所过礼祠其名山大川。春三月，还至泰山，增封。甲子，祠高祖于明堂，以配上帝，因朝诸侯王列侯，受郡国计。夏四月，诏曰：'朕巡荆扬，辑江淮物，会大海气，以合泰山。上天见象，增修封禅。其赦天下。所幸县毋出今年租赋，赐鳏寡孤独帛，贫穷者粟。'还幸甘泉，郊泰畤。"所谓"会大海气"，颜师古注："郑氏曰：'会合海神之气，并祭之。'"[①] 另一文例，见于《汉书》卷四〇《张良传》："良尝学礼淮阳，东见仓海君，得力士，为铁椎重百二十斤。秦皇帝东游，至博狼沙中，良与客狙击秦皇帝，误中副车。秦皇帝大怒，大索天下，求贼急甚。良乃更名姓，亡匿下邳。"关于"仓海君"，颜师古注："晋灼曰：'海神也。'如淳曰：'东夷君长也。'师古曰：'二说并非。盖当时贤者之号也。良既见之，因而求得力士。'"[②] 按照晋灼的说法，"仓海君"即"海神也"，不过这一说法被颜师古否定。

《山海经·大荒东经》说到"东海"之"神"，也说到了"北海"和"东海"的"海神"：

> 东海之渚中，有神，人面鸟身，珥两黄蛇，践两黄蛇，名曰禺䝞。黄帝生禺䝞，禺䝞生禺京，禺京处北海，禺䝞处东海，是惟海神。

郭璞注："渚，岛。"对于"禺京"，郭璞云："即禺强也。"郝懿行云："禺强，北方神，已见《海外北经》。《庄子》（《大宗师》）《释文》引此经云：'北海之神，名曰禺强，灵龟为之使。'今经无此语。其云'灵龟为之使'者，盖据《列子》（《汤问篇》）云：'夏革曰：五山之根，无所连著，常随潮波上下往还，帝命禺强，使巨鳌十五，举首而戴之，五山

①《汉书》，中华书局，1962，第196页，第197页。
②《汉书》，第2023页。

始峙。'云云。所谓灵龟，岂是与？"① "禺䝞""禺京""禺强"等名号中都有"禺"字，不免让人产生与上文"堣""峱""渦""海隅"相关的联想。

所谓"常随潮波上下往还"，显然是以海上航行生活体验为基础的文字描述。而"灵龟为之使"，或与《列子·汤问》中"（帝）乃命禺强，使巨鳌十五举首而戴之""五山始峙而不动"② 有关，体现了有关海龟的海洋生物学知识。我们知道，"龟"在汉代曾经被视为海上仙人的伴侣。③

关于"黄帝生禺䝞，禺䝞生禺京，禺京处北海，禺䝞处东海，是惟海神"，袁珂注："郭璞云：'言分治一海而为神也。䝞一本作號。'珂案：经文'黄帝生禺䝞'已下三䝞字及郭注'䝞一本作號'之䝞，宋本、毛扆本、吴任臣本俱作貌。揆之经文，则作䝞是也。上文既称'东海之神名曰禺䝞'，则下文'处东海，是惟海神'之禺䝞自应仍作䝞，无由而别作貌之理。其作貌者，或传写之讹也。郭注'䝞一本作號'者，號《说文·玉篇》均无此字，疑即號之异文，《海内经》云'帝俊生禺號'是也。禺䝞、禺京分治一海而为海神，禺京既海神而兼风神矣（已见《海外北经》'北方禺强'节注），则其父禺䝞亦必海神而兼风神，观其人面鸟身之形，与子同状，可知也矣。"④

三、"北方禺强"与"鲸"

袁珂所谓"《海外北经》'北方禺强'节注"，讨论了"北海""海

①《山海经校注》，袁珂校注，第 350 页。

② 杨伯峻：《列子集释》，中华书局，1979，第 153 页。

③《淮南子·道应训》讲述海滨方士卢敖见仙人故事："卢敖游乎北海，经乎太阴，入乎玄阙，至于蒙谷之上。见一士焉，深目而玄鬓，泪注而鸢肩，丰上而杀下，轩轩然方迎风而舞。顾见卢敖，慢然下其臂，遁逃乎碑。卢敖就而视之，方倦龟壳而食蛤梨。"何宁：《淮南子集释》，中华书局，1998，第 882 页。《论衡·道虚》作"方卷然龟背而食合梨"。黄晖：《论衡校释（附刘盼遂集解）》，中华书局，1990，第 322 页。

④《山海经校注》，袁珂校注，第 350 页。

神""禺强"和"鲸"的关系。《山海经·海外北经》曰:"北方禺强,人面鸟身,珥两青蛇,践两青蛇。"郭璞注:"字玄冥,水神也。庄周(《庄子·大宗师》)曰:'禺强立于北极。'一曰禺京。一本云:北方禺强,黑身手足,乘两龙。"袁珂写道:"珂案:《大荒北经》云:'有神,人面鸟身,珥两青蛇,践两赤蛇,名曰禺强。'与此经文略异。又《大荒东经》云:'东海之渚中,有神,人面鸟身,珥两黄蛇,践两黄蛇,名曰禺虢。黄帝生禺虢,禺虢生禺京,禺京处北海,禺虢处东海,是为海神。'郭璞于'禺京'下注云:'即禺强也。'强、京一声之转。则作为北海海神之禺京,与其作为东海海神之父禺虢,同为人面鸟身。然窃有疑焉。"袁珂说:

> 《庄子·逍遥游》云:"北冥有鱼,其名为鲲,鲲之大,不知其几千里也,化而为鸟,其名为鹏,鹏之背,不知其几千里也。怒而飞,其翼若垂天之云。是鸟也,海运则将徙于南冥;南冥者,天池也。《齐谐》者,志怪者也;《谐》之言曰:鹏之徙于南冥也,水击三千里,抟扶摇而上者九万里,去以六月息者也。"似乎非仅寓言,实有神话之背景存焉。此背景维何?陆德明《音义》引崔譔云:"鲲当为鲸。"是也。《尔雅·释鱼》:"鲲,鱼子。"大无以致千里。庄生诙诡,以小名大,齐物之意也,鲲实当为鲸。而北海海神适名禺京,又字玄冥,此与庄周寓言中北冥之鲲(鲸)岂非有一定之关联乎?而鲸,字本作鱼畺,《说文》十一云:"鱼畺,海大鱼也,从鱼,畺声。"[1] 又与禺强(禺京)之"强(旧作'畺')"合。郭注引一本云:"北方禺强,黑身手足,乘两龙。"疑"黑身"乃"鱼身"之误,"黑"与"鱼"形近而致讹也……《海外东经》云:"雨师妾在其北,为人黑身人面。"未言手足。以身既人身,手足自具,无烦更举。《海内北经》云:"陵鱼人面、手足、鱼身,在海中。"此人形之鱼,身仍为鱼,而有手有足,故特著手

---

① 今按:段玉裁注:"此海中鱼最大者。字亦作鲸。《羽猎赋》作京。京,大也。"许慎:《说文解字注》,段玉裁注,上海古籍出版社,1981年影印本,第580页。

足，以彰其异。由是言之，"黑身手足"之禺强，犹"手足鱼身"之陵鱼，均人鱼之类，"黑身"盖"鱼身"之讹也。① 其为海神之时，形貌当即是"鱼身手足"。②

其实，"禺强"之"黑身"，正符合"鲸"的形态，不必言"'黑身'盖'鱼身'之讹也"。

《说文·鱼部》"鳢"条下还写道："《春秋传》曰：取其鳢鲵。"段玉裁注："宣公十二年《左氏传》文。刘渊林注《吴都赋》、裴渊《广州记》皆云：雄曰鲸，雌曰鲵。"③ 这些说法，也值得注意。郭璞说："禺京鲸族，探海之人。"郭郛写道："他是北方之神，又是操舟能手，可能是探索亚洲—美洲大陆桥的有名人氏。"④

四、"精卫"神话

《山海经》在《海经》之外的内容中，也有涉及"海"的信息。例如，《山海经·北山经》记述了精卫填海的神话：

> ……又北二百里，曰发鸠之山，其上多柘木。有鸟焉，其状如乌，文首、白喙、赤足，名曰精卫，其鸣自詨。是炎帝之少女名曰女娃，女娃游于东海，溺而不返，故为精卫，常衔西山之木石，以堙于东海。

这是陆地居民以坚韧的精神与"海"抗争的例子。袁珂又引录了《述异记》里的文字：

---

① 郭郛也说："疑黑身乃与鱼身之讹，此鱼身是鲸身之误。"《山海经注证》，郭郛注，中国社会科学出版社，2004，第776页。
②《山海经校注》，袁珂校注，第248—249页。
③ 许慎：《说文解字注》，段玉裁注，第580页。
④《山海经注证》，郭郛注，第776—777页。

> 昔炎帝女溺死东海中，化为精卫。偶海燕而生子，生雌状如精卫，生雄如海燕。今东海精卫誓水处，曾溺此川，誓不饮其水。一名誓鸟，一名冤禽，又名志鸟，俗呼帝女雀。

袁珂说："则是此一神话之流传演变也。"①

所谓"游于东海，溺而不返"，"游"而至于"溺"，最终"不返"的生命悲剧，显现出"东海"对人类交通行为的阻碍。而精卫的"誓"与"志"，则成为征服海洋的英雄意向之文化象征。

"精卫填海"语，已见于《抱朴子·释滞》。② 有关精卫的传说，《博物志》的文字与《山海经》略异。《太平御览》卷九二五引《博物志》曰："有鸟如乌，文首，白喙，赤足，名曰'精卫'。昔赤帝之女，名女娲。往游于东海，溺死而不反。其神化为精卫。故精卫常取西山之木石，以填东海。"③

郭郛提示的古地理学知识，可以作为考证精卫填海故事的参考："太行山之东为东海，现水岸线东移，只缩小为渤海。可知炎帝活动时代海水在太行山以东，此一情况约在公元前 10000—6000 年前。""据地质学家研究，约在公元前 5400 年前，渤海岸在太行山东侧不远。"④

五、《海经》记述的海上居民

有学者指出："在西汉景、武之际（公元前 2 世纪），《海经》和《山经》还是分开流行的。"《海经》和《山经》"内容各不相同，笔调也相去很远"。学者指出："《海经》所说的疆域，就是泰山周围的山东中部地区。"⑤ 这样的意见未必能够得到学界的普遍赞同。但是我们应当注意

---

① 《山海经校注》，袁珂校注，第 92—93 页。
② 《抱朴子内篇校释》（增订本），王明校释，中华书局，1985，第 155 页。
③ 李昉等：《太平御览》，中华书局，1960 年影印本，第 4112 页。
④ 《山海经注证》，郭郛注，第 312 页。
⑤ 何幼琦：《〈海经〉新探》，载中国《山海经》学术讨论会编辑《〈山海经〉新探》，四川省社会科学院出版社，1986，第 73 页，第 79 页。

到，今"山东"正是中国海洋探索与海洋开发的先行之地，有关海洋的早期知识在这里初步得到总结，是合理的。①

《海经》除了通过带有神秘色彩的文字折射出海洋气象知识、海洋水文知识及海洋生物知识之外，也记录了人文地理方面的信息。

《山海经·海外南经》说："地之所载，六合之间，四海之内，照之以日月，经之以星辰，纪之以四时，要之以太岁，神灵所生，其物异形，或夭或寿，唯圣人能通其道。"又自"结匈国"起，列说"海外"之国和"海外"之民。袁珂注引毕沅云：《淮南子·墬形训》有结胸民，作'胸'，非。"他又写道："珂案：《淮南子·墬形篇》云：'凡海外三十六国：自西北至西南方，有修股民、天民、肃慎民、白民、沃民、女子民、丈夫民、奇股民、一臂民、三身民；自西南至东南方，结胸民、羽民、讙头国民、裸国民、三苗民、交股民、不死民、穿胸民、反舌民、豕喙民、凿齿民、三头民、修臂民；自东南至东北方，有大人国、君子国、黑齿民、玄股民、毛民、劳民；自东北至西北方，有跂踵民、句婴民、深目民、无肠民、柔利民、一目民、无继民。'俱本此经文为说。唯自西北至西南，多天民，无巫咸国、轩辕国；自西南至东南方，多裸国民、豕喙民、凿齿民，无厌火国、载国、周饶国；自东南至东北方，无青丘国、雨师妾国（即《海外东经》所记雨师妾，郝懿行谓是国名，详该节注）；自东北至西北方，无聂耳国、夸父国（'夸'字《海外北经》原作'博'，非，详该节注）：是其异。"②

有学者指出："在我国众多的神话古籍中，详尽描绘海洋部落的，首推神话著作《山海经》。"《山海经》"不仅是了解先秦时期历史的一部重要著作，而且是今人探索东海岸岛民始祖及其活动场景的一把金钥匙"。论者认为："在《山海经》中，对洪荒年代原始岛民的海洋部落，有十分精彩并充满浪漫主义色彩的生动描写。"③ 论者列举的《山海经》中说到的"洪荒年代原始岛民的海洋部落"，往往译作现代语，而理解

---

① 王子今：《东方海王：秦汉时期齐人的海洋开发》，中国社会科学出版社，2015。

②《山海经校注》，袁珂校注，第185页。

③ 姜彬主编《东海岛屿文化与民俗》，上海文艺出版社，2005，第4页。

似乎未能十分准确，甚至有错排文字。我们这里引用《山海经》原文，以争取论说不至于偏离古义。

《山海经·海外南经》说到"周饶国"和"焦侥国"的空间方位和人文特点，而其东面又有"长臂国"：

> 长臂国在其东，捕鱼水中，两手各操一鱼。一曰在焦侥东，捕鱼海中。①

这应当是以渔业为主要经济形式的部族。袁珂注："郭璞云：'旧说云：其人手下垂至地。魏黄初中，玄菟太守王颀讨高句丽王宫，穷追之，过沃沮国，其东界临大海，近日之所出。问其耆老，海东复有人否？云：尝在海中得一布褐，身如中人，衣两袖长三丈，即此长臂人衣也。'珂案：郭注此说，本《三国志·魏志·东夷传》，《博物志》同，惟三丈作二丈也。《淮南子·墬形篇》有修臂民，高诱注云：'一国民皆长臂，臂长于身，南方之国也。'是郭注'下垂至地'所本。""《大荒南经》云：'有人名曰张宏，在海上捕鱼。海中有张宏之国，食鱼，使四鸟。'即此，说详该节注。"又引毕沅注："云两手各操一鱼，云捕鱼海中，皆其图象也。"《山海经·海外北经》中又写道：

> 聂耳之国在无肠国东，使两文虎，为人两手聂其耳。县居海水中，及水所出入奇物。

"县居海水中"，郭璞以为"县，犹邑也"。袁珂说："县，悬本字；'县居海水中'者，言聂耳国所居乃孤悬于海中之岛也；郭以邑释县，殊未谛。"袁珂的意见应当是正确的。所谓"及水所出入奇物"，袁珂注："郭璞云：'言尽规有之。'珂案：《藏经》本'奇物'作'奇怪物'。"②

《山海经·海外东经》关于"大人之国"，有"为人大，坐而削船"

---

① 《山海经校注》，袁珂校注，第 200 页，第 202 页。
② 同上书，第 237—238 页。

的说法。袁珂注引郝懿行云："'削'当读若'稍'，'削船'谓'操舟'也。"① 《山海经·海外东经》还说到"雨师妾"国，其北有"玄股之国"，"其为人衣鱼"。郭璞注："以鱼皮为衣也。"② 既然"衣鱼"即"以鱼皮为衣"，渔业应当是这一部族的主业。其取用"鱼皮"资源的情形，见于《史记》卷二三《礼书》"鲛鞈"，裴骃《集解》引徐广曰："鲛鱼皮可以饰服器。""鞈者，当马腋之革。"③ "鲛鱼"正是海鱼。《说文·鱼部》："鲛，海鱼也。皮可饰刀。"段玉裁注："今所谓沙鱼也。许有鲨字，云从沙省。盖即此鱼。""《淮南子》：鲛革犀兕为甲胄。《中山经》有鲛鱼。郭云：即此鱼。《中庸》：鼋鼍鲛龙。本又作蛟。"④ 《三国志》卷三〇《魏书·东夷传》"濊"条写道："其海出班鱼皮，土地饶文豹，又出果下马，汉桓时献之。"⑤ 所谓"班鱼皮"，是汉魏时期来自海外的贡品。

"玄股之国"以北有"毛民之国"："毛民之国在其北，为人身生毛。"袁珂注引郭璞的解说，提供了时代较晚的民族学资料：

> 郭璞云："今去临海郡东南二千里，有毛人在大海洲岛上，为人短小，而体尽有毛，如猪能，穴居，无衣服。晋永嘉四年，吴郡司盐都尉戴逢在海边得一船，上有男女四人，状皆如此。言语不通，送诣丞相府，未至，道死，唯有一人在。上赐之妇，生子，出入市井，渐晓人语，自说其所在是毛民也。《大荒（北）经》云'毛民食黍'者是矣。"

袁珂又补充了其他相关信息："珂案：《太平御览》卷三七三引《临海异物志》云：

> "毛人洲，在张屿，毛长短如熊。周绰得毛人，送诣秣陵。"又卷

---

① 《山海经校注》，袁珂校注，第 252—253 页。
② 同上书，第 263 页。
③ 《史记》，第 1162 页。
④ 许慎：《说文解字注》，段玉裁注，第 580 页。
⑤ 《三国志》，中华书局，1959，第 849 页。

七九〇引《土物志》云："毛人之洲，乃在涨屿；身无衣服，凿地穴处；虽云象人，不知言语；齐长五尺，毛如熊豕；众辈相随，逐捕鸟鼠。"即郭注所谓临海郡毛人也。①

在"海边"发现远方漂来的"毛人"，似可说明《山海经》有关海外部族的记录有一定的现实依据。

关于"在海中""居海中"的部族，《山海经·海内北经》中还写道："射姑国在海中，属列姑射，西南，山环之。""明组邑居海中。"对于"明组邑"，袁珂注引郝懿行云："明组邑盖海中聚落之名，今未详。"②

六、关于"海市"

自战国时期起，因环渤海地区方士活跃，海上神山传说盛行。然而，据说"患且至，则船风引而去"，"未至，望之如云；及到，三神山反居水下"，"临之，风辄引去，终莫能至云"。③ 这一情形，如《史记》卷二七《天官书》所说："海旁蜃气象楼台；广野气成宫阙然。"④ 这就是所谓"海市蜃楼"，或解释为："光线经过不同密度的空气层，发生显著折射或全反射时，把远处景物显示在空中或地面而形成的各种奇异景象。常发生在海面或沙漠地区。古人误以为蜃吐气而成，故称。"⑤《玉台新咏笺注》卷七解释南朝梁武陵王萧纪《闺妾寄征人》"愿君看海气，忆妾上高楼"句，引晋伏琛《三齐略记》："海上蜃气，时结楼台，名

---

① 《山海经校注》，袁珂校注，第 263—265 页。

① 《山海经校注》，袁珂校注，第 263—265 页。

② 同上书，第 322 页，第 324 页。

③ 《史记》卷二八《封禅书》，第 1370 页。

④ 《史记》，第 1338 页。

⑤ 汉语大词典编辑委员会、汉语大词典编纂处编《汉语大词典》（第五卷），汉语大词典出版社，1990，第 1220 页。今按：发生在沙漠地区者，即所谓"广野气"。

'海市'。"① 其实，这种关于"海市蜃楼"的海域视觉体验，更早见于《山海经》。《山海经·海内北经》中有相关记述：

> 蓬莱山在海中。

袁珂注："郭璞云：'上有仙人宫室，皆以金玉为之，鸟兽尽白，望之如云，在渤海中也。'珂案：《史记·封禅书》云：'蓬莱、方丈、瀛洲，此三神山者，其传在渤海中，诸仙人及不死之药皆在焉。其物禽兽尽白，而黄金银为宫阙。未至，望之如云。'② 云云，是郭所本也。《列子·汤问篇》五神山神话亦有蓬莱，已见《海外东经》'大人国'节注。《御览》卷三八引此经作'蓬莱山，海中之神山，非有道者不至'。当是骤栝经文并郭注而言，非经文也。"

"海市蜃楼"之"海市"名号，即所谓"名'海市'"者，也来自《山海经》。《山海经·海内北经》中写道：

> 大人之市在海中。

袁珂注："珂案：《大荒东经》云：'东海之外，大荒之中，有山名曰大言，日月所出。有波谷山者，有大人之国。有大人之市，名曰大人之堂……'即此。杨慎、郝懿行等咸释以登州海市蜃楼之幻象，云：'今登州海中州岛上，春夏之交，恒见城郭市廛，人物往来，有飞仙邀游，

---

① 徐陵编《玉台新咏笺注》，吴兆宜注，程琰删补，穆克宏点校，中华书局，1985，第 308 页。

②《史记》卷二八《封禅书》："自威、宣、燕昭使人入海求蓬莱、方丈、瀛洲。此三神山者，其传在勃海中，去人不远；患且至，则船风引而去。盖尝有至者，诸仙人及不死之药皆在焉。其物禽兽尽白，而黄金银为宫阙。未至，望之如云；及到，三神山反居水下。临之，风辄引去，终莫能至云。世主莫不甘心焉。及至秦始皇并天下，至海上，则方士言之不可胜数。始皇自以为至海上而恐不及矣，使人乃赍童男女入海求之。船交海中，皆以风为解，曰未能至，望见之焉。"第 1369—1370 页。

俄顷变幻，土人谓之海市。疑即此。'云云，非也。"①

　　杨慎、郝懿行等对于《山海经》"大人之市"的解说，与"海市蜃楼"相联系。但是袁珂断言"非也"，予以否定。如果"大人之市"与"土人谓之海市"者确有关联，则《山海经》中"大人之市"等文字，是光学史上关于"海市蜃楼"现象最早的记录。可能在战国秦汉时期海上神山追求者"去人不远；患且至，则船风引而去"，"未至，望之如云；及到，三神山反居水下。临之，风辄引去，终莫能至云"等往往失败的航海探索之前，在《山海经》成书的时代或者更早，渤海的早期航行者已经有此体验。

　　郭郛对"大人之市"有这样的解释："大人之市是海滨高跷足人所交换物品的市集，大人之堂是交换物品的场所，场所在一稍为平宽地点，并有容纳人的山崖洞穴，如堂室，故名大人之堂。"② 所谓"山崖洞穴"全出于想象，但是"大人之市""大人之堂"可能是实际存在的海上交易场所在神话传说中如"海市蜃楼"般的折射。

七、《海经》中的早期航海技术

　　关于"海上""海中"部族的生产与生活，我们在《山海经》中可以看到有关当时航行能力的记载。《山海经·大荒南经》中写道：

> 有人名曰张弘，在海上捕鱼。海中有张弘之国，食鱼，使四鸟。
> 有人焉，鸟喙，有翼，方捕鱼于海。大荒之中，有人名曰驩头……驩头人面鸟喙，有翼，食海中鱼，杖翼而行。

　　关于"杖翼而行"，袁珂注："郭璞云：'翅不可以飞，倚杖之用行而已。'珂案：郭注'用行'，吴任臣本作'周行'。"③

---

①《山海经校注》，袁珂校注，第324—325页。
②《山海经注证》，郭郛注，第765页。
③《山海经校注》，袁珂校注，第378—379页。

"捕鱼""食鱼"说明了这些部族的生产方式和生活习惯。"张弘之国"在"捕鱼""食鱼"之后"使四鸟"，不知是否有利用海鸟"捕鱼"的可能。前引《山海经·海外东经》中说到"大人之国"，"为人大，坐而削船"。郝懿行解释为"削船谓操舟也"。中国沿海居民善于"操舟"，南方越人有这样的传统。① 而北方海滨居民也有大致相同的传统。善于"操舟"的水手，汉代时称为"习船者"。② 而"在海上""居海上"的人们早期航海传统的形成，可以追溯到《山海经》成书的时代。

关于《山海经·海外东经》中"大人之国""为人大，坐而削船"之说，有研究者理解为"这大人国的人身材高大，都会驾船操舟"，并发表了进一步的理解："依此而言，东海岸的岛民始祖，此时不仅有了船作为捕捞的主要工具，并已学会驾驶之法。这是原始岛民从滩涂、浅海作业向近海捕捞转换的一大飞跃。"对于"驩头人"的"杖翼而行"，有论者说："驩头国民，'食海中鱼'，'杖翼而行'。这个'杖'即桅杆，这个'翼'就是风帆。此时，海岛上不仅有船，而且有帆。若再联想我国早期的造船史和航海史，《山海经》中关于驩头国的描述，即是一幅非常生动的海上岛民'张帆捕鱼图'。"不过，论者也说："但从《山海经》中记叙的二十余个海洋部落中，提及船和帆的部落只有两个。可见，大多数海洋部落的生产水准，当时还停留在滩涂采集和近岸垂钓，只有少数部族进入了'张帆捕鱼'的先进行列。"③ 有关"杖""桅""翼""帆"的推想，看来尚缺乏论据。关于"杖翼而行"，还有完全不同的解说。④

---

① 王子今：《秦汉时期的近海航运》，《福建论坛（文史哲版）》1991 年第 5 期；《秦汉时期的东洋与南洋航运》，《海交史研究》1992 年第 1 期；《秦汉闽越航海史略》，《南都学坛》2013 年第 5 期。

② 王子今：《"博昌习船者"考论》，《齐鲁文化研究》2013 年总第 13 辑，泰山出版社，2013。

③ 姜彬主编《东海岛屿文化与民俗》，第 9 页。

④ 例如，有学者说："他们有翼却不能飞，只能当拐杖用。驩头国的人每天扶着翅膀，在海边用鸟的尖嘴捕食鱼虾。"马昌仪：《古本山海经图说》，山东画报出版社，2001，第 411 页。也有学者将此与《神异经·南经》中"有翼不足以飞"及商代一方国名或族徽"有翼而非鸟"形象相联系。喻权中：《中国上古文化的新大陆——〈山海经·海外经〉考》，黑龙江人民出版社，1992，第 45—46 页。

有学者说："带了有羽毛外衣的竹木拄杖，拄杖可帮助行走，羽毛外衣可御寒或作浮水器，为长期在水中作业的人们预备之物。""杖翼而行"被理解为"有羽翼状的外衣，能在海中捕鱼"，"有羽毛外服，捕海中鱼为食，仗着羽毛服和拄杖而在水中行走"。[①] 所谓"长期在水中作业"，"在水中行走"，读来别有意味。

如果讨论"张帆捕鱼"说，我们应当注意到甲骨文的"凡"字"通用为帆"[②]，或可以说明在汉代称为"海人"[③] 的海上"驾船操舟"者，很可能很早就能够以"张帆"的形式利用风力行船。"帆"这种发明是否已应用于海上航行的交通实践中，现在虽然没有确证，但是其可能性未能排除。

借助风力航海的技术，明确见于《艺文类聚》卷八引东汉班叔皮《览海赋》曰"乘虚风而体景"，魏王粲《游海赋》曰"翼惊风而长驱"，魏文帝曹丕《沧海赋》曰"下来风之泠泠"。这些应当都是采用"张帆"方式，可惜都距《山海经》时代甚远。而晋木玄虚《海赋》更为晚近，然而开篇却是从"昔在帝妫臣唐之世"开始追述，而"候劲风，揭百尺，维长梢，挂帆席，望涛远决，囨然鸟逝，一越三千，不终朝而济所届"诸语[④]，明确说到"挂帆席"。这些文句如果保留了有关"帝妫臣唐之世"的若干历史记忆，或许对我们理解风帆的发明史有一定的帮助。木玄虚《海赋》中"劲风"与"鸟逝"的关系，则使我们联想到《海经》中神秘的"鸟"对"风"的驾驭能力。"凤"崇拜的发生，或许与此有关。[⑤] 有学者指出："《山海经》某些今人所谓异禽怪鸟，却是先秦

---

① 《山海经注证》，郭郭注，第 814—815 页。

② 刘钊、冯克坚主编《甲骨文常用字字典》，中华书局，2019，第 53 页。

③ 王子今：《汉代的"海人"》，《紫禁城》2014 年 10 月号。

④ 欧阳询：《艺文类聚》，汪绍楹校，第 152—153 页。

⑤ 《说文·鸟部》："凤，神鸟也。""五色备举，出于东方君子之国，翱翔四海之外。过昆仑，饮砥柱，濯羽弱水，莫宿风穴。见则天下大安宁。""莫宿风穴"，段玉裁注：《文选》注引许慎曰：'风穴，风所从出也。'"许慎：《说文解字注》，段玉裁注，第 148 页。

第一章 上古华夏人的海洋观与最初的海洋探索

45

人所熟知且用作典故的常见物，所关虽小，所明却大。"[①] 有的学者将这些"鸟"的形象理解为"族徽或图腾"[②]，或作为当时的"群体图腾徽号"，其文化背景，是当时处于"图腾制时代"。[③] 徐旭生说："东夷集团，太皞、少皞、蚩尤均属之。它的地域范围，北自山东的东北部，最盛时达山东北部全境，西至河南东部，西南至河南极南部，南至安徽中部，东至海。"他据《左传·昭公三十年》的说法，"少皞氏以鸟名官"，推定"那鸟应当就是少皞氏族的图腾"。[④]

在凶险的浪涛中艰难拼搏的海上先民，看到翱翔海空的飞鸟，对于它们倚仗双翼拥有的行为自由，一定是十分羡慕的，继而上升为崇拜，这在上古时代可能是自然的心理现象。

第四节　"海"与"晦"

"海"字，甲骨文中写作"每"。也就是说，"每"字通用为"海"。[⑤] 从"海"字最初的字形字义，可以窥探古代人民对"海"的早期认识。

一、"海，晦也"

"海"的字义，起初与"晦"有关。《释名·释水》中写道："海，

① 叶舒宪、萧兵、郑在书：《山海经的文化寻踪："想象地理学"与东西文化碰触》，湖北人民出版社，2004，第 2185-2186 页。

② 喻权中：《中国上古文化的新大陆——〈山海经·海外经〉考》，第 47 页。

③ 张岩：《〈山海经〉与古代社会》，文化艺术出版社，1999，第 23 页。

④ 徐旭生：《中国古史的传说时代》（增订本），文物出版社，1985，第 5 页，第 56 页，第 104 页。关于体现鸟崇拜的远古文化现象，可参看王子今：《文明初期的部族融合与龙凤崇拜的形成》，《文博》1986 年第 1 期。

⑤ 刘钊、冯克坚主编《甲骨文常用字字典》，第 147 页。

晦也。主承秽浊，其水黑如晦也。"①《说文·日部》中写道："晦，月尽也。"段玉裁注："引伸（申）为凡光尽之称。"《说文·雨部》中写道："天气下，地不应曰霿。霿，晦也。"段玉裁注："《释天》曰：天气下，地不应曰霿。今本作曰霿，或作曰雺。皆非也。霿，《释名》作蒙，《开元占经》作濛。《释名》曰：蒙，日光不明濛濛然也。《开元占经》引郗萌曰：在天为濛，在人为雾。日月不见为濛，前后人不相见为雾。按霿与霿之别，以郗所言为确。许以霿系天气，以霿系地气。亦分别井然。大氐霿下霿上，霿湿霿干。霿读如务，霿读如蒙。霿之或体作雾，霿之或体作蒙。不可乱也。而《尔雅》自陆氏不能谠正，讹舛不可读。如《玉篇》云霿，天气下地不应也；霿，地气发天不应也。盖本《尔雅》而与《说文》互易，则又在陆氏前矣。其他经史雺、霿、雾三字往往淆讹。要当以许书为正。""晦本训月尽。引申为日月不见之称。"② 中原人对"海"的知识的"不见"，即未知，使得"海"的原始字义来自"晦"。

楚辞《九歌·山鬼》中说："云容容兮而在下，杳冥冥兮羌昼晦。"王逸注："晦，暗也。"对茫茫海域昏暗不明的视觉感受，其实也容易生成类同的文化认识。英国学者约翰·迈克（John Mack）的《海洋——一部文化史》引录了汤加人类学家豪·欧法·埃皮利（EFELI HAU OFI）《我们的岛之海》中的一段话："大海，事实上是一种荒蛮的混沌和无序状态……"③ 这正是与"晦"相近的文化感觉。

清华大学藏战国简《赤鹄之集汤之屋》篇记述了一个神异的故事：古有赤鹄集于汤之屋，汤射获，命小臣"脂羹之"。汤妻纴芘强迫小臣让其尝羹。小臣又尝其余羹。汤返回后追究小臣，小臣出逃，为汤诅咒，病卧道中，后得"巫乌"救治，又从"众鸟"与"巫乌"的对言中

① 任继昉：《释名汇校》，齐鲁书社，2006，第62页。《初学记》卷六引《释名》："海，晦也。主引秽浊，其水黑而晦。"徐坚等：《初学记》，中华书局，1962，第114页。《太平御览》卷六〇引《释名》曰："海，晦也。李昉等：《太平御览》，第287页。主承秽浊，其水黑而晦也。"文字略异，而内容是一致的。

② 许慎：《说文解字注》，段玉裁注，第307页，第574页。

③ 约翰·迈克：《海洋——一部文化史》，冯延群、陈淑英译，上海译文出版社，2018，第84页。

得知夏后有疾及解除之法。夏后按照小臣所言除去致病之祟。其中，关于纴帠尝羹的情节，有这样的记述："小臣自堂下受（授）纴帠羹。纴帠受小臣而尝〔三〕之，乃邵（昭）然四亢（荒）之外，亡（无）不见也。小臣受亓（其）余而尝之，亦邵（昭）然四晦（海）之外，亡（无）不见也。〔四〕"① 小臣能够听懂"巫鸟"与"众鸟"的对话，应与"尝""羹"之后能力得以提升，"邵（昭）然四晦（海）之外，亡（无）不见也"有关。

这是古代文献中"海"写作"晦"的明确例证。②

二、"四海"与"四晦"

对"四亢（荒）之外"及"四晦（海）之外"，由"不见"到"亡（无）不见"的神奇变化，是古人探索未知世界的理想。

《史记》卷七四《孟子荀卿列传》言邹衍学说："其语闳大不经，必

---

① 清华大学出土文献研究与保护中心编《清华大学藏战国竹简（三）》，李学勤主编，中西书局，2012，第 167 页。参看黄德宽：《清华简〈赤鹄之集汤之屋〉与先秦"小说"——略说清华简对先秦文学研究的价值》，《复旦学报（社会科学版）》2013 年第 4 期。

② "海"写作"晦"及"晦"写作"海"者，又见于《易·明夷·上六》："不明晦，初登于天，后入于地。"汉帛书本中"晦"作"海"。《老子》中说："澹兮其若海。"《释文》中说："严遵作'忽兮若晦'。"《吕氏春秋·求人》中说："北至人正之国，夏海之穷。"《淮南子·时则训》中"海"作"晦"。高亨：《古字通假会典》，董治安整理，齐鲁书社，1989，第 443 页。秦封泥有"晦陵丞印"（1458）、"晦□丞□"（1574），傅嘉仪编著《秦封泥汇考》，上海书店出版社，2007，第 235 页，第 258 页。编著者写道："王辉先生考：'晦'疑应读为'海'。《易·蒙夷》上六：'不明晦，初登于天，后入于地。''晦'马王堆帛书本作'海'，长沙子弹库战国楚帛书乙篇：'乃命山川四晦（李零以为'晦'即'晦'）……''四晦'即四海（王辉：《古文字通假释例》，台湾艺文印书馆，1993，第 10—11 页）。《汉书·地理志》指出，临淮郡有海陵县。王先谦《汉书补注》：'战国楚地海陵，见《楚策》吴注……《一统志》：故城今泰州治。'依其说，海陵初名海阳，汉始改为海陵。由此封泥看，则秦时已置县，名晦陵或海陵。"第 235 页。

先验小物，推而大之，至于无垠……先列中国名山大川，通谷禽兽，水土所殖，物类所珍，因而推之，及海外人之所不能睹。称引天地剖判以来，五德转移，治各有宜，而符应若兹。以为儒者所谓中国者，于天下乃八十一分居其一分耳。中国名曰赤县神州。赤县神州内自有九州，禹之序九州是也，不得为州数。中国外如赤县神州者九，乃所谓九州也。于是有裨海环之，人民禽兽莫能相通者，如一区中者，乃为一州。如此者九，乃有大瀛海环其外，天地之际焉。"[1] 对于"海外人之所不能睹"的"闳大""无垠"世界的想象，应当是以一定的海洋知识为基础的。所谓"九州""有裨海环之"，"有大瀛海环其外"者，是符合地理形势实际的。

当然，对海洋未知世界的进一步探索，在秦汉时期进入有较明确历史记录的新的时代。[2] 对于海洋的认识，中原人逐渐走出了以"晦"为文字表现的蒙昧境地。

第五节　"天下""海内"观念

上古社会意识中，中国、中土、中原被视作天下或世界的中心。人们标记中原文化辐射渐弱或未及的远方的地理符号，有所谓"四海"。"海"之字义，起初与"晦"有某种关联，体现了中原人对遥远的未知世界的特殊心理。对"中原"与"四海"、"天下"与"四海"，以及"海内"与"海外"诸意识的学术考察，有益于深化我们对中国早期海洋观、海洋探索理念，以及海洋开发实践的认识和理解。

一、"中国""中土"与"四荒""四海"

自文明初期逐步完成社会建构，开始形成区域文化影响的古国，以

---

① 《史记》，第 2344 页。

② 王子今：《秦汉时期的海洋开发与早期海洋学》，《社会科学战线》2013 年第 7 期。

中原地方遗存最为集中。① 对于中原比较密集且历史悠久的政治中心和文化中心，我们可以借用蔡邕《述行赋》中的说法，称之为"群都"。近年考古学的新收获使我们对这种历史真实的认识越来越清晰。上古时期"群都"这一历史存在所体现的中原地区作为文化中心的地位，自有交通地理方面的优势条件。中原"群都"作为文化地理现象，也可以通过生态环境史视角考察自然地理进行说明。②《易·系辞上》所谓"河出图，洛出书，圣人则之"，体现了以河洛地区为主要基地的中原文化优势对华夏文明奠基的特殊意义。中原文明先进的形势及因交通开发有限导致对远方认识的匮乏，致使自我中心意识的初步形成。

"中原""中土""中国"等均突出"中"这一地理概念。

"中原"有指黄河中下游地区，或更具体指今河南中部地区之义。《诗·豳风·吉日》："瞻彼中原，其祁孔有。儦儦俟俟，或群或友。"郑玄笺："祁当作麎。麎，麋牝也，中原之野甚有之。"③《诗》及郑说对"中原"的理解皆不明朗。④ 而《国语·晋语三》说："耻大国之士于中

---

① 苏秉琦曾经划分考古学文化的六大区系，"同以往在中华大一统观念指导下形成的黄河流域是中华民族的摇篮，中国民族文化先从这里发展起来，然后向四周扩展，其他地区的文化比较落后，只是在中原地区影响下才得以发展的观点有所不同，从而对于在历史考古界根深蒂固的中原中心、汉族中心、王朝中心的传统观念提出了挑战"，但是仍然肯定"中原是六大区系之一，中原影响各地，各地也影响中原"。苏秉琦：《中国文明起源新探》，辽宁人民出版社，2009，第28—32 页。各"区系"之间文化进程的未必同步和文明积累的未必平衡，则可以通过考古资料和历史资料的具体分析有所认识。我们这里所说的"中原"，定义与苏秉琦所谓"以关中（陕西）、晋南、豫西为中心的中原"有所不同。区域界定主要以今河南省内的黄淮流域地区为主。《国语·晋语三》："……公孙枝曰：'不可。耻大国之士于中原，又杀其君以重之，子思报父之仇，臣思报君之仇。虽微秦国，天下孰弗患？'"《史记》一一二《平津侯主父列传》载主父偃语："七国谋为大逆，号皆称万乘之君，带甲数十万，威足以严其境内，财足以劝其士民，然不能西攘尺寸之地而身为禽于中原者，此其故何也？"可知传统"中原"定义并不包括秦国中心地区，即"关中（陕西）"。

② 王子今：《中原"群都"现象：上古文明史与国家史的考察》，《中州学刊》2012 年第 4 期。

③《十三经注疏》，阮元校刻，第 429—430 页。

④ 唐文编著《郑玄辞典》（语文出版社，2004 年 9 月版）不收"中原"条。此"中原"有可能只是指原野之中。

原，又杀其君以重之……"其中，"中原"被确认为"地区名"，"广义指整个黄河流域，狭义指今河南一带"。① 《左传·僖公二十三年》"若以君之灵，得反晋国，晋、楚治兵，遇于中原，其辟君三舍"② 与《史记》卷一一二《平津侯主父列传》"不能西攘尺寸之地而身为禽于中原"③ 中的"中原"，有的辞书解释为"黄河下游之地，即河南山东之西部，河北与山西之南部，陕西东部等地之称，对于边地及蛮夷而言"④。《三国志》卷三五《蜀书·诸葛亮传》载《出师表》中所谓"北定中原"，⑤ "中原"亦指代明确。《宋书》卷二七《符瑞志上》亦言"北定中原"。⑥ 《文选》卷一九谢灵运在《述祖德》中说："中原昔丧乱，丧乱岂解已。"李善注："《晋中兴书》曰：'中原乱，中宗初镇江东。''中原'谓洛阳也。晋怀、愍帝时有石勒、刘聪等贼破洛阳。"⑦ 于是又出现了语义相近的"中洛""中夏"之说。⑧

"中土"和"中原"有近似的含义。如《新语·怀虑》中写道："鲁庄公据中土之地，承圣人之后。"⑨ 罪臣以"不宜在中土""徙合浦"案

① 汉语大词典编辑委员会、汉语大词典编纂处编纂《汉语大词典》，汉语大词典出版社，1990，第1卷，第600页。

② 《春秋左传集解》，上海人民出版社，1977，第334页。

③ 《史记》，第2956页。

④ 中文大词典编纂委员会编纂《中文大辞典》，台湾中国文化研究所，1968，第1册第424页。

⑤ 《三国志》，中华书局，1959，第920页。

⑥ 《宋书》，中华书局，1974，第784页。

⑦ 萧统编《六臣注文选》，李善、吕延济、刘良、张铣、吕向、李周翰注，第358—359页。

⑧ 《后汉书》卷七〇《文苑列传上·杜笃》："成周之隆，乃即中洛。"李贤注："周成王就土中都洛阳也。"第2595页。《文选》卷一班固在《东都赋》中写道："目中夏而布德，暝四裔而抗棱。"吕向注："'中夏'，中国。"第39页。《后汉书》卷四〇下《班固传》中同一文句，李贤注："中夏，中国也。"第1364页。《史记》卷一《五帝本纪》中写道："而后之中国，践天子位焉。"裴骃《集解》引刘熙曰："帝王所都为中，故曰中国。"第30页。《文选》卷一九谢灵运在《述祖德》中说："中原昔丧乱，丧乱岂解已。"张铣注："言中夏丧乱，未解散也。"第358—359页。

⑨ 王利器：《新语校注》，中华书局，1986，第134页。

例，见于《汉书》卷四五《息夫躬传》、卷七七《毌将隆传》、卷九三《佞幸传·董贤》等。① 《后汉书》卷七六《循吏列传·任延》中写道："时天下新定，道路未通，避乱江南者皆未还中土，会稽颇称多士。"《后汉书》卷八五《东夷列传》中写道："武乙衰敝，东夷寖盛，遂分迁淮、岱，渐居中土。"② 所谓"中土"都与"中原"近义。

"中国"的早期含义亦与"中原""中土"相近。《庄子·田子方》有"中国之君子明乎礼义"的说法。③《韩非子·孤愤》中写道："夫越虽国富兵强，中国之主皆知无益于己也，曰：非吾所得制也。"④《吕氏春秋·简选》曰："令行中国。"高诱注："中国，诸华。"⑤《史记》卷七〇《张仪列传》曰："中国无事。"司马贞《索隐》曰："按：谓山东诸侯齐、魏之六国。"张守节《正义》曰："'中国'谓关东六国。无事，不共攻秦。"⑥《盐铁论·申韩》说：大河之决，"泛滥为中国害"⑦《后汉书》卷八五《东夷列传》中写道："东夷率皆土著，喜饮酒歌舞，或冠弁衣锦，器用俎豆。所谓中国失礼，求之四夷者也。"《后汉书》卷八八《西域传》中亦有："王莽篡位，贬易侯王，由是西域怨叛，与中国遂绝，并复役属匈奴。"⑧ 以上表达中，"中国"都有排除越地、秦地，以及东夷之地和西域之地的区域限定。《汉书》所见"不宜在中土"者"徙合浦"情形，《后汉书》卷八六《南蛮传》言交趾文化，称"颇徙中国罪人"。⑨

"中原""中土""中国"居中，对应的地理概念是"四方"。《诗·大雅·民劳》曰："惠此中国，以绥四方。"⑩ 而边远地方的文明程度与

① 《汉书》，第 2187 页，第 3266 页，第 3740 页。

② 《后汉书》，第 2460 页，第 2808 页。

③ 郭庆藩辑《庄子集释》，王孝鱼整理，中华书局，1961，第 704 页。

④ 《韩非子集释》，陈奇猷校注，上海人民出版社，1974，第 207—208 页。

⑤ 许维遹：《吕氏春秋集释》，梁运华整理，中华书局，2009，第 186 页。

⑥ 《史记》，第 2303 页。

⑦ 《盐铁论校注》（定本），王利器校注，中华书局，1992，第 579 页。

⑧ 《后汉书》，第 2810 页，第 2909 页。

⑨ 同上书，第 2836 页。

⑩ 《十三经注疏》，阮元校刻，第 548 页。

"中原""中土""中国"存在距离。两者之间的文化冲突有时也是激烈的，如《诗·小雅·六月》毛序所说："《小雅》尽废，则四夷交侵，中国微矣。"①

《尔雅·释地》"野"条说到"四极"："东至于泰远，西至于邠国，南至于濮铅，北至于祝栗，谓之'四极'。"② 又有所谓"四荒"："觚竹、北户、西王母、日下，谓之'四荒'。"③ 而不同族类居住的远方世界称为"四海"：

> 九夷、八狄、七戎、六蛮谓之"四海"。

郭璞注："九夷在东，八狄在北，七戎在西，六蛮在南，次四荒者。"《尔雅·释地》"野"条又说："岠齐州以南，戴日为'丹穴'。北戴斗极为'空桐'。东至日所出为'太平'，西至日所入为'太蒙'。"④ 中原人对于遥远地方的人文状况也有所关注："'太平'之人仁，'丹穴'之人智，'太蒙'之人信，'空桐'之人武。"这种人文风格的差异，据说与地理条件有关。郭璞注："地气使之然也。"⑤

这种以"四极""四荒""四海"表示的空间意识，应当被看作上古天下观或世界观的反映。

《文选》卷一《东都赋》中写道："目中夏而布德，瞰四裔而抗棱。西荡河源，东澹海潏，北动幽崖，南曜朱垠。"吕向注："'中夏'，中国……'海潏'，海畔也。'崖''垠'，皆畔岸也。"⑥ 有可能"东澹海潏，北动幽崖，南曜朱垠"都是指抵达海"岸"。《后汉书》卷四〇下

---

① 《十三经注疏》，阮元校刻，第 424 页。

② 郭璞注："皆四方极远之国。"

③ 郭璞注："觚竹在北，北户在南，西王母在西，日下在东，皆四方昏荒之国，次四极者。"

④ 据郭璞所注，"岠，去也"；"齐，中也"；"戴，值"；太蒙，"即蒙汜也"。

⑤ 《十三经注疏》，阮元校刻，第 2616 页。

⑥ 萧统编《六臣注文选》，李善、吕延济、刘良、张铣、吕向、李周翰注，第 39 页。

《班固传下》李贤注："'四裔'，四夷也……'漘'，水涯。"①

《毛诗序》言："《蓼萧》，泽及四海也。"郑玄笺："九夷、八狄、七戎、六蛮谓之'四海'。国在九州之外，虽有大者，爵不过子。《虞书》曰：州十有二师，外薄四海，咸建五长。"②《初学记》卷六引《博物志》云："天地四方皆海水相通，地在其中盖无几也。七戎、六蛮、九夷、八狄，形类不同，总而言之，谓之'四海'，言皆近于海也。"③ 人文地理观、政治地理观或民族地理观中的"四海"，又与实际存在的自然地理意义上的"四海"有一定关系。

《荀子·议兵》中写道："仁人之用十里之国，则将有百里之听；用百里之国，则将有千里之听；用千里之国，则将有四海之听，必将聪明警戒和传而一。"《荀子·君道》中又说到理想政治形势："……四海之民不待令而一，夫是之谓至平。《诗》曰：'王犹允塞，徐方既来。'此之谓也。"④ "四海"遥远，中原"仁人"期待其文化影响遍布"四海"，实现所谓"四海之听"。而"四海之民不待令而一"，被视为"至平"之治。"四海""而一"，是相当完美的政治理想。《逸周书·太子晋》所谓"善至于四海，曰天子"，《逸周书·武寤》中所谓"王克配天，合于四海，惟乃永宁"，⑤ 表达了大致相同的意思。蔡邕在《明堂月令论》中引《月令记》说："王者动作法天地，德广及四海。"⑥ 这宣传的也是相同的政治文化理念。

顾颉刚、童书业指出："最古的人实在是把海看做（作）世界的边

---

① 《后汉书》卷六〇上《马融传上》载其《广成颂》"明德曜乎中夏，威灵畅乎四荒"，"中夏"与"四荒"也形成对应关系。第 1364 页，第 1967 页。

② 《十三经注疏》，阮元校刻，第 420 页。

③ 徐坚等：《初学记》，第 114 页。

④ 《荀子·王制》中所谓"四海之内若一家"也可以理解为同样认识的表达。王先谦：《荀子集解》，沈啸寰、王星贤点校，中华书局，1988，第 268 页，第 232 页，第 161 页。

⑤ 黄怀信、张懋镕、田旭东：《逸周书汇校集注》（修订本），黄怀信修订，李学勤审定，上海古籍出版社，2007，第 1023 页，第 338 页。

⑥ 邓安生：《蔡邕集编年校注》，河北教育出版社，2002，第 520 页。

际的，所以有'四海'和'海内'的名称（在《山海经》里，四面都有海这种观念实在是承受上古人的理想）。《尚书·君奭篇》说：'海隅出日罔不率俾。'（从郑读）《立政篇》也说：'方行天下，至于海表，罔有不服。'这证明了西方的周国人把海边看做（作）天边。《诗·商颂》说：'相土烈烈，海外有截。'（《长发》）这证明了东方的商国（宋国）人也把'海外有截'看做（作）不世的盛业。《左传》记齐桓公去伐楚国，楚王派人对他说：'君处北海，寡人处南海，唯是风马牛不相及也；不虞君之涉吾地也。'（僖四年）齐国在山东，楚国在湖北和河南，已经是'风马牛不相及'的了。齐桓公所到的楚国境界还是在河南的中部，从山东北部到河南中部，已经有'南海''北海'之别了，那时的天下是何等的小？[①] 所以，分析"最古的人"的"天下"观时，应注意他们有关"'四海'和'海内'"的认识。

二、"天下""四海"

《逸周书·允文》中有"天下一旦而定，奄有四海"的说法。《逸周书·明堂》中又写道："大维商纣暴虐，脯鬼侯以享诸侯，天下患之，四海兆民，欣戴文武。"[②]"天下"和"四海"成为对应的概念。

又如《荀子·儒效》中说："其为人上也，广大矣！志意定乎内，礼节修乎朝，法则度量正乎官，忠信爱利形乎下。行一不义，杀一无罪，而得天下，不为也。此君义信乎人矣，通于四海，则天下应之如欢。是何也？则贵名白而天下治也。故近者歌讴而乐之，远者竭蹶而趋之，四海之内若一家，通达之属莫不从服。夫是之谓人师。《诗》曰：'自西自东，自南自北，无思不服。'此之谓也。"这段文字三言"天下"，两言"四海"。《荀子·尧问》中又说："尧问于舜曰：'我欲致天下，为

① 顾颉刚、童书业：《汉代以前中国人的世界观念与域外交通的故事》，《禹贡半月刊》第五卷第三、四合期，1936年4月。

② 黄怀信、张懋镕、田旭东：《逸周书汇校集注》（修订本），黄怀信修订，李学勤审定，第111页，第757-758页。

之奈何？'对曰：'执一无失，行微无怠，忠信无倦，而天下自来。执一如天地，行微如日月，忠诚盛于内，贲于外，形于四海，天下其在一隅邪！夫有何足致也！'"这段文字则三言"天下"，一言"四海"。所谓"天下"和"四海"，其实指代大致对等的地理区域。《荀子·王霸》中的"县天下，一四海"可以看作是同样意识的简略表述。①

大致在战国时期，"天下""四海"的意识见于不同文化派别思想家的论述中。《韩非子·有度》中写道："夫为人主而身察百官，则日不足，力不给。且上用目则下饰观，上用耳则下饰声，上用虑则下繁辞。先王以三者为不足，故舍己能，而因法数，审赏罚。先王之所守要，故法省而不侵。独制四海之内，聪智不得用其诈，险躁不得阙其佞，奸邪无所依。远在千里外，不敢易其辞；势在郎中，不敢蔽善饰非。朝廷群下，直凑单微，不敢相逾越。故治不足而日有余，上之任势使然也。"说到"四海之内"②，《韩非子·奸劫弑臣》又说："明主者，使天下不得不为己视，天下不得不为己听。故身在深宫之中而明照四海之内，而天下弗能蔽、弗能欺者何也？暗乱之道废，而聪明之势兴也。"这段话在言"四海之内"的同时三次说到"天下"。可知"天下"与"四海之内"也是相近的概念。

西汉政论中亦多见"天下""四海"并说的情形。晁错上书，有"德泽满天下，灵光施四海"之语。③《盐铁论·能言》也以"言满天下，德覆四海"并说。《世务》中也写道："诚信著乎天下，醇德流乎四海。"《淮南子·览冥训》中说："逮至当今之时，天子在上位，持以道德，辅以仁义，近者献其智，远者怀其德，拱揖指麾而四海宾服，春秋冬夏皆献其贡职，天下混而为一，子孙相代，此五帝之所以迎天德也。"④ 由此

① 王先谦：《荀子集解》，沈啸寰、王星贤点校，第120—121页，第547页，第213页。

② 与"独制四海之内"意思相近的说法，又有《韩非子·功名》与《韩非子·人主》中所谓"制天下"。《韩非子集释》，陈奇猷校注，第87—88页，第247页，第508页，第1118页。

③《汉书》卷四九《晁错传》，第2293页。

④《盐铁论校注》（定本），王利器校注，第459页，第508页。

可知，有关道德文化的讨论，也以"天下""四海"等地理概念作为宣传方式。①《淮南子·兵略训》中亦言："上视下如子，则必王四海；下视上如父，则必正天下。"这些则可以看作指导行政方式和调整社会秩序的理念中相关认识的使用。

《淮南子·缪称训》中可见"有声之声，不过百里；无声之声，施于四海"的说法。"四海"是扩大文化影响的宏大空间。《淮南子·原道训》中又说："夫道者，覆天载地，廓四方，柝八极，高不可际，深不可测，包裹天地，禀授无形。源流泉浡，冲而徐盈；混混汨汨，浊而徐清。故植之而塞于天地，横之而弥于四海，施之无穷而无所朝夕。舒之幎于六合，卷之不盈于一握。约而能张，幽而能明，弱而能强，柔而能刚。横四维而含阴阳，纮宇宙而章三光。"其中，"四海"一语，似乎可以理解为与"四方""八极""天地""六合""四维""宇宙"构成比照和对应的概念，但又超越了"天下""四海"等仅限于平面的概念，具有与立体空间照应的意义。②

《淮南子·主术训》说："今使乌获、藉蕃从后牵牛尾，尾绝而不从者，逆也；若指之桑条以贯其鼻，则五尺童子牵而周四海者，顺也。"其中，以"周四海"言说极辽阔的空间范围。由此理解汉代人对于"海"的意识，是有积极意义的。而《淮南子·修务训》又说到"明照四海，名施后世，达略天地，察分秋毫，称誉叶语，至今不休"。③ "四

---

①《淮南子·齐俗训》中所谓"德施四海"，也是内涵相近的表达。何宁：《淮南子集释》，第497页，第1088页，第776页。

②《淮南子·原道训》中又说："道者，一立而万物生矣。是故一之理，施四海；一之解，际天地。"《淮南子·俶真训》中又说："夫化生者不死，而化物者不化，神经于骊山、太行而不能难，入于四海九江而不能濡，处小隘而不塞，横扃天地之间而不窕。"又如《淮南子·道应训》中说："尹佚曰：'天地之间，四海之内，善之则吾畜也，不善则吾仇也。'"《淮南子·泛论训》中以所谓"威动天地，声慑四海"颂扬周公功德。这当中"四海"与"天地"的对应关系，也可以在讨论时参考。何宁：《淮南子集释》，第753页，第2—4页，第60页，第150页，第874页，第926页。

③何宁：《淮南子集释》，第679页，第1349页。

海"作为空间符号，与所谓"名施后世""至今不休"体现的时间理念在这里呼应。

三、"天下""海内"

《韩非子·难四》有"桀索岷山之女，纣求比干之心，而天下离；汤身易名，武身受詈，而海内服"语。① "海内"与"天下"等地理称谓的同时通行，也可以说明当时中原居民对海洋的关注。

贾谊在《过秦论》中写道："及至始皇，奋六世之余烈，振长策而御宇内，吞二周而亡诸侯，履至尊而制六合，执敲朴以鞭笞天下，威振四海。""秦并海内，兼诸侯，南面称帝，以养四海，天下之士斐然乡风。"② 从中可以看到，与"天下"和"四海"的对应同时出现的，还有"天下"与"海内"的对应。贾谊又在《新书·数宁》中写道："大数既得，则天下顺治，海内之气，清和咸理，则万生遂茂。"《新书·时变》中又出现："大贤起之，威振海内，德从天下，曩之为秦者，今转而为汉矣。"③ 这体现一种行文习惯已经形成。

韩安国上书道："今以陛下之威，海内为一，天下同任……"④ 主父偃谏伐匈奴，言"昔秦皇帝任战胜之威，蚕食天下，并吞战国，海内为一"。⑤ 同样的语言范式亦见于《淮南子》一书。

《淮南子·主术训》曰："义者，非能遍利天下之民也，利一人而天下从风；暴者，非尽害海内之众也，害一人而天下离叛。"又如同书的《修务训》曰："奉一爵酒不知于色，挈一石之尊则白汗交流，又况赢天下之忧，而海内之事者乎？"《要略》曰："天下未定，海内未辑……"《泰族训》曰："高宗谅暗，三年不言，四海之内寂然无声；一言声然，大动天下。"⑥

---

① 《韩非子集释》，陈奇猷校注，第 871 页。

② 《史记》卷六《秦始皇本纪》，第 280 页，第 283 页。

③ 贾谊：《新书校注》，阎振益、钟夏校注，中华书局，2000，第 30 页，第 6 页。

④ 《汉书》卷五二《韩安国传》，第 2399 页。

⑤ 《史记》卷一一二《平津侯主父列传》，第 2954 页。

⑥ 何宁：《淮南子集释》，第 680 页，第 1316—1317 页，第 1458 页，第 1374 页。

这些文字都反映了以大一统理念为基础的政治理想，已经普遍采用涉及海洋的地理概念。

《盐铁论·轻重》中可见"天下之富，海内之财"语①，说明关于经济命题的论说，也使用"天下"与"海内"相对应的观念。

四、"天下""海外"

史籍中所见的"天下"与"海外"的文字对应关系，体现了"海外"是在"天下"之外的地理空间。

《三国志》卷一一《魏书·管宁传》中写道："天下大乱，闻公孙度令行于海外，遂与原及平原王烈等至于辽东。"② 这里所谓"海外"，似是指"天下"之外的地方。而在这一语境中，滨海"辽东"的政治地理意义值得注意。《三国志》卷一四《魏书·刘晔传》中写道："晔进曰：'明公以步卒五千，将诛董卓，北破袁绍，南征刘表，九州百郡，十并其八，威震天下，势慑海外……'"③ 这里所谓"海外"，也可以理解为超出"天下"的地方。

《三国志》卷二五《魏书·栈潜传》记载：

> 明帝时，众役并兴，戚属疏斥，潜上疏曰："天生蒸民而树之君，所以覆焘群生，熙育兆庶，故方制四海匪为天子，裂土分疆匪为诸侯也。始自三皇，爰暨唐、虞，咸以博济加于天下，醇德以洽，黎元赖之。三王既微，降逮于汉，治日益少，丧乱弘多，自时厥后，亦罔克乂。太祖浚哲神武，芟除暴乱，克复王纲，以开帝业。文帝受天明命，廓恢皇基，践阼七载，每事未遑。陛下圣德，纂承洪绪，宜崇晏晏，与民休息。而方隅匪宁，征夫远戍，有事海外，县旌万里，六军骚动，水陆转运，百姓舍业，日费千金。大兴殿舍，功作万计，徂来之松，

①《盐铁论校注》（定本），王利器校注，第180页。

②《三国志》，第354页。

③《三国志》，第445页。

刊山穷谷，怪石球珠，浮于河、淮，都圻之内，尽为甸服，当供稿秸铚粟之调，而为苑囿择禽之府，盛林莽之秽，丰鹿兔之薮。伤害农功，地繁茨棘，灾疫流行，民物大溃，上灭和气，嘉禾不植。臣闻文王作丰，经始勿亟，百姓子来，不日而成。灵沼、灵囿，与民共之。今宫观崇侈，雕镂极妙，忘有虞之总期，思殷辛之琼室，禁地千里，举足投网，丽拟阿房，役百乾溪，臣恐民力凋尽，下不堪命也。昔秦据肴函以制六合，自以德高三皇，功兼五帝，欲号谥至万叶，而二世颠覆，愿为黔首，由枝干既扡，本实先拔也。盖圣王之御世也，克明俊德，庸勋亲亲。俊乂在官，则功业可隆，亲亲显用，则安危同忧。深根固本，并为干翼，虽历盛衰，内外有辅。昔成王幼冲，未能莅政，周、吕、召、毕，并在左右。今既无卫侯、康叔之监，分陕所任，又非旦、奭。东宫未建，天下无副。愿陛下留心关塞，永保无极，则海内幸甚。"①

栈潜上疏是批评"众役并兴"的，其中两次说到"天下"，一次说到"海外"，又提及"四海""万里""六合""海内"诸语。这些空间概念，均语义模糊。但是"海外"在"方隅匪宁，征夫远戍，有事海外，县旌万里，六军骚动，水陆转运，百姓舍业，日费千金"一句中，是形容"远"地的。

五、"海内""海外"

《山海经》含《海内经》与《海外经》。《史记》卷一二三《大宛列传》中说："太史公曰：……至《禹本纪》、《山海经》所有怪物，余不敢言之也。"②《汉书》卷三〇《艺文志》提到，"形法"家有"《山海经》十三篇"。③《山海经》明确以"海内""海外"名篇，但因其成书年代尚不明了，故"海内""海外"观念的形成背景尚未可确知。现在看来，

①《三国志》，第718—719页。

②《史记》，第3119页。

③《汉书》，第1774页。

很可能中原人很早就对"海外"有初步关注，前引顾颉刚、童书业所提示的"海外有截"诗句应是较早的例证。《管子》一书中也有相关迹象。《管子·宙合》中写道："宙合之意，上通于天之上，下泉于地之下，外出于四海之外，合络天地，以为一里。"①

"四海"与"四海之外"的关系，可以通过对汉代相关文献的理解进行说明。《淮南子·道应训》中写道："景曰：'扶桑受谢，日照宇宙，照照之光，辉烛四海。阖户塞牖，则无由入矣。若神明，四通并流，无所不极，上际于天，下蟠于地，化育万物而不可为象，俯仰之间而抚四海之外。照照何足以名之！'故老子曰：'天下之至柔，驰骋天下之至坚。'"② 这段文字，既体现了"四海"与"天""地"的对应，亦言及"四海之外"与相对更辽阔的"天下"的关系。《史记》卷二七《天官书》中也写道："甲、乙，四海之外，日月不占。"裴骃《集解》："晋灼曰：'海外远，甲乙日时不以占候。'"③

《史记》卷一二六《滑稽列传》中，褚少孙补述："圣帝在上，德流天下，诸侯宾服，威振四夷，连四海之外以为带，安于覆盂，天下平均，合为一家。"④《汉书》卷六五《东方朔传》中写道："圣帝流德，天下震慑，诸侯宾服，连四海之外以为带⑤，安于覆盂。"以上都说到"圣帝"之"德"的传播，远至"四海之外"。

《淮南子·精神训》中又说："事有求之于四海之外而不能遇，或守之于形骸之内而不见也。"所谓"四海之外"与"形骸之内"对照，用以形容极远之地。《淮南子·主术训》中写道："君人者不下庙堂之上，而知四海之外者，因物以识物，因人以知人也。"与"四海之外"对应的是"庙堂之上"。"海外"被视为政治影响力扩张之理想幅度的象征。《淮南子·原道训》："昔者夏鲧作三仞之城，诸侯背之，海外有狡心。禹

① 黎翔凤：《管子校注》，梁运华整理，中华书局，2004，第 235—235 页。
② 何宁：《淮南子集释》，第 891—892 页。
③《史记》，第 1332 页。
④ 同上书，第 3206 页。
⑤ 颜师古注："言如带之相连也。"见《汉书》，第 2865 页。

知天下之叛也，乃坏城平池，散财物，焚甲兵，施之以德，海外宾服，四夷纳职，合诸侯于涂山，执玉帛者万国。"① "海外"成为中原文化扩张和征服的对象。

有学者指出，与"海外"对应的概念，还有"海中"。《汉书》卷三〇《艺文志》"天文"家有："《海中星占验》十二卷；《海中五星经杂事》二十二卷；《海中五星顺逆》二十八卷；《海中二十八宿国分》二十八卷；《海中二十八宿臣分》二十八卷；《海中日月彗虹杂占》十八卷。"② 顾炎武说："'海中'者，中国也。故《天文志》曰：'甲、乙，海外日月不占。'盖天象所临者广，而二十八宿专主中国，故曰'海中二十八宿'。"③ 张舜徽支持顾炎武的判断。他在《汉书艺文志通释》"《海中日月彗虹杂占》十八卷"条下引顾炎武之说，并写道："按：顾说是也。昔人言海中，犹今日言海内耳。天象实临全宇，而中土诸书所言，惟在禹域。故上列五书，皆冠之以海中二字。不解此旨者，多以为从大海中仰观天象，至谓海中占验书不少，乃汉以前海通之征，谬矣。"④ 不过，张舜徽在"《海中星占验》十二卷"条下也引用了沈钦韩直接反驳顾炎武的说法："沈钦韩曰：'海中混芒，比平地难验，著海中者，言其术精。算法亦有《海岛算经》。'"但是并未有所讨论。沈钦韩"海中混芒"一语确实。《隶释》卷二《东海庙碑》中写道："浩浩仓海，百川之宗。经落八极，潢□□洪。波润

---

① 《淮南子·墬形训》："凡海外三十六国：自西北至西南方，有修股民、天民、肃慎民、白民、沃民、女子民、丈夫民、奇股民、一臂民、三身民。自西南至东南方，结胸民、羽民、讙头国民、裸国民、三苗民、交股民、不死民、穿胸民、反舌民、豕喙民、凿齿民、三头民、修臂民。自东南至东北方，有大人国、君子国、黑齿民、玄股民、毛民、劳民。自东北至西北方，有跂踵民、句婴民、深目民、无肠民、柔利民、一目民、无继民。雒棠、武人在西北陬，蚊鱼在其南。"所言"海外"诸国，种族构成和文明程度均与"中原""中土""中国"大异。"海外"之民名称的怪异，也体现了当时中原居民对"海外"世界的无知。何宁：《淮南子集释》，第511页，第627页，第30页，第355—358页。

② 《汉书》，第1764页。

③ 《日知录》卷三〇"海中五星二十八宿"条。顾炎武：《日知录集释》（全校本），黄汝成集释，栾保群、吕宗力校点，上海古籍出版社，2006，第1683页。

④ 张舜徽：《汉书艺文志通释》，华中师范大学出版社，2004，第395页。

□物，云雨出焉。天渊□□，祯祥所□。"① 赵益指出："顾、张说亦未全是，盖若以此故，则他书皆当冠以'海中'二字矣。"② 《汉书》卷三〇《艺文志》"天文"家论著中所谓"海中"究竟作何理解，其实还可以讨论。③

① 洪适：《隶释·隶续》，中华书局，1985，第30页。"经落"，文渊阁《四库全书》作"经络"。《景印文渊阁四库全书》第681册，第446页。

② 赵益：《古典术数文献述论稿》，中华书局，2005，第7页。

③ 其实，"昔人言海中，犹今日言海内耳"的说法不确切。《汉书》中"海中"的语义是比较明确的，但二者都并非"言海内"。顾炎武"'海中'者，中国也"之说，未得到汉代文献资料的支持。李零也认为这样的"海中占验书"应与航海行为有直接的关系。他称《艺文志》著录的这6种书为"海中星占验书六种"，认为："这六种和航海有关。航海要靠观星。海中观星，视觉效果胜于陆地。"李零：《兰台万卷：读〈汉书·艺文志〉》（修订版），三联书店，2013，第177页。确定的例证有《淮南子·齐俗训》："夫乘舟而惑者，不知东西，见斗极则寤矣。"另一说法，作"见斗极则晓然而寤矣"。刘文典《淮南鸿烈集解》："文典谨按：《文选》应休琏《与从弟君苗君胄书》注引，作'见斗极则晓然而寤矣'。"中华书局，1989，上册第352页。有学者指出，"自周汉至明清，汉文史籍中持续记载了古代船家依托天体星象进行的导航实践。"所举最早的明确资料就是《淮南子·齐俗训》的这一记录。杜石然、范楚玉、陈美东、金秋鹏、周世德、曹婉如编著的《中国科学技术史稿》一书，在分析秦汉时期的海路交通后指出："与此相适应的是航海船舶的发展与航海术的进步。这时的航海术，大抵是依对沿海地理等知识的了解，凭航海者的经验沿海岸航行，但天文航海的知识也不断增长并得到运用。汉初《淮南子·齐俗篇》曾说到大海中航行'夫乘舟而惑者不知东西，见北极则悟矣'，这是人们已经利用天文知识以确定航向的说明。"科学出版社，1982，第227页。"北极"应即"斗极"的误写。《抱朴子·外篇》中写道："并乎沧海者，必仰辰极以得返。"《法显传》中也写道："大海弥漫无边，不识东西，唯望日月星宿而进。"吴春明：《古代航海术中的天文导航——从中国史到南岛民族志的再思考》，载厦门大学海洋考古学研究中心编、吴春明主编《海洋遗产与考古》，第427—429页。参看王子今：《汉代"海中星占"书论议》，《史学集刊》2015年第5期。据介绍，阿拉伯学者马吉德于1490年写的《早期航海原理和规则之赚钱宝典》作为"一本航海百科全书"，介绍了相关知识。作者根据北极星的高度读数，得出了具体的纬度坐标。书中写道："除了北极星在指北性上有一定的可靠性外，它的这一特性使得人们可以凭借估算北极星高出地平线的高度来确定纬度。"约翰·迈克：《海洋——一部文化史》，冯延群、陈淑英译，第136页，第140—141页。

第一章 上古华夏人的海洋观与最初的海洋探索

第六节　中原人世界意识中的"四海"

中原人有关"四海"的观念，表现在秦汉文献中"北边"和"西边"湖泊池沼称谓"北海"和"西海"的出现和使用上。有关"北海"和"西海"的历史文化信息中的人文地理和自然地理因素，值得民族史和交通史学者重视。这些概念的长期使用，也有能够说明当时社会对更广阔世界之认知程度的重要意义。

一、中原人的"四海"观

研究有关"四海"的意识，有助于我们认识和理解历史上中国人的世界观、天下观，也有益于推进中国古代交通史的研究。

《尚书·大禹谟》中写道，"文命敷于四海，祗承于帝"；"帝德广运，乃圣乃神，乃武乃文，皇天眷命，奄有四海，为天下君"；"四海困穷，天禄永终"。《尚书·益稷》中有"决九川，距四海"，又有"州十有二师，外薄四海，咸建五长"。《尚书·禹贡》也如此称颂先古圣王的政治成功，"九州攸同，四隩既宅，九山刊旅，九川涤源，九泽既陂，四海会同"；"东渐于海，西被于流沙，朔南暨声教，讫于四海。禹锡玄圭，告厥成功"。此外，《胤征》中"惟仲康肇位四海"，《伊训》中"始于家邦，终于四海"，《说命下》中"四海之内，咸仰朕德"等表达[1]，也体现了大致相同的意识。《山海经》以"海内""海外"名篇。[2]《孟子·梁

---

①《尚书正义》，中华书局，1980年影印本，第134页，第136页，第141页，第143页，第152—153页，第157页，第163页，第176页。

②《山海经校注》，袁珂校注，上海古籍出版社，1980，第181页，第207页，第229页，第251页，第267页，第285页，第305页，第327页，第441页。

惠王上》也说到"海内之地，方千里者九"①。《墨子·辞过》中也有"四海之内"的说法。《非攻下》则谓"一天下之和，总四海之内"。②《荀子·不苟》中亦言"揔天下之要，治海内之众"。③在《韩非子》中则可见"明照四海之内"④、"富有四海之内"⑤、"独制四海之内"⑥等体现向往极端权力的语句。有关论说同时言及"天下"，见于《韩非子·奸劫弑臣》："明主者，使天下不得不为己视，天下不得不为己听。故身在深宫之中而明照四海之内，而天下弗能蔽、弗能欺者何也？暗乱之道废，而聪明之势兴也。"⑦又如《韩非子·难四》中写道："桀索崏山之女，纣求比干之心，而天下离；汤身易名，武身受嗘，而海内服。"⑧桀、纣使"天下离"与汤、武使"海内服"的对比，反映"海内"和"天下"的对应已经成为政治语言的习惯表达。"海内"与"天下"作为地理称谓同时通行，可以从一个侧面说明在当时中原社会意识中海洋的地位有所上升。

在秦汉时期政论家们的论著中，这一语言习惯依然明显。如《新书·时变》中写道："威振海内，德从天下。"⑨《淮南子·要略》中也写道："天下未定，海内未辑……"⑩《汉书》卷五二《韩安国传》载王恢语："海内为一，天下同任。"⑪在《盐铁论·轻重》中可见所谓"天下之富，海内之财"，《盐铁论·能言》中也以"言满天下，德覆四海"并

① 焦循《正义》："古者内有九州，外有四海。""此'海内'，即指四海之内。"焦循：《孟子正义》，沈文倬点校，中华书局，1987，第91页。

②《墨子间诂》，孙诒让注，中华书局，1986，第34页，第130页。

③ 梁启雄：《荀子简释》，中华书局，1983，第31页。

④《韩非子·奸劫弑臣》，陈奇猷注："《长短经》引照作烛，义同。"《韩非子集释》，陈奇猷校注，第247页，第256页。

⑤《韩非子·六反》，《韩非子集释》，陈奇猷校注，第952页。

⑥《韩非子·有度》，《韩非子集释》，陈奇猷校注，第88页。

⑦《韩非子集释》，陈奇猷校注，第247页。

⑧ 同上书，第871页。

⑨《新书校注》，阎振益、钟夏校注，第96页。

⑩ 何宁：《淮南子集释》，第1458页。

⑪《汉书》，第2399页。

说。《盐铁论·世务》中也写道："诚信著乎天下，醇德流乎四海。"① 可见当时以大一统理念为基础的政治理想的表达，已经普遍采用涉及海洋的地理概念。"四海"是常见的表述形式。

顾颉刚、童书业曾经分析，汉代以前中国人的世界观涉及"海"的理念。他们注意到"海"作为世界边际的意义："最古的人实在是把海看做（作）世界的边际的，所以有'四海'和'海内'的名称。（在《山海经》里四面都有海，这种观念实在是承受皇古人的理想。）《尚书·君奭篇》说：'海隅出日，罔不率俾。'（从郑读）《立政篇》也说：'方行天下，至于海表，罔有不服。'这证明了西方的周国人把海边看做（作）天边。《诗·商颂》说：'相土烈烈，海外有截。'（《长发》）这证明了东方的商国（宋国）人也把'海外有截'看做（作）不世的盛业。"所谓"海隅""海表""海外"，都体现了古人对天下和世界的理解。

当时"四海"的所指，与今天有明显不同。顾颉刚、童书业就《左传》中楚、齐政治对话这样写道："《左传》记齐桓公去伐楚国，楚王派人对他说：'君处北海，寡人处南海，唯是风马牛不相及也；不虞君之涉吾地也，何故？'（僖四年）齐国在山东，楚国在湖北和河南，已经是'风马牛不相及'的了。齐桓公所到的楚国境界还是在河南的中部，从山东北部到河南中部，已经有'南海''北海'之别了，那时的天下是何等的小？"②

"那时的天下"之"小"，可以由那时人们对"南海""北海"的认识推断。秦始皇三十七年（前 210 年）出巡，《史记》卷六《秦始皇本纪》记载："上会稽，祭大禹，望于南海，而立石刻颂秦德。"③ 此所谓"南海"，实是现今地理学概念中的东海。《史记》卷二《夏本纪》张守节《正义》中仍有"南海即扬州东大海"的说法。④ "在山东"的"齐国"

① 《盐铁论校注》（定本），王利器校注，第 180 页，第 459 页，第 508 页。

② 顾颉刚、童书业：《汉代以前中国人的世界观念与域外交通的故事》，《禹贡半月刊》第五卷第三、四合期，1936 年 4 月。

③ 《史记》，第 260 页。

④ 同上书，第 70 页。

所临渤海被称为"北海"，且这一称谓延续至秦汉时期，可见于《史记》卷七《项羽本纪》："徇齐至北海，多所残灭。"①《汉书》卷九《元帝纪》中也写道："（初元二年六月）北海水溢，流杀人民。"《汉书》卷二七中之下《五行志中之下》亦言："成帝永始元年春，北海出大鱼，长六丈，高一丈，四枚。"② 这样的情形应当被看作"汉代以前"地理知识影响文化的表现。

顾颉刚、童书业所论"那时的天下"和后来不同时期的"天下"，是有历史变化的；而所谓"北海""西海"的方位及其地理坐标的意义，也随历史演进有所变化。比如，在《史记》卷六〇《三王世家》中，庄青翟、张汤等上奏，言"极临北海，西凑月氏，匈奴、西域，举国奉师"③，这其中的"北海"，当然已经不是渤海了。

二、"北海""西海" 寓言

《释名》卷二《释州国》中写道："北海，海在其北也。西海，海在其西也。"④ 这均是以中原为认识基点的地理判断。

这里的"北海"和"西海"，有研究者以为只是"泛指极远荒晦之地"，引据成蓉镜所言考证："汉时居延故县即今额济纳旗，在居延海西南。故《汉书·地理志》云：'张掖郡，居延。'居延泽在东北。以地望测之，青海在旗南，鱼海在旗东，而博斯腾泊、里海、地中海相距更远。旗之西境绝无池泽可以当西海之目者。然则兴平中立西海郡，亦只借以为名，并无实指。"⑤ 论者认为："成蓉镜所说是正确的。西海郡的西面并没有海……古代之'海'可以实指湖泊、大海，也可以泛指极远

---

①《史记》，第 321 页。
②《汉书》，第 283 页，第 1431 页。据《汉书》卷二八上《地理志上》，渤海郡属幽州，北海郡属青州。"北海郡，景帝中二年置。属青州。户十二万七千，口五十九万三千一百五十九。县二十六：营陵，或日营丘。菜日北海亭。"第 1583 页。
③《史记》，第 2109 页。
④ 任继昉：《释名汇校》，第 87 页。
⑤ 原注："《释名疏证补》'西海'条。"

荒晦之地……'西海'在西方，故称西海。"所谓"北海""西海"者，"都是距中原相当远的地方"①。成蓉镜之说转引自王先谦的《释名疏证补》。成蓉镜有言："古所谓'西海'有五：一为今之青海……一为今之昌宁湖水……一为今之博斯腾泊（湖）……一为今之里海……一为今之地中海……"② 拘泥于"海在其西"的解说也许不妥。成蓉镜说"立西海郡，亦只借以为名，并无实指"，引论者则说"成蓉镜所说是正确的。西海郡的西面并没有海"。但实际上，青海湖，即当时称作"西海"者，正在西海郡郡治的西边。③ 王莽专政时代置西海郡，郡治城址在今青海海晏，正位于青海湖的东面。考古发现残高12米的城墙及南北城门，出土"虎符石匮"、石虎等重要文物。石虎有铭文"西海郡始建国工河南"，可以证实这一城址确是西海郡郡治。④

关于"北海"和"西海"作为空间概念的意义，顾炎武在《日知录》卷二二"四海"条中写道："《书正义》言天地之势，四边有水。《邹衍书》言九州之外，有大瀛海环之，是九州居水内，故以州为名。⑤ 然'五经'无'西海'、'北海'之文，而所谓'四海'者，亦概万国而言之尔。""宋洪迈谓海一而已，地势西北高，东南下，所谓东、北、南三海，其实一也。北至于青沧，则曰'北海'；南至于交广，则曰'南海'；东渐吴越，则曰'东海'。无繇有所谓'西海'者。《诗》《书》《礼》《经》之称'四海'，盖引类而言之，至于庄子所谓'穷发之北有冥海'及屈原所谓'指西海以为期'，皆寓言尔。"

然而，对于"北海""西海""皆寓言尔"的意见，顾炎武有所引录，但是明确表示不认同。他指出，古籍中其实可见"西海"："程大昌

① 王国珍：《〈释名〉语源疏证》，上海辞书出版社，2009，第54页。

② 王先谦：《释名疏证补》，上海古籍出版社，1984，第96页。

③ 谭其骧主编《中国历史地图集（第二册）》，中国地图出版社，1982，第33—34页。

④ 国家文物局主编《中国文物地图集·青海分册》，中国地图出版社，1996，第28页，第30页，第63页，第97页，第125页。

⑤ 原注："'州'，古'洲'字。"

谓条支之西有海，先汉使固尝见之，而载诸史。① 后汉班超又遣甘英辈亲至其地。而西海之西，又有大秦，夷人与海商皆常往来。"

《日知录》卷二二"四海"条又言"北海"："霍去病封狼居胥山，其山实临瀚海。苏武、郭吉皆为匈奴所幽，置诸北海之上。而《唐史》又言：'突厥部北海之北有骨利干国，在海北岸。'"顾炎武写道："然则《诗》《书》所称'四海'，实环华裔而四之，非寓言也。"顾炎武否定"四海"是"寓言"之说，又写道："然今甘州有居延海，西宁有青海，云南有滇海，安知汉、唐人所见之海，非此类邪？"②

按照顾炎武的意见，虽然"'五经'无'西海'、'北海'之文"，但一些历史迹象表明，"北海"和"西海"都是实际存在的。

三、"北海"与"瀚海""翰海"

关于"北海"的知识渊源，其实可以追溯到相当久远的时代。《庄子·应帝王》中写道："北海之帝为忽。"③ 自战国至秦汉时期，"北海"一词屡见于文献。《史记》卷一《五帝本纪》中写道："申命和叔居北方，曰幽都。"司马贞在《索隐》中说："《山海经》曰'北海之内有山名幽都'，盖是也。"《史记》卷一一〇《匈奴列传》言匈奴"奇畜""駒騄"，司马贞《索隐》："按：郭璞注《尔雅》云'駒騄马，青色，音淘涂'。又《字林》云野马。《山海经》云'北海内有兽，其状如马，其名駒騄'也。"④

前文引述的《史记》卷六〇《三王世家》中庄青翟等上奏言"极临北海，西凑月氏"，说到了"北海"。张守节《正义》："《匈奴传》云霍去

① 原注："《史记·大宛传》：于阗之西则水皆西流，注西海。又曰：奄蔡在康居西，北可二千里，临大泽，无崖，盖乃北海云。《汉书·西域传》：条支国，临西海。"《史记》卷一二三《大宛列传》："于阗之西，则水皆西流，注西海；其东水东流，注盐泽。""条支在安息西数千里，临西海。"

② 顾炎武：《日知录集释》，黄汝成集释，岳麓书社，1994，第769页。

③ 郭庆藩辑《庄子集释》，王孝鱼整理，第309页。

④《史记》，第17页，第19页，第2879页。

病伐匈奴，北临翰海。"① "北海"即北方"翰海"的说法，更早可能见于三国魏如淳对《汉书》卷五五《霍去病传》"封狼居胥山，禅于姑衍，登临翰海"之"翰海"的解说。颜师古注："如淳曰：'翰海，北海名也。'"② 而《史记》卷一一〇《匈奴列传》记载"汉骠骑将军之出代二千余里，与左贤王接战"，击败匈奴左贤王，"骠骑封于狼居胥山，禅姑衍，临翰海而还"一事。关于"翰海"，裴骃《集解》："如淳曰：'翰海，北海名。'"张守节《正义》："按：'翰海'自一大海名，群鸟解羽伏乳于此，因名也。"③ 对于《史记》卷一一一《卫将军骠骑列传》中的"封狼居胥山，禅于姑衍，登临翰海"，司马贞在《索隐》中注："按：崔浩云：'北海名，群鸟之所解羽，故云翰海。'《广异志》云'在沙漠北'。"④ 司马贞又言"群鸟解羽"是崔浩说的。柴剑虹指出，"既是湖泊，'登临'二字就很令人费解"，于是对"翰海"或"瀚海"的"本义和来历"提出了新的认识："两千多年前，居住在蒙古高原上的突厥民族称高山峻岭中的险隘深谷为'杭海'。霍去病率大军登临峻岭险隘，听当地居民称之为'杭海'，遂以隘名山，后又将这一带山脉统称为'杭海山''杭爱山'，泛称变成了专有名词。《史记》中译写成'翰海'，注家望文生义，将它解作海，或妄加臆测，后来又将错就错，使它变成了戈壁沙漠的统称。"这一意见依据民族语言调查资料，又以岑仲勉的考论为参照，特别值得重视。但是，将历代诸家解说一概称为"妄加臆测""将错就错"，似稍嫌武断，也许正如论者所说，重视"古代诗文中'瀚海'的不同用法"⑤，考察和理解其"本义和来历"，是合理的思路。

我们看到，《史记》《汉书》均不言"瀚海"。至于"翰海"，《史记》中出现了两次，即前引卷一一〇《匈奴列传》中的"临翰海而还"，和卷一一一《卫将军骠骑列传》中的"登临翰海"；在《汉书》中出现了

① 《史记》，第 2109 页。

② 《汉书》，第 2487 页。

③ 《史记》，第 2911 页。

④ 同上书，第 2936—2938 页。

⑤ 柴剑虹：《"瀚海"辨》，载《学林漫录（二集）》，中华书局，1981。

四次，即前引卷五五《霍去病传》中的"登临翰海"，卷九四上《匈奴传上》中的"临翰海而还"，卷九四下《匈奴传下》中的"临翰海"，又卷一〇〇下《叙传下》曰："长平桓桓，上将之元，薄伐猃允，恢我朔边，戎车七征，冲輶闲闲，合围单于，北登阗颜。票骑冠军，猋勇纷纭，长驱六举，电击雷震，饮马翰海，封狼居山，西规大河，列郡祁连。述《卫青霍去病传》第二十五。"① 班固沿用司马迁"临翰海"之说，在《匈奴传》中凡两次言及，较司马迁多一处。王国维言"史公游踪"："是史公足迹殆遍宇内，所未至者，朝鲜、河西、岭南诸初郡耳。"② 但司马迁并没有行至匈奴地区的交通实践，而班固却曾行历大漠。《后汉书》卷四〇下《班固传》记载："永元初，大将军窦宪出征匈奴，以固为中护军，与参议。北单于闻汉军出，遣使款居延塞，欲修呼韩邪故事，朝见天子，请大使。宪上遣固行中郎将事，将数百骑与虏使俱出居延塞迎之。会南匈奴掩破北庭，固至私渠海，闻虏中乱，引还。"③ "私渠海"即"私渠比鞮海"，或写作"私渠北鞮海"，"即今蒙古国西南拜德拉河注入之本察干湖"。④ 班固很可能曾经两次行临私渠海。⑤ 他对"翰海"的名实应有更真切的感受，如以为司马迁的"临翰海"

① 《汉书》，第3770页，第3813页，第4254页。

② 王国维：《太史公行年考》，《王国维遗书》，上海古籍书店，1983，《观堂集林》卷一一第4页。

③ 《后汉书》，第1385页。

④ 史为乐主编《中国历史地名大辞典》（上册），中国社会科学出版社，2005，第1280页。

⑤ 《后汉书》卷四《和帝纪》："夏六月，车骑将军窦宪出鸡鹿塞，度辽将军邓鸿出稒阳塞，南单于出满夷谷，与北匈奴战于稽落山，大破之，追至私渠北鞮海。窦宪遂登燕然山，刻石勒功而还。"《后汉书》卷二三《窦宪传》："宪、秉遂登燕然山，去塞三千余里，刻石勒功，纪汉威德，令班固作铭曰：……""宪上遣大将军中护军班固行中郎将，与司马梁讽迎之。会北单于为南匈奴所破，被创遁走，固至私渠海而还。"《续汉书·天文志中》："（永元元年）六月，汉遣车骑将军窦宪、执金吾耿秉，与度辽将军邓鸿出朔方，并进兵临私渠北鞮海，斩虏首万余级，获生口牛马羊百万头。日逐王等八十一部降，凡三十余万人。追单于至西海。"第168页，第814页，第3233页。

是文字失误，应当会在《汉书》中更正的。

柴剑虹说，"（翰海）既是湖泊，'登临'二字就很令人费解。"同样，"翰海"如解作"高山峻岭"，则用"临"一字，即"临"而不"登"，同样也令人费解。如言"临""险隘深谷"，则似无记述的意义。对"登临翰海"的理解，或许《汉书》卷五五《霍去病传》中颜师古注引张晏的说法值得重视："登海边山以望海也。有大功，故增山而广地也。"颜师古似乎赞同这一解释，他首先引录张晏之说，又引如淳曰："翰海，北海名也。"随后，他又写道："师古曰：'积土增山曰封，为墠祭地曰禅也。'"① 特别是班固在《汉书》卷一〇〇下《叙传下》中提到的"饮马翰海"一语②，明确告知我们，将"翰海"当作所谓"峻岭险隘"或者"山脉"来理解是不大妥当的。

"苏武、郭吉皆为匈奴所幽，置诸北海之上"中的"北海"，另见于《史记》卷一一〇《匈奴列传》："是时天子巡边，至朔方，勒兵十八万骑以见武节，而使郭吉风告单于。郭吉既至匈奴，匈奴主客问所使，郭吉礼卑言好，曰：'吾见单于而口言。'单于见吉，吉曰：'南越王头已悬于汉北阙。今单于能即前与汉战，天子自将兵待边；单于即不能，即南面而臣于汉。何徒远走，亡匿于幕北寒苦无水草之地，毋为也。'语卒而单于大怒，立斩主客见者，而留郭吉不归，迁之北海上。"张守节《正义》："北海即上海，苏武亦迁也。"③《汉书》卷五四《苏武传》中写道："徙武北海上无人处，使牧羝，羝乳乃得归。"④《史记》卷一二三《大宛列传》中写道："奄蔡在康居西北可二千里，行国，与康居大同俗。控弦者十余万。临大泽，无涯，盖乃北海云。"⑤ 此"北海"应非郭吉、苏武所居之"北海"。有学者以为"指今里海"。⑥

---

① 《汉书》，第 2487 页。

② 同上书，第 4254 页。

③ 《史记》，第 2912—2913 页。

④ 《汉书》，第 2463 页。

⑤ 《史记》，第 3161 页。

⑥ 史为乐主编《中国历史地名大辞典》（上册），中国社会科学出版社，2005，第 722 页。

关于苏武居"北海"，齐召南说："《苏武传》'乃徙武北海上'，按'北海'为匈奴北界，其外即丁令也。塞外遇大水泽通称为'海'。《新唐书·地理志》'骨利干都播二部落北有小海，冰坚时，马行八日可度，海北多大山'①，即此'北海'也。今曰白哈儿湖，在喀尔喀极北，鄂罗斯国之南界。"② 据此可认为苏武事迹中涉及的"北海"应为贝加尔湖。③

宋吴仁杰在《两汉刊误补遗》卷八"北海"条中写道："奄蔡国临大泽，无崖，盖北海云。周日用曰：闻苏武牧羊之所只一池，号'北海'。《容斋随笔》曰：蒲昌非西海，疑亦亭居一泽耳。仁杰读《禹贡正义》：江南水无大小，皆呼为'江'。《太康地记》：河北得水名'河'，塞外得水名'海'。因是悟大泽蒲昌名'海'者如此。又吐蕃、吐谷浑有烈谟海、恕谌海、拔布海、青海、柏海、乌海，匈奴中有翰海、勃鞮海、私渠海、伊连海，与于阗、条支所谓两'西海'，及北匈奴所谓两'北海'，皆薮泽或海曲耳，非真'西海''北海'也。"④ 这里说中原西北方向所谓的"西海""北海"，不过"薮泽或海曲"而已。然而，即使是所谓"只一池"的"薮泽"，有的也是相当大的。元耶律铸在《干海子》诗序中说："北中凡陂泺皆谓之'海子'。"⑤ 有人形容，有的"海子"颇为辽阔："海子甚阔，望之者无畔岸，遥望水高如山，但见白浪隐隐，自

① 《新唐书》卷四三下《地理志下》："骨利干都播二部落北有小海，冰坚时，马行八日可渡，海北多大山。"中华书局，1975，第1149页。

② 齐召南：《前汉书考证》，《文渊阁四库全书》本《汉书》卷五四《苏武传》附，收入《景印文渊阁四库全书》第250册，第325页。

③ 史为乐主编《中国历史地名大辞典》（上册）以为苏武牧羊的"北海""指今贝加尔湖"，中国社会科学出版社，2005，第722页。

④ 吴仁杰：《两汉刊误补遗》，徐蜀选编《二十四史订补》第4册，书目文献出版社，1996，第1062页。

⑤ 耶律铸：《双溪醉隐集》卷二《乐府》，收入《景印文渊阁四库全书》第1199册，第405页。

高而下。"① 对于规模"甚阔，望之者无畔岸"的水面，古人称之为"海"，是可以理解的。

四、"西海"诸说

程大昌、顾炎武认为"西海"即"条支之西"之"海"。这是指西方远洋，应当与我们讨论的主题"海上丝绸之路"密切相关。下文讨论的"海西"涉及相关问题。然而，战国秦汉时期其实尚有相对明确的"西海"。

《史记》卷七〇《张仪列传》中写道："拔一国而天下不以为暴，利尽西海而天下不以为贪。"司马贞《索隐》："西海为蜀川也。海者珍藏所聚生，犹谓秦中为陆海然也。其实西亦有海，所以云西海。"张守节《正义》："海之言晦也，西夷晦昧无知，故言海也。言利尽西方羌戎。"② 虽然"西方羌戎"分布区域包括"蜀"地西隅，但是多数有关"西海"的信息，其方位指向并非"蜀川"。

《史记》卷七八《春申君列传》中写道："王之地一经两海。"司马贞《索隐》："谓西海至东海皆是秦地。"张守节《正义》："广言横度中国东西也。"③ 但说"西海"在"中国"之"西"是较模糊的地理方向。《史记》卷四九《外戚世家》中写道："（李夫人）其长兄广利为贰师将军，伐大宛，不及诛，还，而上既夷李氏，后怜其家，乃封为海西侯。"④ 张守节《正义》："汉武帝令李广利征大宛，国近西海，故号'海

---

① 陆楫编《古今说海》卷一《说选一》引明金幼孜《北征录》，巴蜀书社，1988，第11页。姚之骃在《元明事类钞》卷二《地理门》"水高如山"条中引《北征录》："经阔滦海子，遥望水高如山，但见白浪隐隐，自高而下。"收入《景印文渊阁四库全书》第884册，第23页。

②《史记》，第2283页。

③ 同上书，第2393页。

④ 张照《史记考证》："余有丁曰：《匈奴》《大宛传》广利封时李氏未诛，后以将军伐匈奴，闻其家用巫蛊族，乃降匈奴。此文误。"《史记》卷四九《外戚世家》附。收入《景印文渊阁四库全书》第244册，第270页。

西侯'也。"①《汉书》卷六一《李广利传》载汉武帝之诏，其中言李广利"伐胜大宛"："赖天之灵，从溯河山，涉流沙，通西海，山雪不积，士大夫径度，获王首虏，珍怪之物毕陈于阙。其封广利为海西侯，食邑八千户。"②"海西侯"之封号应与"西海"有关，如张守节所说，"国近西海，故号'海西侯'也"。此"西海"近"大宛"，我们可大致推知其空间方位。

《汉书》卷七〇《陈汤传》中又载谷永上疏言："窃见关内侯陈汤，前使副西域都护，忿郅支之无道，闵王诛之不加，策虑愊忆，义勇奋发，卒兴师奔逝，横厉乌孙，逾集都赖，屠三重城，斩郅支首，报十年之逋诛，雪边吏之宿耻，威震百蛮，武畅西海，汉元以来，征伐方外之将，未尝有也。"③ 此"武畅西海"之"西海"，似是西极之地的模糊说法，比"李广利征大宛，国近西海"中的"西海"更遥远。

顾炎武说："甘州有居延海，西宁有青海。"所谓"青海"，在王莽时代曾经明确称作"西海"。《汉书》卷九九上《王莽传上》记载，王莽奏言："今西域良愿等复举地为臣妾，昔唐尧横被四表，亦亡以加之。今谨案已有东海、南海、北海郡，未有西海郡，请受良愿等所献地为西海郡。"于是，"（元始四年）置西海郡，徙天下犯禁者处之"。④《汉书》卷二八下《地理志下》中也写道："金城郡，昭帝始元六年置。莽曰'西海'。"⑤

此"西海"又称"鲜水海"。据齐召南考证，"按：莽所置西海郡，在金城郡临羌县塞外西北。《地理志》可证。'西海'曰'仙海'，亦曰'鲜水海'，即今青海也"。⑥ "鲜水海"名号用"鲜"字，或许与渔产有

①《史记》，第 1980 页。

②《汉书》，第 2703 页。

③ 同上书，第 3021 页。

④ 同上书，第 4077 页。

⑤ 同上书，第 1610 页。

⑥ 齐召南：《前汉书考证》，《汉书》卷五四《苏武传》附。收入《景印文渊阁四库全书》第 249 册，第 183 页。

关。"鲜水海"的南面和北面都有"鲜水"之称①，应是地名移用之例，这或许与草原通路上频繁迁徙的民族活动有关。② 汉代"西海"名号的多种指向，或许也可看作类似民族活动的结果。前引"西海为蜀川也"之说，也可能与此有关。

《史记》卷一二三《大宛列传》中写道："于寘之西，则水皆西流，注西海；其东水东流，注盐泽。""条支在安息西数千里，临西海。"③ 这两处说到的"西海"应不在同一处。有学者指出："《山海经》所说之西海，其确实海域不详。后世地理知识逐渐增长，称西海之处较多，都指我国西部或以西之湖海。如《史记·大宛列传》：'于寘之西，则水皆西流，注西海。'所指当今之咸海或里海。《汉书·西域传》：'条支国临西海。'所指今波斯湾、红海、阿拉伯海及印度洋西北部。"④

"盐泽""盐池"亦多有称"海"者，这其中的信息可以看作有价值的生态史料。⑤《通典》卷一九一《西戎总序》中言汉代"盐泽"，杜佑

---

① 对于《汉书》卷六九《赵充国传》中的"合击罕、开在鲜水上者"（第 2977 页），齐召南以为此"鲜水"即青海湖："按：'鲜水'即'西海'，一名'青海'，又名'卑禾羌海'。《地理志》'金城郡临羌县西北至塞外有仙海盐池'者也。《后书·西羌传》：'武帝时先零羌与匈奴通，寇边，遣李息、徐自为击平之。羌乃去湟中，依西海盐池左右。'又本书《王莽传》：'羌豪献鲜水海允谷盐池地，为西海郡。'"齐召南：《前汉书考证》，《汉书》卷六九《赵充国传》附。收入《景印文渊阁四库全书》第 250 册，第 565 页。此说不准确。此"鲜水"即羌谷水，即自今祁连山北流的黑水。

② 参看王子今、高大伦：《说"鲜水"：康巴草原民族交通考古札记》，《中华文化论坛》2006 年第 4 期。收入《康巴地区民族考古综合考察》，天地出版社，2008；收入《巴蜀文化研究集刊》第 4 卷，巴蜀书社，2008。

③《史记》，第 3160 页，第 3163 页。

④ 史为乐主编《中国历史地名大辞典》（上册），第 938 页。今按："《汉书·西域传》：'条支国临西海。'"应据《史记》卷一二三《大宛列传》。《中国历史地名大辞典》解释"西海"：（1）"为居延海"；（2）"即今青海省东部之青海湖"；（3）"指今蒙古国科布多东南之哈尔湖—德勒湖"。认为即《窦宪传》"遂及单于于西海上"之"西海"。

⑤ 参看王子今：《"居延盐"的发现——兼说内蒙古盐湖的演化与气候环境史考察》，《盐业史研究》2006 年第 2 期。

原注："即蒲昌海，在今交河、北庭界中。"①

《后汉书》卷二《明帝纪》记载："（永平十七年）冬十一月，遣奉车都尉窦固、驸马都尉耿秉、骑都尉刘张出敦煌昆仑塞，击破白房于蒲类海上，遂入车师。"《后汉书》卷一九《耿夔传》中写道："会北单于弟左鹿蠡王于除鞬自立为单于，众八部二万余人，来居蒲类海上，遣使款塞。以夔为中郎将，持节卫护之。"《后汉书》卷二三《窦固传》中写道："（窦）固、（耿）忠至天山，击呼衍王，斩首千余级。呼衍王走，追至蒲类海。"李贤注："蒲类海今名婆悉海，在今庭州蒲昌县东南也。"② 齐召南也在解说《汉书》卷九六下《西域传下》"焉耆国王治员渠城"句时写道："按《后汉书》作南柯城，又北与乌孙接近，海水多鱼。《后汉书》曰：其国四面有大山，与龟兹相连。道险阨易守，有海水曲入四山之内，周匝其城三十余里。即其说也。焉耆北接乌孙，西去条支绝远。所谓'海'者，指大泽巨浸，如蒲类、蒲昌并称为'海'之比，非'北海'亦非'西海'也。"③

五、"四海神""北海君""西海君"

《唐开元占经》卷一一三《人及鬼神占·神瑞》"四海神"条引《金

---

① 杜佑：《通典》，中华书局，1984，第1027页。吴玉贵以为，"'蒲昌海'即是汉代'盐泽'，这应该是没有问题的，但杜佑说蒲昌海在'北庭界中'"，"将'蒲类'与'蒲昌'混淆了"。吴玉贵：《西突厥汗国汉文史料编年辑考》，待出版。

②《后汉书》，第122页，第719页，第810页。《旧唐书》卷四〇《地理志三》"西州中都督""蒲昌"条："县东南有旧蒲类海，胡人呼为婆悉海。"中华书局，1975，第1645页。吴玉贵指出："蒲类海（今巴里坤湖）在东部天山北麓，与此称蒲昌城东南方位不合，疑《通典》将'蒲类海'与'蒲昌海'（今罗布泊）相混淆，又从而将蒲类海的相关记载误置于蒲昌县下。如《通典》一九五南匈奴'右谷蠡王于除鞬自立为单于，将数千人止蒲类海'，杜佑在'蒲类海'下注称：'今北庭府界。'正确地将蒲类海置于北庭。"吴玉贵：《西突厥汗国汉文史料编年辑考》，待出版。

③ 齐召南：《前汉书考证》，《文渊阁四库全书》本《汉书》卷九六下《西域传下》附。收入《景印文渊阁四库全书》第251册，第268—269页。

匮》中这样的故事："武王伐纣，都洛邑。阴寒雨雪一十余日，深丈余。甲子朔旦，有五丈夫乘马车，从两骑，至王门外，欲谒武王。武王将出见之。太公曰：'不可。雪深丈余，五丈夫车骑无迹，恐是圣人。'太公乃持一器粥，出门而进五车两骑曰：'王方未出。天寒，故进热粥以御寒，而不知长幼从何来？'两骑曰：'先进南海君，次进东海君，次北海君，次西海君，次河伯、雨师、风伯。'粥既毕，使者告太公。太公谓武王曰：'此四海之神，王可见之。南海神曰祝融，东海神曰勾芒，北海神曰玄冥，西海神曰蓐收，河伯名为凭，雨师名咏，风伯名飞廉。请以名。'前五神皆惊，相视而叹。祝融等皆拜焉。武王曰：'天阴，远来何以教之？'四海曰：'天代立周，谨来受命。请敕风伯等各奉其职。'"①《太平御览》卷八八二引《太公金匮》，文字略异："武王都洛邑，未成。阴寒雨雪十余日②，深丈余。甲子旦，有五丈夫乘车马，从两骑，止王门外，欲谒武王。武王将不出见。太公曰：'不可。雪深丈余而车骑无迹，恐是圣人。'太公乃持一器粥出，开门而进五车两骑，曰：'王在内，未有出意。时天寒，故进热粥以御寒。未知长幼从何起？'两骑曰：'先进南海君，次东海君，次西海君，次北海君，次河伯、雨师。'粥既毕，使者具告太公。太公谓武王曰：'前可见矣，五车两骑，四海之神与河伯、雨师耳。南海之神曰祝融，东海之神曰勾芒，北海之神曰玄冥，西海之神曰蓐收。请使谒者各以其名召之。'武王乃于殿上，谒者于殿下，门内引祝融进。五神皆惊，相视而叹。祝融拜。武王曰：'天阴乃远来，何以教之？'皆曰：'天伐殷立周，谨来受命，愿敕风伯、雨师，各使奉其职。'"③ 通过对照两种引文，我们可以获得较完整的《太公金匮》成书时代人们对"四海之神"的认识。所谓"北海神曰玄冥，西海神曰蓐收"，或"北海之神曰玄冥，西海之神曰蓐收"，又称

---

① 瞿昙悉达编《开元占经》，李克和校点，岳麓书社，1994，第1135页。
②《太平御览》卷三四引《太公金匮》曰："武王伐纣，纣驻洛邑，天阴寒，雨雪十余日。"中华书局，1960年复制重印本，第163页。《山堂肆考》卷五《天文·雪》"武都丈余"条："《太公金匮》：'武王伐纣，都洛邑，雨雪十日，深丈余。'"收入《景印文渊阁四库全书》第974册，第84页。
③ 李昉等：《太平御览》，第3918页。

"北海君""西海君"。

《隶续》卷二《五君杯柈文》载录"五君"名号，即"大老君""西海君""东海君""真人君"和"仙人君"。洪适写道："右五君杯柈文十五字，予所见者，已装治成帙，不得详其形制。五君之旁，有棬各三，径三寸余。其中者圆若碑碣之穿，上下二棬则堕褊不匀，亦有阙其一者。藏碑若欧、赵皆所无有，复不见于诸家杂说中，殆莫知其为何物。独武阳黄伯思长睿作《洛阳九咏》，其《瞻上清》一篇中云'洼柈五兮石柈九，飨西后兮腏东后'，所注甚详。"洪适还写道："《宣和殿藏碑录》以为汉碑，而名之曰'真人君石樽刻石'，与'四老神祚机刻石'同帙，良由此石就其上有器物之状，以祀五君，故或谓之'杯柈'，或谓之'石樽'。而黄君之辞可据，始知是洛阳上清宫中之物。其文惟'大老君'三字最大，盖尊老子也。'西海''真人'六字却似晋人笔札，岂镌刻有工拙乎？《六经》无'真'字，独于诸子见之。延熹中蔡邕作《王子乔碑》及《仙人唐公房碑》，皆有'真人'之称矣。"[1] 要理解这里说到的包括"西海君""东海君"在内的"五君"在社会信仰体系中的地位，应以道教的兴起作为认识基础。

《博物志》卷七《异闻》中写道："太公为灌坛令，武王梦妇人当道夜哭，问之。曰：'吾是东海神女，嫁于西海神童。今灌坛令当道，废我行。我行必有大风雨，而太公有德，吾不敢以暴风雨过，是毁君德。'武王明日召太公，三日三夜，果有疾风暴雨从太公邑外过。"[2] "东海"神与"西海"神系传说中的姻亲，暗示遥远的空间距离因"大风雨"之"行"形成联系。

有关"北海君""西海君"及"西海神童"的年代，似乎暂不能确定是秦汉，但对我们认识秦汉时期的相关现象，仍然有一定的参考价值。

① 洪适：《隶释·隶续》，第 302—303 页。

② 张华：《博物志校证》，范宁校证，中华书局，1980，第 84 页。《太平御览》卷一〇引《博物志》，文字略异："太公为灌坛令，武王梦妇人当道夜哭，问之。曰：'吾是东海神女，嫁于西海神童。今为灌坛令当道，废我行。我行必有大风疾雨。大风疾雨是毁君之德也。'武王觉，召太公问之。果有疾雨暴风在太公邑外而过。"第 52 页。

第一章 上古华夏人的海洋观与最初的海洋探索

六、"海西"远国

考察秦汉社会的世界观、天下观及有关"四海"的知识，自然会涉及"海西"这一空间概念。

《史记》卷四九《外戚世家》中说到李夫人事迹时，写道："是时其长兄广利为贰师将军，伐大宛，不及诛，还，而上既夷李氏，后怜其家，乃封为海西侯。"张守节《正义》："汉武帝令李广利征大宛，国近西海，故号'海西侯'也。"① 这似乎是说"海西侯"名号因"大宛""国近西海"而得。《史记》卷一二三《大宛列传》也记载："天子为万里而伐宛，不录过，封广利为海西侯。"② 但是按通常理解，所谓"海西"应是"西海"之"西"。

《史记》卷一二三《大宛列传》中记述张骞"凿空"，带回了有关西域远国的自然地理与人文地理知识："骞身所至者大宛、大月氏、大夏、康居，而传闻其旁大国五六，具为天子言之。"其中，"骞身所至者"及"传闻"中的诸国及其与"西海"的空间关系："大宛在匈奴西南，在汉正西，去汉可万里。""其北则康居，西则大月氏，西南则大夏，东北则乌孙，东则扞罙、于窴。于窴之西，则水皆西流，注西海；其东水东流，注盐泽。""盐泽去长安可五千里。""安息在大月氏西可数千里……其西则条支，北有奄蔡、黎轩。"司马贞《索隐》："按：三国并临西海，《后汉书》云'西海环其国，惟西北通陆道'。然汉使自乌弋以还，莫有至条支者。"张守节《正义》："《魏略》云大秦在安息、条支西大海之西，故俗谓之海西。从安息界乘船直载海西，遇风利时三月到，风迟或一二岁。"关于"条支"，《史记》卷一二三《大宛列传》写道："条枝在安息西数千里，临西海。"张守节《正义》："……然先儒多引《大荒西经》云

---

①《史记》，第1980页。李广利封"海西侯"事，又见于《汉书》卷一七《景武昭宣元成功臣传》，《汉书》卷六一《李广利传》，《汉书》卷九七上《外戚传·孝武李夫人》，第661页，第664页，第2703页，第3952页。

②《史记》，第3178页。

弱水有二源，俱出女国北阿耨达山，南流会于女国东，去国一里，深丈余，阔六十步，非毛舟不可济，南流入海。阿耨达山即昆仑山也，与《大荒西经》合矣。然大秦国在西海中岛上，从安息西界过海，好风用三月乃到，弱水又在其国之西。"① 当时人们关于远方"西海"的知识多来自"传闻"，不免片面朦胧。"海西"专指"大秦"，见于《后汉书》卷八六《西南夷传》："永宁元年，掸国王雍由调复遣使者诣阙朝贺，献乐及幻人，能变化吐火，自支解，易牛马头。又善跳丸，数乃至千。自言我海西人。"② "海西即大秦也，掸国西南通大秦。"③《后汉书》卷八八《西域传》中写道："条支国城在山上，周回四十余里。临西海，海水曲环其南及东北，三面路绝，唯西北隅通陆道。""自安息西行三千四百里至阿蛮国。从阿蛮西行三千六百里至斯宾国。从斯宾南行度河，又西南至于罗国九百六十里，安息西界极矣。自此南乘海，乃通大秦。其土多海西珍奇异物焉。大秦国一名犁靬，以在海西，亦云海西国。地方数千里，有四百余城。小国役属者数十。以石为城郭。列置邮亭，皆垩塈之。""北虏呼衍王常展转蒲类、秦海之间。"李贤注："大秦国在西海西，故曰秦海也。"④

"南乘海，乃通大秦"，且"其土多海西珍奇异物焉"的"安息国"，与中原王朝曾有交往。而开拓西域交通的历史功臣班超曾经有直接联系"大秦"的想法，却为"安息西界船人"所阻挠。《后汉书》卷八八《西域传》中写道：

> 章帝章和元年，（安息国）遣使献师子、符拔。符拔形似麟而无角。和帝永元九年，都护班超遣甘英使大秦，抵条支。临大海欲度，而安息西界船人谓英曰："海水广大，往来者逢善风三月乃得度，若遇

① 《史记》，第 3159—3160 页，第 3162—3164 页。

② 关于"海西""幻人"西来通路的研究，是交通史的研究课题，也是海洋史的研究课题。参看王子今：《海西幻人来路考》，《秦汉史论丛》第 8 辑，云南大学出版社，2001。

③ 《后汉书》，第 2851 页。

④ 同上书，第 2918 页，第 2911 页。

迟风，亦有二岁者，故入海人皆赍三岁粮。海中善使人思土恋慕，数有死亡者。"英闻之乃止。十三年，安息王满屈复献师子及条支大鸟，时谓之安息雀。①

"（甘）英闻之乃止"，当然是历史上永久的遗憾。②《晋书》卷九七《四夷传·西戎》"大秦国"条中写道："汉时都护班超遣掾甘英使其国，入海，船人曰：'海中有思慕之物，往者莫不悲怀。若汉使不恋父母妻子者，可入。'英不能渡。"③

对所谓"乘船直载海西"，"南乘海，乃通大秦"等知识的关心，以及"班超遣甘英使大秦，抵条支"，且"临大海欲度"的计划，都反映了当时的人们以海上航行方式联络"海西"远国的意向。

---

①《后汉书》，第2918页。

② 王子今：《中国历史上三次大的遣使外交》，载《史论十三篇》，红旗出版社，2002。

③《晋书》，第2545页。

第二章
滨海地区海洋资源的
初步开发与早期海洋交通

　　对海洋资源的利用，长期以来一直是经济发展的重要条件。文明在进步的初级阶段，已经表现出对海洋物产的重视。对海洋资源的早期开发，加快了社会前进的步伐。滨海地区的物质文化优势，也曾经成为精神文化丰收的条件。早期的海洋交通事业，就在这样的基础上起步。

第一节　关于"海物惟错"

　　《禹贡》称"海物"对地方经济生活有积极意义，体现出先进的文明观，也是社会进步的切实反映。先秦经济思想有重视"鱼盐之利"的开明意识。秦汉大一统政治格局的形成，扩大了从海洋资源开发中获利的区域。社会经济总和中海洋"鱼盐"及其他因素所占比重有所增大。社会生活对"海物"的需求逐渐增长，进一步促进海洋资源的开发；而交通的发展，推动了海洋探索与海洋利用的进步。

一、"大公封齐，为东海之表式"

　　据《史记》卷三二《齐太公世家》记载，齐的建国者吕尚原本就是

海滨居民："太公望吕尚者，东海上人。"① "或曰，吕尚处士，隐海滨。"太公封于齐，即在"海滨"立国。"于是武王已平商而王天下，封师尚父于齐营丘。东就国，道宿行迟。逆旅之人曰：'吾闻时难得而易失。客寝甚安，殆非就国者也。'太公闻之，夜衣而行，犁明至国。莱侯来伐，与之争营丘。营丘边莱。莱人，夷也，会纣之乱而周初定，未能集远方，是以与太公争国。"齐在建国之初，曾与莱人争夺生存空间，经过艰苦创业，初步形成了强固的国家基础。"太公至国，修政，因其俗，简其礼，通商工之业，便鱼盐之利，而人民多归齐，齐为大国。及周成王少时，管蔡作乱，淮夷畔周，乃使召康公命太公曰：'东至海，西至河，南至穆陵，北至无棣，五侯九伯，实得征之。'齐由此得征伐，为大国。都营丘。"② 齐为"大国"，控制区域"东至海"。而使国家稳定的重要经济政策之一，是"便鱼盐之利"。

海洋，是齐地重要的自然地理条件，也是构成"齐为大国"人文地理条件的基本要素。"具有许多内陆国家所不能有的海洋文化的特点"③，是齐文化的重要基因。

《史记》卷三二《齐太公世家》："既表东海，乃居营丘。"④ 季札作为吴国的使节来到鲁国，"请观周乐"，"歌齐"时，曾经深情地感叹道："美哉！泱泱乎！大风也哉！表东海者，其大公乎？国未可量也。"对所谓"表东海"，杜预注："大公封齐，为东海之表式。"⑤《史记》卷三一《吴太伯世家》中写道："表东海者，其太公乎？"裴骃《集解》引王肃曰："言为东海之表式。"⑥ 显然，齐国文化风格之宏大，与对"东海"的开发和

① 裴骃《集解》："《吕氏春秋》曰：'东夷之士。'"《史记》，第1477页。《吕氏春秋·首时》："太公望，东夷之士也。"高诱注："太公望，河内人也。于周丰镐为东，故曰'东夷之士'。"许维遹：《吕氏春秋集释》，梁运华整理，第322页。高诱应是未注意到《史记》下文所谓"或曰，吕尚处士，隐海滨"之说。

②《史记》，第1478页，第1480—1481页。

③ 张光明：《齐文化的考古发现与研究》，齐鲁书社，2004，第40页。

④《史记》，第1515页。

⑤《左传·襄公二十九年》，《春秋左传集解》，第1121页，第1124页。

⑥《史记》，第1452页。

控制有关。

二、《禹贡》说"海"

　　《禹贡》在关于文明进步过程中地理条件的全面介绍中，对"海"予以空前的关注，其中写到"海岱为青州""海滨广斥""厥贡盐绤，海物惟错"，"错，杂，非一种"[①]，"盐"被列为沿海地区第一贡品。而所谓"海物"，可能是海洋渔产，即获得的海洋生物。宋人傅寅在《禹贡说断》卷一中写道："张氏曰：海物，奇形异状，可食者众，非一色而已，故杂然并贡。"[②] 宋人夏僎在《夏氏尚书详解》卷六《夏书·禹贡》中写道："海物，即水族之可食者，所谓蠯蠃蜃蚳之属是也。"[③] 元人吴澄在《书纂言》卷二《夏书》中写道："海物，水族排蜃罗池之类。"[④] 这里的"海物"，主要指"可食"之各种海洋水产。

　　宋人林之奇在《尚书全解》卷八《禹贡·夏书》中解释"海物惟错"："此州之土有二种：平地之土则色白而性坟；至于海滨之土，则弥望皆斥卤之地。斥者，咸也，可煮以为盐者也。东方谓之斥，西方谓之卤。齐管仲轻重鱼盐之权，以富齐，盖因此广斥之地也。""厥贡盐绤，盐即广斥之地所出也……海物，水族之可食者，若蠯蠃蜃之类是也。"[⑤] 宋人陈经在《尚书详解》卷六《禹贡·夏书》中也写道："盐即广斥之地所出……错，杂，非一也。海物，鱼之类，濒海之地所出，故贡之。"[⑥] 以"鱼盐"为代表的海洋资源，是齐国经济优势所在。其中的"鱼"，按照《禹贡》的说法，即"海物"，包括各种"奇形异状"的"水族之可食者"。宋人袁燮在《絜斋家塾书钞》卷四《夏书》中也说："青

---

①《十三经注疏》，阮元校刻，第 147—148 页。

② 傅寅：《禹贡说断》，收入《丛书集成初编》第 3028 册，商务印书馆，1936，第 37 页。

③ 夏僎：《夏氏尚书详解》，收入《丛书集成初编》第 3606 册，第 150 页。

④ 吴澄：《书纂言》，收入《景印文渊阁四库全书》第 61 册，第 52 页。

⑤ 林之奇：《尚书全解》，收入《景印文渊阁四库全书》第 55 册，第 151 页。

⑥ 陈经：《尚书详解》，收入《景印文渊阁四库全书》第 59 册，第 85 页。

州产盐，故以为贡……海错，凡海之所产，杂然不一者。"① 宋人蔡沈在《书经集传》卷二《夏书·禹贡》中也写道："错，杂也，海物非一种，故曰错。林氏曰：既总谓之海物，则固非一物矣。"② 宋人黄伦也在《尚书精义》卷一〇中写道："海物奇形异状，可食者广，非一色而已。故杂然并贡。错，杂也。"③ 清人胡渭引林少颖曰"海物，水族之可食者"，又引吴幼清曰"海物，水族排蜃罗池之类"，并指出："海中之物，诡类殊形，非止江河鳞介之族，故谓之错。"④

杨宽在总结西周时期开发东方的历史时指出："新建立的齐国，在'辟草莱而居'的同时，就因地制宜，着重发展鱼盐等海产和衣着方面的手工业。"⑤《史记》卷一二九《货殖列传》中写道：

> 故太公望封于营丘，地潟卤，人民寡，于是太公劝其女功，极技巧，通鱼盐，则人物归之，襁至而辐凑。故齐冠带衣履天下，海岱之间敛袂而往朝焉。

司马贞《索隐》："言齐既富饶，能冠带天下，丰厚被于他邦，故海岱之间敛衽而朝齐，言趋利者也。"⑥《汉书》卷二八下《地理志下》中写道：

> 太公以齐地负海舄卤，少五谷而人民寡，乃劝以女工之业，通鱼

① 袁燮：《絜斋家塾书钞》，收入《景印文渊阁四库全书》第 57 册，第 718 页。

② 蔡沈：《书经集传》，朱熹授旨，严文儒校点，载朱杰人、严佐之、刘永翔主编《朱子全书外编》，华东师范大学出版社，2010，第 51 页。

③ 黄伦：《尚书精义》，收入《景印文渊阁四库全书》第 58 册，第 242 页。

④ 胡渭又说："惟错有别解。林少颖云：先儒谓海物错杂非一种，此说不然。夫既谓之海物，而不指其名，则固非一种矣，何须更言为错。窃谓此与扬州齿、革、羽、毛、惟木，文势正同。错别是一物，如豫州之磬错也。吴幼清云：……错，石可磨砺者也。《诗》云：他山之石，可以为错。"胡渭指出："此错果为石，则荆何必又贡砺、砥。"胡渭：《禹贡锥指》，邹逸麟整理，上海古籍出版社，1996，第 104—106 页。

⑤ 杨宽：《西周史》，上海人民出版社，1999，第 586 页。

⑥《史记》，第 3255 页。

盐之利，而人物辐凑。①

对"鱼盐"资源的开发，使齐人具备走上富足之路的重要条件。宋人时澜在《增修东莱书说》卷五《禹贡第一·夏书》中写道："海滨之地，广阔斥卤，鱼盐所出……（青州）无泽薮而擅海滨鱼盐之利，太公尝以辐凑人物，管仲用之，遂富其国。"② 海滨的"鱼盐所出""鱼盐之利"，通过执政者的合理经营，即所谓"轻重鱼盐之权"，于是在经济发展中占据重要地位，"遂富其国"。而所谓"太公尝以辐凑人物，管仲用之"，说明包括人才集结与文化融合在内的文明进程，也得益于这种经济条件的促进。

《史记》卷六九《苏秦列传》中载苏秦说赵肃侯语："君诚能听臣，燕必致旃裘狗马之地，齐必致鱼盐之海，楚必致橘柚之园，韩、魏、中山皆可使致汤沐之奉，而贵戚父兄皆可以受封侯。"③ 其中，强调齐国最强势的经济构成是"鱼盐之海"。齐国在海洋资源开发方面的优势，使其国际地位得到提升。《国语·齐语》中管子建议齐桓公推行的政策，不仅有据军事地理意义的海险，"使海于有蔽，渠弭于有渚"，还有利用海洋开发条件，即"通齐国之鱼盐于东莱，使关市几而不征，以为诸侯利。诸侯称广焉"。经济开放，使诸侯因流通得利，于是齐桓公得到了赞许和拥护。关于所谓"通齐国之鱼盐于东莱"，韦昭注："言通者，则先时禁之矣。东莱，齐东莱夷也。"关于"使关市几而不征"的政策，韦昭解释说："几，几异服，识异言也。征，税也，取鱼盐者不征税，所以利诸侯，致远物也。"就是说，齐国竞争力最强的商品"鱼盐"，获得了免税的流通交易条件。所谓"诸侯称广焉"，韦昭注："施惠广

也。"① 也就是说，齐地"取鱼盐者"的生产收获，通过流通，对滨海地区之外的经济影响也是积极显著的。

我们还应当注意到，"海物"即"水族之可食者"，之所以可"贡""致远""施惠广"，是通过远途运输实现的，而在当时保鲜技术落后的情况下，"海物"往往需要用"盐"予以必要加工方可远途运输。

要考察中国古代盐业史，我们应当关注齐地盐业较早开发的历史事实。就海洋资源的开发和利用而言，齐人是先行者。

《史记》卷三二《齐太公世家》记述齐桓公时代齐国的崛起："桓公既得管仲，与鲍叔、隰朋、高傒修齐国政，连五家之兵，设轻重鱼盐之利，以赡贫穷，禄贤能，齐人皆说。"②

所谓"通鱼盐""通鱼盐之利""便鱼盐之利"，都指充分利用"鱼盐之海"的资源优势。所谓"设轻重鱼盐之利""轻重鱼盐之权"，则说国家通过对"鱼盐"生产与消费的控制，充盈了经济实力，改善了财政状况。

三、"景公与晏子游于少海"

虽然秦人崛起于西北，但对秦文化形成显著影响的法家学说也表现出对遥远的"海"的关注。

《商君书》与战国时期其他一些文化名著一样，已经以"海内"一语指代"天下"，亦体现出同时使用"海内"与"天下"的语言习惯，从侧面体现了当时社会海洋意识的初步觉醒。如《商君书·立本》中"无敌于海内"、《商君书·赏刑》中"海内治"，以及同篇的"汤、武既破桀、纣，海内无害，天下大定"。③ 后者中以"海内"与"天下"并说，这种句式到汉代依然习用。《商君书·兵守》中写道："四战之国贵

---

① 徐元诰：《国语集解》（修订本），王树民、沈长云点校，中华书局，2002，第231—232页，第240页。

②《史记》，第1487页。

③《商君书注译》，高亨注译，中华书局，1974，第95页，第130页，第127页。

守战。负海之国贵攻战。四战之国好举兴兵以距四邻者，国危。四邻之国一兴事，而己四兴军，故曰国危。四战之国，不能以万室之邑舍巨万之军者，其国危。故曰：四战之国，务在守战。"① 这是从战略学的角度比较"四战之国"与"负海之国"，承认"负海之国"在军事方面的地理优势。不过，《商君书》中没有涉及海洋资源的文字。

在对秦政治影响十分深刻的《韩非子》一书中，我们可以看到重视海洋资源之经济意义的理念。例如，《韩非子·外储说右上》中写道：

> 景公与晏子游于少海，登柏寝之台而还望其国，曰："美哉，泱泱乎，堂堂乎，后世将孰有此？"晏子对曰："其田成氏乎？"景公曰："寡人有此国也，而曰田成氏有之，何也？"晏子对曰："夫田成氏甚得齐民，其于民也，上之请爵禄行诸大臣，下之私大斗斛区釜以出贷，小斗斛区釜以收之。杀一牛，取一豆肉，余以食士。终岁，布帛取二制焉，余以衣士。故市木之价不加贵于山，泽之鱼盐龟鳖蠃蚌不加贵于海。君重敛，而田成氏厚施。齐尝大饥，道旁饿死者不可胜数也，父子相牵而趋田成氏者不闻不生。故周秦之民相与歌之曰：讴乎，其已乎苞乎，其往归田成子乎！《诗》曰：虽无德与女，式歌且舞。今田成氏之德，而民之歌舞，民德归之矣。故曰：其田成氏乎。"公泫然出涕曰："不亦悲乎！寡人有国而田成氏有之，今为之奈何？"晏子对曰："君何患焉！若君欲夺之，则近贤而远不肖，治其烦乱，缓其刑罚，振贫穷而恤孤寡，行恩惠而给不足，民将归君，则虽有十田成氏，其如君何？"②

这是一个讲述执政原则的故事，发生在"景公与晏子游于少海"时。晏子言及"泽之鱼盐龟鳖蠃蚌不加贵于海"，明确说到"鱼盐"。《韩非子·说林下》中又说到"海大鱼"：

————————

① 《商君书注译》，高亨注译，第 99 页。
② 《韩非子集释》，陈奇猷校注，第 716—717 页。

靖郭君将城薛，客多以谏者。靖郭君谓谒者曰："毋为客通。"齐人有请见者曰："臣请三言而已，过三言，臣请烹。"靖郭君因见之，客趋进曰："海大鱼。"因反走。靖郭君曰："请闻其说。"客曰："臣不敢以死为戏。"靖郭君曰："愿为寡人言之。"答曰："君闻大鱼乎？网不能止，缴不能絓也，荡而失水，蝼蚁得意焉。①今夫齐亦君之海也，君长有齐，奚以薛为？君失齐，虽隆薛城至于天犹无益也。"靖郭君曰："善。"乃辍，不城薛。②

《太平御览》卷九三五引《战国策》中写道："靖郭君将城薛，齐人有请一言者，靖郭君见之，趋进曰：'海大鱼。'因反走。君使更言，曰：'海大鱼，网不能止，钓不能牵，荡而失水，蝼蚁得意。今齐亦君之水也。'靖郭君乃止。"③ "客"或者说"齐人"在谏言中说到"海大鱼""网不能止，缴不能絓也，荡而失水，蝼蚁得意焉"，"网不能止，钓不能牵，荡而失水，则蝼蚁得意"，这些涉及具体的海洋生物学知识。"网""止"、"钓""牵"、"缴""絓"等都体现出对海洋渔业生产方式的了解。

《韩非子·大体》强调"望天地""全大体"，"因天命，持大体"。而所谓"大人寄形于天地而万物备，历心于山海而国家富"的论说④，也是有关海洋资源开发的表述。

《吕氏春秋·长利》中写道："昔者，太公望封于营丘之渚，海阻山高，险固之地也。是故地日广，子孙弥隆。"⑤ 其中说到齐国曾经充分利用了"海"的条件而日益强盛。

《吕氏春秋·开春》中有对"共伯和"事业的记载："共伯和修其行，好贤仁，而海内皆以来为稽矣。"⑥《吕氏春秋·简选》中颂扬齐桓

---

①《庄子·杂篇·庚桑楚》："吞舟之鱼，砀而失水，则蚁能苦之。"郭庆藩：《庄子集释》，王孝鱼点校，第773—774页。

②《韩非子集释》，陈奇猷校注，第476页。

③ 李昉等：《太平御览》，第4155页。

④《韩非子集释》，陈奇猷校注，第512—513页。

⑤ 许维遹：《吕氏春秋集释》，梁运华整理，第550页。

⑥ 同上书，第581页。

公霸业，也使用了"海内""天下"并说的句式："齐桓公良车三百乘，教卒万人，以为兵首，横行海内，天下莫之能禁，南至石梁，西至酆郭，北至令支。中山亡邢，狄人灭卫，桓公更立邢于夷仪，更立卫于楚丘。"①《谨听》中提到"求有道之士，则于四海之内"，《孝行览》中提到"光耀加于百姓，究于四海"，《遇合》中提到"孔子周流海内"，《上德》中提到"古之王者，德回乎天地，澹乎四海"，《爱类》中提到"贤人之不远海内之路，而时往来乎王公之朝，非以要利也，以民为务故也"②，这些都是相关文例。《必己》篇中也说到这样的故事："孔子行道而息，马逸，食人之稼，野人取其马。子贡请往说之，毕辞，野人不听。有鄙人始事孔子者曰：'请往说之。'因谓野人曰：'子不耕于东海，吾不耕于西海也，吾马何得不食子之禾？'其野人大说，相谓曰：'说亦皆如此其辩也，独如向之人？'解马而与之。"③ 这是言及"东海""西海"的文字。《审分览》中写道："神通乎六合，德耀乎海外，意观乎无穷，誉流乎无止……"④ 这里使用了"海外"的概念。《士容论》中可见"欲服海外"语。《务大》中写道："昔有舜欲服海外而不成，既足以成帝矣。禹欲帝而不成，既足以王海内矣。"⑤

对所谓"欲服海外"这种政治战略诉求的表述，当然是以有关"海外"的地理知识为条件的。

《吕氏春秋》中也有不少涉及海洋知识的论述。《古乐》中写道："禹立，勤劳天下，日夜不懈，通大川，决壅塞，凿龙门，降通潦水以导河，疏三江五湖，注之东海，以利黔首。"《贵因》中写道："禹通三江五湖，决伊阙，沟回陆，注之东海，因水之力也。"《审己》中写道："水出于山而走于海，水非恶山而欲海也，高下使之然也。"《有始览》中列举"泽有九薮"，有"齐之海隅"："何谓九薮？吴之具区，楚之云梦，秦

① 许维遹：《吕氏春秋集释》，梁运华整理，第 184 页。
② 同上书，第 296 页，第 306 页，第 341 页，第 517 页，第 518 页，第 593 页。
③ 同上书，第 351—352 页。
④ 同上书，第 436 页。
⑤ 同上书，第 677 页，第 682 页。

之阳华，晋之大陆，梁之圃田，宋之孟诸，齐之海隅，赵之巨鹿，燕之大昭。"又说："凡四海之内，东西二万八千里，南北二万六千里，水道八千里，受水者亦八千里，通谷六，名川六百，陆注三千，小水万数。"其中介绍了当时有关"四海之内"的知识。《吕氏春秋·听言》中甚至有关于海上航行体验的文字："夫流于海者，行之旬月，见似人者而喜矣。及其期年也，见其所尝见物于中国者而喜矣。夫去人滋久，而思人滋深欤！"《遇合》中又说到"居海上"及"海上人"："人有大臭者，其亲戚兄弟妻妾知识无能与居者，自苦而居海上。海上人有说其臭者，昼夜随之而弗能去。说亦有若此者。"《精谕》中也说到"海上之人"："海上之人有好蜻者，每居海上，从蜻游，蜻之至者百数而不止，前后左右尽蜻也，终日玩之而不去。其父告之曰：'闻蜻皆从女居，取而来，吾将玩之。'明日之海上，而蜻无至者矣。"① 与此说中"居海上""之海上"类同的文字，也可见于《吕氏春秋·恃君览》："柱厉叔事莒敖公，自以为不知，而去居于海上，夏日则食菱芰，冬日则食橡栗。"② 此说中的"海上"，可能指海滨或海岛上。《离俗览》中也有"入于海"之说，但可排除指海滨的可能："舜让其友石户之农。石户之农曰：'捲捲乎后之为人也，葆力之士也。'以舜之德为未至也，于是乎夫负妻妻携子以入于海，去之终身不反。"③ 《君守》篇中所谓"东海之极，水至而反"，高诱注："反，还。"④ 这大概可以理解为有关海流的知识。《吕氏春秋·慎势》中写道："王者之封建也，弥近弥大，弥远弥小，海上有十里之诸侯。以大使小，以重使轻，以众使寡，此王者之所以家以完也。"高诱注："近国大，远国小，强干弱枝。""海上，四海之上，言远也。十里，小国。"⑤ 其中，言"海上"为"远国"及所谓"有十里之诸侯"，透露了有关"海上"人文知识的信息。

---

① 许维遹：《吕氏春秋集释》，梁运华整理，第 126 页，第 386 页，第 208 页，第 276 页，第 280—281 页，第 291 页，第 345 页，第 481—482 页。

② 同上书，第 547—548 页。

③ 同上书，第 510 页。

④ 同上书，第 439 页。

⑤ 同上书，第 461 页。

关于海洋渔产，《吕氏春秋·本味》中说到"东海之鲕"，又说所谓"鳐"的"飞""游"历程从"西海"至"东海"："鱼之美者，洞庭之鱄，东海之鲕。醴水之鱼，名曰朱鳖，六足，有珠百碧。藿水之鱼，名曰鳐，其状若鲤而有翼，常从西海夜飞游于东海。"[1]《遇合》篇中又有"比目之鱼死乎海"的说法。[2]

《吕氏春秋》成书于秦，由曾经与秦始皇个人关系十分密切的吕不韦主持编撰。其中言及海洋的内容，应是对出身西北、缺乏相关海洋知识的秦始皇产生了影响。

第二节　《管子》设计的"海王之国"

先秦时期齐国的强盛和富足，部分得益于对海洋资源的充分开发利用。早期对盐业的经营，为齐人立国、强国打下重要的经济基础。《管子》中《海王》篇提出了重视盐业、强化盐政的主张。相关政策或许得以贯彻实施，实现了促进富国和强国的积极作用。先秦时期齐人对盐业的所谓"轻重"，所谓"谨正盐策"，即积极进行行政干预、鼓励开发、强化控制、充分利用的政策，对后来汉武帝时代的盐政也有一定的影响。

一、"盐"与"海物"：齐地的经济优势

自远古时代起，山东沿海地区的早期文化既受到海洋的限制，也享受海洋的恩惠。当地居民在以海为邻的环境中创造文明，推进历史，其生产形式和生活形式均表现出对海洋资源开发和利用的重视。

据地质学者分析，在山东渤海南岸，包括殷周之际古"莱夷"活动

---

① 许维遹：《吕氏春秋集释》，梁运华整理，第316—317页。
② 同上书，第341页。

的地区，地下蕴藏着丰富的、易开采的制盐原料——浅层地下卤水。[1]
有盐业考古学者亦指出，这一地区的滨海平原面积广阔，地势平坦，淤泥粉砂土结构细密，渗透率小，是开滩建场的理想场所；气候条件也利于卤水的蒸发；当地植被也可以提供充足的煮盐燃料。[2]

有研究者指出，渤海南岸地区曾是商王朝的盐业生产中心。"殷墟时期至西周早期是渤海南岸地区第一个盐业生产高峰期。"考古学者"已发现10余处规模巨大的殷墟时期盐业遗址群，总计300多处盐业遗址"。通过对寿光双王城三处盐业遗址的"大规模清理"，考古学者"对商代盐业遗址的分布情况、生产规模、生产性质及制盐工艺流程等有了初步了解"。

研究者分析，"与大规模盐业遗址群的出现同时，渤海南岸及内陆地区殷商文化、经济突然繁荣起来，聚落与人口数量也急剧增加，形成了不同功能区的聚落群分布格局，因而可认定该地区属于殷墟时期的商王朝盐业生产中心"。[3]

看来，《史记》卷三二《齐太公世家》中"武王已平商而王天下，封师尚父于齐营丘"，是经过慎重考虑的。而"太公至国"后，"通商工之业，便鱼盐之利"，致使"齐为大国"，在一定意义上体现了齐国对殷商盐业经济的成功继承。

有学者认为，中国的海盐业起源于山东地区[4]，或者说山东地区是世界上最早开始盐业生产的地区之一[5]。要考察齐地的海洋资源开发史，我们不能忽略殷商盐业经营的经济基础。

据《史记》卷三二《齐太公世家》记载，齐的建国者吕尚原本就是

[1] 韩有松等：《中国北方沿海第四纪地下卤水》，科学出版社，1994，第13—20页；孔庆友等：《山东矿床》，山东科学技术出版社，2006，第522—536页。
[2] 燕生东：《山东地区早期盐业的文献叙述》，《中原文物》2009年第2期。
[3] 燕生东、田永德、赵金、王德明：《渤海南岸地区发现的东周时期盐业遗存》，《中国国家博物馆馆刊》2011年第9期。
[4] 臧文文：《从历史文献看山东盐业的地位演变》，《盐业史研究》2011年第1期。
[5] 吕世忠：《先秦时期山东的盐业》，《盐业史研究》1998年第3期。

海滨居民："太公望吕尚者，东海上人。"① "或曰，吕尚处士，隐海滨。"太公封于齐，即在"海滨"立国。"于是武王已平商而王天下，封师尚父于齐营丘。东就国，道宿行迟。逆旅之人曰：'吾闻时难得而易失。客寝甚安，殆非就国者也。'太公闻之，夜衣而行，犁明至国。莱侯来伐，与之争营丘。营丘边莱。莱人，夷也，会纣之乱而周初定，未能集远方，是以与太公争国。"齐在建国之初，曾与莱人争夺生存空间，经过艰苦创业，国家初步形成了强固的基础。"太公至国，修政，因其俗，简其礼，通商工之业，便鱼盐之利，而人民多归齐，齐为大国。及周成王少时，管蔡作乱，淮夷畔周，乃使召康公命太公曰：'东至海，西至河，南至穆陵，北至无棣，五侯九伯，实得征之。'齐由此得征伐，为大国。都营丘。"② 齐为"大国"，控制区域"东至海"。而使得国家稳定的重要经济政策之一，是"便鱼盐之利"。

海洋，是齐地重要的自然条件，也是构成"齐为大国"人文地理条件的基本要素。"具有许多内陆国家所不能有的海洋文化的特点"③，是齐文化的重要基因。

季札作为吴国的使节来到鲁国，"请观周乐"，待"歌齐"时，曾经深情感叹道："美哉！泱泱乎！大风也哉！表东海者，其大公乎？国未可量也！"④ 对"表东海"的解说，杜预注："大公封齐，为东海之表式。"《史记》卷三一《吴太伯世家》中写道："表东海者，其太公乎？"裴骃《集解》引王肃曰："言为东海之表式。"⑤ 显然，齐国文化气势之宏大，与对"东海"的开发和控制有关。

有学者分析先秦时期的食盐产地，指出："海盐产地有青州、幽州、吴国、越国、闽越五处。"也许"青州、幽州"和"吴国、越国、闽越"

---

① 裴骃《集解》："《吕氏春秋》曰：'东夷之士。'"《吕氏春秋·首时》："太公望，东夷之士也。"高诱注："太公望，河内人也。于周丰镐为东，故曰'东夷之士'。"高诱应是未注意到《史记》下文"或曰，吕尚处士，隐海滨"。
②《史记》，第1478页，第1480—1481页。
③ 张光明：《齐文化的考古发现与研究》，第40页。
④《左传·襄公二十九年》，《春秋左传集解》，第1121页，第1124页。
⑤《史记》，第1452页。

并列的说法并不妥当，但他指出了先秦海盐主要生产基地的大致分布，这一从经济地理学角度的判定是成立的。论者又认为："先秦时期最重要的海盐产地可能要数青州。""这里所说的'青州'是指西起泰山、东至渤海的广大地区。西周初年所封的齐国就在这个区域之内。"所谓"东至渤海"的表述也许并不准确，因为"东至"的方向有误，毕竟我们不能排除齐地现今称作黄海的滨海地区也有生产食盐的可能，但根据文献资料和考古资料，认为"青州的海盐生产"主要"在今莱州湾沿海地区"的意见①，是有一定说服力的。

《禹贡》中写道"海岱为青州""海滨广斥""厥贡盐缔，海物惟错"。"盐"被列为第一贡品。而所谓"海物"，可能是指海洋渔产。宋人傅寅在《禹贡说断》卷一中写道："张氏曰：海物，奇形异状，可食者众，非一色而已，故杂然并贡。"宋人夏僎在《夏氏尚书详解》卷六《夏书·禹贡》中也说："海物，即水族之可食者，所谓鱻蠃蜃蚳之属是也。"元人吴澄在《书纂言》卷二《夏书》中写道："海物，水族排蠃罗池之类。"这里的"海物"主要指"可食"之各种海洋水产。

宋人林之奇在《尚书全解》卷八《禹贡·夏书》中解释"海物惟错"："此州之土有二种：平地之土则色白而性坟；至于海滨之土，则弥望皆斥卤之地。斥者，咸也，可煮以为盐者也。东方谓之斥，西方谓之卤。齐管仲轻重鱼盐之权，以富齐，盖因此广斥之地也。""厥贡盐缔，盐即广斥之地所出也……海物，水族之可食者，若鱻蠃蜃之类是也。"宋人陈经在《尚书详解》卷六《禹贡·夏书》中也写道："盐即广斥之

---

① 吉成名：《中国古代食盐产地分布和变迁研究》，中国书籍出版社，2013，第11—12页。论者还指出，《管子·地数》中提及"齐有渠展之盐"，其地"属于莱州湾沿海地区"。又《世本·作》："宿沙作煮盐。"《说文·盐部》："古者夙沙初作鬻海盐。"段玉裁注："'夙'，大徐作'宿'。古'宿''夙'通用。《左传》有夙沙卫。《吕览注》曰：'夙沙，大庭氏之末世。'《困学纪闻》引《鲁连子》曰：'古善渔者，宿沙瞿子。'又曰：'宿沙瞿子善煮盐。'许所说盖出《世本·作》篇。"论者以为，"夙沙部落就在春秋时期齐国的管辖范围之内"。据文献资料、考古资料和口碑资料推测，"春秋以前夙沙氏（宿沙氏）就在今山东半岛西北部的莱州湾"。吉成名：《中国古代食盐产地分布和变迁研究》，第13页。

地所出。""错，杂，非一也。海物，鱼之类，濒海之地所出，故贡之。"以"鱼盐"为代表的海洋资源，是齐国经济优势所在。其中的"鱼"，按照《禹贡》的说法，即"海物"，是包括各种"奇形异状"的"水族之可食者"。宋人袁燮在《絜斋家塾书钞》卷四《夏书》中也说："青州产盐，故以为贡……海错，凡海之所产，杂然不一者。"宋人蔡沈也在《书经集传》卷二《夏书·禹贡》中写道："错，杂也，海物非一种，故曰错。林氏曰：既总谓之海物，则固非一物矣。"宋人胡士行在《尚书详解》卷十《禹贡第一·夏书》中解释"海物惟错"："海杂物，非一种。"宋人黄伦在《尚书精义》卷一〇中写道："海物奇形异状，可食者广，非一色而已。故杂然并贡。错，杂也。"

二、"擅海滨鱼盐之利"与齐国的富强

"鱼盐"资源的开发，使齐人具备了走向富足的重要条件。《太平御览》卷八二引《尸子》："昔者桀纣纵欲长乐以苦百姓，珍怪远味，必南海之荤，北海之盐。"[①] 此"北海之盐"或可理解为北方游牧区与农耕区交界地带的"池盐"[②]，但也未排除指渤海盐产的可能。

杨宽在总结西周时期开发东方的历史时指出，"新建立的齐国，在'辟草莱而居'的同时，就因地制宜，着重发展鱼盐等海产和衣着方面的手工业。"[③]《史记》卷一二九《货殖列传》中写道：

> 故太公望封于营丘，地潟卤，人民寡，于是太公劝其女功，极技巧，通鱼盐，则人物归之，襁至而辐凑。故齐冠带衣履天下，海岱之

---

① 《太平御览》卷八六五引作"南海之荤，北海之盐"。李昉等：《太平御览》，第386页，第3839页。
② 《史记》卷一二九《货殖列传》中说："山东食海盐，山西食盐卤。"这大体说明了秦汉时期盐业的产销区划。"盐卤"，张守节《正义》："谓西方咸地也。坚且咸，即出石盐及池盐。"第3269页。
③ 杨宽：《西周史》，第586页。

间敛袂而往朝焉。①

《汉书》卷二八下《地理志下》中写道：

> 太公以齐地负海舄卤，少五谷而人民寡，乃劝以女工之业，通鱼盐之利，而人物辐凑。②

"鱼盐"资源的开发，使齐人具备了走向富足的重要条件。宋人时澜在《增修东莱书说》卷五《禹贡第一·夏书》中也写道："海滨之地，广阔斥卤，鱼盐所出……（青州）无泽薮而擅海滨鱼盐之利，太公尝以辐凑人物，管仲用之，遂富其国。"③ 海滨的"鱼盐所出""鱼盐之利"，通过执政者的合理经营，即所谓"管仲轻重鱼盐之权"，在经济发展中占据领先地位，"遂富其国"。而所谓"太公尝以辐凑人物，管仲用之"，说明包括人才集结与文化融合在内的文明进程，也因这种经济条件得到了促进。

《史记》卷六九《苏秦列传》中载苏秦说赵肃侯语："君诚能听臣，燕必致旃裘狗马之地，齐必致鱼盐之海，楚必致橘柚之园，韩、魏、中山皆可使致汤沐之奉，而贵戚父兄皆可以受封侯。"④ 其中，强调齐国最具优势的经济构成是"鱼盐之海"。齐国在海洋资源开发方面的优势，使其国际地位得到提升。《国语·齐语》说齐桓公的政策："通齐国之鱼盐于东莱，使关市几而不征，以为诸侯利。诸侯称广焉。"经济开放，使诸侯得利，于是齐桓公得到了赞许和拥护。对所谓"通齐国之鱼盐于东莱"，韦昭注："言通者，则先时禁之矣。东莱，齐东莱夷也。"

对于"使关市几而不征"的政策，韦昭解释："几，几异服，议异

①《史记》，第 3255 页。

②《汉书》，第 1660 页。

③ 黄度：《尚书说》，收入《景印文渊阁四库全书》第 57 册，第 490 页。

④《史记》，第 2245 页。《太平御览》卷九六六引《史记》曰："苏秦说燕文侯曰：'君诚能听臣，齐必致鱼盐之海，楚必致橘柚之园。"李昉等：《太平御览》，第 4285 页。

言也。征，税也，取鱼盐者不征税，所以利诸侯，致远物也。"就是说，齐国竞争力最强的商品"鱼盐"，获得了免税的流通交易条件。对所谓"诸侯称广焉"，韦昭注："施惠广也。"① 也就是说，齐地"取鱼盐者"的生产收获，通过流通，对滨海之外的地区积极的经济影响也是显著的。

还应当注意到，"海物"即"水族之可食者"，之所以得以"贡""致远""施惠广"，是可以通过远途运输实现的。而在当时保鲜技术落后的情况下，"海物"往往需要用盐予以必要加工方可远途运输。

要考察中国古代盐业史，我们应留意齐地盐业较早开发的历史事实。就海洋资源的开发和利用而言，齐人是先行者。

三、《管子》中"海王"的理想

据《史记》卷三二《齐太公世家》记述，在齐桓公时代，齐国的崛起曾经以获取"鱼盐之利"为条件："桓公既得管仲，与鲍叔、隰朋、高傒修齐国政，连五家之兵，设轻重鱼盐之利，以赡贫穷，禄贤能，齐人皆说。"②

《管子·海王》提出了"海王之国"的概念。文中，"管子"与"桓公"对话，讨论立国强国之路，明确提出"海王之国，谨正盐策"的政策：

> 桓公曰："然则吾何以为国？"
> 管子对曰："唯官山海为可耳。"
> 桓公曰："何谓官山海？"
> 管子对曰："海王之国，谨正盐策。"

什么是"海王"？按照马非百的理解，"此谓海王之国，当以极慎重之态

---

① 徐元诰：《国语集解》（修订本），王树民、沈长云点校，第231—232页，第240页。
②《史记》，第1487页。

度运用征盐之政策"。①

盐业对社会经济生活的重要性，受到齐人的重视。而盐这一重要海产，也成为国家经济的主要支柱。

有注家说："'海王'，言以负海之利而王其业。"② 马非百则认为："'海王'当作'山海王'。'山海'二字，乃汉人言财政经济者通用术语。《盐铁论》中即有十七见之多。本篇中屡以'山、海'并称。又前半言盐，后半言铁。盐者海所出，铁者山所出。正与《史记·平准书》所谓'齐桓公用管仲之谋，通轻重之权，徼山海之业，以朝诸侯。用区区之齐显成霸名'及《盐铁论·轻重篇》文学所谓'管仲设九府徼山海'之传说相符合。"③ 然而，言"盐者海所出"在先，显然这是重点。篇名《海王》，应当就是原文无误。

对于所谓"官山海"，马非百以为"'官'即'管'字之假借"，又指出："本书'官'字凡三十见。其假'官'为'管'者估其大多数。"他还写道："又案：《盐铁论》中，除'管山海'外，又另有'擅山海'（《复古》）、'总山海'（《园池》）、'徼山海'（《轻重》）及'障山海'（《国病》）等语，意义皆同。"④

在春秋时期，"齐国的海盐煮造业"已经走向"兴盛"。至于战国时代，齐国的"海盐煮造业更加发达"。《管子·地数》中所谓"齐有渠展之盐"，即反映了这一经济形势。杨宽指出："海盐的产量比较多，流通范围比较广，所以《禹贡》说青州'贡盐'。"⑤

---

① 马非百：《管子轻重篇新诠》，中华书局，1979，第 189 页，第 192—194 页。

②《管子补注》卷二二，刘绩补注，姜涛点校，凤凰出版社，2016，第 432 页。

③ 马非百：《管子轻重篇新诠》，第 193—188 页。

④ 同上书，第 192 页。

⑤ 杨宽：《战国史》（增订本），上海人民出版社，1998，第 102 页。关于"渠展"，杨宽注："前人对渠展有不同的解释，尹知章注认为是'沸水（即济水）所流入海之处'。张佩纶认为'勃'有'展'义，渠展是渤海的别名（见《管子集校》引）。钱文霈又认为'展'是'养'字之误，渠展即《汉书·地理志》琅邪郡长广县西的奚养泽（见《钱苏斋述学》所收《管子地数篇释》引）。"

四、"正盐策"制度的开创意义

在有关齐国基本经济政策的讨论中，对桓公"何谓正盐策"的提问，管子回答说：

> 十口之家十人食盐，百口之家百人食盐。终月大男食盐五升少半，大女食盐三升少半，吾子食盐二升少半。此其大历也。盐百升而釜。今盐之重升加分强，釜五十也。升加一强，釜百也。升加二强，釜二百也。钟二千，十钟二万，百钟二十万，千钟二百万。万乘之国，人数开口千万也。禺策之，商日二百万，十日二千万，一月六千万。万乘之国正九百万也。月人三十钱之籍，为钱三千万。今吾非籍之诸君吾子而有二国之籍者六千万。使君施令曰："吾将籍于诸君吾子，则必嚣号。"今夫给之盐策，则百倍归于上，人无以避此者，数也。

对于"正盐策"之"正"，马非百以为"即《地数篇》'君伐菹薪，煮沸水以为盐，正而积之三万钟'之正"。"正即征，此处当训为征收或征集，与其他各处之训为征税者不同。"马非百说："盖本书所言盐政，不仅由国家专卖而已，实则生产亦归国家经营。观《地数篇》'君伐菹薪，煮沸水以为盐'及'阳春农事方作，令北海之众毋得聚庸而煮盐'，即可证明。惟国家经营，亦须雇佣工人。工人不止一人，盐场所在又不止一处，故不得不'正而积之'。"[1]

《管子·海王》中写道："十口之家十人食盐，百口之家百人食盐。"《管子·地数》中又写道："十口之家十人咶盐，百口之家百人咶盐。"[2] 汉章帝时，"谷帛价贵，县官经用不足，朝廷忧之"。在关于经济政策的讨论中，尚书张林言盐政得失，有"盐者，食之急也"语。[3] "正盐策"

---

① 马非百：《管子轻重篇新诠》，第 193 页。
② 同上书，第 193 页，第 415 页。"咶"，《太平御览》卷八六五引作"舐"。李昉等：《太平御览》，第 3839 页。
③《晋书》卷二六《食货志》，中华书局，1974，第 793 页。

第二章　滨海地区海洋资源的初步开发与早期海洋交通

101

之所以体现执政者的智慧，在于"盖盐之为物乃人生生活之必需品，其需要为无伸缩力的。为用既广，故政府专利，定能收入极大之利也"。有学者认为："所言盐政，不仅由国家专卖而已，实则生产亦归国家经营。"① 即盐的产、运、销全部由国家管理。②

《管子·海王》中还写道：

> 桓公曰："然则国无山海不王乎？"
>
> 管子曰："因人之山海，假之名有海之国鬻盐于吾国，釜十五，吾受而官出之以百。我未与其本事也，受人之事以重相推。此人用之数也。"③

所谓"因人之山海，假之名有海之国鬻盐于吾国"，体现出"山海"之中，"海"尤为重。而齐国的盐政，是包括与"鬻盐"相关的盐的储运和贸易的。

盐是最基本的生活必需品，是维持社会正常经济生活不可或缺的重要物资。秦汉王朝"大一统"的规模，使盐的消费与供应成为重要的社会经济问题④，盐业管理也成为国家行政任务⑤。汉武帝时代，最高执政集团已经清醒地认识到盐业对国计民生的重要意义，有见识的政治家强烈主张盐业官营，"以为此国家大业，所以制四夷，安边足用之本，不可废也"⑥。汉武帝时代实行盐铁官营，很可能是受齐国"正盐策"的启示。有学者认为，"齐国对'盐'是官营的。开发海洋（实际是近海）资源给齐国带来了富强"，齐国于是"成为七雄之首"。"从齐国开始，'盐'一直成为我国政府官营的垄断产业，成为无可争辩的、天经地义的一贯国策。"⑦

① 马非百：《管子轻重篇新诠》，第 193 页。
② 同上书，第 193—194 页。
③ 同上书，第 209 页。
④ 王子今：《汉代人饮食生活中的"盐菜""酱""豉"消费》，《盐业史研究》1996 年第 1 期。
⑤ 王子今：《两汉盐产与盐运》，《盐业史研究》1993 年第 3 期。
⑥ 《汉书》卷二四下《食货志下》，第 1176 页。
⑦ 宋正海、郭永芳、陈瑞平：《中国古代海洋学史》，海洋出版社，1989，第 8 页。

此说虽不免有过于绝对之嫌，但指出齐国盐政设计与推行的开创性意义，是大体正确的。

五、齐国盐业与盐政的考古学考察

考古学者发现，东周时期山东北部盐业生产的方式发生了历史性的变化。通过 2010 年小清河下游盐业考古调查工作的收获[①]，我们可以发现有意义的研究资料。

付永敢指出："根据调查的情况来看，这一时期的工艺应有所创新，开始使用一种大型圜底瓮作为制盐陶器，盐灶大致为圆形……"除了工具上的改进外，生产组织和管理方式似乎也发生了变化："单个作坊的面积和规模明显有扩大的趋势。"论者还注意到："小清河下游的多数东周遗址中，生活用陶器较为罕见。但是部分面积较大的遗址又可见到较多生活用陶器，个别遗址甚至以生活用陶器为主，发现的制盐陶器反而极少。"这一现象反映了当时生产组织和管理方式的若干迹象。"这种生活用陶器与制盐陶器分离的情况说明东周时期生产单位与生活单位并不统一，也就是说盐工在一个固定地方生活，而盐业生产则分散于各个作坊。进一步推论，东周时期应该已经存在较大规模的生产组织，这些组织极可能是由齐国官府主导，也有可能是受某些大的势力支配。"[②]

2010 年，小清河下游盐业考古调查发现数处规模较大的东周遗址，面积超过 6 万平方米。以编号为 N336 的北木桥村遗址为例，面积约 8 万平方米，地表遗物丰富，以东周时期的生活用陶器为主，主要器型有壶、釜、豆、盆、盂等，然而少见大瓮一类制盐陶器。[③] 作为制盐工具的陶器发现较少，也有可能是因为当时已经实行如汉武帝盐铁官营时期"因官

---

① 山东大学盐业考古队编《山东北部小清河下游 2010 年盐业考古调查简报》，《华夏考古》2012 年第 3 期。

② 付永敢：《山东北部晚商西周煮盐作坊的选址与生产组织》，《考古》2014 年第 4 期。

③ 山东大学盐业考古队编《山东北部小清河下游 2010 年盐业考古调查简报》，《华夏考古》2012 年第 3 期。

器作煮盐，官与牢盆"① 的制度，"官器"的管理和控制比较严格。

遗址中还发现有齐国陶文，如"城阳众""豆里□"等。② 有学者推断，这样的遗址"很可能承担周边作坊的生活后勤任务，是具有区域管理职能的大型聚落"。论者分析，"在统一管理和支配之下，制盐作坊才有能力突破淡水等生活资源的局限，扩大生产规模，而无须考虑生产和生活成本。目前所见东周时期煮盐作坊遗址多呈围绕大遗址分散布局的态势，可能正是缘于这一点。"③ 根据这些论据做出的如下判断是正确的："东周时期的盐业生产至少有两个明显的特点。其一，煮盐作坊的规模有所扩大，地域分布也更为广泛，盐业生产较晚商、西周有扩大的趋势。其二，生产组织规模较大，煮盐作坊可能具有官营性质。"

这样的判断，"可以在古文献中找到相应的证据"，论者首先引录《管子·海王》和《管子·轻重甲》的相关论说，又指出类似的记载还见于《左传》《国语》《战国策》等文献。④

有学者较全面地分析了相关资料，并以充足的考古发现的新信息证实了文献记载。考古资料说明，"殷墟时期至西周早期是渤海南岸地区第一个盐业生产高峰期"。这一地区"还发现了规模和数量远超过殷墟时期，制盐工具也不同于这个阶段的东周时期盐业遗址群"，"说明东周时期是渤海湾南岸地区第二个盐业生产高峰期"。考古学者告诉我们，莱州湾南岸的盐业遗址群包括：东营市的东马楼遗址群、南河崖盐业遗址群，寿光市的大荒北央盐业遗址群、官台遗址群、王家庄子盐业遗址群、单家庄子遗址群，潍坊市的韩家庙子遗址群、固堤场遗址群、烽台

---

① 《史记》卷三〇《平准书》。

② 刘海宇：《寿光北部盐业遗址发现齐陶文及其古地理意义》，载山东大学东方考古研究中心编《东方考古》第 8 集，科学出版社，2011。

③ 论者指出："在滨海平原地带，地下水的矿化度普遍较高，多为卤水或咸水，雨季洼地积水很短时间内即被咸化，而地势较高的地方多能发现一定数量的淡水，譬如贝壳堤等因为能提供淡水，往往成为沿海遗址的所在地。大荒北央遗址群附近的郭井子贝壳堤处即有龙山文化遗址及东周煮盐作坊遗址。"原注："山东大学东方考古研究中心编《山东寿光市北部沿海环境考古报告》，《华夏考古》2005 年第 4 期。"

④ 付永敢：《山东北部晚商西周煮盐作坊的选址与生产组织》，《考古》2014 年第 4 期。

遗址群、西利渔遗址群，昌邑市东利渔盐业遗址群、火道—廒里盐业遗址群。黄河三角洲地区的盐业遗址群包括：东营市的刘集盐业遗址、利津县洋江遗址、南望参盐业遗址群，以及滨州市的杨家盐业遗址群、无棣县邢山子遗址群。"春秋末年和战国时期，齐国的北部边界应在天津静海一带。"这一时期，"渤海南岸地区（古今黄河三角洲和莱州湾）属于齐国的北部海疆范围"。考古学者还注意到，"盐业遗址群出土生活器皿及周围所见墓葬形制、随葬品组合与齐国内陆地区完全相同，也说明其物质文化属于齐文化范畴"，因此可以判断，"目前在渤海南岸地区所发现的东周时期盐业遗址群应是齐国的制盐遗存"。

据渤海湾南岸制盐遗存考古收获可以得知，"每处盐场延续时间较长"，"盐工们长期生活在盐场一带，死后也埋在周围"，这体现出盐业生产形式的恒定性。盐业遗址"多以群的形式出现，群与群之间相隔2—5千米"，间距、排列非常有规律，应是"人为规划的结果"。"每群的盐业遗址数量在40—50处，应是常数。单个遗址规模一般在2万平方米上下。调查还发现每个盐业遗址就是一个制盐单元，每个单元由若干个制盐作坊组成。盐业遗址群的分布、数量、规模和内部结构的一致性说明当时存在着某种规制，这显然是统一或整体规划的结果。"所谓"制盐工具的形态和容量也大致相同"，也被看作"某种定制或统一规划的结果"。"盐场内普遍发现贵族和武士的墓地，他们应是盐业生产的管理者、保护者。"研究者经过分析，判断"这个时期渤海南岸地区的盐业生产和食盐运销应是由某个国家机构统一组织、控制和管理的，或者说是存在盐业官营制度"。论者以为，考古发现说明"齐国盐政的制度可提前到齐太公时期，齐桓公和管仲继承、加强之，汉代只是延续了太公和管仲之法而已"。考古工作的收获，让"我们对先秦两汉文献所呈现的齐国规模化盐业生产水平、制盐方式、起始年代，以及盐政等经济思想有了更深入的了解，同时对《管子》中《轻重甲》诸篇形成年代的社会情景也有了新的认识视角"[1]。

这样的学术见解，是依据比较可靠的实证得出的。齐国的确曾推行

---

[1] 燕生东、田永德、赵金、王德明：《渤海南岸地区发现的东周时期盐业遗存》，《中国国家博物馆馆刊》2011年第9期。

盐业官营制度，并以此作为富国强国的经济基础。这种官营方式，似乎并不局限于税收管理，也不局限于运销活动，而是包括对盐业生产流程的国家规划、国家控制和国家管理。

一些学者认为，管仲时代盐业既有官制又有民制，以民制为主，官制为辅，民制之盐由官府收买和运销。[①] 这样的认识，与考古学资料对照，还有待斟酌。

六、西汉齐地盐官设置的参照意义

汉初经济恢复时期，滨海地区曾依靠盐业发展而首先实现富足。"煮海水为盐，国用富饶"[②]，"而富商大贾或蹛财役贫，转毂百数"，"冶铸煮盐，财或累万金"[③]，倚恃其生产能力和运输能力的总和形成经济优势。汉武帝时代实行严格的禁榷制度，盐业生产和运销一律收归官营，"募民自给费，因官器作煮盐，官与牢盆"，对"欲擅管山海之货，以致富羡，役利细民"的"浮食奇民"予以打击，敢私煮盐者"钛左趾，没入其器物"。[④] 汉朝廷在产盐区置盐业管理机构"盐官"。据《汉书》卷二八《地理志》，各地盐官共 35 处，即：

> 河东郡：安邑；太原郡：晋阳；南郡：巫县；钜鹿郡：堂阳；勃海郡：章武；千乘郡：千乘；北海郡：都昌，寿光；东莱郡：曲城，东牟，㡉，昌阳，当利；琅邪郡：海曲，计斤，长广；会稽郡：海盐；

---

① 廖品龙：《中国盐业专卖溯源》，《盐业史研究》1988 年第 4 期；薛宗正：《盐专卖制度是法家抑商思想政策化的产物》，《盐业史研究》1989 年第 2 期；罗文：《齐、汉盐业专卖争议之我见》，《益阳师专学报》1991 年第 2 期；谢茂林、刘荣春：《先秦时期盐业管理思想初探》，《江西师范大学学报（哲学社会科学版）》1996 年第 1 期；马新：《论汉武帝以前盐政的演变》，《盐业史研究》1996 年第 2 期；蒋大鸣：《中国盐业起源与早期盐政管理》，《盐业史研究》1996 年第 4 期；张荣生：《中国历代盐政概说》，《盐业史研究》2007 年第 4 期。

② 《史记》卷一〇六《吴王濞列传》，第 2822 页。

③ 《史记》卷三〇《平准书》，第 1425 页。

④ 同上书，第 1429 页。

蜀郡：临邛；犍为郡：南安；益州郡：连然；巴郡：胸忍；陇西郡：西县；安定郡：三水；北地郡：弋居；上郡：独乐，龟兹；西河郡：富昌；朔方郡：沃野；五原郡：成宜；雁门郡：楼烦；渔阳郡：泉州；辽西郡：海阳；辽东郡：平郭；南海郡：番禺；苍梧郡：高要。①

所载录"盐官"其实并不足全数，严耕望曾考补 2 处，即"西河郡：盐官；雁门郡：沃阳"。② 杨远又考补 6 处，即"越巂郡：定莋；巴郡：临江；朔方郡：朔方，广牧；东平国：无盐，广陵国"。他又写道："疑琅邪郡赣榆、临淮郡盐渎两地，也当产盐，尤疑东海郡也当产盐，姑存疑。"③ 亦有文献透露其他"盐官"的存在。④ 如此可知西汉盐官位于多

---

① 《汉书》卷二八上《地理志上》，第 1550—1551 页，第 1566 页，第 1575 页，第 1579—1580 页，第 1583 页，第 1585—1586 页，第 1591 页，第 1598—1599 页，第 1601 页，第 1603 页；《汉书》卷二八下《地理志下》，第 1610 页，第 1615—1619 页，第 1621 页，第 1624—1626 页，第 1628—1629 页。

② 严耕望：《中国地方行政制度史》上编"秦汉地方行政制度史"，"中研院"历史语言研究所专刊之四十五，1961。

③ 杨远：《西汉盐、铁、工官的地理分布》，载《香港中文大学中国文化研究所学报》第 9 卷上册，1978。

④ 如西河郡盐官以"盐官"名县。据《汉书》卷二八下《地理志下》，雁门郡沃阳，"盐泽在东北，有长丞，西部都尉治"。第 1621 页。《水经注·河水三》："沃水又东北流，注盐池。《地理志》曰'盐泽在东北'者也。""池西有旧城，俗谓之'凉城'也。""《地理志》曰'泽有长丞'，此城即长丞所治也。"郦道元：《水经注校证》，陈桥驿校证，中华书局，2007，第 81 页。《汉书》卷二八上《地理志上》：越巂郡定莋"出盐"。《华阳国志·蜀志》：定莋县"有盐池，积薪以齐水灌，而后焚之，成盐。汉末，夷皆锢之"。张嶷往争，夷帅不肯服，"嶷禽，挞杀之，厚赏赐余类，皆安，官迄有之"。常璩：《华阳国志校补图注》，任乃强校注，上海古籍出版社，1987，第 210 页。当地富产盐，元置闰盐州，明置盐井卫，清置盐源县。"汉末，夷皆锢之"，西汉时则有可能为官也。《水经注·江水一》："江水又东径临江县南，王莽之盐江县也。《华阳记》曰：'县在枳东四百里，东接胸忍县，有盐官，自县北入盐井溪，有盐井营户。'"《水经注校证》，第 774 页。《汉书》卷二八下《地理志下》：朔方郡朔方，"金连盐泽、青盐泽皆在南。"第 1619 页。《水经注·河水三》："县有大盐池，其盐大而青白，名曰青盐，又名戎盐，入药分，汉置典盐官。"《水经注校证》，第 76 页。《汉书》卷二八下《地理志下》：朔方郡广牧，"东部都尉治，莽曰盐官"。东平国无盐，"莽曰有盐亭"。第 1619 页，第 1637 页。《史记·吴王濞列传》说，吴王刘濞"煮海水为盐"致"国用富饶"，《史记》卷一二九《货殖列传》也说广陵"有海水之饶"。第 3267 页。《后汉书·马棱传》："章和元年，迁广陵太守，时谷贵民饥，奏罢盐官，以利百姓。"第 862 页。这说明广陵也有盐官。

个郡国，至少有 43 处。其中，滨海地区有 19 处，占 44.19％。《史记》卷一二九《货殖列传》曰："山东食海盐，山西食盐卤，领南、沙北，固往往出盐，大体如此矣。"沿海盐业出产实际上满足了东方人口最密集地区的食盐消费需求。海盐西运，与秦汉时期由东而西的货运流向是大体一致的。海盐的生产方式较简单，所以在生产总过程中运输的重要性益发显著。

属于齐地的盐官有千乘郡的千乘，北海郡的都昌、寿光，东莱郡的曲城、东牟、㰀、昌阳、当利，以及琅邪郡的海曲、计斤、长广，多至11 处，占已知盐官总数的 25.58％。① 在滨海地区，齐地的盐官占总数57.89％。齐人通过生产海盐，在海洋资源开发方面占据优势，因此有突出的历史表现。

《北堂书钞》卷一四六引徐幹的《齐都赋》，形容齐地盐业生产的繁荣景象：

> 若其大利，则海滨博诸，溲盐是钟，皓皓乎若白雪之积，鄂鄂乎若景阿之崇。

又引刘桢的《鲁都赋》：

> 又有盐池湝沆，煎炙阳春。焦暴渍沫，疏盐自殿。挹之不损，取之不动。
> 其盐则高盆连冉，波酌海臻。素醝凝结，皓若雪氛。
> 盐生水内，暮取朝复生。②

以上均可说明齐鲁海盐生产的盛况。所谓"挹之不损，取之不动"中的

---

① "据《汉书·地理志》所记，全国共设盐官三十六处，其中山东十一处。""山东所设盐官占全国盐官的百分之三十点六，几乎占全国盐官的三分之一。""这个事实，充分说明汉代山东出盐之多，也说明汉代山东煮盐业在全国所占之重要地位。"逢振镐：《秦汉经济问题探讨》，华龄出版社，1990，第 131—132 页。
② 虞世南编撰《北堂书钞》，中国书店，1989 年影印本，第 616 页，第 617 页。

"挹""取"都体现了运输实际上是海盐由生产走向流通与消费的重要转化形式，又是海盐生产过程中的关键环节。参考汉代齐地盐业生产的相关信息，有助于我们理解在大一统政治形势实现之前齐人开发海洋资源的成就。"盐生水内"，而其消费区史称"山东"①，盐自生产至消费，中间不排除经由海路运输的可能。

《盐铁论·轻重》记载了关于盐政的辩论。其中载御史语："昔太公封于营丘，辟草莱而居焉。地薄人少，于是通利末之道，极女工之巧。是以邻国交于齐，财畜货殖，世为强国。管仲相桓公，袭先君之业，行轻重之变，南服强楚而霸诸侯。今大夫君修太公、桓、管之术，总一盐、铁，通山川之利而万物殖。是以县官用饶足，民不困乏，本末并利，上下俱足，此筹计之所致，非独耕桑农也。"文学则说："礼义者，国之基也，而权利者，政之残也。孔子曰：'能以礼让为国乎？何有。'伊尹、太公以百里兴其君，管仲专于桓公，以千乘之齐，而不能至于王，其所务非也。故功名隳坏而道不济。当此之时，诸侯莫能以德，而争于公私，故以权相倾。今天下合为一家，利末恶欲行？淫巧恶欲施？大夫君以心计策国用，构诸侯，参以酒榷，咸阳、孔仅增以盐、铁，江充、杨可之等，各以锋锐，言利末之事析秋毫，可谓无间矣。非特管仲设九府，徼山海也。然而国家衰耗，城郭空虚。故非崇仁义无以化民，非力本农无以富邦也。"② 辩论的双方都承认，"管仲相桓公，袭先君之业，行轻重之变""管仲专于桓公""设九府，徼山海"对汉武帝实行盐业管理政策有启示性的影响。

已经有多位学者关注先秦齐国盐政与汉代盐政的比较研究。③ 他们的研究，除了说明历史继承关系外，对齐国在先秦齐太公及齐桓公时代的盐政经营特别是管仲建设"海王之国"的方式，和汉武帝时代所谓

---

① 《史记》卷一二九《货殖列传》："山东食海盐。"第 3269 页。

② 《盐铁论校注》（定本），王利器校注，第 178—179 页。

③ 罗庆康：《两汉专卖政策的发展与演变》，《暨南学报》（哲学社会科学版）1990 年第 2 期；罗庆康：《春秋齐国与两汉盐制比较研究》，《盐业史研究》1998 年第 4 期。

"修太公、桓、管之术，总一盐、铁，通山川之利而万物殖"的经济活动的比照，深化了我们的认识。在进行这样的比较研究时，对管仲"通利末之道""行轻重之变"对市场流通程序的方式和意义，似乎不宜作保守的理解。

第三节　海洋渔业的进步

上古时代，渔业是社会经济的重要生产活动之一。水产品是当时社会饮食生活的主要消费品之一。早期海洋渔业的发展，带动了海洋航行能力的提高。海港建设，海船制作，海洋气象知识、海洋水文知识的积累，也得到了发展。

一、上古经济生活中的"海鱼"

《史记》卷一二九《货殖列传》是最早比较完备的经济史论著，其中介绍各地物产时，说到沿海地区物产中的"鱼"。

例如，在说到"燕"地经济形势时，司马迁写道："夫燕亦勃、碣之间一都会也。南通齐、赵，东北边胡。上谷至辽东，地踔远，人民希，数被寇，大与赵、代俗相类，而民雕捍少虑，有鱼盐枣栗之饶。北邻乌桓、夫馀，东绾秽貊、朝鲜、真番之利。"这里"鱼盐"并说，"鱼"指海洋渔产。所谓"勃、碣之间一都会也"，显现了燕地在渤海交通格局中的地位。所谓"东绾秽貊、朝鲜、真番之利"，也包括海洋渔业收益。所谓"绾""利"，还应有通过交通条件控制市场经济收益的含义。

说到"齐"地时，司马迁也说到"鱼盐"收获："齐带山海，膏壤千里，宜桑麻，人民多文采布帛鱼盐。临淄亦海岱之间一都会也。"[①] 这里说"海岱之间一都会也"，行文形式颇类同"勃、碣之间一都会也"。说

---

①《史记》，第3265页。

"燕"地时言"勃"，说"齐"地时言"海"，正好概括"勃海"的交通条件。"勃海"在《史记》中有十一见。①"勃海"就是今天的"渤海"。②

上文所说"燕""齐""鱼盐"中的"鱼"，应是指以环渤海地区为主的海洋渔业的收成。

关于"越""楚"的经济地理，《史记》卷一二九《货殖列传》中也说到有的地方"通鱼盐之货"，同样"鱼盐"并说。"通"涉及交通，自然不排除海路交通。关于"吴"地的经济优势，司马迁写道："夫吴自阖庐、春申、王濞三人招致天下之喜游子弟，东有海盐之饶，章山之铜，三江、五湖之利，亦江东一都会也。"③其中明确说到"海盐之饶"。而所谓"三江、五湖之利"，是包括渔业的。《史记》卷六〇《三王世家》中写道："三江、五湖有鱼盐之利，铜山之富，天下所仰。"④此处"鱼盐"并称，其中的"鱼"依然主要指海洋渔业的收成。

《史记》卷一二九《货殖列传》在分析经济实力时，说到若拥有"鲐鮆千斤，鲰千石，鲍千钧"者，其财富等级"亦比千乘之家，其大率也"。裴骃《集解》："《汉书音义》曰：'音如楚人言荠，鮆鱼与鲐鱼也。'"司马贞《索隐》："《说文》云：'鲐，海鱼。音胎。鮆鱼，饮而不

---

① 《史记》卷六《秦始皇本纪》："并勃海以东。"第 244 页。《史记》卷八《高祖本纪》："北有勃海之利。"第 383 页。《史记》卷二八《封禅书》："皆在齐北，并勃海。""此三神山者，皆传在勃海中。""临勃海，将以望祀蓬莱之属，冀至殊廷焉。"第 1367 页，第 1369 页，第 1402 页。《史记》卷二九《河渠书》："同为逆河，入于勃海。"第 1405 页。《史记》卷六九《苏秦列传》："秦攻燕，则赵守常山，楚军武关，齐涉勃海，韩、魏皆出锐师以佐之。""齐南有泰山，东有琅邪，西有清河，北有勃海，此所谓四塞之国也。""即有军役，未尝倍泰山，绝清河，涉勃海也。"第 2249 页，第 2256 页，第 2257 页。《史记》卷一〇五《扁鹊仓公列传》："勃海郡郑人也。""臣齐勃海秦越人也。"第 2785 页，第 2788 页。

② 郭声波编著的《〈史记〉地名族名词典》中对"勃海"的解释："①海域名，省称'勃'，一作渤澥，一作浡海，一作郣海，先秦至西汉一作东海，别称北海。即今渤海。""②地域名。先秦时指齐国北部勃海（今渤海）沿岸地区。"中华书局，2020，第 172—173 页。

③ 《史记》，第 3267 页。

④ 同上书，第 2116 页。

食，刀鱼也。'《尔雅》谓之鮤鱼也。鮤音才尔反，又音荠。"张守节《正义》："鮐音台，又音贻。《说文》云'鮐，海鱼'也。鮤音齐礼反，刀鱼也。"① 这样看来，"鮐，海鱼"是比较一致的解说。

二、《说文·鱼部》载录"海鱼""海大鱼"

《说文·鱼部》记录了汉代人的水生动物知识，也反映了当时渔业生产的水准。然而，其中涉及的"鱼"主要指淡水鱼，只有少量"海鱼"的鱼种。

> 鲕，鱼子也。一曰鱼之美者，东海之鲕。
>
> 鰫，鰫鱼也。从鱼，容声。段玉裁注："郑注《内则》云：今东海鰫鱼有骨，名乙。在目旁，状如篆乙。食之鲠②人不可出。"
>
> 鰸，鰸鱼也。状似鰕，无足。长寸，大如叉股。出辽东。从鱼，区声。
>
> 鰂，乌鰂鱼也。从鱼，则声。段玉裁注："四字句，乌，俗本作鰞。今正。陶贞白云：是鷠鸟所化，其口腹犹相似。腹中有墨，能吸波溅墨，令水混黑自卫。刘渊林云：腹中有药，谓其背骨。今名海鰾鰍是也。"
>
> 鮐，海鱼也。从鱼，台声。
>
> 魄，海鱼也。从鱼，白声。
>
> 鰒，海鱼也。从鱼，复声。
>
> 鮫，海鱼也，皮可饰刀。从鱼，交声。
>
> 鱓，海大鱼也。从鱼，畺声。《春秋传》曰："取其鱓鲵。"
>
> 鲸，鱓或从京。
>
> 鰝，大鰕也。从鱼，高声。段玉裁注："见《释鱼》，郭云：鰕大者，出海中，长二三丈，须长数尺。今青州呼鰕鱼大者为鰝鰕。《吴都赋》：翼鰝鰕。"
>
> 鮥，当互也。从鱼，各声。段玉裁注："见《释鱼》，今《尔雅》

---

① 《史记》，第 3274 页。

② 今按："鲠"即"鯁"。

互作鮔。郭云：海鱼也……"

　　鮄，鯕鱼。出东莱。从鱼，夫声。

　　鯕，鱼名。从鱼，其声。段玉裁注："按其训，当云鮄鯕也。"①

　　上文说"鯿……出辽东""鮄，……出东莱"，虽然没有明确说这两种鱼是"海鱼也"，但无疑都是海洋渔业收获。这些渔产，除了因味"美"而被食用之外，还被用作手工业原料，如"皮可饰刀"的"鲛"。

　　《说文·鱼部》中还记录了若干种来自遥远海域的水产，特别值得我们注意。从出产地分析，这些应当也都是"海鱼"：

　　　　鮸，鮸鱼也，出薉邪头国。从鱼，免声。

　　　　魵，魵鱼也，出薉邪头国。从鱼，分声。

　　　　鰟，鰟鱼也，出乐浪潘国。从鱼，房声。

　　　　鯜，鯜鱼也，出乐浪潘国。从鱼，妾声。

　　　　鮄，鮄鱼也，出乐浪潘国。从鱼，市声。

　　　　鮰，鮰鱼也，出乐浪潘国。从鱼，匊声……

　　　　魦，魦鱼也，出乐浪潘国。从鱼，沙省声。

　　　　鱳，鱳鱼也，出乐浪潘国。从鱼，乐声。

　　　　鮮，鮮鱼也，出貉国。从鱼，鱣省声。

　　　　鰅，鰅鱼也，皮有文，出乐浪东暆，神爵四年初捕收输考工……从鱼，禺声。

段玉裁注："薉邪头国，秽貊也。"② 其地当在《汉书》卷二八下《地理志下》中所谓"邪头昧"一带③，即今日本海西岸的朝鲜高城附近。④《汉书》卷二八下《地理志下》："玄菟、乐浪，武帝时置，皆朝鲜、濊

　　① 许慎：《说文解字注》，段玉裁注，第 575 页，第 579—581 页。

　　② 同上书，第 579 页。

　　③《汉书》，第 1627 页。

　　④ 谭其骧主编《中国历史地图集》第 2 册，第 27—28 页。

貉、句骊蛮夷。"① "貉国"，应指"濊貉"，即段玉裁注的"秽貊"。《汉书》卷六四下《严安传》："略濊州。"颜师古注："张晏曰：'濊，貉也。'师古曰：'濊与秽同。'"②《汉书》卷七五《夏侯胜传》载汉宣帝诏，称颂汉武帝功绩，说到"东定濊、貉、朝鲜"。颜师古注引张晏曰："濊也，貉也，在辽东之东。"他亦指出"濊字与秽字同"③。据《汉书》卷九九中《王莽传》记载，王莽遣"诛貉将军阳俊、讨秽将军严尤出渔阳，奋武将军王骏、定胡将军王晏出张掖"。④ 这似乎又体现了"貉""秽""胡"所指的民族各不相同。

《汉书》卷二八下《地理志下》中的"乐浪郡""东暆"⑤，在今日本海西岸的朝鲜江陵。⑥《汉书》卷六《武帝纪》记载，元封二年（前109）发兵击朝鲜，次年夏，"朝鲜斩其王右渠降，以其地为乐浪、临屯、玄菟、真番郡"。⑦ 在《说文·鱼部》"鲼"条中，段玉裁注："潘国，真番也。"⑧ "潘国"之称很可能与"真番"有关。若确实如此，依谭其骧主编的《中国历史地图集》，它的位置应在黄海东海岸，临江华湾。⑨ 乐浪郡，被王莽改称为"乐鲜"，属县有"朝鲜"，又"浿水"县，"莽曰乐鲜亭"。所以，称"乐鲜"者，颜师古注引应劭曰："故朝鲜国也。"⑩ 据此推想，朝鲜之最初得名可能与出于"貉国"的"鲜鱼"这一水产品有关。

《说文·鱼部》中又有："鰕，鰕鱼也。从鱼，假声。"段玉裁注："由《释鱼》有鲂鰕之文，郭曰：出秽邪头国，与《说文》'鲂'解

①《汉书》，第1658页。

② 同上书，第2813页。

③ 同上书，第3156页。

④ 同上书，第4121页。

⑤ 同上书，第1627页。

⑥ 谭其骧主编《中国历史地图集》第2册，第27—28页。

⑦《汉书》，第194页。

⑧ 许慎：《说文解字注》，段玉裁注，第579页。

⑨ 谭其骧主编《中国历史地图集》第2册，第27—28页。

⑩《汉书》卷二八下《地理志下》，第1627页。

同……鰝，大鰕，则今之虾也。魵鰕，则秽邪头之鱼也。”[①] 这是对“秽邪头之鱼”的另一种理解。

所谓“薉邪头国，秽貊也”，以及“东暆”，在日本海西岸，即朝鲜半岛东海岸。这里在汉武帝于朝鲜置郡时由汉王朝直接管辖，但在东汉时已不在中央政府的控制之下，到三国时又为曹魏政权统治。《说文·鱼部》中记录的有关这一地方的海洋水产知识来自遥远海域，而后进入中原人的文化记忆之中。相关信息体现出来的海洋史料值得研究者珍视。

段玉裁注《说文·鱼部》，曾引用《尔雅·释鱼》的内容。在《尔雅·释鱼》中，郭璞明确指出，“出海中”之“海鱼”者，有两种：

> 鰝，大鰕。郭璞注：鰕大者，出海中，长一三丈，须长数尺。今青州呼鰕鱼大者为鰝鰕。邢昺疏：鰝，大鰕。释曰：鰕之大者，长二三丈，须长数尺。若此之类者名鰝。
>
> 鮥，当魱。郭璞注：海鱼也。似鳊而大鳞，肥美，多鲠。今江东呼其最大长三丈者为当魱。音胡。邢昺疏：鮥，当魱。释曰：鮥，一名当魱，海鱼也。注：海鱼至音胡。释曰云似鳊而大鳞者，案鳊似魴而大腴，细而长，今鮥鱼似之，但鳞大耳。云肥美以下者，以时验而知也。[②]

郭璞注“今江东呼其最大长三丈者为当魱”，似可说明这大致是今黄海、东海海域海洋渔业收获的水产。

“海大鱼”的捕获，是要以航行能力为条件的。而朝鲜地方的远海渔业收获见于《说文》，说明当时的海洋交通能力已经达到相当高的水准。

① 许慎：《说文解字注》，段玉裁注，第580—581页。

②《十三经注疏》，阮元校刻，第2640页。

三、"莱、黄之鲐"

秦汉时期早期依然使用"射渔"形式。《淮南子·时则训》中写道："季冬之月……命渔师始渔，天子亲往射渔，先荐寝庙。"① 山东嘉祥出土的汉画像石中有用矛或叉击刺水中游鱼的画面。② 类似画像又见于山东微山两城出土的汉画像石③，以及山东沂南北寨村出土的汉画像石④。据《史记》卷六《秦始皇本纪》记载，秦始皇遣方士入海求神药，"然常为大鲛鱼所苦，故不得至"，方士于是"请善射与俱，见则以连弩射之"，秦始皇"乃令入海者赍捕巨鱼具，而自以连弩候大鱼出射之"，并确实曾"至之罘，见巨鱼，射杀一鱼"。⑤《汉书》卷六《武帝纪》记载，汉武帝也曾于元封五年（前106）冬南巡行狩时，"自寻阳浮江，亲射蛟江中，获之"。⑥ 击刺射杀，也是秦汉时期的捕鱼方式之一。这种方式，尤利于捕获体型较大的鱼种。秦始皇在之罘海面"射杀""巨鱼"，是考察海洋渔业生产方式必须重视的史例。

秦汉时期渔业生产已经采用多种捕鱼方式。《淮南子·说林》中记载："钓者静之，罛者扣舟，罩者抑之，罜者举之，为之异，得鱼一也。"高诱注："罛者，以柴积水中以取鱼。扣，击也。鱼闻击舟声，藏柴下，壅而取之。""今沇州人积柴水中捕鱼为罛，幽州名之为涔也。"庄逵吉云："罛"，据《尔雅》《说文解字》，当作"罧"。王念孙云：《说文》《玉篇》《广雅》《集韵》皆无"罛"字，"罛"当为"罧"，字之误也。⑦《说

---

① 何宁：《淮南子集释》，第 529 页，第 531 页。

② 蒋英炬：《略论山东汉画像石的农耕图像》，《农业考古》1981 年第 2 期。

③ 山东省博物馆、山东文物考古研究所编《山东汉画像石选集》，齐鲁书社，1982，图 8，图 39。

④ 南京博物院、山东省文物管理处编著《沂南古画像石墓发掘报告》，文化部文物管理局，1956。

⑤《史记》，第 263 页。

⑥《汉书》，第 196 页。

⑦ 何宁：《淮南子集释》，第 1206 页。

文·网部》："罧，积柴水中以聚鱼也。"段玉裁注："积柴水中而鱼舍焉。郭景纯因之云：今之作槮者，聚积柴木于水，鱼得寒，入其里藏隐，因以薄围捕取之。"① "罧"即用人工鱼礁捕鱼的方法，据说在春秋战国时出现。② 鱼礁是诱使鱼类聚集的水底隆起物或堆积物。这些隆起物或堆积物使水流形成上升流，把水底有机物转移到中上层，促使各种可作鱼类食物的生物大量繁殖生长，从而诱使各种鱼类聚集。据高诱及郭璞注文，在汉晋时期这种渔获方式已经相当普及。

所谓"钓者静之"，可能是当时比较普遍的渔获方式。从汉代画像中常常可以看到人们在水滨垂钓的画面。在山东滕州西户口汉画像石上，我们可以看到三条渔船浮水垂钓的情景，船上有捕获的鱼、钓钩、钓线、钓竿及浮子，均刻画细致。③ 数条渔船集中钓捕，似乎反映了当时渔业生产中特殊的劳动组合形式。山东邹城黄路屯汉画像石上有一条钓线钓得三条鱼的画面，在滕州龙阳店汉画像石上则可见一竿钓得四条鱼的情形。④ 现在看来，当时钓线上结有若干带有钓钩的支线，其构成类似现今所谓"延绳钓"的钓具。

据说汉代还曾采用漆木鱼，即以丹色诱捕游鱼的诱钓方式。《论衡·乱龙》中写道："钓者以木为鱼，丹漆其身，近水流而击之，起水动作，鱼以为真，并来聚会。"⑤

海上渔捕也曾普遍采用"钓"的方式。《初学记》卷二二"挂鲤"条中引焦赣《易林》："曳纶江海，钓挂鳄鲤，王孙利得，以飨仲友。"⑥ 所谓"曳纶江海"，似反映了由钓船拖曳鱼饵，诱鱼追食上钩的称作

① 许慎：《说文解字注》，段玉裁注，第 356 页。《尔雅·释器》："槮谓之涔。"郭璞注："今之作槮者，聚积柴木于水中，鱼得寒，入其里藏隐，因以薄围捕取之。"《十三经注疏》，阮元校刻，第 2599 页。
② 中国淡水养鱼经济总结委员会编《中国淡水鱼类养殖学》，科学出版社，1961；田恩善：《网具的起源与人工鱼礁小考》，《农业考古》1982 年第 1 期。
③ 山东省博物馆、山东文物考古研究所编《山东汉画像石选集》，图 230。
④ 同上书，图 56，图 275。
⑤ 黄晖：《论衡校释（附刘盼遂集解）》，第 700 页。
⑥ 徐坚等：《初学记》，第 545 页。

"曳绳钓"的渔具在"海"上也得到应用。"曳纶江海"之"海"上"钓"鱼作业，是必须以海船载送的交通方式为条件的。

钓捕是一种简便的渔业生产方式，然而产量有限。《淮南子·人间训》曰"临河而钓""日入而不得一条鱼"。[①]《淮南子·原道训》曰："夫临江而钓，旷日而不能盈罗，虽有钩箴芒距、微纶芳饵，加之以詹何娟嬛之数，犹不能与网罟争得也。"[②]《淮南子·说林训》中又写道："临河而羡鱼，不如归家织网。"[③] 古代传说中最善钓的詹何、娟嬛，也难以与使用网罟者竞争。网具是当时较先进的渔具，其生产效率明显高于钓具。《淮南子·齐俗训》曰："故尧之治天下也……其导万民也，水处者渔，山处者木，谷处者牧，陆处者农。地宜其事，事宜其械，械宜其用，用宜其人。泽皋织网，陵阪耕田，得以所有易所无，以所工易所拙，是故离叛者寡，而听从者众。"[④] 由"泽皋织网"可知，网具是很早的发明。

《盐铁论·西域》中可见以渔捕行为比喻草原作战的言辞："今匈奴牧于无穷之泽，东西南北，不可穷极，虽轻车利马，不能得也，况负重赢兵以求之乎？其势不相及也。茫茫乎若行九皋未知所止，皓皓乎若无网罗而渔江、海，虽及之，三军罢弊，适遗之饵也。"[⑤] 所谓以"网罗""渔江、海"，说明当时海上渔捕已经普遍使用"网罗"等渔具。

《说文·网部》中明确提到用于"渔"的网具："网，庖牺氏所结绳以田以渔也。""罩，捕鱼器也。""罾，鱼网也。""罪，捕鱼竹网。""罭，鱼网也。""罠，鱼罟也。""罟，网也。"[⑥]"罶，曲梁寡妇之笱，鱼所留也。""罜，罜麗，小鱼罟也。"[⑦] 所谓"罾"，陈胜吴广起义时，就曾经以"丹书帛曰'陈胜王'，置人所罾鱼腹中"，作为发动起义前的宣传鼓动方式。至于罾的形制，《史记》卷四八《陈涉世家》裴骃《集解》引

---

① 何宁：《淮南子集释》，第 1303 页。

② 同上书，第 26 页。

③ 同上书，第 1224 页。

④ 同上书，第 771—772 页。

⑤《盐铁论校注》（定本），王利器校注，第 500 页。

⑥ 段玉裁注："罟实鱼网。"

⑦ 许慎：《说文解字注》，段玉裁注，第 355—356 页。

文颖曰："罾，鱼网也。"① 《汉书》卷三一《陈胜传》中，颜师古注："罾，鱼网也，形如仰伞，盖四维而举之。"② 山东肥城市栾镇汉画像石、微山两城汉画像石及苍山前姚汉画像石都有持带柄网具捕鱼的画面。③ 汉代还曾出现一种以机械方式牵引绳索控制网具升降的捕鱼技术。《初学记》卷二二引《风俗通义》："罾者树四木而张网于水，车挽之上下。"④ 海上渔船如果使用这种器械，使得"事宜其械，械宜其用"，其形制应当较在江河湖泽使用的器械大。

　　秦汉时期捕鱼技术的进步，使渔业产量有较大的增长，《盐铁论·通有》中写道："江、湖之鱼，莱、黄之鲐，不可胜食。"⑤ 有些地区甚至以鱼喂养家畜。《论衡·定贤》中写道："彭蠡之滨，以鱼食犬豕。"⑥ "江、湖之鱼"及"彭蠡之滨"的渔业收获，似乎都是淡水渔产。但所谓"莱、黄之鲐，不可胜食"，则是明确体现海洋渔业产量的信息。《文选》卷三五《七命》中也提到"莱、黄之鲐"，说"灵渊之龟，莱、黄之鲐"等，可"接以商王之箸，承以帝辛之杯"，成为君主的饮食对象。李善注："《盐铁论》曰：江、湖之鱼，莱、黄之鲐，可不胜也。《汉书》：东莱郡有黄县。《说文》曰：鲐，海鱼也。"李周翰注："莱、黄，地名，出鲐鱼。"⑦

----

① 《史记》，第 1950—1951 页。

② 《汉书》，第 1786 页。

③ 王思礼：《山东肥城汉画像石墓调查》，《文物参考资料》1958 年第 4 期；傅惜华：《汉代画像全集》，巴黎大学北京汉学研究所旧藏，学苑出版社，1950，初编图 34；山东省博物馆、山东文物考古研究所编《山东汉画像石选集》，图 418。

④ 徐坚等：《初学记》，第 544 页。

⑤ 王利器注："《文选》张景阳《七命》：'莱、黄之鲐。'即用此文。李善注：'《汉书》：东莱郡有黄县。'"《盐铁论校注》（定本），王利器校注，第 42 页。

⑥ 黄晖：《论衡校释（附刘盼遂集解）》，第 1112 页。

⑦ 萧统编《六臣注文选》，李善、吕延济、刘良、张铣、吕向、李周翰注，第 659 页。

四、关于"倭人善网捕"

由于以农为本的国家正统政策的导向作用，"渔捕"生产受到一定的限制。据《后汉书》卷三九《刘般传》记载，刘般曾经建议行政部门适当放松有关禁令："般上言：'郡国以官禁二业，至有田者不得渔捕。今滨江湖郡率少蚕桑，民资渔采以助口实，且以冬春闲月，不妨农事。夫渔猎之利，为田除害，有助谷食，无关二业也……'"① 可见在一些"滨江湖郡"，"民资渔采以助口实"是当时较普遍的情形。在北方草原环境中渔业也得到开发。《后汉书》卷九〇《鲜卑传》记载：

> （檀石槐）见乌侯秦水广从数百里，水停不流，其中有鱼，不能得之。闻倭人善网捕，于是东击倭人国，得千余家，徙置秦水上，令捕鱼以助粮食。②

"闻倭人善网捕"，鲜卑强势军事集团于是出军"东击倭人国，得千余家"，强制其迁徙到"广从数百里，水停不流，其中有鱼"渔产资源丰富的"秦水上"，"令捕鱼以助粮食"。

我们应注意到，因为"善网捕"的渔业生产优势而招致军事征伐、成为鲜卑人奴役对象、为鲜卑人"捕鱼"的"倭人"，原本生活在"海中"。《汉书》卷二八下《地理志下》记载：

> 乐浪海中有倭人，分为百余国，以岁时来献见云。③

《后汉书》卷一下《光武帝纪下》中写道："（中元二年）东夷倭奴国王遣

---

① 《后汉书》，第1305页。
② 同上书，第2994页。
③ 《汉书》，第1658页。

使奉献。"李贤注："倭在带方东南大海中，依山岛为国。"① 《后汉书》卷五《安帝纪》中写道："（永初元年）冬十月，倭国遣使奉献。"李贤注："倭国去乐浪万二千里……"② 《后汉书》卷八五《东夷传·倭》中对"倭人"有具体的记述：

> 倭在韩东南大海中，依山岛为居，凡百余国。自武帝灭朝鲜，使驿通于汉者三十许国，国皆称王，世世传统。其大倭王居邪马台国。乐浪郡徼，去其国万二千里，去其西北界拘邪韩国七千余里。其地大较在会稽东冶之东，与朱崖、儋耳相近，故其法俗多同。

倭在"大海中"，其"度海"之行，有这样的礼俗："行来度海，令一人不栉沐，不食肉，不近妇人，名曰'持衰'。若在涂吉利，则雇以财物；如病疾遭害，以为持衰不谨，便共杀之。"有一女子名曰"卑弥呼"，得"共立为王"。而"女王国"与其他"倭种"的联系，靠"度海"维持：

> 自女王国东度海千余里至拘奴国，虽皆倭种，而不属女王。自女王国南四千余里至朱儒国，人长三四尺。自朱儒东南行船一年，至裸国、黑齿国，使驿所传，极于此矣。
>
> 会稽海外有东鳀人，分为二十余国。又有夷洲及澶洲。传言秦始皇遣方士徐福将童男女数千人入海，求蓬莱神仙不得，徐福畏诛不敢还，遂止此洲，世世相承，有数万家。人民时至会稽市。会稽东冶县人有入海行遭风，流移至澶洲者。所在绝远，不可往来。③

所谓"倭人善网捕"，是"大海中"渔业生产能力优越的历史记录。

而有关"度海千余里""四千余里""行船一年"，以及"入海行遭风，流移"远海，"所在绝远，不可往来"等航海记忆，都是值得我们

---

① 《后汉书》，第 84 页。
② 同上书，第 208 页。
③ 同上书，第 2820—2822 页。

特别注意的。

五、范蠡成功的"海畔"经营

范蠡作为越国重臣，曾经是"吴越春秋"政治表演的主角之一。在辅佐越王勾践成功复国并战胜吴国之后，范蠡毅然离开政治漩涡，随后以商人身份取得经济成就。范蠡以兵战和商战的兼胜，以及政治功名和经济利益的双赢，成为人生智慧的典范。

司马迁将范蠡在越地、齐地、陶地三处生活空间的转换，称作"三徙""三迁"。《史记》卷四一《越王勾践世家》中写道："范蠡三徙，成名于天下。""范蠡三迁皆有荣名，名垂后世。"范蠡在齐地的经营，据司马迁记述，"范蠡浮海出齐，变姓名，自谓鸱夷子皮，耕于海畔，苦身戮（勠）力，父子治产。居无几何，致产数千万。"① 齐地自然地理环境特殊，经济条件最初"较为恶劣"，《盐铁论·轻重》中描述其"地薄人少"；经过艰苦开发后齐地变得富足，《史记》卷一二九《货殖列传》中描述其"膏壤千里"。② 然而，齐地能够迅速致富，应当还有重视开发利用特殊资源"鱼盐"的原因。

《史记》卷三二《齐太公世家》记载："太公至国，修政，因其俗，简其礼，通商工之业，便鱼盐之利，而人民多归齐，齐为大国。"③ 范蠡"父子治产"，很可能包括类似"通商工之业，便鱼盐之利"的经济实践。范蠡的经营方式，可见于《陶朱公养鱼法》④《养鱼经》⑤《陶朱

---

① 《史记》，第 1755 页，第 1756 页，第 1752 页。

② 张杰、邱文山、张艳丽：《齐国兴衰论》，中国海洋大学出版社，2007，第 56 页，第 63 页。

③ 《史记》，第 1480 页。

④ 《隋书》卷三四《经籍志三》，中华书局，1973，第 1010 页。

⑤ 《旧唐书》卷四七《经籍志下》，第 2036 页；《新唐书》卷五九《艺文志三》，第 1535 页。

公养鱼经》① 等古文献。这些技术的总结，成就于"海畔"，或许与范蠡对海洋渔业生产方式的熟悉有关。②

《太平御览》卷九三五引《吴越春秋》说到勾践与范蠡在越国抗吴复国事业中利用"鱼池"求利的故事："越王既栖会稽，范蠡等曰：'臣窃见会稽之山有鱼池上下二处，水中有三江四渎之流，九溪六谷之广。上池宜于君王，下池宜于民臣。畜鱼三年，其利可以致千万，越国当富盈。'"③ 此说可以反映范蠡经济思想、经济实践中"鱼池"经营与"其利可以致千万"之"富盈"的关系。虽然越地和齐地都临海，都有发展渔业的传统，但范蠡的渔业经营经验，即《陶朱公养鱼法》《陶朱公养鱼经》等总结于齐地的可能性较大，未必得自"会稽之山""鱼池""畜鱼"的经营，或许还是源于"海畔""富盈"的经验。

范蠡于"海畔"的成功经验值得我们注意，至于他由越至齐的交通路径，司马迁明确说"范蠡浮海出齐"。这一交通行为，与勾践由会稽迁都至琅邪的"浮海"方式是一样的。《史记》卷六《秦始皇本纪》裴骃《集解》引《地理志》："越王勾践尝治琅邪县，起台馆。"张守节《正义》引《括地志》："密州诸城县东南百七十里有琅邪台，越王勾践观台也。台西北十里有琅邪故城。《吴越春秋》云：'越王勾践二十五年，徙都琅邪，立观台以望东海，遂号令秦、晋、齐、楚，以尊辅周室，歃血盟。'"④《汉书》卷二八上《地理志上》中写道："琅邪，越王勾践尝治

①《太平御览》卷九三六引陶朱公《养鱼经》曰："威王聘朱公，问之曰：'公住足千万，家累亿金，何术乎？'朱公曰：'夫治生之法有五，水畜第一。所谓水畜者，鱼也。以六亩地为池，池中为九洲。即求怀子鲤鱼长三尺者二十头，牡鲤四头，以二月上旬庚日纳池水中。令无声，鱼必生。所以养鲤者，不相食，易长，又贵也。'"李昉等：《太平御览》，第4159—4160页。参看王子今：《关于"范蠡之学"》，《光明日报》2007年12月15日。

② 王子今：《"千古一陶朱"：范蠡兵战与商战的成功》，《河南科技大学学报（社会科学版）》2008年第1期；《范蠡"浮海出齐"事迹考》，《齐鲁文化研究》总第8辑（2009），泰山出版社，2009。

③ 李昉等：《太平御览》，第4156页。

④《史记》，第244页。

此，起馆台。"① 《后汉书》卷八五《东夷传》中写道："越迁琅邪……"②《续汉书·郡国志三》"琅邪"条刘昭注补："《越绝》曰：'勾践徙琅邪，起观台，台周七里，以望东海。'"③ 而《越绝书》卷八《外传记地传》则写道："勾践伐吴，霸关东，徙琅邪，起观台，台周七里，以望东海。死士八千人，戈船三百艘。"其中又说"初徙琅邪，使楼船卒二千八百人伐松柏以为桴"。④ 所谓"戈船三百艘"及"楼船卒"⑤，说明勾践"徙都琅邪"，很可能由海上航路北上。

六、"海租"和"海税"

秦汉时期海鱼已成为全社会熟悉的商品。从《史记》卷一二九《货殖列传》中的"鲐鲞千斤，鲰千石，鲍千钧"⑥，及《说文·鱼部》中的"鲐，海鱼也"⑦ 可知，价格较高的"鲐"，是海洋水产。而至于"鲍"，由《史记》卷六《秦始皇本纪》中"始皇崩""不发丧""会暑，上辒车臭，乃诏从官令车载一石鲍鱼，以乱其臭"⑧ 可推知，此"鲍鱼"来

① 《汉书》，第 1686 页。

② 《后汉书》，第 2809 页。

③ 同上书，第 3459 页。

④ 李步嘉注："步嘉按：'戈船三百艘'，《文选》卷五《吴都赋》'戈船掩乎江湖'句下，刘渊林引《越绝书》'伍子胥船有戈'。嘉按：刘渊林引《越绝书》此文，不见今本，然本篇此处提及戈船，今将旧文置此，待君子详考焉。"《越绝书校释》，李步嘉校释，中华书局，2013，第 222 页，第 237 页。关于"初徙琅邪，使楼船卒二千八百人伐松柏以为桴"，《北堂书钞》卷一三八引《越绝书》曰："初徙之琅邪，使楼船卒二千八百人伐松柏以为之桴。"虞世南编撰《北堂书钞》，第 567 页。所谓"以为之桴"，明确"为""桴"的目的是"徙之琅邪"。

⑤ 《越绝书》卷八《外传记地传》还记载："种山者，勾践所葬大夫种处也。楼船卒二千人，钩足羡，葬之三蓬下。"《越绝书校释》，李步嘉校释，第 227 页。可知"楼船卒"是越军兵种之一。

⑥ 《史记》，第 3274 页。

⑦ 许慎：《说文解字注》，段玉裁注，第 580 页。

⑧ 《史记》，第 264 页。

自海滨。① 《说文·鱼部》中又写道："鳆，海鱼也。"② 汉代人以此为美食。《汉书》卷九九下《王莽传下》中写道："莽忧懑不能食，亶饮酒，啖鳆鱼。"③ 据《后汉书》卷二六《伏隆传》，张步据有齐地，为伏隆招怀，"遣使随隆诣阙上书，献鳆鱼"。④ 《后汉书》卷二七《吴良传》中李贤注引《东观记》："赐良鳆鱼百枚。"⑤

《史记》卷一二八《龟策列传》中褚少孙补述，说到"卜渔猎得不得"，有"渔猎得""渔猎得少""渔猎不得""渔猎尽喜"诸情形⑥，说明民间渔业收益在社会生活中具有重要意义。海鱼在当时消费生活中的地位，使行政权力介入其生产与流通。

对渔业征税的传统自古就有。《淮南子·时则训》中写道："孟冬之月……乃命水虞渔师，收水泉池泽之赋，毋或侵牟。"⑦ 然而，对渔业推行"重税""急征"，将使生产能力受到摧残。《淮南子·本经训》中写道："末世之政，田渔重税，关市急征，泽梁毕禁，网罟无所布，耒耨无所设，民力竭于徭役，财用殚于会赋，居者无食，行者无粮，老者不养，死者不葬，赘妻鬻子，以给上求，犹弗能赡；愚夫蠢妇，皆有流连之心，凄怆之志……"⑧ 渔业遭逢"重税"，导致"网罟无所布"，甚至引发社会危机。

《说苑·君道》中弦章与齐景公谈论君臣关系，批评"诸臣之不肖

---

① 河西汉简发现"鲍鱼"简文，应当是名物研究中值得关注的学术主题。此"鲍鱼"应是指经过腌制的渔产收获。河西的"鲍鱼"，亦不能完全排除经加工，来自海滨的可能。王子今：《居延汉简"鲍鱼"考》，《湖南大学学报（社会科学版）》2019 年第 2 期。

② 段玉裁注："郭注：《三仓》曰：鳆似蛤，一偏著石。《广志》曰：鳆无鳞有壳，一面附石，细孔杂杂，或七或九。《本草》曰：石决明，一名鳆鱼。李时珍云：与石决明同类殊种。"许慎：《说文解字注》，段玉裁注，第 580 页。

③ 《汉书》，第 4186 页。

④ 《后汉书》，第 899 页。

⑤ 同上书，第 942 页。

⑥ 《史记》，第 3242 页，第 3244—3246 页。

⑦ 何宁：《淮南子集释》，第 421 页，第 425 页。

⑧ 同上书，第 600—601 页。

也，知不足以知君之不善，勇不足以犯君之颜色"，"公曰：'善，今日之言，章为君，我为臣。'是时海人入鱼，公以五十乘赐弦章。章归，鱼乘塞涂，抚其御之手曰：'曩之唱善者皆欲若鱼者也。'"① 所谓"海人入鱼"，即海洋渔业收获"征""税"的实例。弦章受赐"五十乘"，可知"海人入鱼"数量可观。

据《汉书》卷二四上《食货志上》记载，汉武帝时代曾经出现"海鱼"生产危机：

> 长老皆言武帝时县官尝自渔，海鱼不出，后复予民，鱼乃出。

论者以为"夫阴阳之感，物类相应，万事尽然"②。实际情况应是国家将海上渔业统归官营之后，导致生产萧条，不得不"复予民"，即恢复民间原先拥有的"渔"的生产权利，于是"鱼乃出"。

《汉书》卷二四上《食货志上》还记录了有关征收"海租"的政策变化及相关争议：

> 宣帝即位，用吏多选贤良，百姓安土，岁数丰穰，谷至石五钱，农人少利。时大司农中丞耿寿昌以善为算能商功利得幸于上，五凤中奏言："故事，岁漕关东谷四百万斛以给京师，用卒六万人。宜籴三辅、弘农、河东、上党、太原郡谷足供京师，可以省关东漕卒过半。"又白增海租三倍，天子皆从其计。御史大夫萧望之奏言："故御史属徐宫家在东莱，言往年加海租，鱼不出……"

耿寿昌建议"增海租三倍"，得到汉宣帝的赞同。萧望之言徐宫"家在东莱"，说到"往年加海租，鱼不出"，应是事实。即"加海租"破坏了渔民的生产积极性，导致渔业生产凋零，是很正常的。萧望之的意见被

---

① 刘向：《说苑校证》，向宗鲁校证，中华书局，1987，第29—30页。
②《汉书》，第1141页。

汉宣帝否决，"上不听"。① "增海租三倍"的政策得以推行。汉朝廷对民间渔业生产征收"海租"，且征收比率无常，给渔业生产造成了显著的影响。有的地方官借此侵害百姓，竟激发了变乱。"（交州）刺史会稽朱符，多以乡人虞褒、刘彦之徒分作长吏，侵虐百姓，强赋于民，黄鱼一枚收稻一斛，百姓怨叛，山贼并出，攻州突郡。符走入海，流离丧亡。"② 从朱符故事发生的背景可知，"黄鱼一枚收稻一斛"，即过度征收而导致"百姓怨叛"的渔业税，有可能也是"海租"。

《续汉书·百官志五》中写道，地方"有水池及鱼利多者置水官，主平水收渔税"。③ 征收"渔税"，也是"水官"的职能之一。

渔业资源丰富的地方往往为皇室专有，只在严重灾荒发生时才"假"予平民。如汉元帝初元元年（前48）诏："关东今年谷不登，民多困乏。其令郡国被灾害甚者毋出租赋。江海陂湖园池属少府者以假贫民，勿租赋。"④ "上乃下诏江海陂湖园池属少府者以假贫民，勿租税。"⑤ 这种临时开放的为皇家独占的某种意义上的自然保护区，包括"海"，特别值得我们注意。

在私营经济形式中，渔业也同其他产业一样，豪强权贵具有雄厚的实力。他们可以"颛川泽之利，管山林之饶"⑥，控制社会渔业资源。《盐铁论·刺权》中写道："贵人之家，云行于涂，毂击于道，攘公法，申私利，跨山泽，擅官市，非特巨海鱼盐也。"⑦ 在把握"巨海鱼盐"生产条件的基础上，他们还全面干预社会经济，操控"官市"，破坏"公法"。

---

①《汉书》，第1141页。
②《三国志》，第1251页。
③《后汉书》，第3624页。
④《汉书》，第279页。
⑤同上书，第3171页。
⑥同上书，第1137页。
⑦《盐铁论校注》（定本），王利器校注，第121页。

第四节　海洋盐业的发展

发展海洋盐业是开发海洋资源的重要形式。沿海盐业的兴起，曾促使地方经济水准上升，成为国家富足的条件之一。沿海交通也会因盐业发展的刺激而繁荣。海上航行自然也成为盐运方式之一。

一、商代渤海湾南岸的盐业开发

据地质学者分析，山东渤海南岸，包括殷周之际古"莱夷"的活动地区，地下蕴藏着丰富的、易开采的制盐原料——浅层地下卤水。[①] 有盐业考古学者亦指出，这一地区滨海平原面积广阔，地势平坦，淤泥粉砂土结构细密，渗透率小，是开滩建场的理想场所，这一地区的气候条件也有利于卤水蒸发，且当地植被可以提供充足的煮盐燃料。[②]

有研究者指出，殷墟时期，渤海南岸地区属于商王朝的盐业生产中心。"殷墟时期至西周早期是渤海南岸地区第一个盐业生产高峰期。"考古学者"已发现了 10 余处规模巨大的殷墟时期盐业遗址群，总计 300 多处盐业遗址"。通过对寿光双王城三处盐业遗址的"大规模清理"，考古学者"对商代盐业遗址的分布情况、生产规模、生产性质及制盐工艺流程等有了初步了解"。

有研究者分析，"与大规模盐业遗址群出现同时，渤海南岸内陆地区殷商文化、经济突然繁荣起来，聚落与人口数量也急剧增加，并形成了不同功能区的聚落群分布格局，因而可认定该地区属于殷墟时期的商

---

① 韩有松等：《中国北方沿海第四纪地下卤水》，科学出版社，1996，第 13—20 页；
　孔庆友等：《山东矿床》，山东科学技术出版社，2006，第 522—536 页。
② 燕生东：《山东地区早期盐业的文献叙述》，《中原文物》2009 年第 2 期。

王朝盐业生产中心。"[1]

看来，《史记》卷三二《齐太公世家》中"武王已平商而王天下，封师尚父于齐营丘"，是经过慎重考虑的。而"太公至国"后，"通商工之业，便鱼盐之利"，使"齐为大国"，在一定意义上成功继承了殷商盐业经济。

有学者认为，中国的海盐业起源于山东[2]，或说山东地区是世界上最早开展盐业生产的地区之一[3]。既言"起源"，又说"最早"，考察齐地的海洋资源开发史，不能忽略殷商盐业经济的基础。

二、"盐"与齐国的兴起

有学者分析先秦时期的食盐产地，指出："海盐产地有青州、幽州、吴国、越国、闽越五处。"也许这种说法将"青州、幽州"和"吴国、越国、闽越"并列并不十分妥当，但大致指出了先秦海盐主要生产基地的分布。论者又认为："先秦时期最重要的海盐产地可能要数青州。""这里所说的'青州'是指西起泰山、东至渤海的广大地区。西周初年所封的齐国就在这个区域之内。"

所谓"东至渤海"的表述也许并不准确，不但因为"东至"这一方向存在问题，而且不能排除齐地现今称作黄海的滨海地区当时生产食盐的可能。不过，根据文献资料和考古资料，认为"青州的海盐生产"主

① 燕生东、田永德、赵金、王德明：《渤海南岸地区发现的东周时期盐业遗存》，《中国国家博物馆馆刊》2011 年第 9 期。
② 臧文文：《从历史文献看山东盐业的地位演变》，《盐业史研究》2011 年第 1 期。
③ 吕世忠：《先秦时期山东的盐业》，《盐业史研究》1998 年第 3 期。

第二章 滨海地区海洋资源的初步开发与早期海洋交通

要"在今莱州湾沿海地区"的意见①，是有一定说服力的。

三、"猗顿之富"

《史记》卷六《秦始皇本纪》引录贾谊《过秦论》："秦王既没，余威振于殊俗。陈涉，瓮牖绳枢之子，氓隶之人，而迁徙之徒，才能不及中人，非有仲尼、墨翟之贤，陶朱、猗顿之富，蹑足行伍之间，而倔起什伯之中，率罢散之卒，将数百之众，而转攻秦。斩木为兵，揭竿为旗，天下云集响应，赢粮而景从，山东豪俊遂并起而亡秦族矣。"②其中说到"陶朱、猗顿之富"。《史记》卷四八《陈涉世家》中引录《过秦论》，也有"才能不及中人，非有仲尼、墨翟之贤，陶朱、猗顿之富也"等文字。③《史记》卷一一二《平津侯主父列传》中载主父偃语，言秦末形势："臣闻天下之患在于土崩，不在于瓦解，古今一也。何谓土崩？秦之末世是也。陈涉无千乘之尊，尺土之地，身非王公大人名族之后，无乡曲之誉，非有孔、墨、曾子之贤，陶朱、猗顿之富也，然起穷巷，奋棘矜，偏袒大呼而天下从风，此其故何也？由民困而主不恤，下怨而上不知也，俗已乱而政不修，此三者陈涉之所以为资也。是之谓土崩。故曰天下之患在于土崩。"④其中也说到"陶朱、猗顿之富"。所谓"猗顿之富"，说"猗顿"是大富、巨富的代表。《盐铁论·复古》："宇栋之

---

① 吉成名：《中国古代食盐产地分布和变迁研究》，中国书籍出版社，2013，第11—12页。论者还指出，《管子·地数》言"齐有渠展之盐"，其地"属于莱州湾沿海地区"。又《世本·作》："宿沙作煮盐。"《说文·盐部》："古者凤沙初作鬻海盐。"段玉裁注："'凤'，大徐作'宿'。古'宿'、'凤'通用。《左传》有凤沙卫。《吕览注》曰：'凤沙，大庭氏之末世。'《困学纪闻》引《鲁连子》曰：'古善渔者，宿沙瞿子。'又曰：'宿沙瞿子善煮盐。'许所说盖出《世本·作》篇。"论者以为，"凤沙部落就在春秋时期齐国的管辖范围之内。"据文献资料、考古资料和口碑资料推测，"春秋以前凤沙氏（宿沙氏）就在今山东半岛西北部的莱州湾。"吉成名：《中国古代食盐产地分布和变迁研究》，第13页。

②《史记》，第281页。

③ 同上书，第1964页。

④ 同上书，第2956页。

内，燕雀不知天地之高也；坎井之蛙，不知江海之大；穷夫否妇，不知国家之虑；负荷之商，不知猗顿之富。"① 这当中也有对"猗顿"财富的肯定。

"猗顿"可以与"陶朱"齐名，说明他在商界的至尊地位。《史记》卷一二九《货殖列传》表扬成功的实业家，先说"范蠡"即"陶朱"，记述文字颇多，"范蠡"之后有"子赣""白圭"，随后说到"猗顿"和经营"铁冶"的"邯郸郭纵"：

> 猗顿用鹽盐起。

司马迁将经营盐业的"猗顿"与经营铁业的"郭纵"并说，或许有针对汉武帝盐铁政策的深意。

关于"猗顿用鹽盐起"，裴骃《集解》引《孔丛子》说"猗顿"出身于鲁，曾经向"陶朱"问致富之术：

> 猗顿，鲁之穷士也。耕则常饥，桑则常寒。闻朱公富，往而问术焉。朱公告之曰："子欲速富，当畜五牸。"于是乃适西河，大畜牛羊于猗氏之南，十年之间其息不可计，赀拟王公，驰名天下。以兴富于猗氏，故曰猗顿。②

此说"猗顿，鲁之穷士也"，从事"耕""桑"，不免"饥""寒"，于是"闻朱公富，往而问术焉"。陶朱建议猗顿经营畜牧业，猗顿"于是乃适西河，大畜牛羊于猗氏之南，十年之间其息不可计，赀拟王公，驰名天下"。《孔丛子》用"以兴富于猗氏"，解释"猗顿"这个名号的由来。而在临近"西河"的地方确实有以"猗"为名的地方。《史记》卷五《秦本纪》中写道："三十六年，缪公复益厚孟明等，使将兵伐晋，渡河焚船，大败晋人，取王官及鄗，以报殽之役。晋人皆城守不敢出。于是缪

---

①《盐铁论校注》（定本），王利器校注，第79页。
②《史记》，第3259页。

公乃自茅津渡河，封殽中尸，为发丧，哭之三日。"张守节《正义》："鄗音郊。《左传》作'郊'。杜预云：'书取，言易也。'《括地志》云：'王官故城在同州澄城县西北九十里。又云南郊故城在县北十七里。又有北郊故城，又有西郊古城。《左传》云文公三年，秦伯伐晋，济河焚舟，取王官及郊也。'《括地志》云：'蒲州猗氏县南二里又有王官故城，亦秦伯取者。'上文云'秦地东至河'，盖猗氏王官是也。"① 《史记》卷五《秦本纪》中还记述："康公元年。往岁缪公之卒，晋襄公亦卒；襄公之弟名雍，秦出也，在秦。晋赵盾欲立之，使随会来迎雍，秦以兵送至令狐。"裴骃《集解》："杜预曰：'在河东。'"张守节《正义》："令音零。《括地志》云：'令狐故城在蒲州猗氏县界十五里也。'"② 看来，"猗顿"接受了"陶朱"的建议，"于是乃适西河，大畜牛羊于猗氏之南"的说法于"以兴富于猗氏，故曰猗顿"有一定的合理性，但却并不符合《货殖列传》中的"猗顿用鹽盐起"之说。

《史记》卷八四《屈原贾生列传》载贾谊《鵩鸟赋》，其中有"傅说胥靡兮，乃相武丁"句，司马贞《索隐》："《墨子》云'傅说衣褐带索，佣筑于傅岩。傅岩在河东太阳县。又夏靖书云'猗氏六十里黄河西岸吴阪下，便得隐穴，是说所潜身处也'。"③ 其中也说"猗氏"在"河东"。《史记》卷一二九《货殖列传》中所谓"猗顿用鹽盐起"，"鹽盐"或可理解为"池盐"，猗顿因开发池盐而致富。司马贞《索隐》："'鹽'音'古'。案：《周礼·盐人》云'共苦盐'，杜子春以为'苦'读如'鹽'。'鹽'谓出盐直用不炼也。一说云鹽盐，河东大盐，散盐，东海煮水为盐也。"张守节《正义》："案：猗氏，蒲州县也。河东盐池是畦盐。作'畦'，若种韭一畦。天雨下，池中咸淡得均，即畎池中水上畔中，深一尺许坑，日暴之五六日则成，盐若白矾石，大小如双陆及棋，则呼为畦盐。或有花盐，缘黄河盐池有八九所，而盐州有乌池，犹出三色盐，有井盐、畦盐、花盐。其池中凿井深一二尺，去泥即到盐，掘取若至一

---

①《史记》，第 193 页。

② 同上书，第 195 页。

③ 同上书，第 2499 页。

丈，则着平石无盐矣。其色或白或青黑，名曰井盐。畦盐若河东者。花盐，池中雨下，随而大小成盐，其下方微空，上头随雨下池中，其滴高起若塔子形处曰花盐，亦曰即成盐焉。池中心有泉井，水淡，所作池人马尽汲此井。其盐四分入官，一分入百姓也。池中又凿得盐块，阔一尺余，高二尺，白色光明洞彻，年贡之也。"①

《史记》卷三一《吴太伯世家》载伍子胥言："昔有过氏杀斟灌以伐斟寻，灭夏后帝相。"关于"过氏"，裴骃《集解》："贾逵曰：'过，国名也。'"司马贞《索隐》："过音戈。寒浞之子浇所封国也，猗姓国。《晋地道记》曰：'东莱掖县有过乡，北有过城，古过国也。'"② 由此可知"东莱掖县"有"猗姓国"。

《汉书》卷九一《货殖传》齐召南《考证》："按范蠡、子贡、白圭、猗顿、乌氏、巴寡妇清，其人皆在汉以前，不应与程卓诸人并列。此则沿袭《史记》本文，未及刊除者也。刘知几每讥班氏失于裁断，此亦其彰彰者。"③ 然而，猗顿有可能是秦人。《玉芝堂谈荟》卷三附《宛委余编》曰："秦皇为巴寡妇筑女怀清台，又令猗顿得朝见，比封君。"④ 所谓"得朝见，比封君"，据《史记》卷一二九《货殖列传》，是乌氏倮事："秦始皇帝令倮比封君，以时与列臣朝请。"⑤ 据此《宛委余编》应有误，当然也不排除其另有所据的可能。

《淮南子·泛论训》："玉工眩玉之似碧卢者，唯猗顿不失其情。"高诱注："碧卢或云砥砆。猗顿，鲁之富人，能知玉理，不失其情也。"⑥ 扬子在《法言·学行》中写道："或曰：'猗顿之富以为孝，不亦至乎？颜其馁矣。'"⑦ 其中也强调"猗顿之富"，其"鲁之富人"的身份引人

① 《史记》，第 3259—3260 页。

② 同上书，第 1469 页。

③ 王先谦：《汉书补注》，中华书局，1983 年影印本，第 1545 页。

④ 徐应秋：《玉芝堂谈荟》卷三，收入《景印文渊阁四库全书》第 883 册，第 71 页。

⑤ 《史记》，第 3260 页。

⑥ 何宁：《淮南子集释》，第 970—971 页。

⑦ 汪荣宝：《法言义疏》，陈仲夫点校，中华书局，1987，第 40 页。

注目。而"鲁"与"东海"的紧密关系，从《汉书》卷二八下《地理志下》"汉兴以来，鲁东海多至卿相"①中"鲁东海"连说的表述方式可知。前引《北堂书钞》卷一四六刘桢的《鲁都赋》中"咸池潒沇""疏盐自殷""挹之不损，取之不动""其盐则高盆连冉，波酌海臻""盐生水内，暮取朝复生"等语，可直接说明当地盐产之丰盛。由此可以推知，"猗顿"这一"鲁之富人"的致富地点可能就在鲁地。元人于钦在《齐乘》卷一《分野》中引述《地志》中的表述："自南河下流，北距岱山为邹、鲁……皆负海之国，货殖之所阜也。"② 这里直接称"鲁"为"负海之国"。所谓"货殖之所阜也"，应包括盐产。

四、海盐海运的可能

盐产和盐运有密切的关系。《史记》卷八四《屈原贾生列传》中有"骥垂两耳兮服盐车"，司马贞《索隐》："《战国策》曰：'夫骥服盐车上太山中阪，迁延负辕不能上，伯乐下车哭之也。'"③《后汉书》卷二四《马援传》中李贤注引桓宽的《盐铁论》曰："骐骥负盐车，垂头于太行之坂，见伯乐则喷而长鸣。"④ 这些都反映了盐产和盐运的关系。

贾复"迎盐河东"⑤，以及第五伦"载盐往来太原、上党"⑥ 的故事，都是有关盐运的实例。⑦

---

① 《汉书》，第 1663 页。

② 于钦：《齐乘校释》，刘敦愿、宋百川、刘伯勤校释，第 11 页。

③ 《史记》，第 2494 页。

④ 《后汉书》，第 841 页。

⑤ 《后汉书》卷一七《贾复传》："王莽末，为县掾，迎盐河东，会遇盗贼，等比十余人皆放散其盐，复独完以还县，县中称其信。"第 664 页。

⑥ 《后汉书》卷四一《第五伦传》，第 1396 页。

⑦ 王子今：《两汉盐产与盐运》，《盐业史研究》1993 年第 3 期。

"船漕车转"①，"用车及船"②，"车船载谷"③，"船车贾贩"④，本来是两种常见的水陆运输形式。现在我们没有看到明确的迹象可以说明战国至秦汉时期的海盐是通过海路运输的。但是这种可能性未可排除。《史记》卷一一八《淮南衡山列传》载伍被语，说吴王刘濞地方割据势力的形成："王四郡之众，地方数千里，内铸消铜以为钱，东煮海水以为盐，上取江陵木以为船，一船之载当中国数十两车，国富民众。"⑤这当中用了排比句式"以为钱""以为盐""以为船"，并用"一船之载当中国数十两车"形容其富有。《汉书》卷四五《伍被传》是这样记述的："受几杖而不朝，王四郡之众，地方数千里，采山铜以为钱，煮海水以为盐，伐江陵之木以为船，国富民众。"⑥这里将所谓"内铸消铜以为钱，东煮海水以为盐，上取江陵木以为船"写作"采山铜以为钱，煮海水以为盐，伐江陵之木以为船"，依然形成"以为钱""以为盐""以为船"的排比句。这里删去了"一船之载当中国数十两车"一句。而以优良材料精心制作而成的"船"的使用，是可以令人产生运载"钱"和"盐"的联想的，而船用于盐运的可能性自然更大。江船行海，在汉代已有史例。西汉庐江有较好的造船业。庐江郡治舒县在今安徽庐江西南。庐江郡控制长江今湖北武穴至安徽芜湖的航段。伍被说："南收衡山以击庐江，有寻阳之船，守下雉之城……"⑦所谓"寻阳之船"之"寻阳"，在今湖北广济（1987 年撤销，改设武穴市）东北。⑧汉武帝一次重要的江海之行，"（元封）五年冬，行南巡狩，至于盛唐，望祀虞舜

---

①《史记》卷五《秦本纪》："以船漕车转，自雍相望至绛。"第 188 页。

②《史记》卷一二三《大宛列传》："临妫水，有市，民商贾用车及船，行旁国或数千里。"第 3162 页。《汉书》卷九六上《西域传上·安息国》："临妫水，商贾车船行旁国。"第 3889 页。

③《汉书》卷八《宣帝纪》："民以车船载谷入关者，得毋用传。"第 245 页。

④《后汉书》卷四九《仲长统传》："船车贾贩，周于四方。"第 1648 页。

⑤《史记》，第 3087 页。

⑥《汉书》，第 2169 页。

⑦《史记》卷一一八《淮南衡山列传》，第 3092 页。

⑧谭其骧主编《中国历史地图集》第 2 册，第 24—25 页。

于九嶷。登潜天柱山，自寻阳浮江，亲射蛟江中，获之。舳舻千里，薄枞阳而出，作《盛唐枞阳之歌》。遂北至琅邪，并海，所过，礼祠其名山大川。春三月，还至泰山，增封。甲子，祠高祖于明堂，以配上帝，因朝诸侯王、列侯，受郡国计。夏四月，诏曰：'朕巡荆扬，辑江淮物，会大海气，以合泰山。上天见象，增修封禅。其赦天下。所幸县毋出今年租赋，赐鳏寡孤独帛，贫穷者粟。'""盛唐"，按照颜师古注引文颖的说法，"疑当在庐江左右"。应劭说："潜，县名，属庐江。"① 其地在今安徽霍山东北。而"枞阳"在今安徽安庆东北。② 也就是说，在长江航运史及黄海航运史上留下重要记录的汉武帝"巡荆扬，辑江淮物，会大海气"的航行，是由在庐江集结的号称"舳舻千里"的浩荡船队在枞阳开启的。关于"舳舻千里"，颜师古注引李斐曰："舳，船后持柁处也。舻，船前头刺棹处也。言其船多，前后相衔，千里不绝也。"而关于"会大海气"，颜师古注："郑氏曰：'会和海神之气，并祭之。'""师古曰：'集江淮之神，会大海之气，合致于泰山，然后修封，总祭飨也。'"③ 汉武帝"会和海神之气""会大海之气"的重要的航海旅行，是在"庐江"造船业兴盛的基础上取得成功的。而"寻阳之船"对航海的重要性，又见于《汉书》卷六四上《严助传》对闽越王的指责："数举兵侵陵百越，并兼邻国，以为暴强，阴计奇策，入燔寻阳楼船……"颜师古注："汉有楼船贮在寻阳也。"④ 由此可知长江上"寻阳"楼船基地对闽越海上武装形成了威胁。⑤ 从这一角度推想"东煮海水以为盐，上取江陵木以为船，一船之载当中国数十两车"的吴王刘濞通过海上航路运海盐，是合理的。

通过《史记》中的"一船之载当中国数十两车"，可知陆路车运与水路船运的效率之比。在汉魏时期可见"改船以车运，大费损功力"的

---

① 《汉书》卷六《武帝纪》，第 196 页，第 197 页。

② 谭其骧主编《中国历史地图集》第 2 册，第 24—25 页。

③ 《汉书》，第 197 页。

④ 同上书，第 2787—2788 页。

⑤ 王子今：《秦汉闽越航海史略》，《南都学坛》2013 年第 5 期。

史例。①　在后世正史中，《魏书》卷三八《刁雍传》也提供了比较具体的例证。刁雍上表说"军粮"转运事，言及"船""载"胜于"车""载"的情形："奉诏高平、安定、统万及臣所守四镇，出车五千乘，运屯谷五十万斛付沃野镇，以供军粮。臣镇去沃野八百里，道多深沙，轻车来往，犹以为难。设令载谷，不过二十石，每涉深沙，必致滞陷。又谷在河西，转至沃野，越度大河，计车五千乘，运十万斛，百余日乃得一返，大废生民耕垦之业。车牛艰阻，难可全至，一岁不过二运，五十万斛乃经三年。臣前被诏，有可以便国利民者动静以闻。臣闻郑、白之渠，远引淮海之粟，溯流数千，周年乃得一至，犹称国有储粮，民用安乐。今求于牵屯山河水之次，造船二百艘，二船为一舫，一船胜谷二千斛。一舫十人，计须千人。臣镇内之兵，率皆习水。一运二十万斛。方舟顺流，五日而至，自沃野牵上，十日还到，合六十日得一返。从三月至九月三返，运送六十万斛。计用人功，轻于车运十倍有余，不费牛力，又不废田。"②　刁雍说，以"车来往""载谷，不过二十石"，但是"一船胜谷二千斛"，而"计用人功，轻于车运十倍有余"。③

　　综上所述，我们可设想在战国及秦汉时期的沿海地区，若条件许可，通常人们会利用船舶运载食盐。

---

①《三国志》卷五八《吴书·陆抗传》，第 1356 页。

②《魏书》，中华书局，1974，第 868 页。

③《魏书》卷一一〇《食货志》载"三门都将薛钦上言"："今求车取雇绢三匹，市材造船，不劳采斫。计船一艘，举十三车，车取三匹，合有三十九匹，雇作手并匠及船上杂具食直，足以成船。计一船剩绢七十八匹，布七百八十匹。又租车一乘，官格四十斛成载。私民雇价，远者五斗布一匹，近者一石布一匹。准其私费，一车布远者八十匹，近者四十匹。造船一艘，计举七百石，准其雇价，应有一千四百匹。今取布三百匹，造船一艘并船上覆治杂事，计一船有剩布一千一百匹。又其造船之处，皆须锯材人功，并削船茹，依功多少，即给当州郡门兵，不假更召。汾州有租调之处，去汾不过百里，华州去河不满六十，并令计程依旧酬价，车送船所。船之所运，唯达潼陵。其陆路从潼陵至仓库，调一车雇绢一匹，租一车布五匹，则于公私为便。"第 2858 页。这当中也说到类似的情形。

第五节　海洋"珠玑"生产

海洋提供的物产包括各种奢侈品，如"珠玑""玳瑁"等高级珍宝，丰富了上古社会消费生活，也曾经成为上层人群热切追求的奢靡生活的标志。海产"珠玑""玳瑁"是考察上古海洋史与海洋文化不宜忽视的主题。合浦等地的"珠玑"产品北运，是要以海上航行条件为保障的。

一、徐州"淮夷蠙珠"

《史记》卷二《夏本纪》引述《禹贡》中关于各地生态环境、地理条件、物产资源与贡赋路线的内容，其中说到"珠"：

> 海岱及淮维徐州：淮、沂其治，蒙、羽其艺。大野既都，东原厎平。其土赤埴坟，草木渐包。其田上中，赋中中。贡维土五色，羽畎夏狄，峄阳孤桐，泗滨浮磬，淮夷蠙珠臮鱼，其筐玄纤缟。浮于淮、泗，通于河。

关于"淮夷蠙珠臮鱼"，裴骃《集解》："孔安国曰：'淮、夷二水，出蠙珠及美鱼。'郑玄曰：'淮夷，淮水之上夷民也。'"司马贞《索隐》："按：《尚书》云'徂兹淮夷，徐戎并兴'，今徐州言淮夷，则郑解为得。蠙，一作'玭'，并步玄反。臮，古'暨'字。臮，与也。言夷人所居淮水之处，有此蠙珠与鱼也。又作'滨'。滨，畔也。"[1]《汉书》卷二八上《地理志上》引"淮夷蠙珠臮鱼"，颜师古注："淮夷，淮水上之夷也。蠙珠，珠名。臮，及也。言其地出珠及美鱼也。蠙音步千反，字或作

---

①《史记》，第 56 页。

毗。"①"淮夷"二字存在歧义。我们关注所谓"出蠙珠及美鱼"或"出珠及美鱼"的地方，应想到"海岱及淮维徐州"的滨海之处。

清人胡渭在《禹贡锥指》卷五中解说"淮夷蠙珠暨鱼"，否定了《孔传》"淮、夷二水"之说，用"郑玄以为淮水之上夷民献此珠与鱼"的意见指出："淮夷见《经》《传》非一处，即孔注《费誓》亦云：淮浦之夷。此独以为二水名，不应前后相戾。"他又说：

> 淮南北近海之地，皆为淮夷。《书序》曰：武王崩，三监及淮夷叛。又曰：成王东伐淮夷，遂践奄。《费誓》曰：徂兹淮夷，徐戎并兴。《诗序》：宣王命召公平淮夷，常武曰：率彼淮浦，省此徐土。又曰：截彼淮浦，王师之所。《鲁颂》曰：奄有龟蒙，遂荒大东，至于海邦，淮夷来同。《左传》：僖十三年淮夷病杞。此皆淮北之夷在徐州之域者也。《江汉》之诗曰：江汉浮浮，武夫滔滔。匪安匪游，淮夷来求。《春秋》：昭公四年，楚子召诸侯及淮夷会于申。此皆淮南之夷，在扬州之域者也。《经》所称淮夷，乃淮北之夷。汉临淮郡有淮浦县，今为安东县，属淮安府，淮水从此入海，即《诗》所谓淮浦矣。淮夷盖在东方荒服之内，故亦谓之东夷。今淮、扬二府近海之地皆是也。②

此说中的"淮南北近海之地""淮、扬二府近海之地"，对理解《诗》《书》中"淮夷""徐土""淮浦""海邦"之说的指示最为明确。

和前引扬雄"胎珠"的说法相近，在年代稍晚的资料中，我们看到《艺文类聚》卷六一引晋左思《吴都赋》中的"蟕蛤珠胎"。③在《吴都赋》中，左思说吴地东海产珠，这一海产史的信息也值得我们注意。

二、北海珠产信息

《三国志》卷五三《吴书》中裴松之注引《吴书》："海产明珠，所

---

① 《汉书》，第 1527 页。
② 胡渭：《禹贡锥指》卷五，邹逸麟整理，上海古籍出版社，1996，第 134—135 页。
③ 《艺文类聚》上册，第 1107 页。

第二章　滨海地区海洋资源的初步开发与早期海洋交通

139

在为宝。"① 这里说"海产"会促进产地经济繁荣。《艺文类聚》卷六一中引徐干的《齐都赋》，说到"齐都"特别的物产"玄蛤抱玑，駮蚌含珰"：

> 灵芝生乎丹石，发翠华之煌煌。其宝玩则玄蛤抱玑，駮蚌含珰。②

费振刚等辑校的《全汉赋》作"駮蚌含珰"③，费振刚等校注的《全汉赋校注》对"駮蚌含珰"的注释："駮，此指蚌壳的颜色混杂不纯。'駮'，'驳'的异体字。'蚌'，同'蚌'。"④《文渊阁四库全书》本作"驳蚌含珰"。

《全汉赋校注》解释说："宝玩：供人玩赏收藏的珍宝。玄蛤駮蚌：皆产于江河湖海之中有甲壳的软体动物，壳内有珍珠层或能产出珠。"⑤

《全汉赋校注》又自《韵补》四"烂"字、"焕"的字注中辑出徐干《齐都赋》里的文字：

> 隋珠荆宝，礌起流烂。雕琢有章，灼烁明焕。生民以来，非所视见。

既言"隋珠荆宝"，应非本地出产，这里强调的大概是"齐都"珠宝加工业的成就，即所谓"雕琢有章"。

前引《全汉赋校注》又自《韵补》一"鲨"字注中辑出《齐都赋》的佚文："罘鳣鲕，网鲤鲨，拾蠙珠，籍蛟螭。"对于其中的"拾蠙珠"，

---

① 《三国志》，第 1243 页。

② 《艺文类聚》上册，第 1103 页。

③ 《全汉赋》，费振刚、胡双宝、宗明华辑校，北京大学出版社，1993，第 623 页。

④ 《全汉赋校注》下册，费振刚、仇仲谦、刘南平校注，广东教育出版社，2005，第 990 页，第 992 页。

⑤ 《全汉赋校注》下册，费振刚、仇仲谦、刘南平校注，第 992 页。

《全汉赋校注》解释说："蠙珠，蚌珠。"① 所说应与前引"其宝玩则玄蛤抱玑，駮蚌含珰"有关。

关于齐地海上水产"玄蛤抱玑，駮蚌含珰"的发现，以及"拾蠙珠"的生产方式，徐幹在《齐都赋》中的记述是值得重视的。

北方海域产"珠"的信息，又见于《后汉书》卷八五《东夷传·夫馀》："大珠如酸枣。"② 《后汉书》卷八五《东夷传·三韩》中写道："重璎珠，以缀衣为饰，及县颈垂耳。"③ 《后汉书》卷八五《东夷传·倭》中也写道："出白珠、青玉。"④ 这些"珠"，应当都是海洋水产。

三、中原社会的"珠玑"消费

"珠"作为珍奇宝物受到重视，由来已久。《史记》卷三二《齐太公世家》张守节《正义》引《括地志》说，"齐桓公墓"中随葬品丰厚，"金蚕数十薄，珠襦、玉匣、缯采、军器不可胜数"。⑤ 《史记》卷四一《越王勾践世家》说，范蠡协助勾践灭吴之后，"以为大名之下，难以久居"，于是"辞勾践"，"乃装其轻宝珠玉，自与其私徒属乘舟浮海以行，终不反"。⑥ 《史记》卷四六《田敬仲完世家》中写道："梁王曰：'若寡人国小也，尚有径寸之珠照车前后各十二乘者十枚，奈何以万乘之国而无宝乎？'"⑦ 《史记》卷六九《苏秦列传》说到"宝珠玉帛"。⑧ 《史记》卷八三《鲁仲连邹阳列传》说到"明月之珠，夜光之璧""随侯之珠，

①《全汉赋校注》下册，费振刚、仇仲谦、刘南平校注，第 991 页，第 995 页。又解释"籍蛟蠵"，校注："籍：绳，系，缚。宋本《韵补》作'藉'。蛟：鲨鱼。蠵，大龟。"

②《后汉书》，第 2811 页。

③ 同上书，第 2819 页。

④ 同上书，第 2820 页。

⑤《史记》，第 1495 页。

⑥ 同上书，第 1752 页。

⑦ 同上书，第 1891 页。

⑧ 同上书，第 2267 页。

夜光之璧"。① 《史记》卷七八《春申君列传》说，"赵使欲夸楚，为玳瑁簪，刀剑室以珠玉饰之"，"春申君客三千余人，其上客皆蹑珠履以见赵使，赵使大惭"。② 乐毅破齐，"珠玉财宝车甲珍器尽收入于燕"。③ 《史记》卷三〇《平准书》说，秦统一货币，"而珠玉、龟贝、银锡之属为器饰宝藏，不为币"。④ 《汉书》卷二四下《食货志下》中写道："而珠玉龟贝银锡之属为器饰宝藏，不为币，然各随时而轻重无常。"⑤ 可知在先秦时代，"珠玉"有可能曾经作为一般等价物起到"币"的作用。《说苑·贵德》中写道："郑子产死，郑人丈夫舍玦珮，妇人舍珠珥，夫妇巷哭，三月不闻竽瑟之声。"⑥ 这一记载，似乎说明以"珠"为装饰的现象在当时十分普遍。⑦ 《战国策·秦策五》记载，吕不韦在决心进行政治投资，助异人归秦时，曾与其父有"珠玉之赢几倍？曰：'百倍。'"的讨论。运销"珠玉"可以得到"百倍"暴利，反映了当时社会对"珠"的需求旺盛。

李斯在《谏逐客书》中说秦最高执政者的物质享受，包括"垂明月之珠，服太阿之剑"，又说到"宛珠之簪，傅玑之珥"，批评"逐客"之举"然则是所重者在乎色乐珠玉，而所轻者在乎人民也"。⑧ 《史记》卷六《秦始皇本纪》关于秦始皇帝陵地宫设计的文字中，可见"上具天

---

① 《史记》，第 2476 页。

② 同上书，第 2395 页。

③ 同上书，第 2431 页。

④ 同上书，第 1440 页。

⑤ 《汉书》，第 1152 页。

⑥ 刘向：《说苑校证》，向宗鲁校证，第 106 页。

⑦ 汉代类似情形，有《后汉书》卷六《安帝纪》："小人无虑，不图久长，嫁娶送终，纷华靡丽，至有走卒奴婢被绮縠，着珠玑。"第 228 页。《后汉书》卷七二《董卓传》："长安中士女卖其珠玉衣装市酒肉相庆者，填满街肆。"第 2332 页。这也说明民间"珠玉"装饰的普及。

⑧ 《史记》，第 2543—2544 页。

文，下具地理"① 语，明人张懋修就此写下"上具天文，珠玑为之"②
语，认为地宫"天文"以"珠玑"象征星辰。

　　见于秦封泥中的"采珠"，与"左采金印""采赤金丞""采银""采
银丞印""左采银丞""采金丞印"等被研究者列入"诸采"之中，为
"少府"属下官职。③《史记》卷五五《留侯世家》中写道："沛公入秦
宫，宫室帷帐狗马重宝妇女以千数，意欲留居之。樊哙谏沛公出舍，沛
公不听。"裴骃《集解》引徐广曰："哙谏曰：'沛公欲有天下邪？将欲为
富家翁邪？'沛公曰：'吾欲有天下。'哙曰：'今臣从入秦宫，所观宫室
帷帐珠玉重宝钟鼓之饰，奇物不可胜极，入其后宫，美人妇女以千数，
此皆秦所以亡天下也。愿沛公急还霸上，无留宫中。'沛公不听。"④ 所
谓"秦宫"收存，一言"重宝"，一言"珠玉重宝"。《留侯世家》还记
载："汉王赐良金百溢，珠二斗，良具以献项伯。"⑤ 此"珠二斗"，很可
能是得自"秦宫"的战利品。⑥

　　汉代上层社会对"珠"颇为偏爱。《汉书》卷三《高后纪》中写道：
"乃悉出珠玉宝器散堂下，曰：'无为它人守也。'"⑦《史记》卷五八
《梁孝王世家》中写道："珠玉宝器多于京师。"⑧ 在司马相如笔下可见

————————————

①《史记》，第 265 页。

②《墨卿谈乘》卷三《史集》"人膏灯烛"条，《四库未收书辑刊》第三辑第 28 册，
　北京出版社，2000，第 54 页。

③ 刘瑞编著《秦封泥集存》，中国社会科学出版社，2020，第 302—304 页。

④《史记》，第 2037 页。

⑤ 同上书，第 2037—2038 页。

⑥ "珠二斗"的计量方式，可对照前引"和熹邓皇后"事迹"大珠一箧"情形理
　解。还有更特殊的史例，见于《后汉书》卷三四《梁冀传》："金玉珠玑，异方
　珍怪，充积藏室。"其中又有这样的情节："从贷钱五千万，奋以三千万与之，
　冀大怒，乃告郡县，认奋母为其守藏婢，云盗白珠十斛、紫金千斤以叛，遂收
　考奋兄弟，死于狱中，悉没赀财亿七千余万。"第 1182 页，第 1181 页。所谓
　"白珠十斛"，特别值得我们注意。

⑦《汉书》，第 101 页。

⑧《史记》，第 2083 页。

"曳明月之珠旗"和"明月珠子"等词句。① 《史记》卷一一八《淮南衡山列传》中写道："行珠玉金帛赂诸侯宗室大臣……"② 《汉书》卷二二《礼乐志》中也写道："被华文，厕雾縠，曳阿锡，佩珠玉……照紫幄，珠煌黄。"③ 这些都是相关例证。《汉书》卷六八《霍光传》中可见"被珠襦"及"璧珠玑玉衣"之说。④ 《汉书》卷六五《东方朔传》中也写道："偃与母以卖珠为事，偃年十三，随母出入主家。"⑤ 收买"珠"的"主家"，应有一定的财力。

《汉书》卷五《景帝纪》中写道："三年春正月，诏曰：'农，天下之本也。黄金珠玉，饥不可食，寒不可衣，以为币用，不识其终始……吏发民若取庸采黄金珠玉者，坐臧为盗。"⑥ 《汉书》卷二四上《食货志上》中又写道："夫珠玉金银，饥不可食，寒不可衣，然而众贵之者，以上用之故也。"⑦ 对"珠"的狂热追求，即所谓"上用之""众贵之"的社会倾向，被认为危害农本。《后汉书》卷四〇下《班固传》中写道："令海内弃末而反本……捐金于山，沉珠于渊。"李贤注引陆贾《新语》："圣人不用珠玉而宝其身，故舜弃黄金于崭岩之山，捐珠玉于五湖之川，以杜淫邪之欲也。"⑧ 这里说到"珠玉"与"本""末"问题的关系。《后汉书》卷四一《钟离意传》中写道："意得珠玑，悉以委地而不拜赐。"⑨ 这则是个人鲜明性格的体现。《列女传》引《汉法》曰："内珠入关者死。"⑩ 这应当是以法律形式抑制奢侈的政策。而"珠"是富有标志性的物品。《后汉书》卷一〇上《皇后纪上·和熹邓皇后》中写道："御府、

①《史记》，第3009页，第3017页。

②同上书，第3087页。

③《汉书》，第1052页，第1061页。

④同上书，第2939页，第2948页。

⑤同上书，第2853页。

⑥同上书，第152—163页。

⑦同上书，第1131页。

⑧《后汉书》，第1368页。

⑨同上书，第1407页。

⑩李昉等：《太平御览》卷八〇三引《列女传》，第3566页。

尚方、织室锦绣、冰纨、绮縠、金银、珠玉、犀象、玳瑁、雕镂玩弄之物，皆绝不作。"① 《后汉书》卷四九《王符传》中写道："明帝葬洛南，皆不藏珠玉，不起山陵，墓虽卑而德最高。"② 一个人是否"藏珠玉"，体现了他"德"的水准。《后汉书》卷六《顺帝纪》中写道："遗诏无起寝庙，敛以故服，珠玉玩好皆不得下。"③ 不随葬"珠玉"，体现了薄葬的原则。《后汉书》卷七六《循吏传》中"身衣大练，色无重彩，耳不听郑卫之音，手不持珠玉之玩"④，也在宣扬道德的同时排斥玩赏"珠玉"的行为。

"珠"在奢侈生活中有多重意义。清人胡渭在《禹贡锥指》中写道："珠有以为币者，《管子》曰'先王以珠玉为上币'是也。有为器饰者，'佩玉之组，贯以蠙珠'，是也。有为宝藏者，《楚语》：王孙圉曰'珠足以御火灾，则宝之'，是也。虞夏之币无珠玉，盖以为器饰宝藏。荆州之玑，唯宜贯组，故为玑组以献。淮夷之蠙珠所用者广，则贯珠以听其所为也。"⑤ 秦汉上层社会消费生活中的"珠"，正是"所用者广"。

有些"珠"出产于淡水水域。《史记》卷一一七《司马相如列传》中有："明月珠子，玓瓅江靡。"司马贞《索隐》："应劭曰：'明月珠子生于江中，其光耀乃照于江边。'"⑥ 《史记》卷一二八《龟策列传》说"渊生珠而岸不枯者"，"生珠"之"渊"应是淡水，然而又说"明月之珠出于江海，藏于蚌中"。这里所谓"明月之珠，出于四海"⑦，明确强调"珠"产自海中。《史记》卷一二九《货殖列传》中的"珠玑"产地即在南海。《汉书》卷五三《景十三王传·江都易王非》记载，江都王刘建勾结"越繇王闽侯"，"遗以锦帛奇珍，繇王闽侯亦遗建荃、葛、珠玑、

---

① 《后汉书》，卷422页。

② 同上书，第1636页。

③ 同上书，第274页。

④ 同上书，第2457页。

⑤ 胡渭：《禹贡锥指》卷五，邹逸麟整理，第135页。

⑥ 《史记》，第3017页，第3021页。

⑦ 同上书，第3226页，第3227页，第3232页。

犀甲、翠羽、猿熊奇兽……"。① "珠玑"更多产自海上。《后汉书》卷六一《黄琼传》中写道："羽毛齿革、明珠南金之宝，殷满其室。"② 这些"宝"物的由来方向，都是"南"边。《后汉书》卷六八《符融传》中李贤注引《谢承书》："融见林宗，便与之交。又绍介于膺，以为海之明珠，未耀其光，鸟之凤皇，羽仪未翔。膺与林宗相见，待以师友之礼，遂振名天下，融之致也。"③ 所谓"海之明珠"，语义非常明朗。

四、"玳瑁""龟贝"诸产

前引《史记》卷七八《春申君列传》中提到"为玳瑁簪"作装饰。《汉书》卷六五《东方朔传》中写道："宫人簪玳瑁，垂珠玑。"颜师古注："玳瑁，文甲也。"④ 据《史记》卷三〇《平准书》，秦时"珠玉、龟贝、银锡之属为器饰宝藏，不为币"。汉时中原与海南岛的海路联系得以维持，当时社会对玳瑁等宝物的追求是重要因素之一。《汉书》卷九六下《西域传下》中也写道："睹犀布、玳瑁则建珠崖七郡。"又说："自是之后，明珠、文甲、通犀、翠羽之珍盈于后宫。"⑤ 贾捐之建议放弃珠崖，说"又非独珠崖有珠犀玳瑁也，弃之不足惜"。⑥ 当时社会之所以关注珠崖，是因为"中国贪其珍赂"。⑦ 此言"珍赂"，包括"珠"，也应包括"玳瑁"。《后汉书》卷四九《王符传》中言"犀象珠玉，虎魄玳瑁，

①《汉书》，第 2417 页。
②《后汉书》，第 2037 页。
③ 同上书，第 2232 页。
④《汉书》，第 2858 页。
⑤ 同上书，第 3928 页。
⑥《汉书》卷六《武帝纪》：元鼎六年置珠崖、儋耳郡。颜师古注引应劭曰："二郡在大海中崖岸之边。出真珠，故曰珠崖。"张晏曰："珠崖，言珠若崖矣。"第188 页。杜笃《论都赋》："郡县日南，潢概朱崖。"李贤注："《前书》音义曰：'珠崖，言珠若崖也。'"《后汉书》卷八〇上《文苑列传上·杜笃》，第 2600 页。
⑦《后汉书》，第 2836 页。

石山隐饰，金银错镂"。① 《三国志》卷四七《吴书·吴主传》记载，吴嘉禾四年（公元235）秋，"魏使以马求易珠玑、翡翠、玳瑁，权曰：'此皆孤所不用，而可得马，何苦而不听其交易？'"② 《汉书》卷八七下《扬雄传下》中"后宫贱玳瑁而疏珠玑，却翡翠之饰，除雕瑑之巧"③，则反映抑奢侈政策涉及"玳瑁"与"珠玑"装饰的情形。

《禹贡锥指》卷五中有关于"鱼皮"实用意义的文字："郦善长云：地理潜闳，变化无方。巩穴南通淮浦，不可谓理之所无。禹时王鲔未由巩穴出，亦容有其事。但此鱼果为王鲔，《经》何不言蠙珠暨鲔，是则可疑耳。尝考水中之兽有名鱼者，《诗·小雅·采薇》曰'象弭鱼服'，《采芑》曰'簟第鱼服'，《传》云：鱼服，鱼皮也。《正义》云：以鱼皮为矢服。《左传》：归夫人鱼轩。服虔曰：鱼，兽名。则鱼皮又可以饰车也。陆玑《疏》曰：鱼兽似猪，东海有之。其皮背上斑文，腹下纯青。今以为弓鞬步叉。其皮虽干燥为弓鞬，矢服经年，海水潮及天将雨，其毛皆起，海潮还及天晴，则毛复如故。虽在数千里外，可以知海水之潮，自相感也。《初学记》引张华《博物志》云：牛鱼目似牛，形似犊子，剥皮悬之，潮水至则毛起，去则毛伏。杨孚《临海水土记》云：牛鱼象獭，毛青黄色似鳣，知潮水上下。此牛鱼似即陆玑所谓鱼兽者。《周书·王会解》言："禹四海异物，有南海鱼革。《注》云：今以饰小车，缠兵室之口。又扬州贡禹禺鱼，《注》云：《说文》作鳎。鳎，鱼名，皮有文，出乐浪东暆。神爵四年，初捕输考工。则此鱼之皮，亦似可以饰器物，故输之考工也。淮夷属徐，临海属扬，乐浪属青，三者恐只是一种，东海中处处有之。禹时徐贡而青、扬不贡，亦犹濒海皆煮盐，而独贡于青。荆、梁亦产橘柚而独贡于扬耳。鱼之名见于《毛诗》《左传》，其皮可以饰器物，故贡之。以鱼为水中之兽，殊不费辞，似又胜前说。"④ 这里说"东海中"出产的"鱼革""鱼皮""可以饰器物"，可作

① 《后汉书》，第 1635 页。

② 《三国志》，第 1140 页。

③ 《汉书》，第 3560 页。

④ 胡渭：《禹贡锥指》卷五，邹逸麟整理，第 136—137 页。

为贡品，在汉代"输之考工"，有特别的利用价值。

《荀子·议兵》中写道："楚人鲛革犀兕以为甲，鞈如金石。"注："鞈坚貌以鲛鱼皮及犀兕为甲，坚如金石之不可入。《史记》作坚如金石。"《淮南子·说山训》说："一渊不两鲛。"高诱注："鲛，鱼之长者，其皮有珠，今世以为刀剑之口也。一说鱼二千金为鲛。"其中都说到"鲛革"。《史记》卷二三《礼书》中有"鲛韅"，裴骃《集解》曰："徐广曰：'鲛鱼皮可以饰服器。''韅者，当马腋之革。'"司马贞《索隐》曰："以鲛鱼皮饰韅。"《续汉书·舆服志下》"刀"条中写道："虎贲黄室虎文，其将白虎文，皆以白珠鲛为剽口之饰。"① "以白珠鲛为剽口之饰"，很可能是取"鲛"的皮作为刀饰，即高诱所谓"以为刀剑之口"。可知"鲛革""鲛皮"可以为"甲"，也可以为车马饰，亦可以为兵器饰。《文选》卷五《吴都赋》中有"鲛函"一词，刘良注："鲛函者，以鲛皮饰刀。"所谓"鲛函"，可能是以"鲛革""鲛皮"装饰刀鞘。

《逸周书·王会》中有："请令以鱼支之鞞、□鲗之酱、鲛盾、利剑为献。"孔晁云："鞞，刀削。"或作"刀鞘"。王应麟云："《左传注》：'鞞，佩刀削上饰。'""《后汉志》：'佩刀乘舆，半鲛鱼鳞。'"何秋涛云："鲛，《说文》：'海鱼也，皮可饰刀。'《中山经·荆山》：'漳水其中多鲛鱼。'郭注：'鲛，鲋鱼类也。皮有珠文而坚，尾长三四尺，末有毒，螫人。皮可饰刀剑口，错治材角，今临海郡亦有之。'"②

《北堂书钞》卷三一"上翠羽"条引士燮《杂章》云："伏闻令月吉辰立皇后，谨赍翠羽二千，玳瑁甲三百斤，上万岁寿也。"同卷"奉鲛皮"条引士燮云："谨奉水积四放，玳瑁上百，枝灯一具，薰陆香一百斤。"③ 与"鲛皮"同时出现的"玳瑁"，其出产地的方向与"鲛皮"是大略一致的。

《续汉书·舆服志下》中写道："公、卿、列侯、中二千石、二千石

① 《后汉书》，第 3671 页。

② 黄怀信、张懋镕、田旭东：《逸周书汇校集注》（修订本），黄怀信修订，李学勤审定，第 912—913 页。

③ 虞世南编撰《北堂书钞》，中国书店，1989 年影印本，第 73 页。

夫人，绀缯蔮，黄金龙首衔白珠，鱼须摘，长一尺，为簪珥。"① 以所谓"长一尺"的"鱼须摘"制作"簪珥"，体现出比较特别的表现于装饰上的美学取向。这种"鱼"，很可能也生活在海洋中。

第六节　早期海洋航行

早在春秋战国时期，我国就有海上"舟师"活跃的历史记录。除了军事史，商业史和文化史上也有海上航运走向成熟的记载。

一、海上"舟师"

居于东海之滨，"以船为车，以楫为马，往若飘风，去则难从"② 的吴越人，较早掌握了航海技术。《左传·哀公十年》中记载，吴大夫徐承"帅舟师将自海入齐，齐人败之，吴师乃还"。③ 据《国语·吴语》，越王勾践袭吴，命范蠡等"率师沿海溯淮以绝吴路"。④ 这是军事生活中"舟师"发挥作用的史例。

吴王夫差曾"从海上攻齐，齐人败吴，吴王乃引兵归"⑤，开创了海上远征的历史记录。而所谓"齐人败吴"，体现齐国海上作战能力的优越。夫差与晋公会盟黄池，"越王勾践乃命范蠡、舌庸率师沿海溯淮以绝吴路"。⑥

①《后汉书》，第 3676 页。

② 袁康、吴平辑录《越绝书》卷八《外传记地传》，乐祖谋点校，上海古籍出版社，1985，第 58 页。

③《春秋左传集解》，第 1766 页。

④ 徐元诰：《国语集解》（修订本）卷一九，王树民、沈长云点校，第 545 页。

⑤《史记》卷三一《吴太伯世家》，第 1473 页。

⑥ 徐元诰：《国语集解》（修订本）卷一九，王树民、沈长云点校，第 545 页。

《竹书纪年》记载："贞定王元年癸酉，于越徙都琅邪。"① 《越绝书》卷八《外传记地传》记载："勾践大霸称王，徙琅邪都也。"② 《太平御览》卷一六〇引《吴越春秋》曰："越王勾践二十五年，徙都琅邪。立观台，周旋七里，以望东海。"③ 《水经注》卷二六《潍水》曰："潍水出琅邪，箕县潍山。琅邪，山名也。越王勾践之故国也。勾践并吴，欲霸中国，徙都琅邪。"④ 学界对越王勾践徙都琅邪一事或有存疑，然而这些记录应是符合史实的。⑤

有学者以为，勾践徙都琅邪有可能因于齐邑。⑥ 如果这一认识成立，则最初开发这一海港的功绩，依然应归于齐人。《七国考》卷四"琅邪台"条："《战国春秋》：'威王起琅邪之台，倚山背流，其高九仞。'《淮

① 《竹书纪年》，沈约注，洪颐煊校，收入《丛书集成初编》第3679册，第70页。

② 袁康、吴平辑录《越绝书》，乐祖谋点校，第58页。

③ 李昉等：《太平御览》，第778页。

④ 据《水经注》卷四〇《浙江水》，"勾践都琅邪"，"勾践霸世，徙都琅邪。后为楚伐，始还浙东"。郦道元：《水经注校证》，陈桥驿校证，第630页，第941页。

⑤ 胡应麟《少室山房笔丛正集》卷一七《三坟补逸上·竹书》："贞定王元年癸酉，于越徙都琅邪。按：《吴越春秋》文颇与此合。然非齐之琅邪，或吴越间地名有偶全者。"上海书店出版社，2009，第335—336页。徐文靖撰、范祥雍点校的《管城硕记》卷一九《史类二》："《笔丛》曰：'《竹书》：贞定王元年，于越徙都琅邪。《吴越春秋》文颇与此合。然非齐之琅邪，或吴越间地名有偶同者。'按：《山海经》：琅邪台在渤海间，琅邪之东。郭璞曰：琅邪者，越王勾践入霸中国之所都。《越绝书》曰：勾践徙琅邪，起观台。台周七里，以望东海。何谓非齐之琅邪？"第392页。储大文《存研楼文集》卷四《杂著》："（勾践）后都琅邪台，在东武，今山东诸城地。"收入《景印文渊阁四库全书》第1327册，第54页。

⑥ 曲英杰在《史记都城考》中写道："《管子·戒》载：'（齐）桓公将东游，问于管仲曰：我游犹轴、转斛，南至琅邪。'《孟子·梁惠王下》亦载：'昔者齐景公问于晏子曰：吾欲观于转附、朝儛，遵海而南，放于琅邪。'赵岐注：'放，至也。循海而南，至于琅邪。琅邪，齐东南境上邑也。'可表明这一带很早即得以开发，而所置城邑当与琅琊山隔有一段距离。勾践徙都琅琊，当即因于此齐邑。"商务印书馆，2007，第363页。

南子注》中写道：'齐宣王乐琅邪之台，三月不返。'"① 齐威王"起琅邪之台"、齐宣王"乐琅邪之台"的故事，发生在勾践"迁都琅邪"之后。越人徙都琅邪，是一次大规模的航海行动，其武装部队的主力为"死士八千人，戈船三百艘"，据说"初徙琅邪，使楼船卒二千八百人伐松柏以为桴"。② "楼船卒"承担的职责，说明这也是一次海上军事行为。

战国时代，"海内争于战功"③，诸侯各"为强伯"，"争于攻取，兵革更起，城邑数屠"。④ 列国纷杂频繁的军事活动中，也有"涉""海"动作。《战国策·赵策二》记载，"苏秦从燕之赵，始合从，说赵王曰：'……臣闻，明王绝疑去谗，屏流言之迹，塞朋党之门，故尊主广地强兵之计，臣得陈忠于前矣。故窃为大王计，莫如一韩、魏、齐、楚、燕、赵，六国从亲，以傧畔秦。"苏秦规划合纵联盟，设想六国合作抗秦，其具体设计是"令天下之将相，相与会于洹水之上，通质刑白马以盟之。约曰：秦攻楚，齐、魏各出锐师以佐之，韩绝食道，赵涉河、漳，燕守常山之北。秦攻韩、魏，则楚绝其后，齐出锐师以佐之，赵涉河、漳，燕守云中。秦攻齐，则楚绝其后，韩守成皋，魏塞午道，赵涉河、漳、博关，燕出锐师以佐之。秦攻燕，则赵守常山，楚军武关，齐涉渤海，韩、魏出锐师以佐之。秦攻赵，则韩军宜阳，楚军武关，魏军河外，齐涉渤海，燕出锐师以佐之。诸侯有先背约者，五国共伐之。六国从亲以摈秦，秦必不敢出兵于函谷关以害山东矣！如是则伯业成矣！'"⑤ 苏秦提出"六国从亲，以傧畔秦"或"六国从亲以摈秦"，是为了实现"伯业成"的政治目标，对"秦攻楚""秦攻韩、魏""秦攻齐""秦攻燕""秦攻赵"均有预案。其中，对于"秦攻燕"，苏秦设想了赵、楚、齐、韩、魏协助燕国抗秦的方式；对于"秦攻赵"，苏秦则设想了韩、楚、魏、齐、燕配合抵抗秦军的战略步骤。在这两种情况下，齐国

① 董说：《七国考订补》，缪文远订补，上海古籍出版社，1987，第335页。

② 袁康、吴平辑录《越绝书》卷八《外传记地传》，乐祖谋点校，第58页，第62页。

③《史记》卷一五《六国年表》，第685页。

④《史记》卷二七《天官书》，第1344页。

⑤ 刘向集录《战国策》，上海古籍出版社，1985，第635页，第641页。

对应的军事行为，都是通过渡海形成攻势，或者有所威慑。所谓"齐涉渤海"特别值得注意。

苏秦有关"齐涉渤海"的军事行动设想，应当是以齐国航海能力为条件的。齐国在与燕国、赵国的关系史中，或许也曾经有"涉海"行为。

二、海运的经济意义

有学者指出，"西周维持着基本的航海活动"，并引据《渊鉴类函》："《周书》曰：周成王时，于越献舟。"学者还分析说："周成王时江淮间不通航，越人要驾船至东都，只能绕道东海、入济或入河逆河而上，说明当时河、海通航。东汉王充有言：'周时天下太平，越裳献白雉，倭人贡鬯草。'可见越人通过海道贡献方物相当经常……"① 当然，以东汉人的论说考察"周时""航海活动"及海外交通形势，难以形成确定的结论。

《禹贡》说冀州贡道："岛夷皮服，夹右碣石入于海。"② 由此可知，战国时期渤海沿岸及海上居民已利用航海方式实现经济往来。③ 山东半岛的居民也较早开通近海航线。齐国在建国之初，就很重视海洋资源的开发，"便鱼盐之利"，以致"人民多归齐，齐为大国"。④ 齐国利用较为优越的沿海交通条件发展经济，力求富足，有"海王之国"的执政目标。⑤

到了战国时期，商业运输更为发达。《荀子·王制》中关于"四海"物产服务于"中国"的经济形式，有这样的记述：

---

① 赵维平：《中国治水通运史》，中国社会科学出版社，2019，第55页。

②《史记》，第52页。"海"，一作"河"。《十三经注疏》，阮元校刻，第147页。

③ 关于《禹贡》成书年代，参看史念海：《论〈禹贡〉的著作年代》，载《河山集》二集，三联书店，1981。

④《史记》卷三二《齐太公世家》，第1480页。

⑤《管子》卷二二《海王》，马非百：《管子轻重篇新诠》，第192页。

北海则有走马吠犬焉，然而中国得而畜使之；南海则有羽翮齿革曾青丹干焉，然而中国得而财之；东海则有紫紶鱼盐焉，然而中国得而衣食之；西海则有皮革文旄焉，然而中国得而用之。①

"四海"资源，"中国得而畜使之""中国得而财之""中国得而衣食之""中国得而用之"，在中原全面实现价值，这得益于海上航运带来的便利。

三、渤海航运的早期发展

据说齐景公曾游于海上而乐之，六月不归。② 齐人熟习海事，又见于《史记》卷四六《田敬仲完世家》："太公乃迁康公于海上，食一城。"③《韩非子·外储说右上》中写道："齐东海上有居士曰狂矞华士。"④ 刘邦破楚，田横"与其徒属五百余人入海，居岛中"，刘邦以其"在海中不收"而深感不安。⑤

由前引"舟师"史迹可知吴越海上交通能力的优越。越人迁都琅邪，通过近海航运优势表现出来的越国霸业的基础，是在齐地得以显示的。而诸多历史迹象也反映了齐人航海技术的领先地位。这是使渤海航

① 王先谦：《荀子集解》，沈啸寰、王星贤点校，第161—162页。

②《说苑·正谏》："齐景公游于海上而乐之，六月不归，令左右曰：'敢有先言归者致死不赦！'"刘向：《说苑疏证》，赵善诒疏证，华东师范大学出版社，1985，第240页。《韩非子·十过》则以为田成子事："昔者田成子游于海而乐之，号令诸大夫曰：'言归者死！'"《韩非子·外储说左上》说到"齐景公游少海"，《外储说右上》作"景公与晏子游于少海"。陈奇猷以为"少海"，当即《十过》所谓"海"，"'少海'、'海上'、'海'当为一地"。"《晏子外篇》作菑。"《韩非子集释》，下册第659页、第728页，上册第192—193页。《山海经·东山经》："无皋之山，南望幼海"，郭璞注："即少海也。《淮南子》曰：'东方大渚曰少海。'"《山海经校注》，袁珂校注，第112—113页。

③《史记》，第1886页。

④《韩非子集释》，陈奇猷校注，第722页。

⑤《史记》卷九四《田儋列传》，第2647页。

运得以较早发展的重要条件。前引《战国策·赵策二》载苏秦两次说到的"齐涉渤海"的战略设计，也是关于渤海早期航运史的重要信息。

以早期的航海技术为基础的秦汉时期浮渤海移民，改变了辽东和朝鲜的人口构成，促进了当地经济文化的进步，在东方文明史册上书写了富有光彩的一页。

四、孔子"乘桴浮于海"的设想

孔子曾经说："道不行，乘桴浮于海。"[1]《后汉书》卷八五《东夷列传》中有这样的表述："东夷通以柔谨为风，异乎三方者也。苟政之所畅，则道义存焉。仲尼怀愤，以为九夷可居。或疑其陋。子曰：'君子居之，何陋之有！'"[2]《后汉书》的作者似乎是将"东夷"看作孔子以为"可居"的环境，而通往"东夷"不排除"乘桴浮于海"的方式。

葛剑雄指出："秦末汉初，朝鲜半岛未受战争影响。'燕、齐、赵人往避者数万口'[3]。移民的来源大致即今山东、河北、辽宁等地，路线也有海上和陆上两方面。"[4] 汉武帝部署征伐朝鲜的楼船军的进军路线[5]，告知我们齐地与朝鲜之间的渤海航线已经通行。[6] 而更多的民间流亡行为，是齐地与辽东的往来。北海都昌人逢萌曾就学于长安，逢王莽专政，"即解冠挂东都城门，归，将家属浮海，客于辽东"，"及光武即位，

---

① 《论语·公冶长》，程树德：《论语集释》，程俊英、蒋见元点校，第 299 页。

② 《后汉书》，第 2822 页。

③ 原注："《后汉书》卷八十五《东夷传》。"

④ 葛剑雄、曹树基、吴松弟：《简明中国移民史》，福建人民出版社，1993，第 93 页。

⑤ 《史记》卷一一五《朝鲜列传》："天子募罪人击朝鲜。其秋，遣楼船将军杨仆从齐浮渤海，兵五万人。""楼船将军将齐兵七千人先至王险。""楼船将齐卒，入海，固已多败亡。""楼船将军亦坐兵至洌口，当待左将军，擅先纵，失亡多，当诛，赎为庶人。"第 2987 页。

⑥ 《盐铁论·地广》："左将伐朝鲜，开临洮，燕、齐困于秽貉。"《盐铁论校注》（定本），王利器校注，第 209 页。齐地承受战争压力，是因为海运发达。

乃之琅邪劳山"。① 可见当时隔海能够互通消息，通过渡海似乎也可轻易往返。

五、范蠡"浮海出齐"

范蠡是在政治、军事和经济方面均有显赫功绩的人物。他在齐地的经历，值得我们注意。

《国语·越语下》记录的几乎都是与范蠡有关的历史——八件史事中，七件都和范蠡有关。《国语·越语下》简直可以改名为《范蠡传》或《范蠡图吴伐吴灭吴本事》。范蠡"不报于王，击鼓兴师""至于姑苏之宫，遂灭吴"的果断举动，表现出一个干练的军事指挥家的素养。《国语·吴语》记载，公元前482年，吴王夫差北上与晋定公会于黄池，范蠡"率师沿海溯淮以绝吴路"，② 这说明范蠡曾是独当一面的统帅。《史记》卷四一《越王勾践世家》记述，范蠡辅佐勾践艰苦复国，终于"灭吴，报会稽之耻"，又"北渡兵于淮以临齐、晋，号令中国，以尊周室，勾践以霸，而范蠡称上将军"。③ 《史记》卷九二《淮阴侯列传》中有对"范蠡存亡越，霸勾践，立功成名"的评价④，也指出了范蠡对越国复兴、图霸的重要作用。《后汉书》卷七四上《袁绍传》中有"勾践非范蠡无以存国"的说法。⑤ 宋人吕祖谦在《大事记解题》卷一中指出："《越语下》篇所载范蠡之词，多与《管子·势》篇相出入，辞气奇峻，不类春秋时语。意者战国之初为管仲、范蠡之学者润色之。然围之三年，以待其衰，必蠡之谋也。"⑥ 论者以为《国语·越语下》中的范蠡之词未必是当时言语，但又指出"战国之初"已经有"范蠡之学"，这一

---

① 《后汉书·逸民列传·逢萌》，第 2759 页。

② 徐元诰：《国语集解》（修订本），王树民、沈长云点校，第 545 页。

③ 《史记》，第 1752—1753 页。

④ 同上书，第 2625 页。

⑤ 《后汉书》，第 2378 页。

⑥ 《吕祖谦全集》第八册《大事记》，浙江古籍出版社，2008，第 241—242 页。

点值得我们注意。①

"范蠡之学"应包括兵学思想、权争理念、生产经验和经营策略。我们注意到，范蠡"浮海出齐"的行为体现了他多方面的智慧。而齐地畅通的海道，也值得海洋开发史研究者注意。他"耕于海畔，苦身戮（勠）力，父子治产""居无几何，致产数千万"，获得成功，得到齐人拥戴的故事②，也可以看作齐人开发海洋史的一页。

范蠡作为越国国政的重要决策者，曾经是"吴越春秋"政治角逐中的主角之一。在辅佐勾践成功复国并战胜吴国之后，他离开政治权力的漩涡，"五湖极烟水"③，"散发沧洲余"④，随即在经济生活中取得惊人的成就。范蠡先后在越地、齐地、陶地生活，司马迁称之为"三徙""三迁"。据《史记》卷四一《越王勾践世家》，"范蠡三徙，成名于天下""范蠡三迁皆有荣名，名垂后世"。⑤

范蠡的人生有诸多闪光点。在其成功事业的最后一个阶段，他在齐地苦心经营，这点值得关心齐史和齐文化的人注意。范蠡"浮海出齐"，是使其"成名于天下""名垂后世"的重要决定。范蠡在齐地的经济行为，对他的最终成功有奠基性的意义。

《国语·越语下》说范蠡"乘轻舟以浮于五湖"，之后人们多以"五湖"代表范蠡"扁舟烟水"人生的一个符号。对于"五湖"，学界有不同的解释。《周礼·夏官·职方氏》中写道："东南曰扬州，其山镇曰会

① 参看王子今：《关于"范蠡之学"》，《光明日报》2007 年 12 月 15 日；《"千古一陶朱"：范蠡兵战与商战的成功》，《河南科技大学学报（社会科学版）》2008 年第 1 期，载《学者论范蠡》，中国商业出版社，2008；《范蠡的经营理念》，《中国投资》2009 年 10 月号。

②《史记》卷四一《越王勾践世家》，第 1752 页。

③ 李德裕《鲊艋舟》："无轻鲊艋舟，始自鸱夷子。双阙挂朝衣，五湖极烟水。"《全唐诗》卷四七五第 14 册，中华书局，1960，第 5410 页。

④ 程钲《次归田园居·其三》："葛巾任萧散，轩冕胡能如。欲寻鸱夷子，散发沧洲余。"《石仓历代诗选》卷四七七，收入《景印文渊阁四库全书》第 1393 册，第 523 页。

⑤《史记》，第 1755 页，第 1756 页。

稽，其泽薮曰具区，其川三江，其浸五湖。"①《史记》卷二《夏本纪》张守节《正义》："五湖者，菱湖、游湖、莫湖、贡湖、胥湖，皆太湖东岸，五湾为五湖，盖古时应别，今并相连。菱湖在莫釐山东，周回三十余里，西口阔二里，其口南则莫釐山，北则徐侯山，西与莫湖连。莫湖在莫釐山西及北，北与胥湖连。胥湖在胥山西，南与莫湖连。各周回五六十里，西连太湖。游湖在北二十里，在长山东，湖西口阔二里，其口东南岸树里山，西北岸长山，湖周回五六十里。贡湖在长山西，其口阔四五里，口东南长山，山南即山阳村，西北连常州无锡县老岸，湖周回一百九十里已上，湖身向东北，长七十余里。两湖西亦连太湖。《河渠书》云'于吴则通渠三江、五湖'，《货殖传》云'夫吴有三江、五湖之利'，又《太史公自叙传》云'登姑苏，望五湖'是也。"《史记》卷二九《河渠书》中写道："通渠三江、五湖。"裴骃《集解》："韦昭曰：'五湖，湖名耳，实一湖，今太湖是也，在吴西南。'"司马贞《索隐》："五湖者，郭璞《江赋》云具区、洮滆，彭蠡、青草、洞庭是也。又云太湖周五百里，故曰'五湖'。"② 从范蠡灭吴之后出走的经历来看，"五湖"应是太湖及周边水泽。而《河渠书》中则写道："太史公曰：余南登庐山，观禹疏九江，遂至于会稽太湟，上姑苏，望五湖。"③ 这亦明确了"姑苏"和"五湖"的关系。

《史记》卷一二九《货殖列传》中说范蠡"乘扁舟浮于江湖"。"江湖"没有明确的空间定位。而《史记》卷四一《越王勾践世家》中谓"范蠡浮海出齐"，说明他是航海北上。宋人汪藻在《镇江府月观记》中写道："四顾而望之，其东曰海门。鸱夷子皮之所从逝也。"④ 这是对其入海之处的判定。当然，就研究者现今掌握的信息而言，这样的推测很

①《十三经注疏》，阮元校刻，第 862 页。

②《史记》卷六三《三王世家》载《广陵王策》："古人有言曰：'大江之南，五湖之间，其人轻心。'"司马贞《索隐》："按：五湖者，具区、洮滆、彭蠡、青草、洞庭是也。或曰太湖五百里，故曰'五湖'也。"第 59 页，第 1407 页，第 2113 页。

③《史记》，第 1415 页。

④《浮溪集》卷一八，收入《景印文渊阁四库全书》第 1128 册，第 164 页。

难得到实证的支持。不过，参考越人北上及徙都琅邪的情形，我们可推知范蠡即使并非经由海路或者全程经由海路①，也必然考虑到琅邪作为海港的交通条件。而他"浮海出齐"的航路在当时应当是畅通的。范蠡"乘轻舟""浮海"至齐地的可能性，就当时的技术条件而言，似乎不能排除。有人想象范蠡"浮海出齐"的细节，甚至有"浮海之装，捆载珠玉"之说②，此说如果属实，则范蠡的"轻舟"其实亦不"轻"。

如果"浮海出齐"之说属实，那范蠡由海路"适齐"的经历应被看作早期海上航运史的宝贵记录。

《太平御览》卷四二引《齐地记》曰："范蠡浮海出齐，变姓名，自号鸱夷子。间行止于陶山，因号陶朱公焉。后改曰鸱夷山，在今平阴县东。"③"今平阴县东"，在今山东肥城北，应是指陶地。而"范蠡浮海出齐"，实际上在"止于陶山"之前，还有其他活跃的经济政治表现。

范蠡对"浮海出齐"路线的选择，或许与《史记》卷四一《越王勾践世家》记述的"北渡兵于淮以临齐、晋，号令中国，以尊周室，勾践以霸，而范蠡称上将军"的军事行迹有关。④ 当然，根据"浮海"一词可确定范蠡是海上航行，与"北渡兵于淮"的陆路行军行为有所不同。

《史记》卷一二九《货殖列传》将范蠡视为成功实业家并予以表彰。司马迁写道：

> 范蠡既雪会稽之耻，乃喟然而叹曰："计然之策七，越用其五而得

---

① 李吉甫：《元和郡县图志》卷二七《江南道·越州》中写道："勾践复伐吴，灭之，并其地。遂渡淮，迁都琅邪。"贺次君点校，中华书局，1983，第617页。这似乎是说范蠡自陆路至琅邪。

② 谢应芳《论吴人不当祀范蠡书》："惟其功成名遂，遁迹而去，其识见固高于常人。然浮海之装，捆载珠玉，在齐复营致千金之产，自齐居陶，父子耕畜，转物逐利，复积蓄累巨万，太史公前后不一书者，盖深鄙之，非美之也。较诸子房辞汉，翛然从赤松子游，相去多矣。杜牧之、苏子瞻皆谓蠡私西施，以申公、夏姬为比。由是观之，谓其人为贪为秽，亦不为过，尚何风节足慕乎今也？"李修生主编《全元文》第43册，凤凰出版社，2004，第22页。

③ 李昉等：《太平御览》，第203页。

④《史记》，第1752—1753页。

意。既已施于国，吾欲用之家。"乃乘扁舟浮于江湖，变名易姓，适齐为鸱夷子皮，之陶为朱公。朱公以为陶天下之中，诸侯四通，货物所交易也。乃治产积居。与时逐而不责于人。故善治生者，能择人而任时。十九年之中三致千金，再分散与贫交疏昆弟。此所谓富好行其德者也。后年衰老而听子孙，子孙修业而息之，遂至巨万。故言富者皆称陶朱公。①

这里说到范蠡北上，"浮扁舟""适齐"，值得我们注意。范蠡"适齐""之陶"，将"计然之策""用之家"，终于取得非凡的成就。《史记》卷四一《越王勾践世家》对范蠡的经营事迹有更具体的记载：

范蠡浮海出齐，变姓名，自谓鸱夷子皮，耕于海畔，苦身戮（勠）力，父子治产。居无几何，致产数十万。齐人闻其贤，以为相。范蠡喟然叹曰："居家则致千金，居官则至卿相，此布衣之极也。久受尊名，不祥。"乃归相印，尽散其财，以分与知友乡党，而怀其重宝，间行以去，止于陶，以为此天下之中，交易有无之路通，为生可以致富矣。于是自谓"陶朱公"。

复约要父子耕畜，废居，候时转物，逐什一之利。居无何，则致赀累巨万。天下称"陶朱公"。②

范蠡在齐地的活动，有如下几个阶段：

1. 耕于海畔，苦身勠力，父子治产。

2. 居无几何，致产数十万。

3. 为相，归相印。

4. 尽散其财，以分与知友乡党。

5. 怀其重宝，间行以去，止于陶。

————————

① 《史记》，第 3257 页。

② 同上书，第 1752—1753 页。

第二章 滨海地区海洋资源的初步开发与早期海洋交通

其中特别值得我们注意的是，范蠡"耕于海畔，苦身戮（勠）力，父子治产"的经济活动。所谓"耕于海畔"，说明范蠡的经营地点在海滨。① 范蠡的事迹应被看作齐地滨海地区经济开发史的重要史例之一。不过，尽管范蠡有在越地经营的背景，即熟悉"种植治生之道"、具备指导农耕生产的经验②，但能在齐地"居无几何，致产数千万"，且在"尽散其财"之后，仍然怀有"重宝"，我们可由此推测其经营内容不大可能只限于"耕"或者"耕畜"。

范蠡在齐地的经济活动，有"耕于海畔，苦身戮（勠）力"的艰苦创业的情节，正如明人王世贞所说，"能自力致富者，陶朱公"。③ 然而他之所以"致富"，主要是依恃开明的经营理念和先进的经营方式。

六、"鲁连逃隐于海上"

《史记》卷八三《鲁仲连邹阳列传》记载，田单攻聊城，"保守聊城"的燕将不敢撤回燕国，"岁余，士卒多死而聊城不下"。"鲁连乃为书，约之矢以射城中，遗燕将"，劝其或"全车甲以报于燕"，或"东游于齐"，"裂地定封"，"世世称孤，与齐久存"。"燕将见鲁连书，泣三日，犹豫不能自决。欲归燕，已有隙，恐诛；欲降齐，所杀虏于齐甚众，恐已降而后见辱。喟然叹曰：'与人刃我，宁自刃。'乃自杀。"于是，"聊城乱，田单遂屠聊城。归而言鲁连，欲爵之。鲁连逃隐于海上，曰：

---

① "海畔"这一地理符号，又见于《后汉书》卷三〇下《郎颛传》："颛少传父业，兼明经典，隐居海畔。"第1053页。《后汉书》卷七四下《袁谭传》："因东击高句骊，西攻乌桓，威行海畔。"第2418页，《三国志》卷一九《魏书·陈思王植传》裴松之注引《典略》载曹植与杨修书："兰茞荪蕙之芳，众人之所好，而海畔有逐臭之夫。"第559页。

② 张弧：《素履子校注》卷上《履道》："昔鸱夷子在俗教民种植治生之道，竟乘舟而去。"《子海精华编》，郝明朝校注，山东人民出版社，2018，第141页。

③ 王世贞：《弇州四部稿》卷一六六《说部·宛委余编》，徐应秋：《以贵而富》，《玉芝堂谈荟》卷三，收入《景印文渊阁四库全书》第883册，第71页。

'吾与富贵而诎于人，宁贫贱而轻世肆志焉。'"①

《后汉书》卷八三《逸民传》中李贤注："鲁连下聊城，田单爵之，鲁连逃隐于海上也。"同卷有关"梁鸿"事迹的记载中，有"求鲁连兮海隅"语。②"鲁连逃隐于海上"这一说有相当久远的影响。《晋书》卷七〇《甘卓传》中写道："昔鲁连匹夫，犹怀蹈海之志……"③《晋书》卷九二《文苑传·袁宏》中写道："鲁连以之赴海……"④《晋书》卷一〇〇《陈敏传》中也有"鲁连赴海"之说。⑤《宋书》卷六七《谢灵运传》中也写道："为诗曰：'韩亡子房奋，秦帝鲁连耻。本自江海人，忠义感君子。'"⑥所说"蹈海""赴海"，其实另有情节。而鲁仲连"逃隐于海上"的说法，是更符合情理的。

鲁连"逃隐于海上"，与孔子"乘桴浮于海"类似，是体现独行强志的行为。而这一行为，是以海上航行条件的具备为基础的。

七、"燕齐海上方士"的航海实践

在战国、秦、汉时期的社会信仰中，神仙和"海"有密切的关系。

燕、齐的方士较早借助海洋的神秘性，宣传自己的学说。而发生于环渤海区域的"仙人""长生"理念的精神征服力，也因海洋扩大了影响。"入海求仙人""求仙药""求仙人不死之药""求芝奇药仙者"⑦，成为王朝政治中枢下达的重要行政任务。

对秦及西汉上层社会造成莫大影响的海上三神山的传说，其实来自"燕、齐海上方士"直接或间接的航海见闻。秦始皇、汉武帝皆曾沉迷于对海上仙境及不死之药的狂热追求中。《史记》卷二八《封禅书》

---

① 《史记》，第 2469 页。

② 《后汉书》，第 2755 页，第 2767 页。

③ 《晋书》，第 1863 页。

④ 同上书，第 2392 页。

⑤ 同上书，第 2616 页。

⑥ 《宋书》，第 1777 页。

⑦ 《史记》卷六《秦始皇本纪》，第 247 页，第 258 页，第 252 页，第 257 页。

记载：

> 自威、宣、燕昭使人入海求蓬莱、方丈、瀛洲。此三神山者，其传在勃海中，去人不远；患且至，则船风引而去。盖尝有至者，诸仙人及不死之药皆在焉。其物禽兽皆白，而黄金银为宫阙。未至，望之如云；及到，三神山反居水下。临之，风辄引去，终莫能至云。世主莫不甘心焉。①

在齐威王、齐宣王和燕昭王时代追寻"入海求蓬莱、方丈、瀛洲"的航海实践，书写了中国早期航海史上重要的一页。

顾颉刚对东海方士们鼓吹神仙学说的原因，有十分精辟的分析。他说：

> 这种思想是怎样来的？我猜想，有两种原因。其一是时代的压迫。战国是一个社会组织根本变动的时代，大家感到苦闷，但大家想不出解决的办法。苦闷到极点，只想'哪里躲开了这恶浊的世界呢？'可是一个人吃饭穿衣总是免不了的，这现实的世界紧紧跟在你的后头，有何躲开的可能。这问题实际上既不能解决，那么还是用玄想去解决罢，于是'吸风饮露，游乎四海之外'的超人就出来了。《楚辞·远游》云：'悲时俗之迫厄兮，愿轻举而远游。质菲薄而无因兮。焉托乘而上浮。免众患而不惧兮，世莫知其所如'，真写出了这种心理。其二是思想的解放。本来天上的阶级即是人间的阶级，而还比人间多出了一个特尊的上帝，他有最神圣的地位，小小人们除了信仰而后顺从之外再有什么敢想。但到战国时，旧制度和旧信仰都解体了，'天地不仁'、'其鬼不神'的口号喊出来了，在上帝之先的'道'也寻出来了，于是天上的阶级跟了人间的阶级而一齐倒坏。个人既在政治上取得权力，脱离了贵族的羁绊，自然会想在生命上取得自由，脱离了上帝的羁绊。做了仙人，服了不死之药，从此无拘无束，与天地相终始，上帝再管

---

① 《史记》，第 1369—1370 页。

得着吗！不但上帝管不着我，我还可以做上帝的朋友，所以《庄子》上常说'与造物者（上帝）游'，'与造物者为人'。这真是一个极端平等的思想！有了这两种原因做基础，再加以方士们的点染，旧有的巫祝们的拉拢，精深的和肤浅的，哲学的和宗教的，种种不同的思想杂糅在一起，神仙说就具有了一种出世的宗教的规模了。

顾颉刚分析了神仙学说出现的时代背景。而这种文化现象发生的地域渊源也值得注意。顾颉刚还写道："鼓吹神仙说的叫作方士，想是因为他们懂得神奇的方术，或者收藏着许多药方，所以有了这个称号。"据《史记》卷二八《封禅书》中所谓"燕、齐海上之方士"，他推定"这班人大都出在这两国"。顾颉刚说："当秦始皇巡狩到海上时，怂恿他求仙的方士便不计其数。他也很相信，即派韩终等去求不死之药，但去了没有下文。又派徐市（即徐福）造了大船，带了五百童男女去，花费了好几万斤黄金，但是还没有得到什么。反而同行嫉妒，互相拆破了所说的谎话。"①

战国、秦、汉时期"燕、齐海上之方士"活跃，是有特定的文化条件的。

沿海地区的自然景观较内陆有更奇瑰的色彩，有更多样的变幻，因而能够引发更丰富、更活跃、更浪漫的想象。于是，海上神仙传说长久地焕发着神奇的魅力。

《史记》卷二八《封禅书》中写道："自威、宣、燕昭使人入海求蓬莱、方丈、瀛洲。此三神山者，其传在勃海中，去人不远；患且至，则船风引而去。盖尝有至者，诸仙人及不死之药皆在焉。其物禽兽尽白，而黄金银为宫阙。未至，望之如云；及到，三神山反居水下。临之，风辄引去，终莫能至云。世主莫不甘心焉。"《汉书》卷二五上《郊祀志上》写道："自威、宣、燕昭使人入海求蓬莱、方丈、瀛洲。此三神山者，其传在渤海中，去人不远。盖尝有至者，诸仙人及不死之药皆在焉。其物禽兽尽白，而黄金银为宫阙。未至，望之如云；及到，三神山反居水下，水临

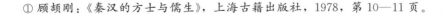

① 顾颉刚：《秦汉的方士与儒生》，上海古籍出版社，1978，第10—11页。

之。患且至，则风辄引船而去，终莫能至云。世主莫不甘心焉。"① 在方士们积极参与的"入海求蓬莱、方丈、瀛洲"的海洋探索实践中，"且至""未至""临之"等表述，都是关于航海的记录。

————————

① 《汉书》，第 1204 页。

第三章
秦始皇的海洋意识与秦帝国的海洋交通经营

历史进入秦始皇时代，中国文化进程在走向、路径与发展节奏等方面都发生了重要的变化。对海洋的关注，也出现了显著的历史迹象。秦始皇的海洋意识，在海洋史及海洋文化史中形成引人注目的表现。秦帝国的海洋交通经营与全国以驰道、直道为标志的交通网建设一样，为后来交通事业的发展奠定了基础。海上丝绸之路在秦代已经初步显现出历史作用。

第一节　秦始皇海上巡行

据《史记》卷六《秦始皇本纪》，"二十六年，齐王建与其相后胜发兵守其西界，不通秦。秦使将军王贲从燕南攻齐，得齐王建"。[①] 公元前221年，秦在相继灭了韩、赵、魏、楚、燕之后，又征服了齐国，实现了统一。

秦始皇实现统一后五次出巡，其中四次来到海滨。这当然与《史记》卷六《秦始皇本纪》记载的秦帝国"东有东海""地东至海"的政治地理意识有关。秦始皇多次长途"并海"巡行，出巡的规模和次数仅

---

① 司马贞《索隐》："六国皆灭也。十七年得韩王安，十九年得赵王迁，二十二年魏王假降，二十三年虏荆王负刍，二十五年得燕王喜，二十六年得齐王建。"张守节《正义》："齐王建之三十四年，齐国亡。"《史记》，第235页。

次于汉武帝，在中国古代帝王中其行旅记录名列前茅。

秦始皇来到最后征服的东方强国——齐国。他在以"威服"① 为主要目的的巡行途中，却不得不受到齐人创造的海洋文化的感染。

一、"事已大毕，乃临于海"

据《史记》卷六《秦始皇本纪》记载，秦始皇于二十八年（前219）东巡海上，对此琅邪刻石上有如下内容："东抚东土，以省卒士。事已大毕，乃临于海。"刻石上的内容说明秦始皇东巡海上的目的是行政视察，同时慰问驻守在"东土"的将士。

刻石上"东海"与"普天之下""四方""四极""六合"的关系，强调了"海"作为帝国版图东端之界标的意义："普天之下，抟心揖志。""皇帝之明，临察四方。""皇帝之德，存定四极。""六合之内，皇帝之土。西涉流沙，南尽北户。东有东海，北过大夏。人迹所至，无不臣者。"秦帝国对空间的控制，以"东有东海"为界。"天下"与"海内"的直接对应，可见于所谓"今皇帝并一海内，以为郡县，天下和平"中。二十九年（前218）之罘刻石上刻着"皇帝东游，巡登之罘，临照于海"，随即又说到"周定四极""经纬天下""宇县之中，承顺圣意"。② 关于"宇县"，裴骃《集解》："宇，宇宙。县，赤县。"刻石言"振动四极""阐并天下""经营宇内"的同时，又有如下内容："维二十九年，皇帝春游，览省远方。逮于海隅，遂登之罘，昭临朝阳。"

在关于郡县制与分封制的廷前辩论中，周青臣言"赖陛下神灵明圣，平定海内"，"博士齐人淳于越"言"今陛下有海内"，争辩双方都已经习惯使用"海内"这一词语。

"海内"与随即李斯所言的"古者天下散乱，莫之能一""今天下已

———————————

①《史记》卷六《秦始皇本纪》："二世与赵高谋曰：'朕年少，初即位，黔首未集附。先帝巡行郡县，以示强，威服海内。今晏然不巡行，即见弱，毋以臣畜天下。'"第267页。

②《史记》，第245页，第249页。

定，法令出一”和“今皇帝并有天下，别黑白而定一尊”① 中的“天下”其实是同义的。李斯的这番话三次提及“天下”，皆与“一”对应。其表露出来的政治倾向与上文引录的“贞天下于一，同海内之归”“海内为一”当然是一致的。

二、八神八主祠祀

秦始皇佩服齐人海洋事业的成功，感叹齐地海洋文化的辉煌，首先表现为对“八神”的恭敬礼拜。

据《史记》卷二八《封禅书》记载，秦始皇东巡时，专门祭祀了齐人传统崇拜的对象——“八神”：

> 于是始皇遂东游海上，行礼祠名山大川及八神，求仙人羡门之属。八神将自古而有之，或曰太公以来作之。齐所以为齐，以天齐也。② 其祀绝莫知起时。八神：一曰天主③，祠天齐。天齐渊水，居临菑南郊山下者。二曰地主，祠泰山梁父。盖天好阴，祠之必于高山之下，小山之上，命曰“畤”；地贵阳，祭之必于泽中圜丘云。三曰兵主，祠蚩尤。蚩尤在东平陆监乡，齐之西境也。四曰阴主，祠三山。④ 五曰阳主，祠之罘。⑤ 六曰月主，祠之莱山。⑥ 在齐北，并勃海。七曰日主，祠成山。成山斗入海⑦，最居齐东北隅，以迎日出云。八曰四时主，祠琅邪。琅邪在齐东方，盖岁之所始。皆各用一牢具祠，而巫祝所损益，

---

① 《史记》卷六《秦始皇本纪》，第 255 页。

② 裴骃《集解》：“苏林曰：‘当天中央齐。’”

③ 司马贞《索隐》：“谓主祠天。”

④ 司马贞《索隐》：“小颜以为下所谓三神山。顾氏案：《地理志》东莱曲成有参山，即此三山也，非海中三神山也。”

⑤ 张守节《正义》：“《括地志》云：‘之罘山在莱州文登县西北九十里。’”

⑥ 裴骃《集解》：“韦昭曰：‘在东莱长广县。’”

⑦ 裴骃《集解》：“韦昭曰：‘成山在东莱不夜，斗入海。不夜，古县名。’”司马贞《索隐》：“不夜，县名，属东莱。案：解道彪《齐记》云：‘不夜城盖古有日夜出见于境，故莱子立城以不夜为名。’斗入海，谓斗绝曲入海也。”

珪币杂异焉。①

来自西北的秦始皇表现出对齐人信仰的充分尊重。"八神"之中，"阴主，祠三山""阳主，祠之罘""月主，祠之莱山"都"在齐北，并勃海"；而"日主，祠成山"中的"成山"在山东半岛最东端，即所谓"成山斗入海，最居齐东北隅"；"四时主，祠琅邪"中的"琅邪"也位于海滨，"在齐东方"。所谓"八神"，多数在海边。《史记》卷二八《封禅书》于是以为礼祠"八神"是秦始皇"东游海上""东巡海上"的重要文化主题："于是始皇遂东游海上，行礼祠名山大川及八神……上遂东巡海上，行礼祠八神。"② 礼祠"八神"，被看作秦始皇"东游海上""东巡海上"的目的之一。这样的文化史叙事方式，以宏观的人文地理和宗教地理的视角观察，将"八神"归入"海上"文化范畴。

顾炎武在《日知录》卷三一"劳山"条中讨论"劳山"名义，也涉及"八神"中的"日主，祠成山"：

> "劳山"之名，《齐乘》以为"登之者劳"。又云一作"牢丘"。长春又改为"鳌"。皆鄙浅可笑。按《南史》"明僧绍隐于长广郡之崂山"，《本草》"天麻生太山、崂山诸山"，则字本作"崂"。若《魏书·地形志》《唐书·姜抚传》《宋史·甄栖真传》并作"牢"，乃传写之误。《诗》："山川悠远，维其劳矣。"《笺》云："劳劳，广阔。"则此山或取其广阔而名之。郑康成，齐人；"劳劳"，齐语也。
>
> 《山海经·西山经》亦有"劳山"，与此同名。
>
> 《寰宇记》："秦始皇登劳盛山，望蓬莱。"后人因谓此山一名"劳盛山"，误也。"劳"、"盛"，二山名。"劳"，即劳山；"盛"，即成山。《史记·封禅书》："七曰日主，祠成山。成山斗入海……"《汉书》作"盛山"。古字通用。齐之东偏，环以大海，海岸之山，莫大于劳、成二山，故始皇登之。《史记·秦始皇纪》："令入海者赍捕巨鱼具，而自

①《史记》，第1367页。

②《汉书》卷二五上《郊祀志上》，第1202页，第1234页。

以连弩候大鱼出射之。自琅邪北至荣成山，弗见。至之罘，见巨鱼，射杀一鱼。"《正义》曰：荣成山"即成山也"。按史书及前代地理书，并无荣成山，予向疑之，以为其文在琅邪之下，成山之上，必"劳"字之误。后见王充《论衡》引此，正作"劳成山"，乃知昔人传写之误，唐时诸君，亦未之详考也。遂使"劳山"并"盛"之名，"成山"冒"荣"之号。今特著之，以正史书二千年之误。①

顾炎武的考论得到清代学者何焯的赞同。② 尤其值得我们注意的是郑玄所谓"劳劳，广阔"的提示。"郑康成，齐人；'劳劳'，齐语也"，也特别值得我们注意。不过，"此山或取其广阔而名之"，可能不是取其"山"的"广阔"，而是说"登之者"凭高望海感觉到的"广阔"。

据《史记》卷六《秦始皇本纪》记载，秦始皇泰山刻石上有"周览东极"等文字，琅邪刻石上说："东抚东土，以省卒士。事已大毕，乃临于海。"此外，刻石上还有"乃抚东土，至于琅邪""皇帝之明，临察四方""皇帝之德，存定四极"等语，并宣称："六合之内，皇帝之土。西涉流沙，南尽北户。东有东海，北过大夏。人迹所至，无不臣者。功盖五帝，泽及牛马。莫不受德，各安其宇。"之罘刻石言"皇帝东游，巡登之罘，临照于海""皇帝春游，览省远方""逮于海隅，遂登之罘，昭临朝阳"，又有"周定四极""经纬天下""振动四极""阐并天下"等文辞。③ 由此可知，秦始皇东巡的主要动机是宣示权威。但是大海的"广丽"，也给来自西北黄土地带的帝王以心灵上的震撼。

之罘刻石上"临照于海""昭临朝阳"等文字，似乎也透露出秦始皇面对大海时心中充满与政治自信同样真实的文化自谦。所谓"观望广丽，从臣咸念，原道至明"与会稽刻石上的"群臣诵功，本原事迹，追

第三章 秦始皇的海洋意识与秦帝国的海洋交通经营

---

① 顾炎武：《日知录集释》，黄汝成集释，秦克诚点校，第 1128 页。

② 何焯：《义门读书记》卷一三《史记上》，崔高维点校，中华书局，1987，第 200—201 页。

③《史记》，第 245—250 页。

首高明"①，似乎可以对照理解。借"从臣""群臣"的态度表达对"原道至明"和"本原""高明"的特殊心理，或许体现了某种文化新知或者文化觉醒。而这种理念是面对大海时生成的。这也值得我们特别注意。

三、"南登琅邪，大乐之"

据《史记》卷六《秦始皇本纪》记载，"二十八年，始皇东行郡县"，登泰山之后，"于是乃并渤海以东，过黄、腄，穷成山，登之罘，立石颂秦德焉而去"。秦始皇行至琅邪时的不寻常表现，尤其值得史学家们重视：

> 南登琅邪，大乐之，留三月。乃徙黔首三万户琅邪台下，复十二岁。作琅邪台，立石刻，颂秦德，明得意。②

帝王在远程出巡途中留居某地三月，是极异常的举动。这也是秦始皇在除咸阳以外的地方留居最久的记录。而"徙黔首三万户"，达到关中以外移民数量的极限。"复十二岁"的优遇，则是秦史上仅有的一例。这种特殊的行政决策，应是以特殊的心理为背景。

《汉书》卷二八上《地理志上》"琅邪郡"条中关于属县"琅邪"是这样写的："琅邪，越王勾践尝治此，起馆台。有四时祠。"③《史记》卷六《秦始皇本纪》中说到"琅邪台"，张守节《正义》引《括地志》云："密州诸城县东南百七十里有琅邪台，越王勾践观台也。台西北十里有琅邪故城。《吴越春秋》云：'越王勾践二十五年，徙都琅邪，立观台以望东海，遂号令秦、晋、齐、楚，以尊辅周室，歃血盟。'即勾践起台处。"④《太平御览》卷一六〇中则写道："越王勾践二十五年，徙都琅

---

① 司马贞《索隐》："今检会稽刻石文'首'字作'道'，雅符人情也。"见《史记》，第 245 页。

②《史记》，第 242 页，第 244 页。

③《汉书》，第 1586 页。

④《史记》，第 244 页。

邪，立观台，周旋七里，以望东海。"① 这里的"观台"，在《汉书》卷二八上《地理志上》中作"馆台"。

今本《吴越春秋》卷一〇《勾践伐吴外传》记载："越王既已诛忠臣，霸于关东，从琅邪起观台，周七里，以望东海。"其中又写道："越王使人如木客山，取元常之丧，欲徙葬琅邪。三穿元常之墓，墓中生燎风，飞砂石以射人，人莫能入。勾践曰：'吾前君其不徙乎！'遂置而去。"勾践及其以后的权力继承关系是：勾践—兴夷—翁—不扬—无强—玉—尊—亲。"自勾践至于亲，共历八主，皆称霸，积年二百二十四年。亲众皆失，而去琅邪，徙于吴矣。""尊、亲失琅邪，为楚所灭。"② 由此可知，"琅邪"确实是越国后期的政治中心。

许多历史文献都记载了勾践迁都琅邪一事。《竹书纪年》卷下中写道："（周）贞定王元年癸酉，于越徙都琅邪。"③《越绝书》卷八《外传记地传》中写道："亲以上至勾践凡八君，都琅邪，二百二十四岁。"④《后汉书》卷八五《东夷列传》中也写道："越迁琅邪。"⑤《水经注》卷二六《潍水》中说："琅邪，山名也。越王勾践之故国也。勾践并吴，欲霸中国，徙都琅邪。"同书卷四〇《浙江水》中又说："勾践都琅邪。"⑥ 顾颉刚对这些历史记录予以特别的关注。⑦ 辛德勇在《越王勾践

---

① 李昉等：《太平御览》，第 778 页。

② 周生春：《吴越春秋辑校汇考》，第 176—178 页。

③《竹书纪年》，沈约注，洪颐煊校，《丛书集成初编》第 3679 册，第 70 页。

④ 袁康、吴平辑录《越绝书》，乐祖谋点校，第 58 页。

⑤《后汉书》，第 2809 页。

⑥ 郦道元：《水经注校证》，陈桥驿校证，第 630 页，第 941 页。

⑦ 顾颉刚在《林下清言》中指出，"琅邪发展为齐之商业都市，奠基于勾践迁都时"，并论述："《孟子·梁惠王下》：'昔者齐景公问于晏子曰：吾欲观于转附、朝儛，遵海而南，放于琅邪。吾何修而可以比于先王观也？'以齐手工业之盛，'冠带衣履天下'，又加以海道之通（《左》哀十年，'徐承帅舟师，将自海入齐'，吴既能自海入齐，齐亦必能自海入吴），故滨海之转附（之罘之转音）、朝儛、琅邪均为其商业都会，而为齐君所愿游观。《史记》，始皇二十六年'南登琅邪，大乐之，留三月，乃徙黔（今按：应为黔）首三万户琅邪台下'，正以有此大都市之基础，故乐于发展也。司马迁作《越世家》乃不言勾践迁都于此，太疏矣！"《顾颉刚读书笔记》第 10 卷，联经出版事业公司，1990，第 8045—8046 页。

徙都琅邪事析义》中就越"徙都琅邪"一事进行详细考论。①

其实，据相关历史记录，早在越王勾践活动于吴越地区时，勾践身边的重臣就对琅邪表现出特殊的关注。《吴越春秋》卷八《勾践归国外传》中有范蠡帮助越王勾践"树都"，即规划建设都城的故事："越王曰：'寡人之计，未有决定，欲筑城立郭，分设里闾，欲委属于相国。'于是范蠡乃观天文拟法，于紫宫筑作小城，周千一百二十一步，一圆三方。西北立龙飞翼之楼，以象天门。东南伏漏石窦，以象地户。陵门四达，以象八风。外郭筑城而缺西北，示服事吴也，不敢壅塞。内以取吴，故缺西北，而吴不知也。北向称臣，委命吴国，左右易处，不得其位，明臣属也。城既成，而怪山自生者，琅邪东武海中山也。一夕自来，故名怪山。"②"范蠡曰：'臣之筑城也，其应天矣。'昆仑即龟山也，在府东南二里。一名飞来，一名宝林，一名怪山。《越绝》曰：'龟山，勾践所起游台也。'《寰宇记》："龟山即琅邪东武山，一夕移于此。"③

关于越国建设都城的"琅邪东武海中山""一夕自来"传说的生成和传播，暗示当时勾践、范蠡等在谋划复国工程时，是对"琅邪"予以特别关注的。后来，不仅勾践有经营琅邪的实践，范蠡也有类似的经历，对此，《史记》卷四一《越王勾践世家》记载："范蠡浮海出齐，变姓名，自谓鸱夷子皮，耕于海畔，苦身戮（勠）力，父子治产。居无几何，致产数十万。齐人闻其贤，以为相。范蠡喟然叹曰：'居家则致千金，居官则至卿相，此布衣之极也。久受尊名，不祥。'乃归相印，尽散其财，以分与知友乡党，而怀其重宝，间行以去，止于陶，以为此天下之中，交易有无之路通，为生可以致富矣。"④虽然史籍中没有明确指出范蠡"浮海出齐""耕于海畔"的具体地点，但是透露出他北上的基

---

①《文史》2010年第1辑。

② 周生春：《吴越春秋辑校汇考》，上海古籍出版社，1997，第176—179页。

③ 同上书，第131页。

④《史记》，第1752—1753页。参看王子今：《关于"范蠡之学"》，《光明日报》2007年12月15日；《"千古一陶朱"：范蠡兵战与商战的成功》，《河南科技大学学报（社会科学版）》2008年第1期；《范蠡"浮海出齐"事迹考》，载《齐鲁文化研究》第8辑，泰山出版社，2009。

本方向和勾践控制琅邪的努力，在思路上是基本一致的。

战国秦汉时期位于今山东胶南的"琅邪"作为"四时祠"所在，曾是"东海"大港，也曾是东洋交通线上的名都。

秦始皇在琅邪还有一个非常特殊的举动，即与随行权臣"与议于海上"。琅邪刻石上有这样的内容：

> 维秦王兼有天下，立名为皇帝，乃抚东土，至于琅邪。列侯武城侯王离、列侯通武侯王贲、伦侯建成侯赵亥、伦侯昌武侯成、伦侯武信侯冯毋择、丞相隗林、丞相王绾、卿李斯、卿王戊、五大夫赵婴、五大夫杨樛从，与议于海上。曰："古之帝者，地不过千里，诸侯各守其封域，或朝或否，相侵暴乱，残伐不止，犹刻金石，以自为纪。古之五帝三王，知教不同，法度不明，假威鬼神，以欺远方，实不称名，故不久长。其身未殁，诸侯倍叛，法令不行。今皇帝并一海内，以为郡县，天下和平。昭明宗庙，体道行德，尊号大成。群臣相与诵皇帝功德，刻于金石，以为表经。

对于所谓"与议于海上"，张守节《正义》："言王离以下十人从始皇，咸与始皇议功德于海上，立石于琅邪台下，十人名字并刻颂。"① 实际上，所列"从始皇"者有重臣王离、王贲、赵亥、成、冯毋择、隗林、王绾、李斯、王戊、赵婴、杨樛，共十一人。说"王离以下十人"是可以的，但如果说共十人，即"十人名字并刻颂"，则人数有误。

根据《史记》卷二八《封禅书》中关于汉武帝"宿留海上"的记载，可以推测"与议于海上"中的"海上"很可能不是指海滨，而是指海面上。秦始皇集合文武大臣"与议于海上"，发表陈明国体与政体的文告，应被理解为他是站在"并一海内""天下和平"的政治成功的基点上宣示自己超越"古之帝者""古之五帝三王"的"功德"，或许还可以被理解为他是在面对陆上已知世界和海上未知世界，陆上已征服世界和海上未征服世界发表政治文化宣言。

①《史记》，第 246—247 页。

四、"梦与海神战"

秦始皇在公元前 210 年最后一次出巡时，曾"渡海渚""望于南海"，后又"并海上，北至琅邪"。《史记》卷六《秦始皇本纪》记载，方士徐福等解释"入海求神药，数岁不得"的原因是在海上航行中遭遇障碍："蓬莱药可得，然常为大鲛鱼所苦，故不得至，愿请善射与俱，见则以连弩射之。"随后，《史记》中又出现了如下文字：

> 始皇梦与海神战，如人状。问占梦，博士曰："水神不可见，以大鱼蛟龙为候。今上祷祠备谨，而有此恶神，当除去①，而善神可致。"乃令入海者赍捕巨鱼具，而自以连弩候大鱼出射之。自琅邪北至荣成山，弗见。至之罘，见巨鱼，射杀一鱼。遂并海西。②

秦始皇亲自以"连弩"射海中"巨鱼"，竟然"射杀一鱼"。与历代帝王的行迹相比，秦始皇的这一行为堪称举世罕见。"自琅邪北至荣成山"似可理解为秦始皇的航海行踪。对于所谓"自以连弩候大鱼出射之"，"至之罘，见巨鱼，射杀一鱼"，有人理解为秦始皇"与海神战"的表现。③

---

① 《太平御览》卷八六引《史记》作"当降去"，收入《景印文渊阁四库全书》第 893 册，第 819 页。

② 《史记》，第 263 页。

③ 宋王楙在《野客丛书》卷二三"集注坡诗"条中写道："《集注坡诗》有未广者，如《看潮诗》曰：'安得夫差水犀手，三千强弩射潮低。'自注：'吴越王尝以弓弩射潮，与海神战。自尔水不近州。'赵次公注：'三千强弩字，杜牧《宁陵县记》中语。'不知此语已先见《前汉·张骞传》，曰：汉兵不过三千人，强弩射之即破矣。又《五代世家》亦有三千强弩事，何但牧言。"王文锦点校，中华书局，1987，第 263 页。所谓"以弓弩射潮，与海神战"，有助于我们理解秦始皇以连弩射巨鱼的故事。笔者曾经讨论较早的"射潮""射涛"行为的史例，《水经注》曾记载索劢屯田楼兰"横断注滨河"工程中因"水奋势激，波陵冒堤"，以兵士"且刺且射"方式治水的事迹。参看王子今《说索劢楼兰屯田射水事》，《甘肃社会科学》2013 年第 6 期。

在司马迁的笔下，秦始皇表现出探索海洋的热忱和挑战海洋的意志。① 我们还应留意，向秦始皇禀报航海遭遇阻碍的"常为大鲛鱼所苦，故不得至"的方士徐福是齐人。在这一场海上英雄主义"演出"中，作为"群众演员"的"善射"和"入海者"多数应也是齐人。

"梦"在《史记》中有多处记录。在历史记忆中，"梦"经常与神异现象相联系。《史记》卷二八《封禅书》中有"（秦）文公梦黄蛇自天下属地""（秦穆公）言梦见上帝"等文字②。《史记》卷一四《十二诸侯年表》中也有"有妾梦天与之兰，生穆公兰"的内容③。《史记》卷四三《赵世家》中有"赵盾在时，梦见叔带持要而哭，甚悲"和"王梦见处女鼓琴而歌诗"。④《史记》卷六《秦始皇本纪》中写道："二世梦白虎啮其左骖马，杀之。"⑤《史记》卷一二五《佞幸列传》中也写道："孝文帝

---

① 汉武帝于公元前106年出巡海上，"遂北至琅邪，并海，所过礼祠其名山大川"，在途中有浮行江中挽弓射蛟的经历，这可以看作秦始皇在之罘射巨鱼的翻版。《汉书》卷六《武帝纪》："自寻阳浮江，亲射蛟江中，获之。"颜师古注："许慎云：'蛟，龙属也。'郭璞说其状似蛇而四脚，细颈，颈有白婴，大者数围，卵生，子如一二斛瓮，能吞人也。"第196页。后世有诗句将秦皇汉武并说，如"张文潜诗云：'龙惊汉武英雄射，山笑秦皇烂漫游。'"苏籀：《栾城遗言》，收入《景印文渊阁四库全书》第864册，第179页。

②《史记》，第1358页，第1360页。

③《史记》，第587页。《史记》卷四二《郑世家》："（文公）二十四年，文公之贱妾曰燕姞，梦天与之兰，曰：'余为伯儵。余，尔祖也。以是为而子，［四］兰有国香。'以梦告文公，文公幸之，而予之草兰为符。遂生子，名曰兰。"第1765页。"梦"与孕子相关的故事，又见于《史记》卷三九《晋世家》："梦天谓武王曰：'余命女生子，名虞，余与之唐。'"第1635页。《史记》卷三七《卫康公世家》："初，襄公有贱妾，幸之，有身，梦有人谓曰：'我康叔也，令若子必有卫，名而子曰元。'"第1598页。《史记》卷八《高祖本纪》："刘媪尝息大泽之陂，梦与神遇。"第341页。《史记》卷四九《外戚世家》："薄姬曰：'昨暮夜妾梦苍龙据吾腹。'""方在身时，王美人梦日入其怀。"第1971页，第1975页。

④《史记》第1983页，第1804页。

⑤《史记》，第273页。参看王子今：《秦二世直道行迹与望夷宫"祠泾"故事》，《史学集刊》2018年第1期。

梦欲上天，不能，有一黄头郎从后推之上天。"① 但使"梦"与"海"产生联系的"始皇梦与海神战"是具有代表性的记载。另一条相关信息，并非直接出自《史记》正文，而见于注解。《史记》卷一《五帝本纪》说黄帝行迹"东至于海"，又说到其行政助手的选定——"举风后、力牧、常先、大鸿以治民"。裴骃《集解》："郑玄曰：'风后，黄帝三公也。'"张守节《正义》："举，任用。四人皆帝臣也。"其中，"风后""力牧"的发现，竟得益于"黄帝"的"梦"。张守节《正义》引《帝王世纪》云："黄帝梦大风吹天下之尘垢皆去，又梦人执千钧之弩，驱羊万群。帝寤而叹曰：'风为号令，执政者也。垢去土，后在也。天下岂有姓风名后者哉？夫千钧之弩，异力者也。驱羊数万群，能牧民为善者也，天下岂有姓力名牧者哉？'于是依二占而求之，得风后于海隅，登以为相。得力牧于大泽，进以为将。黄帝因著《占梦经》十一卷。"② 黄帝因"梦"而"得风后于海隅""得力牧于大泽"，和"武丁夜梦得圣人，名曰说"类似。《史记》卷三《殷本纪》中写道："武丁夜梦得圣人，名曰说。以梦所见视群臣百吏，皆非也。于是乃使百工营求之野，得说于傅险中。是时说为胥靡，筑于傅险。见于武丁，武丁曰是也。得而与之语，果圣人，举以为相，殷国大治。故遂以傅险姓之，号曰傅说。"裴骃《集解》："徐广曰：'《尸子》云傅岩在北海之洲。'"③ 据传，黄帝时代的名臣风后与武丁时代的名臣傅说这两位"圣人"，一位来自"海隅"，一位来自"北海之洲"，这或许是海洋史研究者应当注意的。

《论衡·纪妖》将"梦与海神战"解释为秦始皇即将走到人生终点的凶兆："始皇且死之妖也。"王充注意到秦始皇不久后病逝的事实：

> 始皇梦与海神战，恚怒入海，候神射大鱼。自琅邪至劳成山不见，至之罘山还见巨鱼，射杀一鱼。遂旁海西至平原津而病，到沙邱而崩。④

①《史记》，第 3192 页。
② 同上书，第 6 页，第 8 页。
③ 同上书，第 102 页，第 103 页。
④ 黄晖：《论衡校释（附刘盼遂集解）》，第 922—923 页。

王充的分析，或可以用秦始皇晚年"天性刚戾自用""意得欲从"的骄横偏执的病态心理加以说明。从王充不能得到证实的"且死之妖"的解说，也可以看出秦始皇"梦与海神战"确实表现出令常人难以理解的特殊性格和异常心态。以下是以"海神"为政治文化象征的解说：

> 秦始皇尝梦与海神战，不胜。岂真海神哉？海，阴也，人民之象也。不胜者，败也。不能自勉，很戾治兵，求报其神，所以丧天下而无念之也，可不惧哉！①

这是借"梦与海神战"的故事对秦始皇施行政治批判。这或许可以看作对"海神"意象的拓展性理解。

五、以连弩射大鱼

在"始皇梦与海神战"的故事中，徐福"愿请善射与俱，见则以连弩射之"，秦始皇"自以连弩候大鱼出射之"等情节特别引人注意。秦始皇"自以连弩候大鱼出射之"②"至之罘，见巨鱼，射杀一鱼"，是除了面对荆轲行刺这种极特殊的危急情况外③，亲自手操兵器的唯一史例。赵翼在《陔余丛考》卷二"矢鱼于棠"条中说"秦始皇以连弩候大鱼出射之，汉武亦有巡海射蛟之事，以矢取鱼本是古法"，并认为这可用于解说《左传》中"矢鱼于棠"的文意。④ 徐福言"常为大鲛鱼所苦，故不得至"，博士曰"水神不可见，以大鱼蛟龙为候"，然而"汉武""射

---

① 徐锴：《说文解字系传》通释卷一四，中华书局，1987，第 152 页。

② 《史记》点校本二十四史修订本作"自以连弩候大鱼出，射之"。中华书局，2013，第 333 页。

③ 《史记》卷八六《刺客列传》："秦王方环柱走，卒惶急，不知所为，左右乃曰：'王负剑！'负剑，遂拔以击荆轲，断其左股。荆轲废，乃引其匕首以擿秦王，不中，中桐柱。秦王复击轲，轲被八创。"第 2535 页。

④ 赵翼：《陔余丛考》，商务印书馆，1957，第 41 页。其说亦见于凌扬藻：《蠡勺编》卷四"矢鱼于棠"条，清《岭南遗书》本，第 38—39 页。

"蛟"之事虽发生在"巡海"途中，具体水域却在"江中"。《汉书》卷六《武帝纪》曰："自寻阳浮江，亲射蛟江中，获之。"① 李白在《古风五十九首》中评说秦始皇："连弩射海鱼，长鲸正崔嵬。"② 而晚清的丘逢甲也在《三叠前韵（其二）》中咏叹"海神连弩邀秦辇"③，这也可以说明秦始皇"连弩"的故事形成了长久的历史记忆。

"连弩"是一种怎样的"弩"呢？

半坡及河姆渡等史前遗址曾出土一种单翼呈钩状的骨鱼镖，应是早期专门的渔业生产工具。1989 年，江西新干大洋洲商墓出土一件形制特殊的单翼铜镞。李学勤对照新石器时代的单翼骨鱼镖，推定商代的这种单翼铜镞是用来射鱼的。④ 秦始皇"令入海者"所用的"赍捕巨鱼具"是怎样的形制，他"射杀一鱼"时用"连弩"发射的究竟是何种镞，是否是这种"单翼铜镞"，现在不得而知。但"连弩"确实是汉魏时用于实战的兵器。

《史记》卷一〇九《李将军列传》裴骃《集解》引孟康曰："太公《六韬》曰'陷坚败强敌，用大黄连弩'。"⑤ 宋人王应麟在《汉艺文志考证》卷八"望远连弩射法具十五篇"条下说到以"弩"与"连弩"迎战临敌的情形："'李广以大黄射其裨将'注：孟康曰：'太公陷坚却敌，以大黄参连弩。'愚按：《周官》五射，参连其一也。'李陵发连弩射单于'注：服虔曰：'三十弩共一弦。'张晏曰：'三十絭共一臂。'刘氏谓如今合蝉或并两弩共一弦之类。秦始皇自以连弩候射大鱼。《地理志》：南郡有发弩官。《武经总要》曰：'弩者，中国之劲兵，四夷所畏服也。古者有黄连百竹、八檐、双弓之号，绞车、擘张、马弩之差。今有参弓、合蝉、手射、小黄，皆其遗法。若乃射坚及远，争险守隘，怒声劲势，遏冲制突者，非弩不克。然张迟难以应卒，临敌不过三发四发，而短兵已接。故或者以为战不便于弩，然则非弩不便于战，为将者不善于用弩也。"[1] 王应麟认为，"善于用弩"是军事长官应有的才干。"善于用弩"的"为将者"方能克敌制胜。在讨论"《望远连弩射法具》十五篇"时，他说到秦始皇的故事和李广的故事，并提及所谓"古者有黄连百竹……"，这些信息也值得我们注意。"黄连百竹"或许与李广使用的"大黄"及孟康说到的"太公……以大黄参连弩"中的"大黄"有关。而"双弓""参弓"，也使人联想到"并两弩共一弦"的说法。

李广的故事，可见于《史记》卷一〇九《李将军列传》：

> 广为圜陈外向，胡急击之，矢下如雨。汉兵死者过半，汉矢且尽。广乃令士持满毋发，而广身自以大黄射其裨将，杀数人，胡虏益解。

关于所谓"大黄"，又有"大黄连弩"之称。裴骃《集解》引孟康曰："太公《六韬》曰'陷坚败强敌，用大黄连弩'。"[2]《汉书》卷五四《李广传》中也有同样的记载，颜师古注："服虔曰：'黄肩弩也。'孟康曰：'太公陷坚却敌，以大黄参连弩也。'晋灼曰：'黄肩即黄间也，大黄其大者也。'师古曰：'服、晋二说是也。'"[3] 孟康的解释明确说到"连弩"，这值得我们注意。《汉书》卷五四《李陵传》也记载李陵率步卒五千人至浚稽山苦战匈奴主力一事，明确说到"连弩"在实战中的应用："明日复战，斩首三千余级。引兵东南，循故龙城道行，四五日，抵大泽葭苇中，虏从上风纵火，陵亦令军中纵火以自救。南行至山下，单于在南山上，使其子将骑击陵。陵军步斗树木间，复杀数千人，因发连弩射单于，单于下走。"对于"发连弩射单于"，颜师古注："服虔曰：'三十弩共一弦也。'张晏曰：'三十絭共一臂也。'"颜师古认为"张说是也"。《李陵传》记载："是时陵军益急，匈奴骑多，战一日数十合，复伤杀虏

① 王应麟：《汉艺文志考证》，张三夕、杨毅点校，中华书局，2011，第266—267页。

②《史记》，第2873页。

③ 班固：《汉书》，颜师古注，第2445页。

二千余人。虏不利，欲去，会陵军候管敢为校尉所辱，亡降匈奴，具言'陵军无后救，射矢且尽，独将军麾下及成安侯校各八百人为前行，以黄与白为帜，当使精骑射之即破矣。'"所谓"射矢且尽"应是真实情形。"汉军南行，未至鞮汗山，一日五十万矢皆尽，即弃车去。士尚三千余人，徒斩车辐而持之，军吏持尺刀。"面临绝境时，"陵叹曰：'复得数十矢，足以脱矣。今无兵复战，天明坐受缚矣！各鸟兽散，犹有得脱归报天子者。'令军士人持二升糒，一半冰，期至遮虏鄣者相待。夜半时，击鼓起士，鼓不鸣。陵与韩延年俱上马，壮士从者十余人。虏骑数千追之，韩延年战死。陵曰：'无面目报陛下！'遂降。"① 李陵败降的原因之一是"射矢""尽"。关于"一日五十万矢皆尽"，《资治通鉴》卷二一"汉武帝天汉二年"也有记载，胡三省注："《汉书》作'百五十万矢皆尽'。""百"可能为"一日"之误。宋本作"一日五十万矢"，殿本作"百五十万矢"。② "一日五十万矢皆尽"，是惊人的用矢记录。这或许是因使用"连弩"，发射速度过快，使得"射矢"在短时间内消耗过多，李陵后来深切感叹"复得数十矢，足以脱矣"。他"无兵复战"，最终"受缚"。

《墨子·备高临》中说到"连弩之车"：

> 备高临以连弩之车，材大方一尺，长称城之薄厚。两轴三轮，轮居筐中，重下上筐。左右旁二植，左右有横植，横植左右皆圜内，内径四寸。左右缚弩皆于植，以弦钩弦，至于大弦。弩臂前后与筐齐，筐高八尺，弩轴去下筐三尺五寸。连弩机郭用铜一石三十斤。引弦辘轳收。筐大三围半，左右有钩距，方三寸，轮厚尺二寸，钩距臂博尺四寸，厚七寸，长六尺。横臂齐筐外，蚤尺五寸，有距，博六寸，厚三寸，长如筐。有仪。有诎胜，可上下。为武，重一石，以材大围五寸。矢长十尺，以绳系于矢端。如弋射，以辘轳卷收。矢高弩臂三尺，

① 《汉书》，第2453—2455页。
② 张元济：《百衲本二十四史校勘记·汉书校勘记》，商务印书馆，1999，第143页。同页"备注"中写道："与宋云越本合□见考证，《资治通鉴》同。"

用弩无数，出入六十枚，用小矢无留。十人主此车。①

岑仲勉说：

> 此言连弩车之制。《淮南子·泛论训》高诱注云，连车弩通一弦。《汉书》张晏注云，连弩三十絭共一臂。又刘熙《释名》云，弩柄曰臂，钩弦曰牙，牙外曰郭，下曰悬刀，合名之曰机，本篇更著司车须用十人，可见连弩实古代之重兵器。此处所述作法，颇极复杂，非试为还原模型，不易了解，以下只略解其字义，若绘图说明，应待知者。又《通典》一六〇及《太白阴经》四均言车弩之制，其说大同小异，唯互有错字，今合两本参校如下云：'作轴转车，车上定十二石弩弓以铁钩绳连轴，车行轴转，引弩持满，弦挂牙上。弩为七衢；中衢大箭一簇，长七寸，围五寸；箭笴长三尺，围五寸，以铁叶为羽。左右各三箭，差小于中箭。其牙一发，诸弦齐起，及七百步，所中城垒，无不摧陨，楼橹亦颠坠，谓之车弩。'此车弩当即古之连弩车，近年考古亦有弩出土，能参合《图书集成》各弩图，古制不难还原也。②

其实，据并不明确而颇"复杂"的"此处所述作法"，"还原""古制"是相当困难的。③

《三国志》卷八《魏书·公孙渊传》中写道："起土山、修橹，为发石连弩射城中。"④ 其中的"连弩"应指"连弩车"。

诸葛亮曾经改进过"连弩"。《三国志》卷三五《蜀书·诸葛亮传》中裴松之注引《魏氏春秋》："又损益连弩，谓之元戎，以铁为矢，矢长八寸，一弩十矢俱发。"然而，有人批评诸葛亮的改进并不完善。《三国志》卷二九《魏书·方技传·杜夔》中裴松之注引傅玄《序》："先生见

---

① 孙诒让：《墨子间诂》，孙以楷点校，第 494—496 页。
② 岑仲勉：《墨子城守各篇简注》，中华书局，1958，第 40—41 页。
③ 王子今：《论"连弩"——兼说墨学技术理念与秦文化的关系》，先秦思想文化史专题研讨会论文，西安，2021。
④《三国志》，第 254 页。

诸葛亮连弩，曰：'巧则巧矣，未尽善也。'言作之可令加五倍。"① 关于实用兵器"连弩"的具体形制，《资治通鉴》卷二一中说"发连弩射单于"，对此胡三省注引服虔、张晏、刘敞诸说，写道："余据《魏氏春秋》诸葛亮'损益连弩'，'以铁为矢，矢长八寸，一弩十矢俱发'，今之划车弩、梯弩，盖亦损益连弩而为之。虽不能三十臂共一弦，亦十数臂共一弦，射而亦翻。"②

关于"连弩"的形制有多种解说，"连弩"的发明者仍未可确知，然而《太平御览》卷三三六、卷三四八、卷三四九引《六韬》中都有齐国的建国者"太公"使用"大黄三连弩"的内容。③ 而且根据最早的确切记载，"连弩"这种先进兵器，最早使用于齐地海面上。我们现在不知道徐福出海前"愿请善射与俱，见则以连弩射之"的"善射"者是否是他的同乡，但是汉武帝时代的一则故事可供我们思考相关问题时参考。

汉武帝元鼎五年（前112），南越国贵族发起对抗汉王朝的反叛。汉武帝调动大军南下征伐。《史记》卷三〇《平准书》记载："南越反……于是天子为山东不赡，赦天下囚，因南方楼船卒二十余万人击南越……齐相卜式上书曰：'臣闻主忧臣辱。南越反，臣愿父子与齐习船者往死之。'"④《汉书》卷五八《卜式传》中写道："会吕嘉反，式上书曰：'臣闻主愧臣死。群臣宜尽死节，其驽下者宜出财以佐军，如是则强国不犯之道也。⑤

---

① 《三国志》，第 927 页，第 808 页。

② 司马光编著《资治通鉴》，胡三省音注，"标点资治通鉴小组"校点，第 714 页。
王子今：《秦汉"连弩"考》，《军事历史研究》2016 年第 1 期。

③ 李昉等：《太平御览》，第 1544 页，第 1604 页，第 1609 页。

④ 《史记》，第 1438 页。

⑤ 据《史记》卷三〇《平准书》，"是时汉方数使将击匈奴，卜式上书，愿输家之半县官助边""会军数出，浑邪王等降，县官费众，仓府空。其明年，贫民大徙，皆仰给县官，无以尽赡。卜式持钱二十万予河南守，以给徙民。""是时富豪皆争匿财，唯式尤欲输之助费"。卜式确曾"出财以佐军"。在回应天子使者关于其动机的询问时，卜式说："天子诛匈奴，愚以为贤者宜死节于边，有财者宜输委，如此而匈奴可灭也。"第 1431 页。此说与所谓"群臣宜尽死节，其驽下者宜出财以佐军，如是则强国不犯之道也"语义相同。

臣愿与子男及临菑习弩、博昌习船者请行死之，以尽臣节。'"①《史记》中"齐习船者"，《汉书》作"博昌习船者"。《两汉纪》卷一四《孝武五》中说"齐相卜式上书，愿父子将兵死南越，以尽臣节"②，不言"习船者"。《资治通鉴》卷二〇中"汉武帝元鼎五年"则取《史记》的"齐习船者"之说。③《卜式传》中所谓"临菑习弩"，当然可以与《秦始皇本纪》中徐福"愿请""与俱"的"善射"者进行对照理解。

徐福希望一同出海且能够熟练使用连弩的"善射"者们，很可能是齐人。

明人丘濬引述此事，只言"临菑习弩"，不言"习船者"，是因为其论说的主题限于"弩"的军事功用。④ 清代学者沈钦韩解释《汉书》中"临菑习弩"语：

> 《齐书·高帝纪》："杨运长领三齐射手七百人引强命中。"《新唐书·杜牧传》："今若以青州弩手五千……"则"临菑习弩"，古今所同。⑤

从"三齐射手""青州弩手"可知，"射手"来自"三齐"，"弩手"来自"青州"，也就是说齐人有延续"古今"的"善射"传统。这有助于我们理解徐福所说的"愿请善射与俱，见则以连弩射之"的"善射"者们的身份。

徐福"愿请善射与俱，见则以连弩射之"的请求，和秦始皇自以

① 《汉书》，第 2626 页。

② 荀悦、袁宏：《两汉纪》，张烈点校，第 234 页。

③ 司马光编著《资治通鉴》，胡三省音注，"标点资治通鉴小组"校点，第 669 页。王子今：《"博昌习船者"考论》，载《齐鲁文化研究》2013 年总第 13 辑，泰山出版社，2013。

④ 丘濬：《大学衍义补》卷一二二，收入《景印文渊阁四库全书》第 713 册，第 426 页。

⑤ 沈钦韩：《汉书疏证》卷二九，上海古籍出版社，2006 年影印本第 2 册，第 22 页。

"连弩"射杀大鱼的事迹，都使我们联想到"临菑习弩、博昌习船者"的说法，这可能反映了当时海上航行以"弩"为基本装备、以"习弩""习船者"为基本船员的构成。

第二节　秦始皇南海置郡

实现统一后，秦始皇并不满足于兼并六国，而是随即进军岭南，征服南越之地，置闽中、南海、桂林、象郡，使秦王朝的版图在南方超越了楚国原有疆域，岭南自此融入中原文化圈。中原政权控制的海岸线因此得到空前延长。秦始皇在南海置郡，在中国海疆史、南海资源开发史和海洋交通史上都有非常重要的意义。若要考察西汉时期开通南洋航路的历史性进步，不能忽略秦始皇时代奠定的前期之功。

一、秦统一战略的主题之一

秦王政十七年（前 230），秦灭韩；十九年（前 228），秦军攻克邯郸，赵王迁投降，邯郸成为秦郡；二十二年（前 225），秦灭魏；二十四年（前 223），秦灭楚；二十五年（前 222），秦灭燕；二十六年（前 221），秦灭齐。所谓"大一统"曾经是儒家学者宣扬的政治理念，《汉书》卷五六《董仲舒传》中写道："《春秋》大一统者，天地之常经，古今之通谊也。"颜师古注："一统者，万物之统皆归于一也。《春秋公羊传·隐公元年》：'春，王正月。何言乎王正月，大一统也。'此言诸侯皆系统天子，不得自专也。"①《汉书》卷七二《王吉传》中也有："《春秋》所以大一统者，六合同风，九州共贯也。"② 然而，实现"一统"的历史进程最终由秦人完成。

---

① 《汉书》，第 2523 页。
② 同上书，第 3063 页。

兼并六国，是意义重大的历史变化，被后人称为"六王毕，四海一"①"六王失国四海归"②　"秦王雄飞六王伏"③　或"灭六王而一天下"④。究其原始，我们看到《史记》卷六《秦始皇本纪》言嬴政"令丞相、御史""议帝号"时，有"六王咸伏其辜，天下大定"的词句。⑤　秦始皇二十九年（前218）之罘刻石说："禽灭六王，阐并天下。"⑥　顾炎武在《日知录》卷一三《秦纪会稽山刻石》中写道："秦纪会稽山刻石秦始皇刻石凡六，皆铺张其灭六王、并天下之事。"⑦　《汉书》卷七二《王吉传》中也写道："《春秋》所以大一统者，六合同风，九州共贯也。"⑧于是，人们普遍认为随着"六王"被灭，统一局面即已形成。"六王毕"被看作统一实现的标志。宋人洪适在《蛰寮记》中说："六王毕而仪、秦蛰其辩。"⑨　宋人独乐园主诗："秦皇并吞六王毕，始废封建迷井田。功高自谓传万世，仁义不施徒诧仙。"⑩　又有"六王毕，四海一，李斯适当同文之任"⑪"六王毕后霸图空，三百离宫一炬中"⑫　之说，这些都沿

①《樊川文集校注》，何锡光校注，巴蜀书社，2007，第2页。

②莫济：《次韵梁尉秦碑》，载钱钟书著《宋诗纪事补正》，辽宁人民出版社，2003，第3392页。

③张宪：《壮士行》，载《玉笥集》卷三《古乐府》，收入《丛书集成初编》第2265册，商务印书馆，1935，第53页。

④俞樾：《三大忧论》，《宾萌集》补篇六，载赵一生主编《俞樾全集》第11册，浙江古籍出版社，2017，第133页。

⑤《史记》卷六《秦始皇本纪》，第236页。

⑥同上书，第250页。

⑦顾炎武：《日知录集释》（全校本），黄汝成集释，栾保群、吕宗力校点，第751页。

⑧《汉书》，第3063页。

⑨洪适：《蛰寮记》，《盘洲文集》卷三〇《记一》，收入《景印文渊阁四库全书》第1158册，第450页。

⑩陶宗仪：《南村辍耕录》卷二，中华书局，1959，第245页。

⑪魏校：《答胡孝思》，《庄渠遗书》卷四《书》，收入《景印文渊阁四库全书》第1267册，第772页。

⑫严虞惇：《咸阳怀古》，《严太仆先生集》卷三，收入《清代诗文集汇编》第177册，上海古籍出版社，2010，第228页。

袭同一认识。

许多历史学者大致认同这样的判断。劳榦①说："秦始皇二十六年（公元前221年），六国尽灭，新的帝国成立了。从十四年到这个时期，前后十三年间，秦王完全平定了天下。"② 何兹全写道："秦王政二十六年灭了六国，统一全中国。"③ 林剑鸣说："从公元前230年至前221年，在不到十年的时间内，秦就消灭了韩、赵、魏、楚、燕、齐六国，完成了统一。"④ 翦伯赞这样记述秦统一的形势："当此之时，中原六国，已如盛开之花，临于萎谢；而秦国则如暴风雷雨，闪击中原。于是'吞二周而亡诸侯，履至尊而制六合'⑤，在初期封建社会的废墟上，建立起一个崭新的封建专制主义的帝国。"⑥ 田昌五、安作璋也说："前后十年之内，韩、赵、魏、楚、燕、齐六国依次灭亡，天下归于一统。"⑦

其实，根据《史记》卷二七《天官书》的记述，在"灭六王"之后，秦还有重要的军事行为："秦始皇之时，十五年彗星四见，久者八十日，长或竟天。其后秦遂以兵灭六王，并中国，外攘四夷。"⑧ 《史记》卷一一二《平津侯主父列传》载严安上书时有这样的表述："及至秦王，蚕食天下，并吞战国，称号曰皇帝，主海内之政，坏诸侯之城，销其兵，铸以为钟虡，示不复用。元元黎民得免于战国，逢明天子，人人自以为更生。"然而，"（秦始皇）日闻其美，意广心轶。欲肆威海外，乃使蒙恬将兵以北攻胡，辟地进境，戍于北河，蜚刍挽粟以随其后。又使尉屠睢将楼船之士南攻百越，使监禄凿渠运粮，深入越……"⑨ "灭六王"，

---

① "榦"的规范字形为"干"，以下同。

② 劳榦：《秦汉史》，中国文化大学出版部，1980，第5页。

③ 何兹全：《秦汉史略》，上海人民出版社，1955，第6页。

④ 林剑鸣：《秦史稿》，上海人民出版社，1981，第347页。

⑤ 原注："始皇十七年，内史腾灭韩，俘韩王安。十九年王翦羌瘣灭赵，俘赵王迁。二二年王贲灭魏，俘魏王假。二四年，王贲灭燕，俘燕王喜。二六年，王贲灭齐，俘齐王建。于是六国毕，四海一。"

⑥ 翦伯赞：《秦汉史》，北京大学出版社，1983，第8页。

⑦ 田昌五、安作璋：《秦汉史》，人民出版社，1993，第36页。

⑧ 《史记》，第1348页。

⑨ 同上书，第2958页。

实际上只是实现了"并中国",即对中原文化核心区域的控制;而对"天下"的占有,秦人又有"外攘四夷"的军事进取。王云度、张文立主编的《秦帝国史》中关于"统一",照应了北边、南海战事的意义:"秦的统一战争前后历时十年,依次攻灭东方六国,天下归于一统。随后,又北伐匈奴,南定百越,把统一的范围拓展到周边地区。这种大规模的军事、政治和文化的统一,开辟了中国历史的新纪元,意义十分深远。"①

从明确的历史记录中可见秦始皇三十三年(前214)以北河和南海为方向的战事,而对岭南地区的进攻可能还更早。这一历史变化,可以理解为规模更为宏大,意义更为深远的统一。对于秦统一的历史进程和文化意义,应当在这一认识的基础上作出符合历史真实的判断。②

征服岭南对秦王朝基本版图形成的意义,学界大概不会有歧见;而对秦军远征岭南的时间,学界则存在不同的意见。

《史记》卷六《秦始皇本纪》记载:"三十三年,发诸尝逋亡人、赘婿、贾人略取陆梁地,为桂林、象郡、南海,以适遣戍。"③ 岭南形势,如《后汉书》卷八六《南蛮传》中所说,已远非"楚子称霸,朝贡百越"时代可比,而是直接由中央管辖,即"秦并天下,威服蛮夷,始开领外,置南海、桂林、象郡"④。

然而,《史记》卷六《秦始皇本纪》在关于秦始皇二十六年(前221)的记事内容中已言"南至北向户"⑤,二十八年(前219)琅邪刻石上有"皇帝之土……南尽北户"语⑥,由此可知秦的版图已扩展至北回归线以南,征服岭南的军事行动应当是在兼并六国后随即启动的。而秦军远征南越的军事行动更早开始,《史记》卷七三《白起王翦列传》中

---

① 王云度、张文立主编《秦帝国史》,陕西人民教育出版社,1997,第62页。

② 王子今:《秦统一局面的再认识》,《辽宁大学学报(哲学社会科学版)》2013年第1期。

③《史记》,第263页。

④《后汉书》,第2835页。

⑤《史记》,第239页。

⑥ 同上书,第245页。

的记载可以佐证这一点："……平荆地为郡县。因南征百越之君，而王翦子王贲与李信破定燕齐地。秦始皇二十六年，尽并天下。"① 其中指出，在"秦始皇二十六年"之前，秦军在灭楚之后，随即开始了"南征百越之君"的军事行动。② 平定百越之地，应当是秦始皇实现"尽并天下"帝业的重要战争步骤。

王云度、张文立主编的《秦帝国史》中写道："始皇统一六国的次年，即始皇二十七年（前 220 年），秦王朝开始大规模平定百越的战略行动。"论者依据《史记》卷一一三《南越列传》中的"与越杂处十三岁"往前推十三年，确定"伐越年代在始皇二十七年"，又说："林剑鸣《秦汉史》第二章中，依据后世《乐昌县志》的资料，将秦伐岭南年代定在始皇二十八年（前 219 年），可备一说。"③《乐昌县志》中的"二十八年"之说，可能由秦始皇二十八年琅邪刻石上的"皇帝之土……南尽北户"等文句推测而得，似不能作为确定的实证信息。

《淮南子·人间训》中写道："（秦始皇）又利越之犀角、象齿、翡翠、珠玑，乃使尉屠睢发卒五十万，为五军，一军塞镡城之岭，一军守九嶷之塞，一军处番禺之都，一军守南野之界，一军结余干之水，三年不解甲弛弩，使监禄无以转饷，又以卒凿渠而通粮道，以与越人战，杀西呕君译吁宋。而越人皆入丛薄中，与禽兽处，莫肯为秦虏。相置桀骏以为将，而夜攻秦人，大破之，杀尉屠睢，伏尸流血数十万。乃发适戍以备之。"④ 王云度认为此战事发生于秦始皇三十三年（前 214）。⑤ 然而，"三年不解甲弛弩"的说法不宜忽略，如果秦始皇确实在三十三年"发卒五十万"南征，则"三年"已至秦始皇三十六年（前 211）。如果"发适戍以备之"是秦始皇三十四年（前 213）的事，则"发卒五十万"远征越人，应是在秦始皇三十一年（前 216）以前。

---

① 《史记》，第 2341 页。

② 王子今：《秦汉"五岭"交通与"南边"行政》，《中国史研究》2014 年第 3 期。

③ 王云度、张文立主编《秦帝国史》，第 55 页，第 74 页。

④ 何宁：《淮南子集释》，第 1289 页，第 1290 页。

⑤ 王云度：《秦汉史编年》，凤凰出版社，2011，第 18 页。

然而，秦军灭楚之后，立即挥师继续进军，"南征百越之君"的可能性是很大的。这符合兵法"役不再籍"的原则。《孙子·作战》虽然说"兵贵胜，不贵久""久暴师则国用不足""夫兵久而国利者，未之有也"，但是又强调"善用兵者，役不再籍"。曹操注："籍，犹赋也。言初赋民，便取胜，不复归国发兵也。"① 前引秦始皇二十八年（前219）琅邪刻石上"南尽北户"的说法，该刻石作为新兴帝国的正式政治文告，其可信性和权威性也可支持这一推断。《尔雅·释地》"野"条："东至于泰远，西至于邠国，南至于濮铅，北至于祝栗，谓之四极。觚竹、北户、西王母、日下，谓之四荒。"郭璞注：四极，"皆四方极远之国"；四荒，"皆四方昏荒之国，次四极者"。宋邢昺疏："此释九州之外四方极远之国名……北户者，即日南郡是也。颜师古曰：言其在日之南，所谓北户以向日者。"②

　　按照《秦始皇本纪》的记载，南海置郡的时间在秦始皇三十三年（前214）。但是"南征百越之君"的军事行动，则在灭楚之后立即开始。《史记》卷七三《白起王翦列传》中写道："平荆地为郡县。因南征百越之君……"按照《史记》中记载的时间顺序，"南征百越之君"应在"秦始皇二十六年，尽并天下"之前。

　　有学者在总结"秦国开拓边疆的战争"中的"统一南方地区的战争"时，指出"秦国对南方诸族的进攻，早在王翦取得对楚战争的胜利后就开始了""王翦在秦王政二十五年消灭了楚国的残余势力后，'因南征百越之君'"。然而，也有论者认为，"这次对越人的进击应该是在江、浙一带进行的，秦人取得胜利后，即设立了会稽郡，郡治在今浙江绍兴，这一带的越人成为大秦帝国的臣民""秦统一六国的次年……秦军在平定江浙一带的越人的基础上大举向江南地区的百越进军"。论者还写道："秦人征伐平定岭南诸地的战争旷日持久，大致经历了三个阶段……第一阶段：秦始皇派尉屠睢以五军戍五方……第二阶段，秦军大

①《十一家注孙子》，曹操等注，中华书局，1962，第32页，第22页，第24—25页。
②《十三经注疏》，阮元校刻，第2616页。

规模地进击越人……第三阶段，秦始皇重新布置伐越的战略，使任嚣、尉佗将卒以伐越，时间在秦始皇三十三年。"① 这一意见可供参考。对于认为可将"秦人征伐平定岭南诸地的战争"归入"秦国开拓边疆的战争"的判断，我们是赞同的。然而，关于王翦灭楚后"因南征百越之君"只是"平定江浙一带的越人"的说法，似乎是缺乏史实依据的。所谓"秦人征伐平定岭南诸地的战争旷日持久"之说是有依据的。《史记》卷一一二《平津侯主父列传》载严安上书曰："深入越，越人遁逃。旷日持久，粮食绝乏，越人击之，秦兵大败。"②《汉书》卷六四上《严助传》载淮南王刘安上书言"秦之时尝使尉屠睢击越"一事，则说"旷日引久"。③ 特别值得注意的是，严安明确地说："秦祸北构于胡，南挂于越，宿兵无用之地，进而不得退。行十余年，丁男被甲，丁女转输，苦不聊生，自经于道树，死者相望。及秦皇帝崩，天下大叛。"④ 所谓"行十余年"，可以与前引《史记》卷一一三《南越列传》中的"与越杂处十三岁"一说相对应，澄清秦远征岭南晚至秦始皇三十三年（前 214）的误解。

关于秦平定岭南的起始年份，张荣芳等在《南越国史》中列举了四种观点：

1. 秦王政二十五年（前 222）。⑤

2. 秦王政二十六年（前 221）。⑥

3. 秦始皇二十八年（前 219）。⑦

① 张卫星：《秦战争述略》，三秦出版社，2001，第 128—131 页。

②《史记》，第 2958 页。

③《汉书》，第 2783 页。

④《史记》，第 2958 页。

⑤ 仇巨川：《羊城古钞》卷四《南越赵氏始末》，陈宪猷校注，广东人民出版社，1993，第 316 页。

⑥ 戴肇辰：《广州府志》，引自郭棐《广东通志》，清光绪五年刻本，第 4521 页；鄂卢梭：《秦代初平南越考》，载《西域南海史地考证译丛九编》，冯承钧译，中华书局，1958。

⑦ 余天炽：《秦统一百越战争始年诸说考订》，载《百越民族史论丛》，广西人民出版社，1985。

4. 秦始皇二十九年（前218）。①

《南越国史》评述了各种意见，认为"前218年说比较符合史实"。②现在看来，可能还有继续深入讨论的空间，而结论的最终确定，有待新的考古资料的面世。

二、岭南移民与南海郡的户口充实及文化更新

《史记》卷六《秦始皇本纪》记载："三十三年，发诸尝逋亡人、赘婿、贾人略取陆梁地，为桂林、象郡、南海，以适遣戍。""三十四年，适治狱吏不直者，筑长城及南越地。"关于所谓"陆梁地"，张守节《正义》："岭南人多处山陆，其性强梁，故曰'陆梁'。"关于"以适遣戍"，注家亦有解说。裴骃《集解》："徐广曰：'五十万人守五岭。'"张守节《正义》："适音直革反。戍，守也。《广州记》云：'五岭者，大庾、始安、临贺、揭阳、桂阳。'《舆地志》云：'一曰台岭，亦名塞上，今名大庾；二曰骑田；三曰都庞；四曰萌诸；五曰越岭。'"关于"三十四年，适治狱吏不直者"至"南越地"一事，张守节《正义》："谓戍五岭，是南方越地。"③ 这是军事远征带动移民的史例。"以适遣戍"，体现了这些移民承担部分军事责任的身份。据《史记》卷一一八《淮南衡山列传》记载，伍被与淮南王谋反时，曾经说到秦代"五岭"以南地区发生的史事："（秦皇帝）又使尉佗逾五岭攻百越。尉佗知中国劳极，止王不来，使人上书，求女无夫家者三万人，以为士卒衣补。秦皇帝可其万五千人。"④ 有学者因此认为，秦远征军与当地居民都存在性别比例失调的现象，这影响到岭南地区政治文化形态的历史变化。⑤ 对于《史记》卷一

① 陶维英：《越南古代史》，刘统文、子钺译，商务印书馆，1976，第206页。

② 张荣芳、黄淼章：《南越国史》（修订本），广东人民出版社，2008，第18—24页，第54—55页。

③《史记》，第253—254页。

④ 同上书，第3086页。

⑤ 高凯：《从性比例失调看南越国的建立与巩固》，载丘权政主编《佗城开基客安家》，中国华侨出版社，1997，第168—179页。

一八《淮南衡山列传》中伍被"求女无夫家者三万人，认为士卒衣补"一事，《史记志疑》认为可疑，又引陈氏《测议》曰："求女事《史》不见，伍被欲伪作请书徙豪朔方以惊汉民，岂即本此策耶？"[①] 但也有学者以为此事有可信度，并将其看作"妇女从军之创举"[②]。但西汉时期策士以此作为分析政治形势的辩词，或许反映了秦军远征岭南时的历史情节。[③] 求中原"女无夫家者"，即独身女子，"以为士卒衣补"一事，暗示了远征军人可能定居岭南的史实。考古学者就岭南秦式墓葬，如广州淘金坑秦墓、华侨新村秦墓，广西灌阳、兴安、平乐秦墓等的发现[④]，发表判断，认为相关现象"说明了秦人足迹所至和文化所及，反映了秦文化在更大区域内和中原以及其他文化的融合"，"两广秦墓当是和秦始皇统一岭南，'以谪徙民五十万戍五岭，与越杂处'的历史背景有关"。[⑤] 这样的意见是可信的。[⑥] 这场迁徙距离遥远而人口数量空前的移民运动，是"南征百越"军事行为必然的后续演进。

因为这场秦代最大规模的移民运动，南海郡应当也实现了新的户口充实及文化更新。

三、"番禺亦其一都会也"

前引《淮南子·人间训》说到秦始皇远征岭南，"一军处番禺之都"，可知番禺已经成为重要的军事据点。番禺在今广东广州，应为秦

---

① 梁玉绳：《史记志疑》卷三四，中华书局，1981，第 1428 页。

② 马非百：《秦集史》下册，中华书局，1982，第 700 页。

③ 王子今：《中国女子从军史》，军事谊文出版社，1998，第 59—60 页。

④ 麦英豪：《广州华侨新村西汉墓》，《考古学报》1958 年第 2 期。麦英豪：《广州淘金坑的西汉墓》，《考古学报》1974 年第 1 期。

⑤ 叶小燕：《秦墓初探》，《考古》1982 年第 1 期。今按："以谪徙民五十万戍五岭"语见《通志》卷四《秦纪》，原文作"以适徙民"。郑樵：《通志》，第 63 页。"与越杂处"语见《史记》卷一一三《南越列传》，第 2967 页。

⑥ 王子今：《岭南移民与汉文化的扩张——考古资料与文献资料的综合考察》，《中山大学学报（社会科学版）》2010 年第 4 期。

置南海郡治所在，又曾为尉佗所都，为南越国政权长期经营，是南海最大的海港，据有"负山险，阻南海"的地理优势。① 《史记》卷一二九《货殖列传》中写道："九疑、苍梧以南至儋耳者，与江南大同俗，而杨越多焉。番禺亦其一都会也，珠玑、犀、玳瑁、果、布之凑。"② 《汉书》卷二八下《地理志下》也说："（粤地）处近海，多犀、象、玳瑁、珠玑、银、铜、果、布之凑，中国往商贾者多取富焉。番禺，其一都会也。"③ 番禺成为国际海港的历史起点，应即秦人于此设置了南海郡。

广州南越王墓出土的文物数量繁多，绮丽华贵，说明当时其地之富足。④ 其中以"蕃禺"显示产地或据有地的重要文物，是标志"番禺"重要位置的证明。正如有的学者所指出的，相关发现可以说明，南越国的经济水准从某些角度看"并不比中原地区落后"，"有些生产领域已达到相当高的水平"。⑤

番禺后为交州治所。东汉末，中原战乱不息，士民多有避乱会稽者，及战火延至会稽，又纷纷浮海南渡交州。《三国志》卷三八《蜀书·许靖传》记载，许靖为汝南平舆人，在董卓乱政期间，辗转往依会稽太守王朗，后"孙策东渡江，皆走交州以避其难"。⑥ 由中原避乱至会稽，又由会稽转迁交州之例，还可见于《后汉书》卷四五《袁安传》："及天下大乱，（袁）忠弃官客会稽上虞……后孙策破会稽，忠等浮海南投交趾。"⑦《后汉书》卷三七《桓晔传》记载，"初平中，天下乱"，桓晔"避地会稽，遂浮海客交趾"。⑧ 考察"交州""交趾"方向的重要都市——番禺繁荣的历史，应当注意秦时南海郡的最初设置。

---

① 《史记》卷一一三《南越列传》，第 2967 页。

② 《史记》，第 3268 页。

③ 《汉书》，第 1670 页。

④ 广州象岗汉墓发掘队：《西汉南越王墓发掘初步报告》，《考古》1984 年第 3 期。

⑤ 张荣芳：《南越王墓解开了千古之谜（二）》，《历史大观园》1985 年第 2 期，载张荣芳《中国古代史与岭南文化丛稿》，中山大学出版社，2019，第 21—22 页。

⑥ 《三国志》，第 964 页。

⑦ 《后汉书》，第 1526 页。

⑧ 同上书，第 1269 页。

番禺的南国"都会"地位的形成，带动了岭南地区的经济文化进步，也促进了岭南文化与中原文化的交融。从这一角度看，秦始皇在南海置郡是中国古代史进程中的重要事件。

四、灵渠：通航技术的时代高峰

我们今天习惯使用的"水利"一词，最初见于在秦地成书的《吕氏春秋》。著名农史学者石声汉总结战国时期的水利成就，曾经列举当时"空前宏伟的水利工程"——"史起的邺渠、郑国的郑国渠、李冰的都江堰等"及"广西的灵渠"①，由此可知在中国早期水利史上秦人的贡献尤为突出。《史记》卷二九《河渠书》记述，因为郑国渠的开凿，"关中为沃野，无凶年"，于是"秦以富强，卒并诸侯"。② 这体现战国时期水利事业的成功，是秦实现统一大业的重要因素之一。

我们通常所说的"水利"，指防止水害和利用水力资源。后者包括灌溉和航运。对"秦以富强，卒并诸侯"意义重大的郑国渠工程，其功用主要是灌溉。翦伯赞在《秦汉史》中称之为"运河"③，这是错误的。位于成都平原的都江堰工程，今天依然发挥着灌溉作用，但是工程总指挥李冰同时也注意开通水上航路，于所谓"触山胁溷崖，水脉漂疾，破害舟船"之处，"发卒凿平溷崖，通正水道"，据说"穿郫江、检江，别支流双过郡下，以行舟船"，于是岷山林产"梓、柏、大竹，颓随水流，坐致材木，功省用饶"。④ 赵国上层讨论与秦的外交时，赵豹警告赵王应避免与秦的军事对抗。他强调，"秦以牛田，水通粮……不可与战。王自图之!"⑤ 所谓"以牛田，水通粮"，是动力革命的表现。"水通粮"，即有效开发水资源，增强运输动力，是形成"不可与战"之优越国力的

---

① 石声汉：《中国农业遗产要略》，载《中国古代农业科技》，农业出版社，1980，第 8 页。

②《史记》，第 1408—1410 页。

③ 翦伯赞：《秦汉史》，第 30 页。

④ 常璩：《华阳国志校补图注》，任乃强校注，第 133 页。

⑤ 刘向集录《战国策》，第 618 页。

重要因素。

张仪曾经以秦长江航运的优势威胁楚王："秦西有巴蜀，方船积粟，起于汶山，循江而下，至郢三千余里。"他又说："舫船载卒，一舫载五十人，与三月之粮，下水而浮，一日行三百余里；里数虽多，不费汗马之劳，不至十日而距扞关……"① 如果说这种语言恐吓只是一种宣传方式，那么灵渠遗存则明确证实了秦人在统一战争期间开发水利是用于军运的。

关于秦始皇在南海方向的经营，《淮南子·人间训》记述，"使尉屠睢发卒五十万，为五军"南下，"三年不解甲弛弩，使监禄无以转饷，又以卒凿渠而通粮道，以与越人战"②。所谓"以卒凿渠而通粮道"，即开通灵渠的工程。《水经注》卷三八《漓水》说，在湘水、漓水之间，陆上的间隔称作"始安峤"，宽度只有"百余步"。③ 峤的北面是湘水上源。峤的南面是南流注漓的始安水。秦人正是巧妙地利用了"漓水与湘水，出一山而分源"，"分源"处距离仅"百余步"的地理形势，"以卒凿渠"，沟通"湘、漓之间"，建成畅通的"粮道"，为远征军成功运送军需物资的。

"灵渠"又称"零渠"。《太平御览》卷六五引《临桂图经》，采用了"零渠"名号，似乎认为和地名"零陵"有关："昔秦命御史监史禄自零陵凿渠，出零陵下漓水是也。"④ "灵渠"又称作"秦凿渠"。《太平寰宇记》卷一六二《岭南道六·桂州·兴安县》记载："秦凿渠，在县南二十里。本漓水自柘山之阴西北流，至县西南合灵渠五里，始分为二水。昔秦命御史监史禄，自零陵凿渠至桂林。"⑤ 在思考"灵渠"的名字由来时，我们或许应重视"自零陵凿渠"的说法。

灵渠工程沟通湘江水道和漓江水道，成为连接湘桂的人工运河。明

---

① 刘向集录《战国策》，第 506 页。

② 何宁：《淮南子集释》，第 1289—1290 页。

③ 郦道元：《水经注校证》，陈桥驿校证，第 899 页。

④ 李昉等：《太平御览》，第 311 页。

⑤ 乐史：《太平寰宇记》，王文楚等点校，第 3103 页。

人解缙在《兴安渠》一诗中写道："石渠南北引湘漓，分水塘深下作堤。若是秦人多二纪，锦帆直是到天涯。"鲁铎的《分水岭》中也有这样的诗句："一道原泉却两支，右为湘水左为漓。谁知万里分流去，到海还应有会时。"① 灵渠"南北引湘漓"，将原本"万里分流"的"两支"水流汇成"一道"。

在最合理的地方，以最便捷的方式，用最低的成本，连接长江和珠江南北两大水系，造就了完备的通航条件，这真是天才般的设计和施工。灵渠设计巧妙，具备服务于军运的特点，施工效率高，工程测量的高精确度更是令人叹为观止，千百年来彪炳世界水利史册。

另一方面，灵渠工程对推动秦统一这一重大历史进程也具有特殊的意义。

秦始皇实现统一大业是中国史上的大事变，也是影响东方历史和世界历史的大事变。李学勤指出："秦兼并列国，建立统一的新王朝，使秦文化成为后来辉煌的汉代文化的基础。"② 秦统一六国，改变了历史的走向，"中国成为一统国，自秦启之，而汉承之，虽遇乱世，终犹心焉一统，人人皆拭目翘足以为庶几复见太平。二千年来如一日，此秦汉之所赐也"③。后人曾经有"六王毕，四海一"④ 之说。其实，"六王毕"并不能准确体现秦统一的规模。秦始皇实现的统一，亦包括北河拓进及南海置郡，秦帝国控制的版图因此远远超出秦本土与"六王"故地的总和。岭南的形势，于是如《后汉书·南蛮传》所说，"秦并天下，威服蛮夷，始开领外，置南海、桂林、象郡"。当时的政治格局，已远非"楚子称霸，朝贡百越"的时代可比，实现了中央直接的行政领导。就对岭南地区的占有而言，《史记》卷六《秦始皇本纪》在二十六年（前221）记述中已言"南至北向户"，二十八年（前219）琅邪刻石有"皇

---

① 汪森编辑《粤西诗载校注》，桂苑书林编辑委员会校注，广西人民出版社，1988，第191页，第263页。

② 李学勤：《东周与秦代文明》，上海人民出版社，2007，第11页。

③ 瞿兑之：《秦汉史纂》，鼎文书局，1979，第327页。

④ 杜牧：《阿房宫赋》，收入何锡光校注《樊川文集校注》，第2页。

帝之土……南尽北户"语,① 可知秦始皇向岭南开拓是在兼并六国的同时进行的。他在南海的经营,也是秦统一战争主题之一。《史记》卷七三《白起王翦列传》中记载:"竟平荆地为郡县。因南征百越之君。"据太史公记述,秦统一战争中的这一进程,在"王翦子王贲,与李信破定燕、齐地"及"秦始皇二十六年,尽并天下"之前。② 而《史记》卷一一三《南越列传》又说,秦远征军"与越杂处十三岁"③,这说明秦进军岭南并非在正式置郡"桂林、象郡、南海"的秦始皇三十三年(前214)。灵渠很可能是秦统一进程中为保障军事"委输"而完成的工程。于是,我们可以将政治史、军事史上的伟大创举,与水利史、工程史上的伟大创举结合起来认识与理解,灵渠可以说是秦推进历史、创建新局的光辉的时代标志。

战国秦汉时期,水利工程师,或者说水利工程设想的提出者、水利工程规划的制订者、水利工程施工的领导者,通常称作"水工"。上文说到的郑国,就是主持郑国渠的"水工"。这处水利工程,成为以人名命名地名的先例。秦汉时期还有其他的"水工"。比如经营漕渠工程的"齐人水工徐伯"④,汉军在击大宛时曾"遣水工徙其城下水空"。⑤ 汉武帝时,齐人延年上书,提出改变黄河河道的建议:"河出昆仑,经中国,注渤海,是其地势西北高而东南下也。可案图书,观地形,令水工准高下,开大河上领,出之胡中,东注之海。"⑥ 然而,负责灵渠这一重要水利工程的"水工"却没有在历史上留下姓名,甚至连关于"水工"活动的只言片语也未见保存。这不能不说是历史的遗憾。

灵渠工程的建造,很可能继承了秦"水工"及中原"水工"的技术,但越人在水运方面的显著优势也不能忽略。就运输动力的开发来说,北方人擅长服牛乘马,而南方人擅长驾驶舟船。《淮南子·原道训》

---

①《史记》,第239页,第245页。

② 同上书,第2341页。

③ 同上书,第2967页。

④《史记》卷二九《河渠书》,第1408页。

⑤《史记》卷一二三《大宛列传》,第3176页。

⑥《汉书》卷二九《沟洫志》,第1686页。

中写道："陆处宜牛马，舟行宜多水。"又写道："九疑之南，陆事寡而水事众，于是民人被发文身，以像鳞虫，短绻不绔，以便涉游，短袂攘卷，以便刺舟，因之也。"① 由此可推测，"九疑之南"的越人很可能在"舟行宜多水"的环境中，由于"水事众""便刺舟"而积累了丰富的水利学知识和航运经验，并参与了灵渠的设计。我们甚至不能排除"九疑之南"长于"舟行""水事"的"民人"在灵渠工程中占据主导地位的可能。

五、开通南洋航路的历史先声

被有些学者判定为广州秦汉造船工场遗址的宏大遗存，如确实与造船业有关，则反映了番禺在南海航运系统中的地位。② 对于这一遗址是否是造船工场，很多人提出质疑。③ 但仍有学者相信此遗址的造船功用，如熊昭明、韦莉果在关于古代海上丝绸之路研究的专著中写道："1975年发掘的广州秦汉造船工场遗址，证实了秦汉之际番禺已拥有相当强的造船能力。由船台现存宽度推算，1号、2号船台分别可以建造船身宽5～8米、载重20～30吨的大型木船。这种平底船，吃水较浅，适合内河和沿海岸航行。"④

徐闻在今广东徐闻南，是大陆与朱崖州（今海南岛）交通的主要港口。《汉书》卷二八下《地理志下》中写道："自合浦徐闻南入海，得大

① 何宁：《淮南子集释》，第37—39页。

② 广州市文物管理处、中山大学考古专业75届工农兵学员：《广州秦汉造船工场遗址试掘》，《文物》1977年第4期。

③ 参见戴开元：《"广州秦汉造船工场遗址"说质疑》，《武汉水运工程学院学报》1982年第1期；吴壮达：《"秦汉造船工场"遗址问题》，《广州研究》1983年第2期；李昭存、罗雨林：《"广州秦代造船遗址"学术争鸣集》，中国建筑工业出版社，2002；席龙飞：《中国造船通史》，第67—76页。

④ 原注："广州市文物管理处：《广州秦汉造船工场遗址试掘》，《文物》1977年第4期。"熊昭明、韦莉果：《广西古代海上丝绸之路》，广西科学技术出版社，2019，第41页。

州，东西南北方千里。"① 《水经注》卷三六《温水》中也写道："王氏《交广春秋》曰：'朱崖、儋耳二郡，与交州俱开，皆汉武帝所置，大海中南极之外，对合浦徐闻县。清朗无风之日，迳望朱崖州，如囷廪大。从徐闻对渡，北风举帆，一日一夜而至。'"② 徐闻汉墓的考古发现，可以增进今人对当时徐闻港历史地位的认识。③ 合浦在今广西北海附近。徐闻、合浦都是秦汉时期的重要港口。谢承在《后汉书》中记载，孟尝为合浦太守，"被征当还，吏民攀车请之，不得进，乃附商人船遁去"。④ 可见当时合浦港有商船进出。年代为西汉后期的合浦望牛岭汉墓，出土了大量金饼、金珠、水晶、玛瑙、琉璃、琥珀等制品，还出土了一件精致的琥珀质印章。⑤ 这些物品很可能来自海外，这反映了合浦当时作为重要的对外贸易港口的历史事实。南海郡"徐闻、合浦船行"的海上航运条件，对中国海洋开发具有十分重要的意义。

合浦在秦时可能属桂林郡。然而从赵佗等人的事迹看，合浦应当也在以番禺为中心的政治军事辐射圈内。

《汉书》卷二八《地理志下》叙述了西汉时期的南洋航运："自日南障塞、徐闻、合浦船行可五月，有都元国；又船行可四月，有邑卢没国；又船行可二十余日，有谌离国；步行可十余日，有夫甘都卢国。自夫甘都卢国船行可二月余，有黄支国，民俗略与珠崖相类。其州广大，户口多，多异物，自武帝以来皆献见……自黄支船行可八月，到皮宗；船行可二月，到日南、象林界云。黄支之南，有已程不国，汉之译使自此还矣。"⑥ 所谓"日南障塞、徐闻、合浦"是这条航路的出发地点。

① 《汉书》，第 1670 页。

② 郦道元：《水经注校证》，陈桥驿校证，第 840 页。

③ 何纪生、吴振华：《广东徐闻东汉墓——兼论汉代徐闻的地理位置和海上交通》，《考古》1977 年第 4 期。

④ 姚之骃：《后汉书补逸》卷一○《谢承后汉书·孟尝》，载徐蜀选编《二十四史订补》第 4 册，书目文献出版社，1996，第 149 页。

⑤ 广西壮族自治区文物考古写作小组：《广西合浦西汉木椁墓》，《考古》1972 年第 5 期。

⑥ 《汉书》，第 1671 页。

《水经注》卷三六《温水》也引录了相关地理书中涉及南洋航路的内容："康泰《扶南记》曰：'从林邑至日南卢容浦口可二百余里，从口南发往扶南诸国，常从此口出也。'故《林邑记》曰：'尽纮沧之徼远，极流服之无外。地滨沧海，众国津迳。'"① 秦南海郡所在地后来成为南洋航路的北端起点，这是研究秦代区域文化史应当关注的历史文化现象。②

在秦代以后，南海地区逐渐成为中国文化通过海路实现对外影响的强辐射带。而海外文化传入中土，也是首先登陆这里。从这一角度看，秦始皇在南海置郡是有世界史意义的事件。南海郡在秦代南洋交通开发事业中的领先地位和首要地位，是从事中国航海史、中国早期海洋贸易史和中外海上文化交流史研究工作中不可忽略的问题。

第三节　秦东门

《史记》卷六《秦始皇本纪》记载了秦始皇三十五年（前212）立"秦东门"一事："立石东海上朐界中，以为秦东门。"③ 这是上古海洋史上的重要事件。在"东海上朐界中"设立"秦东门"，体现出秦王朝最高执政者对"东海"的关注。

一、秦东门：从"表河"到"立石东海上"

关于秦统一之初的宫廷建设，《史记》卷六《秦始皇本纪》中写道："徙天下豪富于咸阳十二万户。诸庙及章台、上林皆在渭南。秦每破诸侯，写放其宫室，作之咸阳北阪上，南临渭，自雍门以东至泾、渭，殿

---

① 郦道元：《水经注校证》，陈桥驿校证，第 835 页。
② 王子今：《秦汉时期的东洋与南洋航运》，《海交史研究》1992 年第 1 期；《东海的"琅邪"和南海的"琅邪"》，《文史哲》2012 年第 1 期。
③《史记》，第 256 页。

屋复道，周阁相属。所得诸侯美人钟鼓，以充入之。"张守节《正义》："《三辅旧事》云：'始皇表河以为秦东门，表汧以为秦西门，表中外殿观百四十五，后宫列女万余人，气上冲于天。'"①

张守节所说的"表河以为秦东门"，应是秦始皇三十五年（前212）之前的事。"立石东海上朐界中，以为秦东门"，"东海上朐"与关中政治轴心形成了特殊的方位关系。② 也就是说，秦原先立东门，是以"河"为标志；统一六国之后，则以"海"为标志。这是与"天下""海内"的政治地理观念一致的。

《说苑·反质》中写道："（秦始皇）立石阙东海上朐山界中，以为秦东门。"③ 这里说到的"阙"，在政治地理意义上更显重要。在《续汉书·郡国志三》"东海"条下刘昭注补："《博物记》：'县东北海边植石，秦所立之东门。'"④ 这一人工"植石"的工程史记录，也值得我们注意。

二、从琅邪到朐：海岸线中点的移动

秦始皇东巡时，曾对琅邪予以特别的关注。《史记》卷六《秦始皇本纪》记载，秦始皇东巡，"南登琅邪，大乐之，留三月。乃徙黔首三万户琅邪台下，复十二岁。作琅邪台，立石刻，颂秦德，明得意"。刻石内容明确说到"琅邪"："维秦王兼有天下，立名为皇帝，乃抚东土，至于琅邪。"⑤《史记》卷一五《六国年表》中写道："（二十八年）帝之琅邪，道南郡入。""（二十九年）帝之琅邪，道上党入。"⑥《史记》卷二

---

①《史记》，第241页。

② 秦建明、张在明、杨政：《陕西发现以汉长安城为中心的西汉南北向超长建筑基线》，《文物》1995年第3期。

③ 刘向：《说苑疏证》，赵善诒疏证，第602页。

④《后汉书》，第3457页。

⑤《史记》卷六《秦始皇本纪》，第243—246页。

⑥《史记》，第757页。

八《封禅书》中也写道："始皇复游海上，至琅邪，过恒山，从上党归。"① 秦始皇"南登琅邪，大乐之，留三月"，这是秦始皇在咸阳以外地区居留最久的记录，又发生于他出巡途中，尤其异常。"徙黔首三万户琅邪台下，复十二岁"，在秦强制移民的史例中，这是向东方迁徙的唯一一例，其规模仅次于"徙天下豪富于咸阳十二万户"。而在琅邪"复十二岁"②，也是仅见于秦史的记录。

记录秦始皇二十八年（前219）居留琅邪经历的刻石文字有："维秦王兼有天下，立名为皇帝，乃抚东土，至于琅邪。"这似乎是对秦始皇东巡目的的交代。秦始皇万里巡行，是对所谓"皇帝之明，临察四方""皇帝之德，存定四极"政治责任的实践。而"临于海"，是他"乃抚东土"的极点。琅邪刻石上又有一段"颂秦德"的文字："六合之内，皇帝之土。西涉流沙，南尽北户。东有东海，北过大夏。人迹所至，无不臣者。功盖五帝，泽及牛马。莫不受德，各安其宇。"其中的"东有东海"，是新成立的秦帝国威权至上的重要标志。

从琅邪到朐的变化，可能与秦始皇观察海洋的视角有关。

三、秦始皇"望于南海"

秦始皇三十七年（前210）出巡，"上会稽，祭大禹，望于南海，而立石刻颂秦德"。③ 对于"望于南海"，我们或许可以这样理解：当时秦始皇以为"会稽"对面的海域就是"南海"。但可能性更大的是，他的海洋知识中已经存留了这样的信息："南海"郡名指代的"南海"与"会稽"海域已经形成可实现水上交通的便利的航路。

从秦始皇二十八年（前219）对琅邪的特别关注到秦始皇三十五年（前212）"立石东海上朐界中，以为秦东门"，似乎可以看出他对东方海岸线的关注点或观察焦距发生了变化。

---

① 《史记》，第1370页。
② 《史记》卷六《秦始皇本纪》，第239页。
③ 同上书，第260页。

从琅邪至朐的空间移动，除了因为"秦东门"在咸阳正东方向之外，或许与南海置郡有关。因为"南海"形势的变化，在"方瀛海""达瀛海"的政治视界中海岸线中点的坐标向南移动了。

四、"海"与皇帝的政治空间意识、政治方位理念

《盐铁论·论邹》中写道："所谓中国者，天下八十一分之一，名曰赤县神州，而分为九州。绝陵陆不通，乃为一州，有大瀛海圜其外。此所谓八极，而天地际焉。《禹贡》亦著山川高下原隰，而不知大道之径。故秦欲达九州而方瀛海，牧胡而朝万国。""昔秦始皇已吞天下，欲并万国，亡其三十六郡；欲达瀛海，而失其州县。"[1] 所谓"欲达九州而方瀛海"和"欲达瀛海"，都体现了秦始皇追求真正"大一统"的政治雄心与探索海洋的关系。

有学者指出，以西汉都城长安为中心，存在着一条"南北向超长建筑基线"。该结论基于位于陕西三原嵯峨乡天井岸村一处口径 260 米、深 32 米、底径 170 米的圆坑的发现，经勘测和局部钻探，人们确认该圆坑应是《汉书》卷二八上《地理志上》"左冯翊"题下说到的"天齐公"祠所：

> 谷口，九嵕山在西，有天齐公、五床山、仙人、五帝祠四所。莽曰"谷喙"。[2]

研究者发现，这一遗址位于西汉都城长安南北中轴线北向延伸段上，向南正对长陵刘邦帝陵与吕雉后陵之间，穿越汉长安城武库位置，南对子午谷。这条建筑基线"总长度达 74 千米，跨纬度 47′07″"。研究者指出："这条基线不仅长度超过一般建筑基线，而且具有极高的直度与精确的

---

①《盐铁论校注》（定本），王利器校注，第 551—552 页。
②《汉书》，第 1545 页。

第三章 秦始皇的海洋意识与秦帝国的海洋交通经营

203

方向性，与真子午线的夹角仅 0.33°。"①

我们还注意到子午岭—子午道、直道—直河轴线与这条"南北向超长建筑基线"在方向上相接近。

对于当时人们地理意识和方位观念中的神秘主义内涵，今人尚难以完全确知；但关于秦直道的修筑，我们可以进行宏观视角的空间考察。所谓"南北向超长建筑基线"形成于西汉初年，而朐与咸阳在方位上是正东正西的对应关系，这在秦始皇时代已经形成。在秦代，与"咸阳—东海上朐"东西连线垂直的，可能是"子午岭直道—直河子午道"南北连线。②

咸阳至"东海上朐界中"的"秦东门"的连接线，正与"南北向超长建筑基线"垂直。这其中的意义是值得考察的。

第四节　"并海"交通

秦始皇、秦二世、汉武帝巡行海上，都有"并海"之行。当时，"濒海之观毕至"的驰道建设，营造了沿海的并海道。以往并海道被忽视的主要原因在于论者往往从秦帝国中央集权的特点出发，过分强调所谓以咸阳为中心向四方辐射（或者说向东作折扇式展开）的道路规划方针。③ 其实，从现有资料看，并海道的通行对秦汉大一统帝国的生存，具有极其重要的意义。天汉二年（前99），"泰山、琅邪群盗徐勃等阻山攻城，道

---

① 秦建明、张在明、杨政：《陕西发现以汉长安城为中心的西汉南北向超长建筑基线》，《文物》1995年第3期。
② 参见王子今：《秦直道的历史文化观照》，《人文杂志》2005年第5期。
③ 研究秦汉交通的论著大多持与此类同的见解，一些国外学者也赞同这一观点，例如汤因比在《历史研究》下册中写道："古代中国统一国家的革命的建立者秦始皇帝，就是由他的京城向四面八方辐射出去的公路的建造者。"曹未风等译，上海人民出版社，1966，第25—26页。

路不通",汉武帝特"遣直指使者暴胜之等衣绣衣杖斧分部逐捕"。① 这足见最高统治者对并海道交通形势的重视。辽西交通在战国环渤海地区文化发展的基础上得到发展。大一统政治格局形成之后,因海洋探索和北边防卫的共同需要,秦汉辽西交通获得了更好的发展条件。考察秦汉辽西并海交通,有益于深化我们对当时人文成就与地理条件之关系的认识,以及对秦汉交通史和秦汉生态环境史的研究。

一、秦始皇"并海"之行

《史记》卷六《秦始皇本纪》记载,秦始皇统一天下后凡五次出巡,其中四次行至海滨,且往往"并海"而行。

二十八年（前 219）,秦始皇第二次出巡,上泰山,又"并渤海以东,过黄、腄,穷成山,登之罘,立石颂秦德焉而去,南登琅邪";二十九年（前 218）,第三次出巡,又"登之罘","旋,遂至琅邪";三十二年（前 215）,第四次出巡,"之碣石","刻碣石门";三十七年（前 210）,第五次出巡,上会稽,望南海,"还过吴,从江乘渡,并海上,北至琅邪",又由之罘"并海西至平原津"。②

但在最后一次"并海"之行中,秦始皇走向生命的终点。

二、驰道:"濒海之观毕至"

据《史记》卷六《秦始皇本纪》记载,秦始皇二十七年（前 220）"治驰道"。驰道的修筑,是秦汉交通建设事业中最具时代特色的成就。从秦始皇和秦二世出巡的路线看,驰道在当时已经结成全国陆路交通的基本网络。曾为秦中央政权主要决策者之一的左丞相李斯被赵高拘执,在狱中上书自陈,历数功绩有七项,其中之一是"治驰道,兴游观,以

①《汉书》卷六《武帝纪》,第 204 页。
②《史记》,第 244 页,第 249—251 页,第 251 页,第 263 页。

见主之得意"。① 可见修治驰道是短暂的秦王朝的主要行政活动之一。驰道工程的设计和施工，由最高执政集团主持。

《汉书》卷五一《贾山传》中说到秦驰道的建设："（秦）为驰道于天下，东穷燕、齐，南极吴、楚，江湖之上，濒海之观毕至。道广五十步，三丈而树，厚筑其外，隐以金椎，树以青松。为驰道之丽至于此，使其后世曾不得邪径而托足焉。"这是有关秦驰道形制和规模的唯一历史记录。关于所谓"濒海之观毕至"，颜师古注："濒，水涯也。濒海，谓缘海之边也。毕，尽也。濒音频，又音宾，字或作滨，音义同。"②

秦始皇"并海"而行，多行历燕、齐之地。其中，秦始皇在三十二年（前 215）出巡，"之碣石"，"刻碣石门"，已经行临辽西。在辽宁绥中发现的分布较为密集的秦汉建筑遗址中，有一处占地达 15 万平方千米的石碑地遗址，有人认为这"很可能就是秦始皇当年东巡时的行宫"，即所谓"碣石宫"。③ 也有学者指出，在河北北戴河金山嘴到横山一带发现的秦行宫遗址，与辽宁绥中的秦汉建筑遗址都是碣石宫的一部分。④ 当然还有其他不同意见。⑤ 关于碣石宫的争论目前还没有确定的结论。现在基于考古发现所获得的关于秦汉宫殿遗址的资料，将这些遗址认定为"渤海湾西岸秦行宫遗址"的处理方式⑥，可能是比较适宜的。

史念海曾经在论述秦汉交通路线时指出："东北诸郡濒海之处，地势平衍，修筑道路易于施工，故东出之途此为最便。始皇、二世以及武帝皆尝游于碣石，碣石临大海，为东北诸郡之门户，且有驰道可达，自

---

① 《史记》卷八七《李斯列传》，第 2561 页。

② 《汉书》，第 2328 页。

③ 辽宁省文物考古研究所：《辽宁绥中县"姜女坟"秦汉建筑遗址发掘简报》，《文物》1986 年第 8 期。

④ 河北省文物研究所：《河北省新近十年的文物考古工作》，载文物编辑委员会编《文物考古工作十年（1979—1989）》，文物出版社，1991，第 31 页。

⑤ 董宝瑞：《"碣石宫"质疑》，《河北大学学报（哲学社会科学版）》1987 年第 4 期；《"碣石宫"质疑：兼与苏秉琦先生商榷》，《河北学刊》1987 年 第 6 期。

⑥ 中国社会科学院考古研究所编著《中国考古学·秦汉卷》，刘庆柱、白云翔主编，第 55—70 页。

碣石循海东行，以至辽西辽东二郡。"① 辽西道路即"自碣石循海东行"的交通干线。

三、秦始皇车队的追随者之一：秦二世

据《史记》卷六《秦始皇本纪》记载，秦二世元年（前209），由李斯、冯去疾等随从，往东方巡行。这次时间虽颇短暂、行程却甚辽远的出行，也经历燕、齐之地："二世东行郡县，李斯从。到碣石，并海，南至会稽，而尽刻始皇所立刻石……遂至辽东而还。"《史记》卷二八《封禅书》中也有"二世元年，东巡碣石，并海南，历泰山，至会稽，皆礼祠之"的记述。② 如果秦二世确实"到碣石，并海，南至会稽"，且"遂至辽东而还"，则应当是两次全程行历了辽西驰道，三次抵临碣石。而"渤海湾西岸秦行宫遗址"中，应当也有这位秦王朝最高统治者活动的痕迹。③ 对照秦二世元年东巡时的刻石遗存，可知司马迁的记载基本可信。《史记会注考证附校补》于《史记》卷六《秦始皇本纪》中对秦二世刻石的记载之后引卢文弨曰："今石刻犹有可见者，信与此合。前后皆称'二世'，此称'皇帝'，其非别发端可见。"④ 陈直也说："秦权后段，有补刻秦二世元年诏书者，文云：'元年制诏丞相斯、去疾，法度量，尽秦始皇为之，皆有刻辞焉。今袭号而刻辞不称始皇帝，其于久远也，如后嗣为之者，不称成功盛德，刻此诏，故刻左，使毋疑。'与本文前段相同，而峄山、琅邪两石刻，后段与本文完全相同（之罘刻石今所摹存者为二世补刻之诏书，泰山刻石，今所摹存者，亦有二世补刻

---

① 史念海：《秦汉时期国内之交通路线》，载《河山集》（四集），陕西师范大学出版社，1991，第573页。

②《史记》，第267页，第1370页。

③ 王子今：《秦二世元年东巡史事考略》，载《秦文化论丛》（第三辑），西北大学出版社，1994。

④ 司马迁：《史记会注考证附校补》，泷川资言考证，水泽利忠校补，上海古籍出版社，1986，第172页。

之诏书）。知太史公所记，本于秦纪，完全正确。"① 马非百也指出："《史记》载二世巡行，'尽刻始皇所立刻石，石旁著大臣从者名'，可知至二世时，始皇原刻石后面皆加刻有二世诏书及大臣从者名。今传峄山、泰山、琅邪台、之罘、碣石刻石拓本皆有'皇帝曰'与大臣从者名，即其明证。"② 王蘧常在《秦史》卷六《二世皇帝本纪》中也引用司马迁关于秦二世"到碣石，并海，南至会稽""遂至辽东而还"的记载。③ 王云度在《秦汉史编年》中也持同一态度。④

关于秦二世的辽东之行，史念海曾经写道："始皇崩后，二世继立，亦尝遵述旧绩，东行郡县，上会稽，游辽东。然其所行，率为故道，无足称者。"⑤ 其实，秦二世"游辽东"，似不曾循行始皇"故道"。然而秦始皇三十七年（前210）出巡，"至平原津而病"，后来在沙丘平台逝世，乘舆车队驶向回归咸阳的行途。可是这位有志于"览省远方""观望广丽"⑥，绝没有想到会在途中终止人生的帝王，在"至平原津"之前，是不是曾有巡察辽东的计划呢？此后车队"遂从井陉抵九原""行从直道至咸阳"，只不过行历了"北边"长城防线的西段，但如果要巡视整个"北边"，显然应当从辽东开始。或许在秦始皇最后一次出巡时曾追随左右的秦二世了解这一计划，于是有了自会稽北折、辗转至辽东的巡行实践。若如此，则秦二世"游辽东"确实有"遵述旧绩"的意义。

有人曾对有关秦二世出行速度与效率的历史记录提出质疑。刘敏、倪金荣在《宫闱腥风——秦二世》中写道："浩浩荡荡的巡行大军为什么要在同一条巡游路线上往返？秦二世此次东巡的目的，一是立威，二是游玩，不论是立威也好，还是游玩也好，都应尽量避免往返走同一条路，所到之处越多越好，皇威覆盖面越大越好。而按《史记》记载却恰好相反。从碣石所在的辽西郡南下到会稽，然后又北上返回辽西，再至

① 陈直：《史记新证》，天津人民出版社，1979，第26页。

② 马非百：《秦集史》下册，第768页。

③ 王蘧常：《秦史》，第49页。

④ 王云度：《秦汉史编年》上册，第29页。

⑤ 史念海：《河山集》（四集），第546页。

⑥《史记》卷六《秦始皇本纪》。

辽东。这似乎是无任何意义的重复。这里的原因到底是什么？我们百思不得其解，禁不住怀疑'遂至辽东而还'几个字是否是错简衍文？""据《史记·秦始皇本纪》，秦二世是在元年的春天从咸阳出发东巡的，四月又返回了咸阳，这样算来，此次巡游满打满算是三个多月。在三个多月的时间里，二世君臣们从咸阳到碣石，从碣石到会稽，从会稽又返至辽东，从辽东又回到咸阳，加之中间还要登山观海，刻石颂功，游山玩水，秦朝那古老的车驾是否有如此的速度，三个多月辗过如此漫长的行程。这里我们可以同秦始皇第五次巡游做个对比。秦始皇最后一次巡游是十月从咸阳出发的，先到云梦，然后顺江东下至会稽，从会稽北上，最远到之罘，然后西归，至沙丘驾崩，是七月份。这条路线明显短于二世东巡的路线，但秦始皇却走了十个月，而胡亥仅用三个多月，着实让人生疑。"①

所谓"游玩"，即"游山玩水"说，无依据。而"遂至辽东而还"与在辽西、会稽间，即所谓"在同一条巡游路线上往返"完全无关，因而"错简衍文"之说无从谈起。但说从辽西至辽东是"在同一条巡游路线上往返"则是可以理解的。

对秦始皇"走了十个月，而胡亥仅用三个多月"的质疑其实是可以化解的。据《史记》卷六《秦始皇本纪》，秦始皇二十八年（前219）第一次出巡，"上自南郡由武关归"，与三十七年（前210）最后一次出巡，"十一月，行至云梦"，很可能也经由武关道，也是"在同一条巡游路线上"。这两次出巡也同样经行山东半岛沿海的路线。秦二世以一次出巡复行"先帝巡行郡县，以示强，威服海内"的路线，所以出现"在同一条巡游路线上来回往返"的情形是可以理解的。而秦二世各地刻石的实际存在，证明了"二世东行郡县"这一历史记录的真实性。以现今公路营运里程计，西安至秦皇岛约 1379 千米，秦皇岛至绍兴约 1456 千米，秦皇岛至辽阳约 416 千米，均以"在同一条巡游路线上往返"计，共6502 千米。"春，二世东行郡县"，"四月，二世至咸阳"，以 100 日计，

① 刘敏、倪金荣：《宫闱腥风——秦二世》，四川人民出版社，1996，第148—149页。

每日行程 65 千米，也不是不可能。因此，轻易否定《史记》的记载似有不妥。而且我们应当考虑到，秦二世时代的交通条件与秦始皇出行时已经有所不同。据《史记》卷八七《李斯列传》，秦二世执政之后，"法令诛罚日益刻深，群臣人人自危，欲畔者众"，秦二世"又作阿房之宫，治直、驰道，赋敛愈重，戍徭无已"，"于是楚戍卒陈胜、吴广等乃作乱，起于山东。杰俊相立，自置为侯王，叛秦，兵至鸿门而却"。① 由此可知，秦二世仍然在进行直道和驰道的修筑工程。辽西道路因皇帝车队两次通行，到了秦二世时代应当又得到进一步完善。

四、秦始皇车队的另一追随者：汉武帝

汉武帝多次行至海上。据《史记》卷二八《封禅书》记载，元封元年（前110），"东巡海上，行礼祠'八神'"，"齐人之上疏言神怪奇方者以万数，然无验者"，"乃益发船，令言海中神山者数千人求蓬莱神人"，"宿留海上，予方士传车及间使求仙人以千数"，此后"复东至海上望，冀遇蓬莱焉""遂去，并海上，北至碣石，巡自辽西，历北边至九原"②。这是汉武帝行历辽西的明确历史记录。

显然，当时沿渤海、黄海海滨有一条交通大道。这条大道与三川东海道、邯郸广阳道相交，沟通富庶的齐楚之地与其他地区，便于调集各种物资，具有直接支撑中央专制政权的重要作用。

关于秦汉交通的论著大多忽视了这条交通大道，以往秦汉交通图中往往只绘出秦始皇出巡时行经的并海路线，即循黄海海岸和渤海南岸的地段③，而忽略了这条道路的北段。根据秦二世和汉武帝"并海"而行

---

① 《史记》，第 2553 页。

② 同上书，第 1397—1399 页。

③ 史念海曾指出："江乘渡江，北即广陵，广陵为邗沟所由始，可循之北越淮水，以达彭城。古时海滨尚未淤积，广陵、彭城之东距海较今为近，史文所言并海北行者，亦犹二十八年东行之时并渤海以至成山、之罘也。平原濒河水，沙丘属巨鹿，其间平坦，当有驰道。"《秦汉时代国内之交通路线》，《文史杂志》3 卷第 1、2 期，收入《河山集》（四集）。

的记载，可知当时渤海西岸亦有大道通行。①

五、秦始皇车队的第三个追随者：魏武帝

"自碣石循海东行"的辽西道路，实现了并海道与北边道的交接，从而具有重要的战略意义。

关于秦始皇、秦二世和汉武帝出巡海滨的历史记录，往往提及"并海"的交通方式。② 显然，当时渤海、黄海海滨有一条交通大道。当时渤海西岸有秦二世和汉武帝"并海"经行的大道，就是东汉所谓的"傍海道"。

据《三国志》卷一《魏书·武帝纪》记载，曹操"北征三郡乌丸"，因遭遇水害，道路不通，于是被迫开通山路进军：

> 夏五月，至无终。秋七月，大水，傍海道不通，田畴请为乡导，公从之。引军出卢龙塞，塞外道绝不通，乃堑山堙谷五百余里，经白檀，历平冈，涉鲜卑庭，东指柳城。未至二百里，虏乃知之。③

由此可知"并海道"又作"傍海道"。《史记》卷六《秦始皇本纪》言

---

① 王子今：《秦汉时代的并海道》，载《中国历史地理论丛》1988 年第 2 辑；《论秦汉辽西并海交通》，《渤海大学学报》2014 年第 2 期；《西汉辽西郡的防务与交通》，《辽宁大学学报（哲学社会科学版）》2015 年第 2 期。

② 如《史记》卷六《秦始皇本纪》所记载，秦始皇二十八年（前 219）第二次出巡，上泰山，又"并勃海以东，过黄、腄，穷成山，登之罘"。秦始皇三十七年（前 210）第五次出巡，"还过吴，从江乘渡，并海上，北至琅邪"，又由之罘"并海西至平原津"。秦二世巡行郡县，曾"到碣石，并海，南至会稽"。据《史记》卷二八《封禅书》，汉武帝也曾自泰山"并海上，北至碣石"。第 244 页，第 263 页至第 264 页，第 267 页，第 476 页。据《汉书》卷六《武帝纪》记载，元封五年（前 106），汉武帝由江淮"北至琅邪，并海，所过礼祠其名山大川"。第 196 页。

③ 《三国志》，第 29 页。

"并海"交通，裴骃《集解》引服虔曰："并音傍。傍，依也。"①《汉书》卷二五上《郊祀志上》曰："（秦始皇）遂登会稽，并海上……"颜师古注："附海而上也。并音步浪反。"《郊祀志上》又记载："二世元年，东巡碣石，并海……"颜师古注："并音步浪反。"② 与服虔说"并音傍"同。

第五节 秦宫"海池"与王莽"渐台"

秦汉时期，宫苑建设促使园林技术与园林艺术提升到新的水准。宫苑中特意设计并营造的以人工湖泊为形式的微缩的"海"的模型，体现出海洋在当时社会观念中的重要地位和神秘意义。王莽"渐台"的故事表现出他对"海"的神秘力量的某种迷信。

一、关于兰池宫"海池"的异议

《史记》卷六《秦始皇本纪》记载："三十一年十二月……始皇为微行咸阳，与武士四人俱，夜出逢盗兰池，见窘，武士击杀盗，关中大索二十日。"③ 这是秦史中记录的唯一一次发生在关中秦国故地威胁秦帝国最高执政者安全的事件。秦始皇仅带四名随从，以平民身份"夜出""微行"，在咸阳宫殿区竟遭遇严重破坏都市治安的"盗"。《北堂书钞》卷二〇引《史记》写作"兰池见窘"。④ 《初学记》卷九则作"见窘兰

①《史记》，第 253 页。

②《汉书》，第 1205 页。

③《史记》，第 251 页。

④ 虞世南编撰《北堂书钞》，第 47 页。

池"。① 所谓"见窘"的"窘"，汉代人多作"困""急"解释。② 又有"窘急"③、"窘滞"④、"窘迫"⑤、"窘惶"⑥ 诸说。按司马迁的语言习惯，所言"窘"与秦始皇兰池遭遇类似的"困""急"情势，有秦穆公和晋惠公战场遇险的史例。⑦ 秦始皇"微行咸阳""夜出逢盗兰池"时，身边随行"武士"以非常方式保卫了主上的生命安全——"击杀盗"，随后在整个关中地区戒严，搜捕可疑人等。

事件发生的地点"兰池"，就是位于秦咸阳宫东面的"兰池宫"。对于《史记》中的相关记述，注家有所解说。南朝宋学者裴骃在《史记集解》中写道："《地理志》：渭城县有兰池宫。"⑧ 他引录的是《汉书》卷二八上《地理志上》。我们今天看到的《汉书》中"右扶风""渭城县"条是这样写的："渭城，故咸阳，高帝元年更名新城，七年罢，属长安。武帝元鼎三年更名渭城。有兰池宫。"⑨ 唐代学者张守节在《史记正义》

---

① 徐坚等：《初学记》，第 209 页。

② 《诗·小雅·正月》："终其永怀，又窘阴雨。"毛传："窘，困也。"《十三经注疏》，阮元校刻，第 443 页。《离骚》："何桀纣之猖披兮，夫唯捷径以窘步。"王逸注："窘，急也。"洪兴祖：《楚辞补注》，白化文等点校，中华书局，1983，第 8 页。

③ 《史记》卷一二四《游侠列传》："适有天幸，窘急常得脱。"第 3185 页。

④ 《淮南子·要略》："穿通窘滞，决渎壅塞。"何宁：《淮南子集释》，第 1443 页。

⑤ 刘向《九叹·远逝》："日杳杳以西颓兮，路长远而窘迫。"洪兴祖：《楚辞补注》，白化文等点校，第 295 页。

⑥ 王粲《大暑赋》："体烦茹以于悒，心愤闷而窘惶。"李昉等：《太平御览》，第 160 页。

⑦ 《史记》卷五《秦本纪》记载"缪公窘"的情形："（秦缪公）与晋惠公夷吾合战于韩地。晋君弃其军，与秦争利，还而马鸷。缪公与麾下驰追之，不能得晋君，反为晋军所围。晋击缪公，缪公伤。"晋惠公"马鸷"，先于秦缪公而"窘"。张守节《正义》："《国语》云：'晋师溃，戎马还泞而止。'韦昭云：'泞，深泥也。'"第 188 页。《史记》卷三九《晋世家》记载："秦缪公、晋惠公合战韩原。惠公马鸷不行，秦兵至，公窘……"关于"马鸷不行"，司马贞《索隐》释："谓马重而陷之于泥。"第 1653 页。

⑧ 《史记》，第 251 页。

⑨ 《汉书》，第 1456 页。

中引录了唐代地理学名著《括地志》："兰池陂即古之兰池，在咸阳县界。"① 秦汉时期的"兰池"，在唐代称作"兰池陂"，可知这一湖泊到隋唐时代依然存在。

张守节又写道："《秦记》云：'始皇都长安，引渭水为池，筑为蓬、瀛，刻石为鲸，长二百丈。'逢盗之处也。"他认为秦始皇"微行""夜出逢盗"的地点，是在被称作"兰池"的湖泊附近。根据《秦记》的记载，秦始皇在都城附近引渭河水注为池，在水中营造蓬莱、瀛洲等海中仙山模型，又"刻石为鲸"，说明这一人工水池其实是海洋的象征。

来自《秦记》的历史信息非常重要。因为秦始皇焚书时，宣布"史官非《秦记》皆烧之"。据《史记》卷六《秦始皇本纪》中的明确记载，除了《秦记》外，其他史书全部被烧毁。《史记》卷一五《六国年表》中又写道："秦既得意，烧天下《诗》《书》，诸侯史记尤甚，为其有所刺讥也。""惜哉！惜哉！独有《秦记》，又不载日月，其文略不具。"② 司马迁深切叹惜各诸侯国历史记录之不存，"独有《秦记》"，然而"其文略不具"。不过，他也表示，就对战国历史的记录而言，《秦记》的真实性是可取的。司马迁还认为，因"见秦在帝位日浅"而产生鄙视秦人历史文化的偏见，是可悲的。《史记》卷一五《六国年表》中还有两次，即在序文的开头和结尾，说到《秦记》："太史公读《秦记》，至犬戎败幽王，周东徙洛邑，秦襄公始封为诸侯，作西畤用事上帝，僭端见矣。""余于是因《秦记》，踵《春秋》之后，起周元王，表六国时事，讫二世，凡二百七十年，著诸所闻兴坏之端。后有君子，以览观焉。"③ 王国维曾指出，《史记》为"司马迁取诸《秦记》者"。孙德谦在《太史公书义法·详近》中说，司马迁一定读过《秦记》这部书，所以他"所作列传，不详于他国，而独详于秦"。在商鞅之后，他又记述了张仪、樗里子、甘茂、甘罗、穰侯、白起、范雎、蔡泽、吕不韦、李斯、蒙恬诸人，其中以来自秦国的历史人物为多。难道说司马迁对秦人有特别的偏

---

①《史记》，第 251 页。

② 同上书，第 686 页。

③ 同上书，第 686 页，第 687 页。

爱吗？很可能只是由于他"据《秦记》为本，此所以传秦人特详"。金德建在《司马迁所见书考》一书中推定："《史记》的《六国年表》纯然是以《秦记》的史料做骨干写成的。秦国的事迹，只见记于《六国年表》里而不见于别篇，也正可以说明司马迁照录了《秦记》中原有的文字。"①

如果张守节在《史记正义》中引录的"始皇都长安，引渭水为池，筑为蓬、瀛，刻石为鲸，长二百丈"这段文字确实出自《秦记》，其可靠性是值得特别关注的。

不过，我们又发现了疑点。《续汉书·郡国志一》"京兆尹长安"条写道："有兰池。"刘昭注补："《史记》曰：'秦始皇微行夜出，逢盗兰池。'《三秦记》曰：'始皇引渭水为长池，东西二百里，南北三十里，刻石为鲸鱼二百丈。'"② 唐代学者张守节以为出自《秦记》的记载，南朝梁学者刘昭却早已明确指出出自《三秦记》。我们又看到《说郛三种》卷六一上《辛氏三秦记》"兰池"条确实有这样的内容："秦始皇作兰池，引渭水，东西二百里，南北二十里，筑土为蓬莱山。刻石为鲸鱼，长二百丈。"③ 清代学者张照判断，张守节所谓的《秦记》，其实是《三秦记》，只是漏写了一个"三"字。④

《三秦记》或《辛氏三秦记》的成书年代要晚得多。这样说来，关于秦宫营造海洋及海中神山模型的记载，其可信度是要打折扣了。

二、"兰池"象海的可能性

不过，秦咸阳宫存在模拟海洋的人工湖泊的可能性还是存在的。我

---

① 金德建：《〈秦记〉考征》，《司马迁所见书考》，上海人民出版社，1963，第415—416页。参看王子今：《〈秦记〉考识》，《史学史研究》1997年第1期；《〈秦记〉及其历史文化价值》，《秦文化论丛》（第五辑），西北大学出版社，1997。

②《后汉书》，251页。

③ 陶宗仪等编《说郛三种》，上海古籍出版社，1988，第2808页。

④《史记考证》，文渊阁《四库全书》本《史记》卷六《秦始皇本纪》附。收入《景印文渊阁四库全书》第243册，第182页。

们从有关秦始皇陵"以水银为百川江河大海，机相灌输"的记载中可知，海洋在秦帝国缔造者心中的地位。

秦始皇在统一战争中每征服一个国家时，都要把该国宫殿的建筑图样采集回来，在咸阳以北的塬上进行复制。这就是《史记》卷六《秦始皇本纪》记载的"秦每破诸侯，写放其宫室，作之咸阳北阪上"。[1] 而翻版的燕国宫殿的位置，正好在咸阳宫的东北方向，这与燕国和秦国的方位关系是一致的。兰池宫曾经出土有"兰池宫当"文字的瓦当，所以其位置可大体确定。那么兰池宫也在咸阳宫的东北方向，正好在"出土燕国形制瓦当"的翻版的燕国宫殿以南。[2] 如果说这一湖泊象征渤海，从地理位置上考虑，也是妥当的。

渤海当时称"勃海"，又称"勃澥"。这是秦始皇相当熟悉的海域。他东巡时，曾经沿渤海西岸和南岸行进，又曾经在海上浮行，甚至有使用连弩亲自"射杀"海上"巨鱼"的行为。燕、齐海上方士们关于海上神山的宣传，最初很可能源于对渤海海面海市蜃楼的认识。在渤海湾西岸发掘的秦汉建筑遗存，被许多学者认为与秦始皇巡行至碣石的行迹有关，故被称作"秦行宫遗址"。[3] 所出土大型夔纹建筑材料，仅在秦始皇陵园有同类发现。秦始皇巡行渤海的感觉，很可能对秦都咸阳宫殿区的建设规划产生影响。从姜女石石碑地秦宫遗址的位置看，这里完全被蓝色的水世界紧密拥抱。这位帝王应当也希望居住在咸阳宫室的时候，开窗就能看到海景。

三、 发现"晦池""每池"封泥

秦封泥有"晦池之印"。[4] "晦"可以读作"海"。《释名·释水》曰：

---

① 《史记》，239 页。

② 张在明主编《中国文物地图集·陕西分册》，西安地图出版社，1998，第 195 页，第 348 页。

③ 中国社会科学院考古研究所编著《中国考古学·秦汉卷》，刘庆柱、白云翔主编，第 55—70 页。

④ 路东之：《问陶之旅：古陶文明博物馆藏品撷英》，紫禁城出版社，2008，第 171 页。

"海，晦也。"① 清华大学藏战国简《赤鹄之集汤之屋》中将"四海"写作"四晦"。②《易·明夷·上六》中写道："不明晦，初登于天，后入于地。"汉帛书本中将"晦"写作"海"。《吕氏春秋·求人》中写道："北至人正之国，夏海之穷。"《淮南子·时则训》中将"海"写作"晦"。③秦封泥中有"东晦□马"④和"东晦都水"⑤，其中"东晦"都是"东海"的异写形式。这样说来，秦有管理"晦池"即"海池"的官职。而"海池"见于汉代宫苑史料，指仿照海洋营造的湖沼。另外，秦封泥中又有"每池"⑥，应当也作"海池"解。

四、建章宫"治大池""象海中神山"

秦汉宫苑中"象海"的人工湖泊，是在帝王们对海洋神仙文化充满憧憬的背景下精心营造的。

以汉武帝在建章宫前殿"其北治大池，渐台高二十余丈，命曰太液池，中有蓬莱、方丈、瀛洲、壶梁，象海中神山龟鱼之属"的记载为例，在"太液池"及"蓬莱、方丈、瀛洲、壶梁""海中神山"模型设计和施工之前，这位帝王在言行上都表现出对"蓬莱"世界的特别关注。据《史记》卷二八《封禅书》记述，方士李少君对汉武帝说"……益寿而海中蓬莱仙者乃可见""安期生仙者，通蓬莱中……"，于是汉武帝"遣方士入海求蓬莱安期生之属"，"求蓬莱安期生莫能得，而海上燕齐怪迂之方士多更来言神事矣"，"入海求蓬莱者，言蓬莱不远，而不能至者，殆不见其气"，"上乃遣望气佐候其气云"。"欲放黄帝以上接神仙

---

① 任继昉：《释名汇校》，第 62 页。

② 清华大学出土文献研究与保护中心编《清华大学藏战国竹简（三）》，李学勤主编，第 167 页。

③ 高亨：《古字通假会典》，董治安整理，第 443 页。

④ 傅嘉仪：《秦封泥汇考》，上海书店出版社，2007，第 179 页。

⑤ 周晓陆、陈晓捷、李凯：《于京新见秦封泥中的地理内容》，《西北大学学报（哲学社会科学版）》2005 年第 4 期。

⑥ 陈晓捷、周晓陆：《新见秦封泥五十例考略》，《碑林集刊》第 11 辑，2005。

人蓬莱士，高世比德于九皇，而颇采儒术以文之"，"上遂东巡海上，行礼祠八神。齐人之上疏言神怪奇方者以万数，然无验者。乃益发船，令言海中神山者数千人求蓬莱神人"。"天子既已封泰山，无风雨灾，而方士更言蓬莱诸神若将可得，于是上欣然庶几遇之，乃复东至海上望，冀遇蓬莱焉"，"临勃海，将以望祀蓬莱之属，冀至殊廷焉"。① 故事发生在元光二年（前133）至太初元年（前104）间，这30年中，汉武帝心中似乎始终萦绕着"蓬莱"之梦。在"太液池"建"蓬莱"等"海中神山"模型，其实是他"求蓬莱""冀遇蓬莱""望祀蓬莱"等一系列动作的延续。宫廷"海池"以及附属的"蓬莱、方丈、瀛洲、壶梁，象海中神山龟鱼之属"等，作为特殊的信仰象征，于是具有了接近"海中神山""神怪""神仙人"的神秘意义。

在《文选》卷一《西都赋》中，班固以生动细致的笔触，比较详尽地叙写了西汉长安宫殿区的"海池""沧海""神岳"诸景观：

> 前唐中而后太液，揽沧海之汤汤，扬波涛于碣石，激神岳之嶻嶭，滥瀛洲与方壶，蓬莱起乎中央。

李善注："《汉书》曰：建章宫，其西则有唐中数十里，其北沼太液池，渐台高二十余丈，名曰太液，池中有蓬莱、方丈、瀛州、台梁，象海中仙山。如淳曰：唐，庭也。《尚书》曰：汤汤洪水方割。《苍颉篇》曰：涛，大波。《尚书》曰：夹右碣石入于河。孔安国曰：海畔山也。《毛诗》曰：应门将将。《说文》曰：滥，泛也，力暂切。《列子》：渤海之中有大壑，其中有山，一曰岱舆，二曰员峤，三曰方壶，四曰瀛州，五曰蓬莱。"②

---

① 《史记》，第1385—1402页。

② 萧统编《文选》，李善注，第27页。《后汉书》卷四〇上《班固传》载《西都赋》李贤注："《前书》曰：'建章宫，其西唐中数十里。'《音义》曰：'唐，庭也。'其北太液池中有蓬莱、方丈、瀛洲、壶梁，象海中神山。汤汤，流貌也。《苍颉篇》曰：'涛，大波也。'碣石，海畔山也。《说文》曰：'滥，泛也。'《列子》曰：'海中有神山，一曰岱舆，二曰员峤，三曰方壶，四曰瀛洲，五曰蓬莱。'"第1342页。

在《文选》卷二《西京赋》中，张衡也用"唐中""太液""沧池"等华丽的文字描述长安风景：

> 前开唐中，弥望广潒。顾临太液，沧池漭沆。渐台立于中央，赫旳旳以弘敞。清渊洋洋，神山峨峨。列瀛洲与方丈，夹蓬莱而骈罗。上林岑以垒崒，下嶄岩以岩龉。长风激于别墙，起洪涛而扬波。浸石菌于重涯，濯灵芝以朱柯。海若游于玄渚，鲸鱼失流而蹉跎。于是采少君之端信，庶栾大之贞固。

李善注："《字林》曰：潒，水潒瀁也，大朗切。漭沆，犹洸潒，亦宽大也。""《埤苍》曰：旳，赤文也，音户。三山形貌也。峨峨，高大也。善曰：《三辅三代旧事》曰：建章宫北作清渊海。《毛诗》曰：河水洋洋。""水中之洲曰墙，音岛。善曰：《高唐赋》曰'长风至而波起'。石菌、灵芝，皆海中神山所有神草名，仙之所食者。浸，濯也。重涯，池边也。朱柯，芝草茎赤色也。善曰：菌，芝属也。《抱朴子》曰：芝有石芝。菌，求陨切。海若，海神。鲸，大鱼。善曰：《楚辞》曰：令海若舞冯夷。又曰：临沅、湘之玄渊。薛君《韩诗章句》曰：水一溢而为渚。《三辅旧事》曰：清渊北，有鲸鱼，刻石为之，长三丈。《楚辞》曰：骥垂两耳，中阪蹉跎。《广雅》曰：蹉跎，失足也。"[1] 山水形貌，草木种属，都仿照"海中神山"。

五、王莽"渐台"表演

王莽在王朝覆亡前最后的表演，竟然是以"渐台"为舞台的。据《汉书》卷九九《王莽传下》记载，反抗王莽政权的暴动民众逼近宫中，"群臣扶掖莽，自前殿南下椒除，西出白虎门……莽就车，之渐台，欲阻池水"，近臣"尚千余人随之"，"军人入殿中，呼曰：'反虏王莽安在？'有美人出房曰：'在渐台。'众兵追之，围数百重。台上亦弓弩与相

---

① 萧统编《文选》，李善注，第41—42页。

第三章 秦始皇的海洋意识与秦帝国的海洋交通经营

219

射，稍稍落去。矢尽，无以复射，短兵接"。效忠王莽的近卫士兵多战死，于是，"众兵上台……商人杜吴杀莽"。有人斩莽首，"军人分裂莽身，支节肌骨脔分，争相杀者数十人"。[①]

王莽为什么在濒死时刻"之渐台"顽抗？难道仅仅只是"欲阻池水"吗？王莽是一个极端偏执的政治人物。反新莽武装已经冲入宫中，他仍然衣冠端正，绂佩齐整，口出荒诞之言，"绀袀服，带玺韨，持虞帝匕首……旋席随斗柄而坐，曰：'天生德于予，汉兵其如予何！'"[②]在来到"渐台"时，他"犹抱持符命、威斗"。王莽在濒死时刻"之渐台"，可能有特殊的动机。也许"海池""海中神山"的神秘象征意义给垂死的王莽提供了某种精神支撑。

张衡在《西京赋》中说到"渐台立于中央"，班固在《西都赋》中说"蓬莱起乎中央"，可知"渐台"象征"蓬莱"。

王莽是在未央宫"渐台"结束了他的执政生涯以及新莽王朝的行政史的。关于未央宫有"渐台"的记载，见于《汉书》卷七五《翼奉传》。邓通故事中也有关于"渐台"的情节[③]。《汉书》卷九八《元后传》中也有明确记载："（王莽）为太后置酒未央宫渐台，大纵众乐。"[④]《后汉书》卷一一《刘玄传》中则写道："长安中起兵攻未央宫。九月，东海人公宾就斩王莽于渐台，收玺绶，传首诣宛。"关于"渐台"，李贤注："渐台，太液池中台也。为水所渐润，故以为名。"[⑤]

不过，截至目前考古勘察获得的信息都不能确定未央宫"太液池"和"渐台"的位置、形制、规模。但在未央宫遗址西南部人们发现了"沧池故址"。考古学者指出："今马家寨村西南，有一片洼地，其地势低于周围地面1～2.5米，平面呈不规整的圆形，东西400米，南北510米。地表以下0.7～1米见淤土，1.2～2米见沙子，沙层厚2米，再下则依次

---

① 《汉书》，第4191页。

② 同上书，第4190页。

③ 《汉书》卷九三《佞幸传·邓通》，第3722页。

④ 《汉书》，第4032页。

⑤ 《后汉书》，第470页。

为黑卤土、淤土、水浸土、细沙。此洼地应为沧池故址……《水经注·渭水》载：'……飞渠引水入城，东为仓池。池在未央宫西，池中有渐台。'仓池即'沧池'，亦名'苍池'。"[1] 王莽最终丧生的"渐台"，是否为"沧池"的"渐台"呢？毕沅的《关中胜迹图志》中《汉长乐未央宫图》中没有标示出"太液池"和"渐台"的所在，而"沧池"在前殿西北方向，根据图样池中有高大的"渐台"。同书的《汉建章宫图》则显示出"太液池""渐台"，以及海中神山"蓬莱山""方丈山""瀛州山"的情形[2]。我们理解相关问题时可以参考这些信息。

第六节　秦始皇陵地宫设计中的海洋元素

对秦始皇陵地宫结构的介绍见于《史记》卷六《秦始皇本纪》。"以水银为百川江河大海"的设计，应当是考虑到技术效用，但其基本的出发点应当是寄寓了文化象征意义。"天下"与"四海"、"天下"与"海内"的空间观念在其中有重要的作用。使用"人鱼膏"作为照明燃料，也是我们考察海洋史与海洋文化时应当注意的现象。

一、"以水银为百川江河大海"

关于秦始皇建造陵墓的时间，有不同的说法。有人说嬴政在即位之后就开始建造陵墓，也有人说集中力量施工的时段可能稍晚。《史记》卷六《秦始皇本纪》记载："始皇初即位，穿治郦山，及并天下，天下

① 中国社会科学院考古研究所编著《汉长安城未央宫》，中国大百科全书出版社，1996，第 19 页。
② 毕沅：《关中胜迹图志》，张沛校点，三秦出版社，2004，第 116—117 页，第 128—129 页。

徒送诣七十余万人……"① 天下统一实现之后，工程的等级明显提升。秦始皇陵是有明确记录的用工量最大的工程。虽然"始皇恶言死，群臣莫敢言死事"②，但是工程的进行是郑重的、庄严的。秦始皇陵作为国家最高等级的营造项目，体现了秦王朝的执政效率和管理水准。秦始皇陵作为体量最宏大、形制最完整、文化内涵最丰富的帝王陵墓，可以看作秦政的标志。秦始皇陵也是集中体现一种文化风格、一种民族精神、一个时代节奏特征的物质文化遗存。

今天获得的有关秦始皇陵的知识，从文献渠道来说，主要来自司马迁在《史记》卷六《秦始皇本纪》中的记载。关于秦始皇陵营造规模及地宫结构，司马迁写道：

> 始皇初即位，穿治郦山，及并天下，天下徒送诣七十余万人，穿三泉③，下铜④而致椁，宫观百官奇器珍怪徙臧满之。⑤ 令匠作机弩矢，有所穿近者辄射之。以水银为百川江河大海，机相灌输，上具天文，下具地理。以人鱼膏为烛，度不灭者久之。⑥

《北堂书钞》卷九四《礼仪部·冢墓》中有"水银为海"条。⑦ 清人邵泰衢在《史记疑问》卷上质疑"车载一石鲍鱼"的真实性："秦始虽崩，棺宁不慎？即曰仓卒，必不疏虞，况欲远达咸阳者哉？今也始抵九原，鲍鱼乱臭，事若齐桓，乌足深信！且穿及三泉，水银为海，而肯草草一棺乎？"⑧

---

① 《史记》卷六《秦始皇本纪》，第 265 页。
② 同上书，第 264 页。
③ 张守节《正义》："颜师古云：'三重之泉，言至水也。'"
④ 裴骃《集解》引徐广曰："一作'锢'。锢，铸塞。"
⑤ 张守节《正义》："言冢内作宫观及百官位次，奇器珍怪徙满冢中。"
⑥ 《史记》，第 265 页。
⑦ 虞世南编撰《北堂书钞》，第 360 页。
⑧ 邵泰衢：《史记疑问》，收入《景印文渊阁四库全书》第 248 册，第 687 页。

秦宫苑中"海"的模型①，可以与秦始皇陵中"水银为海"的设计联系起来理解。

从秦始皇陵的地宫设计和"大海"模型似乎可以看出，陵墓主人对"海"的向往至死仍不消减。②

二、齐桓公墓与阖闾冢"溉池"先例

在陵墓地宫设计中使用水银的做法，较早见于沿海国家齐国和吴国的丧葬史料。这可能不是偶然的。《韩非子·内储说上七术》中写道："齐国好厚葬，布帛尽于衣衾，材木尽于棺椁。桓公患之，以告管仲曰：'布帛尽则无以为蔽，材木尽则无以为守备，而人厚葬之不休，禁之奈何？'管仲对曰：'凡人之有为也，非名之则利之也。'于是乃下令曰：'棺椁过度者戮其尸，罪夫当丧者。'夫戮死无名；罪当丧者无利：人何故为之也？"③这段文字中齐桓公和管仲的对话内容未必属实，但仍然可以作为"齐国好厚葬""人厚葬之不休"的社会风习的一种反映。齐桓公虽然有反对厚葬、禁止厚葬的言论，但齐桓公墓的历史遗存却证明他本人称得上厚葬的典型。

齐桓公墓在西晋永嘉末年被盗掘，对此《史记》卷三二《齐太公世家》中张守节《正义》引《括地志》曰：

> 齐桓公墓在临菑县南二十一里牛山上，一名鼎足山，一名牛首堈，一所二坟。晋永嘉末，人发之，初得版，次得水银池，有气不得入，经数日，乃牵犬入中，得金蚕数十簿，珠襦、玉匣、缯彩、军器不可

① 王子今：《秦汉宫苑的"海池"》，《大众考古》2014 年第 2 期。
② 王子今：《略论秦始皇的海洋意识》，《光明日报》2012 年 12 月 13 日。
③《韩非子集释》，陈奇猷校注，第 548 页。

胜数。又以人殉葬，骸骨狼藉也。①

这其中有涉及"水银池"的记载。《史记》卷二一《吴太伯世家》中写道："吴王病伤而死。"裴骃在《集解》中引《越绝书》言"阖庐冢"形制，提到"澒池六尺"：

> 阖庐冢在吴县昌门外，名曰虎丘。下池广六十步，水深一丈五尺，桐棺三重，澒池六尺，玉凫之流扁诸之剑三千，方员之口三千，盘郢、鱼肠之剑在焉。卒十余万人治之，取土临湖。葬之三日，白虎居其上，故号曰虎丘。

司马贞《索隐》解释"澒池"："以水银为池。"② 《太平御览》卷八一二引《吴越春秋》曰："阖闾葬，墓中澒池广六丈。"同卷又引《广雅》曰："水银谓之澒。"③ 我们现在还不清楚齐桓公墓和吴王阖闾墓中的"水银池"，与秦始皇陵的"以水银为百川江河大海"是否存在形制设计上的继承关系，但不能忽视齐桓公接受管仲"海王之国"的规划④，并更早对海洋予以特殊关注的情形。此外，吴王阖闾作为临海大国强势君主的身份也值得注意。

---

① 《史记》，第1495页。据《后汉书》卷六五《张奂传》，李贤注引陆翙《邺中记》曰："永嘉末，发齐桓公墓，得水银池金蚕数十箔，珠襦、玉匣、缯彩不可胜数。"第2143页。《说郛》卷二七下杨奂《山陵杂记》："齐桓公墓在临菑县南二十一里牛山上，亦名鼎足山，一名牛首堈，一所三坟。晋永嘉末，人发之。初得版，次得水银池，有气不得入，经数日乃牵犬入中，金蚕数十薄，珠襦玉匣缯彩军器，不可胜数。又以人殉葬，骨肉狼藉。"陶宗仪等编《说郛三种》，第1311页。

② 《史记》，第1468页。

③ 李昉等：《太平御览》，第3609页。

④ 据《史记》卷三二《齐太公世家》记述，齐桓公时代齐国的崛起，与海洋资源的开发有关："桓公既得管仲，与鲍叔、隰朋、高傒修齐国政，连五家之兵，设轻重鱼盐之利，以赡贫穷，禄贤能，齐人皆说。"第1487页。

三、秦始皇陵中高汞的发现

《太平御览》卷八一二引《皇览》曰："关东贼发始皇墓，中有水银。"[1] 关于秦始皇陵"中有水银"的信息，除了曾载于《史记》之外，还曾经被实际发现过。白居易在《草茫茫——惩厚葬也》一诗中讽刺秦始皇厚葬时亦言及"水银"："草茫茫，土苍苍。苍苍茫茫在何处，骊山脚下秦皇墓。墓中下涸二重泉，当时自以为深固。下流水银象江海，上缀珠光作乌兔。别为天地于其间，拟将富贵随身去。一朝盗掘坟陵破，龙椁神堂三月火。可怜宝玉归人间，暂借泉中买身祸。"[2] 看来，对于秦始皇陵使用水银的记载后人多予采信。

在丧葬中使用水银，据说有利于尸身防腐。清人褚人获在《坚瓠集》续集卷二"漳河曹操墓"条中写道："国朝鼎革时，漳河水涸，有捕鱼者，见河中有大石板，旁有一隙，窥之黯然。疑其中多鱼聚，乃由隙入，数十步得一石门，心怪之，出招诸捕鱼者入。初启门，见其中尽美女，或坐或卧或倚，分列两行。有顷，俱化为灰，委地上。有石床，床上卧一人，冠服俨如王者。中立一碑。渔人中有识字者，就之，则曹操也。众人因跪而斩之，磔裂其尸。诸美人盖生而殉葬者。地气凝结，故如生人。既而门启，泄漏其气，故俱成灰。独（曹）操以水银敛，其肌肤尚不朽腐。"[3] 又如《大金国志》卷三一《齐国刘豫录》曰："西京兵士卖玉注碗与三路都统，（刘）豫疑非民间物，勘鞫之，知得于山陵中，遂以刘从善为河南淘沙官，发山陵及金人发不尽棺中水银等物。"[4] 宋元间人周密在《癸辛杂识》续集卷上"杨辇发陵"条中引录杨琏真加"其徒互告状"，有关于盗发宋陵的较具体的资料，言"断理宗头，沥取水银、含珠"。[5]

---

① 李昉等：《太平御览》，第 3609 页。

② 白居易：《白居易集》，喻岳衡点校，第 62—63 页。

③ 褚人获辑撰《坚瓠集》，李梦生校点，上海古籍出版社，2012，第 844—845 页。

④ 宇文懋昭：《大金国志校证》，崔文印校证，中华书局，1986，第 436 页。

⑤ 周密：《癸辛杂识》，吴企明点校，中华书局，1988，第 152 页。

水银又有防盗功能，如前引《史记》卷三二《齐太公世家》张守节《正义》引《括地志》言"齐桓公墓"中有"水银池"，于是"晋永嘉末，人发之"，"有气不得入，经数日，乃牵犬入中"。① 秦始皇陵地宫中储注水银以为河海，或许也有以剧毒的汞蒸气杀死盗掘者的动机。以当时人们对水银化学特性的认识而言，他们不可能没注意到汞中毒的现象，因而建造陵墓时利用水银的毒性来防盗，是很自然的。

司马迁关于秦始皇陵地宫储有大量水银的记载，已经为考古学者和地质学者用新的地球化学探矿方法——利用汞量测量技术测定地下汞含量所证实。常勇、李同在《秦始皇陵中埋藏汞的初步研究》一文中指出："由于汞及其化合物的高度挥发性，所以它们的扩散、迁移能力极强，它们可以从深部的矿床及邻近围岩中主要以气体状态向地表迁移，并以气体状态保留在土壤间隙中，或者被固着在土壤颗粒上，这样就在深部埋藏矿床的上方地表形成汞的异常。"另外，汞在土壤中的迁移有"各向异性"的特点，"即在垂直方向上扩散较大而侧向扩散较小"，"使用勘察地球化学中的汞量测量方法在秦始皇陵墓封土表层中发现了很强的汞异常，面积达 12000 m^2。据考古钻探的资料，该异常位于秦始皇陵的内城中央，这证明了《史记》中关于始皇陵中有大量埋藏汞的记载是可靠的。对封土中砷、碲、铋等在自然界矿化过程中经常与汞伴生的元素进行了分析，从结果来看，这些元素均无像汞那样有异常含量，其含量变化与汞没有相关关系。对秦始皇陵取土的可能地点——鱼池水库的土壤进行的分析发现汞含量很低，这些都表明始皇陵封土中的汞异常含量不是封土固有的，而是封土堆积后，由陵墓中人工埋藏汞挥发而叠加于其中的"。② 据说秦始皇陵中储有水银的事实，除了史籍记载之外，在秦汉之际就已经有人通过盗墓实践确实发现。对此，《太平御览》卷八

---

① 墓中置"水银池"，用水银挥发的气体毒杀盗墓者，是充分利用各种手段反盗墓的典型史例。而盗墓者"经数日"等墓中毒气散去，又"牵犬入中"，发明以狗带路的方式，可以说是"道高一尺，魔高一丈"。

② 常勇、李同：《秦始皇陵中埋藏汞的初步研究》，《考古》1983 年第 7 期。

一二引《皇览》曰：“关东贼发始皇墓，中有水银。”①

在常勇、李同于 1983 年发表《秦始皇陵中埋藏汞的初步研究》之后，2002 年 11 月至 2003 年 11 月由中国地质调查局和陕西省考古研究院合作完成的秦始皇陵地宫地球物理探测取得了新的收获。② 此次物理探测的成果"再次验证了地宫中存放着大量水银"，"再次验证了历史文献上关于地宫中存在高汞的记载"。从事探测的地质学家对"地宫的探测"作了说明，认为"本次复核了土壤汞测量结果，并进行了壤中气汞量测量，还测试了土壤汞的热释谱"，"两次土壤汞测量结果基本一致"，"汞异常的范围基本上围限在上述重力异常推断的地宫开挖范围之内，即只在地宫的范围内观测到明显的汞异常，这对推断汞异常来自地宫增添了依据"，"本次测量同样是封土堆中心的东部和南部异常强，北西侧最弱"。报告者还说："1981 年在封土堆发现汞异常后，考古专家已经注意到汞异常有一定形状。若再注意一下汞异常的强弱变化——北西侧基本无异常显示，北东侧最强，南侧次强，与我国水系分布的多寡有对应关系，联想到秦始皇到过渤海，史书说秦始皇陵地宫中'以水银为百川江河大海'应是可靠的。"在对"验证结果"的介绍中，他指出"2003 年和 1981 年两次测量的一致，地宫开挖范围内存在大面积、强度大的汞异常"，与《史记》中"以水银为百川江河大海，机相灌输"的"记载一致"。③《秦始皇帝陵园考古报告 2001～2003》称"地宫中存在高汞"，并作了这样的说明："2003 年与 1981 年测量的成果一致，封土堆中部发现了明显的高汞异常现象，这与《史记》中'以水银为百川江河大海，机相灌输'的记载一致，表明地宫内存在大量的水银。"考古报告注意到，"此次勘测封土堆东南部汞异常强，北西侧异常弱"，"并进行了壤中气汞

① 李昉等：《太平御览》，第 3609 页。

② 此次探测的具体实施单位为中国地质调查局发展研究中心、中国地质科学院物探化探所和秦始皇陵考古队。对 20 世纪 80 年代进行的地球物理探测，《秦始皇陵地宫地球物理探测成果与技术》一书的《前言》中写道："受资金和当时方法技术水平的限制，没有取得令人满意的成果。"刘士毅主编《秦始皇陵地宫地球物理探测成果与技术》，地质出版社，2005，第 1 页。

③ 刘士毅主编《秦始皇陵地宫地球物理探测成果与技术》，第 26—29 页，第 58 页。

测量，还测试了土壤汞的热释谱"，"土壤汞量测量反映的是自建陵至今土壤累积吸附的结果，气汞测量反映的是当前土壤中气体的含汞量""壤中气汞测量和封土堆土壤中的汞热释谱表明，汞主要是吸附态低温汞——即来自地宫深部的外来汞，而非封土中本身的汞，有可能地宫中以汞造就的'江河大海'还没有干涸"。① 从地宫汞异常的分布看，"东部和南部异常强"，这一方位正与中国海洋的方位对应。当然，我们除了考虑汞可能用于防盗的因素，还应当考虑另一种可能，即盗扰秦始皇陵的主要敌对力量很可能来自东方，所谓"楚虽三户，亡秦必楚"② 预言中楚人的反抗，最可能在东南方向发起。这样说来，地宫中"水银"的异常分布，可以从防盗动机来理解。当然，"以水银为百川江河大海，机相灌输"的地宫设计更可能源于政治文化象征的考虑，也体现了秦始皇对海洋的特别关注。而用水银防止盗掘，可能只是次生的结果。③

后世陵墓中使用水银的情形见诸史籍。"水银为池"的故事又见于《南史》卷四三《齐高帝诸子列传下·始兴简王鉴》中。萧鉴在益州时，"于州园地得古冢，无复棺，但有石椁。铜器十余种，并古形，玉璧三枚，珍宝甚多，不可皆识，金银为蚕、蛇形者数斗。又以朱沙为阜，水银为池。左右咸劝取之。（萧）鉴曰：'皇太子昔在雍，有发古冢者，得玉镜、玉屏风、玉匣之属，皆将还都，吾意常不同。'乃遣功曹何伫为之起坟，诸宝物一不得犯。"④

以水银入葬确有效用。然而，我们讨论秦始皇陵地宫设计时更应关注的，不是水银的防腐和防盗功能，而是"以水银为百川江河大海，机相灌输"的构想所反映的海洋意识。

---

① 陕西省考古研究所、秦始皇兵马俑博物馆编著《秦始皇帝陵园考古报告 2001～2003》，文物出版社，2007，第 103 页。

②《史记》卷七《项羽本纪》，第 300 页。

③ 王子今：《秦始皇陵考古与秦统一历史意义的新认识》，载《秦汉研究》2020 年第 14 辑，西北大学出版社，2020。

④ 李延寿：《南史》，中华书局，1975，第 1087 页。

四、 海与神仙崇拜

在秦汉社会的信仰世界中，神仙和海有密切的关系。

燕齐海上方士较早借助海洋的神秘性，宣传自己的学说。而发生于环渤海区域的"仙人长生"理念的精神征服力，也因海洋而扩大影响。"入海求仙人""求仙药""求仙人不死之药""求芝奇药仙者"①，成为帝国政治中枢下达的重要行政任务。

最高权力者接受了方士们的学说，甚至亲自前往"海上""求仙人"。《史记》卷二八《封禅书》记载："于是始皇遂东游海上，行礼祠名山大川及八神，求仙人羡门之属。"②

《史记》卷六《秦始皇本纪》记载："齐人徐市等上书，言海中有三神山，名曰蓬莱、方丈、瀛洲，仙人居之。请得斋戒，与童男女求之。于是遣徐市发童男女数千人，入海求仙人。"③ 这发生在秦始皇二十八年（前219）。此后又有"三十二年，始皇之碣石，使燕人卢生求羡门、高誓"，又"因使韩终、侯公、石生求仙人不死之药"。④ 由此看来，秦始皇曾经派遣多个方士团队，连续"入海"求仙。

关于秦始皇三十七年（前210）的记述，又有："方士徐市等入海求神药，数岁不得，费多，恐谴，乃诈曰：'蓬莱药可得，然常为大鲛鱼所苦，故不得至，愿请善射与俱，见则以连弩射之。'"而后"始皇梦与海神战"，"乃令入海者赍捕巨鱼具，而自以连弩候大鱼出射之。自琅邪北至荣成山，弗见。至之罘，见巨鱼，射杀一鱼"，于是"遂并海西"，"至平原津而病"，"七月丙寅，始皇崩于沙丘平台"。⑤ 从徐市事迹及"数岁不得，费多，恐谴"等细节看，徐市率领的"入海者"曾经反复

---

① 《史记》卷六《秦始皇本纪》，第247页，第258页，第252页，第257页。
② 《史记》，第1367页。
③ 同上书，第247页。
④ 同上书，第251页，第252页。
⑤ 同上书，第263页。

出航。

据《史记》卷二八《封禅书》记述，"海上"与"神山""仙人""奇药"形成的特殊的神奇关系，致使秦始皇反复追寻，至死不懈：

> 自威、宣、燕昭使人入海求蓬莱、方丈、瀛洲。此三神山者，其传在勃海中，去人不远；患且至，则船风引而去。盖尝有至者，诸仙人及不死之药皆在焉。其物禽兽尽白，而黄金银为宫阙。未至，望之如云；及到，三神山反居水下。临之，风辄引去，终莫能至云。世主莫不甘心焉。① 及至秦始皇并天下，至海上，则方士言之不可胜数。始皇自以为至海上而恐不及矣，使人乃赍童男女入海求之。船交海中，皆以风为解，曰未能至，望见之焉。其明年，始皇复游海上，至琅邪，过恒山，从上党归。后三年，游碣石，考入海方士，从上郡归。后五年，始皇南至湘山，遂登会稽，并海上，冀遇海中三神山之奇药。不得，还至沙丘崩。②

"勃海中""诸仙人及不死之药"，使这位帝王"莫不甘心"，累年"冀遇"，走到人生终点却依然"不得"。

如同在宫苑中设置"海池"一样，陵墓地宫中以"水银为海"的设计，也寄托了秦始皇永久延续的希冀与追求。

五、"海" 与"天下"象征

在秦汉人的意识中，"海"不仅是"仙人"所居，"奇药"所在，其神秘境界也被理解为体现政治气运的符号。

《史记》卷一《五帝本纪》说，黄帝被尊为"天子"，"东至于海，登丸山，及岱宗。西至于空桐，登鸡头。南至于江，登熊、湘。北逐荤粥，合符釜山，而邑于涿鹿之阿"。关于"丸山"，裴骃《集解》："《地理

---

① 司马贞《索隐》："谓心甘美也。"
② 《史记》，第 1369—1370 页。

志》曰丸山在郎邪朱虚县。"张守节《正义》："《括地志》云：'丸山即丹山，在青州临朐县界朱虚故县西北二十里，丹水出焉。'"① 黄帝"东至于海，登丸山"，以对"海"的亲近宣示政治权力。所谓"合符釜山"，有解释说亦与"东海"有关，并且有"瑞云""符命"传说。司马贞《索隐》："案：郭子横《洞冥记》称东方朔云'东海大明之墟有釜山，山出瑞云，应王者之符命'，如尧时有赤云之祥之类。盖黄帝黄云之瑞，故曰'合符应于釜山'也。"②

　　"帝颛顼高阳"的政治威权，实现了"四远皆平而来服属"③："北至于幽陵，南至于交趾，西至于流沙，东至于蟠木。动静之物，大小之神，日月所照，莫不砥属。""交趾"临南海。所谓"东至于蟠木"，裴骃《集解》引《海外经》言在"东海"："东海中有山焉，名曰度索。上有大桃树，屈蟠三千里。东北有门，名曰鬼门，万鬼所聚也。天帝使神人守之，一名神荼，一名郁垒，主阅领万鬼。若害人之鬼，以苇索缚之，射以桃弧，投虎食也。"④ 帝尧的势力范围，四至甚为辽远，其中，东方和南方都到达海滨。"分命羲仲，居郁夷，曰旸谷。敬道日出，便程东作。""申命羲叔，居南交。便程南为，敬致。"所谓"郁夷"，裴骃《集解》："《尚书》作'嵎夷'。孔安国曰：'东表之地称嵎夷。日出于旸谷。羲仲，治东方之官。'"司马贞《索隐》："案：《淮南子》曰'日出汤谷，浴于咸池'，则汤谷亦有他证明矣。"张守节《正义》："《禹贡》青州云：'嵎夷既略。'案：嵎夷，青州也。尧命羲仲理东方青州嵎夷之地，日所出处，名曰阳明之谷。"关于"南交"，即临南海的"交趾"。司马贞《索隐》："南方地有名交趾者，或古文略举一字名地，南交则是交趾不疑也。"⑤

---

① 《史记》，第3页，第6页。
② 同上书，第7页。
③ 《史记》卷一《五帝本纪》裴骃《集解》引王肃曰，第12页。
④ 《史记》，第11—12页。
⑤ 同上书，第16—18页。

帝舜曾有"巡狩"行为。他的生命竟然结束于"巡狩"途中。① 其行政实效，即"四海之内，咸戴帝舜之功"。张守节《正义》："《尔雅》云：'九夷八狄七戎六蛮谓之四海。'"② "四海"成为形容最高等级的权力控制空间的词语。司马迁实地考察，发现"五帝"有远程旅行的经历。据他明确的记述，"五帝"曾经"东渐于海"。③

帝舜是在"巡狩"实践中"行视""治水"情形时发现帝禹的。作为帝舜的继承者，帝禹行历九州，也在"巡狩"的行程中结束了他的人生。《史记》卷二《夏本纪》记载了他政治生涯亦可谓交通生涯的结束："帝禹东巡狩，至于会稽而崩。"④ 秦始皇实现统一后，曾五次出巡。不过，《史记》有关秦史的记录中称"巡"，或称"行"，或称"游"，却不称"巡狩"。这应当是依据《秦记》的记载。⑤ 如《史记》卷六《秦始皇本纪》记载，"二十七年，始皇巡陇西、北地"，"二十八年，始皇东行郡县"⑥，"二十九年，始皇东游"⑦，"三十七年十月癸丑，始皇出游"⑧，多用"巡""行""游"等字而不用"巡狩"，这或许体现了秦文化与东方六国文化的差异。不过，仍然有学者将这种交通行为与传说中先古圣王的"巡狩"联系起来。《史记》卷六《秦始皇本纪》记载"二十九年，始皇东游""登之罘，刻石"，开篇就写道："维二十九年，时在中春，阳

---

① 王子今：《论帝舜"巡狩"》，载强跃主编《陕西历史博物馆论丛》（第 25 辑），三秦出版社，2018。

②《史记》卷一《五帝本纪》，第 43—44 页。

③ 同上书，第 46 页。

④《史记》，第 83 页。

⑤ 王子今：《〈秦记〉考识》，《史学史研究》1997 年第 1 期；《〈秦记〉及其历史文化价值》，载《秦文化论丛》（第五辑），西北大学出版社，1997，又载《秦文化论丛选辑》，三秦出版社，2004。

⑥《史记》，第 241—243 页。泰山刻石称"亲巡远方黎民""周览东极"；琅邪刻石称"东抚东土""乃抚东土"。《史记》，第 245—246 页。

⑦ 之罘刻石称"皇帝东游，巡登之罘，临照于海""维二十九年，皇帝春游，览省远方"。《史记》，第 249—250 页。

⑧《史记》，第 260 页。会稽刻石称"三十有七年，亲巡天下，周览远方"。《史记》，第 261 页。

和方起。皇帝东游，巡登之罘，临照于海。"① 秦始皇在三十七年（前210）最后一次东巡时，就追随帝禹行迹："上会稽，祭大禹，望于南海，而立石刻颂秦德。"②

实现统一之后，秦始皇五次出巡，四次行至海滨。途中，他除了留下前述的"临照于海"刻石外，还有之罘刻石，上有"皇帝东游，巡登之罘，临照于海""逮于海隅，遂登之罘，昭临朝阳"等文字③，又有琅邪刻石，上有"东抚东土，以省卒士。事已大毕，乃临于海""皇帝之土。西涉流沙，南尽北户。东有东海，北过大夏。人迹所至，无不臣者""维秦王兼有天下，立名为皇帝，乃抚东土，至于琅邪"等文字。秦始皇同从臣"议于海上"，所谓"今皇帝并一海内，以为郡县，天下和平"的宣言④，与"秦初并天下"时李斯等"议帝号"时言"今陛下兴义兵，诛残贼，平定天下，海内为郡县"，驳"请立诸子"时言"今海内赖陛下神灵一统，皆为郡县"，周青臣进颂时言"赖陛下神灵明圣，平定海内，放逐蛮夷，日月所照，莫不宾服"，以及博士齐人淳于越言"今陛下有海内，而子弟为匹夫"⑤，可以联系起来理解。虽然以上言论体现的政治意见并不相同，但都强调秦统一是"有海内"、"平定海内"、"并一海内"、"海内""一统"、"海内为郡县"，即以"海"界定政治空间，这一点值得我们重视。

秦二世欲效仿秦始皇出行，言"先帝巡行郡县，以示强，威服海内"，与赵高讨论朝政时言"制御海内"，都可以看作秦始皇时代之后同一政治理念的延续。贾谊在《过秦论》中言"不患不得意于海内"，以及在总结秦亡教训时言"海内之患"、"海内畔"诸语⑥，则表露出他对秦王朝政风的理解。

①《史记》，第249—250页。
② 同上书，第260页。
③ 同上书，第249—250页。
④ 同上书，第245—247页。
⑤ 同上书，第236页，第239页，第254页。
⑥《史记》卷六《秦始皇本纪》，第267页，第271页，第277页，第283页，第278页。

关注反映秦政治意识的"海内"观，结合上文讨论的"天下"与"四海"、"天下"与"海内"的关系，在这一认识的基础上思考秦始皇陵"水银为海"的文化意义，可以推知这一设计是以"海"的模型作为"天下"象征为出发点。

六、关于"以人鱼膏为烛，度不灭者久之"

关于秦始皇陵地宫的照明方式，《史记》卷六《秦始皇本纪》"以人鱼膏为烛，度不灭者久之"中的"人鱼膏"，后来或写作"人膏"。

《汉书》卷三六《刘向传》中载刘向对厚葬的批评，说到秦始皇陵是厚葬史上的极端案例：

> 秦始皇帝葬于骊山之阿，下锢三泉，上崇山坟，其高五十余丈，周回五里有余。石椁为游馆，人膏为灯烛，水银为江海，黄金为凫雁。珍宝之臧，机械之变，棺椁之丽，宫馆之盛，不可胜原。

这里特别说到"人膏为灯烛"。① 《通志》卷七八上《宗室传第一上·前汉》"刘向"条引"人膏为灯烛"说。② 宋人宋敏求在《长安志》卷一五《县五》中引《刘向传》，也作"人膏为灯烛"。③ 宋人罗璧在《识遗》卷二《历代帝陵》中引作"人膏为灯油"。④ 《太平御览》卷八七〇引《史记》曰："始皇冢中以人膏为烛。"⑤ 对刘向的"人膏"之说，不少学者多取信。宋人王益之在《西汉年纪》卷二六⑥、徐天麟在《西汉会要》

---

①《汉书》，第1954页。文渊阁《四库全书》本《汉书》有注文："宋祁曰：《史记》作'人鱼膏'。"第250册，第82页。

② 郑樵：《通志》，第917页。

③ 宋敏求：《长安志》，辛德勇、郎洁点校，三秦出版社，2013，第462页。

④ 罗璧：《识遗》，岳麓书社，2010，第27页。

⑤ 李昉等：《太平御览》，第3856页。

⑥ 王益之：《西汉年纪》，王根林点校，中华书局，2018，第557页。

卷一九《礼十四》、杨侃《两汉博闻》卷四①，明人李光瑨在《两汉萃宝评林》卷上②、梅鼎祚在《西汉文纪》卷一七③、吴国伦在《秦汉书疏·西汉书疏》卷五《汉成帝》④、严衍在《资治通鉴补》卷三一《汉纪二三》⑤，清人沈青峰在《雍正陕西通志》卷七〇《陵墓一·临潼县》及卷八六《艺文二·奏疏》⑥、严长明等在《西安府志》卷七〇《艺文志下》⑦ 中均言"人膏"。所谓"人膏"，容易被理解为人体脂肪。⑧《金史》卷五《海陵亮纪》曰："煮死人膏以为油。"这一史料值得我们注意。《金史》卷一二九《佞幸传·李通》曰："煮死人膏为油用之。"⑨ 以人体

① 杨侃：《两汉博闻》，车承瑞点校，黑龙江人民出版社，1990，第 244 页。

② 李光瑨：《两汉萃宝评林》，收入《四库未收书辑刊》第一辑第 21 册，第 508 页。

③ 梅鼎祚：《西汉文纪》，收入《景印文渊阁四库全书》第 1396 册，第 529 页。

④ 吴国伦：《秦汉书疏·西汉书疏》，收入《续修四库全书》第 462 册，上海古籍出版社，2013，第 120 页。

⑤ 严衍：《资治通鉴补》第 2 册，上海古籍出版社，2007，第 257 页。

⑥ 沈青峰：《雍正陕西通志》，收入《景印文渊阁四库全书》，第 555 册第 229 页，第 556 册第 135 页。

⑦ 严长明等：《西安府志》，舒其绅等修，何炳武总校点，董健桥审校，三秦出版社，2011，第 1533 页。

⑧《通典》卷一七一《州郡》："秦汉之后，以重敛为国富，卒众为兵强，拓境为业大，远贡为德盛，争城杀人盈城，争地杀人满野。用生人膏血，易不殖土田。小则天下怨咨，群盗蜂起；大则殒命歼族，遗恶万代，不亦谬哉！"第 907 页。金人元好问在《长城》一诗中也说到"生人膏血"："秦人一铩连鸡翼，六国萧条九州一。祖龙跋扈侈心开，牛羊生民付砧礩。诗书简册一炬空，欲与三五争相雄。阿房未了蜀山上，石梁拟驾沧溟东。生人膏血俱枯竭，更筑长城限袤祸。卧龙隐隐半天下，首出天山尾辽碣。岂知亡秦非外兵，宫中指鹿皆庸奴。骊原宿草犹未变，咸阳三月为丘墟。黄沙白草弥秋塞，惟有坡陁故基在。短衣匹马独归时，千古兴亡成一慨。"元好问编《中州集》，萧和陶点校，华东师范大学出版社，2014，第 329 页。

⑨ 对于所谓"人膏"，还有其他理解，宋人唐慎微在《证类本草》卷四中写道："仰天皮，无毒，主卒心痛中恶，取人膏和作丸服之一七丸。人膏者，人垢汗也。揩取仰天皮者，是中庭内停污水后干地皮也。取卷起者，一名掬天皮，亦主人马反花疮，和油涂之佳。"华夏出版社，1993，第 118 页。以"人垢汗"解释"人膏"，与可以"煮""为油"的"人膏"明显不同，但也是取自人身。

脂肪作为照明燃料的情形，又见于《后汉书》卷七二《董卓传》：吕布杀董卓，"士卒皆称万岁，百姓歌舞于道。长安中士女卖其珠玉衣装市酒肉相庆者，填满街肆"，"乃尸卓于市。天时始热，卓素充肥，脂流于地。守尸吏然火置卓脐中，光明达曙，如是积日"。①

　　然而，又有学者对"人膏"之说予以澄清。有宋代学者写道："人膏为灯烛。宋祁曰：《史记》作'人鱼膏'。"② 明人张懋修说："《汉书·刘向传》谏厚葬有引始皇'人膏以为灯烛'语，明明落一'鱼'字，是后人校刊者削去耳。按始皇营骊山，令匠作机巧，作弩矢，有所穿近，矢辄射之，水银为江海，上具天文，珠玑为之，以人鱼膏为灯烛。按《山海经》：'人鱼膏燃，见风愈炽。'是始皇之防地风之息耳。始皇虽役徒七十万，匠人机巧，死者辄埋其下，然未闻锻人膏以为烛者。"③ 清人王先谦《汉书补注》之《楚元王传》中也写道："人膏为灯烛。宋祁曰：《史记》作'人鱼膏'。"④ 沈家本在《诸史琐言》卷七"人膏为灯烛"条中写道："《史记》作'人鱼膏'，按此当从《史记》，秦虽虐，未必用人膏。"⑤

　　也有学者指出，所谓"人膏"，其实是"鱼膏"，如明人李时珍在《本草纲目》卷四四《鳞之三》"鳝鱼"条《集解》中引陶弘景曰："人鱼，荆州临沮青溪多有之……其膏然之不消耗，秦始皇骊山冢中所用人膏是也。"⑥ 清人袁枚在《随园诗话》卷一五中引赵云松的《从李相国征

---

① 南朝陈徐陵在《劝进梁元帝表》中以此与姜维故事并说："既挂胆于西州，方燃脐于东市。"《文苑英华》卷六〇〇，中华书局，1966，第3114页。杜甫在《郑驸马池台喜遇郑广文同饮》一诗中也写道："燃脐郿坞败，握节汉臣回。"《补注杜诗》卷一九，收入《景印文渊阁四库全书》第1069册，第374页。

② 佚名：《汉书考正》，收入《续修四库全书》第265册，第46页。

③《墨卿谈乘》卷三《史集》"人膏灯烛"条，收入《四库未收书辑刊》第三辑第28册，第54页。

④ 王先谦：《汉书补注》，第962页。

⑤ 沈家本：《诸史琐言》，收入《续修四库全书》第451册，第697页。

⑥ 李时珍编纂《本草纲目》，刘衡如、刘山水校注，华夏出版社，2011，第1634页。清人胡世安在《异鱼图赞补》中引陶弘景云："人鱼膏燃之不消，秦皇骊冢所用人膏是也。"收入《景印文渊阁四库全书》第847册，第745页。

台湾》云："人膏作炬燃宵黑，鱼眼如星射水红。"① 其中的"人膏"，可能就是"鱼膏"。

关于秦始皇陵地宫"以人鱼膏为烛，度不灭者久之"，在《水经注》卷一九《渭水下》中作"以人鱼膏为灯烛，取其不灭者久之"，《太平御览》卷五六〇引《皇览·冢墓记》作"以人鱼膏为灯，度久不灭"。对于所谓"人鱼"，人们的认识是有所不同的。

裴骃《集解》曰："徐广曰：'人鱼似鲇，四脚。'"张守节《正义》引录了对"人鱼"的不同解说："《广志》云：'鲵鱼声如小儿啼，有四足，形如鳢，可以治牛，出伊水。'《异物志》云：'人鱼似人形，长尺余。不堪食。皮利于鲛鱼，锯材木入。项上有小穿，气从中出。秦始皇冢中以人鱼膏为烛，即此鱼也。出东海中，今台州有之。'按：今帝王用漆灯冢中，则火不灭。"这里指出用于制作秦始皇陵中照明用的"人鱼膏"的"人鱼""出东海中"，这一信息应当被看作重要的早期海洋学信息。

值得我们注意的是，对于"人膏"或"人鱼膏"的解释，或涉及"鲸鱼"。清人方旭在《虫荟》卷四《鳞虫》"鲵鱼"条中写道："鲵鱼膏燃之不灭，秦始皇骊山冢中所用'人膏'即此。或曰即鲸之雌者，误。"②

"人鱼""出东海中"一说值得我们注意。袁珂考查《山海经》有关"海神"的内容时，发表了"鲲"应当就是"鲸"的意见。他写道："《庄子·逍遥游》云：'北冥有鱼，其名为鲲，鲲之大，不知其几千里也，化而为鸟，其名为鹏，鹏之背，不知其几千里也。怒而飞，其翼若垂天之云。是鸟也，海运则将徙于南冥；南冥者，天池也。《齐谐》者，志怪者也；《谐》之言曰：鹏之徙于南冥也，水击三千里，抟扶摇而上者九万里，去以六月息者也。'"庄子言"鲲"，"实有神话之背景存焉"。"陆德明《音义》引崔譔云：'鲲当为鲸。'是也。"袁珂认为"鲲实当为鲸"，并指出："而北海海神适名禺京，又字玄冥，此与庄周寓言中北冥之鲲（鲸）岂非有一定之关联乎？而'鲸'，字本作'鳁'……与禺彊（禺京）之'彊'合。"又引《海内北经》："陵鱼人面、手足、鱼身，在

① 袁枚：《随园诗话》，顾学颉校点，人民文学出版社，1982，第 530 页。
② 方旭：《虫荟》，收入《续修四库全书》第 1120 册，第 218 页。

海中。""此人形之鱼仍为鱼，而有手有足，故特著手足，以彰其异。由是言之，'黑身手足'之禺䖀，犹'手足鱼身'"之陵鱼，均人鱼之类"。袁珂以为"禺䖀""禺京"之"黑身"乃"鱼身"之讹。① 其实，"黑"色正是鲸鱼的通常形貌特征之一。

《三国志》卷一五《魏书·刘馥传》记载，刘馥为扬州刺史，于合肥建立州治，"高为城垒，多积木石，编作草苫数千万枚，益贮鱼膏数千斛，为战守备。建安十三年卒。孙权率十万众攻围合肥城百余日，时天连雨，城欲崩，于是以苦蕢覆之，夜然脂照城外，视贼所作而为备，贼以破走"。② 以"鱼膏""为战守备"，在实战中"夜然脂照城外，视贼所作而为备"，即用"鱼膏"以照明。③ 以鱼类脂肪作照明燃料的情形，又见于《说郛》卷五二上王仁裕《开元天宝遗事》中的"馋鱼灯"条："南中有鱼，肉少而脂多。彼中人取鱼脂炼为油，或将照纺织机杼，则暗而不明；或使照筵宴，造饮食，则分外光明。时人号为'馋鱼灯'。"④ 元人汪大渊在《岛夷志略》"彭湖"条中说到当地风俗时，也提到"鱼膏为油"。⑤ 元人杨载的《废檠》诗中有"鱼膏虽有焰，蠹简独无缘"，其中也说到用"鱼膏"作照明燃料的情形。⑥ 清人陈元龙在《格致镜原》卷五〇《日用器物类二·灯》"灯台"条中引《稗史类编》曰："正德八年，琉球进玉脂灯台。油一两可照十夜，光焰鉴人毛发，风雨尘埃皆所不能侵。"⑦ 这里所说的"脂""油"，既出"琉球"，很可能是海鱼的脂肪。

清人胡世安在《异鱼图赞补》中引陶弘景云："人鱼膏燃之不消，秦皇骊冢所用人膏是也。"又引《杂俎》曰："梵僧普提胜说异鱼，东海

① 《山海经校注》，袁珂校注，第248—249页。

② 《三国志》，第463页。

③ 罗贯中在《三国志通俗演义》卷一〇中作："作草苫数千枚，贮鱼膏数百斛，为守战之具。"上海古籍出版社，1980，第468页。相关数目较《三国志》记载大幅度减少，应是因为作者未能理解这些"战守备"具体使用的情形。

④ 陶宗仪等编《说郛三种》，第2381页。

⑤ 汪大渊：《岛夷志略校释》，苏继庼校释，中华书局，1981，第13页。

⑥ 杨载：《杨仲弘集》诗集卷二《五言律诗》，福建人民出版社，2007，第15页。

⑦ 陈元龙：《格致镜原》，收入《景印文渊阁四库全书》第1032册，第39页。

渔人言，近获一鱼，长五六尺，肠胃成胡鹿刀塑之状，号'秦皇鱼'。"①
出"东海"之"秦皇鱼"与"秦皇骊冢所用人膏"之"人鱼膏"并说，
值得我们注意。"以人鱼膏为烛"的"人鱼""出东海中"，且这一情况为
"东海渔人"所识，这点是值得我们重视的。

关于"以人鱼膏为烛"，又有"鱼灯"和"鲸灯"之说。

清人吴雯在《此身歌柬韩元少先生》中咏叹古来厚葬风习，其中有
诗句似乎涉及秦始皇陵葬制："总使千秋尚余虑，金蚕玉碗埋丘垄。水
银池沼杂凫雁，可怜长夜鱼灯红。"这里除"水银池沼"外，还说到
"鱼灯"。②

《艺文类聚》卷八〇引梁简文帝《咏烟诗》曰："浮空覆杂影，含露
密花藤。乍如洛霞发，颇似巫云登。映光飞百仞，从风散九层。欲持翡
翠色，时吐鲸鱼灯。"③其中说到"鲸鱼灯"光飞烟吐的情形。南朝陈江
总的《杂曲三首·其三》中也出现"鲸灯"："鲸灯落花殊未尽，虬水银
箭莫相催。"④关于所谓"鲸灯"或"鲸鱼灯"，其名字由来是因为形制
仿照鲸鱼，还是以鲸鱼的"膏"为燃料，我们尚不清楚。

中原居民对鲸鱼早有认识。宋正海、郭永芳、陈瑞平在《中国古代
海洋学史》中写道："关于鲸类，不晚于殷商，人们对它已有认识。安
阳殷墟出土的鲸鱼骨即可为证。"⑤据德日进、杨钟健在《安阳殷墟之哺
乳动物群》中的记载，在殷墟发现的哺乳动物骨骼有："鲸鱼类　若干
大脊椎骨及四肢骨。但均保存破碎，不能详为鉴定。但鲸类遗存之见于
殷墟中，乃确切证明安阳动物群之复杂性。有一部系人工搬运而来
也。"⑥位于秦都咸阳的兰池宫中据说有仿拟海洋的湖泊，其中放置着鲸

① 胡世安：《异鱼图赞补》，收入《景印文渊阁四库全书》第 847 册，第 745 页。

② 吴雯：《莲洋诗钞》卷二《七古》，收入《景印文渊阁四库全书》第 1322 册，第
311 页。

③ 欧阳询：《艺文类聚》，汪绍楹校，第 1378 页。

④ 郭茂倩编《乐府诗集》卷七七，中华书局，1979，第 1092 页。

⑤ 宋正海、郭永芳、陈瑞平：《中国古代海洋学史》，海洋出版社，1989，第 348 页。

⑥《中国古生物志》丙种第十二号第一册，实业部地质研究所、国立北平研究院地
质学研究所，1936，第 2 页。此信息之获得承袁靖教授赐示，谨此致谢。

鱼模型。《史记》卷一二《孝武本纪》言建章宫有"大池""渐台"，司马贞《索隐》引《三辅故事》曰："殿北海池北岸有石鱼，长二丈，宽五尺。"秦封泥有"晦池之印"。① "晦"可以读作"海"，"晦池"就是"海池"。②《史记》卷六《秦始皇本纪》记载："始皇梦与海神战，如人状。问占梦，博士曰：'水神不可见，以大鱼蛟龙为候。今上祷祠备谨，而有此恶神，当除去③，而善神可致。'乃令入海者赍捕巨鱼具，而自以连弩候大鱼出射之。自琅邪北至荣成山，弗见。至之罘，见巨鱼，射杀一鱼。遂并海西。"这里的"大鱼""巨鱼"，有人认为是"鲸鱼"。④ 关于鲸鱼死亡"膏流九顷"的记载⑤，说明当时鲸鱼脂肪受到关注。人类利用鲸鱼脂肪的历史相当久远。⑥ 中国海洋史上比较确切的关于取鲸鱼脂肪作照明燃料，使之成为经济生活重要内容的记载，可能始自明代。骆

---

① 路东之编著《问陶之旅：古陶文明博物馆藏品撷英》，紫禁城出版社，2008，第171页。

② 王子今：《秦汉宫苑的"海池"》，《大众考古》2014年第2期。

③《太平御览》卷八六引《史记》作"当降去"。

④ 如唐李白《古风五十九首·其三》："秦皇扫六合，虎视何雄哉。挥剑决浮云，诸侯尽西来……连弩射海鱼，长鲸正崔嵬。额鼻象五岳，扬波喷云雷。鬐鬣蔽青天，何由睹蓬莱。徐市载秦女，楼船几时回。但见三泉下，金棺葬寒灰。"王琦注：《李太白文集》卷一，第92页。又如元吴莱《昭华管歌》："临洮举杵送役夫，碣石挟弩射鲸鱼。"《渊颖集》卷四，收入《景印文渊阁四库全书》第1209册，第76页。

⑤《太平御览》卷九三八引《魏武四时食制》曰："东海有大鱼如山，长五六丈，谓之鲸鲵。次有如屋者。时死岸上，膏流九顷，其须长一丈，广三尺，厚六寸，瞳子如三升碗大，骨可为方臼。"收入《景印文渊阁四库全书》第901册，第364页。在中华书局1960年2月用上海涵芬楼影印宋本复制重印版中，"膏流九顷"作"毫流九顷"，"骨可为方臼"作"骨可为矛矜"。第4167页。

⑥《辞海·生物分册》"鲸目"条："皮肤下有一层厚的脂肪，借此保温和减少身体比重，有利浮游。""鲸"条："脂肪是工业原料。"上海辞书出版社，1975，第561页。《简明不列颠百科全书》第4册"鲸油"条："主要从鲸鱼脂肪中提取的水白色至棕色的油。16～19世纪，鲸油一直是制造肥皂的重要原料和重要的点灯油。"中国大百科全书出版社，1985，第439页。今按：滨海居民以鲸鱼脂肪作"重要的点灯油"的年代，其实要早得多。

国和在《湛江鲸鱼史话》中说："自明朝起，雷州府的捕鲸已远近闻名。鲸鱼脂肪非常丰富，厚达十几至几十厘米，渔民很早已会用鲸脂制油，作为渔业实物税，向朝廷进贡。古时没有煤油，用鲸油点灯照明，无烟无臭耐用，是宫廷最为欢迎的贡品。据记载，明洪武二十四年（1391年），雷州府进贡鲸油就有 3184 市斤 28 市两 4 市钱，首推遂溪进贡最多。到明弘治十五年（1502 年）徐闻的鲸油上贡跃居雷州府首位，雷州府进贡鲸油为广东之冠。明末清初，捕鲸更是普遍。徐闻沿海的外罗、新寮、城内、白茅一带的海公船（捕鲸船），鼎盛时期达百艘。仅新寮六湾村就有 30 吨级帆船 10 艘，捕鲸人数过百，由此可见当时捕鲸业相当发达。"清人刘嗣绾在《灯花四十韵》中写道："到处鲸膏润，谁家蜡泪悬。罢书燕地烛，曾禁汉宫烟。"① 这里明确说用"鲸膏"作照明燃料。

清人汤右曾的《漫成诗·其一》中有这样的诗句："堂堂大将执枹鼓，汾阳远孙阚虓虎。莫道潭中巨鲤鱼，横海长鲸膏砧斧。"② "横海长鲸膏砧斧"中说到取得"鲸膏"的具体方式。

中国人关于欧洲人取用"鲸油"的知识，见于魏源《海国图志》中关于"北海隅之冰兰岛"的记载："其地近英国之北有法吕群岛，居民只十之七余，皆荒寒之地，惟业渔及水手。又有青地，广袤二万方里，居民二万四千。冰雪长年不消，无草木食物，居民捕鱼而饮其油。其鲸油所用甚广。各国之船入夏与蛟鼍并伐取之。"③ 严复也在《原富》中记载："凡干鱼及鲸鬐、鲸油，若他鱼膘，不由英船捕获晒制者，其进口税加倍。"④

秦始皇陵"以人鱼膏为烛，度不灭者久之"的"人鱼膏"如果确是

① 刘嗣绾：《尚絅堂集·诗集》卷六《献赋集》，收入《清代诗文集汇编》第 469 册，第 145 页。

② 汤右曾：《怀清堂集》卷六，收入《景印文渊阁四库全书》第 1325 册，第 491 页。

③ 魏源：《海国图志》卷五八《外大西洋》，《魏源全集》第六册，岳麓书社，2004，第 1570 页。

④ 严复：《原富》（丁上），载汪征鲁、方宝川、马勇主编《严复全集》第 2 卷，张华荣点校，福建教育出版社，2014，第 328 页。

鲸鱼脂肪，则可视其书写了以鲸鱼为对象的海洋资源开发史的重要一页。

有人认为，春秋时期齐国制作的人形铜灯，是以"鲸鱼脂肪"为燃料的照明工具。① 如果所论确实，则可以说这又是齐人开发海洋的一大贡献。

在文献收存的历史文化信息中，我们看到了"大秦"的"鲸鱼灯"。《艺文类聚》卷八〇引魏殷臣《鲸鱼灯赋》，提供了年代更早的关于"鲸鱼灯"的记录：

> 横海之鱼，厥号惟鲸。普彼鳞族，莫与之京。大秦美焉，乃观乃详。写载其形，托于金灯。隆脊矜尾，鬐甲舒张。垂首俯视，蟠于华房。状欣欣以竦峙，若将飞而未翔。怀兰膏于胸臆，明制节之谨度。伊工巧之奇密，莫尚美于斯器。因绮丽以致用，设机变而罔匮。匪雕文之足玮，差利事之为贵。永作式于将来，跨千载而弗坠。②

这里明确说"横海之鱼，厥号惟鲸""写载其形，托于金灯"，似乎是说"鲸鱼灯"的形制是仿照"普彼鳞族，莫与之京"的鲸鱼。"鲸鱼灯""隆脊矜尾，鬐甲舒张"，又"垂首俯视，蟠于华房"，而且"状欣欣以竦峙，若将飞而未翔"，形象真实而生动。但是，我们又注意到，描写这种灯具的文字也关注到燃料的盛储和使用："怀兰膏于胸臆，明制节之谨度。伊工巧之奇密，莫尚美于斯器。因绮丽以致用，设机变而罔匮。"所谓"明制节之谨度"，言灯具可以光焰长久，而"伊工巧之奇密"与"设机

---

① 论者以"齐国人形铜灯和西汉鱼雁铜灯"为例，说明"从点燃篝火到被誉为'庭燎大烛'的大火把，从浇灌动物脂膏的小型火炬'脂烛'到以鲸鱼脂肪为原料的油灯"的照明史进程。"这盏铜灯主体为一个身穿短衣、圆眼阔口、腰束宽带的武士，他双手各擎一个带柄的灯盘，盘柄呈弯曲带叶的竹节形状。武士脚下为盘旋的龙形灯座，灯盘下面的子母榫口与盘柄插合。这盏灯具制作十分精巧，可根据需要随意拆装。灯旁有一把供添油用的长柄铜勺，证明这盏铜灯使用油脂点燃的性质和史实。"唐莉：《两盏铜台灯，一段照明史》，福州新闻网。
② 欧阳询：《艺文类聚》，汪绍楹校，第 1369 页。

变而罔匮"，则强调机械结构设计和制作的巧妙。至于这种"鲸鱼灯""胸臆"中所盛储的"兰膏"是否是"鲸鱼"的脂肪，就现有资料我们不得而知。但是我们读《艺文类聚》卷八〇引周庾信《灯赋》："香添燃蜜，气杂烧兰。烬长宵久，光青夜寒。秀帐掩映，魟膏照灼。动鳞甲于鲸鱼，焰光芒于鸣鹤。"[1] 其中"魟膏照灼"，说明灯具是以鱼类脂肪作燃料。所谓"动鳞甲于鲸鱼，焰光芒于鸣鹤"，应是指灯具造型是仿"鸣鹤"设计的，而言"鲸鱼"，似不排除以"鲸""膏"作为燃料的可能，否则为什么要在这里说到"鲸鱼"呢？明人杨慎在《羊皮彩灯屏》一诗中曰："雁足悬秦殿，鲸膏朗魏宫。何似灵猿鞚，扬辉玄夜中。百琲添绚烂，七采斗玲珑。洛洞金光彻，东岳玉华融。"[2] 其中列举多种宫廷灯具，所谓"鲸膏朗魏宫"，有可能与魏殿臣的《鲸鱼灯赋》有关，是明确指出以"鲸膏"为燃料的。而与"鲸膏朗魏宫"对仗的"雁足悬秦殿"一句，似乎暗示了作者对秦始皇陵灯烛的认识可能与"鲸膏"一词有关。清人翟灏在《小隐园灯词为杭董浦赋·其三》中写道："冰池倒影薄银纱，槭树无春也着花。颇笑月娥佳思短，鲸膏未尽影先斜。"[3] 其中说到非宫廷使用的一般的"灯"也以"鲸膏"作为燃料。

《鲸鱼灯赋》的作者魏殿臣去秦未远，所说"大秦美焉，乃观乃详"，自然会使我们联想到秦始皇陵地宫的照明设施。而《太平御览》卷八七〇引《三秦记》中果然有这样明确的说法："始皇墓中，燃鲸鱼膏为灯。"[4]

清人洪亮吉在《华清宫》一诗中写道："秦皇坟上野火红，万人烧瓦急筑宫。筑基须深劚山破，百世防惊祖龙卧。云暗日丽开元朝，祖龙此时庶解嘲。人间才按羽衣曲，地下未烬鲸鱼膏。前人愚，后人巧，工作开元逮天宝。离宫别馆卅里环，罗绮障眼如无山。红阑影向空中折，

高处疑通广寒窟。"① 所谓"地下未烬鲸鱼膏"，指出"秦皇坟""地下"的照明燃料为"鲸鱼"脂肪。清人董祐诚在《与方彦书》中有"读碣骊坂"语，又言"而玉碗夜闭，幽磷星飞，铜仙秋寒，铅泪露咽，鲸膏未烬而劫灰已平矣"②，也明确说"骊坂"之下燃烧的是"鲸鱼膏"。

当然，秦始皇陵"人鱼膏"之谜的彻底解开，地宫照明燃料的最终认定，有待于依据考古工作的收获判断。

① 洪亮吉：《卷施阁集·诗》卷二《凭轼西行集》，收入《续修四库全书》第 1467 册，第 459 页。
② 董祐诚：《董方立文集》文乙集卷上，收入《续修四库全书》第 1518 册，第 23 页。

第四章
汉帝国对海洋的关注与海上航运能力

在大一统政体得到巩固后，对沿海地区的全面控制和深度开发受到执政集团的重视。汉帝国对海洋的关注，也促进海上航运能力的提升。帝王巡行及渡海军事行动，都对海洋交通提出了更高的要求，也形成了积极的促进。这一时期的海洋航运建设，达到了新的历史水准。

第一节　"削之会稽""夺之东海"

秦汉大一统政治格局形成之后，中央执政机构面临的行政任务包括对漫长的海岸的控制，神秘的海域也为秦始皇、汉武帝等有作为的帝王所关注。沿海地区共同的文化特征，也在这一时期开始形成。秦汉帝国执政集团的海洋意识与对沿海区域的控制，是行政史和文化史的研究课题，也是海洋史、海洋学与海上交通史的研究课题。

一、"缘海之边"

汉初被迫行分封，中央政权实际控制的地域在刘邦时代之初仅二十四郡。被多数学者判断年代为吕后二年（前186）的张家山汉简《二年律令》，透露出当时中央政权和诸侯王国之间的紧张关系。

　　当时，沿海地域除济北、临淄、胶东、琅邪外，尽为异姓诸侯所有。① 闽越和南越控制的地方由于开发程度较低、与中央政权的关系特殊，其地位与国家行政的关系可以忽略不计。到了刘邦时代晚期，有实力的异姓诸侯逐一被翦灭，然而分封的同姓诸侯完全控制了东方地区，中央政权实际控制的郡仅余十五个。沿海地区全为燕、赵、齐、楚、吴等诸侯王国所有。②

　　沿海地区，在汉代文献中称"缘海""海之边"。《汉书》卷四五《伍被传》曰："转海滨之粟，致于西河。"颜师古注："海滨谓缘海涯之地。"③《汉书》卷四五《息夫躬传》曰："如使狂夫嗥呼于东崖，匈奴饮马于渭水，边竟雷动，四野风起，京师虽有武蜂精兵，未有能窥左足而先应者也。"关于"东崖"，颜师古注："东崖谓东海之边也。"④《汉书》卷五一《贾山传》曰："（秦）为驰道于天下，东穷燕齐，南极吴楚，江湖之上，濒海之观毕至。"颜师古注："濒，水涯也。濒海，谓缘海之边也。"⑤《汉书》卷六四上《主父偃传》曰："（秦皇帝）又使天下蜚刍挽粟，起于黄、腄、琅邪负海之郡，转输北河，率三十钟而致一石。"颜师古注："黄、腄，二县名也，并在东莱。言自东莱及琅邪缘海诸郡，皆令转输至北河也。"⑥《后汉书》卷五《安帝纪》中可见使用"缘海"一词的明确记载："（永初三年）秋七月，海贼张伯路等寇略缘海九郡，遣侍御史庞雄督州郡兵讨破之。"⑦《后汉书》卷六《顺帝纪》中也写道："诏缘海县各屯兵戍。"⑧

---

① 参看周振鹤：《西汉政区地理》，人民出版社，1987，第 9 页，《汉高帝五年七异姓诸侯封域示意图》。

② 参看周振鹤：《西汉政区地理》，第 11 页，《高帝十二年十王国、十五汉郡示意图》。

③《汉书》，第 2171 页。

④ 同上书，第 2181 页。

⑤ 同上书，第 2328—2329 页。

⑥ 同上书，第 2800 页。

⑦《后汉书》，第 213 页。

⑧ 同上书，第 259 页。

二、吴楚七国之乱

汉文帝接受贾谊"众建诸侯而少其力"的建议，分齐为七，琅邪郡归属中央，又河间国除，其地入汉，渤海郡也归于中央。汉王朝在沿海地区只控制了渤海、琅邪二郡。据有漫长海岸线的是燕、济北、齐、淄川、胶东、楚、吴这几个诸侯王国。[①]

汉景帝二年（前155）楚国的东海郡收归中央所有[②]，这是特别值得我们关注的一项政治举措。秦始皇"立石东海上朐界中，以为秦东门"的地方，曾置东海郡，治郯，楚汉之际曾经称郯郡，汉初属楚国，高帝五年（前202）又归于中央，后来仍属楚国。汉景帝二年"以过削"[③]，汉帝国因此重新据有了"东门"，开启直通东海的口岸，又以此为据点，楔入吴楚之间，与亲中央的梁国东西呼应，隔离了北方诸侯和南方诸侯。[④] 东海郡地位之重要，还从尹湾出土汉简上的数据体现出来。[⑤]

对沿海郡的收夺，直接激起吴楚七国之乱。《盐铁论·晁错》曰："因吴之过而削之会稽，因楚之罪而夺之东海。"《史记》卷一〇六《吴王濞列传》曰："（汉景帝）三年冬，楚王朝，晁错因言楚王戊往年为薄太后服，私奸服舍，请诛之。诏赦，罚削东海郡。因削吴之豫章郡、会稽郡。""及削吴会稽、豫章郡书至，则吴王先起兵，胶西正月丙午诛汉吏

---

① 参看周振鹤：《西汉政区地理》，第 13 页，《文帝后期十七诸侯二十四郡示意图》。
②《史记》卷五〇《楚元王世家》："王戊立二十年，冬，坐为薄太后服私奸，削东海郡。"第 1988 页。《汉书》卷三六《楚元王传》："王戊稍淫暴，二十年，为薄太后服私奸，削东海、薛郡。"第 1924 页。
③《汉书》卷二八上《地理志上》"东海郡"条："高帝置。"颜师古注引应劭曰："秦郯郡。"第 1588 页。《汉书补注》："全祖望曰：'故秦郡，楚汉之际改名郯郡，属楚国。高帝五年属汉，复故，仍属楚国。景帝二年复故。'以过削。"第 746 页。
④ 参看周振鹤：《西汉政区地理》，第 14 页，《景帝三年初吴楚七国叛乱前形势图》。
⑤ 连云港市博物馆、中国社会科学院简帛研究中心、东海县博物馆、中国文物研究所编《尹湾汉墓简牍》，中华书局，1997。

二千石以下，胶东、淄川、济南、楚、赵亦然，遂发兵西。"汉王朝"削吴"，夺回了"会稽郡"的控制权，致使刘濞"发谋""举事"。①

三、汉景帝的削藩步骤

汉景帝削藩，极其重视对沿海地区统治权的回收，突出表现在吴楚七国之乱平定后对沿海区域的控制，创造了对高度集中的中央集权空前有利的形势。既属沿海又属北边的辽东、辽西、右北平、渔阳等地，已经由中央政府直接控制。此外，中央在环渤海地区又据有渤海、平原、东莱郡，在黄海、东海海滨据有琅邪、东海、会稽郡。这一时期诸侯国控制的沿海地区，只有燕、齐、淄川、胶东、江都国所据海岸。② 《史记》卷一七《汉兴以来诸侯王年表》记述了这一时期的政治地理形势：

> 吴楚时，前后诸侯或以适削地，是以燕、代无北边郡，吴、淮南、长沙无南边郡，齐、赵、梁、楚支郡名山陂海咸纳于汉。诸侯稍微，大国不过十余城，小侯不过数十里，上足以奉贡职，下足以供养祭祀，以蕃辅京师。而汉郡八九十，形错诸侯间，犬牙相临，秉其院塞地利，强本干、弱枝叶之势，尊卑明而万事各得其所矣。③

所谓"名山陂海咸纳于汉"，值得治秦汉史者高度关注。平定吴楚七国之乱后，汉王朝中央政权不仅控制了"北边郡"和"南边郡"，也控制了沿海的东边郡。《盐铁论·晁错》中写道：

> 晁生言诸侯之地大，富则骄奢，急即合从。故因吴之过而削之会稽，因楚之罪而夺之东海，所以均轻重，分其权，而为万世虑也。④

---

① 《史记》，第 2825 页，第 2827 页。
② 周振鹤：《西汉政区地理》，第 15 页，《景帝中元六年二十五王国示意图》。
③ 《史记》，第 803 页。
④ 《盐铁论校注》（定本），王利器校注，第 114 页。

削藩战略的重要主题之一，或者说削藩战略的首要步骤，就是夺取诸侯王国的沿海地区控制权。

有学者指出了吴楚七国之乱前后削藩的对象——齐、楚、赵等国疆域的损失："吴楚七国之乱前，景帝削楚之东海郡……"，"齐'纳于汉'的支郡有北海、济南、东莱、平原和琅邪五郡"；赵地渤海"入汉为郡"。①

汉武帝强制实行推恩令，使诸侯国政治权力萎缩，中央权力空前增强，实现了对原先属于诸侯国的沿海地区的全面控制。此外，汉武帝又于元鼎六年（前 111）灭南越、闽越，置南海、苍梧、郁林、合浦、儋耳、珠崖、交趾、九真、日南郡②，其中多数临海，就区域划分来说，均属于沿海地区；于元封三年（前 108）灭朝鲜及其附庸，置乐浪、真番、临屯、玄菟四郡。③ "至此是西汉直属郡国版图臻于极盛之时"④，而汉帝国对海岸的控制也达到空前全面、严密的程度。

第二节　东海郡武库的地位

据尹湾出土汉简《武库永始四年兵车器集簿》，东海郡武库中兵器储存量超大，这说明东海郡的地位特殊。对相关现象进行历史学分析，可以透视汉帝国执政集团的海洋观和海洋政策，这对全面认识当时社会有关海洋的文化表现也有积极的意义。

---

① 董平均：《西汉分封制度研究——西汉诸侯王的隆替兴衰考略》，甘肃人民出版社，2003，第 128—129 页。

②《史记·平准书》："汉连兵三岁，诛羌，灭南越，番禺以西至蜀南者置初郡十七。"裴骃《集解》："徐广曰：'南越为九郡。'骃案：晋灼曰：'元鼎六年，定越地，以为南海、苍梧、郁林、合浦、交趾、九真、日南、珠崖、儋耳郡……'"1440 页。

③《汉书·天文志》："朝鲜在海中。"第 1306 页。

④ 周振鹤：《西汉政区地理》，第 17 页。

一、规模超大的东海郡武库

"秦东门"所在的东海郡地位之重要，可以从尹湾出土汉简上的数据看出来。尹湾出土汉简中的资料告知我们若干重要的政治地理信息，如东海郡特殊的政治地位，这是我们以往未曾认识的。

尹湾六号汉墓出土的六号木牍，题为《武库永始四年兵车器集簿》，被认为"是迄今所见有关汉代武库器物最完备的统计报告，指标项目甚多，数列明确"，最令人惊异的是，"库存量大"，以可知数量的常见兵器为例，"弩五十二万六千五百廿六"，"弩臂廿六万三千七百九十八"，"弩弦八十四万八百五十三"，"弩矢千一百卌二万四千一百五十九"，"弩辇丸廿二万六千一百廿三"，"弩兰十一万八百卌三"，"弓矢百十九万八千八百五"，"甲十四万二千三百廿二"，"铍四十四万九千八百一"，"幡胡□□锯齿十六万四千一十六"，"羽二百三万七千五百六十八"，"□□□十九万四千一百卌一"，"刀十五万六千一百卅五"，"刃卅四万九千四百六"，"□□卅三万二千一百九十七"，"□十二万五千一十六"，"铁甲扎五十八万七千二百九十九"，"有方□钦镤十六万三千二百五十一"，"□镞百七十万一千二百八十"。兵器中消耗量较大的"矢""镞"等数量巨大尚可理解，而"弩""铍""刀""刃"等件数惊人，却值得我们注意。李均明指出，"以常见兵器为例"，"弩的总数达537707件"，"矛的总数达52555件"，"有方数达78392件"，"仅这几项，足可装备50万人以上的军队，远远超出一郡武装所需"。论者推测，"其供应范围必超出东海郡范围，亦受朝廷直接管辖，因此它有可能是汉朝设于东南地区的大武库"。关于类似情形，李均明指出，据居延汉简提供的信息可推知，"张掖郡居延都尉属下使用的兵器有许多是从姑臧库领取的，其使用也受姑臧库的监督，则姑臧库供应武器的范围不局限于武威郡，有可能与整个河西地区有关。可见武威姑臧库是汉朝廷设于西北的地区性大库，与中央武库相呼应"。尹湾汉简所说的"武库",应当也"不属于东海郡直接管辖"。①

为什么东海郡设有如此规模的"受朝廷直接管辖"的"大武库"或"地区性大库"呢?或许是因为这里曾经是帝国的"东门",有重要的政治文化象征意义;更可能是因为东海郡的位置,大致是汉王朝控制的海岸线的中点。

二、东海郡武库与上郡武库的比较

上郡武库的地位或许可以作为旁证。上郡大致位于"北边二十二郡"②的中点。《汉书》卷一○《成帝纪》中写道:"(建始元年春正月)立故河间王弟上郡库令良为王。"颜师古注:"如淳曰:'《汉官》北边郡库,官之兵器所藏,故置令。'"《汉书》卷五三《景十三王传·河间献王德》也记载:"成帝建始元年,复立元帝上郡库令良,是为河间惠王。"颜师古注:"如淳曰:'《汉官》北边郡库,官兵之所藏,故置令。'"③上郡在"北边"之中点的判断,可以用统领"防务"的蒙恬"居上郡"的故事作为旁证。④ 汉代"武库令"有前缀地名的除此"上郡库令"外,只有《汉书》卷七四《魏相传》"洛阳武库令"一例,这也说明上郡武库的重要性。如淳引《汉官》中的说法略异,一说"官之兵器所藏",一说"官兵之所藏",或指明这里是"北边郡"的武库,如东海郡的武库一样

---

① 李均明:《尹湾汉墓出土〈武库永始四年兵车器集簿〉初探》,载连云港市博物馆、中国文物研究所编《尹湾汉墓简牍综论》,科学出版社,1999。

②《汉书》卷一○《成帝纪》载元延元年秋七月诏:"北边二十二郡举勇猛知兵法者各一人。"第 326 页。

③《汉书》,第 303 页,第 2412 页。

④《史记》卷八八《蒙恬列传》:"秦已并天下,乃使蒙恬将三十万众北逐戎狄,收河南。筑长城,因地形,用制险塞,起临洮,至辽东,延袤万余里。于是渡河,据阳山,逶蛇而北。暴师于外十余年,居上郡。"第 2565—2566 页。《史记》卷六《秦始皇本纪》记载,扶苏对秦始皇迫害"诸生"提出不同意见,"始皇怒,使扶苏北监蒙恬于上郡"。第 258 页。这也说明蒙恬的指挥机构设在上郡。

重要。① 收藏兵器的"北边郡库""上郡库"大致位于"北边"的中点。②而东海郡的位置或许可以看作"东边"的中点。

三、东海郡位置与"缘海""屯备"需求

秦汉时期，海滨往往因位置僻远，行政力量难以直接介入而缺乏有效的管理。汉代于是有"海滨仄陋"的说法。③ 而"海上"尤其不易控制。《史记》卷一一四《东越列传》记载闽粤王弟余善与宗族相谋："……不胜，即亡入海。"据《史记》卷一〇六《吴王濞列传》，刘濞集团骨干分子谋划叛乱时说："击之不胜，乃逃入海，未晚也。"④ 东海郡武库的作用，很可能也与控制"海上"的政治需求有关。

两汉时期，"海上"确实曾经有反政府武装存在。《史记》卷九四《田儋列传》记载了田横的事迹：西汉初年，田横率徒属五百余人入海，居岛中。刘邦担心其可能"为乱"，田横因刘邦追逼而自杀。⑤ 刘邦就此专门作了军事部署。据《史记》卷九八《傅靳蒯成列传》，"（傅宽）为齐右丞相，备齐"，裴骃《集解》："张晏曰：'时田横未降，故设屯备。'"⑥

《汉书》卷九九下《王莽传下》记述吕母起义情节："……引兵入海，其众浸多，后皆万数。"《后汉书》卷一一《刘盆子传》记载："入海中，招合亡命，众至数千。吕母自称'将军'，引兵还攻破海曲，执县

---

① 《汉书》，第 3133 页，第 303 页，第 2412 页。

② 王子今：《秦汉"北边"交通格局与九原的地位》，载中国秦汉史研究会、中共包头市九原区委员会、包头市九原区人民政府合编《2012·中国"秦汉时期的九原"学术论坛专家论文集》，内蒙古人民出版社，2012。

③ 《汉书》卷七二《鲍宣传》："高门去省户数十步，求见出入，二年未省，欲使海濒仄陋自通，远矣！"第 3093 页。

④ 《史记》，第 2981 页，第 2835 页。

⑤ 《史记》，第 2647 页。《后汉书》卷二四《马援传》："田横初自称齐王，汉定天下，横犹以五百人保于海岛，高祖追横，横自杀。"第 846 页。

⑥ 《史记》，第 2708 页。

宰……遂斩之，以其首祭子冢，复还海中。"① 这种主要活动于"海上""海中"的反政府武装，通常被称为"海贼"。居延汉简中可见"海贼"称谓："☒书七月己酉下∨一事丞相所奏临淮海贼∨乐浪辽东""☒得渠率一人购钱卅万诏书八月己亥下∨一事大"（33.8）。② 这枚简不排除属于西汉时期的可能。因汉明帝永平十五年（72）"改信都为乐成国，临淮为下邳国"③，涉及"临淮海贼"简文的年代应在此之前。但是正史中"海贼"的出现，均在此后。如据《后汉书》卷五《安帝纪》记载，"（永初三年）秋七月，海贼张伯路等寇略缘海九郡。遣侍御史庞雄督州郡兵讨破之"；永初四年（110）春正月，"海贼张伯路复与勃海、平原剧贼刘文河、周文光等攻厌次，杀县令。遣御史中丞王宗督青州刺史法雄讨破之"。又据《后汉书》卷六《顺帝纪》记载，阳嘉元年（132）二月，"海贼曾旌等寇会稽，杀句章、鄞、鄮三县长，攻会稽东部都尉。诏缘海县各屯兵戍"。④

东海郡位于海岸线的中点，对"缘海""设屯备"以防卫并剿灭海上反政府武装的作用重大。吕母后来被称作"东海吕母"。其起事地点在琅邪海曲，距离东海郡甚远。谓之"东海吕母"，可能因为其部众的海上根据地和主要活动地点在东海海域。而居延汉简中所言"临淮海贼"至"乐浪辽东"活动，也要经过东海郡的海面。

海上反政府武装的机动性是非常强的。《后汉书》卷三八《法雄传》记载法雄镇压"海贼"事："永初三年，海贼张伯路等三千余人，冠赤帻，服绛衣，自称'将军'，寇滨海九郡，杀二千石令长……乃遣御史中丞王宗持节发幽、冀诸郡兵，合数万人，乃征雄为青州刺史，与王宗并力讨之。"⑤ 法雄意识到"海贼"在海滨作战的机动能力，担心"贼若乘船浮海，深入远岛，攻之未易也"。而事实上，"海贼张伯路"的部队

———————

① 《汉书》，第 4150 页。《后汉书》，第 477 页。

② 谢桂华、李均明、朱国炤：《居延汉简释文合校》，文物出版社，1987，第 51 页。

③ 《后汉书》卷二《明帝纪》，第 119 页。

④ 《后汉书》，第 213 页，第 214 页，第 259 页。

⑤ 同上书，第 1277 页。

果然"遁走辽东，止海岛上"，随后竟然"复抄东莱间"，在战败后又"逃还辽东"，这也体现出其海上航行能力之强。而汉帝国军队不得不"发幽、冀诸郡兵"围攻，镇压的主力军首领法雄是"青州刺史"，最终战胜张伯路"海贼"的是"东莱郡兵"和"辽东人李久等"的部队。这说明"海贼"沿海岸利用近海岛屿往复转战，频繁地"遁走""逃还"，是擅长使用海上运动战策略的。① 为了满足联合"诸郡兵""并力讨之"的军事要求，在东海郡设置储藏充足武器的"大武库"或"地区性大库"，显然是必要的，也是合理的。

第三节　汉武帝"东巡海上"

继秦始皇、秦二世之后，历史上又出现了一位对东海心存热望，多次"东至海上望"，甚至"宿留海上"的帝王，他就是汉武帝。汉武帝是"行幸东海"最为频繁的帝王。

一、汉武帝"行幸东海"的频次

司马迁在《史记》卷二八《封禅书》中记录了汉武帝出巡海上的经历。他第一次东巡前往海滨，是在元封元年（前110）：

> 上遂东巡海上，行礼祠"八神"。齐人之上疏言神怪奇方者以万数，然无验者。乃益发船，令言海中神山者数千人求蓬莱神人。公孙卿持节常先行候名山，至东莱，言夜见大人，长数丈，就之则不见，见其迹甚大，类禽兽云。群臣有言见一老父牵狗，言"吾欲见巨公"，已忽不见。上即见大迹，未信，及群臣有言"老父"，则大以为仙人

---

① 王子今、李禹阶：《汉代的"海贼"》，《中国史研究》2010 年第 1 期；王子今：《居延简文"临淮海贼"考》，《考古》2011 年第 1 期。

也。宿留海上，予方士传车及间使求仙人以千数。

汉武帝"四月，还至奉高"，在泰山行封禅之礼，随后再次东行海上：

> 天子既已封泰山，无风雨灾，而方士更言蓬莱诸神若将可得，于是上欣然庶几遇之，乃复东至海上望，冀遇蓬莱焉。奉车子侯暴病，一日死。上乃遂去，并海上，北至碣石，巡自辽西，历北边至九原。五月，反至甘泉。

接着，司马迁记述：

> （元封二年）其春，公孙卿言见神人东莱山，若云"欲见天子"。天子于是幸缑氏城，拜卿为中大夫。遂至东莱，宿留之数日，无所见，见大人迹云。复遣方士求神怪采芝药以千数。

元封五年（前106），汉武帝"巡南郡，至江陵而东，登礼灊之天柱山，号曰南岳，浮江，自浔阳出枞阳，过彭蠡，礼其名山川"，随后又行至海滨：

> 北至琅邪，并海上。

汉武帝又一次东巡海上，是在太初元年（前104）：

> 东至海上，考入海及方士求神者，莫验，然益遣，冀遇之⋯⋯临勃海，将以望祀蓬莱之属，冀至殊廷焉。

同年汉武帝盖建章宫，"其北治大池，渐台高二十余丈，命曰'太液池'，中有蓬莱、方丈、瀛洲、壶梁，象海中神山龟鱼之属"。太初三年（前102），汉武帝又有海上之行：

东巡海上，考神仙之属，未有验者。①

汉武帝东巡海上的交通实践，有些司马迁是直接参与的。他在《史记》卷二八《封禅书》中总结说："太史公曰：余从巡祭天地诸神名山川而封禅焉。入寿宫侍祠神语，究观方士祠官之意，于是退而论次自古以来用事于鬼神者，具见其表里。后有君子，得以览焉。"② 汉武帝"东巡海上，行礼祠'八神'"，司马迁很可能是主要的"从祭"官员之一。

除了《史记》卷二八《封禅书》中关于这六次"东至海上"的记录外，《汉书》卷六《武帝纪》中也记载了汉武帝晚年时四次出行至海滨的情形：

（天汉）二年春，行幸东海。

（太始三年）行幸东海，获赤雁，作《朱雁之歌》。幸琅邪，礼日成山。③ 登之罘，浮大海。

（太始四年）夏四月，幸不其④，祠神人于交门宫⑤，若有乡坐拜者。作《交门之歌》。

（征和）四年春正月，行幸东莱，临大海。⑥

汉武帝先后至少十次"行幸东海"，次数超过了秦始皇。他最后一次来到海滨，"行幸东莱，临大海"时，已经是六十八岁高龄。

二、"宿留海上"

《史记》卷二八《封禅书》记载了汉武帝一次特殊的"东巡海上"

①《史记》，第 1397 页，第 1398 页，第 1399 页，第 1401 页，第 1401 页，第 1403 页。
② 同上书，第 1404 页。
③ 颜师古注引孟康曰："礼日，拜日也。"如淳曰："祭日于成山也。"
④ 颜师古注引应劭曰："东莱县也。"王先谦《汉书补注》曰："不其，在今莱州府即墨县西南。"
⑤ 颜师古注："应劭曰：'神人，蓬莱仙人之属也。'晋灼曰：'琅邪县有交门宫，武帝所造。'"
⑥《汉书》，第 203 页，第 206 页，第 207 页，第 210 页。

行为，即"宿留海上"：

> 宿留海上，予方士传车及间使求仙人以千数。

司马贞《索隐》："音秀溜。宿留，迟待之意。若依字读，则言宿而留，亦是有所待，并通也。"① 《汉书》卷二五上《郊祀志上》也记载：

> 宿留海上，与方士传车及间使求神仙人以千数。

颜师古注："宿留，谓有所须待也。"②

　　记述汉代历史的文献中还有"宿留"字眼。如《后汉书》卷一五《来历传》中写道："（来）历与太常桓焉、廷尉张皓议曰：'经说，年未满十五，过恶不在其身。且男、吉之谋，皇太子容有不知，宜选忠良保傅，辅以礼义。废置事重，此诚圣恩所宜宿留。'"李贤注："宿留犹停留也。"③ 此"宿留"是当时人语言。《后汉书》卷二六《韦彪传》载司徒刘恺语，也是当时人语言："今岁垂尽，当选御史，意在相荐，子其宿留乎？"李贤注："宿留，待也。"④ 《后汉书》卷五五《章帝八王传·清河孝王庆》中写道："十五年，有司以日食阴盛，奏遣诸王侯就国。诏曰：'甲子之异，责由一人。诸王幼稚，早离顾复，弱冠相育，常有《蓼莪》《凯风》之哀。选懦之恩，知非国典，且复须留。'"李贤注："《东观记》'须留'作'宿留'。"⑤

　　言汉武帝"宿留海上"，很可能是指其乘坐的船在海面上停泊。他应是在送行"方士""及间使求神仙人"之后流连忘返，有所期待。

---

①《史记》，第1397页。
②《汉书》，第1235页。
③《后汉书》，第591页。
④ 同上书，第920页。
⑤ 同上书，第1802页。

三、汉武帝"欲自赴海求蓬莱"

据《资治通鉴》卷二○记载，"汉武帝元封元年"赴泰山封禅后，"欲自赴海求蓬莱"，东方朔以"仙者，得之自然"成功劝阻其"至蓬莱见仙人"的行为。这是汉武帝时代直接谏止其狂热求仙行为并最终说服这位独断帝王的唯一史例，因而值得研究汉代思想史及海洋文化的学者充分重视。研究东方朔的学者亦应对此有所关注。对此事《史记》《汉书》均无记载，但司马光当有所据。考察相关史事，我们应注意东方朔出身海滨，可能对燕齐方术之学有一定了解。关于后来东方朔神异传说的形成，或许可以在汉武帝时代发现渊源。在东方朔撰写的《神异经》与《十洲记》中，可以发现与东方朔相关的文化现象中的海洋元素。

关于汉武帝东巡、封禅泰山、又欲至"海上""求蓬莱"的历史记载可见于《资治通鉴》卷二○："其以十月为元封元年。行所巡至博、奉高、蛇丘、历城、梁父，民田租、逋赋皆贷除之，无出今年算。赐天下民爵一级。又以五载一巡狩，用事泰山，令诸侯各治邸泰山下。"随后汉武帝又"东至海上"：

> 天子既已封泰山，无风雨，而方士更言蓬莱诸神若将可得，于是上欣然庶几遇之，复东至海上望焉。上欲自浮海求蓬莱，群臣谏，莫能止。东方朔曰："夫仙者，得之自然，不必躁求。若其有道，不忧不得；若其无道，虽至蓬莱见仙人亦无益也。臣愿陛下第还宫静处以须之①，仙人将自至。"上乃止。

《资治通鉴》又写道："会奉车霍子侯暴病，一日死。子侯，去病子也。上甚悼之；乃遂去，并海上，北至碣石，巡自辽西，历北边，至九原，五月，乃至甘泉。凡周行万八千里云。"②

---

① 胡三省注："须，待也。"
② 《资治通鉴》，第680页。

关于封禅泰山后"方士更言蓬莱诸神若将可得，于是上欣然庶几遇之"一事，《史记》《汉书》虽有记载，但都未出现东方朔谏止的情节。

《史记》卷二八《封禅书》曰："天子既已封泰山，无风雨灾，而方士更言蓬莱诸神若将可得，于是上欣然庶几遇之，乃复东至海上望，冀遇蓬莱焉。奉车子侯暴病，一日死。[①] 上乃遂去，并海上，北至碣石，巡自辽西，历北边至九原。五月，反至甘泉。"[②]《史记》卷一二《孝武本纪》曰："天子既已封禅泰山，无风雨灾，而方士更言蓬莱诸神山若将可得，于是上欣然庶几遇之，乃复东至海上望，冀遇蓬莱焉。奉车子侯暴病，一日死。上乃遂去，并海上，北至碣石，巡自辽西，历北边至九原。五月，返至甘泉。"裴骃《集解》："骃案：《汉书音义》曰：'周万八千里也。'"[③]

《汉书》卷二五上《郊祀志上》曰："天子既已封泰山，无风雨，而方士更言蓬莱诸神若将可得，于是上欣然庶几遇之，复东至海上望焉。奉车子侯暴病，一日死。上乃遂去，并海上，北至碣石，巡自辽西，历北边至九原。五月，乃至甘泉，万八千里云。"[④] 裴骃引《汉书音义》"周万八千里也"应据此，而《资治通鉴》则采用"凡周行万八千里云"。

《史记》《汉书》均于"复东至海上望"之后，接叙"奉车子侯暴病，一日死"；《资治通鉴》则插入东方朔谏言一事："上欲自浮海求蓬莱，群臣谏，莫能止。东方朔曰：'夫仙者，得之自然，不必躁求。若其有道，不忧不得；若其无道，虽至蓬莱见仙人亦无益也。臣愿陛下第还宫静处以须之，仙人将自至。'上乃止。"《通鉴辑览》卷一六"汉武帝元封元年"中将这段文字在上下文，即《史记》《汉书》所述"复东至海上望"与"奉车子侯暴病，一日死"两行之间，用小字排出，以示区

① 司马贞《索隐》："《新论》云：'武帝出玺印石，财有朕兆，子侯则没印，帝畏恶，故杀之。'《风俗通》亦云然。顾胤案：《武帝集》帝与子侯家语云'道士皆言子侯得仙，不足悲'。此说是也。"《史记》，第 1398 页。
②《史记》，点校本二十四史修订本，中华书局，2014，第 1671—1672 页。
③ 同上书，第 598 页。
④《汉书》，第 1236 页。

别，似有特别的用意。①

东方朔谏言一事可信否，是我们不得不面对的问题。

《资治通鉴》记载的东方朔以所谓"夫仙者，得之自然，不必躁求。若其有道，不忧不得；若其无道，虽至蓬莱见仙人亦无益也"谏止汉武帝"自浮海求蓬莱"一事未见于《史记》《汉书》，不免使人心存疑惑。

司马光在《资治通鉴》中记述战国秦汉史时采用未知出处之史料的情形还有其他例证。比如，《资治通鉴》卷四"周赧王三十一年"记载："乐毅修整燕军，禁止侵掠，求齐之逸民，显而礼之。宽其赋敛，除其暴令，修其旧政，齐民喜悦。""祀桓公、管仲于郊，表贤者之闾，封王蠋之墓。齐人食邑于燕者二十余君，有爵位于蓟者百有余人。"② 杨宽在《战国史》中对乐毅破齐故事的记述，在不同版次的版本中，基于对《资治通鉴》这一记载的判断曾作了重大改动。初版版本中写道："乐毅为了拉拢齐国地主阶级，在齐国封了二十多个拥有燕国封邑的封君，还把一百多个燕国爵位赏赐给齐人。"作者注明"根据《资治通鉴》周赧王三十一年"。③ 增订本中则不再保留这段文字，且特别在《绪论》中"战国史料的整理和考订"题下专门讨论了"《资治通鉴》所载乐毅破齐经过的虚假"这一问题。作者论证《资治通鉴》所称"齐人食邑于燕者二十余君，有爵位于蓟者百有余人"不可能发生，指出"所有这些，都是后人夸饰乐毅为'王者之师'而虚构的""所有这些伪托的乐毅政绩，符合《通鉴》作者的所谓'治道'，因而被采纳了"，并直接批评司马光"竟如此辑录杜撰历史以符合作者宗旨"。④ 这样的分析，有益于澄清战国史的重要史实，但是所谓"伪托"的判定，仍不免显得简单武断⑤，如果探求到有关"后人夸饰""虚构"之渊源的明确证据，这样的论点会更有说服力。近来，辛德勇对田余庆在《论轮台诏》中引据《资治通

---

① 傅恒等：《通鉴辑览》，收入《景印文渊阁四库全书》第 335 册，第 391 页。

② 司马光编著《资治通鉴》，胡三省音注，标点资治通鉴小组校点，第 130 页。

③ 杨宽：《战国史》，上海人民出版社，1955，第 349 页。

④ 杨宽：《战国史》（增订本），上海人民出版社，1998，第 18—20 页。

⑤ 王子今：《战国史研究的扛鼎之作——简评新版杨宽著〈战国史〉》，《光明日报》2003 年 9 月 2 日。

鉴》的可信度提出质疑，认为《资治通鉴》"相关记载不见于《史记》《汉书》等汉代基本史籍，而是出自南朝刘宋王俭著的小说《汉武故事》，完全不可信据"，并称司马光的"重构"体现了"过分强烈的主观价值取舍"。① 该论说显示了作者在文献学上的深厚功底，读来颇受教益。对相关学术讨论的积极意义应当肯定，但就此进行更深层次的探究也许还有必要。比如，论者指出《汉武故事》"借取前人相关行事，作为创作的原型"，举颜驷故事可见于《论衡·逢遇》中"更早的原型"，其说甚是。同样，我们似乎也不能排除《资治通鉴》和《汉武故事》分别采用了共同的可以看作"原型"的早期史料的可能。②

那么，《资治通鉴》记载东方朔谏止汉武帝"自浮海求蓬莱"一事是否可能参考了可疑材料，而司马光失考误信，或甚至"虚构""伪托""杜撰"呢？正如辛德勇所说，"我们今天要想尽知《资治通鉴》的史料来源，确实是无法做到的事情"③。但是，我们却不能因不知晓东方朔谏言的"史料来源"，就简单否定《资治通鉴》相关内容的可信度。

宋人魏了翁在《古今考》卷一四《汉武帝封禅祀明堂考》中说汉武帝准备亲自"浮海"追寻蓬莱，为东方朔所谏止："元封元年，天子既已封泰山，无风雨，而方士更言蓬莱诸神于上，上忻然庶几遇之，复东至海上，欲自浮海求蓬莱，以东方朔谏而止。"④ 与《资治通鉴》的记载一致。宋人祝穆在《古今事文类聚》前集卷三四《仙佛部》"汉武求仙"条中写道："汉武帝时，方士言蓬莱诸神若将可得，上欣然庶几遇之，复至海上望焉。上欲自浮海求蓬莱，东方朔曰：'陛下第还宫静处以须之，仙人将自至。'乃止。遂去，并海上，凡周行万八千里云。"⑤ 宋人

① 辛德勇：《汉武帝晚年政治取向与司马光的重构》，《清华大学学报（哲学社会科学版）》2014 年第 6 期。
② 王子今：《"守住科学良心"——追念田余庆先生》，《中华读书报》2014 年 12 月 31 日。
③ 辛德勇：《汉武帝晚年政治取向与司马光的重构》，《清华大学学报（哲学社会科学版）》2014 年第 6 期。
④ 魏了翁：《古今考》，收入《景印文渊阁四库全书》第 853 册，第 319—320 页。
⑤ 祝穆：《古今事文类聚》前集，收入《景印文渊阁四库全书》第 925 册，第 551 页。

谢维新在《事类备要》前集卷五〇《道教门》"汉武求仙"条中写道："汉武帝时，方士言蓬莱诸神若将可得，上欣然庶几遇之，复至海上望焉。上欲自浮海求蓬莱，东方朔曰：'陛下第还宫静处以须之，仙人将自至。'乃止。遂去，并海上，凡周行万八千里云。《本纪》。"① 看来距司马光时代较近的这些学者，都采信了汉武帝"欲自浮海求蓬莱"，受东方朔谏止的说法。我们尚不能排除他们与司马光看到了同样的前代文献信息的可能。

东方朔谏止汉武帝"自浮海求蓬莱"，形成了较大的文化影响。

元代诗人梁寅在《上之回》中写道："海波如白山，三山不可到。凌云台观思仙人，金舆远出回中道。回中道，何逶迤。朝旭照黄屋，灵飙卷鸾旗。青鸟西来集行殿，王母云軿初降时。碧藕味逾蜜，冰桃甘若饴。笑饮九霞觞，侍女皆瑶姬。从臣罗拜称万岁，终不学穆天子，八骏无停辔。还宫静处仙自来，愿与轩辕同久视。"② 所谓"还宫静处仙自来"，完全是出自《资治通鉴》中东方朔谏止汉武帝"自浮海求蓬莱"的言辞。

清人张贵胜在《遣愁集》卷一《一集韵谈》中说到东方朔的"仙人将自至"语："汉武帝幸缑氏，礼祭中岳太室，从官在山下闻有若呼万岁者三。乃禅泰山，白云出封中，群臣皆上寿颂功德。又欲自浮海至蓬莱山，求神仙不死药。东方朔曰：'陛下第还宫静以须之，仙人将自至。'上悟乃止。"③ 其中对东方朔谏止汉武帝"欲自浮海至蓬莱山，求神仙不死药"一事有所宣传。

清人易佩绅在《通鉴触绪》卷八《汉》中就东方朔的谏言讨论道："是时武帝之愚盖不可以理喻矣，故东方朔以滑稽动之而已。夏侯湛谓东方朔戏万乘若僚友，吾直谓其戏之若婴儿耳。"④ 其实，从东方朔的言

① 谢维新：《事类备要》前集，收入《景印文渊阁四库全书》第 939 册，第 399 页。所谓出"《本纪》"一说显然不准确。
② 梁寅：《石门集》卷三，收入《景印文渊阁四库全书》第 1222 册，第 634 页。
③ 张贵胜：《遣愁集》卷一，清康熙二十七年刻本，第 17 页。
④ 易佩绅：《通鉴触绪》卷八，清光绪刻本，第 85 页。

谈看不出其"以滑稽动之""戏万乘""若婴儿"的迹象,读来却感觉他语气诚恳、态度严肃。清人盛百二在《柚堂笔谈》卷二中将东方朔之言与襄楷谏汉桓帝之语联系比照,并颇为中肯地分析道:"东方朔谓武帝曰:'夫仙者,得之自然,不必躁求。若其有道,不忧不得;若其无道,虽至蓬莱见仙人亦无益也。臣愿第还宫静处以须之,仙人将自至。'桓帝时襄楷上书曰:'闻宫中立浮屠之祠,此道清虚,贵尚无为,好生恶杀,省欲去奢。'又曰:'或言老子入夷狄为浮屠,浮屠不三宿桑下,不欲久生恩爱,精之至也。其守一如此,乃能成道。'二臣皆是因其主之所好而引诱之,即孟子好货好色之对也。二君求仙奉佛,乃左右有真仙真佛而不能用,其叶公之好龙乎!"①

还有汉武帝最终对方术形成清醒认识的说法。清人蒋伊在《万世玉衡录》卷四"戒"条中写道:"汉武帝好神仙,信方士李少君,言可使丹砂化为黄金,于是始亲祠灶,遣方士入海求蓬莱。方士栾大言往来海上,见安期、羡门之属,不死之药可得,仙人可致也。复因公孙卿言,亲幸缑氏,观大人迹,命郡国各除道缮治官观,以望幸焉。上欲自浮海求蓬莱,东方朔曰:'仙者得之自然,不必躁求,陛下第还宫静处以须之,仙人将自至。'上乃还。后栾大等以诬罔伏诛。田千秋曰:'方士言神仙者甚众,而无显功。臣请罢之。'上感悟,悉罢方士候神人者,叹曰:'天下岂有仙人?尽妖妄耳!节食服药,差可少病而已。'"② 汉武帝最终"感悟"方士宣传之"妖妄",或许是因为从东方朔谏言中受到启示。

应当注意的是,"田千秋曰"及"上感悟"诸记述依据的是《资治通鉴》卷二二"汉武帝征和四年":"田千秋曰:'方士言神仙者甚众,而无显功,臣请皆罢斥遣之。'上曰:'大鸿胪言是也。'于是悉罢诸方士候神人者。是后上每对群臣自叹:'向时愚惑,为方士所欺。天下岂有仙人,尽妖妄耳!节食服药,差可少病而已。'"③ 辛德勇对此已有考论,认为

---

① 盛百二:《柚堂笔谈》卷二,清乾隆三十四年潘莲庚刻本,第 18 页。

② 蒋伊:《万世玉衡录》,收入《四库全书存目丛书》子部第 23 册,齐鲁书社,1995,第 268 页。

③《资治通鉴》,第 738 页。

《资治通鉴》"强自截取《汉武故事》""点窜而成"。① 此说值得我们注意。而"东方朔曰"与"田千秋曰"是否存在同样的问题，也是我们应当警觉的。有所不同的似乎是，据辛德勇所说"田千秋曰"已在《汉武故事》中找到信息源头②，而"东方朔曰"的始出文献目前尚不明朗。

《太平御览》卷八二五及卷九八四引《东方朔别传》，都说到东方朔劝阻汉武帝求神仙而汉武帝终于"罢方士"的故事。③ 关于《东方朔别

① 辛德勇：《汉武帝晚年政治取向与司马光的重构》，《清华大学学报（哲学社会科学版）》2014 年第 6 期。王祎撰《大事记续编》卷一载《解题》曰："《通鉴》载：'上每对群臣自叹曰：向时愚惑，为方士所欺。天下岂有仙人？尽妖妄耳！节食服药，差可少病而已。'此出《汉武故事》，其言绝不类西汉，《通鉴》误取尔。"文渊阁《四库全书》本。

② 当然，如前所说，也许《资治通鉴》所依据的是比《汉武故事》更早的"原型"。

③ 《太平御览》卷八二五引《东方朔别传》曰："武帝求神仙，朔言能上天取药。上知其谩，欲极其言，即遣方士与朔上天。朔曰：'当有神来迎我。'后方士昼卧，朔遽口呼：'若极真者，吾从天上还。'方士遂以闻。上以为面欺，下朔狱。朔泣曰：'臣几死者再。天公问臣：下方何衣？朔曰：衣蚕。蚕若何？曰：喙呥呥类马，色班班类虎。天公大怒，以臣为谩，系臣司空。使使下问，还报有之，乃出臣。今陛下以臣为诈，愿使使上问之。'上曰：'齐人多诈，欲以喻我止方士也。'罢方士。"《太平御览》卷九八四引《东方朔别传》曰："孝武皇帝好方士，敬鬼神，使人求神仙不死之药，甚至初无所得，天下方士四面蜂至，不可胜言。东方朔睹方士虚语以求尊显，即云'上天'，欲以喻之。其辞曰：'陛下所使取神药者，皆天地之间药也，不能使人不死。独天上药能使人不死耳。'上曰：'然。天何可上也？'朔对曰：'臣能上天。'上知其谩诞，极其语，即使朔上天，取不死之药。朔既辞去，出殿门，复还曰：'今臣上天，似谩诞者。愿得一人为信验。'上即遣方士与朔俱往，期三十日而反。朔等既辞而行，日日过诸侯传饮，往往留十余昼。期又且尽，无上天意。方士谓之曰：'期且尽，日日饮酒为奈何？'朔曰：'鬼神之事难豫言，当有神来迎我者。'于是方士昼卧良久，朔遽觉之曰：'呼君极久，不应我，今者属从天上来。'方士大惊，还具以闻。上以为面欺，诏下朔狱。朔啼对曰：'朔顷几死者再。'上曰：'何也？'朔对曰：'天公问臣：下方人何衣？臣朔曰：衣虫。虫何若？臣朔曰：虫喙髯髯类马，色邠邠类虎。天公大怒，以臣为谩言，系臣。使下问，还报有之，名蚕。天公乃出臣。今陛下苟以臣为诈，愿使人上问之。'上大惊曰：'善。齐人多诈，欲以喻我止方士也。'罢诸方士弗复用也，由此朔日以亲近。"李昉等：《太平御览》，第 3676 页，第 4357—4358 页。"东方朔睹方士虚语以求尊显"，文渊阁《四库全书》本第 901 册作"东方朔语方士虚语以求尊显"，第 663 页。所谓"谩"，体现了东方朔对方士行为习惯的熟悉。

传》，据《汉书》卷六五《东方朔传》记录，东方朔"著论设客难己"及"设非有先生之论"，班固说："朔之文辞，此二篇最善。其余有《封泰山》《责和氏璧》及《皇太子生禖》《屏风》《殿上柏柱》《平乐观赋猎》，八言、七言上下，《从公孙弘借车》，凡刘向所录朔书具是矣。[1] 世所传他事皆非也。"颜师古注："谓如《东方朔别传》及俗用五行时日之书，皆非实事也。"[2] 看来，根据颜师古的判断，《东方朔别传》的内容"非实事"。然而，此书在汉代时已经为"世所传"，应当在班固之前甚至在刘向时代已经成书。据《太平御览经史图书纲目》，《东方朔别传》在64种"别传"中被列为第一种[3]，这也是值得我们注意的。

即使东方朔谏止"武帝求神仙"一事被断定为不足以凭信，相关文化现象的发生也是研究者应关注的问题。

那么，怎样理解东方朔成功谏止汉武帝"自浮海求蓬莱"的因由呢？

关于汉武帝放弃"欲自浮海至蓬莱山"的原因，有两种说法：一是"奉车子侯暴病，一日死。上乃遂去……"，《史记》《汉书》均采用此说；二是东方朔的谏言，司马光的《资治通鉴》采用此说。

如果《资治通鉴》中关于东方朔谏止汉武帝一事的记述可靠，人们还会提出这样的问题：东方朔为什么能够谏止汉武帝？在"群臣谏，莫能止"的情况下，汉武帝何以被东方朔说服？

《艺文类聚》卷八一引《东方朔记》，记述了东方朔说服汉武帝"止方士"的故事：

武帝好方士。朔曰："陛下所使取神药者，皆天地之间药，不能使人

---

①《汉书》卷三〇《艺文志》"杂家者流"载录"《东方朔》二十篇"，第1741页。《汉书》卷五一《枚皋传》："武帝春秋二十九乃得皇子，群臣喜，故皋与东方朔作《皇太子生赋》及《立皇子禖祝》。"第2366页。《汉书》卷六三《武五子传·戾太子据》："初，上年二十九乃得太子，甚喜，为立禖，使东方朔、枚皋作《禖祝》。"第2741页。
②《汉书》，第2873页。
③ 李昉等：《太平御览》，第8页。

第四章 汉帝国对海洋的关注与海上航运能力

265

不死。独使取神药天上药，能使人不死耳。"上曰："天何可上？"朔曰："臣能上天。"既辞去，出殿门。复还曰："今臣上天，似谩诞者，愿得一人为信验。"上即遣方士与朔俱，期三十日而返。朔等辞而行，日日过诸侯传饮。方士昼卧，朔遽呼之曰："若极久不应我何耶？今者属从天上来。"方士大惊，乃具以闻。上问朔，朔曰："诵天上之物，不可称原。"上以为面欺，诏朔下狱问之。左右方提去，朔啼泣对曰："使须几死者再。"上曰："何也？"朔对曰："天公问臣：下方人何衣？臣对曰：'衣虫。''虫何若？'臣对曰：'虫喙靭靭类马，色邠邠类虎。'天公大怒，以臣为谩。使使下问，还报，名曰'蚕'。天公乃出臣。今陛下苟以为诈，愿使人上天问之。"上大惊曰："善。欲以喻我止方士也。"①

《太平御览》卷八二五及卷九八四引《东方朔别传》皆曰："上曰：'齐人多诈，欲以喻我止方士也。'"卷八二五引文后有"罢方士"字样。卷九八四引文则曰："罢诸方士弗复用也。由是朔日以亲近。"在这一故事中，东方朔"欲以喻"汉武帝"止方士"的一段话，似乎有"以滑稽动之"，"戏万乘""若婴儿"的意味。②而拥有雄才大略的汉武帝之所以为其所"动"，为其所"戏"，应值得深究。

故事中先有"方士大惊"，后有"上大惊"的情节，说明东方朔的智慧对方术之学及拥有最高权力的统治者均形成强有力的冲击。汉武帝之所以称"善"，并最终认同东方朔"止方士"的态度，"罢方士"，或曰"罢诸方士弗复用也"，当是因为东方朔"能上天"及其所说的与"天公"间的故事生动具体，有感染力和说服力。

关于东方朔与天界和仙界的神秘联系，曾经有多种传说。《艺文类聚》卷一引《列仙传》曰："东方朔，楚人也。后卖药五湖，知其岁星焉。"③《艺文类聚》卷二引《汉武帝内传》曰："东方朔乘云飞去，仰望大雾覆之，不知所在。"《艺文类聚》卷四引《汉武故事》曰："七月七

① 欧阳询：《艺文类聚》，汪绍楹校，第1380页。

② 李昉等：《太平御览》，第3676页，第4358页。

③《太平御览》卷五引《汉武故事》曰："西王母使者至，东方朔死。上问使者，对曰：'朔是木帝精，为岁星，下游人中，以观天下，非陛下臣也。'"第28页。

日，上于承华殿斋，正中，忽有一青鸟从西方来，集殿前。上问东方朔。朔曰：'此西王母欲来也。'有顷，王母至。"①《艺文类聚》卷八六引《汉武故事》曰："东郡献短人，呼东方朔。朔至，短人因指朔谓上曰：'西王母种桃三千岁一为子，此儿不良也，已三过偷之矣。'"②《太平御览》卷一八八引《汉武故事》曰："西王母降，东方朔于朱鸟牖中窥母。母谓帝曰：'此儿无赖，久被斥逐，原心无恶，寻当得还。'"③

东方朔的神秘身世④与神秘能力⑤，使其言行具有浓重的神秘色彩。

---

① 《太平御览》卷三一引《汉武帝故事》："七月七日，上于承华殿斋。其日忽有青鸟从西方来，集殿前。上问东方朔，朔曰：'此西王母欲来也。'有顷，王母至。有二青鸟如凤，夹侍王母旁也。"第148页。

② 《艺文类聚》，第11页，第37页，第75页，第1468页。《太平御览》卷三七八引《汉武故事》曰："东郡送一短人，长七寸，衣冠具足，疑其山精。常令在案上行。召东方朔问，朔至，呼短人曰：'巨灵，汝何忽叛来，阿母还未？'短人不对，因指朔谓上曰：'王母种桃，三千年一作子。此儿不良，已三过偷之矣。遂失王母意，故被谪来此。'上大惊，始知朔非世中人。"《太平御览》卷九六七引《汉武故事》曰："东郡献短人，帝呼东方朔。朔至，短人指朔谓上曰：'王母种三千年桃结子，此儿不良，已三过偷之矣。后西王母下，出桃七枚，母自啖二，以五枚与帝。帝留核着前，王母问曰：'用此何为？'上曰：'此桃美，欲种之。'母叹曰：'此桃三千年一着子，非下土所植也。'后上杀诸道士妖妄者百余人，西王母遣使谓上曰：'求仙信邪？欲见神人而杀戮，吾与帝绝矣。'又致三桃曰：'食此可得极寿。'第1745页，第4289页。

③ 李昉等：《太平御览》，第910页。

④ 《太平御览》卷二二引《洞冥记》曰："东方朔母田氏寡，梦太白星临其上，因有娠。田氏叹曰：'无夫而孕，人得弃我。'乃移向代郡之东方里。五月生朔，仍以所居为姓。"《太平御览》卷三六〇引《洞冥记》曰："东方朔母田氏寡居，梦太白星临其上，因有娠。田氏叹曰：'无夫而妊，人将弃我。'乃移向代都东方里为居。五月旦生朔，因以所居里为氏，朔为名。"第108页，第1660页。

⑤ 《太平御览》卷六引《风俗通》："东方朔，太白星精，黄帝时为风后，尧时为务成子，周时为老子，越为范蠡，齐为夷。言其变化无常也。"《太平御览》卷一三引《汉武内传》曰："西王母曰：东方朔为太山仙官，太仙使至方丈助三天司命。朔但务山水游戏，擅弄雷电，激波扬风，风雨失时。"《太平御览》卷五一引《荆楚岁时记》曰："张骞寻河源，得一石，示东方朔。朔曰：'此石是织女支机石，何至于此？'"第32页，第68页，第250页。

我们还应注意，东方朔是"齐人"出身，"平原厌次人也"。① 厌次县治，据谭其骧主编的《中国历史地图集》，距当时的海岸约 30 千米。② 可以说，东方朔与自战国至西汉时期在上层政治舞台上十分活跃的"燕齐海上之方士"们③，曾生活在同样以海洋为背景的文化生态之中。④ 他的思想不大可能不受到环渤海文化圈方术之学的影响。

可能正因为东方朔与"燕齐海上之方士"具有某种相同的文化渊源，"陛下所使取神药者，皆天地之间药，不能使人不死""独使取神药天上药，能使人不死耳"等意见才为汉武帝所采纳。

东方朔思想确实具有"燕齐海上"方术的色彩。

要探讨东方朔思想与方术之学是否存在某种关系，还可以参考以下例证。《汉书》卷六五《东方朔传》言"刘向所录朔书"，颜师古注："谓如《东方朔别传》及俗用五行时日之书，皆非实事也。"⑤《后汉书》卷八二上《方术列传上》的序文说道："……其流又有风角、遁甲、七政、元气、六日七分、逢占、日者、挺专、须臾、孤虚之术，及望云省气，推处祥妖，时亦有以效于事也。"关于其中所谓"逢占"，李贤注："《前书》班固曰：'东方朔之逢占、覆射。'《音义》云：'逢人所问而占之也。'"⑥ 在汉代人的知识体系中，"五行""杂占"都属于"数术"之学。⑦

---

① 《汉书》卷六五《东方朔传》，第 2841 页。

② 谭其骧主编《中国历史地图集》第 2 册，第 44—45 页。

③ 《史记》卷二八《封禅书》："自齐威、宣之时，驺子之徒论著终始五德之运，及秦帝而齐人奏之，故始皇采用之。而宋毋忌、正伯侨、充尚、羡门高最后皆燕人，为方仙道，形解销化，依于鬼神之事。驺衍以阴阳主运显于诸侯，而燕齐海上之方士传其术不能通，然则怪迂阿谀苟合之徒自此兴，不可胜数也。"第 1638 页。

④ 王子今：《秦汉时期的环渤海地区文化》，《社会科学辑刊》2000 年第 5 期。

⑤ 《汉书》，第 2873 页。

⑥ 《后汉书》，第 2704 页。《汉书》卷六五《东方朔传》："朔之诙谐，逢占射覆……"颜师古注："如淳曰：'逢占，逢人所问而占之也。'师古曰：'此说非也。逢占，逆占事，犹云逆剌也。'"第 2874 页。

⑦ 《汉书》卷三〇《艺文志》，第 1767—1775 页。

第四节 "横海征南夷，楼船戍东越"

考察战国秦汉时期的航海史，就不能不关注闽越的突出表现。闽越在东方航海史上有重要的贡献。[1] 闽越悠久的航海传统与优越的航海能力，使得其与东越、南越的海上往来似较与内地的联系更方便。闽越人借助海上航行技术的优势，在当时中国东南地区相当活跃。秦汉王朝借助航海条件几次远征得以取得成功。中国历史上最早的因为风浪影响航运的事件，也发生在闽越。闽越人的航海事业，在东方海洋开发史及海上丝绸之路史上书写了令人瞩目的篇章。

一、越人的航海传统

史称"百越"的古代部族主要活动于东南沿海，但也有依恃近海航行能力北行的经历。于浙江温岭发现的越王城，被当地地方志称为"徐偃王城"。但传说中徐偃王的立国之地远在淮北。《史记》卷五《秦本纪》曰："徐偃王作乱，造父为缪王御，长驱归周，一日千里以救乱。"裴骃《集解》："《地理志》曰：临淮有徐县，云故徐国。"张守节《正义》："《括地志》云：'大徐城在泗州徐城县北三十里，古徐国也。'……《括地志》又云：'徐城在越州鄮县东南入海二百里。'《夏侯志》云翁洲上有徐偃王

---

[1] 秦汉时期"闽越"作为区域政治实体的称谓使用或有模糊情形。如《汉书》卷二《惠帝纪》："(三年) 夏五月立闽越君摇为东海王。"颜师古注："应劭曰：摇，越王勾践之苗裔也。帅百越之兵助高祖，故封东海，在吴郡东南滨海云。师古曰：即今泉州是其地。"第 89 页。据文渊阁《四库全书》本《前汉书卷二考证》，齐召南曰："按师古说非也。闽越王无诸都冶则泉州地，属闽越矣。东海王摇都东瓯，亦号东瓯王，即温州永嘉地，非泉州地也。"《史记》言闽越事，多系于卷一一四《东越列传》中。本文使用"闽越"一语，指当时存在于今福建大部分地域的政权。

城。传云昔周穆王巡狩，诸侯共尊偃王，穆王闻之，令造父御，乘騄駬之马，日行千里，自还讨之。或云命楚王帅师伐之。偃王乃于此处立城以终。"① 温岭越王城或许与越州"徐城"有关。而南北"徐城"共见于地理文献中，可以被看作越人曾经活跃于苏北地方的迹象。

东周时期，越王勾践迁都琅邪。《汉书》卷二八上《地理志上》"琅邪郡"条有关于属县"琅邪"的信息："琅邪，越王勾践尝治此，起馆台。有四时祠。"② 今本《吴越春秋》卷一〇《勾践伐吴外传》中有"越王既已诛忠臣，霸于关东，从琅邪起观台，周七里，以望东海"的记载，又写道："越王使人如木客山，取元常之丧，欲徙葬琅邪。三穿元常之墓，墓中生燸风，飞砂石以射人，人莫能入。勾践曰：'吾前君其不徙乎！'遂置而去。"勾践以后的权力继承顺序是：勾践—兴夷—翁—不扬—无强—玉—尊—亲。"自勾践至于亲，共历八主，皆称霸，积年二百二十四年。亲众皆失，而去琅邪，徙于吴矣"，"尊、亲失琅邪，为楚所灭"。③ 由此可知"琅邪"确实是越国后期的政治中心。历史文献中提及勾践都琅邪的，有《竹书纪年》卷下："（周）贞定王元年癸酉，于越徙都琅邪。"又有《越绝书》卷八《外传记地传》："亲以上至勾践凡八君，都琅邪，二百二十四岁。"还有《后汉书》卷八五《东夷列传》："越迁琅邪。"《水经注》卷二六《潍水》："琅邪，山名也。越王勾践之故国也。勾践并吴，欲霸中国，徙都琅邪。"同书卷四〇《渐江水》："勾践都琅邪。"④

其实，早在越王勾践活动于吴越地方时，据相关历史记载，勾践身边的重臣就已对"琅邪"有所关注。《吴越春秋》卷八《勾践归国外传》中有范蠡帮助越王勾践"树都"，即规划建设都城的故事："越王曰：'寡人之计，未有决定，欲筑城立郭，分设里闾，欲委属于相国。'于是范

---

① 又《史记》卷四三《赵世家》："而徐偃王反，缪王日驰千里马，攻徐偃王，大破之。"张守节《正义》："《括地志》云：大徐城在泗州徐城县北三十里，古之徐国也。"第175—176页，第1779—1780页。

②《汉书》，第1586页。

③ 周生春：《吴越春秋辑校汇考》，第176页，第177页，第178页。

④ 袁康、吴平辑录《越绝书》，乐祖谋点校，第58页。《后汉书》，第2809页。郦道元：《水经注校证》，陈桥驿校证，第630页，第941页。

蠡乃观天文拟法，于紫宫筑作小城……外郭筑城而缺西北，示服事吴，也不敢壅塞……城既成，而怪山自生者，琅琊东武海中山也。一夕自来，故名怪山……范蠡曰：'臣之筑城也，其应天矣。'"① 在越国建设都城时，传说"琅琊东武海中山""一夕自来"。这一神异故事的生成和传播，暗示当时勾践、范蠡在谋划复国工程时，对北方大港"琅邪"予以特别关注。

范蠡在灭吴之后离开权力争夺的漩涡，避处齐地，对此《史记》卷四一《越王勾践世家》谓"范蠡浮海出齐"，即说他是航海北上。② 越人徙都琅邪，很可能亦经历"浮海"的交通过程。或说越人灭吴后"遂渡淮，迁都琅邪"，似乎也有不经由海路或者全程经由海路的可能。③ 然而，在《吴越春秋》中，"从琅邪起观台，周七里，以望东海"后言"死士八千人，戈船三百艘"④，这些"戈船"很可能自会稽驶来。《越绝书》卷八《外传记地传》中写道："初徙琅琊，使楼船卒二千八百人伐松柏以为桴。"⑤ "楼船卒二千八百人"不大可能徒步北上。勾践迁都琅邪一事，可以看作反映越人航海能力的例证。

二、闽越"入燔寻阳楼船"的策划

闽越与汉王朝中央政权的关系微妙。这表现在与皇帝离心的诸侯势力往往联络闽越，以谋求策应。《史记》卷一〇《孝文本纪》中写道："六年，有司言淮南王长废先帝法，不听天子诏，居处毋度，出入拟于天子，擅为法令，与棘蒲侯太子奇谋反，遣人使闽越及匈奴，发其兵，

① 周生春：《吴越春秋辑校汇考》，第 131 页。
② 王子今：《范蠡"浮海出齐"事迹考》，载《齐鲁文化研究》第 8 辑（2009 年），泰山出版社，2009；《东海的"琅邪"和南海的"琅邪"》，《文史哲》2012 年第 1 期。
③《元和郡县图志》卷二七《江南道·越州》中写道："勾践复伐吴，灭之，并其地。遂渡淮，迁都琅邪。"似是说越人自陆路至琅邪。
④ 周生春：《吴越春秋辑校汇考》，第 176 页。《越绝书》卷八《外传记地传》同。袁康、吴平辑录《越绝书》，乐祖谋点校，第 58 页。
⑤ 袁康、吴平辑录《越绝书》，乐祖谋点校，第 62 页。

欲以危宗庙社稷。"① 《史记》卷一〇六《吴王濞列传》中又写道："七国之发也，吴王悉其士卒，下令国中曰：'寡人年六十二，身自将。少子年十四，亦为士卒先。诸年上与寡人比，下与少子等者，皆发。'发二十余万人。南使闽越、东越，东越亦发兵从。"叛军被击败后，吴王刘濞为东越所杀，他的两个儿子在流亡中为闽越所收留。"吴大败，士卒多饥死，乃畔散。于是吴王乃与其麾下壮士数千人夜亡去，度江走丹徒，保东越。东越兵可万余人，乃使人收聚亡卒。汉使人以利啖东越，东越即绐吴王，吴王出劳军，即使人镞杀吴王，盛其头，驰传以闻。吴王子子华、子驹亡走闽越。"②

闽越对中央政权的这种态度，与其背靠外海的地理形势有关。据《史记》卷一一四《东越列传》记载，闽越王弟余善面对汉朝廷的军事压力，与宗族相谋："今杀王以谢天子。天子听，罢兵，固一国完；不听，乃力战；不胜，即亡入海。"③ 由此可知闽越有依恃滨海地理条件争取政治抗衡地位的考虑。④

---

① 《史记》，第 426 页。《史记》卷一一八《淮南衡山列传》："六年，令男子但等七十人与棘蒲侯柴武太子奇谋，以辇车四十乘反谷口，令人使闽越、匈奴。事觉，治之，使使召淮南王。淮南王至长安……大夫但、士五开章等七十人与棘蒲侯太子奇谋反，欲以危宗庙社稷。使开章阴告长，与谋使闽越及匈奴发其兵。"第3076—3077 页。

② 《史记》，第 2827 页，第 2834 页。

③ 同上书，第 2981 页。

④ 《汉书》卷二五下《郊祀志下》说："海广大无限界。"第 1265 页。海长期是中原内陆王朝控制力所不及的空间，而沿海地区的行政机能亦比较落后。《盐铁论·险固》中所谓"藩臣海崖"（第 516 页），《汉书》卷七二《鲍宣传》载鲍宣上书"海濒仄陋"（第 3093 页），《说苑·臣术》中所谓"处海垂之际"（第 302 页），都指出沿海地区的边缘化。孔子曾经有"道不行，乘桴浮于海"的感叹（《论语·公冶长》）。《史记》卷四一《越王勾践世家》："范蠡浮海出齐。"这是一个具体的"浮海"流亡事迹。又如《史记》卷八三《鲁仲连邹阳列传》："鲁连逃隐于海上。"第 2469 页。另一个属于秦汉时期的典型例证，是田横及五百士的故事。据《史记》卷一〇六《吴王濞列传》，吴楚七国之乱发起时，刘濞集团中的骨干分子说："击之不胜，乃逃入海，未晚也。"第 2835 页。《汉书》卷三五《荆燕吴传·吴王刘濞》："不胜而逃入海，未晚也。"第 1917 页。

闽越曾经采取与汉王朝完全敌对的立场。《汉书》卷六四上《严助传》："今闽越王狼戾不仁，杀其骨肉，离其亲戚，所为甚多不义，又数举兵侵陵百越，并兼邻国，以为暴强，阴计奇策，入爁寻阳楼船，欲招会稽之地，以践勾践之迹。今者，边又言闽王率两国击南越。陛下为万民安危久远之计，使人谕告之曰：'天下安宁，各继世抚民，禁毋敢相并。'有司疑其以虎狼之心，贪据百越之利，或于逆顺，不奉明诏，则会稽、豫章必有长患。且天子诛而不伐，焉有劳百姓苦士卒乎？故遣两将屯于境上，震威武，扬声乡。屯曾未会，天诱其衷，闽王陨命，辄遣使者罢屯，毋后农时。"① 这段文字是站在汉王朝的立场对闽越军事行为的指责。

闽越王或说"闽王"的进取，包括对汉王朝的侵犯，"阴计奇策，入爁寻阳楼船，欲招会稽之地，以践勾践之迹"。根据这些文字我们未能判断闽越人是已经破坏了寻阳楼船基地，还是仅仅只是"阴计奇策"，尚未实施。

关于"寻阳楼船"，颜师古注："汉有楼船贮在寻阳也。"闽越王"入爁寻阳楼船"，即使只是策划，也体现出他对航运能力特别是军事航运能力的重视，由此可推测闽越王欲"入爁寻阳楼船"应是以维护自身航海优势为出发点。

三、闽越"侵陵百越，并兼邻国"

从《汉书》卷六四上《严助传》中对闽越王或称"闽王"的指责可以看出，闽越犯下的比直接冒犯汉王朝更严重的行为可能是对"百越"，即对其他政治实体的进攻，"又数举兵侵陵百越，并兼邻国，以为暴强"。"闽王"的另一项明确的罪责，是"率两国击南越"。

《史记》卷一一四《东越列传》记述了闽越对东瓯的侵犯："后数世，至孝景三年，吴王濞反，欲从闽越。闽越未肯行，独东瓯从吴。及吴破，东瓯受汉购，杀吴王丹徒。以故皆得不诛，归国。吴王子子驹亡

---

①《汉书》，第 2787 页。

走闽越，怨东瓯杀其父，常劝闽越击东瓯。至建元三年，闽越发兵围东瓯。东瓯食尽，困，且降，乃使人告急天子。天子问太尉田蚡，蚡对曰：'越人相攻击，固其常，又数反复，不足以烦中国往救也。自秦时弃弗属。'于是中大夫庄助诘蚡曰：'特患力弗能救，德弗能覆；诚能，何故弃之？且秦举咸阳而弃之，何乃越也！今小国以穷困来告急天子，天子弗振，彼当安所告诉？又何以子万国乎？'上曰：'太尉未足与计。吾初即位，不欲出虎符发兵郡国。'乃遣庄助以节发兵会稽。会稽太守欲距不为发兵，助乃斩一司马，谕意指，遂发兵浮海救东瓯。未至，闽越引兵而去。东瓯请举国徙中国，乃悉举众来，处江淮之间。"① 闽越对东瓯的武力压迫，致使这一部族联盟或国家不能在原先的住地生存。②

所谓"率两国击南越"，意味着汉王朝绝不能容忍闽越对"百越"控制权的争夺。闽越曾经附属于南越。《史记》卷一一三《南越列传》中写道："（赵）佗乃自尊号为南越武帝，发兵攻长沙边邑，败数县而去焉。高后遣将军隆虑侯灶往击之。会暑湿，士卒大疫，兵不能逾岭。岁余，高后崩，即罢兵。佗因此以兵威边，财物赂遗闽越、西瓯、骆，役属焉，东西万余里。乃乘黄屋左纛，称制，与中国侔。"但后来闽越发起对南越的军事攻击。"佗孙胡为南越王。此时闽越王郢兴兵击南越边邑，胡使人上书曰：'两越俱为藩臣，毋得擅兴兵相攻击。今闽越兴兵侵臣，臣不敢兴兵，唯天子诏之。'于是天子多南越义，守职约，为兴师，遣两将军③往讨闽越。兵未逾岭，闽越王弟余善杀郢以降，于是罢兵。"汉王朝对南越的解救，体现了中央权力居高临下、安定国家的效能。"天子使庄助往谕意南越王，胡顿首曰：'天子乃为臣兴兵讨闽越，死无以报德！'"

闽越"举兵侵陵百越，并兼邻国""率两国击南越"，应该是充分利

---

①《史记》，第2980页。裴骃《集解》："徐广曰：'《年表》云东瓯王广武侯望，率其众四万余人来降，家庐江郡。'"司马贞《索隐》："徐广据《年表》而为说。"

②《史记》卷一一四《东越列传》："天子曰东越狭多阻，闽越悍，数反复，诏军吏皆将其民徙处江淮间。东越地遂虚。"第2984页。

③关于"两将军"，司马贞《索隐》注："王恢、韩安国。"《史记》，第2970—2971页。

用了近海航运的便利条件。据《史记》卷一一四《东越列传》，司马迁所谓"越虽蛮夷……何其久也！历数代常为君王……越世世为公侯矣"①，以及汉武帝所谓"闽越悍，数反复"，都说明闽越强悍，而其强悍的底气无疑是其强大的海上航行能力。

四、楼船"浮海""事两越"

汉武帝建元三年（前138），闽越围东瓯，东瓯告急，汉武帝"遣中大夫严助持节发会稽兵，浮海救之""未至，闽越走，兵还"。建元六年（前135），"闽越王郢攻南越，遣大行王恢将兵出豫章，大司农韩安国出会稽，击之。未至，越人杀郢降，兵还"。②《史记》卷一〇八《韩长孺列传》记载："建元中……闽越、东越相攻，安国及大行王恢将。未至越，越杀其王降，汉兵亦罢。"

汉武帝时代自会稽发兵南下凡三次：第一次是建元三年（前138）严助浮海救东瓯；第二次是建元六年（前135）韩安国出会稽击闽越；第三次是元鼎六年（前111）韩说、王温舒出会稽击东越。其中，据史籍明确记载，第一、三次是经由海路，第二次很可能亦泛海南下。然而，《史记》卷一一四《东越列传》记载："上遣大行王恢出豫章，大司农韩安国出会稽，皆为将军。兵未逾岭，闽越王郢发兵距险。"③《汉书》卷九五《闽越传》作"兵未隃领"。④"逾岭"或"隃领"者若兼指王恢、韩安国二军，则二军皆由陆路行。看来，要确定元鼎六年韩安国的行军路线，还需要更详尽的资料。

《史记》卷二〇《建元以来侯者年表》言汉王朝决心"南诛劲越"的背景是闽越与匈奴对汉王朝形成威胁，造成"二夷交侵"的危害："太史公曰：匈奴绝和亲，攻当路塞；闽越擅伐，东瓯请降。二夷交侵，

---

① 《史记》，第 2984 页。

② 《汉书》卷六《武帝纪》，第 158 页，第 160 页。

③ 《史记》，第 2981 页。

④ 同上书，第 3850 页。

当盛汉之隆，以此知功臣受封侔于祖考矣。何者？自《诗》《书》称三代'戎狄是膺，荆荼是征'，齐桓越燕伐山戎，武灵王以区区赵服单于，秦缪用百里霸西戎，吴楚之君以诸侯役百越。况乃以中国一统，明天子在上，兼文武，席卷四海，内辑亿万之众，岂以晏然不为边境征伐哉！自是后，遂出师北讨强胡，南诛劲越，将卒以次封矣。"①

"闽越擅伐"，是因为拥有优越的航海能力。而汉军的"浮海"行为，应是继承了闽越人开辟航线等海洋开发成就。②

《史记》卷三〇《平准书》中写道："严助、朱买臣等招来东瓯，事两越，江淮之间萧然烦费矣。"关于所谓"事两越"，张守节在《正义》中解释说："南越及闽越。南越，今广州南海也。闽越，今建州建安也。"③ 为了征伐南越，汉王朝调动了楼船军。《史记》卷一一三《南越列传》中写道："令罪人及江淮以南楼船十万师往讨之。"裴骃《集解》引应劭曰："时欲击越，非水不至，故作大船。船上施楼，故号曰'楼船'也。"④ "江淮以南楼船十万师"南下，在通过闽越海域时应当也借用了闽越的海上航行力量。

五、"揭阳""海风波"

《史记》卷一一四《东越列传》记载："至元鼎五年，南越反，东越王余善上书，请以卒八千人从楼船将军击吕嘉等。兵至揭扬，以海风波为解，不行，持两端，阴使南越。及汉破番禺，不至。"⑤《汉书》卷九五《闽粤传》："至元鼎五年，南粤反，余善上书请以卒八千从楼船击吕嘉等。兵至揭阳，以海风波为解，不行，持两端，阴使南粤。及汉破番禺，楼船将军仆上书愿请引兵击东粤。上以士卒劳倦，不许。罢兵，令

---

①《史记》，第 1027 页。

② 王子今：《秦汉时期的近海航运》，《福建论坛（文史哲版）》1991 年第 5 期。

③《史记》，第 1420 页。

④ 同上书，第 2974 页。

⑤ 同上书，第 2982 页。

诸校留屯豫章梅领待命。"① 元鼎五年（前112）汉军击南越，闽越贵族余善上书请以卒八千从楼船将军杨仆部作战，虽"兵至揭阳"，终竟"以海风波为解"，到战事结束时仍"不至"。这样的情形是有可能危及战局的，所以当时率领楼船军的将军杨仆"上书愿请引兵击东粤"。

关于"以海风波为解"，颜师古注："解者，自解说，若今言分疏。"关于"阴使南粤"，颜师古注："遣使与相知。"② 闽越和南越之间的"使"，有可能循海上航路往来。

余善"兵至揭阳，以海风波为解"，是中国最早的关于航海行为遭遇"海风波"不得不终止的文字记录。虽然我们现在还不清楚此"海风波"的性质和强度，但是这一事实在航海史研究上依然值得我们重视。

平定南越后楼船将军杨仆"上书愿请引兵击东粤"，"上以士卒劳倦，不许"，说明今福建、广东之间的航线在当时已开通，并可供由大型舰船组成的水军通行。元鼎六年（前111），余善反，汉武帝发数军合攻，"遣横海将军韩说出句章，浮海从东方往"，"元封元年冬，咸入东粤"。③ 这是关于闽越海上行驶汉军大型船队的具有代表性的史例。

六、"楼船""横海"战功

《史记》卷一一四《东越列传》记载了闽越与汉王朝之间的军事冲突，包括"横海"战事情节。元鼎六年（前111）秋，"余善闻楼船请诛之，汉兵临境，且往，乃遂发兵距汉道，号将军驺力等为'吞汉将军'，入白沙、武林、梅领，杀汉三校尉。是时，汉使大司农张成、故山州侯齿将屯，不敢击，却就便处，皆坐畏懦诛。余善刻'武帝'玺自立，诈其民，为妄言"。④

这就是被《盐铁论·备胡》列为"四夷俱强，并为寇虐"表现之一

---

① 《汉书》，第3861页。
② 同上书，第3861页。
③ 《汉书》卷九五《南粤传》，第3862页。
④ 《史记》，第2981—2982页。

第四章　汉帝国对海洋的关注与海上航运能力

的"东越越东海，略浙江之南"。①　所谓"越东海"，明确指航海北侵。

对此，汉王朝给予强硬的回应："上遣横海将军韩说出句章，浮海从东方往，楼船将军仆出武林，中尉王温舒出梅领，粤侯为戈船、下濑将军出如邪、白沙。元封元年冬，咸入东越。"汉王朝向南方远征，又一次施行多路并进的战略。其中，"浮海从东方往"的"横海将军"部应是主力。

"东越素发兵距险，使徇北将军守武林，败楼船军数校尉，杀长吏。楼船将军率钱唐辕终古斩徇北将军，为御儿侯。自兵未往。故越衍侯吴阳前在汉，汉使归谕余善，余善弗听。及横海将军先至，越衍侯吴阳以其邑七百人反，攻越军于汉阳。从建成侯敖，与其率，从繇王居股谋曰：'余善首恶，劫守吾属。今汉兵至，众强，计杀余善，自归诸将，傥幸得脱。'乃遂俱杀余善，以其众降横海将军，故封繇王居股为东成侯，二万户；封建成侯敖为开陵侯；封越衍侯吴阳为北石侯；封横海将军说为案道侯；封横海校尉福为缭嫈侯。福者，成阳共王子，故为海常侯，坐法失侯。旧从军无功，以宗室故侯。诸将皆无成功，莫封。"②《史记》卷一一七《司马相如列传》言"喻告巴蜀民"时颂扬"陛下即位，存抚天下，辑安中国"的功德，所谓"移师东指，闽越相诛"应当是指此次军事胜利。③　所谓"横海将军先至"，说明从海上进攻的"横海将军"部承担了主攻任务，且及时实现了战役目标。"横海将军"部得到"吴阳"部的策应，对方部众"降横海将军"，说明"横海将军"部基本控制了战局。战后"横海将军"、"横海校尉"封侯，其他"诸将皆无成功，莫封"，说明汉王朝海路主攻部队实现了平定余善叛乱的军事目的。

"横海将军韩说出句章，浮海从东方往"取得的战功，应是以这一海域上主要由闽越人积累的海上航行经验为技术基础的。

《汉书》卷六四上《朱买臣传》中写道："是时东越数反复，买臣因

①《盐铁论校注》（定本），王利器校注，第445页。

②《史记》，第2983页。

③ 同上书，第3044页。

言：'故东越王居保泉山，一人守险，千人不得上。今闻东越王更徙处南行，去泉山五百里，居大泽中。今发兵浮海，直指泉山，陈舟列兵，席卷南行，可破灭也。'上拜买臣会稽太守……诏买臣到郡治楼船，备粮食，水战具，须诏书到，军与俱进。"[1] 由此可知在最初的战役策划中，就是以"浮海"进攻为主。所谓"泉山"，颜师古注："泉山即今泉州之山也，临海，去海十余里。"

《盐铁论·地广》言"横海征南夷，楼船戍东越，荆、楚罢于瓯、骆"[2]，这是当时中国南方政治生活中的一件大事，也是中国航海史上的重要事件。

七、城村汉城遗址的发现

福建武夷山城村汉城遗址已经进行考古发掘，学界多同意这是闽越国都城遗址的判断。遗址的城垣、城门、水井、宫殿等建筑遗存都值得我们重视。遗址显示出来的建设规划、东西两面的河道富有启示意义，由此我们可以认为闽越国特别重视航运。

遗址中几处被发掘者称作"水门"的遗存，体现了当时的规划者对水道交通控制和管理的考虑。1959 年发掘简报中关于一件铁质齿轮的介绍，反映了闽越国生产技术的先进。据闽越王城博物馆工作人员介绍，这件铁质齿轮发现于水门附近。这一信息可以支持当时闽越王城水门交通控制可能已经使用机械提升闸门的推想。

八、"冶""东冶"的海上地位

《史记》卷一一四《东越列传》中写道："汉五年，复立无诸为闽越

---

① 《汉书》，第 2972 页。
② 《盐铁论校注》（定本），王利器校注，第 208—209 页。

王，王闽中故地，都东冶。"① 东冶在今福建福州。《汉书》卷九五《闽粤传》记载："汉五年，复立无诸为闽粤王，王闽中故地，都冶。"在《汉书》卷二八上《地理志上》中，颜师古注：冶，"本闽越地"。汉武帝建元三年（前138），"闽粤发兵围东瓯"；建元六年（前135），"闽粤击南粤"，闽越贵族余善后又被立为东越王。元鼎五年（前112），"南粤反，余善上书请以卒八千从楼船击吕嘉等"。会稽与闽越之间的海上联系是依靠由会稽至东冶的航线。《水经注》卷二《河水》引《汉官》言秦郡名"或以号令"，如"禹合诸侯，大计东冶之山，因名会稽是也"。② 这其中也可见东冶与会稽之间的紧密联系。《三国志》卷一三《魏书·王朗传》记载，王朗为会稽太守，"孙策渡江略地，朗功曹虞翻以为力不能拒，不如避之。朗自以身为汉吏，宜保城邑，遂举兵与策战。败绩，浮海至东冶。策又追击，大破之"。王朗"浮海至东冶"③，以及孙策"追击"，应当都由这一航线南下。《三国志》卷四六《吴书·孙讨逆传》记载："（孙策）遂引兵渡浙江，据会稽，屠东冶。"《三国志》卷六〇《吴书·吕岱传》中写道："会稽东冶五县贼吕合、秦狼等为乱，权以岱为督军校尉，与将军蒋钦等将兵讨之，遂禽合、狼，五县平定，拜昭信中郎将。"同卷又说到"会稽东冶贼随春"，说明会稽和东冶之间的交通是比较便利的。④

东冶作为大港的地位，又体现于北上"浮海"亦多由东冶起航的事实。《后汉书》卷三三《郑弘传》说："旧交趾七郡贡献转运，皆从东冶泛海而至。"李贤注："东冶县，属会稽郡。《太康地理志》云：汉武帝名

---

① 《史记》，第2979页。《方舆胜览》卷一〇《福建路·福州》："东冶，汉立冶县，以越王冶铸得名。"祝穆撰，祝洙增订，施和金点校，中华书局，2003，第163页。

② 郦道元：《水经注校证》，陈桥驿校证，第41页。《太平御览》卷一五七引应劭《汉官仪》同。又《太平御览》卷九九〇引《吴氏本草》曰："秦钩吻，一名毒根……有毒杀人，生南越山或益州。""或生会稽东冶，正月采。"也是"会稽东冶"连说。第763页，第4382页。

③ 《三国志》卷六〇《吴书·贺齐传》称之为"王朗奔东冶"。第1407页，第1377页。

④ 《三国志》，第1104页，第1384页，第1385页。

为东冶，后改为东侯官。今泉州闽县是。"① 东冶长期作为自南海北上的船只的重要中间转运港。

东冶还曾经是造船基地。宋乐史在《太平寰宇记》卷一〇〇《江南东道十二·福州》中写道："福州长乐郡，今理闽县，古闽越地。""秦并天下，为闽中。即汉高祖立无诸为闽越王，国都于此地。及武帝时闽越反，因灭之，徙其人于江淮间，尽虚其地。后有遁逃山谷者颇出，因立为冶县以理之。其道盖以越王冶铸为名，属会稽郡，寻为东冶县，后汉改为侯官都尉，属不改。后分冶地为会稽郡东南二都尉，此为南部都尉。东部今临海是也。吴于此立曲郍都尉，主谪徙之人作船于此。"②

第五节　杨仆楼船军"从齐浮渤海"击朝鲜

汉武帝时代置郡朝鲜，是汉文化扩张的重要步骤。对推进这一文化扩张过程贡献最大的军事措施，是杨仆楼船军的渡海远征。杨仆楼船军"从齐浮渤海"击朝鲜，开创了武装船队远航的历史记录，应当被看作中国航海史乃至东方航海史上的重要事件。这一事件，在东方早期航海史、海军史、海洋开发史及民族关系史上都有不宜忽视的意义。"从齐浮渤海"的史实告诉我们，自战国至西汉时期山东半岛的文化优势和文化强势，除了有丰厚积淀和广泛影响的儒学外，还包括先进的航海技术和海洋学。

一、楼船将军杨仆、左将军荀彘击朝鲜

汉武帝元封二年（前109）发军击朝鲜，是在"定越地，以为南海、

①《后汉书》，第1156页。
② 乐史：《太平寰宇记》，王文楚等点校，第1990页。

苍梧、郁林、合浦、交趾、九真、日南、珠崖、儋耳郡""定西南夷，以为武都、牂柯、越嶲、沈黎、文山郡"，以及"分武威、酒泉地置张掖、敦煌郡，徙民以实之"两年后，也是"行自云阳，北历上郡、西河、五原，出长城，北登单于台，至朔方，临北河""勒兵十八万骑，旌旗径千余里，威震匈奴"，又"祠黄帝于桥山""登封泰山"的第二年。同年发生的重要历史事件，还有"发巴蜀兵平西南夷未服者，以为益州郡"。①

关于杨仆楼船军进击朝鲜，司马迁在《史记》卷一一五《朝鲜列传》中有如下记述：

> 天子募罪人击朝鲜。其秋，遣楼船将军杨仆从齐浮渤海；兵五万人，左将军荀彘出辽东：讨右渠。右渠发兵距险。左将军卒正多率辽东兵先纵，败散，多还走，坐法斩。楼船将军将齐兵七千人先至王险。右渠城守，窥知楼船军少，即出城击楼船，楼船军败散走。将军杨仆失其众，遁山中十余日，稍求收散卒，复聚。左将军击朝鲜浿水西军，未能破自前。②

由此我们可以获得这样的信息：楼船将军杨仆率军"从齐浮渤海"，"楼船将军将齐兵七千人"较"出辽东"的"左将军荀彘"的部队"先至王险"，遭到"右渠"的攻击，"楼船军败散走"，将军杨仆"遁山中十余日，稍求收散卒，复聚"。

此后，"天子为两将未有利，乃使卫山因兵威往谕右渠。右渠见使者顿首谢：'愿降，恐两将诈杀臣；今见信节，请服降。'遣太子入谢，献马五千匹，及馈军粮。人众万余，持兵，方渡浿水，使者及左将军疑其为变，谓太子已服降，宜命人毋持兵。太子亦疑使者左将军诈杀之，遂不渡浿水，复引归。山还报天子，天子诛山"。右渠"请服降"，"遣太子入谢，献马五千匹，及馈军粮"，然而拒绝"毋持兵"的要求，于是

①《汉书》卷六《武帝纪》，第188—191页，第194页。
②《史记》，第2987—2988页。

战事又出现新的波折：

> 左将军破浿水上军，乃前，至城下，围其西北。楼船亦往会，居城南。右渠遂坚守城，数月未能下。
>
> 左将军素侍中，幸，将燕代卒，悍，乘胜，军多骄。楼船将齐卒，入海，固已多败亡；其先与右渠战，困辱亡卒，卒皆恐，将心惭，其围右渠，常持和节。左将军急击之，朝鲜大臣乃阴间使人私约降楼船，往来言，尚未肯决。左将军数与楼船期战，楼船欲急就其约，不会；左将军亦使人求间却降下朝鲜，朝鲜不肯，心附楼船：以故两将不相能。左将军心意楼船前有失军罪，今与朝鲜私善而又不降，疑其有反计，未敢发。天子曰将率不能，前乃使卫山谕降右渠，右渠遣太子，山使不能剸决，与左将军计相误，卒沮约。今两将围城，又乖异，以故久不决。使济南太守公孙遂往正之，有便宜得以从事。遂至，左将军曰："朝鲜当下久矣，不下者有状。"言楼船数期不会，具以素所意告遂，曰："今如此不取，恐为大害，非独楼船，又且与朝鲜共灭吾军。"遂亦以为然，而以节召楼船将军入左将军营计事，即命左将军麾下执捕楼船将军，并其军，以报天子。天子诛遂。
>
> 左将军已并两军，即急击朝鲜。

面对强敌，朝鲜臣民终于杀其王投降，"朝鲜相路人、相韩阴、尼溪相参、将军王唊相与谋曰：'始欲降楼船，楼船今执，独左将军并将，战益急，恐不能与，王又不肯降。'阴、唊、路人皆亡降汉。路人道死。元封三年夏，尼溪相参乃使人杀朝鲜王右渠来降。王险城未下，故右渠之大臣成巳又反，复攻吏。左将军使右渠子长降、相路人之子最告谕其民，诛成巳，以故遂定朝鲜，为四郡"。朝鲜执政者在复杂的军事外交形势下"欲降楼船"，"私约降楼船"，一方面有"楼船军""入海，固已多败亡；其先与右渠战，困辱亡卒，卒皆恐，将心惭，其围右渠，常持和节"的因素，另一方面或许也说明"楼船军"有更强的军事威慑力，在朝鲜贵族的眼中，相当于汉王朝远征军的主力。楼船将军杨仆为"左将军麾下"所拘捕，"楼船军"在"左将军"的指挥下依然在平定朝鲜

的战事中发挥了重要作用。

朝鲜置郡之后，"封参为澅清侯，阴为荻苴侯，唊为平州侯，长降为几侯。最以父死颇有功，为温阳侯"①。据裴骃《集解》引韦昭曰，其地分别"属齐""属勃海""属梁父""属河东"和"属齐"。"降汉"的朝鲜贵族"凡五人"②，其中二人的封地在齐。"最"是"路人"之子，"阴、唊、路人皆亡降汉"，"路人道死"。司马贞《索隐》引应劭云曰："路人，渔阳县人。"原本是燕地往朝鲜的"亡人"③，其封地"属齐"，也是很有意思的事情。④

二、"楼船军"渡海作战

我们通常认为"楼船军"是"海军""水军""水师"或"水兵"。⑤有学者说："（自）春秋战国，历经三国、西晋、隋唐、两宋、元、明、清，以迄民国，每一朝代的盛衰兴亡无不与水师有关。'水师'即现在所说的海军。"⑥ 所谓"每一朝代的盛衰兴亡无不与水师有关"，并不符

---

① 《史记》，第2987—2989页。

② 议降时"朝鲜相路人、相韩阴、尼溪相参、将军王唊相与谋"，裴骃《集解》："《汉书音义》曰：'凡五人也。戎狄不知官纪，故皆称相。'"司马贞《索隐》："应劭云：'凡五人。戎狄不知官纪，故皆称相也。'如淳云：'相，其国宰相。'"《史记会注考证》引张守节《正义》："以上至路人凡四人。"《考证》引颜师古曰："相路人一也，相韩阴二也，尼溪相参三也，将军王唊四也。应氏乃云'五人'，误读为'句'，谓'尼溪'人名，失之矣。不当寻下文乎。"《史记会注考证附校补》下册，泷川资言考证，水泽利忠校补，第1859页。今按：汉廷分封朝鲜降臣，确是"五人"。

③ 王子今：《略论秦汉时期朝鲜"亡人"问题》，《社会科学战线》2008年第1期。

④ 关于战后对击朝鲜两将军的处置，《史记》卷一一五《朝鲜列传》记载："左将军征至，坐争功相嫉，乖计，弃市。楼船将军亦坐兵至冽口，当待左将军，擅先纵，失亡多，当诛，赎为庶人。"

⑤ 中国航海学会编的《中国航海史（古代航海史）》中写道："史书将汉代水军称作'楼船'。这个名称实际包括两种含义。一是对战船的通称；另一含义是对水军兵种的专称。"人民交通出版社，1988，第78页。

⑥ 陈民本、陈汝勤编著《中国的海洋》，台湾文物供应社，1982，第24页。

合历史事实。而既然说"每一朝代"的"水师""海军",当然包括汉代的"楼船军"。有学者指出:"秦之水兵称楼船之士。"所引例证即"《汉书·严安传》说:'(秦)使尉屠睢将楼船之士攻越。'"①学者分析秦汉王朝的"军兵种",指出似乎多"以'楼船之士'称水军"。②有学者在考证秦汉军种、兵种和编制时也说:"'水兵'在文献中称'舟师'或'楼船士',这是利用舟船在水上作战的一个军种。"③或说:"汉代水军称楼船军。在我国武装力量中正式设置水军,是从西汉开始的。据《汉官仪》记载:'高祖命天下郡国,选能引关蹶张,材力武猛者,以为轻车、骑士、材官、楼船……平地用车骑,山阻用材官,水泉用楼船。'又据《汉书·刑法志》记载,汉武帝发动统一东南沿海战争时,'内增七校,外有楼船,皆岁时讲肄,修武备'。这两项记载说明,楼船军是在屯骑(骑兵)、步兵等七校之外,根据沿江海的地理条件和防务需要而设立的,属汉代郡国兵制备军。"④

事实上,汉代"楼船军"的主要作战形式仍然是陆战,在汉武帝时代征服南越和东越的战争中大体如此。在朝鲜战事中,"楼船军败散走",将军杨仆"遁山中十余日,稍求收散卒,复聚"。这里所说的"楼船军"可以看作陆战部队,与《史记》卷一一四《东越列传》中的"东越素发兵距险,使徇北将军守武林,败楼船军数校尉,杀长吏"相同。⑤"楼船",似乎并非战舰,在某种意义上只是运兵船。看来,简单地以"水军"定义"楼船军"的做法还需要斟酌。或许黄今言的意见是正确的:"当时的船只还不是武器,只是一种运输工具,作战时水兵借助船只实施机动,到了作战地,即舍舟登陆,在陆上进行战斗。"

---

① 今按:此处宜用《史记》卷一一二《平津侯主父列传》中的"又使尉佗屠睢将楼船之士南攻百越"。

② 熊铁基:《秦汉军事制度史》,广西人民出版社,1990,第190—191页。

③ 黄今言:《秦汉军事史论》,江西人民出版社,1993,第213页。

④ 张铁牛、高晓星:《中国古代海军史》(2006年修订版),解放军出版社,2006,第24页。

⑤《史记》,第2983页。

黄今言接着写道："至于水兵渡海作战的情况更少。"① 而杨仆率"楼船军""从齐浮渤海"击朝鲜，对我们理解汉代军事史有特殊的意义。

三、"楼船军"的"战逐"方式

《史记》卷三〇《平准书》说："上林既充满，益广。是时越欲与汉用船战逐，乃大修昆明池，列观环之，治楼船高十余丈，旗帜加其上，甚壮。"其中记录了在昆明池中训练水军所用"楼船"的形制："高十余丈，旗帜加其上，甚壮。"而训练水军的背景是"越欲与汉用船战逐"。所谓"战逐"，按照裴骃《集解》引录韦昭的解释，是"战斗驰逐也"。司马贞《索隐》："盖始穿昆明池，欲与滇王战。今乃更大修之，将与南越吕嘉战逐，故作楼船。于是杨仆有将军之号。又下文云'因南方楼船卒二十余万击南越'也。昆明池有豫章馆。豫章，地名。以言将出军于豫章也。"②

《史记》卷一一三《南越列传》中关于平定南越战事有这样的记载："元鼎五年秋，卫尉路博德为伏波将军，出桂阳，下汇水；主爵都尉杨仆为楼船将军，出豫章，下横浦；故归义越侯二人为戈船、下厉将军，出零陵，或下离水，或抵苍梧；使驰义侯因巴蜀罪人，发夜郎兵，下牂柯江；咸会番禺。"这是一次以舟船作为主要军运方式的战役，"楼船"在其中发挥了重要的作用。"元鼎六年冬，楼船将军将精卒先陷寻陕，破石门，得越船粟，因推而前，挫越锋，以数万人待伏波。伏波将军将罪人，道远，会期后，与楼船会乃有千余人，遂俱进。楼船居前，至番禺。建德、嘉皆城守。楼船自择便处，居东南面；伏波居西北面。会暮，楼船攻败越人，纵火烧城。越素闻伏波名，日暮，不知其兵多少。伏波乃为营，遣使者招降者，赐印，复纵令相招。楼船力攻烧敌，反驱而入伏波营中。犁旦，城中皆降伏波。吕嘉、建德已夜与其属数百人亡入海，以船西去。伏波又因问所得降者贵人，以知吕嘉所之，遣人追

① 黄今言：《秦汉军事史论》，第 213—214 页。
② 《史记》，第 1436 页。

之。"事后，"楼船将军兵以陷坚为将梁侯"①。从中我们注意到，"楼船将军兵""陷坚"，主要还是以陆战为主。唯一可以看作"用船战逐"即水上"战斗驰逐"的战例，可能是"先陷寻陕，破石门，得越船粟，因推而前，挫越锋"。此外，我们再难看到真正水战的情形。而所谓"得越船粟"，可能只是通过对敌军辎重部队发起攻击而取得战利品。

就汉代文献分析，"楼船"似乎并没有在实战中发挥战舰的作用。《太平御览》卷三五一引用王粲《从军诗》中的"楼船凌洪波，寻戈刺群虏"来形容"楼船"的水上作战能力，这可能只是文人的想象。②

尽管"楼船军"并非现代军事学意义上的"海军"，但杨仆的"楼船军""从齐浮渤海"，在远征朝鲜的途中多有伤亡，也许无异于水上的"战逐"即"战斗驰逐"。这就是《史记》卷一一五《朝鲜列传》中所谓"楼船将齐卒，入海，固已多败亡"。

《史记》卷一一三《南越列传》中说到征伐南越的战事："令罪人及江淮以南楼船十万师往讨之。"裴骃《集解》引应劭曰："时欲击越，非水不至，故作大船。船上施楼，故号曰'楼船'也。"③ "楼船"的主要特征似乎是"船上施楼"，《史记》卷三〇《平准书》中所谓"治楼船高十余丈……甚壮"，也说明了这一形制特点。《后汉书》卷一七《岑彭传》中也写道："装直进楼船、冒突露桡数千艘。"李贤注说："'楼船'，船上施楼。"④ 于是有学者认为，"汉代兴起的楼船，其最主要特征是具有多层上层建筑"。⑤

不过，《太平御览》卷七〇二引《吴志》曰："刘基，孙权爱敬之。尝从御楼船上。时雨甚，权以盖自覆，又令覆基，余人不得也。"⑥ 孙权所御"楼船"上竟然无从避雨，似乎并没有"楼"。这也说明所谓"楼船"未必都是"船上施楼"，有的"楼船"可能仅仅是"大船"而已。

———————————

①《史记》，第 2975—2977 页。

② 李昉等：《太平御览》，第 1617 页。

③《史记》，第 2974 页。

④《后汉书》，第 660 页。

⑤ 席龙飞：《中国造船史》，湖北教育出版社，2000，第 72 页。

⑥ 李昉等：《太平御览》，第 3134 页。

四、"楼船军"的规模

"楼船军"的船只可能也是大小相杂，并非清一色的"大船"。正如有研究者指出的，"楼船军""以楼船为主力"，"舰队中除了楼船以外，还配备其他各种作战舰只"。①

《后汉书》卷二四《马援传》中写道："援将楼船大小二千余艘，战士二万余人，进击九真贼征侧余党都羊等，自无功至居风，斩获五千余人，峤南悉平。"②"楼船大小二千余艘，战士二万余人"，则每艘战船平均只有十人。有学者就此对汉代"水军"的编制作了分析："大小二千余艘船，有战士二万余人，则平均每船十人左右。当然，大船肯定不只十人，小船亦当少于十人。但既要划船，又设干戈于船上（应有弓箭手和使用戈矛之士），至少也不会少于五人。水军也很可能有什伍编制的。"③ 我们更关注的是舰队船只的规模。"平均每船十人左右"，则"大船"的数量必然有限。《太平御览》卷七六八引《后汉书》曰："马援平南越，将楼船大小三千余艘，士二万余人，进击九真贼征侧余党都羊等，自无功至居风，斩获五千余人，峤南悉平。"按照"将楼船大小三千余艘，士二万余人"④ 的记录，则每艘战船平均不到七人。

《史记》卷一一五《朝鲜列传》："天子募罪人击朝鲜。其秋，遣楼船将军杨仆从齐浮渤海；兵五万人，左将军荀彘出辽东：讨右渠。"⑤ 此据中华书局标点本，"兵五万人"与"楼船将军杨仆从齐浮渤海"之间用分号断开，可以理解为"兵五万人"随"左将军荀彘出辽东"。其实，

① 金秋鹏：《中国古代的造船和航海》，中国青年出版社，1985，第 84 页。

②《后汉书》，第 839 页。

③ 熊铁基：《秦汉军事制度史》，第 197 页。

④ 李昉等：《太平御览》，第 3407 页。

⑤《史记》，第 2987 页。

也可以用逗号，作"遣楼船将军杨仆从齐浮渤海，兵五万人"。[1] 有论著就写道："楼船将军杨仆率领楼船兵 5 万人"进攻朝鲜。[2]《汉书》卷九五《朝鲜列传》即作："天子募罪人击朝鲜。其秋，遣楼船将军杨仆从齐浮渤海，兵五万，左将军荀彘出辽东，诛右渠。"[3] 如果杨仆"楼船军"有"兵五万人"，按照《后汉书》卷二四《马援传》中"楼船大小二千余艘，战士二万余人"的比例，应有"楼船大小五千余艘"。按照《太平御览》卷七六八引《后汉书》中"楼船大小三千余艘，士二万余人"的比例，则应有"楼船大小七千五百余艘"。

若以"楼船将军将齐兵七千人先至王险"的兵员数额计，按照《后汉书》卷二四《马援传》中"楼船大小二千余艘，战士二万余人"的比例，应有"楼船大小七百余艘"。按照《太平御览》卷七六八引《后汉书》中"楼船大小三千余艘，士二万余人"的比例，则应有"楼船大小一千又五十余艘"。

无论如何，这都是一支规模庞大的舰队。

五、杨仆"先至王险"

所谓"楼船将军将齐兵七千人先至王险"中的"王险"在哪里呢？

谭其骧主编的《中国历史地图集》第二册《秦·西汉·东汉时期》中没有标示"王险"的地理位置。[4] 以解释《中国历史地图集》中东北

---

[1] 荀悦《汉纪》卷一四"汉武帝元封二年"："遣楼船将军杨仆、左将军荀彘将应募罪人击朝鲜。"中华书局，2002，上册第 237 页。《资治通鉴》卷二一"汉武帝元封三年"："上募天下死罪为兵，遣楼船将军杨仆从齐浮渤海，左将军荀彘出辽东以讨朝鲜。"第 685 页。两者都不说"兵五万人"。《汉书》卷六《武帝纪》记载："遣楼船将军杨仆、左将军荀彘将应募罪人击朝鲜。"第 194 页。

[2] 张炜、方堃主编《中国海疆通史》，中州古籍出版社，2003，第 65 页。

[3]《汉书》，第 3865 页。

[4] 谭其骧主编《中国历史地图集》第二册《秦·西汉·东汉时期》。

地方地名为主题的论著也没有对"王险"进行必要的说明。① 不过，我们通过挖掘古代文献中的信息，可以大致了解这一古城的位置。

《史记》卷六《秦始皇本纪》中有："地东至海暨朝鲜。"张守节《正义》："'海'谓渤海南至扬、苏、台等州之东海也。'暨'，及也。东北朝鲜国。《括地志》云：'高骊治平壤城，本汉乐浪郡王险城，即古朝鲜也。'"《史记》卷二五《律书》："历至孝文即位，将军陈武等议曰：'南越、朝鲜自全秦时内属为臣子，后且拥兵阻阸，选蠕观望……'"张守节《正义》："高骊平壤城本汉乐浪郡王险城，即古朝鲜地，时朝鲜王满据之也。"《史记》卷一一五《朝鲜列传》："燕王卢绾反，入匈奴，满亡命，聚党千余人，魋结蛮夷服而东走出塞，渡浿水，居秦故空地上下鄣，稍役属真番、朝鲜蛮夷及故燕、齐亡命者王之，都王险。"张守节《正义》："《括地志》云：'高骊都平壤城，本汉乐浪郡王险城，又古云朝鲜地也。'"裴骃《集解》："应劭注'《地理志》辽东险渎县，朝鲜王旧都'。臣瓒云'王险城在乐浪郡浿水之东'也。"②

看来，如下判断大体是正确的："王险城，西汉初卫满朝鲜都城。在今朝鲜平壤市西南大同江南岸。一说即今平壤市。《史记·朝鲜列传》：燕人卫满渡浿水，'居秦故空地上下鄣，稍役属真番，朝鲜蛮夷及故燕、齐亡命者王之，都王险'。《集解》：'臣瓒云：王险城在乐浪郡浿水之东。'元封三年（前108）置朝鲜县及乐浪郡于此。"③

关于所谓"从齐浮渤海"，《史记会注考证》引丁谦曰："'渤海'，一名'黄海'，今直隶山东东面之海也。"④ 丁谦之说，未能清晰辨明海域界限，然而却提醒我们，杨仆的"楼船军""从齐"出发至"浿水"，也有经行黄海海域的可能。《史记》卷一一五《朝鲜列传》："楼船将军亦坐兵至洌口，当待左将军，擅先纵，失亡多，当诛，赎为庶人。"对于

---

① 张锡彤、王钟翰、贾敬颜、郭毅生、陈连开等：《〈中国历史地图集〉释文汇编·东北卷》，谭其骧主编，中央民族学院出版社，1988。

② 《史记》，第239—240页，第1242—1243页，第2985—2986页。

③ 史为乐主编《中国历史地名大辞典》上册，第282页。

④ 《史记会注考证附校补》下册，泷川资言考证，水泽利忠校补，第1858页。

"兵至洌口"，司马贞在《索隐》中引苏林曰"县名。度海先得之"①，认为杨仆"楼船军"正是在洌口附近登陆。《史记会注考证》："《汉书》'洌口'作'列口'。乐浪郡有列口县。"②

如果杨仆的"楼船军""从齐"出发，直抵洌水入海口，即今大同江口，无疑是选取了最便捷的航线。有论著就肯定地说："杨仆的前军7000人，皆为齐兵，首先渡海，在列口（今朝鲜南浦之河口）登陆……"③如果"楼船军"循辽东半岛海岸航行，与于辽东半岛南端登陆后取陆路行军相比，也可以更迅速地抵达战场。这样的选择，也是符合杨仆的个人风格的。杨仆行政"严酷"，"敢挚行"④，征南越时急于立功，征东越时又不顾"士卒劳倦"，积极请战，"使使上书，愿便引兵击东越"⑤，史称"数有大功"⑥。

很可能是因为选择了这样的路线，杨仆的"楼船军"才能行进疾速，比"出辽东"的左将军荀彘的部队"先至王险"。《史记》卷一一五《朝鲜列传》记载："楼船将军将齐兵七千人先至王险。右渠城守，窥知楼船军少，即出城击楼船，楼船军败散走。将军杨仆失其众，遁山中十余日，稍求收散卒，复聚。左将军击朝鲜洌水西军，未能破自前。"则杨仆至少比荀彘早"十余日"抵达战场。

有学者指出，"武帝发动攻伐朝鲜之役是西汉航海运动高潮"。⑦

①《史记》，第 2989—2900 页。

② 又引梁玉绳曰："此与《汉传》同。而《汉表》云，'坐为将军击朝鲜，畏懦，入竹二万个赎，完为城旦。'罪状与此不同。入竹赎罪亦奇。"《史记会注考证附校补》下册，泷川资言考证，水泽利忠校补，第 1859 页。

③ 张炜、方堃主编《中国海疆通史》，第 65 页。

④《史记》卷一二二《酷吏列传》，第 3149 页。

⑤《史记》卷一一四《东越列传》，第 2982 页。

⑥《汉书》卷六《武帝纪》李贤注引应劭曰，第 183 页。

⑦ 赵维平：《中国治水通运史》，中国社会科学出版社，2019，第 98 页。

六、楼船军"从齐"的出发港

杨仆"楼船军"的兵员主要是齐人，所以有"楼船将齐卒，入海"，"楼船将军将齐兵七千人先至王险"的说法。"楼船将军杨仆从齐浮渤海"，其中"从齐"二字明确了当时齐地存在"楼船军"基地的事实。

所谓"从齐"，究竟是自齐地的哪里出发呢？

有人说杨仆楼船军"自胶东之罘渡渤海"①，却没有具体论证。

乾隆时期《山东通志》卷二〇《海疆志·海运附》中的《附海运考》说到唐以前山东重要的海运记录：

> 史书自秦纪飞刍挽粟，起于黄腄，而未详其道海之由。今考从海转输之事，当自汉始。
>
> 汉元封二年，遣楼船将军杨仆从齐浮渤海，击朝鲜。
>
> 魏景初二年，司马懿伐辽东，屯粮于黄县，造大人城，船从此出。
>
> 隋开皇十八年，汉王谅军出榆关，值水潦，馈饷不通。周罗睺自东莱泛海。
>
> 大业七年，敕幽州总管元宏嗣往东莱海口造船三百只。
>
> 唐贞观二十二年，将伐高丽，敕沿海具舟舰为海运。②

"汉元封二年"事，即本文讨论的重点。关于出发地点，只说"从齐"。"魏景初二年"的出发地点在黄县大人城。"隋开皇十八年"和"大业七年"的起航港口都在"东莱"。"唐贞观二十二年"一例未说明地名，应当与隋代两例大体一致。

有学者说，汉代以后，史籍中才出现自山东沿海直航朝鲜半岛的记录，所举最早的史例是《后汉书》卷七六《王景传》中的记载，即王景"八世祖仲，本琅邪不其人"，"诸吕作乱……仲惧祸及，乃浮海东奔乐浪

---

① 张炜、方堃主编《中国海疆通史》，第65页。

② 《山东通志》，收入《景印文渊阁四库全书》第540册，第385页。

山中，因而家焉"。所举第二个例证："西汉元封三年（前 108 年），汉武帝置乐浪郡，治所在今朝鲜平壤一带，辖有今朝鲜半岛北部地区，当时这片区域属于中原王朝管辖。山东人前往乐浪，只能通过海上航道。根据当时的航海技术来看，王仲从不其（在今崂山西北）乘船出发，应当沿海岸线绕行，最终到达朝鲜半岛西海岸。"该学者还指出："有关山东沿海至朝鲜半岛的绕行航线，唐代史籍有明确记载，其航道、坐标和区间里程，一目了然。当时的起航基地为登州，海船先向北行驶，沿辽东半岛东南岸而绕至新罗国。"《新唐书》卷四三下《地理志下》称为"登州海行入高丽渤海道"。①

《资治通鉴》卷一七八"隋文帝开皇十八年"记载："周罗睺自东莱泛海趋平壤城。"胡三省注："《隋书》：平壤城东西六里，随山屈曲，南临浿水。杜佑曰：平壤城，则故朝鲜国王险城也。"② 也是经行这一航路，"自东莱泛海趋平壤城"，即注家所谓"故朝鲜国王险城也"，似乎在遵循杨仆赴朝鲜的旧路。

顾炎武在《日知录》卷二九《海师》中也说到汉唐的航海史：

> 汉武帝遣楼船将军杨仆从齐浮渤海击朝鲜。魏明帝遣汝南太守田豫督青州诸军，自海道讨公孙渊。秦苻坚遣石越率骑一万自东莱出右径袭和龙。唐太宗伐高丽，命张亮率舟师自东莱渡海，趋平壤；薛万彻率甲士三万自东莱渡海，入鸭绿水。此山东下海至辽东之路。③

乾隆时期《山东通志》卷二〇《海疆志·海运附》中《附海运考》也涉及明代海上运输史事："万历二十五年，诏征倭，自登州运粮至朝鲜。"④ 这也说明这条海上航线是长期畅通的。

现在我们还不能判定"楼船将军杨仆从齐浮渤海"具体的出发地

① 王赛时：《山东海疆文化研究》，齐鲁书社，2006，第 332 页。
② 司马光编著《资治通鉴》，胡三省音注，标点资治通鉴小组校点，第 5561 页。
③ 顾炎武：《日知录集释》，黄汝成集释，秦克诚点校，第 1011 页。
④《山东通志》，收入《景印文渊阁四库全书》第 540 册，第 388 页。

点，但可推知，当时的"楼船军"基地应在后来驶向朝鲜的海船的起航港"东莱"与"登州"之间。有学者说，登州港就是"黄腄港"。当时"可以容纳较大船队远行的港口"，有"黄腄港（今山东龙口、蓬莱沿海）、之罘港（今山东烟台）、琅邪港（今山东胶州湾一带）和斥山港（今山东石岛一带）"。① 还有学者指出："东方海上丝绸之路的起点，开始全部是山东半岛沿海的各个渔港，胶东的之罘港（今属烟台之罘区）、斥山港（今属威海荣成石岛镇）、琅邪港（今属山东胶南）都是当时远近闻名的出海港口。""海上丝绸之路真正的'始发港'、'起锚地'、'源头'、'首发地'应在春秋战国时期山东半岛沿海的之罘、斥山、成山、琅邪等港口。""山东半岛沿海的之罘、斥山、成山、琅邪等港口，包括古登州（今蓬莱）、古黄县（今龙口）、古莱州（今莱州）沿海的港口，一直到宋、元时期，都是中国与朝鲜半岛和日本列岛贸易往来的主要基地。"② 此外，还有学者提出"登州古港启用于唐代"③ 的说法，似未可使人信服。

杨仆"楼船军""从齐浮渤海"的出发港，较可能是烟台港、威海港或龙口港。以现今的航海里程计，烟台港至大连 90 海里（约 167 千米），威海港至大连 94 海里（约 174 千米），龙口港至大连 140 海里（约 259 千米），大连至朝鲜平壤地区的出海口南浦 180 海里（约 333 千米）。④ 就现有信息而言，我们已经为汉武帝时代的这一支大型舰队的航海记录深感惊异了。

虽然"目前我们还无法考证上古时期山东通向海外的具体航线"⑤，但是杨仆"楼船军""从齐浮渤海"的史实，已经为推进相关研究提供了值得重视的条件。

---

① 朱亚非：《古代山东与海外交往史》，中国海洋大学出版社，2007，第 23—24 页。

② 刘凤鸣：《山东半岛与东方海上丝绸之路》，人民出版社，2007，第 33 页，第 35—36 页。

③ 王赛时：《山东海疆文化研究》，第 298 页。

④《中华人民共和国分省地图集》，中国地图出版社，2008，第 105—107 页，第 48—49 页。

⑤ 王赛时：《山东海疆文化研究》，第 331 页。

七、"楼船军"基地与造船业中心

"楼船军"的基地应当也是造船业的中心。

《太平御览》卷七七一引《越绝书》中的说法可以支持这样的认识："木客大冢者，勾践之兄弟冢也。初徙之琅邪，使楼船卒二千八百人伐松柏以为椁，故曰'木客'也。"[1] "楼船卒"同时承担造船任务，这也是值得我们注意的史实。

有学者指出："山东沿海黄县至成山一带，自古盛产木材，其中的楸木，就是造船的上等材料。"[2] 学界对汉代造船业的总结，多强调"南方是造船业中心"。也有学者曾注意到反映"北方沿海地区"，如齐地，拥有先进造船技术的史例："《汉书·郊祀志》记战国以至秦朝，那些乘坐入海求神仙的船[3]，在当时社会条件下，只可能是北方沿海地区所造。汉武帝时，吕嘉反于南越，齐相卜式上书，'愿与子男及临菑习弩，博昌习船者请行，死之以尽臣节'。[4] 博昌在今山东博兴县南，汉世濒临渤海，当地民众习于舟船。"[5] 卜式上书一事已先见于《史记》卷三〇《平准书》："齐相卜式上书曰：'臣闻主忧臣辱。南越反，臣愿父子与齐习船者往死之。'""博昌习船者"作"齐习船者"。"习船"有可能只是驾驶

---

① 李昉等：《太平御览》，第 3417 页。

② 朱亚非：《古代山东与海外交往史》，第 25 页。

③ 今按：《史记》卷二八《封禅书》："自威、宣、燕昭使人入海求蓬莱、方丈、瀛洲。此三神山者，其传在勃海中，去人不远；患且至，则船风引而去。盖尝有至者，诸仙人及不死之药皆在焉。其物禽兽尽白，而黄金银为宫阙。未至，望之如云；及到，三神山反居水下。临之，风辄引去，终莫能至云。世主莫不甘心焉。及至秦始皇并天下，至海上，则方士言之不可胜数。始皇自以为至海上而恐不及矣，使人乃赍童男女入海求之。船交海中，皆以风为解，曰未能至，望见之焉。"第 1369—1370 页。

④《汉书》卷五八《卜式传》："会吕嘉反，式上书曰：'臣闻主愧臣死。群臣宜尽死节，其驾下者宜出财以佐军，如是则强国不犯之道也。臣愿与子男及临菑习弩、博昌习船者请行死之，以尽臣节。'"第 2626—2627 页。

⑤ 郭松义、张泽咸：《中国航运史》，文津出版社，1997，第 31 页。

船舶，而当地多有"习船者"，在市场化程度甚低的情况下也可以间接反映造船业的发达程度。

有研究造船史的学者指出："北方的山东半岛和渤海沿岸，早在战国时代即有舟船之盛，是齐国和燕国进行航海活动的基地。秦始皇攻匈奴以及汉代楼船将军杨仆征朝鲜，都曾以山东半岛沿岸为造船和补给基地。"① 所谓"秦始皇攻匈奴""曾以山东半岛沿岸为造船和补给基地"，可能是对《史记》卷一一二《平津侯主父列传》中"使天下蜚刍挽粟，起于黄腄、琅邪负海之郡，转输北河，率三十钟而致一石"的误解。② 所谓"汉代楼船将军杨仆征朝鲜""曾以山东半岛沿岸为造船和补给基地"，至今依然缺乏论证。

或许今后的考古发现，可以为我们提供更具体的有关汉代齐地造船成就的资料。

第六节　马援楼船军"破交阯""击九真"

汉光武帝建武十八年（42）夏，马援以伏波将军的名义率军平定征侧、征贰武装暴动，又进而南下九真。这次成功的远征是由海陆两道并进。此次楼船军经海路南下，在战争规模、进军效率及与陆路部队的配合程度上都超过汉武帝时代浮海击南越、击东越、击朝鲜的楼船军，在战争史上创下新的航海记录。刘秀在西北政策上的保守和在南海经略上的积极，值得军事史和外交史研究者注意。而我们在讨论汉代海洋探索和海洋开发事业的进步时，尤其应重视这一史实。南海海面马援楼船军"伏波"的成功，有依仗汉武帝数次海上远征的经验及不同民族、不同身份的南海航行者艰险的海洋探索所积累的技术基础。

---

① 席龙飞：《中国造船史》，第 73 页。

② 今按：既说"蜚刍挽粟"，仍然是陆运。"起于黄腄、琅邪负海之郡，转输北河"，是形容路途遥远。自"黄腄、琅邪负海之郡"往"北河"应不需渡海。

一、伏波将军马援征服"交阯""九真"

《后汉书》卷一下《光武帝纪下》记载:"(建武十八年夏四月)遣伏波将军马援率楼船将军段志等击交阯贼征侧等。""(建武十九年春正月)伏波将军马援破交阯,斩征侧等。因击破九真贼都阳等,降之。"《后汉书》卷二二《刘隆传》曰:"以中郎将副伏波将军马援击交阯蛮夷征侧等,隆别于禁溪口破之,获其帅征贰,斩首千余级,降者二万余人。"① 由此可大致得知战役的规模和进程。

关于伏波将军马援率军远征交阯、九真一事,《后汉书》卷二四《马援传》中有这样的记载:

> ……又交阯女子征侧及女弟征贰反,攻没其郡,九真、日南、合浦蛮夷皆应之,寇略岭外六十余城,侧自立为王。于是玺书拜援伏波将军,以扶乐侯刘隆为副②,督楼船将军段志等南击交阯。军至合浦而志病卒,诏援并将其兵。遂缘海而进,随山刊道千余里。十八年春,军至浪泊上,与贼战,破之,斩首数千级,降者万余人。援追征侧等至禁溪,数败之,贼遂散走。明年正月,斩征侧、征贰,传首洛阳。③封援为新息侯,食邑三千户。

于是,"援乃击牛酾酒,劳飨军士",又从容地与下属就此战功言及人生志向:"吾从弟少游常哀吾慷慨多大志,曰:'士生一世,但取衣食裁足,乘下泽车,御款段马,为郡掾史,守坟墓,乡里称善人,斯可矣。致求盈余,但自苦耳。'当吾在浪泊、西里间,虏未灭之时,下潦上雾,毒气重蒸,仰视飞鸢跕跕堕水中,卧念少游平生时语,何可得也!今赖士

---

① 《后汉书》,第66页,第69页,第781页。又《后汉书》卷二四《马援传》:"斩首数千级,降者万余人。"

② 李贤注:"扶乐,县名,属九真郡。"

③ 李贤注:"《越志》云:'征侧兵起,都麓泠县。及马援讨之,奔入金溪究中,二年乃得之。'"

大夫之力，被蒙大恩，猥先诸君纡佩金紫，且喜且惭。"马援的感叹引得吏士欢呼。马援随即又进军九真：

> 援将楼船大小二千余艘，战士二万余人，进击九真贼征侧余党都羊等，自无功至居风①，斩获五千余人，峤南悉平。援奏言西于县户有三万二千，远界去庭千余里，请分为封溪、望海二县②，许之。援所过辄为郡县治城郭，穿渠灌溉，以利其民。条奏越律与汉律驳者十余事，与越人申明旧制以约束之，自后骆越奉行马将军故事。

前后历时不过一年半，马援班师，"二十年秋，振旅还京师，军吏经瘴疫死者十四五"，"赐援兵车一乘，朝见位次九卿"。③据说由于"瘴疫"④，部队减员数量甚多，但因战事顺利，马援受到嘉奖。

关于"征侧"，李贤注："征侧者，麓泠县雒将之女也，嫁为朱鸢人诗索妻，甚雄勇。交阯太守苏定以法绳之，侧怨怒，故反。"⑤《马援传》中"都羊"，或作"都阳"。《后汉书》卷一下《光武帝纪下》："因击破九真贼都阳等，降之。"《后汉书》卷八六《南蛮传》："进击九真贼都阳等，破降之。徙其渠帅三百余口于零陵，于是领表悉平。"⑥

马援"破交阯，斩征贰等"之后，又在当地开展了行政建设、法制宣传和经济开发等"以利其民"的工作。

马援受命"督楼船将军段志等南击交阯"，然而"军至合浦而志病卒，诏援并将其兵"。随后的进军路线，据《后汉书》卷二四《马援传》，

---

① 李贤注："无功、居风，二县名，并属九真郡。居风，今爱州。"
② 据谭其骧主编的《中国历史地图集》，西于在今越南河内市东英西；封溪，在今越南永福省福安市；望海，在今越南北宁省北宁市西北。中国地图出版社，1982，第 2 册第 63—64 页。
③《后汉书》，第 838—840 页。
④ 理解所谓"瘴疫"，应注意马援"下潦上雾，毒气重蒸，仰视飞鸢跕跕堕水中"语。"毒气重蒸"，《后汉纪》中写作"毒气浮蒸"。参看王子今：《汉晋时代的"瘴气之害"》，《中国历史地理论丛》2006 年第 3 期。
⑤《后汉书》，第 839 页。
⑥ 同上书，第 70 页，第 2836 页。

"遂缘海而进，随山刊道千余里"。主力似由陆路"缘海"行军，"随山刊道"，"十八年春，军至浪泊上，与贼战，破之"。

但马援进一步平定九真时，则由海路南下，"援将楼船大小二千余艘，战士二万余人，进击九真贼征侧余党都羊等，自无功至居风，斩获五千余人，峤南悉平"。① 无功和居风都距海岸数十公里，但都临江河。《汉书》卷二八上《地理志上》"益州郡"题下"来唯"条："劳水出徼外，东至麊泠入南海，过郡三，行三千五百六十里。"② 劳水至麊泠后分两流，南流一支过"无功"。今称马江者流经"居风"。③ 马援"进击九真贼征侧余党都羊等，自无功至居风"，楼船军可以由海入江，实施军事进攻。例如，龙编在东汉时曾经是交趾郡治所在，在秦汉南洋贸易中又一直是重要的中间转运港。船队可以乘潮迎红河直抵城下。郡属有定安县。《续汉书·郡国志五》"交趾郡定安条"下刘昭注引《交州记》曰："越人铸铜为船，在江潮退时见。"④ 这种当地人铸造的铜船，可能是与航运有关的水文标记。

这支战功致使"峤南悉平"的楼船军舰队，不可能在交趾生成，应当就是"楼船将军段志"的部队。"军至合浦而志病卒"，则继续向西南进军应是由合浦沿海岸取近海航路。楼船军与"缘海而进，随山刊道千余里"沿陆路行进的部队，应是呈互相策应的态势。

这种战略安排，似乎是因袭汉武帝时代三次调发楼船军作战的做法。

二、"楼船将军""横海将军""伏波将军"等名号

汉武帝元鼎五年（前112）远征南越之战，"令罪人及江淮以南楼船十万师往讨之"。《史记》卷一一三《南越列传》记载：

①《后汉书》，第838—839页。
②《汉书》，第1601页。
③ 谭其骧主编《中国历史地图集》第2册，第63—64页。
④《后汉书》，第3532页。

元鼎五年秋，卫尉路博德为伏波将军，出桂阳，下汇水；主爵都尉杨仆为楼船将军，出豫章，下横浦；故归义越侯二人为戈船、下厉将军，出零陵，或下离水，或抵苍梧；使驰义侯因巴蜀罪人，发夜郎兵，下牂柯江；咸会番禺。

元鼎六年冬，楼船将军将精卒先陷寻陕，破石门，得越船粟，因推而前，挫越锋，以数万人待伏波。伏波将军将罪人，道远，会期后，与楼船会乃有千余人，遂俱进。楼船居前，至番禺。建德、（吕）嘉皆城守。楼船自择便处，居东南面；伏波居西北面。会暮，楼船攻败越人，纵火烧城。越素闻伏波名，日暮，不知其兵多少。伏波乃为营，遣使者招降者，赐印，复纵令相招。楼船力攻烧敌，反驱而入伏波营中。犁旦，城中皆降伏波。

吕嘉、建德已夜与其属数百人亡入海，以船西去。伏波又因问所得降者贵人，以知吕嘉所之，遣人追之。以其故校尉司马苏弘得建德，封为海常侯；越郎都稽得嘉，封为临蔡侯。①

《史记》卷一一四《东越列传》记载："至元鼎五年，南越反，东越王余善上书，请以卒八千人从楼船将军击吕嘉等。兵至揭阳，以海风波为解，不行，持两端，阴使南越。及汉破番禺，不至。"② 由此可知楼船将军杨仆的部队应是从东越海面南下进攻南越的。③ 伏波将军路博德的部队循北江南进，虽不由海路，然而吕嘉、建德等"亡入海，以船西去"，汉军"追之"得获，肯定是使用舰船入海追捕的。

《史记》卷一一四《东越列传》记载元封元年（前110）征伐东越战事，同样采取海陆并进的攻击方式。所谓"横海将军先至"，说明由海路进击速度较快。

汉武帝元封三年（前108）征服朝鲜的军事计划也选择海路和陆路并进的方式。《史记》卷一一五《朝鲜列传》中有如下记述：

---

① 《史记》卷一一三《南越列传》，第2975—2976页。

② 《史记》，第2982页。

③ 王子今：《秦汉闽越航海史略》，《南都学坛》2013年第5期。

天子募罪人击朝鲜。其秋，遣楼船将军杨仆从齐浮渤海；兵五万人，左将军荀彘出辽东：讨右渠。右渠发兵距险。左将军卒正多率辽东兵先纵，败散，多还走，坐法斩。楼船将军将齐兵七千人先至王险。右渠城守，窥知楼船军少，即出城击楼船，楼船军败散走。将军杨仆失其众，遁山中十余日，稍求收散卒，复聚。左将军击朝鲜浿水西军，未能破自前。①

　　楼船将军杨仆率军"从齐浮渤海"，而由陆路进击的是"出辽东"的"左将军荀彘"的部队。杨仆军"先至王险"，遭到"右渠"的攻击，"楼船军败散走"，将军杨仆"遁山中十余日，稍求收散卒，复聚"。海陆两军行进速度不同，与灭南越时"伏波"军与"楼船"军的情形类同，未能同时抵达，配合不够默契，导致在军事上受挫。

　　汉武帝时代的三次海路征伐，成为大规模海上用兵的壮举。② 每间隔两年即发兵一次的战争节奏，也值得我们注意。

　　汉光武帝刘秀"玺书拜援伏波将军，以扶乐侯刘隆为副，督楼船将军段志等南击交阯"③，明确马援是主将，在段志意外死亡之后又"诏援并将其兵"，应有避免诸军并进互不统属而未能默契配合，造成"楼船力攻烧敌，反驱而入伏波营中"局面的用意。击朝鲜时杨仆、荀彘"两将不相能"，荀彘"争功相嫉，乖计"，借口疑心杨仆"有反计"，竟与受命"往正之"的济南太守公孙遂合谋，"执捕楼船将军，并其军"。这一

---

① 《史记》，第 2987 页。

② 王子今：《汉武帝时代的海洋探索与海洋开发》，《中国高校社会科学》2013 年第 4 期。

③ 《后汉书》，第 838 页。楼船将军段志进军，应与"吕嘉、建德已夜与其属数百人亡入海，以船西去"及"伏波又因问所得降者贵人，以知吕嘉所之，遣人追之"中的航线大体一致。

情形曾激怒汉武帝①，自然会让后来的刘秀有所警惕。

马援的陆路部队之所以特意"缘海"行进，甚至不惜付出"随山刊道千余里"的代价，或许有"交阯女子征侧及女弟征贰反""合浦蛮夷皆应之"而合浦陆路不畅通的因素，但更可能是为了避免此前海上进攻部队"先至"，而陆路进攻部队"会期后""数期不会"等失误。

马援指挥的楼船部队由海路南下，战事规模之大，行军效率之高，以及与陆路部队配合之默契，都超过汉武帝时代浮海击南越、击东越与击朝鲜的楼船部队，在战争史上创下新的航海纪录。

三、刘秀南海政策与西域政策的比较

东汉初年，西域地区的民族关系与行政控制出现了复杂的局面。《后汉书》卷八八《西域传》记载：

---

① 关于杨仆和荀彘在前线不能相互配合的情形，《史记》卷一一五《朝鲜列传》中写道："左将军素侍中，幸，将燕代卒，悍，乘胜，军多骄。楼船将齐卒，入海，固已多败亡；其先与右渠战，困辱亡卒，卒皆恐，将心惭，其围右渠，常持和节。左将军急击之，朝鲜大臣乃阴间使人私约降楼船，往来言，尚未肯决。左将军数与楼船期战，楼船欲急就其约，不会；左将军亦使人求间却降下朝鲜，朝鲜不肯，心附楼船：以故两将不相能。左将军心意楼船前有失军罪，今与朝鲜私善而又不降，疑其有反计，未敢发。天子曰将率不能，前乃使卫山谕降右渠，右渠遣太子，山使不能剸决，与左将军计相误，卒沮约。今两将围城，又乖异，以故久不决。使济南太守公孙遂往正之，有便宜得以从事。遂至，左将军曰：'朝鲜当下久矣，不下者有状。'言楼船数期不会，具以素所意告遂，曰：'今如此不取，恐为大害，非独楼船，又且与朝鲜共灭吾军。'遂亦以为然，而以节召楼船将军入左将军营计事，即命左将军麾下执捕楼船将军，并其军，以报天子。天子诛遂。"战后，"左将军征至，坐争功相嫉，乖计，弃市。楼船将军亦坐兵至洌口，当待左将军，擅先纵，失亡多，当诛，赎为庶人"。第2988—2990页。参看王子今：《论杨仆击朝鲜楼船军"从齐浮渤海"及相关问题》，《鲁东大学学报（哲学社会科学版）》2009年第1期。《资治通鉴》卷二一"汉武帝元封三年"记载"天子诛遂"事，胡三省注："《考异》曰：《汉书》'许遂'。按左将军亦以'争功相嫉，乖计''弃市'，则武帝必以遂执楼船为非。《汉书》作'许'，盖字误。今从《史记》。"第688页。

（建武）十七年，（莎车王）贤复遣使奉献，请都护……帝乃因其使，赐贤西域都护印绶，及车旗黄金锦绣。敦煌太守裴遵上言："夷狄不可假以大权，又令诸国失望。"诏书收还都护印绶，更赐贤以汉大将军印绶。其使不肯易，遵迫夺之，贤由是始恨。而犹诈称大都护，移书诸国，诸国悉服属焉，号贤为单于。贤浸以骄横，重求赋税，数攻龟兹诸国，诸国愁惧。

汉光武帝刘秀对西域采取偏消极保守的政策。"（建武）二十一年冬，车师前王、鄯善、焉耆等十八国俱遣子入侍，献其珍宝。及得见，皆流涕稽首，愿得都护。"但这一请求遭到拒绝，"天子以中国初定，北边未服，皆还其侍子，厚赏赐之。是时贤自负兵强，欲并兼西域，攻击益甚。诸国闻都护不出，而侍子皆还，大忧恐，乃与敦煌太守檄，愿留侍子以示莎车，言侍子见留，都护寻出，冀且息其兵。裴遵以状闻，天子许之"。实际上诸国侍子只是留居敦煌。"（建武）二十二年，贤知都护不至，遂遗鄯善王安书，令绝通汉道。安不纳而杀其使。贤大怒，发兵攻鄯善。安迎战，兵败，亡入山中。贤杀略千余人而去。其冬，贤复攻杀龟兹王，遂兼其国。鄯善、焉耆诸国侍子久留敦煌，愁思，皆亡归。鄯善王上书，愿复遣子入侍，更请都护。都护不出，诚迫于匈奴。"刘秀的反应即后人所谓"辞而未许""任其所从""天子报曰：'今使者大兵未能得出，如诸国力不从心，东西南北自在也。'""于是鄯善、车师复附匈奴，而贤益横"。①

《汉书》卷九六下《西域传下》中，班固评论刘秀当时的态度："西域诸国，各有君长，兵众分弱，无所统一，虽属匈奴，不相亲附。匈奴能得其马畜旃罽，而不能统率与之进退。与汉隔绝，道里又远，得之不为益，弃之不为损。盛德在我，无取于彼。故自建武以来，西域思汉威德，咸乐内属。唯其小邑鄯善、车师，界迫匈奴，尚为所拘。而其大国莎车、于阗之属，数遣使置质于汉，愿请属都护。圣上远览古今，因时之宜，羁縻不绝，辞而未许。虽大禹之序西戎，周公之让白雉，太宗之

①《后汉书》，第 2909 页，第 2923—2924 页。

却走马，义兼之矣，亦何以尚兹！"① 班固对汉光武帝冷漠回复西域诸国"遣使""请属"之"辞而未许"的态度予以高度肯定。汉光武帝所谓"如诸国力不从心，东西南北自在也"，表现了极端退让的态度，可以理解为他对汉武帝以来西域经营成果的全面放弃。其原因似可用"中国初定"，"使者大兵未能得出"而不得不"因时之宜"来解释。

然而，与汉光武帝西域决策形成鲜明对照的史实是马援率领"大兵"远征南海。②

汉光武帝为什么在西域采取保守政策，却坚定地决策远征南海呢？如果说"交阯女子征侧及女弟征贰反，攻没其郡，九真、日南、合浦蛮夷皆应之，寇略岭外六十余城"是严重的局面，汉光武帝不得不认真对待；那莎车王贤在西域与汉帝国对抗，使"诸国悉服属焉""诸国愁惧"，又策划"绝通汉道"，"攻杀龟兹王，遂兼其国"，"鄯善、车师复附匈奴"等却是更危急的形势。

要对比汉光武帝采取的南海经略和西域政策，或许应先从他对国家防务重心的认识③、对区域经济形势的判断④等方面理解他在西域"辞""让""却"的原因。王莽对东都的经营说明东方的经济文化实力受到重视，而两汉之际黄河流域大批移民南下的史实，说明全国经济文化重心

---

① 《汉书》，第 3920 页。《资治通鉴》卷四三"汉光武帝建武二十二年"在叙述"帝报曰：'今使者大兵未能得出，如诸国力不从心，东西南北自在也。'于是鄯善、车师复附匈奴"一事后引"班固论曰"删略"唯其小邑鄯善、车师，界迫匈奴，尚为所拘。而其大国莎车、于阗之属"及"亦何以尚兹"等文字。关于"东西南北自在也"，胡三省注："任其所从。"第 1403—1404 页。

② 班固参与编写的《东观汉记》，在卷一二《马援传》中记载马援"击交阯，谓官属曰""吾从弟少游尝哀吾慷慨多大志"，又记载"援于交阯铸铜"，"诏置马德阳殿下"，"援振旅京师，赐车一乘"。马援的"男儿要当死于边野，以马革裹尸还葬耳，何能卧床上在儿女子手中耶"等豪言壮语在班固的笔下闪烁着英雄主义的光彩。刘珍等：《东观汉记校注》卷一二，吴树平校注，中州古籍出版社，1987，第 422 页。

③ 在班固笔下，西域"与汉隔绝，道里又远"。

④ 如班固言"得之不为益，弃之不为损"，"盛德在我，无取于彼"。

向东南方向转移的局面已经开启。① 我们也应注意，海洋开发意识的成熟，或许对南海方向的进取战略有积极的影响。

扬雄在《解嘲》中称颂汉帝国"明盛之世"的文化强势时说"今大汉左东海，右渠搜，前番禺，后陶涂，东南一尉，西北一候"②，其中提及"东南""西北"两个军事外交重心。而汉光武帝一时轻"西北"重"东南"，是值得我们特别关注的史实。

---

① 将《续汉书·郡国志五》提供的汉顺帝永和五年（140）户口数和《汉书》卷二八《地理志》提供的汉平帝元始二年（2）户口数相比较，可以看到在全国户口呈负增长形势（分别为−20.7％与−17.5％）的情况下，丹阳、吴郡、会稽、豫章、江夏、南郡、长沙、桂阳、零陵、武陵等郡国户口增长的幅度却达到户数140.50％，口数112.13％。其中，豫章郡户数增长502.35％，口数增长374.17％；零陵郡户数增长906.47％，口数增长618.61％。参看王子今：《秦汉时期生态环境研究》，北京大学出版社，2007，第458页。岭南户口数亦有增长，在永和五年缺郁林、交趾郡户口数的情况下，岭南户数增长25.67％，口数则只下降了18.79％。王先谦：《后汉书集解》，引陈景云曰："交趾、郁林二郡，皆阙户口之数。建武中，马援平交趾，请分西于县为封溪、望海二县。时西于一县，户已有三万二千。合余数县计之，户口之繁，必甲岭表诸郡矣。"中华书局，1984，第1304页。前引《后汉书》卷二四《马援传》"援奏言西于县户有三万二千，远界去庭千余里，请分为封溪、望海二县"，李贤注："西于县属交趾郡，故城在今交州龙编县东也。""封溪、望海，县，并属交趾郡。"顾炎武《日知录》卷八《州县税赋》引此以为"远县之害"一例。《日知录集释》，第276页。《续汉书·郡国志五》列"交趾郡"所属"十二城"："龙编，羸陵，安定，苟漏，麊泠，曲阳，北带，稽徐，西于，朱鸢，封溪（建武十九年置），望海（建武十九年置）。""西于县户有三万二千"，与马援家乡右扶风相比悬殊。右扶风这一位列三辅，拥有十五县的郡级行政单位，只有"户万七千三百五十二"，只相当于西于县户数的54.22％。西于县户数是我们考察汉代岭南开发程度要参考的重要信息。分析这一历史变化，当然不能忽略户口显著增长有当地部族归附汉王朝管理等因素，而这种归附，也是开发成功的重要标志。即使户口增长可能部分因为当地人附籍，但其人口密度竟然超过中原富足地区的情形依然值得研究者重视。参看王子今：《岭南移民与汉文化的扩张——考古资料与文献资料的综合考察》，《中山大学学报（社会科学版）》2010年第4期。

② 《汉书》卷八七下《扬雄传下》，第3568页。

四、交州远征成功的航海技术基础

《史记》卷一一四《东越列传》记载，因东越王余善"持两端，阴使南越"，平定南越后，"楼船将军杨仆使使上书，愿便引兵击东粤"，"上曰士卒劳倦，不许"。① 这说明当时杨仆及其楼船军对福建、广东沿海的航线已经相当熟悉。东越与汉王朝随即发生直接的军事冲突。汉军进击，最以"横海"情节令史学家们瞩目。"元鼎六年秋，余善闻楼船请诛之，汉兵临境，且往，乃遂反，发兵距汉道。""余善刻'武帝'玺自立，诈其民，为妄言。"② 这就是《盐铁论·备胡》认为的造成汉王朝边境压力的"四夷俱强，并为寇虐"表现之一的"东越越东海，略浙江之南"。③ "越东海"者，明确是通过海域侵扰。汉王朝立即强硬回应："天子遣横海将军韩说出句章，浮海从东方往；楼船将军杨仆出武林；中尉王温舒出梅领；越侯为戈船、下濑将军，出如邪、白沙。元封元年冬，咸入东越。"汉王朝向南方远征，又一次施行海陆结合、多路并进的战略。其中，"浮海从东方往"的"横海将军"部应是主力。

"及横海将军先至，越衍侯吴阳以其邑七百人反，攻越军于汉阳。""横海将军先至"，说明海上一路的行军速度最快，并承担了主攻任务，基本实现了战役目标。"横海将军"部得到"吴阳"部的策应，对方降众"降横海将军"的记录，说明"横海将军"统率的这支部队能够独力控制战局。战后"横海将军""横海校尉"均得以封侯，而其他各路"诸将皆无成功，莫封"④，说明"横海将军"的主攻部队实现了平定余善叛乱的主要目的。

《汉书》卷六四上《朱买臣传》记载："是时东越数反复，买臣因

---

① 《史记》，第2982页。《汉书》卷九五《闽粤传》："及汉破番禺，楼船将军仆上书愿请引兵击东粤，上以士卒劳倦，不许。"第3861页。

② 《史记》，第2982—2983页。

③ 《盐铁论校注》（定本），王利器校注，第445页。

④ 《史记》，第2982—2983页。

言：'故东越王居保泉山，一人守险，千人不得上。今闻东越王更徙处南行，去泉山五百里，居大泽中。今发兵浮海，直指泉山，陈舟列兵，席卷南行，可破灭也。'上拜买臣会稽太守。""诏买臣到郡治楼船，备粮食，水战具，须诏书到，军与俱进。"通过朱买臣"发兵浮海，直指泉山，陈舟列兵，席卷南行"的军事设计及"治楼船，备粮食，水战具"的备战实践可知，起初的战役策划就是以"浮海"进攻为主。所谓"泉山"，即泉州港的山地屏障。颜师古注："泉山即今泉州之山也，临海，去海十余里。"① 《盐铁论·地广》中所谓"横海征南夷，楼船戍东越，荆、楚罢于瓯、骆"②，说到这次海上征伐的胜利。这是影响当时中国政治走向的一件大事，也是体现中国航海能力进步的明确记录。③

"伏波将军"马援指挥的击交阯、九真的战争之所以能够取得胜利，"楼船军"优越的航海能力是决定性的因素。这样的航海能力是以沿海越人和汉人多年进行海洋探索积累下来的经验为基础的。

要全面考察马援"破交阯""击九原"、进军海上的技术能力，还应当重视开辟南海航路的先行者们的历史功绩。

《汉书》卷一二《平帝纪》记载："（元始）二年春，黄支国献犀牛。"颜师古注："黄支在日南之南，去京师三万里。"④ 犀牛经海路进献的可能性很大。《汉书》卷二八下《地理志下》也说到黄支国献犀牛的事，同时记述了开通南洋航路的情形，对于"船行"线路，其中有大概的说明："自日南障塞、徐闻、合浦船行可五月，有都元国；又船行可四月，有邑卢没国；又船行可二十余日，有谌离国；步行可十余日，有夫甘都卢国。自夫甘都卢国船行可二月余，有黄支国，民俗略与珠崖相类。其州广大，户口多，多异物，自武帝以来皆献见。有译长，属黄门，与应募者俱入海市明珠、璧流离、奇石异物，赍黄金杂缯而往。所至国皆禀食为耦，蛮夷贾船，转送致之。亦利交易，剽杀人。又苦逢风

① 《汉书》，第 2792 页。

② 《盐铁论校注》（定本），王利器校注，第 308—309 页。

③ 王子今：《秦汉闽越航海史略》，《南都学坛》2013 年第 5 期。

④ 《汉书》，第 352 页。

波溺死，不者数年来还。大珠至围二寸以下。平帝元始中，王莽辅政，欲耀威德，厚遗黄支王，令遣使献生犀牛。自黄支船行可八月，到皮宗；船行可二月，到日南、象林界云。黄支之南，有已程不国，汉之译使自此还矣。"① 《后汉书补逸》卷一〇《谢承后汉书第二》则作："被征，当还，吏民攀车请之，不得进，乃附商人船遁去。"② 合浦港的"商人船"上应该也有远航南洋者。要完整认识汉代南洋航海事业的规模，还需要多方面的研究。当时来自民间的海洋开发力量值得重视。马援"楼船军"南下的技术条件，应与民间航运能力有一定关系。而大规模的海上军事行动，也会促进追求经济利益的航海行为。

由所谓"蛮夷贾船，转送致之"可知，航海史上的进步，是多民族共同奋斗的结果。而所谓"汉之译使"及"应募者"的活动，则体现了中原人颇为主动的历史表现。马援楼船军远征，不能排除有滨海越人参与的可能。根据汉武帝时代卜式提出齐地"习船者"往南越参与战事的建议③，马援楼船军中或许也有来自遥远北方的水手。

五、"楼船"形制与"楼船军"的军事性能和编成方式

关于"楼船"的形制，我们现在还没有获得确切的资料。有学者指出："在4座南越国时期的墓葬中，发现木船模型，其中包括1986年在广州东山农林下路发现的南越国时期木椁墓出土的一艘彩绘木船模型，船上前舱有12名木俑，高6～7厘米，分列两行，为划桨的水手，后部是两层木楼，此船模出土时已散，未能还原，但可以肯定是一艘楼船。"④

---

① 《汉书》，第 1671 页。

② 姚之骃：《后汉书补逸》，徐蜀选编《二十四史订补》第 4 册，第 149 页。

③ 王子今：《"博昌习船者"考论》，载《齐鲁文化研究》2013 年总第 13 辑，泰山出版社，2013。

④ 熊昭明、韦莉果：《广西古代海上丝绸之路》，第 41 页。

学界曾经有"楼船军"就是"海军""水军"或"水兵"的说法，①
或以为"秦之水兵称楼船之士"，所引例证即"《汉书·严安传》说：
'（秦）使尉屠睢将楼船之士攻越'"。② 有军事史家论秦汉"军兵种"的
构成，或"以'楼船之士'称水军"。③ 然而，通过考察历史记载可知，
汉代"楼船军"主要的作战形式仍然是陆战，在汉武帝时代远征南越和
东越的战争中大抵如此。在远征朝鲜战事记录中也可见"楼船军败散
走"，将军杨仆"遁山中十余日，稍求收散卒，复聚"的情节。这里所
说的"楼船军"可以看作陆战部队，与《史记》卷一一四《东越列传》
中"东越素发兵距险，使徇北将军守武林，败楼船军数校尉，杀长吏"
的"楼船军"相同。④ 就汉代史籍提供的战争史信息分析可知，"楼船"
在实战中似乎并没有发挥战舰的作用。《太平御览》卷三五一引王粲
《从军诗》中的"楼船凌洪波，寻戈刺群虏"来形容"楼船"水上作战
能力⑤，看来可能有夸张的成分。严格说来，"楼船"在许多情况下并不
是战舰，只是起着运兵船的作用。这样说来，简单地以"水军"定义

---

① 中国航海学会编的《中国航海史（古代航海史）》中写道："史书将汉代水军称
　作'楼船'。这个名称实际包括两种含义。一是对战船的通称；另一含义是对水
　军兵种的专称。"人民交通出版社，1988，第78页。

② 今按：此处宜用《史记》卷一一二《平津侯主父列传》的记载："又使尉佗屠睢
　将楼船之士南攻百越。"

③ 熊铁基：《秦汉军事制度史》，第190—191页。有学者在考论秦汉"军种、兵种
　和编制时"，也这样写道："'水兵'在文献中称'舟师'或'楼船士'，这是利用
　舟船在水上作战的一个军种。"黄今言：《秦汉军事史论》，第213页。其中又有
　这样的说法："汉代水军称楼船军。在我国武装力量中正式设置水军，是从西汉
　开始的。据《汉官仪》记载：'高祖命天下郡国，选能引关蹶张，材力武猛者，
　以为轻车、骑士、材官、楼船……平地用车骑，山阻用材官，水泉用楼船。'又
　据《汉书·刑法志》记载，汉武帝发动统一东南沿海战争时，'内增七校，外有
　楼船，皆岁时讲肄，修武备'。这两项记载说明，楼船军是在屯骑（骑兵）、步
　兵等七校之外，根据沿江海的地理条件和防务需要而设立的，属汉代郡国兵制
　备军。"张铁牛、高晓星：《中国古代海军史》（2006年修订版），解放军出版社，
　2006，第24页。

④《史记》，第2983页。

⑤ 李昉等：《太平御览》，第1617页。

"楼船军"，还需要斟酌。或许黄今言的意见是正确的："当时的船只还不是武器，只是一种运输工具，作战时水兵借助船只实施机动，到了作战地，即舍舟登陆，在陆上进行战斗。"黄今言还指出："至于水兵渡海作战的情况更少。"①

"楼船军"的编成，应当也是大小船只混杂，并非清一色的"大船"。可能正如有研究者所指出的，"楼船军""以楼船为主力"，"舰队中除了楼船以外，还配备有其他各种作战舰只。"② 《后汉书》卷二四《马援传》中写道："援将楼船大小二千余艘，战士二万余人，进击九真贼征侧余党都羊等，自无功至居风，斩获五千余人，峤南悉平。"③ 所谓"楼船大小二千余艘，战士二万余人"，则每艘战船平均不过十人左右。有学者就此对汉代"水军"编制作了分析："大小二千余艘船，有战士二万余人，则平均每船十人左右。当然，大船肯定不只十人，小船亦当少于十人。但既要划船，又设干戈于船上（应有弓箭手和使用戈矛之士），至少也不会少于五人。水军也很可能有什伍编制的。"④ 我们更为关注的是舰队船只的规模。"平均每船十人左右"，"大船"的数量必然有限。《太平御览》卷七六八引《后汉书》曰："马援平南越，将楼船大小三千余艘，士二万余人，进击九真贼征侧余党都羊等，自无功至居风，斩获五千余人，峤南悉平。"⑤ 其中又写作"将楼船大小三千余艘，士二万余人"，按照这样的记录，则每艘战船平均不到七人。

至于"楼船军"中的"士"或"战士"是指船上的全体人员，还是只指水手或可登陆作战的人员，对"楼船军"构成及其军事作用的其他细节的认识和理解，还需要进一步深入。

---

① 黄今言：《秦汉军事史论》，第213—214页。

② 金秋鹏：《中国古代的造船和航海》，第84页。

③《后汉书》，第839页。

④ 熊铁基：《秦汉军事制度史》，第197页。

⑤ 李昉等：《太平御览》，第3407页。

六、"马伏波"的光荣历史

汉武帝时代的名将路博德曾经称"伏波将军"。据《史记》卷二二《汉兴以来将相名臣年表》,"(元鼎五年)卫尉路博德为伏波将军,出桂阳;主爵杨仆为楼船将军,出豫章,皆破南越"。① 《史记》卷一一一《卫将军骠骑列传》中写道:"将军路博德,平州人,以右北平太守从骠骑将军有功,为符离侯。骠骑死后,博德以卫尉为伏波将军,伐破南越,益封。其后坐法失侯,为强弩都尉屯居延卒。"② 《史记》卷一一三《南越列传》记载:"元鼎五年秋,卫尉路博德为伏波将军,出桂阳,下汇水③;主爵都尉杨仆为楼船将军,出豫章,下横浦;故归义越侯二人为戈船、下厉将军,出零陵,或下离水,或抵苍梧;使驰义侯因巴蜀罪人,发夜郎兵,下牂柯江:咸会番禺。"④ 路博德得"伏波将军"称号,设定进军路线却是"出桂阳,下汇水",不走海路。而楼船将军杨仆"出豫章,下横浦",是利用海上航路进击的。路博德的"伏波将军"称号,可能体现了战略策划者对这支部队南下临海发挥海战能力的期待。而南越割据势力败亡,吕嘉、建德等"亡入海,以船西去",确实是被伏波将军属下成功追捕的。

马援是继路博德之后又一位特别能克服交通险阻的名臣,是声名最响的"伏波将军"。马援指挥海上远征取得成功,使"伏波将军"的名号有了特定的军事史意义和航海史意义。

---

① 《史记》,第 1140 页。

② 同上书,第 2945 页。

③ 裴骃《集解》:"徐广曰:一作'湟'。骃案:《地理志》曰:桂阳有汇水,通四会,或作'淮'字。"司马贞《索隐》:"刘氏云:'汇'当作'湟'。《汉书》云'下湟水'也。"今按《汉书》卷九五《南粤传》作"下湟水"。第 3857 页。

④ 《史记》,第 2975 页。

两汉有"两伏波"①，而后世的"伏波将军"益多。三国时曹魏政权和孙吴政权下得"伏波将军"名号者，有夏侯惇②、甄像③、陈登④、孙礼⑤、满宠⑥、孙匡⑦、孙秀⑧等。晋时"伏波将军"则有卢钦⑨、陶延⑩、葛洪⑪、郑攀⑫等。此后自南北朝至五代，多有"伏波将军"。后世许多军人虽然获"伏波将军"名义，却没有水战和海上航行的经历。后世所谓"伏波将军"中"伏波"的语义或已变化。而起初称"伏波将军"者，其"伏波"名号应是强调对海上风浪的征服。

《史记》卷一一四《东越列传》记载，平定南越时，"东越王余善上书，请以卒八千人从楼船将军击吕嘉等。兵至揭阳，以海风波为解，不行，持两端，阴使南越。及汉破番禺，不至"。⑬《汉书》卷二八下《地

---

① 孙奕：《示儿编·正误》，唐子恒点校，凤凰出版社，2017，第149—150页。有"两伏波"条："或人问汉有两伏波，海宁令王约作《忠显王庙记》以为'马伏波'，琼州守李时亮作《庙记》以为'路伏波'，苏子瞻作《庙记》则以为'马伏波'，夏侯安雅作《庙记》又以为'马伏波'，纷纷孰是？曰：尝考之两汉，有二伏波。前汉伏波将军邳离路博德，武帝时讨南越相吕嘉之叛，遂开九郡。后汉伏波将军新息马援，光武时讨交趾二女子侧贰之叛，遂平其地。则是二人皆有功于南粤。东坡之说，渠不信夫？"

② 《三国志》卷一《魏书·武帝纪》裴松之注引《魏书》载公令，卷九《魏书·夏侯惇传》及裴松之注引《魏略》，卷一九《魏书·陈思王植传》裴松之注引《魏略》。第40页，第268—269页，第562页。

③ 《三国志》卷五《魏书·后妃传·文昭甄皇后》，第162页。

④ 《三国志》卷七《魏书·陈登传》及裴松之注引《先贤行状》，第229—230页。

⑤ 《三国志》卷二四《魏书·孙礼传》，第691页。

⑥ 《三国志》卷二六《魏书·满宠传》，第722页。

⑦ 《三国志》卷五一《吴书·宗室传·孙匡》裴松之注引《晋诸公赞》，第1214页。

⑧ 《晋书》卷六六《陶侃传》言"伏波将军孙秀以亡国支庶，府望不显"，第1768页。又《晋书》卷八八《孙晷传》称"吴伏波将军孙秀"，第2289页。

⑨ 《晋书》卷四四《卢钦传》，第1255页。

⑩ 《晋书》卷六六《陶侃传》，第1772页。

⑪ 《晋书》卷七二《葛洪传》，第1911页。

⑫ 《晋书》卷一〇〇《杜弢传》，第2624页。

⑬ 《史记》，第2982页。

理志下》"南海郡"条:"揭阳,莽曰南海亭。"王先谦《汉书补注》:"先谦曰:东越王余善击南海,兵至此,以海风波为解。见《东越传》。"①关于"海风波",《汉书》卷九五《闽粤传》中有同样记载。东越"持两端,又阴使南越"②,立场不明确,甚至暗自勾结敌方,故"楼船将军杨仆使使上书,愿便引兵击东越"。关于所谓"以海风波为解",颜师古有这样的说明:"解者,自解说,若今言分疏。"③ 余善"兵至揭阳,以海风波为解",可能是中国古代最早的关于"海风波"迫使航海行为中止的文字记录。虽然我们现在还不能清楚地说明此"海风波"的性质和强度,但这一记载在航海史上依然有特别值得重视的意义。《汉书》卷二八下《地理志下》言南洋航路上船人"苦逢风波溺死"中的"风波"④,也值得我们关注。海上"风波"或称"海风波",在《宋书》和《梁书》中则写作"大海风波"。⑤ "伏波将军"之"伏波",应是指对这种"风波""海风波""大海风波"的镇伏。宋人孙逢吉在《职官分纪》卷三四"伏波将军"条引《环济要略》曰:"'伏波'者,船涉江海,欲使波浪伏息也。"⑥ "伏波"名号,显然体现了对优越的海上航行能力的肯定。

马援曾经击乌桓,击武陵蛮,然而在其战功之中,以远征交趾最为显赫。《后汉书》卷二四《马援传》载朱勃上书称颂马援击交趾、九真功绩:"出征交趾,土多瘴气。援与妻子生诀,无悔吝之心。遂斩灭征侧,克平一州。"李贤注:"南海、苍梧、郁林、合浦、交趾、日南、九

---

① 王先谦:《汉书补注》,第 821 页。

②《汉书》卷九五《闽粤传》中所谓"阴使南粤",颜师古注:"遣使与相知。"第3861 页。闽越和南越之间的"使",有可能循海上航路往来。

③《汉书》,第 3861 页。

④ 同上书,第 1671 页。

⑤《宋书》卷九七《夷蛮列传》中载呵罗单国王毗沙跋摩奉表曰:"意欲自往,归诚宣诉,复畏大海,风波不达。"(第 2381 页)言南洋商运,则曰"商货所资,或出交部,泛海陵波,因风远至"。(第 2399 页)《梁书》卷五四《诸夷列传·海南诸国》记载"在南海中"之狼牙修国王婆伽达多遣使奉表,有"欲自往,复畏大海风波不达"语。中华书局,1973,第 796 页。

⑥ 孙逢吉:《职官分纪》,收入《景印文渊阁四库全书》第 923 册,第 645 页。

真，皆属交州。"①

因有关"伏波将军"马援事迹的历史记忆非常深刻，"马伏波"后来成为一种特殊的文化符号。

杜甫在《奉寄别马巴州》中写道："勋业终归马伏波，功曹非复汉萧何。② 扁舟系缆沙边久，南国浮云水上多。"③ 所谓"扁舟系缆""南国浮云""沙边""水上"，均使读者联想到马援远征交趾、九真的事迹。"勋业终归马伏波"一句影响久远，屡为后世诗人袭用，如元人贡性之的"到时定有平淮策，勋业终归马伏波"④，明人董其昌的"勋业终归马伏波，闲身孰与钓台多"⑤，明人江源的"壶觞须就陶彭泽，勋业终归马伏波"⑥，以及清人赵文楷的"治功谁奏黄丞相，勋业终归马伏波"⑦。

明人潘恩在《三峰歌》中写道："桂山削出金芙蓉，紫云碧草浮青空。中峰委蛇若凤举，左右离立盘双龙。矫矫将军廊庙姿，英声四十动南维。星河光摇夜谈剑，羽帐风清日赋诗。树立奇勋还自许，高山争雄

① 《后汉书》，第 847 页。

② 以萧何与马援并说的，又有明人茅大方的诗："关中事业萧丞相，塞外功勋马伏波。"张朝瑞：《忠节录》卷二《副都御史茅大方》，收入《续修四库全书》第 537 册，第 35 页。"方"，原注："一作'芳'。"

③ 杜甫：《杜工部草堂诗笺》卷二〇，蔡梦弼笺，收入《续修四库全书》第 1307 册，第 150 页。

④ 贡性之：《送别》，《南湖集》卷上，收入《景印文渊阁四库全书》第 1220 册，第 16 页。

⑤ 董其昌：《读寒山子诗漫题十二绝·其五》，收入邵海清点校《容台集》（上）卷四，西泠印社出版社，2012，第 125 页。

⑥ 江源：《京中饯别张挥使邝大尹》，收入《桂轩稿》卷一〇，明弘治庐渊刻本，第 94 页。

⑦ 赵文楷：《重度仙霞关》，《石柏山房诗存》卷三《闽游草》，收入《续修四库全书》第 1485 册，第 47 页。同样的情形又见于清人史策先的《白水寺谒汉光武帝祠集唐》："客星辞得汉光武，勋业终归马伏波。"丁宿昌辑《湖北诗征传略》卷三七，收入《续修四库全书》第 1707 册，第 730 页。又梁章钜录陈莲史辑五七言旧句联："诗情逸似陶彭泽，勋业终归马伏波。"《楹联续话》卷四《集句》，梁章钜辑《楹联丛话 楹联续话》，王承略、布吉帅点校，凤凰出版社，2016，第 235 页。

气如虎。千载应传马伏波，朱方铜柱高嵯峨。"①

仅据《嘉庆重修一统志》记录，为纪念"马伏波"而出现的地名有"伏波庙"6处②，"伏波将军庙"3处③，"马伏波庙"1处④，"伏波祠"5处⑤，"伏波将军祠"1处⑥，"马伏波祠"8处⑦，此外还有"伏波山"⑧、"伏波桥"⑨、"伏波村"⑩、"马援坝"⑪、"马援城"⑫等。这当然只是不完全的统计。历史上虽然"伏波将军"不在少数，但是这些纪念性遗存中的"伏波"，多专指"马伏波"。

这些纪念"马伏波"的遗存，大致可分为这样几类：

1. 自然地貌，如"伏波山"等；

2. 纪念性地名，如"伏波桥""伏波村""马援坝""马援城"等；

3. 祠庙，如"伏波庙""伏波将军庙""马伏波庙""伏波祠""伏波将军祠"等。

人们纪念"马伏波"还由于马援在多个方面表现出的政治智慧和人生智慧。但是相关纪念性地名多集中在他出征交趾时经行的地方，这反映了人们对"马伏波"远征南海功绩的纪念。有学者指出，自唐至宋元、明清，马援的功绩在"国家祭祀与地方秩序构建互动中"被"不断

---

① 汪森编《粤西诗载》卷八收入《七言古》，收入《景印文渊阁四库全书》第1465册，第103页。

② 分别位于永顺府、雷州府、桂林府、南宁府、郁林州、思南府。

③ 分别位于宝庆府、沅州府、乾州厅。

④ 位于郴州。

⑤ 分别位于桂阳州、重庆府、酉阳州、太平府、大理府。

⑥ 位于辰州府。

⑦ 分别位于凤翔府、汉阳府、安陆府、荆州府、长沙府、岳州府、常德府、广西府。

⑧ 位于桂林府。

⑨ 位于广州府。

⑩ 位于凤翔府。

⑪ 位于重庆府。

⑫ 在澧州。参看《嘉庆重修一统志》第35册，中华书局，第463页，第1295页，第1300页。

放大"，出现了"伏波信仰"，形成了"以北部湾乃至琼州海峡、雷州半岛为中心的祭祀带"。虽然"西江流域"和"湘沅流域"也有祀"伏波神"的礼俗，但"值得注意的是，宋元至清康熙年间，'二伏波将军者，专主琼海。其祠在徐闻，为渡海之指南。'"①，这应当是与"南海"相关的区域文化研究的重要发现。

　　作为一种文化表现，这一情形或许反映了我们民族对"南海"长久而密切的关注。从这一角度看，研究马援出征交趾、九真的事迹，特别是在军事史、战争史、边疆史、民族史的视角之外，以航海史和文化史的视角深入研究马援"楼船军"南下史事，是有积极的学术意义的。

---

① 原注："［清］屈大均：《广东新语》卷六《神语·海神》，中华书局 1985 年 4 月版，第 205 页。"王元林：《水利神灵在地方秩序构建中的作用：以伏波神信仰地理为例》，《广西民族研究》2010 年第 2 期；载《中国历史地理研究》第 5 辑，西安地图出版社，2013。

第五章
秦汉时期的东洋航运

面向东方的海上航线的开拓可能很早就已开始。从早期民间个体的零星往来，到战国晚期至秦代的大规模流民迁移，促成了明显的历史变化。而受朝廷支持的徐福东渡，其航行规模是空前的，交通意义也是重大的。秦汉时期盛行的神仙崇拜，成为推进东洋海上航行的力量。"去琅邪"的里程记录及"东冶之东"人文信息的传递，都反映了面向东方的航运事业的进步。

第一节　"燕人""齐客"入海

战国时期，燕国和齐国都通行刀钱，反映了两国在文化上的亲近。辽宁朝阳、锦州、沈阳、抚顺、辽阳、鞍山、营口、大连等地出土的窖藏战国时期赵、魏、韩诸国铸造的布币[1]，说明即使是环渤海地区较偏远的地方，也与中原保持密切的经济联系：当时的辽东、辽西地区与中原地区之间有频繁的商业往来。

秦皇汉武并海巡行的成功实践，反映了环渤海地区特殊的交通条件。燕、齐环渤海地区除了在陆路交通方面有所谓"东北诸郡濒海之处，地势平衍，修筑道路易于施工，故东出之途此为最便"的条件之

---

[1] 金德宣：《朝阳县七道岭发现战国货币》，《文物》1962 年第 3 期；邹宝库：《辽阳出土的战国货币》，《文物》1980 年第 4 期。

外，海上交通也便利，对文化的沟通与交流产生了重要的作用。

一、"游乎北海"的方士

《淮南子·道应训》说："卢敖游乎北海。"高诱注："卢敖，燕人，秦始皇召以为博士，使求神仙亡而不反也。"① 所说即《史记》卷六《秦始皇本纪》中燕人"卢生"受秦始皇指派入海求仙，曾以鬼神事奏录图书，又劝说秦始皇"时为微行以辟恶鬼"，② 后来终于亡去的故事。"卢生"逃亡事件，据说竟成为"坑儒"这一历史悲剧的导火索。

对于这位在历史上颇有影响的"方士"或"方术士"，《史记》卷六《秦始皇本纪》及《淮南子·道应训》称其是"燕人"，而《说苑·反质》却说他是"齐客"③。对于这一分歧，有研究者指出，其原因在于燕、齐两国都有迷信神仙的文化共性："盖燕、齐二国皆好神仙之事，卢生燕人，曾为齐客，谈者各就所闻称之。"④

看来，"燕、齐二国皆好神仙之事"的文化共性已经为有见识的学者所关注。

神仙迷信在汉武帝时代又掀起了"震动海内"的热潮。据《史记》卷二八《封禅书》，方士李少君曾以尝游海上见蓬莱仙者之说诱惑汉武帝，于是汉武帝有了"遣方士入海"求仙人的举措。此后，"海上燕、齐怪迂之方士多更来言神事矣"。胶东人栾大亦曾经以方术得宠，"佩六印，贵震天下，而海上燕齐之间，莫不扼捥而自言有禁方，能神仙矣"。⑤《汉书》卷二五下《郊祀志下》中有这样的记载："元鼎、元封之际，燕齐之间方士瞋目扼擎，言有神仙祭祀致福之术者以万数。"⑥

---

① 何宁：《淮南子集释》，第 881 页。

②《史记》，第 257 页。

③ 刘向：《说苑疏证》，赵善诒疏证，第 602 页。

④ 黄晖：《论衡校释》引《梧丘杂札》，第 2 册第 321 页。

⑤《史记》，第 1385 页，第 1386 页，第 1391 页。

⑥《汉书》，第 1260 页。

二、辽东"浮海"流民

《后汉书》卷八三《逸民列传·逢萌》说，北海都昌人逢萌曾就学于长安，王莽专政时，"即解冠挂东都城门，归，将家属浮海，客于辽东"，"及光武即位，乃之琅邪劳山"。① 由此看来，当时隔海可以互通信息，似乎也可以轻易渡海往返。"浮海，客于辽东"，说明当时齐地的主要移民方向是隔着渤海与之相对的另一个半岛。

东汉末年，辽东与齐地间的海上交通往来不绝。当时多有所谓"遭王道衰缺，浮海遁居"②，"隐身遁命，远浮海滨"③ 的情形。避战乱入海至于辽东的事迹屡见于史籍。如东莱黄人太史慈，北海朱虚人邴原、管宁，乐安盖人国渊，平原人王烈等，都曾经有"浮海"经历并成为辽东移民：

1. 太史慈

（太史慈）为州家所疾，恐受其祸，乃避之辽东……慈从辽东还。④

2. 邴原

黄巾起，（邴）原将家属入海，住郁洲山中。时孔融为北海相，举原有道。原以黄巾方盛，遂至辽东。⑤

---

① 《后汉书》，第 2759—2760 页。

② 《三国志》卷一一《魏书·管宁传》，第 356 页。

③ 《后汉书》卷五三《姜肱传》，第 1750 页。

④ 《三国志》卷四九《吴书·太史慈传》，第 1187 页。《后汉书》卷七○《孔融传》中李贤注引《吴志》："慈字子义，东莱人也。避事之辽东……慈从辽东还。"第 2263 页。

⑤ 《三国志》卷一一《魏书·邴原传》，第 350 页。

3. 管宁

天下大乱，（管宁）闻公孙度令行于海外，遂与（邴）原及平原王烈等至于辽东。

文帝即位，征宁，遂将家属浮海还郡。

中平之际，黄巾陆梁，华夏倾荡，王纲弛顿。遂避时难，乘桴越海，羁旅辽东三十余年。

会董卓作乱，避地辽东。

乃将家属乘海即受征。宁在辽东，积三十七年乃归。①

4. 国渊

（国渊）与邴原、管宁等避乱辽东。②

5. 王烈

（王烈）遭黄巾、董卓之乱，乃避地辽东。③

《汉书》卷四〇《周勃传》中记述击卢绾一事，"破绾军上兰，后击绾军沮阳。追至长城，定上谷十二县，右北平十六县，辽东二十九县，渔阳二十二县"。④ 由此可知汉初辽东郡有 29 个县，到西汉后期辽东郡有 18 个县，到东汉时则有 11 座城。《汉书》卷二八下《地理志下》记载："辽东郡，户五万五千九百七十二，口二十七万二千五百三十九。县十八。"《续汉书·郡国志五》中写道："辽东郡，十一城，户六万四千

---

① 《三国志》，第 354 页，第 356 页，第 359 页。

② 同上书，第 339 页。

③ 《后汉书》，第 2697 页。《三国志》卷一一《魏书·管宁传》谓与邴原、管宁同行。第 354 页。

④ 《汉书》，第 2053 页。

一百五十八，口八万一千七百一十四。"① 据《续汉书·郡国志五》提供
的东汉辽东郡户口数，户均不过 1.2736 人，显然过低。中华书局标点本
《后汉书》的《校勘记》中写道："户六万四千一百五十八口八万一千七
百一十四。按：张森楷《校勘记》谓案如此文，则户不能二口矣，非情
理也，疑'八万'上有脱漏。"② 有学者认为"口数记载失实的可能性不
能排除，但与之相比，户数记载失实的可能性似乎更大"，并且分析社
会动荡致民众死亡、辽东辖县省并或划出、周边少数民族寇掠等可能是
导致"辽东郡在东汉初期的户口基数肯定减少很多"的因素。③ 不过，
这样的分析没有注意到主要来自齐地的"浮海"移民在复杂的社会背景
下维持"户口基数"甚至促使其有所增长的可能。如果不考虑口数，比
较两汉的辽东户数，其增长率为 14.625％。对照当时全国户口负增长的
形势④，这样的增长幅度是相当可观的。考虑到两汉辽东郡辖地的变化，
这样的户口变化尤其值得关注。劳榦分析《续汉书·郡国志五》中辽东
郡户口资料时说，"至于口数减少，大抵由于数目的错误"，"（辽西与辽
东）两个相邻的郡，在同一个时期，人口数目完全相同，天下绝没有如
此凑巧的事。其中数目有误，大概是可以断定的。我们从户数的增加来
看，口数也一定是增加的"。在两汉东北人口表中，辽西、辽东、玄菟、
乐浪四郡中，只有辽东的户数是增长的。而且，正如劳榦所说，关于辽
东的数字，"辽东属国户口未计入"。⑤

①《汉书》，第 1625 页。《后汉书》，第 3528 页。

②《后汉书》，第 3550 页。

③ 王海：《〈续汉书·郡国志〉户口数谬误辨析》，《湖南科技学院学报》2008 年第 7
期。论者还注意到《续汉书·郡国志五》中辽东郡和辽西郡的人口数完全相同：
"《续汉书·郡国志》记载的同时期辽西郡的人口数与辽东郡竟然完全相同，均
为 81714 人，这是一种纯粹的巧合，还是由于后人在传抄时出现失误而造成的
'巧合'呢？受限于资料，我们只能暂且存疑。"

④ 将《续汉书·郡国志》提供的汉顺帝永和五年（140）全国户口数与《汉书》卷
二八《地理志》提供的汉平帝元始二年（2）全国户口数相比，可发现户数与口
数均呈负增长趋势，分别为 -20.7％与 -17.5％。

⑤ 劳榦：《两汉户籍与地理之关系》，载《劳榦学术论文集甲编》，艺文印书馆，
1976，第 28 页。

有相关人口史专著分析："幽州辽东郡口户比低达 1.27，其口数'八万一千七百一十四'竟与辽西郡口数一字不差，显系'二十八万一千七百一十四'，漏写了'二十'两字。改正之后口户比达 4.39，即与平均口户比接近了。"① 有学者赞同这一看法，又说："果如此，辽东郡的户口为：6 4158 户，28 1714 口。每户平均 4.39 口，基本接近正常。"②

还有论者指出："总的看来，东汉末年时的人口流向是由青州（今山东东北）、徐州（今山东南部、江苏北部）向幽州（河北北部及辽宁西部）迁移；由山东半岛渡海向辽东转移；再由幽州、冀州（河北中部）向北迁入鲜卑地（今内蒙古的广大地区）。"接着，论者又指出："今天的辽宁、内蒙古等省区是当时主要的人口迁移区域。"③ 这样的判断，似乎忽略了人口向江南转移的更显著的移民潮流。④ 但是就向北方的移民而言，辽东接纳的数量确实比较大。

三、关于"从辽东还""浮海还郡"情形

《三国志》卷一四《魏书·刘晔传》中写道："辽东太守公孙渊夺叔父位，擅自立，遣使表状。晔以为公孙氏汉时所用，遂世官相承，水则由海，陆则阻山，故胡夷绝远难制，而世权日久。今若不诛，后必生患。"⑤ 所谓"水则由海"，体现了辽东地区的海路交通条件。"避地辽东""浮海，客于辽东"反映了齐地移民的主要方向，而"从辽东还"

---

① 赵文林、谢淑君：《中国人口史》，人民出版社，1988，第 71 页。

② 袁延胜：《中国人口通史·东汉卷》，人民出版社，2007，第 45 页。

③ 石方：《中国人口迁移史》，黑龙江人民出版社，1990，第 157 页。论者以为，"而到了三国鼎立形成之际，人口流向则为之一变"，"由长江以北向江南迁移是这一时期人口迁移的主流向"。实际上，自两汉之际至东汉前期，以江南地区为目的地的南向移民已经成为历史潮流。参看王子今：《试论秦汉气候变迁对江南经济文化发展的意义》，《学术月刊》1994 年 9 月；《汉代"亡人""流民"动向与江南地区的经济文化进步》，《湖南大学学报（社会科学版）》2007 年第 5 期。

④ 葛剑雄、曹树基、吴松弟：《简明中国移民史》，第 130—141 页。

⑤《三国志》，第 448 页。

"浮海还郡"则反映了反方向流徙的情形。向辽东方向的军事行动，有辽东军阀公孙度据辽东"越海"占领东莱。《三国志》卷八《魏书·公孙度传》中写道："分辽东郡为辽西、中辽郡，置太守，越海收东莱诸县，置营州刺史，自立为辽东侯、平州牧。"《后汉书》卷七四下《袁谭传》中也写道："初平元年，（公孙度）乃分辽东为辽西、中辽郡，并置太守，越海收东莱诸县，为营州刺史，自立为辽东侯、平州牧。"① 公孙度的"营州""平州"，似欲跨海而治。

魏明帝景初元年（237）曾经"诏青、兖、幽、冀四州，大作海船"。② 景初二年（238），司马懿率军征公孙渊，围襄平城（今辽宁辽阳），"会霖雨三十余日，辽水暴涨，运船自辽口径至城下"。③ 由此可知，渤海航运在汉魏之际得到空前发展。景初三年（239），"以辽东东沓县吏民渡海居齐郡界，以故纵城为新沓县以居徙民"。魏齐王曹芳正始元年（240），又"以辽东汶、北丰县民流徙渡海，规齐郡之西安、临淄、昌国县界为新汶、南丰县，以居流民"。④ 这些都是反映渤海海上航运与"流民""流徙渡海"的史事。⑤

辽东民众回流，"吏民渡海居齐郡界"，在某种意义上或许可以看作辽东户口饱和的表现。这一时期辽东百姓大规模自发"流徙渡海"南至齐郡，是移民史研究者应当注意的史事。

吴大帝嘉禾元年（232），孙权曾"遣将军周贺、校尉裴潜乘海之辽东"⑥，舰队规模至于"浮舟百艘"⑦。同年，公孙渊与孙权联络。次年，

---

①《三国志》，第 252 页。《后汉书》，第 2419 页。

②《三国志》卷三《魏书·明帝纪》，第 109 页。

③《三国志》卷八《魏书·公孙渊传》，第 254 页。

④《三国志》卷四《魏书·齐王芳纪》，第 118—119 页。

⑤ 劳榦在《两汉户籍与地理之关系》中写道："《魏志》青龙二年及正始元年辽东流民渡海入齐郡，此虽较后之事，但亦可证黄海交通之易也。"《劳榦学术论文集甲编》，第 26 页。今按："青龙二年"似是"景初三年"之误，而"黄海交通之易"似应为"渤海交通之易"。

⑥《三国志》卷四七《吴书·吴主传》，第 1136 页。

⑦《三国志》卷八《魏书·公孙渊传》裴松之注引《魏略》，第 253 页。

孙权"使太常张弥、执金吾许晏、将军贺达等将兵万人，金宝珍货、九锡备物，乘海授渊"①，又曾"遣使浮海与高句骊通，欲袭辽东"。② 赤乌二年（239），孙权又"遣使者羊衜、郑胄，将军孙怡之辽东，击魏守将张持、高虑等，虏得男女"。③ 所谓"虏得男女"，或许可以看作辽东"浮海"移民南下流动的另一种方式。当然，这是被迫的迁移，与自发的流徙不同。

辽东曾经是民族关系复杂的地区。所谓"辽东外徼""辽东故塞"④，说明这里长期是民族战争的前沿。西汉初期，"匈奴日已骄，岁入边，杀略人民畜产甚多"，而"辽东最甚"。⑤ 东汉时，仍有"北匈奴入辽东"事。⑥ 而所谓"辽东乌桓"⑦、"辽东鲜卑"⑧、"辽东貊人"⑨ 等称谓，都反映了该区域复杂的民族构成。本文所讨论的主要来自齐地的"浮海"移民对充实辽东汉人户口的意义，其实也是探讨民族问题不宜忽视的内容。

四、环渤海地区的海洋文化

战国秦汉时期"燕、齐海上之方士"活跃，是有特定的文化条件的。沿海地区的自然景观较内陆有更奇瑰的色彩，有更多样的变幻，因而自然能引发更丰富、更活跃、更浪漫的想象。于是海上神仙传说表现出神奇的魅力，而沿海士风也容易表现出不拘一格、不循定轨的较自由

①《三国志》卷四七《吴书·吴主传》，第1138页。

②《三国志》卷三《魏书·明帝纪》，第109页。

③《三国志》卷四七《吴书·吴主传》，第1143页。

④《史记》卷一一五《朝鲜列传》，第2985页。

⑤《史记》卷一一〇《匈奴列传》，第2901页。

⑥《后汉书》卷五一《陈禅传》，第1685页。

⑦《汉书》卷七《昭帝纪》，第229页。

⑧《后汉书》卷五《安帝纪》，《后汉书》卷八五《东夷列传·高句骊》，《后汉书》卷九〇《鲜卑传》，《续汉书·天文志中》，第223页，第2815页，第2986页，第2988页，第3236—3237页。

⑨《续汉书·天文志中》，第3238页。

的特色。

陈寅恪曾在著名论文《天师道与滨海地域之关系》中指出，汉时所谓"齐学"，"即滨海地域之学说也"。他认为，神仙学说之起源及其道术之传授，必然与滨海地域有关，自东汉顺帝起至北魏太武帝、刘宋文帝时代，凡天师道与政治社会有关者，如黄巾起义、孙恩作乱等，都可以"用滨海地域一贯之观念以为解释"，"凡信仰天师道者，其人家世或本身十分之九与滨海地域有关"。① 陈寅恪的论点，无疑是一项重要的文化发现。而"滨海地域"起初恬淡自由而后向急切勇毅的文化风格的转换，也是值得重视的。

在秦汉时期，出身环渤海地区的人才曾经发挥了引人注目的历史文化作用。齐地是儒学基地，《汉书》卷八八《儒林传》所载九人及《后汉书》卷七九《儒林列传》所载六人的事迹，都值得相关研究者注意。《后汉书》卷六七《党锢传》中的东莱郡人一人和渤海郡人三人，更是士人中之精英。出身齐郡的娄敬以其定都关中的建议，影响了西汉一代的历史。而出身渤海郡的隽不疑和鲍宣，在西汉中晚期相继参与上层政务。据《汉书》本传，隽不疑"名声重于朝廷，在位者皆自以不及也"②，鲍宣"常上书谏争，其言少文多实"，因事系狱，曾有太学生千余人集会请愿，终于使其减罪。③ 此为汉代最早的一次太学生运动。班固称千乘郡人兒宽为"儒雅""名臣"、"群士""异人"④，他也是这一地区杰出人才的代表。《汉书》与《后汉书》立传者的籍贯，可以作为分析当时人才分布的信息之一，而区域文化的特征，也因此得到反映。两汉时期来自环渤海地区的历史人物，见于史籍的有 98 人。其中，西汉时期有 20 人，东汉时期有 78 人。⑤ 可以说，东汉时期来自环渤海地区的人物有更为活跃的历史表演。而西汉时齐地人物远较燕地密集的情形也

---

① 陈寅恪：《金明馆丛稿初编》，上海古籍出版社，1980，第 1—40 页。

②《汉书》卷七一《隽不疑传》，第 3038 页。

③《汉书》卷七二《鲍宣传》，第 3087 页。

④《汉书》卷五八《公孙弘卜式兒宽传》，第 2633 页。

⑤ 参见《史记》《汉书》《后汉书》《三国志》及《水经注》等史籍。

有明显的改变，辽东、辽西人物影响历史进程的现象尤其引人注意。其中，辽西郡人公孙瓒、辽东郡人公孙度都曾经以勇力雄踞北边，这可以看作是对《史记》卷一二九《货殖列传》中所谓"民雕捍少虑"之燕地风习的发扬。

第二节　"海北"朝鲜航路

朝鲜半岛南部有称作"三韩"的国家，东为辰韩，西为马韩，南为弁辰。《山海经》关于朝鲜的记述，有"海北山南"及"东海之内，北海之隅"语，[①] 如此看来早期中原人对这一地区早有认识。

中原往朝鲜的移民，改变了当地的文化面貌。在他们的迁徙路径中，海道是重要的选择。汉武帝在朝鲜置郡，楼船将军杨仆由海路进军，一帆风顺，说明当时通向朝鲜半岛的海上航线已开通。

一、"海东""海隅"：朝鲜"亡人"的流徙路径

燕、齐环渤海地区是中原与朝鲜产生文化联系的中介，也是对朝鲜半岛产生直接文化影响的地区。秦汉时期人口流动和文化传播往东北方向的这一趋势，也是历史文化学者应当注意的。《史记》卷三○《平准书》记载彭吴经营朝鲜，置沧海郡时，"燕、齐之间靡然发动"[②]，这也反映了这一地区同朝鲜半岛之间密切的文化交往关系。

秦汉时期"亡人"称谓所指代的身份，反映了当时人口构成中与编户齐民的理想控制形式相游离的具有较显著流动性的特殊人群的存在。

---

① 《山海经·海内北经》："朝鲜在列阳东，海北山南。列阳属燕。"《山海经·海内经》："东海之内，北海之隅，有国名曰朝鲜。"《山海经校注》，袁珂校注，第321页，第441页。

② 《史记》，第1421页。

"亡人"的活动不仅是交通现象和人口现象，也是行政管理者十分关注的政情之一。这些人的生存方式和行为特征，往往对社会稳定有所冲击，但也对激发社会活力、促进文化交流起到特殊的积极作用。在古代边疆地区，由于军事关系、外交关系和民族关系的复杂情势，"亡人"的行为可能形成更重要的历史影响。而因多种原因来自远方、曾经历各种艰险的"亡人"①，自然也会产生更强大的社会能量。考察秦汉时期朝鲜"亡人"问题，应有益于丰富和深化我们对秦汉社会史、秦汉边疆与民族问题，以及秦汉中原与周边地区文化交往史的认识。

《汉书》卷二八下《地理志下》记载："玄菟、乐浪，武帝时置，皆朝鲜、濊貉、句骊蛮夷。殷道衰，箕子去之朝鲜，教其民以礼义，田蚕织作。"颜师古注："《史记》云：'武王伐纣，封箕子于朝鲜。'与此不同。"②

《史记》卷三八《宋微子世家》中写道："武王既克殷，访问箕子。"箕子陈说"五行""五事""八政""五纪""皇极""三德""稽疑""庶征""向用五福""畏用六极"的理论，"于是武王乃封箕子于朝鲜，而不臣也"。③《史记》只说武王之封，不言事前箕子已经在"殷道衰"的背景下"去之"朝鲜。又如《汉书》卷二八下《地理志下》中颜师古注引应劭曰："武王封箕子于朝鲜。"《后汉书》卷四一《第五伦传》中李贤注引《风俗通》曰："武王封箕子于朝鲜，其子食采于朝鲜，因氏焉。"《后汉书》卷八五《东夷列传·濊》中又写道："濊北与高句骊、沃沮，南与辰韩接，东穷大海，西至乐浪。濊及沃沮、句骊，本皆朝鲜之地也。昔武王封箕子于朝鲜，箕子教以礼义田蚕，又制八条之教。其人终不相盗，无门户之闭。妇人贞信。饮食以笾豆。"《三国志》卷三〇《魏书·东夷传》中写道："濊南与辰韩，北与高句丽、沃沮接，东穷大海，今

① 对于古代移民，袁祖亮先生有"古代人口所进行的充满危险的大迁徙"的表述。
袁祖亮主编《中国古代边疆民族人口研究》，中州古籍出版社，1999，第3页。
"亡人"在迁出地方"编户齐民"秩序下的非法身份，使其迁徙的危险性更为明显。

② 《汉书》，第1658页。

③ 《史记》，第1611—1620页。

朝鲜之东皆其地也。户二万。昔箕子既适朝鲜，作八条之教以教之，无门户之闭而民不为盗。"①

不过《后汉书》卷八五《东夷列传》篇后的总结性表述十分明确地指出，箕子在武王灭商之前即已流亡朝鲜："论曰：昔箕子违衰殷之运，避地朝鲜。始其国俗未有闻也，及施八条之约，使人知禁，遂乃邑无淫盗，门不夜扃，回顽薄之俗，就宽略之法，行数百千年，故东夷通以柔谨为风，异乎三方者也。苟政之所畅，则道义存焉。仲尼怀愤，以为九夷可居。或疑其陋。子曰：'君子居之，何陋之有！'亦徒有以焉尔。其后遂通接商贾，渐交上国。"② 其中，所谓"昔箕子违衰殷之运，避地朝鲜"，与《汉书》卷二八下《地理志下》中"殷道衰，箕子去之朝鲜"的说法是相近的。

还有一种说法，认为箕子是在周武王灭商之后"走之朝鲜"的。《北堂书钞》卷四八中写道："箕子之朝鲜，因以封之。《书·大传》：'武王胜殷，箕子之朝鲜，以封之。'"《太平御览》卷二〇一引《尚书大传》曰："武王胜殷，箕子走之朝鲜。因以封之。"《太平御览》卷七八〇又引《尚书大传》说："武王胜殷，继公子禄父，释箕子之囚。箕子不忍周释，走之朝鲜。武王闻之，自以朝鲜封之。箕子既受周之封，不得无臣礼，故于十二祀来朝。禄父，纣子也。"③

无论是"殷道衰，箕子去之朝鲜"，还是"武王胜殷，箕子走之朝鲜"，箕子的身份都是中原的"亡人"。

箕子传说在秦汉时期形成的影响，是研究中原地区与朝鲜地区文化关系的学者应当注意的。

战国时期，朝鲜已经与燕地有密切的联系。④《史记》卷六九《苏秦列传》说："（苏秦）说燕文侯曰：'燕东有朝鲜、辽东，北有林胡、楼

---

① 《汉书》，第 1627 页。《后汉书》，第 1395 页，第 2817 页。《三国志》，第 848 页。
② 《后汉书》，第 2822 页。
③ 虞世南编撰《北堂书钞》，第 135—136 页。李昉等：《太平御览》，第 968 页，第 3456 页。
④ 《盐铁论·伐功》："燕袭走东胡，辟地千里，度辽东而攻朝鲜。"《盐铁论校注》（定本），王利器校注，第 494 页。

烦，西有云中、九原，南有滹沱、易水，地方二千余里，带甲数十万，车六百乘，骑六千匹，粟支数年。南有碣石、雁门之饶，北有枣栗之利，民虽不佃作而足于枣栗矣。此所谓天府者也。'"① 其中所谓"东有朝鲜"，被认为是燕国首要的地理优势。② 而《史记》卷一一五《朝鲜列传》明确说"始全燕时"曾经对"真番、朝鲜"有所控制，"尝略属真番、朝鲜，为置吏，筑鄣塞"。秦实现统一后，朝鲜"属辽东外徼"。所以《史记》卷六《秦始皇本纪》说"地东至朝鲜"。③ 《史记》卷二五《律书》载汉文帝时将军陈武等语，也说"朝鲜自全秦时内属为臣子"，不过汉初时则"拥兵阻阨，选蠕观望"。司马贞《索隐》："'选蠕'，谓动身欲有进取之状也。"④

　　西汉初年，一个出身燕地的"亡命"者逃到朝鲜，后来竟然成为"朝鲜王"。《史记》卷一一五《朝鲜列传》记载："朝鲜王满者，故燕人也。自始全燕时尝略属真番、朝鲜，为置吏，筑鄣塞。秦灭燕，属辽东外徼。汉兴，为其远难守，复修辽东故塞，至浿水为界，属燕。燕王卢绾反，入匈奴，满亡命，聚党千余人，魋结蛮夷服而东走出塞，渡浿水，居秦故空地上下鄣，稍役属真番、朝鲜蛮夷及故燕、齐亡命者王之，都王险。"⑤ "汉兴，为其远难守，复修辽东故塞，至浿水为界"，当是由秦

①《史记》，第1143页。《战国策·燕策一》："苏秦将为从，北说燕文侯曰：'燕东有朝鲜、辽东，北有林胡、楼烦，西有云中、九原，南有滹沱、易水。地方二千余里。带甲数十万。车七百乘。骑六千匹。粟支十年。'"刘向集录《战国策》，第1039页。

②燕地与朝鲜经济往来密切的形势，在汉代已经相当显著。《史记》卷一二九《货殖列传》："（燕地）有鱼盐枣栗之饶。北邻乌桓、夫馀，东绾秽貊、朝鲜、真番之利。"第3265页。

③《史记》卷六《秦始皇本纪》："分天下以为三十六郡，郡置守、尉、监。更名民曰'黔首'。""一法度衡石丈尺。车同轨。书同文字。地东至海暨朝鲜，西至临洮、羌中，南至北向户，北据河为塞，并阴山至辽东。"第2985页，第239页。《淮南子·人间训》：秦皇发卒，"北击辽水，东结朝鲜"。何宁：《淮南子集释》，第1288—1289页。

④《史记》，第1242页。

⑤同上书，第2985页。

王朝"地东至朝鲜"的版图有所萎缩。所谓"满亡命"以及役属"故燕、齐亡命者"，都说明这一政权的最高首领和主要骨干都是"故燕、齐"的"亡人"。《汉书》卷九五《朝鲜传》中写道："朝鲜王满，燕人。自始燕时，尝略属真番、朝鲜，为置吏筑障。秦灭燕，属辽东外徼。汉兴，为远难守，复修辽东故塞，至浿水为界，属燕。燕王卢绾反，入匈奴，满亡命，聚党千余人，椎结蛮夷服而东走出塞，度浿水，居秦故空地上下障，稍役属真番、朝鲜蛮夷及故燕、齐亡在者王之，都王险。"① 《史记》中的"亡命者"，在《汉书》中作"亡在者"。颜师古注："燕、齐之人亡居此地，及真番、朝鲜蛮夷皆属满也。""亡在者"，被颜师古解释为"亡居此地"者。《盐铁论·论功》曰："朝鲜之王，燕之亡民也。"② "亡民"是"亡人"的另一种表述。

据《史记》卷一一五《朝鲜列传》，在汉惠帝和吕后时代，朝鲜与汉王朝保持良好的关系，版图有所扩大："会孝惠、高后时天下初定，辽东太守即约满为外臣，保塞外蛮夷，无使盗边；诸蛮夷君长欲入见天子，勿得禁止。以闻，上许之，以故满得兵威财物侵降其旁小邑，真番、临屯皆来服属，方数千里。"朝鲜吸引了诸多"汉亡人"："传子至孙右渠，所诱汉亡人滋多，又未尝入见；真番旁众国欲上书见天子，又拥阏不通。"③ 其中所列"右渠"罪责有三条：一是"所诱汉亡人滋多"；二是"又未尝入见"；三是"真番旁众国欲上书见天子，又拥阏不通"。其中，"所诱汉亡人滋多"被列为第一条，因为引诱"汉亡人"越境归附，会直接损害相邻的辽东郡及隔海的齐郡、东莱郡等地的户口控制及行政效能。所谓"滋多"，说明这种现象有愈演愈烈的趋势。对《汉书》卷九五《朝鲜传》中所谓"所诱汉亡人滋多"，颜师古注："滋，益也。"④

司马迁在《史记》卷一三〇《太史公自序》中总结《朝鲜列传》的主要记述重点时，这样写道：

---

① 《汉书》，第3863—3864页。
② 《盐铁论校注》（定本），王利器校注，第544页。
③ 《史记》，第2986页。
④ 《汉书》，第3864页。

燕丹散乱辽间，满收其亡民，厥聚海东，以集真番，葆塞为外臣。作《朝鲜列传》第五十五。①

　　所谓"满收其亡民"，上承"燕丹散乱辽间"之说，似乎说明了朝鲜接收燕地"亡人"始自秦代。《后汉书》卷八五《东夷列传》曰："陈涉起兵，天下崩溃，燕人卫满避地朝鲜，因王其国。"② 这是说"满亡命"并聚集"故燕、齐亡命者"或"故燕、齐亡在者"立国，发生在秦末。《汉书》卷一〇〇下《叙传下》：

　　　　爰洎朝鲜，燕之外区。汉兴柔远，与尔剖符。皆恃其岨，乍臣乍骄，孝武行师，诛灭海隅。

　　"诱汉亡人"一事，体现出朝鲜之"骄"，使汉帝国的利益受到损害，是导致战争的因素之一。

　　司马迁所谓"海东"，班固所谓"海隅"，均强调朝鲜与中原之间隔着"海"这一地理因素。东至朝鲜的"亡人"，有相当一部分应是选择海路迁徙的。

　　孔子曾说："道不行，乘桴浮于海。"③《后汉书》卷八五《东夷列传》最后的"论曰"有这样的说法："东夷通以柔谨为风，异乎三方者也。苟政之所畅，则道义存焉。仲尼怀愤，以为九夷可居。或疑其陋。子曰：'君子居之，何陋之有！'"④《后汉书》的作者似乎是将"东夷"地区看作孔子以为"可居"的环境的，而至"东夷"的交通路径不排除"乘桴浮于海"的可能。

　　葛剑雄指出，"秦末汉初，朝鲜半岛未受战争影响。'燕、齐、赵人往避者数万口。'⑤ 移民的来源大致即今山东、河北、辽宁等地，路线也

———————

①《史记》，第 3317 页。

②《后汉书》，第 2809 页。

③《论语·公冶长》。

④《后汉书》，第 2822 页。

⑤ 原注："《后汉书》卷八十五《东夷传》。"

有海上和陆上两方面。"① 汉武帝部署征伐朝鲜的楼船军的进军路线②，说明齐地与朝鲜之间的渤海航线已经通行。③ 而更多的民间流亡行为，促进齐地与辽东之间的往来。北海都昌人逄萌曾就学于长安，在王莽专政时"即解冠挂东都城门，归，将家属浮海，客于辽东"，"及光武即位，乃之琅邪劳山"。④ 这说明当时隔海已能互通消息，渡海往返似乎也不难。

"亡人"利用海上航路，活动的社会影响面空前扩大。

二、关于张良"东见仓海君"

《史记》卷五五《留侯世家》记载，张良流亡时，"东见仓海君。得力士，为铁椎重百二十斤。秦皇帝东游，良与客狙击秦皇帝博浪沙中，误中副车。秦皇帝大怒，大索天下，求贼甚急，为张良故也"。以铁椎"狙击秦皇帝博浪沙中"的力士是否自"仓海君"得，司马迁并不确定。⑤ 而至于"仓海君"的身份，有人理解为"东夷君长"者。裴骃《集解》引如淳曰："秦郡县无仓海。或曰东夷君长。"司马贞《索隐》："姚察以武帝时东夷秽君降，为仓海郡，或因以名，盖得其近也。"张守节《正义》："《汉书·武帝纪》云：'元朔元年，东夷秽君南闾等降，为仓海郡，今秽貊国。'得之。太史公修史时已降为郡，自书之。《括地志》

---

① 葛剑雄、曹树基、吴松弟：《简明中国移民史》，第 93 页。

②《史记》卷一一五《朝鲜列传》："天子募罪人击朝鲜。其秋，遣楼船将军杨仆从齐浮渤海，兵五万人。""楼船将军将齐兵七千人先至王险。""楼船将齐卒，入海，固已多败亡。""楼船将军亦坐兵至洌口，当待左将军，擅先纵，失亡多，当诛，赎为庶人。"第 2987 页。

③《盐铁论·地广》："左将伐朝鲜，开临洮，燕、齐困于秽貊。"《盐铁论校注》（定本），王利器校注，第 209 页。齐地承受战争压力，是因为海运。

④《后汉书·逸民列传·逄萌》，第 2759 页。

⑤ 有学者称之为"仓海力士"。李开元：《复活的历史——秦帝国的崩溃》，中华书局，2007，第 46 页。

云：'秽貊在高丽南，新罗北，东至大海西。'"① 于是，有学者分析说：
"张良先在陈县一带活动，后来继续东去。据说他曾经流落到朝鲜半岛，
见过东夷君长仓海君。古来燕、赵多慷慨悲歌之士，秦攻取燕国首都蓟
城，燕国举国东移到辽东，秦军东进辽东灭燕，燕人逃亡朝鲜半岛的不
在少数。也许，张良确是追寻燕人足迹到过朝鲜，也许，仓海君只是近
海地区的豪士贤人，而张良是上穷碧落下黄泉，遍游天下，终于通过仓
海君得到一名壮勇的武士，可以挥动一百二十斤的铁椎。"② 尽管此说不
可确定，但是由"仓海"联想到"仓海郡"的思路是正确的。正如葛剑
雄所说，"中原人口向辽东半岛及朝鲜半岛的迁移在秦代已经开始。从
战国后期燕国与朝鲜半岛的关系看，在秦的统治下，有大量燕人移居朝
鲜半岛是十分正常的"。③

　　汉武帝元朔元年（前128），"东夷薉君南闾等口二十八万人降，为
苍海郡"。"薉"即"秽"。颜师古注引服虔曰："秽貊在辰韩之北，高句
丽、沃沮之南，东穷乎大海。"秽貊（或谓薉貊）地望，在东朝鲜湾西
岸，朝鲜江原道及咸镜南道南部地区。《汉书》卷六《武帝纪》记载，
元朔三年（前126）春，"罢苍海郡"。④ 仅存在一年多的苍海郡之建置，
或可看作西汉海洋开发事业取得进步的标志之一。《史记》卷三〇《平
准书》中写道："彭吴贾灭朝鲜，置沧海之郡，则燕齐之间靡然发动。"
又说："东至沧海之郡，人徒之费拟于南夷。"《汉书》卷二四下《食货志
下》则谓"彭吴穿秽貊、朝鲜，置沧海郡，则燕齐之间靡然发动"，"东
置沧海郡，人徒之费疑于南夷"。⑤ 燕、齐地区分别与苍海郡之间的经济
文化联系，前者多经由陆路，后者当主要经由渤海海路。

　　汉武帝元封年间，汉帝国与朝鲜发生了直接的军事冲突。汉帝国的

①《史记》，第 2034 页。

②李开元：《复活的历史——秦帝国的崩溃》，第 43 页。

③葛剑雄、曹树基、吴松弟：《简明中国移民史》，第 93 页。

④《汉书》卷六《武帝纪》，第 169 页，第 171 页。

⑤《史记》，第 1421 页。《汉书》，第 1157 页，第 1158 页。

文献记录称此军事冲突为"伐朝鲜"①、"征朝鲜"②、"灭朝鲜"③、"并灭朝鲜"④、"拔""朝鲜"⑤、"击拔朝鲜"⑥、"击朝鲜"⑦、"东击朝鲜"⑧、"东定""朝鲜"⑨、"东并朝鲜"⑩ 或 "东伐朝鲜"⑪。战争的结局是朝鲜置郡，即"原本没有郡县设置的地方，正式纳入西汉王朝的版图"。这种扩张，有"利用移民进行疆域拓展和改变人口在地理分布上的状况"的形式。⑫"移民"产生了政治地理意义的作用。而此前"亡人"的身份也发生了变化。

---

①《史记》卷二八《封禅书》，第 1400 页。《汉书》卷二五下《郊祀志下》，第 1242 页。《盐铁论·地广》，《盐铁论校注》（定本），王利器校注，第 209 页。《史记》卷一一一《卫将军骠骑列传》曰："东伐朝鲜。"第 2940 页。

②《汉书》卷二七中之下《五行志中之下》，第 1435 页。

③《史记》卷三〇《平准书》曰："彭吴贾灭朝鲜，置沧海之郡。"第 1420 页。《汉书》卷二四下《食货志下》曰："彭吴穿秽貊、朝鲜，置沧海郡。"第 1157 页。《盐铁论·结和》曰："灭朝鲜。"《盐铁论校注》（定本），王利器校注，第 480 页。

④《盐铁论·诛秦》，《盐铁论校注》（定本），王利器校注，第 488 页。

⑤《史记》卷一一〇《匈奴列传》曰："汉东拔秽貊、朝鲜以为郡。"第 2913 页。

⑥《汉书》卷二六《天文志》："元封中，星孛于河戍。占曰：'南戍为越门，北戍为胡门。'其后汉兵击拔朝鲜，以为乐浪、玄菟郡。朝鲜在海中，越之象也；居北方，胡之域也。"第 1306 页。《史记》卷二七《天官书》也说到"朝鲜之拔"。第 1349 页。

⑦《史记》卷二二《汉兴以来将相名臣年表》，第 1140 页。

⑧《史记》卷一〇三《万石张叔列传》。《史记》卷一一一《卫将军骠骑列传》、《史记》卷一一五《朝鲜列传》、《汉书》卷六《武帝纪》称"击朝鲜"。《史记》，第 2944 页，第 2987—2988 页；《汉书》，第 193—194 页。《后汉书》卷一五《来歙传》："击破南越、朝鲜。"第 585 页。

⑨《汉书》卷七五《夏侯胜传》，第 3156 页。

⑩ 邓安生：《蔡邕集编年校注》，河北教育出版社，2002，第 206 页。《后汉书》卷九〇《鲜卑传》，第 2990 页。

⑪《太平御览》卷八八引刘歆《毁庙议》，第 420 页。

⑫ 参看石方：《中国人口迁移史稿》，黑龙江人民出版社，1990，第 150 页，第 149 页。

三、乐浪郡的户口数

据《汉书》卷二八下《地理志下》，"玄菟郡"的户口数为"户四万五千六，口二十二万一千八百四十五"，"乐浪郡"的户口数为"户六万二千八百一十二，口四十万六千七百四十八"。[①] 葛剑雄判断，"其中绝大部分应是燕、赵、齐的移民及其后裔"[②]。据《续汉书·郡国志五》提供的户口统计资料，"玄菟郡"为"户一千五百九十四，口四万三千一百六十三"；"乐浪郡"则为"户六万一千四百九十二，口二十五万七千五十"。玄菟郡的户数存疑[③]，削弱了其作为统计依据的可信度。这里以乐浪郡为分析对象，以汉平帝元始二年（2）和汉顺帝永和五年（140）的两组数据作比较，发现在这 138 年间，乐浪郡的户数减少了 2.1015％，口数减少了 36.8036％。口数减少的程度，超过了全国平均数，而户数仍维持在较高的水准。[④] 户均人口由 6.4756 下降到 4.1802。户数较为稳定的情形值得我们注意。口数的减少，则可能出于行政区域大幅度缩小的因素。[⑤]

乐浪郡户口数的变化，是否与"亡人"的移动有关呢？

《焦氏易林》卷二《大畜·大畜》："朝鲜之地，姬伯所保，宜人宜家，业处子孙，求事大喜。"《焦氏易林》卷三《咸·革》："朝鲜之地，姬伯所保，宜家宜人，业处子孙。"[⑥] 所谓"宜人宜家""宜家宜人"，都

---

① 《汉书》，第 1626 页，第 1627 页。

② 葛剑雄、曹树基、吴松弟：《简明中国移民史》，第 93 页。

③ 《后汉书》，第 3528 页，第 3529 页。"户一千五百九十四，口四万三千一百六十三"，户均人口多达 27.0784 人。

④ 汉顺帝永和五年（140）全国户口数与汉平帝元始二年（2）相比，呈负增长形势，分别为 −20.7％与 −17.5％。

⑤ 参看谭其骧主编《中国历史地图集》第 2 册《秦·西汉·东汉时期》，第 27—28 页，第 61—62 页。

⑥ 焦延寿：《易林汇校集注》，徐传武、胡真校点集注，上海古籍出版社，2012，第 974 页，第 1181 页。

隐约体现了前往朝鲜的移民的动机。① 朝鲜"宜人宜家""宜家宜人"的居住条件，当如葛剑雄所说，"秦末汉初……由于当时朝鲜法律简易，民风淳朴，对大陆汉人具有吸引力"，"武帝平朝鲜"后，"汉朝在四郡的统治毕竟不如内地严酷，加上地广人稀，当地民族'天性柔顺'，内地移民还会大量涌入，在发生天灾人祸时尤其如此"。②

两汉时期乐浪郡与玄菟郡的户口数，表现出相对稳定的情形，反映了由北而南的移民趋势。《后汉书》卷八五《东夷列传·三韩》中记载了反映朝鲜半岛流民方向的信息：

> 初，朝鲜王准为卫满所破，乃将其余众数千人走入海，攻马韩，破之，自立为韩王。准后灭绝，马韩人复自立为辰王。建武二十年，韩人廉斯人苏马谑等诣乐浪贡献。光武封苏马谑为汉廉斯邑君，使属乐浪郡，四时朝谒。灵帝末，韩、濊并盛，郡县不能制，百姓苦乱，多流亡入韩者。③

东汉末年"百姓苦乱，多流亡入韩者"，即继续南流，其实是与黄

---

① 汉器"富贵昌宜人洗"（《汉金文录》卷五，载容庚编著《秦汉金文录》，中华书局，2012，第573页）、汉印"貉宜家"（罗福颐编《汉印文字征》九·十四，文物出版社，1978）、"貉宜家印"（罗福颐编《汉印文字征补遗》九·六，文物出版社，1982），以及镜铭"多贺宜家受大福"（《河南襄城县出土西汉晚期四神规矩镜》，《文物》1992年第1期）等，是当时"宜人宜家""宜家宜人"观念普及的文物例证。又常见汉代社会习用语"宜民宜人"，可与"宜人宜家""宜家宜人"对照读。汉印文字中可见"宜民和众"（《汉印文字征补遗》七·四，十二·六）。《汉书·刑法志》："《诗》云：'宜民宜人，受禄于天。'《书》曰：'立功立事，可以永年。'言为政而宜于民者，功成事立，则受天禄而永年命。"第1112页。贾谊说："宜民宜人，民宜其寿。"（《北堂书钞》卷一五引贾谊《新书》，第34页）蔡邕也曾经重申"宜民宜人，受禄于天"的说法（邓安生：《蔡邕集编年校注》，第139页）。居延汉简中可见"魏郡内黄宜民里"（E. P. T59：7），是"宜民"用于地名的例子。
② 葛剑雄、曹树基、吴松弟：《简明中国移民史》，第93—94页。
③《后汉书》，第2820页。

河流域和长江流域的移民方向大体一致的。移民的主要流动趋势，是由北而南。

四、"秦韩""辰韩"民俗

《三国志》卷三〇《魏书·东夷传·韩》中也有关于"辰韩"的珍贵纪录，有助于说明"亡人"对文化交往的意义：

> 辰韩在马韩之东，其耆老传世，自言古之亡人避秦役来适韩国，马韩割其东界地与之。有城栅。其言语不与马韩同，名国为"邦"，弓为"弧"，贼为"寇"，行酒为"行觞"。相呼皆为"徒"，有似秦人，非但燕、齐之名物也。名乐浪人为"阿残"；东方人名我为"阿"，谓乐浪人本其残余人。今有名之为"秦韩"者。始有六国，稍分为十二国。①

"古之亡人避秦役来适韩国"，使得中原古语遗存在当地民间语汇中。《后汉书》卷八五《东夷列传·三韩》沿用了这一记载，写道："辰韩，耆老自言秦之亡人，避苦役，适韩国，马韩割东界地与之。其名国为'邦'，弓为'弧'，贼为'寇'，行酒为'行觞'，相呼为'徒'，有似秦语，故或名之为'秦韩'。"②

《梁书》卷五四《诸夷列传·东夷·新罗》中写道："新罗者，其先本辰韩种也。辰韩亦曰'秦韩'，相去万里，传言秦世亡人避役来适马韩，马韩亦割其东界居之，以秦人，故名之曰'秦韩'。其言语名物有似中国人，名国为'邦'，弓为'弧'，贼为'寇'，行酒为'行觞'，相呼皆为'徒'，不与马韩同。又辰韩王常用马韩人作之，世相系，辰韩不得自立为王，明其流移之人故也；恒为马韩所制。辰韩始有六国，稍

---

① 《三国志》，第 852 页。
② 《后汉书》，第 2819 页。

分为十二，新罗则其一也。"① 所谓"辰韩王常用马韩人作之，世相系，辰韩不得自立为王，明其流移之人故也"的情形特别值得我们注意。由于是"流移之人"，竟然世代受到歧视。《北史》卷九四《新罗列传》的相关记载，反映了新罗族属渊源的复杂性，也提供了新罗王可能是百济"亡人"的信息："新罗者，其先本辰韩种也。地在高丽东南，居汉时乐浪地。辰韩亦曰'秦韩'。相传言秦世亡人避役来适，马韩割其东界居之，以秦人，故名之曰'秦韩'。其言语名物，有似中国人，名国为'邦'，弓为'弧'，贼为'寇'，行酒为'行觞'，相呼皆为'徒'，不与马韩同。又辰韩王常用马韩人作之，世世相传，辰韩不得自立王，明其流移之人故也。恒为马韩所制。辰韩之始，有六国，稍分为十二，新罗则其一也。或称魏将毌丘俭讨高丽，破之，奔沃沮，其后复归故国，有留者，遂为新罗，亦曰'斯卢'。其人杂有华夏、高丽、百济之属，兼有沃沮、不耐、韩、濊之地。其王本百济人，自海逃入新罗，遂王其国。"②

五、王景宗族渊源与"乐浪"航线

也有"浮海"直接抵达朝鲜的"亡人"。《后汉书》卷七六《循吏列传·王景》记载了王景家族的事迹：

> 王景字仲通，乐浪誗邯人也。八世祖仲，本琅邪不其人。好道术，明天文。诸吕作乱，齐哀王襄谋发兵，而数问于仲。及济北王兴居反，欲委兵师仲，仲惧祸及，乃浮海东奔乐浪山中，因而家焉。父闳，为郡三老。更始败，土人王调杀郡守刘宪，自称大将军、乐浪太守。建武六年，光武遣太守王遵将兵击之。至辽东，闳与郡决曹史杨邑等共杀调迎遵，皆封为列侯，闳独让爵。帝奇而征之，道病卒。③

---

① 《梁书》，第 905 页。
② 《北史》，第 3122 页。
③ 《后汉书》，第 2464 页。

王景流亡朝鲜，即"浮海东奔乐浪山中，因而家焉"，葛剑雄认为，"这在山东半岛大概是比较普遍的现象"①。王闳由乐浪往京师"道病卒"，我们不知道他是陆行还是浮海。而海上行旅的艰难，我们通过《史记》卷一一五《朝鲜列传》中所谓"楼船将齐卒，入海，固已多败亡"等描述中可以得知。②

从王景由"琅邪不其""浮海东奔乐浪山中"可推想当时的航运能力，可能当时从琅邪至乐浪的海上航线已开通。

第三节　徐福东渡

秦汉时期，东洋航运的开拓取得了重要的成就。两汉时期，日本方向的海上列岛已经与汉王朝建立了稳定的联系。徐福东渡，成为影响东方史，亦影响世界史的航海实践。

一、徐福"入海求仙人"

最早记载徐福（徐市）事迹的是《史记》卷六《秦始皇本纪》。秦始皇于二十八年（前219）东巡，齐人徐福向他介绍"海中有三神山""仙人居之"，于是秦始皇派遣徐福"入海求仙人"：

> 既已，齐人徐市等上书，言海中有三神山，名曰蓬莱、方丈、瀛洲，仙人居之。请得斋戒，与童男女求之。于是遣徐市发童男女数千人，入海求仙人。

关于"三神山"，张守节《正义》："《汉书·郊祀志》云：'此三神

---

① 葛剑雄、曹树基、吴松弟：《简明中国移民史》，第94页。
②《史记》，第2988页。

山者，其传在渤海中，去人不远，盖曾有至者，诸仙人及不死之药皆在焉。其物禽兽尽白，而黄金白银为宫阙。未至，望之如云；及至，三神山乃居水下；临之，患且至，风辄引船而去，终莫能至云。世主莫不甘心焉。'"关于"发童男女数千人，入海求仙人"，张守节《正义》："《括地志》云：'亶洲在东海中，秦始皇使徐福将童男女入海求仙人，止在此洲，共数万家，至今洲上人有至会稽市易者。吴人《外国图》云亶洲去琅邪万里。'"①

关于"遣徐市发童男女数千人，入海求仙人"，《史记》卷六《秦始皇本纪》又记载：

> 还过吴，从江乘渡。并海上，北至琅邪。方士徐市等入海求神药，数岁不得，费多，恐谴，乃诈曰："蓬莱药可得，然常为大鲛鱼所苦，故不得至，愿请善射与俱，见则以连弩射之。"始皇梦与海神战，如人状。问占梦博士，曰："水神不可见，以大鱼蛟龙为候。今上祷祠备谨，而有此恶神，当除去，而善神可致。"乃令入海者赍捕巨鱼具，而自以连弩候大鱼出射之。自琅邪北至荣成山，弗见。至之罘，见巨鱼，射杀一鱼。遂并海西。②

"方士徐市等入海求神药，数岁不得，费多，恐谴"等情节，值得我们注意。当"始皇梦与海神战"，"占梦博士"所谓"水神不可见，以大鱼蛟龙为候。今上祷祠备谨，而有此恶神，当除去，而善神可致"的答复，涉及"海神""水神""恶神""善神"，或许与"方士徐市等"的宣传有一致性。

徐福入海求仙人神药，前后历时八年，曾数次往返。

二、徐福"得平原广泽，止王不来"

《史记》卷一一八《淮南衡山列传》则谓"徐福入海求神异物"，留

---

①《史记》，第247—248页。
② 同上书，第263页。

止海外不还，即"得平原广泽，止王不来"：

> ……昔秦绝圣人之道，杀术士，燔《诗》《书》，弃礼义，尚诈力，任刑罚，转负海之粟致之西河。当是之时，男子疾耕不足于糟糠，女子纺绩不足于盖形。遣蒙恬筑长城，东西数千里，暴兵露师常数十万，死者不可胜数，僵尸千里，流血顷亩，百姓力竭，欲为乱者十家而五。又使徐福入海求神异物，还为伪辞曰："臣见海中大神，言曰：'汝西皇之使邪？'臣答曰：'然。''汝何求？'曰：'愿请延年益寿药。'神曰：'汝秦王之礼薄，得观而不得取。'即从臣东南至蓬莱山，见芝成宫阙，有使者铜色而龙形，光上照天。于是臣再拜问曰：'宜何资以献？'海神曰：'以令名男子若振女与百工之事，即得之矣。'"秦皇帝大说，遣振男女三千人，资之五谷种种百工而行。徐福得平原广泽，止王不来。于是百姓悲痛相思，欲为乱者十家而六。①

关于此事的记载又见于《汉书》卷四五《伍被传》。

伍被言徐福的故事，是对秦末政治危机进行总体评价。徐福"出海"，被看作一种政治现象：

> ……往者秦为无道，残贼天下，杀术士，燔《诗》《书》，灭圣迹，弃礼义，任刑法，转海滨之粟，致于西河。当是之时，男子疾耕不足于粮馈，女子纺绩不足于盖形。遣蒙恬筑长城，东西数千里。暴兵露师，常数十万，死者不可胜数，僵尸满野，流血千里。于是百姓力屈，欲为乱者十室而五。又使徐福入海求仙药，多赍珍宝，童男女三千人，五种百工而行。徐福得平原大泽，止王不来。于是百姓悲痛愁思，欲为乱者十室而六。又使尉佗逾五岭，攻百越。尉佗知中国劳极，止王南越。行者不还，往者莫返，于是百姓离心瓦解，欲为乱者十室而七。兴万乘之驾，作阿房之宫，收太半之赋，发闾左之戍。父不宁子，兄不安弟，政苛刑惨，民皆引领而望，倾耳而听，悲号仰天，叩心怨上，

---

① 《史记》，第 3086 页。

341

第五章　秦汉时期的东洋航运

欲为乱者，十室而八。①

"徐福得平原大泽，止王不来"是因为"多赍珍宝"的资金准备，以及出行队伍具备"童男女三千人，五种百工而行"的人口与技术的构成。有人说，在这种条件下，"徐福入海便是当时有组织有预谋的一次海外移民"。②

《汉书》卷二五下《郊祀志下》记载谷永语："秦始皇初并天下，甘心于神仙之道，遣徐福、韩终之属多赍童男童女入海求神采药，因逃不还，天下怨恨。"③

《三国志》卷四七《吴书·吴主传》记载黄龙二年（230）"将军卫温、诸葛直将甲士万人浮海求夷洲及亶洲"事时也说：

> 亶洲在海中，长老传言秦始皇帝遣方士徐福将童男童女数千人入海，求蓬莱神山及仙药，止此洲不还。世相承有数万家。其上人民，时有至会稽货布，会稽东县人海行，亦有遭风流移至亶洲者。所在绝远，卒不可得至，但得夷洲数千人还。④

所谓"亶洲在海中"，徐福"止此洲不还"，是对徐福船队"入海"后定居海岛的另一种记叙。

《史记》卷一一八《淮南衡山列传》记载的徐福航海故事，包括若干细节：徐福受秦始皇派遣入海求神异物，回来后宣称见到了海中大神，被看作西皇的使节，表达了"愿请延年益寿药"的请求。而大神表示："汝秦王之礼薄，得观而不得取。"大神又说，带来童男女和工匠"即得之矣"。⑤ 秦始皇非常高兴，决定满足海神的要求，于是派徐福携三千童男女、谷种和工匠一起远行。徐福到了平原广泽，发现了适合农

---

① 《汉书》，第 2171—2172 页。
② 王赛时：《山东海疆文化研究》，第 129 页。
③ 《汉书》，第 1260 页。
④ 《三国志》，第 1136 页。
⑤ 《史记》，第 3086 页。

耕的地方，就在那里自为首领，不再归来。《汉书》卷二五下《郊祀志下》也说，徐福"多赍童男童女入海求神采药，因逃不还"。①

三、徐福移民与"倭"的联系

曾经有学者讨论过"东洋航线"早期开通的历史："东汉王充有言：'周时天下太平，越裳献白雉，倭人贡鬯草。'……倭人贡献方物，很可能是周人先行至倭，导引倭人来周，可见周代东洋航线初通。"②《论衡·异虚》言："周之时，天下太平，倭人来献畅草。"黄晖注："晖按：据《感类篇》，知是周公时事。""《后汉书·东夷传》谓：'倭在韩东南大海中。'即今日本。"③《论衡·儒增》谓："周时天下太平，越裳献白雉，倭人贡鬯草。"④《论衡·恢国》又说："成王之时，越常献雉，倭人贡畅。"⑤但根据文献中的"倭人之贡"，还难以证明"周代东洋航线初通"。

更明朗的相关史料见于秦汉时期的史籍。《后汉书》卷八五《东夷列传》中已将徐福"止王不来"处与日本相联系，将其事系于"倭"条下：

> 会稽海外有东鳀人，分为二十余国。⑥又有夷洲及澶洲。传言秦始皇遣方士徐福将童男女数千人入海，求蓬莱神仙不得，徐福畏诛不敢还，遂止此洲，世世相承，有数万家。人民时至会稽市。会稽东冶县人有入海行遭风，流移至澶洲者。所在绝远，不可往来。⑦

《太平御览》卷七八二"绘屿人"条引《外国记》说，有人航海遇

①《汉书》，第 1260 页。

②赵维平：《中国治水通运史》，第 55 页。

③黄晖：《论衡校释（附刘盼遂集解）》，第 222 页。

④同上书，第 375 页。

⑤同上书，第 832 页。

⑥《汉书》卷二八下《地理志下》："会稽海外有东鳀人，分为二十余国，以岁时来献见云。"第 1669 页。

⑦《后汉书》，第 2822 页。

难，流落到多产纻的海岛，岛上居民有三千余家，自称"是徐福童男之后"。《太平御览》卷九七三引《金楼子》说徐福故事，也与东瀛"扶桑"传说相联系："秦皇遣徐福求一寸椹。碧海之中有扶桑树长数千丈。树两两同根生，更相依倚。是名为扶桑。仙人食其椹，而体作金光，飞腾玄宫也。"①

四、"汉委奴国王"金印

《汉书》卷二八下《地理志下》中已经出现关于"乐浪海中""分为百余国"的"倭人"政权的记述：

> 乐浪海中有倭人，分为百余国，以岁时来献见云。

颜师古注引如淳曰"在带方东南万里"，又谓"《魏略》云倭在带方东南大海中，依山岛为国，度海千里，复有国，皆倭种"。② 所谓"百余国"者，可能是指以北九州为中心的许多规模不大的部落国家。自西汉后期起，它们与中国的中央政权之间，开始了正式的往来。③

《后汉书》卷八五《东夷列传》中为"倭"列有专条，并明确记述自汉武帝平定朝鲜起，倭人已有三十余国与汉王朝通交：

> 倭在韩东南大海中，依山岛为居，凡百余国。自武帝灭朝鲜，使驿通于汉者三十许国。④

所谓"乐浪海中""带方东南""韩东南大海中"，以及汉武帝灭朝

---

① 李昉等：《太平御览》，第 4315 页。

②《汉书》，第 1658—1659 页。

③ 日本学者角林文雄认为这里的"倭人"指当时朝鲜半岛南部的居民（《倭人传考证》，佐伯有清编《邪马台国基本论文集》第 3 辑，创元社 1983 年版）。沈仁安《"倭""倭人"辨析》一文否定此说（《历史研究》1987 年第 2 期）。

④《后汉书》，第 2820 页。

鲜后方使驿相通，都说明汉王朝与倭人之国的交往，大都经循朝鲜半岛海岸的航路。

在成书年代更早，因而史料价值高于《后汉书》卷八五《东夷列传》的《三国志》卷三〇《魏书·东夷传》中，关于倭人的内容多达两千余字，涉及三十余国的风土物产、方位里程，记述相当详尽。这些记载，很可能是根据曾经到过日本列岛的使者——带方郡建中校尉梯俊和塞曹掾史张政等人的报告①写成，也可能部分采录"以岁时来献见"的倭人政权的使臣的介绍。

《后汉书》卷八五《东夷列传·倭》记述，光武帝建武中元二年(57)，"倭奴国奉贡朝贺，使人自称大夫，倭国之极南界也。光武赐以印绶"。② 1784年在日本福冈市志贺岛发现的"汉委奴国王"金印，显然证实了这一记载。学界一般认为"委（倭）奴国"的地望，在北九州博多附近的傩县一带。白云翔指出，"就汉朝文物的发现地域来看，九州及其邻近地区的地点和出土数量仍然最多，但与此同时，中国地方（'中国地方'指日本本州西部的冈山、广岛、山口、岛根、鸟取五县之地）、四国地区、近畿地方乃至中部地区也有不少发现"，"大量新莽钱币和新莽其时铜镜在西日本的出土，反映出当时的交往相当兴盛"，"东汉王朝建立之后，这种交往更为频繁，规模也更大"。③

《三国志》卷三〇《魏书·东夷传》说，"自郡至女王国万二千余里"，而"女王国东渡海千余里，复有国，皆倭种。又有侏儒国在其南，人长三四尺，去女王四千余里。又有裸国、黑齿国复在其东南，船行一年可至。参问倭地，绝在海中洲岛之上，或绝或连，周旋可五千余里"。④ 有人认为"黑齿国"与《梁书》卷五四《诸国传·东夷传·扶

---

① 据《三国志》卷三〇《魏书·东夷传》，"正始元年，太守弓遵遣建中校尉梯俊等奉诏书印绶诣倭国，拜假倭王，并赍诏赐金、帛、锦罽、刀、镜、采物"。八年，"遣塞曹掾史张政等因赍诏书、黄幢，拜假难升米为檄告喻之"。第857页。

②《后汉书》，第2821页。

③ 白云翔：《考古学所见战国秦汉时代/弥生时代的中日文化交流及关系》，载《西汉考古与秦汉文明研究》，文物出版社，2019，第572—590页。

④《三国志》，第856页。

桑》中沙门慧深所述扶桑国的情形相符，其所在远至太平洋彼岸的美洲。① 又有学者指出，所谓扶桑国若确有其地，"其地应在中国之东，即东北亚某地离倭国不太远之处"②。今考裸国、黑齿国所在，应重视"南"与"东南"的方位指示，其地似当以日本以南的琉球诸岛及台湾等岛屿为是。③

《太平御览》卷三七三引《临海异物志》所谓"毛人洲"，卷七九〇引《土物志》所谓"毛人之洲"④，以及《山海经·海外东经》郭璞注所谓"去临海郡东南二千里"的"毛人"居地⑤，与《三国志》卷三〇《魏书·东夷传》所谓"裸国、黑齿国"的方位相近。⑥ 对这些生活在大洋之中海岛丛林的文明程度较落后的部落的文化状况，中国大陆的居民通过海上交通已经逐渐了解。而对于这些部落的最初认识，是以秦汉时期航海事业的发展为条件的。

五、关于徐福远航的航海史考察

秦始皇时代是中国古代许多历史性创造集中出现的阶段。这个阶段军事指挥、政制建设、交通规划、工程组织等方面的成就都成为历史的里程碑。徐福遵从秦始皇指令主持的航海行动，在中国古代海外交通史、海外开发史和探险史上有非常重要的地位。徐福东渡，是秦汉时期

---

① 赵评春：《中国先民对美洲的认识》，《未定稿》1987 年第 14 期。

② 罗荣渠：《扶桑国猜想与美洲的发现——兼论文化传播问题》，原载《历史研究》1983 年第 2 期，1984 年修订稿载《北京大学哲学社会科学优秀论文选》第 2 辑，北京大学出版社，1988。

③ 我国云南傣族、佤族、布朗族、基诺族等族，古称黑齿民，至今仍有染齿风习，或与服食槟榔的传统习俗有关。海上黑齿国亦应为槟榔产地，清人陈伦炯的《海国闻见录》中也有关于台湾"文身黑齿"风习的记载。陈伦炯：《〈海国闻见录〉校注》，李长傅校注，陈代光整理，中州古籍出版社，1985，第 41 页。

④ 李昉等：《太平御览》，第 1719 页，第 3500 页。

⑤《山海经校注》，袁珂校注，第 264 页。

⑥《三国志》，第 856 页。

东洋航运开通的标志性事件。

徐福求海中神山仙人的航海实践，前后历时至少 10 年。通过"巨鱼""大鱼"的故事可以知道，徐福并不仅仅在近海浮行，而是已经尝试并经历了相对较远的航程。

顾颉刚在总结秦汉"方士"的文化表现时写道："鼓吹神仙说的叫作方士，想是因为他们懂得神奇的方术，或者收藏着许多药方，所以有了这个称号。《封禅书》说'燕、齐海上之方士'，可知这帮人大都出在这两国。当秦始皇巡狩到海上时，怂恿他求仙的方士便不计其数。他也很相信，即派韩终等去求不死之药，但去了没有下文；又派徐市（即徐福）造了大船，带了五百童男女去，花费了好几万斤黄金，但是还没有得到什么。反而同行嫉妒，互相拆破了所说的谎话。"①

《史记》卷六《秦始皇本纪》说"发童男女数千人"②，《汉书》卷四五《伍被传》则说赍"童男女三千人"："使徐福入海求仙药，多赍珍宝、童男女三千人、五种百工而行。徐福得平原大泽，止王不来。"③ 又有说"童男童女各三千人"的。④ 而顾颉刚所谓"带了五百童男女去"，与《史记》《汉书》中的记载不相符。⑤《说郛》卷六六下题东方朔《海内十

---

① 顾颉刚：《秦汉的方士与儒生》，群联出版社，1955 年，第 10—11 页。

②《后汉书》卷八五《东夷列传》："又有夷洲及澶洲。传言秦始皇遣方士徐福将童男女数千人入海，求蓬莱神仙不得，徐福畏诛不敢还，遂止此洲，世世相承，有数万家。人民时至会稽市。会稽东冶县人有入海行遭风，流移至澶洲者。所在绝远，不可往来。"第 2822 页。也说"童男女数千人"。

③《汉书》，第 2171 页。《前汉纪》卷一二也说"童男女三千人"。荀悦、袁宏：《两汉纪》上册，张烈点校，第 206 页。

④ 如《太平广记》卷四"徐福"条录《仙传拾遗》及《广异记》。李昉等：《太平广记》，第 26—27 页。

⑤《太平寰宇记》卷二四《河南道二四·密州·诸城县》"徐山"条："《三齐记》：'始皇令术士徐福入海求不死药于蓬莱方丈山。而徐福将童男女二千人于此山集会而去。因曰徐山。'"乐史：《太平寰宇记》，王文楚等点校，第 494—495 页。元人于钦《齐乘》卷一《山川》"大朱山"条："又东徐山，方士徐福将童男女二千人会此入海，采药不返。"于钦：《齐乘校释》，刘敦愿、宋百川、刘伯勤校释，第 48 页。于是宋元时期又有"童男女二千人"的说法。

洲记》也说徐福带走的是"童男童女五百人"。① 虽然正史的记录都是"数千人""三千人"，但是"五百人"的数字可能更接近真实情况。《剑桥中国秦汉史》取用了"数百名"的说法，具体表述如下："公元前219年当秦始皇首幸山东海滨并在琅邪立碑时，他第一次遇到术士。其中的徐市请求准许他去海上探险，寻求他说是神仙居住的琼岛。秦始皇因此而耗费巨资，派他带'数百名'童男童女进行一次海上探险，但徐一去不复返，传说他们在日本定居了下来。"②

关于徐福东渡的古代地理文献也有遗存。据唐代地理书《元和郡县图志》卷二二《沧州》，饶安县，原本是汉代的千童县，就是秦代的千童城。"始皇遣徐福将童男女千人入海求蓬莱，置此城以居之。"③ 宋代地理书《太平寰宇记》卷二四《密州》引《三齐记》说到"徐山"，也是因徐福东渡而出现的地名："始皇令术士徐福入海求不死药于蓬莱方丈山，而福将童男女二千人于此山集会而去，因曰'徐山'。"④ 宋代诗人林景熙则在"会稽嵊县秦始皇登山望海处"发表"徐福楼船不见回"

---

① 《说郛》卷六六下题东方朔《海内十洲记》："祖洲近在东海之中，地方五百里，去西岸七万里。上有不死之草，草形如菰苗，长三四尺，人已死三日者，以草覆之，皆当时活也。服之令人长生。昔秦始皇大苑中多枉死者横道，有鸟如乌状，衔此草覆死人面，当时起坐而自活也。有司闻奏，始皇遣使者赍草以问北郭鬼谷先生。鬼谷先生云：'此草是东海祖洲上有不死之草，生琼田中，或名为养神芝。其叶似菰苗，丛生，一株可活一人。'始皇于是慨然言曰：'可采得否？'乃使使者徐福发童男童女五百人，率摄楼船等，入海寻祖洲，遂不返。福，道士也，字君房，后亦得道也。"陶宗仪等编《说郛三种》，第3074页。

② 卜德：《秦国和秦帝国》，载崔瑞德、鲁惟一编《剑桥中国秦汉史》，杨品泉译，中国社会科学出版社，1992，第95页。台湾的译本大体与此一致："（公元前219年）秦始皇首度巡视了山东沿海并立了琅邪刻石，此时是他第一次遇到方士。其中一人，徐市，请求至海外寻访三个神仙之岛；据说那儿有神仙长住。秦始皇因此耗费巨资，派他带着数百童男童女至海外寻访仙岛；但徐市却没有返回，据说他们后来在日本定居。"《剑桥中国史》第1册《秦汉编》，方俪懿、许信昌译，台湾南天书局，1996，第94页。

③ 李吉甫：《元和郡县图志》，贺次君点校，第519页。

④ 乐史：《太平寰宇记》，王文楚等点校，第494—495页。

的感慨。① 徐福浮海，并不止一次，关于其出海的传说涉及许多地点，是可以理解的。近年来，若干地方相继形成了徐福研究热，如果超越地域文化的局限，进行视野开阔的深入研究，应当能够深化对中国古代航海史的认识，推进中国古代文化交流史的研究。

目前有关所谓徐福遗迹的资料尚不足以提供确实的证据。不过，从秦末齐人曾为"避苦役"而大批渡海"适韩国"②，及汉武帝"遣楼船将军杨仆从齐浮渤海"击朝鲜③等记载，可以知道当时的海上航运能力。④从今山东烟台与威海至辽宁大连的航程均为90海里左右。从威海至杨仆楼船军登陆地点冽口（即列口，今朝鲜黄海南道殷栗）约180海里。前者是齐人渡海适韩国最便捷的航路，后者则是楼船军渡海击朝鲜最便捷的航路。而由朝鲜釜山至日本下关的航程不过120海里左右。显然，以秦汉时齐地船工的航海技术水平，如果在朝鲜半岛南部港口得到补给，继续东渡至日本列岛是完全可能的。而由今山东、江苏沿岸浮海，也确有可能因"风引而去"⑤、"遭风流移"⑥，而意外地直接东渡至日本。徐福东渡的传说，可以说明早在秦始皇时代，中国大陆已经有能力将自身

① 林景熙：《霁山文集》卷一，收入《景印文渊阁四库全书》第 1188 册，第 697 页。

②《后汉书》卷八五《东夷列传·三韩》，第 2819 页。

③《史记》卷一〇五《朝鲜列传》，第 2987 页。

④ 参看王子今：《秦汉时期渤海航运与辽东浮海移民》，《史学集刊》2010 年第 2 期；《论杨仆击朝鲜楼船军"从齐浮渤海"及相关问题》，《鲁东大学学报（哲学社会科学版）》2009 年第 1 期，《登州与海上丝绸之路》，人民出版社，2009。

⑤《史记》卷二八《封禅书》："自威、宣、燕昭使人入海求蓬莱、方丈、瀛洲。此三神山者，其传在勃海中，去人不远；患且至，则船风引而去。"第 1369—1370 页。

⑥《三国志》卷四七《吴志·吴主传》："亶洲在海中，长老传言秦始皇帝遣方士徐福将童男童女数千人入海，求蓬莱神山及仙药，止此洲不还。世相承有数万家。其上人民，时有至会稽货布，会稽东县人海行，亦有遭风流移至亶洲者。所在绝远，卒不可得至……"第 1136 页。《后汉书·东夷列传》："会稽东冶县人有入海行遭风，流移至澶洲者。所在绝远，不可往来。"第 2822 页。

文化传播到东洋。①

有学者认为："从中国古代文化在日本列岛的传播态势，可以推知春秋战国时期，中国人以朝鲜半岛为中介的渡日航路。"他还指出了两条航路："一条是从朝鲜半岛南岸古时辰韩（今庆尚南道）至日本本州岛西岸山阴、北陆地区的日本海左旋海流航路。这条航路是自然漂流的单向航路，主要船舶驱动力来自因对马海流与间宫寒流在日本海南部交汇而生成的左旋海流。"《日本书纪》及《古事记》所载传说中的航路，应当就是这一日本海左旋海流航路。这条航路"在造船术与航海术较为幼稚的远古时期，是沟通朝鲜半岛与日本列岛的最古老和最方便的航路"。"另一条航路则是从朝鲜半岛南部的弁韩和辰韩出发，中经对马、远瀛（今冲之岛）、中瀛（今大岛），到达筑前胸形（今北九州宗像）的横渡朝鲜海峡的航路。《日本书纪》中，将之称为'北海道中'或'道中'航路。"论者又指出："往返这条航路必须横渡平均流速为1～1.5节的对马海流，而冲之岛至大岛的海上航程约为35海里，若不是航海术有一定水平，是难以自由往返的。考虑到中国春秋战国时期的造船与航海水平，后期当以此航路为连接与日本的主要海上纽带。"② 有学者认为这两条航路应当就是"徐福船队东渡航路"，并更倾向于第二条。论者又写道："徐福船队从琅邪起航，绕过今山东半岛的成山头到达之罘港，然后由之罘而到蓬莱，经今庙岛群岛而到达辽东半岛的南端老铁山，接着沿海岸航行并跨过鸭绿江口，继续沿朝鲜半岛西海岸航行，到达朝鲜半岛东南部海岸，即今釜山、巨济岛一带。"

论者认为："在徐福东渡日本的航路中，以渡过朝鲜海峡具有更大的难度。由朝鲜半岛东南沿海趁北风举帆南驶，釜山海峡最窄处的航程约26海里，晴天时可隔水相望对马岛。到对马岛后，船队可绕至东岸南航，在前进途中当可发现东南海域中的冲（之）岛，此冲（之）岛正好

① 参看汪向荣：《徐福东渡》，载《学林漫录（四集）》，中华书局，1981，第154—163页；中国中日关系史研究会编《日本的中国移民》，生活·读书·新知三联书店，1987，第29—66页。

② 孙光圻：《中国古代航海史》，第81页。

是渡过对马海峡的中间站。从冲（之）岛到大岛约25海里，一旦船队到达大岛，则等于已航抵日本北九州沿海了。过朝鲜海峡时，会遇到流速为1～1.5节（1节＝1海里/小时）的对马暖流。如果只靠划桨航行，这段航路将异常艰巨。然秦时船舶已具有风帆，使横渡朝鲜海峡的航行便捷多了。"①

这样的分析，从线路来说，多出于推想，如中国沿海航路，自"徐福船队从琅邪起航"到"跨过鸭绿江口"，似乎没有什么历史学凭据。但是关于当时航海能力的判断，应当是大致符合史实的。"冲之岛至大岛的海上航程约为35海里"，"从冲（之）岛到大岛约25海里"，两说不同，或有一误。

也许对中国文化越海向东形成影响进行宏观考察，对说明这一方向的海上丝绸之路史更有意义。白云翔考论："稻作文化东传日本的路线可能是'环黄海陆路—黄海水路'，即先从长江下游地区经由黄海沿岸地带传到山东半岛，再从山东半岛北端穿过渤海海峡传到辽东半岛，然后沿黄海沿岸地区东进南下，再从朝鲜半岛南端渡海到达日本九州的西北部一带。"后来"中日交流的具体路线，目前还无法做出科学的说明"，论者推断，"主要是'黄海—渤海—黄海'的'环黄海水路'"。"徐福率众入海求仙显然是海路，无论他们是从今江苏的连云港一带出发还是从山东半岛南部沿海的胶南琅邪、胶州徐山一带出发②，都可能是先沿黄海近海向东、向北绕行山东半岛，到山东半岛北端的蓬莱一带沿庙岛列岛北进，穿越渤海海峡到达辽东半岛的南端，继而沿黄海近海向东北，转而南下自朝鲜半岛西部近海向南，再向东绕过朝鲜半岛南端，经过济州海峡，自朝鲜半岛东南端的海域向南，先后穿过朝鲜海峡、对马海峡以及壹岐海峡，经对马岛和壹岐岛而到达九州的西北部地区。如果说秦朝和汉初有燕齐等地居民流徙到九州岛的话，其交通路线同样有可

---

① 席龙飞：《中国造船通史》，第67页。

② 原注："刘凤鸣：《山东半岛与东方海上丝绸之路》，人民出版社，2007年，第53—54页。"

能走的是上述'黄海—渤海—黄海'的'环黄海水路'。①

六、 徐福"不还"的历史影响

唐代诗人汪遵在《东海》一诗中写道："漾舟雪浪映花颜，徐福携将竟不还。同作危时避秦客，此行何似武陵滩。"该诗认为徐福的行为无异于避世隐居。熊皦在《祖龙词》中也写道："平吞六国更何求，童女童男问十洲。沧海不回应怅望，始知徐福解风流。"这又是对徐福故事新的解说。又有罗隐在《始皇陵》一诗中说："荒堆无草树无枝，懒向行人问昔时。六国英雄漫多事，到头徐福是男儿。"该说将徐福的海上航行视作对黑暗政治的成功反抗。②

白居易在讥讽求仙行为的《海漫漫》一诗中写道："海漫漫，风浩浩，眼穿不见蓬莱岛。不见蓬莱不敢归，童男丱女舟中老。"③ 其实，跟随徐福海上探寻仙山的童男童女们并没有"舟中老"。他们很可能定居在中原人前所未知的海外世界，创造了新的文化。《三国志》卷四七《吴书·吴主传》记载，"遣将军卫温、诸葛直将甲士万人浮海求夷洲及亶洲。亶洲在海中，长老传言秦始皇帝遣方士徐福将童男童女数千人入海，求蓬莱神山及仙药，止此洲不还。世相承有数万家，其上人民，时有至会稽货布，会稽东县人海行，亦有遭风流移至亶洲者。"④ 这里说徐福及其随行人员定居在东海列岛。《后汉书》卷八五《东夷列传》也记载："会稽海外……有夷洲及澶洲。传言秦始皇遣方士徐福将童男女数千人入海，求蓬莱神仙不得，徐福畏诛不敢还，遂止此洲，世世相承，有数万家。"⑤《太平御览》卷七八二"纻屿人"条引《外国记》说，有人航海遇难，流落到多产纻的海岛，岛上居民有三千余家，自称"是徐

① 白云翔：《考古学所见战国秦汉时代/弥生时代的中日文化交流及关系》，载《西汉考古与秦汉文明研究》，第572—590页。

② 赵宦光、黄习远编定《万首唐人绝句》，书目文献出版社，1983，第889页。

③ 白居易：《白居易集》，喻岳衡点校，岳麓书社，1992，第43页。

④《三国志》，第1136页。

⑤《后汉书》，第2822页。

福童男之后"①。看来，徐福带领童男童女开发海上岛国的传说，可能是真实历史的反映。但徐福"止王不来"的地点，我们至今却无法确知。《后汉书》卷八五《东夷传》说徐福"遂止此洲"的内容，列在"倭"条下。而《太平御览》卷九七三引《金楼子》说徐福故事，也与东瀛"扶桑"的传说相联系："秦皇遣徐福求一寸椹。碧海之中有扶桑树长数千丈。树两两同根生，更相依倚。是名为扶桑。仙人食其椹，而体作金光，飞腾玄宫也。"②宋代诗人有以《日本刀歌》为题的诗作，如："其先徐福诈秦民，采药淹留童丱老。百工五种与之俱，至今器用皆精巧。前朝贡献屡往来，士人往往工辞藻。徐福行时书未焚，逸书百篇今尚存。令严不许传中国，举世无人识古文。嗟予乘桴欲往学，沧波浩荡无通津。令人感叹坐流涕，锈涩短刀何足云。"这首诗见于司马光《传家集》卷五，又见于欧阳修《文忠集》卷五四。③虽然诗人的身份不明确，却表明当时文化人普遍相信徐福将中原文化传播到了日本。

　　白云翔指出："关于徐福入海求仙的出发港和具体滞留不回之地众说纷纭，但一般认为史书所说的'平原广泽'在日本的九州岛④，说明徐福或其所率众之一部到达了日本的九州。正因为如此，从九州到日本的本州地区，有20多处与徐福登陆有关的'遗迹'，甚至出现了所谓的'徐福学'。"⑤日本一些学者也确信徐福到达了日本列岛，甚至有具体登陆地点的考证，许多地方有纪念徐福的组织，常年举办持续的活动。有的学者认为，日本文化史进程中在这一对应时段发生的显著进步，与徐福东渡有关。应当说，徐福已经成为象征文化交往的一个符号。

① 李昉等：《太平御览》，第 3466 页。

② 同上书，第 4315 页。

③ 李昉等：《太平御览》，第 4315 页。司马光：《传家集》，收入《景印文渊阁四库全书》第 1094 册，第 94 页。欧阳修：《欧阳修全集》，李逸安点校，中华书局，2001，第 767 页。

④ 原注："刘凤鸣：《山东半岛与东方海上丝绸之路》，人民出版社，2007 年，第 69 页。"

⑤ 原注："（日）内藤大典编：《虹を見た》，海援社，1998 年，第 3 页。"《西汉考古与秦汉文明研究》，第 572—590 页。

《剑桥中国秦汉史》中的说法大致可以代表史学家们对徐福航海集团去向的普遍认识："徐一去不复返，传说他们在日本定居了下来。"①

徐福东渡，体现了秦汉人探索未知世界的勇气和智慧，作为中国早期航海事业成功的标志，书写了东方文化交流史上极其重要的一页，在世界文明史的进程中也有引人注目的地位。

七、"倭王献锦"

《后汉书》卷八五《东夷传》将徐福"遂止此洲"的记述，列在"倭"条下。似乎当时人们对东洋远国的文化存在，已经与徐福东渡的航海实践相联系。

《后汉书》卷八五《东夷传》"倭"条记载："建武中元二年，倭奴国奉贡朝贺，使人自称大夫，倭国之极南界也。"② 所谓"奉贡"的物品是什么呢？

《北堂书钞》卷一○有"倭王献锦"条："《魏志》：景初中倭女王国献文锦。"据光绪十四年南海孔氏刊本校注："今案：俞本'女'作'奴'。《魏志》（卷）三十《东夷传》及《御览》（卷）八百十五引仍作'女'。'文锦'作'暴文杂锦'。"③

对于"倭"的贡献，《三国志》卷三○《魏书·东夷传》"倭"条记载："正始元年，太守弓遵遣建中校尉梯俊等奉诏书印绶诣倭国，拜假倭王，并赍诏赐金、帛、锦罽、刀、镜、采物，倭王因使上表答谢恩诏。其四年，倭王复遣使大夫伊声耆、掖邪狗等八人，上献生口、倭锦、绛青缣、绵衣、帛布、丹木、狐、短弓矢。掖邪狗等壹拜率善中郎将印绶。其六年，诏赐倭难升米黄幢，付郡假授。其八年，太守王颀到官。倭女王卑弥呼与狗奴国男王卑弥弓呼素不和，遣倭载斯、乌越等诣郡说相攻击状。遣塞曹掾史张政等因赍诏书、黄幢，拜假难升米为檄

① 崔瑞德、鲁惟一编《剑桥中国秦汉史》，杨品泉译，第 95 页。
②《后汉书》，第 2821 页。
③ 虞世南编撰《北堂书钞》，中国书店，1989 年影印本，第 23 页。

告喻之。卑弥呼以死，大作冢，径百余步，徇葬者奴婢百余人。更立男王，国中不服，更相诛杀，当时杀千余人。复立卑弥呼宗女壹与，年十三为王，国中遂定。政等以檄告喻壹与，壹与遣倭大夫率善中郎将掖邪狗等二十人送政等还，因诣台，献上男女生口三十人，贡白珠五千，孔青大句珠二枚，异文杂锦二十匹。"[1] 中原王朝赐以"帛、锦罽""采物"等，"倭王""上献"者，有"倭锦、绛青缣、绵衣、帛布"等。

丝绸之路上的贸易，往来均有多种织品。而"倭王献锦"之"杂锦"，与南洋航路上贸易之"杂缯"，相互比照，可以令人产生颇多联想。

第四节　"外国"远海航程

上古文献中可见从中国港口去往远海地方里程的记录。其中的数据未必可信，但仍然可以看作反映早期航海事业曲折进步的信息。

一、"去琅邪"航程数据

《史记》卷六《秦始皇本纪》中写道：

> 既已，齐人徐市等上书，言海中有三神山，名曰蓬莱、方丈、瀛洲，仙人居之。请得斋戒，与童男女求之。于是遣徐市发童男女数千人，入海求仙人。

张守节《正义》引《括地志》云："亶洲在东海中，秦始皇使徐福将童男女入海求仙人，止在此洲，共数万家，至今洲上人有至会稽市易者。吴人《外国图》云亶洲去琅邪万里。"[2] 引吴人《外国图》云"亶洲

---

①《三国志》，第 857—858 页。
②《史记》，第 247—248 页。

去琅邪万里"，指出往"亶洲"的航路自"琅邪"开始。可知当时"琅邪"是东海大港。

又《汉书》卷二八上《地理志上》说，秦置琅邪郡，王莽改称为"填夷"，而琅邪郡属县临原，王莽改称为"填夷亭"。① 以所谓"填夷"即"镇夷"命名地方，体现其联系外洋的交通地理地位。

《后汉书》卷八五《东夷列传》中写道："《王制》云：'东方曰夷。'夷者，柢也，言仁而好生，万物柢地而出。故天性柔顺，易以道御，至有君子、不死之国焉。"李贤注：

> 《山海经》曰："君子国衣冠带剑，食兽，使二文虎在旁。"《外国图》曰："去琅邪三万里。"《山海经》又曰："不死人在交胫东，其为人黑色，寿不死。"并在东方也。②

其中指出"琅邪"往"东方""东夷"的航路已开通，并有相关里程记录。"琅邪"也被看作东海重要的出航起点。秦始皇对"琅邪"表现出特殊的关注，或许有发展这一重要海港，继越王勾践经营琅邪之后建设东海名都的意图。这样的推想，也许有一定的道理，但要进一步探求秦始皇的目的已经难以找到相关迹象。

二、"东冶之东"

《后汉书》卷八五《东夷传》关于"倭"的记述中，曾经以"东冶"作为方位标志：

> 倭在韩东南大海中，依山岛为居，凡百余国。自武帝灭朝鲜，使驿通于汉者三十许国，国皆称王，世世传统。其大倭王居邪马台国。乐浪郡徼，去其国万二千里，去其西北界拘邪韩国七千余里。其地大

---

① 《汉书》，第 1585—1586 页。
② 《后汉书》，第 2807 页。

较在会稽东冶之东，与朱崖、儋耳相近，故其法俗多同。①

这里说到"倭"与"乐浪郡徼"的距离，以及"去其西北界拘邪韩国"的距离。"其地大较在会稽东冶之东"，指出了东海航运方向，只是没有航程数据。然而"会稽东冶"在当时是大港，这点是明确的。

《三国志》卷三〇《魏书·乌丸鲜卑东夷传》裴松之注引《魏略》中也说到"倭"的方位：

> 今倭水人好沉没捕鱼蛤，文身亦以厌大鱼水禽，后稍以为饰。诸国文身各异，或左或右，或大或小，尊卑有差。计其道里，当在会稽、东冶之东。②

所谓"计其道里，当在会稽、东冶之东"，虽然没有"道里"的具体数据，却可以说明"倭"与"会稽、东冶"之间是通过海上航行往来的。

前面的"会稽东冶"与此处的"会稽、东冶"在标点使用上不同，前面的"会稽东冶"或当理解为"会稽郡东冶县"。东冶作为东洋远航的方位标志，又有"道里"参照值，可知东冶在两汉和魏晋时期很可能拥有东洋航运重要起航港的地位。后面的"会稽、东冶"当理解为"会稽"与"东冶"两地。但其实，标点的使用体现了今人对古籍原文的不同理解。文献本来的意思，或许是非常明白的。

《晋书》卷九七《四夷传·东夷·倭人》也有关于倭人国礼俗制度的记载，并说到了其方位距离：

> 计其道里，当会稽东冶之东。③

其实没有关于"道里"的信息，只是指示了方位——"当会稽东冶之

---

①《后汉书》，第 2820 页。
②《三国志》，第 855 页。
③《晋书》，第 2536 页。

东"。"会稽东冶",在标点使用上，与《三国志》不同，却与《后汉书》一致。

前引《史记》卷六《秦始皇本纪》张守节《正义》引《括地志》言亶洲"至今洲上人有至会稽市易者"，这是研究丝绸之路史的研究者尤其应当注意的重要记载。

第五节　"海人"称谓

三民书局的《大辞典》中有"海人"词条："【海人】①古时指中国以外的海岛居民。《南史·夷貊传·倭国》：'又西南万里，有海人，身黑眼白，裸而丑，其肉美，行者或射而食之。'②在海上捕鱼的人。《述异记·下》：'东海有牛鱼，其形如牛，海人采捕。'"① 所谓"海人"，应当是以"海"上生活为基本营生方式的人们。通过考察，在汉代"海人"一词很可能是指海洋渔业或海洋航运业的从业人员。

通过"海人"的文化表现，我们可以了解当时海洋开发的具体情形。

一、《说苑》言"海人"

刘向在《说苑·君道》中记述了一则齐国故事，其中出现了"海人"这一称谓。"海人"是怎样的社会角色呢？故事的开篇说到齐景公对晏婴的怀念：

> 晏子没十有七年，景公饮诸大夫酒。公射出质，堂上唱善，若出一口。公作色太息，播弓矢。弦章入，公曰："章，自吾失晏子，于今十有七年，未尝闻吾过不善，今射出质而唱善者，若出一口。"弦章对

---

① 三民书局大辞典编纂委员会编《大辞典》中册，台湾三民书局，2000，第 2648 页。

曰："此诸臣之不肖也，知不足以知君之不善，勇不足以犯君之颜色。然而有一焉，臣闻之：君好之，则臣服之；君嗜之，则臣食之。夫尺蠖食黄，则其身黄，食苍则其身苍；君其犹有诏人言乎?"公曰："善!今日之言，章为君，我为臣。"

是时海人入鱼，公以五十乘赐弦章归，鱼乘塞涂。抚其御之手，曰："曩之唱善者，皆欲若鱼者也。昔者晏子辞赏以正君，故过失不掩，今诸臣诏谀以干利，故出质而唱善如出一口，今所辅于君，未见众而受若鱼，是反晏子之义而顺诏谀之欲也。"固辞鱼不受。①

宋人刘恕编的《资治通鉴外纪》卷九引录《说苑》记载以为信史。②《说苑·君道》在讲述这一故事之后又以"君子曰"的形式发表"弦章之廉，乃晏子之遗训也"的赞扬，随后又有关于"人主"应当"自省"的政见。而我们更为注意的是，"海人"这一称谓的出现。

《说苑》讲述的虽然是先秦故事，但成书于汉代，其中许多文化信息体现了汉代社会风貌。例如，关于"海人入鱼"的记载，是可以作为海洋渔业史料的。这样的记载，体现了早期海洋开发的成就。在某种意义上，这也反映了当时的海上航行能力。

二、"海人"志怪故事

"海人"故事，多有神异情节。

《太平御览》卷一四引《汉武内传》曰："貟峤之山名环丘，有冰蚕，以霜雪覆之，然后作茧。其色五采，织为文锦，入水不濡，以投火，经宿不燎。唐尧之代，海人献，以为黼黻。"③ 所谓"海人献"，说明关于这些具有神异色彩的海外物品的知识，是由"海人"传播，并为中原人逐步接受的。"入水不濡"，"投火""不燎"的织品，可能就是所

---

① 刘向：《说苑疏证》，赵善诒疏证，第 32 页。
② 刘恕编《资治通鉴外纪》，收入《景印文渊阁四库全书》第 312 册，第 812 页。
③ 李昉等：《太平御览》，第 69 页。

谓的"火浣布"。《三国志》卷四《魏书·三少帝纪》："（景初三年）二月，西域重译献火浣布，诏大将军、太尉临试以示百寮。"裴松之注引《异物志》曰："斯调国有火州，在南海中。其上有野火，春夏自生，秋冬自死。有木生于其中而不消也，枝皮更活，秋冬火死则皆枯瘁。其俗常冬采其皮以为布，色小青黑；若尘垢污之，便投火中，则更鲜明也。"又引《傅子》曰："汉桓帝时，大将军梁冀以火浣布为单衣，常大会宾客，冀阳争酒，失杯而污之，伪怒，解衣曰：'烧之。'布得火，炜晔赫然，如烧凡布，垢尽火灭，粲然洁白，若用灰水焉。"又引《搜神记》曰："昆仑之墟，有炎火之山，山上有鸟兽草木，皆生于炎火之中，故有火浣布，非此山草木之皮枲，则其鸟兽之毛也。"裴松之写道："又东方朔《神异经》曰：'南荒之外有火山，长三十里，广五十里，其中皆生不烬之木，昼夜火烧，得暴风不猛，猛雨不灭。火中有鼠，重百斤，毛长二尺余，细如丝，可以作布。常居火中，色洞赤，时时出外而色白，以水逐而沃之即死，续其毛，织以为布。'"① 火浣布的产地，一说是"西域"，一说是"南荒""南海"。若火浣布来自"南荒""南海"，应经历南洋航路传至中土。

"海人"进献的，还有神奇的"龙膏"。《太平御览》卷八引王子年《拾遗》曰："燕昭王二年，海人乘霞舟，然龙膏。"卷一七六引《拾遗记》曰："海人献龙膏，为灯于燕昭王，王坐通云之堂。"卷一七八引《述征记》曰："燕昭王二年，海人乘霞舟以雕壶盛数斗膏献王。王坐通云堂，亦曰通霞之台，以龙膏为灯，光耀百里。"所谓"以龙膏为灯，光耀百里"，反映了以鱼类或海洋哺乳动物的脂肪作照明燃料的情形。有关鲸鱼死亡"膏流九顷"的记载②，说明鲸鱼的脂肪受到了重视。人

①《三国志》，第117—118页。

② 李昉等：《太平御览》，第42页，第858页，第866页。《太平御览》卷九三八引《魏武四时食制》曰："东海有大鱼如山，长五六丈，谓之鲸鲵。次有如屋者。时死岸上，膏流九顷，其须长一丈，广三尺，厚六寸，瞳子如三升碗大，骨可为方臼。"《景印文渊阁四库全书》第901册，中华书局，1960年影印本，第364页。其中，"膏流九顷"作"亳流九顷"，"骨可为方臼"作"骨可为矛矜"。

类利用鲸鱼脂肪的历史相当久远。① 而对鲸鱼集中死于海滩这种现象的明确记载，最早见于中国古代文献《汉书》卷二七中之上《五行志第七中之上》："成帝永始元年春，北海出大鱼，长六丈，高一丈，四枚。哀帝建平三年，东莱平度出大鱼，长八丈，高丈一尺，七枚。皆死。"② 《太平御览》卷七二引《孙绰子》曰："海人曰：'横海有鱼，一吸万顷之陂。'"③ 这种有关鲸鱼的知识，很可能来自"海人"的航海经验。其表述偏夸张，与中国早期海洋文化往往富有神秘色彩的风格是一致的。

三、"海人""山客"身份对比

稽康在《答释难宅无吉凶摄生论》中写道："吾见沟浍，不疑江海之大；睹丘陵，则知有泰山之高也。若守药则弃宅，见交则非赊，是海人所以终身无山，山客曰无大鱼也。"④ 稽康讲述了一个关于认识论的道理，主张摒除狭隘经验对认识世界的阻碍。他认为，在"山客"的知识结构中，既包括对"丘陵"的了解，也包括对"泰山"的认识。而"海人"则是对"海"认识比较全面的人。值得我们特别注意的是"海人"与"山客"并说的情形。

唐释道世在《法苑珠林》卷三八引《孙绰子》曰："海人与山客辩其方物。海人曰：'横海有鱼，额若华山之顶，一吸万顷之波。'山客曰：'邓林有木，围三万寻，直上千里，旁荫数国。'"⑤《太平御览》卷三七

①《辞海·生物分册》第 4 册"鲸目"条："皮肤下有一层厚的脂肪，借此保温和减少身体比重，有利浮游。""鲸"条写道："脂肪是工业原料。"上海辞书出版社，1975，第 561 页。《简明不列颠百科全书》"鲸油"条："主要从鲸鱼脂肪中提取的水白色至棕色的油。16～19 世纪，鲸油一直是制造肥皂的重要原料和重要的点灯油。"中国大百科全书出版社，1985，第 439 页。今按：滨海居民以鲸鱼脂肪作"重要的点灯油"的年代，其实要早得多。

②《汉书》，第 1431 页。

③ 李昉等：《太平御览》，第 341 页。

④ 稽康：《稽康集校注》，戴明扬校注，中华书局，2014，第 513 页。

⑤ 释道世：《法苑珠林》卷三七，《四部丛刊》景明万历本，第 448 页。

七、卷八三四、卷九五二引《孙绰子》的内容与上述大致相同，但又有这样的情节："有人曰：'东极有大人，斩木为策，短不可支，钓鱼为鲜，不足充饥。'"① 明杨慎在《丹铅续录》卷九"渔樵"条中写道："有瀛海之涉人，晤昆仑之木客，各陈风土并其物色。海人曰：'横海有鱼，厥大不知其几何，额若三山之顶，一吸万顷之波。'山客曰：'邓林有木，围三万寻，直穿星汉而无杪，旁荫八黉而交阴。'齐谐氏曰：'微尔渔暨樵，邈矣其貂，不见吾国之大人合山海于一飨，折木为策，短不可杖，钓鱼为泔，不足充餔餥。'海人俯麋，山客胶颐。齐谐忽而去矣，夷坚闻而志之。"②

文献中屡见"海人"与"木客"并说的现象，可以说明"海人"称谓作为专门职业的指代符号，具有鲜明的典型性。

第六节　海上"仙人"传说

一、安期生事迹

《史记》卷二八《封禅书》中写道："安期生仙者，通蓬莱中，合则见人，不合则隐。"③ 这反映了神仙学说和"海"的特殊关系。

明人刘基曾经将"东海黄公"的故事，与东海神仙安期生的传说结合并加以演绎：

> 安期生得道于之罘之山，持赤刀以役虎，左右指使，进退如役小儿。东海黄公见而慕之，谓其神灵之在刀焉。窃而佩之。行遇虎于路，出刀以格之，弗胜，为虎所食。郁离子曰：今之若是者众矣。蔡人渔

---

① 李昉等：《太平御览》，第 1742 页，第 3722 页，第 4228 页。

② 杨慎：《丹铅续录》，收入《景印文渊阁四库全书》第 855 册，第 207 页。

③《史记》，第 1385 页。

于淮，得符文之玉，自以为天授之命，乃往入大泽，集众以图大事，事不成而赤其族。亦此类也。于乎，枚叔、邹生眷眷然为吴王画自全之策，见及此矣。①

明代学者重视这一故事，李光璎在《两汉萃宝评林》卷上引《郁离子集》所述。② 郑仲夔的《玉麈新谭·偶记》卷四《赤刀役虎》中又有这一故事的缩写版："安期生在之罘山持赤刀役虎，左右指使，进退如役小儿。东海黄公见而慕之，谓其神灵在刀。遂窃佩之。行遇虎于路，出刀以相格，弗胜，为虎所食。"③ 虽然所述简略，"安期生""之罘山""东海黄公"等基本要素却是齐全的。

所谓"东海""之罘"等词，都在告诉我们相关巫术文化的发生地域和影响重心就在滨海地区。

二、"神山"与"仙药"

《史记》卷二八《封禅书》说到安期生在神仙崇拜观念影响下"化丹沙诸药"的行为："于是天子始亲祠灶，遣方士入海求蓬莱安期生之属，而事化丹沙诸药齐为黄金矣。"④ 《史记》卷一二《孝武本纪》载方士李少君说安期生事，司马贞《索隐》："案：《列仙传》云安期生，琅邪人，卖药东海边，时人皆言千岁也。"张守节《正义》引《列仙传》云："安期生，琅邪阜乡亭人也。卖药海边。秦始皇请语三夜，赐金数千万，出，于阜乡亭，皆置去，留书，以赤玉舄一量为报，曰'后千岁求我于蓬莱山下'。"⑤ 其中直接说安期生"卖药东海边"或"卖药海边"，他的活动地域在"琅邪""蓬莱"。这些信息是重要的。

对海中"神山""仙药""奇药"的追求，在战国时期走向狂热，秦

① 刘基：《刘基集》，林家骊点校，浙江古籍出版社，1999，第58页。
② 李光璎：《两汉萃宝评林》，收入《四库未收书辑刊》第1辑第21册，第532页。
③ 郑仲夔：《玉麈新谭·偶记》卷四，明刻本，第59页。
④《史记》，第1385页。
⑤ 同上书，第455页。

始皇竟然终其一生，深怀"冀遇海中三神山之奇药"的梦想：

> 自威、宣、燕昭使人入海求蓬莱、方丈、瀛洲。此三神山者，其传在勃海中，去人不远；患且至，则船风引而去。盖尝有至者，诸仙人及不死之药皆在焉。其物禽兽尽白，而黄金银为宫阙。未至，望之如云；及到，三神山反居水下。临之，风辄引去，终莫能至云。世主莫不甘心焉。及至秦始皇并天下，至海上，则方士言之不可胜数。始皇自以为至海上而恐不及矣，使人乃赍童男女入海求之。船交海中，皆以风为解，曰未能至，望见之焉。其明年，始皇复游海上，至琅邪，过恒山，从上党归。后三年，游碣石，考入海方士，从上郡归。后五年，始皇南至湘山，遂登会稽，并海上，冀遇海中三神山之奇药。不得，还至沙丘崩。①

关于方士宣传并致力于寻求"神山""仙药"的事迹的完整记述见于《三国志》卷四七《吴书·吴主传》。其中关于徐福"入海"的文字："亶洲在海中，长老传言秦始皇帝遣方士徐福将童男童女数千人入海，求蓬莱神山及仙药，止此洲不还。"②

三、滨海地域之信仰

陈寅恪在著名论文《天师道与滨海地域之关系》中指出，汉时所谓"齐学"，"即滨海地域之学说也"。

他认为，神仙学说之起源及其道术之传授，必然与滨海地域有关，自东汉顺帝起至北魏太武帝、刘宋文帝时代，凡天师道与政治社会有关者，如黄巾起义、孙恩作乱等，都可以"用滨海地域一贯之观念以为解释"，"凡信仰天师道者，其人家世或本身十分之九与滨海地域有关"。

陈寅恪引《世说新语·言语》"王中郎令伏玄度、习凿齿论青、楚

---

① 《史记》卷二八《封禅书》，第 1369—1370 页。
② 《三国志》，第 1136 页。

人物"刘孝标注"寻其事，则未有赤眉、黄巾之贼。此何如青州邪？"并指出："若更参之以《后汉书·刘盆子传》所记赤眉本末，应劭《风俗通义》玖《怪神篇》'城阳景王祠'条，及《魏志》壹《武帝纪》注引王沈《魏书》等，则知赤眉与天师道之祖先复有关系。故后汉之所以得兴，及其所以致亡，莫不由于青徐滨海妖巫之贼党。殆所谓'君以此始，必以此终'者欤？"

陈寅恪还强调，两晋南北朝时期，"多数之世家其安身立命之秘，遗家训子之传，实为惑世诬民之鬼道"，"溯其信仰之流传多起于滨海地域，颇疑接受外来之影响。盖二种不同民族之接触，其关于武事之方面者，则多在交通阻塞之点，即山岭险要之地。其关于文化方面者，则多在交通便利之点，即海滨湾港之地"，"海滨为不同文化接触最先之地，中外古今史中其例颇多"。①

自战国时期以来燕齐方士们的活跃状态，已经反映了滨海地区文化的区域特色。②

四、关于"海枣"

《史记》卷二八《封禅书》记载了方士李少君向汉武帝讲述的仙人安期生"食枣"的故事：

> 少君言上曰："祠灶则致物，致物而丹沙可化为黄金，黄金成以为饮食器则益寿，益寿而海中蓬莱仙者乃可见，见之以封禅则不死，黄帝是也。臣尝游海上，见安期生，安期生食巨枣，大如瓜。安期生仙者，通蓬莱中，合则见人，不合则隐。"于是天子始亲祠灶，遣方士入海求蓬莱安期生之属，而事化丹沙诸药齐为黄金矣。

---

① 陈寅恪：《天师道与滨海地域之关系》，收入《金明馆丛稿初编》，上海古籍出版社，1980。
② 王子今：《秦汉区域文化研究》，四川人民出版社，1998，第76—84页。

所谓"巨枣"，司马贞《索隐》引包恺云："巨，或作'臣'。"《史记》卷一二《孝武本纪》作"臣尝游海上，见安期生，食臣枣，大如瓜"。关于"安期生"，司马贞《索隐》："服虔曰：'古之真人。'案：《列仙传》云安期生，琅邪人，卖药东海边，时人皆言千岁也。"张守节《正义》引《列仙传》云："安期生，琅邪阜乡亭人也。卖药海边。秦始皇请语三夜，赐金数千万，出，于阜乡亭，皆置去，留书，以赤玉舄一量为报，曰'后千岁求我于蓬莱山下'。"① 正是因为安期生的故事，"海中""巨枣"的情节被加入上古神仙传说的构建之中。

"枣"是中原传统果品。在黄河流域的民间饮食生活中，"枣"有很重要的地位。秦昭襄王时代，"秦大饥"，应侯建议开放"五苑"，"蔬菜、橡果、枣栗，足以活民，请发之"。② 苏秦游燕，称颂燕地资源丰富，"此所谓天府者也"，其物产优势包括"北有枣栗之利，民虽不佃作而足于枣栗矣"。③《史记》卷一二九《货殖列传》中提及燕地的经济地位，说燕地"有鱼盐枣栗之饶"。④ 司马迁还说，拥有"安邑千树枣，燕、秦千树栗"者，"此其人皆与千户侯等"。⑤ "枣"是"不窥市井，不行异邑，坐而待收"的"富给之资"。对"富"家进行资产评估，"枣栗千石者三之"，"此亦比千乘之家，其大率也"。⑥ 而方士李少君传播神仙故事时所谓"安期生食巨枣，大如瓜"，这种"枣"的形态似乎超出了中原人以往对于"枣"的认知范畴。

《史记》卷一二九《货殖列传》言燕地"有鱼盐枣栗之饶"，这里将林产"枣栗"与海产"鱼盐"并说。李少君言"巨枣"，说到"海中""海上"，汉武帝信其言，随即"遣方士入海求蓬莱安期生之属"。⑦ "海

---

① 《史记》，第 455 页。

② 《韩非子集释》，陈奇猷校注，第 771 页。

③ 《史记》卷六九《苏秦列传》，第 2243 页。

④ 《史记》，第 3265 页。

⑤ 《后汉书》卷一〇下《皇后纪下·献帝伏皇后》："既至安邑，御服穿敝，唯以枣栗为粮。"第 453 页。这也是反映"安邑""枣栗"资源丰富的史例。

⑥ 《史记》，第 3272 页，第 3274 页，第 3276 页。

⑦ 同上书，第 3265 页，第 1385 页。

中蓬莱仙者"故事中神异的"枣"与"海"的特殊关系，尤其值得我们注意。

汉代文化遗存透露出当时民间流传着"食枣""仙人不知老"的神话。

汉代铜镜铭文多有大致相近的样式，其中一种通常使用这样的辞句："尚方作镜真大好，上有仙人不知老，渴饮玉泉饥食枣，浮游天下遨四海，寿如金石为国保。"字句或有变换，如：

> 王氏作竟四大好，上有山人不知老，渴饮玉泉饥食枣，浮游天下
> 敖四海，为国保。
>
> 王氏作镜真大好，上有仙人不知老，渴饮玉泉饥食枣，浮游天下
> 敖四海，寿如金石。
>
> 尚方作境真大好，上有仙人不知老，渴饮玉泉饥食枣，浮游天下
> 遨四海，寿如金石。
>
> 泰山作竟真大巧，上有山人不知老，渴饮玉泉饥食枣，浮游天下
> 敖四海兮，宜子孙。
>
> 尚方作镜真大好，上有仙人不知老，渴饮玉泉饥食枣，浮游天下
> □四海，宜侯王。
>
> 作佳竟哉真大好，上有仙人不知老，渴饮玉泉饥食枣，浮游天下
> 遨四海，寿如金石大王。①

"仙人""渴饮玉泉饥食枣"是民间想象的仙界饮食场景。那么，关于"仙人""食枣""不知老"的这种意识，究竟是因何产生的呢？

《齐民要术》卷一〇《枣》引录上文说到的李少君、安期生"海上""食枣"传说："《史记·封禅书》曰：'李少君尝游海上，见安期生食枣，大如瓜。'"其中又引《东方朔传》"上林献枣"的故事，还载录了《神异经》《神仙传》的内容：

---

① 《历代著录吉金目》，江苏广陵古籍刻印社 1990 年影印本，第 1277—1279 页，第 1282 页，第 1284 页。

《神异经》曰："北方荒内，有枣林焉，其高五丈，敷张枝条一里余。子长六七寸，围过其长。熟，赤如朱。干之不缩。气味甘润，殊于常枣。食之可以安躯，益气力。"

《神仙传》曰："吴郡沈羲，为仙人所迎上天。云：'天上见老君，赐羲枣二枚，大如鸡子。'"

有研究者认为，《神异经》《神仙传》等"都是荒诞不经的书。"① 但是，就社会文化迹象中"枣"所受到的重视而言，其中的内容有一定的参考价值。看来，人们在将"枣"作为日常果品或作为木本粮食之余，已经发现其具有保健功能和药用价值，而且已经注意到枣的某些品种尤具安神益寿的特效。张仲景的《金匮要略》中除去重复的部分，共有 262 方，其中 56 方用到"枣""大枣""煮枣""肥大枣""枣膏""酸枣仁"等字眼，大枣的用量一方可多至百枚。方名中出现"枣"字的，有"酸枣汤方""葶苈大枣泻肺汤方""十枣汤方""甘草小麦大枣汤方"等。② 《金匮要略方论》卷下"果实菜谷禁忌并治第二十五"中也写道："生枣多食，令人热渴气胀，寒热羸弱者，弥不可食，伤人。"③ 或许"枣"可入药又不宜"多食"，甚至"弥不可食，伤人"，于是使人产生某种神秘感，容易将仙人的神力同枣的功效联系起来。很显然，"仙人""食枣"的神话之产生，首先是以民间普遍"食枣"的饮食实践为背景，同时又因人们对其特性的认识，推动人们尤其是上层社会对这种食品的特殊追求。这种追求，更促使食枣风习在饮食生活中得到进一步普及。④

马王堆三号汉墓出土的帛书《五十二病方》中有以"枣"入药的文物实证。如："一，痒，弱（溺）不利，脬盈者方：取枣种廥（粗）屑三升，葵种一升，合挠，三分之，以水一斗半［煮一］一七三分，熟，去

---

① 贾思勰：《齐民要术校释》，缪启愉校释，农业出版社，1982，第 574—575 页。

② 张仲景：《金匮要略》，于志贤、张智基点校，中医古籍出版社，1997，第 4 页，第 6 页，第 9 页，第 11 页，第 14—22 页，第 25 页，第 28 页，第 32—33 页，第 39—41 页，第 47—50 页，第 52—53 页，第 58—60 页。

③ 黄竹斋编《金匮要略方论集注》，人民卫生出版社，1957，第 368 页。

④ 王子今：《秦汉食枣风俗谈》，《中国食品》1986 年第 11 期。

滓，有（又）煮一分，如此以尽三分。浚取其汁，以蜜和，令甔甘，寒温适。□一七四饮之。药尽更为，病［已］而止。●令一七五。"又如："一，瘇，坎方尺有半，深至肘，即烧陈稿其中，令其灰不盈半尺，薄洒之以美酒，□一七八菵荚一、枣十四，豕（薪）之朱（茉）臾（萸）、椒，合而一区，燔之坎中，以隧下。已，沃一七九。"① 后一例"枣十四"的使用，似乎表现出巫术的性质。《武威汉代医简》中也可见使用"肥枣"的处方："四两消石二两人参方风细辛各一两肥枣五。"②

可能正是基于"仙人""食枣"的认识，汉武帝在祀太一神时，在祭品中"加醴枣脯之属"，又用"脯枣"吸引"神人"："置脯枣，神人宜可致也。"③ 所谓"食枣""仙人不知老"之说体现的"枣"与长生的关系，与"枣"本身的"神异"有关。《后汉书》卷八二下《方术传下·王真》中写道："孟节能含枣核，不食可至五年十年。"④ 其中间接提供了相关信息。

以"枣"加工的"枣脯"有益于养生，是汉代社会较为普及的保健常识。淮南王刘长患病，汉文帝赐以"枣脯"慰问。丞相张仓等上书斥责刘长罪行，曰："前日长病，陛下忧苦之，使使者赐书、枣脯。长不欲受赐，不肯见拜使者。"⑤"枣脯"被看作高级的食品。《史记》卷一二六《滑稽列传》说楚庄王以"马"为宠物，竟然饲以"枣脯"："楚庄王之时，有所爱马，衣以文绣，置之华屋之下，席以露床，啖以枣脯。"⑥ 这说明"枣脯"较早就进入上层社会的饮食生活。

在上古历史文化遗存中，我们看到"枣"与"海"的神秘关系。

前引《史记》卷二八《封禅书》载李少君言汉武帝"臣尝游海上，

---

① 马王堆汉墓帛书整理小组编《马王堆汉墓帛书·五十二病方》，文物出版社，1979，第70—71页。

② 甘肃省博物馆、武威县文化馆编《武威汉代医简》，文物出版社，1975，第11页。

③《史记》卷二八《封禅书》，第1394页，第1400页。

④《后汉书》，第2751页。

⑤《史记》，第3077页。《汉书》卷四四《淮南厉王刘长传》："前日长病，陛下心忧之，使使者赐枣脯，长不肯见拜使者。"第2141页。

⑥《史记》，第1200页。

见安期生，安期生食巨枣，大如瓜"，而"安期生仙者，通蓬莱中"，其神异风格与自齐威王、齐宣王、燕昭王时代直至秦始皇时代环渤海地区方士们追寻的"三神山"有关。①

安期生在"海上""食巨枣"故事的传播，使汉武帝再次燃起求仙热情，"天子始亲祠灶，遣方士入海求蓬莱安期生之属"。然而，"居久之，李少君病死。天子以为化去不死，而使黄锤史宽舒受其方。求蓬莱安期生莫能得，而海上燕齐怪迂之方士多更来言神事矣"。② 这里所说的"海上燕齐怪迂之方士"在《封禅书》中还有记载："驺衍以阴阳主运显于诸侯，而燕齐海上之方士传其术不能通，然则怪迂阿谀苟合之徒自此兴，不可胜数也。"③ 这里也指出"燕齐海上之方士"中有"怪迂阿谀苟合之徒"。此外，"及至秦始皇并天下，至海上，则方士言之不可胜数"，"游碣石，考入海方士"。而"胶东宫人"栾大见汉武帝言："臣常往来海中，见安期、羡门之属。"栾大得到信任，"其后装治行，东入海，求其师云。大见数月，佩六印，贵震天下，而海上燕、齐之间，莫不扼捥而自言有禁方，能神仙矣"。"入海求蓬莱者，言蓬莱不远，而不能至者，殆不见其气。上乃遣望气佐候其气云。""而五利将军使不敢入海"，可能致汉武帝生疑，"上使人随验，实毋所见。五利妄言见其师，其方尽，多不雠。上乃诛五利"。《封禅书》中还写道，汉武帝既闻"方士之言"，"欲放黄帝以上接神仙人蓬莱士"，又亲自"东巡海上"，"齐人之上疏言神怪奇方者以万数，然无验者。乃益发船，令言海中神山者数千人求蓬

---

① 《史记》卷二八《封禅书》："自威、宣、燕昭使人入海求蓬莱、方丈、瀛洲。此三神山者，其传在勃海中，去人不远；患且至，则船风引而去。盖尝有至者，诸仙人及不死之药皆在焉。其物禽兽尽白，而黄金银为宫阙。未至，望之如云；及到，三神山反居水下。临之，风辄引去，终莫能至云。世主莫不甘心焉。及至秦始皇并天下，至海上，则方士言之不可胜数。始皇自以为至海上而恐不及矣，使人乃赍童男女入海求之。船交海中，皆以风为解，曰未能至，望见之焉。其明年，始皇复游海上，至琅邪，过恒山，从上党归。后三年，游碣石，考入海方士，从上郡归。后五年，始皇南至湘山，遂登会稽，并海上，冀遇海中三神山之奇药。不得，还至沙丘崩。"第1369—1370页。

② 《史记》卷二八《封禅书》，第1385—1386页。

③ 《史记》，第1369页。

莱神人"，并且"宿留海上，予方士传车及间使求仙人以千数"。这是一场动员方士"千数"或说"数千人"的规模空前的"入海"求仙运动。汉武帝"作建章宫"，设计了海洋模型："其北治大池，渐台高二十余丈，命曰太液池，中有蓬莱、方丈、瀛洲、壶梁，象海中神山龟鱼之属。"①次年，汉武帝再次"东巡海上"，然而"考神仙之属，未有验者"。《封禅书》中最后写道："而方士之候祠神人，入海求蓬莱，终无有验。而公孙卿之候神者，犹以大人之迹为解，无有效。天子益怠厌方士之怪迂语矣，然羁縻不绝，冀遇其真。自此之后，方士言神祠者弥众，然其效可睹矣。"②

这是《史记》卷二八《封禅书》中的记述。在司马迁停止记叙之后，汉武帝还多次走到"海上"。《汉书》卷六《武帝纪》记载了晚年汉武帝四次出行至海滨的情形："（天汉）二年春，行幸东海。""（太始三年）行幸东海，获赤雁，作《朱雁之歌》。幸琅邪，礼日成山。登之罘，浮大海。""（太始四年）夏四月，幸不其，祠神人于交门宫③，若有乡坐拜者。作《交门之歌》。""（征和）四年春正月，行幸东莱，临大海。"④汉武帝最后一次行临东海时，已经是 68 岁的高龄。

安期生事迹中出现"海上""巨枣"，使"枣"成为与"海"密切联系的有代表性的文化符号。对于安期生，《史记》卷一二《孝武本纪》中的注说有所介绍。司马贞《索隐》："服虔曰：'古之真人。'案：《列仙传》云安期生，琅邪人，卖药东海边，时人皆言千岁也。"张守节《正义》引《列仙传》云："安期生，琅邪阜乡亭人也。卖药海边。秦始皇请语三夜，赐金数千万，出，于阜乡亭，皆置去，留书，以赤玉舄一量为报，曰'后千岁求我于蓬莱山下'。"⑤ 安期生出身"琅邪"，但主要活

---

① 王子今：《秦汉宫苑的"海池"》，《大众考古》2014 年第 2 期。

②《史记》，第 1370 页，第 1390—1391 页，第 1393 页，第 1395 页，第 1397—1398 页，第 1402—1404 页。

③ 颜师古注："应劭曰：'神人，蓬莱仙人之属也。'晋灼曰：'琅邪县有交门宫，武帝所造。'"

④《汉书》，第 203 页，第 206—207 页，第 210 页。

⑤《史记》，第 455 页。

动于"蓬莱"神秘海域，即李少君所谓"安期生仙者，通蓬莱中，合则见人，不合则隐"，于是史家亦称"蓬莱安期生"。① 这应当也是服虔所谓"蓬莱中仙人"。② 其"见人"与"隐"，出没于现今海洋地理概念下的黄海和渤海。在安期生传说中，"时人皆言千岁也"，又号称"后千岁求我于蓬莱山下"，"秦始皇请语三夜"，司马迁说，"安期生尝干项羽，项羽不能用其策"。③ 至汉武帝时代"安期生"依然有活跃的表现，其寿命超越"千岁"当然是不可能的，这里的"安期生"可能就是"海上方士"群体的一个代表性符号。而"海上""安期生食巨枣"的形象，成为具有多重含义的文化象征。

汉镜铭文中言及"仙人""食枣"时，往往也言及"遨四海"，这对我们理解"海枣"的相关知识有所启示。

东汉郭宪在《汉武洞冥记》卷二中写道："阁上烧荃麋香屑，烧粟许，其气三月不绝。进峄嶂细枣，出峄嶂山，山临碧海上，万年一实。如今之软枣。咋之有膏，膏可燃灯。西王母握以献帝，燃芳苡，灯光色紫。"④ 葛洪在《神仙传》卷六中写道："逮汉武帝之时，闻帝招募方士，特敬道术而先贫不办合大药，喟然长叹，语弟子曰：老将至矣，死将近矣，而财不足用，躬耕力作，商估求钱，必不致办合药……以方上武帝，言臣能凝汞成白银，飞丹砂成黄金，金成服之，白日升天……冥海之枣大如瓜，钟山之李大如瓶，臣已食之。逮先师安期先生口诀，是以保黄物之可成也。于是引见，甚尊敬之，赐遗无数。"⑤《汉武洞冥记》和《神仙传》都富有神异色彩，其内容不可作历史资料理解。贾思勰的《齐民要术》则是严肃的农学著作。《齐民要术》卷一〇《枣》引傅玄

①《史记》卷二八《封禅书》，第 1385 页，第 1386 页；《史记》卷一二《孝武本纪》，第 455 页；《汉书》卷二五上《郊祀志上》，第 1217 页。

②《史记》卷一二《孝武本纪》司马贞《索隐》引服虔曰，第 482 页。

③《史记》卷九四《田儋列传》，第 2649 页。

④《汉武洞冥记》卷二，明《顾氏文房小说》本，第 2—3 页。《格致镜原》卷七四《果类一·枣》引《洞冥记》"峄嶂"作"崂嵘"。收入《景印文渊阁四库全书》第 1032 册，第 407 页。

⑤ 葛洪：《神仙传校释》，胡守为校释，中华书局，2010，第 206—207 页。

《赋》，说到"海枣"：

> 有枣若瓜，出自海滨。全生益气，服之如神。

缪启愉说："'傅玄《赋》'，据《初学记》卷二八'枣'所引，是傅玄的《枣赋》。"① 所谓"有枣若瓜，出自海滨"，所据即李少君说"臣尝游海上，见安期生，安期生食巨枣，大如瓜"。

现在我们看到的最早提及"海枣"的文献，是《晏子春秋》卷八《外篇第八》"景公谓晏子东海之中有水而赤晏子详对"条：

> 景公谓晏子曰："东海之中，有水而赤，其中有枣，华而不实，何也？"晏子对曰："昔者秦缪公乘龙舟而理天下，以黄布裹烝枣，至东海而捐其布，破黄布，故水赤；烝枣，故华而不实。"

吴则虞在《晏子春秋集释》中说，《艺文类聚》卷八六引文"与今本《晏子》同"，卷八五引"'海'下无'之'字，又无'其中'二字"。②

《晏子春秋》原文只说"东海之中""其中有枣"，没有直接出现"海枣"这一词语。但后来文献引录此事时，则常常称说"海枣"。如《文选》卷五六陆倕《新漏刻铭》批评"旧漏乖舛"，时历不能精确："卫宏载传呼之节，较而未详；霍融叙分至之差，详而不密。陆机之赋，虚握灵珠；孙绰之铭，空擅昆玉。弘度遗篇，承天垂旨，布在方册，无彰器用。譬彼春华，同夫海枣，宁可以轨物字民，作范垂训者乎？"李善注："'春华'，言其文丽。'海枣'，譬其无实。《答宾戏》曰：'摘藻如春

① 贾思勰：《齐民要术校释》，缪启愉校释，第575页。《初学记》卷二八引傅玄《枣赋》："有蓬莱之嘉树，植神州之膏壤。擢刚茎以排虚，诞幽根以滋长。北阴塞门，南临三江。或布燕赵，或广河东。既乃繁枝四合，丰茂蓊郁。斐斐素华，离离朱实。脆若离雪，甘如含蜜。脆者宜新，当夏之珍。坚者宜干，荐羞天人。有枣若瓜，出自海滨。全生益气，服之如神。"徐坚等：《初学记》，第677页。
② 吴则虞：《晏子春秋集释》，中华书局，1962，第512页。

华。'《晏子春秋》曰：'景公谓晏子曰：东海之中，有水赤，其中有枣，华而不实，何也？晏子曰：昔者秦缪公乘舟理天下，黄布裹蒸枣，至海而掊其布，破黄布故水赤；蒸枣，故华不实。'"① 根据陆倕所用"海枣"之典故，我们可以认为《晏子春秋》是最早出现"海枣"之说的文献。《艺文类聚》卷八二引刘孝威《谢东宫赉藕启》中也有"楚后江萍，秦公海枣，凡厥水羞，莫敢相辈"等文字。②

《晏子春秋》言"东海之中""其中有枣"，南朝梁人文章中称"海枣"者，以及李少君所谓"海上""安期生食巨枣，大如瓜"等，就"枣"的具体信息而言，确实都是"不实"之言。正如前引《北齐书》卷四五《文苑传·樊逊》所谓"海枣之谈"可比"凭虚之说"，"求之如系风，学之如捕影"。然而晋嵇含在《南方草木状》中却对"海枣"作了比较详细的说明。

关于"海枣树身无闲枝"的记述，使我们联想到南海树种。

《南方草木状》中说到"海枣"及"海枣树"的形状，对"海枣"的果实也有描述：

> 海枣树身无闲枝，直耸三四十丈，树顶四面共生十余枝，叶如栟榈。五年一实。实甚大，如杯碗。核两头不尖，双卷而圆。其味极甘美。安邑御枣无以加也。泰康五年，林邑献百枚。昔李少君谓汉武帝曰：臣尝游海上，见安期生，食臣枣，大如瓜。非诞说也。③

① 萧统编《文选》，李善注，第776页。

② 欧阳询：《艺文类聚》，汪绍楹校，第1405页。今按："秦公海枣"，用《晏子春秋》中"昔者秦缪公乘龙舟""以黄布裹烝枣，至东海"的典故。刘孝威是有影响的学者。《隋书》卷三五《经籍志四·集》载录"梁太子庶子《刘孝威集》十卷"。《隋书》，第1078页。《旧唐书》卷四七《经籍志下》有"《刘孝威前集》十卷；《刘孝威后集》十卷"，第2070页。《新唐书》卷六〇《艺文志四》有"《刘孝威前集》十卷"，第1591页。《宋史》卷二〇八《艺文志七》则只有"《刘孝威集》一卷"，第5329页。

③ 嵇含：《南方草木状》，宋《百川学海》本，第7页。嵇含：《南方草木状》，广陵书社，2003年影印本，卷下第4页。

《南方草木状考补》"海枣树 date palm，海枣 Phoenix dactylifera L."条下所引文字与此略同，有校记。① 研究者在有关"海枣树"的"考释"中指出："海枣树多视为北非至小亚细亚原产。据德·堪多（De Candolle），在温暖干旱地带，从塞内加尔到印度河流域，主要在北纬 15℃～20℃地区，史前就有海枣树。现多栽于热带国家，有许多变种，华南也有栽培。"②

关于《南方草木状》的成书年代，学界存在争议。对此，《南方草木状考补》的考察比较深入。回顾文献学史，我们可以看到："《草木状》署西晋嵇含著，但未见于《隋书·经籍志》及《旧唐书·经籍志》、《新唐书·艺文志》。唯隋志收《广州刺史嵇含集》十卷、录一卷；旧唐志收《嵇含集》十卷。本书不到五千字，虽清姚振宗及近人苟萃华都认为可能在《嵇含集》中，惜无佐证。"论者还指出，"关于《南方草木状》最早出现时间，目前许多学者认为是南宋尤袤（1127～1193）《遂初堂书目》始著录：'嵇含《南方草木状》'"，通过分析可以判断"《草木状》在唐代后期南方已出现"，"在北宋时已较广泛流传"。③

至于《南方草木状》中"海枣树""海枣"等信息何时进入中原人的知识系统，争论还会继续。但是有人判断，在现在的基础上已经可以澄清过去的某些认识，如关于"海枣"之称来自"伪托"说，《南方草木状考补》叙述了辛树帜的意见：

辛树帜（1962）认为："我国习惯对外来引入品种最初称'胡'，称'海'时代已迟（《中国果树史研究》1983 年增订本，86）"，似乎

---

① 校记："'杯'：中国书店，1981 年影印咸淳《百川》本、博古斋等影印《百川》本、万历刻《广汉魏丛书》本、嘉庆重刻《广汉魏丛书》本、大通石印《汉魏丛书》本、顺治宛委山堂百廿卷《说郛》本均作'柸'。""'甘'：大通《汉魏丛书》本误作'苷'。""'泰'：万历、嘉庆重刻《广汉魏丛书》本误作'秦'。"第324—325 页。
② 中国科学院昆明植物研究所编《南方草木状考补》，云南民族出版社，1991，第325 页。
③ 中国科学院昆明植物研究所编《南方草木状考补》，前言第 11—12 页。

他说以海始的植物名应在"印度通中国大盛于唐"才行。

辛树帜"认为吾国习惯对外来品种称'海'时代已较迟"，但据李惠林的分析，"实则海枣之说渊源甚早"，"《史记》已说海处有枣。《晏子春秋》：'东海之中……有枣。'晋傅玄（217~278）《枣赋》：'有枣如瓜，出自海滨。'"。《南方草木状考补》又指出其他较早"称'海'"的名物实证："此外《广志》有海桐皮，徐表《南州记》有海红豆，都出自南海，以不称胡而称海为不合时代，因之《草木状》的海枣树是作伪之说似未足证。"这一表述体现了《南方草木状考补》编者对李惠林之说的赞同。①

确实，我们在关注外来物种的传入时，不能仅凭"以不称胡而称海为不合时代"来判断，在注意"时代"之外，还应注意路径。"称胡"者，多自西北丝绸之路方向引入。以果树为例，如《博物志》卷六《物名考》曰："张骞使西域还，乃得胡桃种。"②《艺文类聚》卷八七引《吴时外国志》曰："大秦国有枣榛胡桃。"又引晋钮滔母《答吴国书》曰："胡桃本生西羌。"③ 清汪灏等人编的《广群芳谱》引《博物志》曰："张骞使西域还，得胡桃种，故以胡羌为名。"④ 树史研究者说："我国现在栽培的核桃（Juglans regia L.）是在汉代已从新疆一带传入陕西，然后再传至西北和华北各地。"⑤ 而据说由张骞传入的"石榴"或称"安石榴"，已见于《淮南子·时则训》高诱注。⑥《金匮要略方论》卷下"果实菜谷

① 中国科学院昆明植物研究所编《南方草木状考补》，第 327—328 页

② 张华：《博物志》，唐子恒点校，凤凰出版社，2017，第 81 页。

③ 欧阳询：《艺文类聚》，汪绍楹校，上海古籍出版社，1965，第 1489—1490 页。

④ 汪灏等编《佩文斋广群芳谱》卷五九《果谱》"核桃"条，收入《景印文渊阁四库全书》第 846 册，第 646 页。

⑤ 孙云蔚、杜澍、姚昆德编著《中国果树史与果树资源》，孙云蔚主编，上海科学技术出版社，1983，第 12 页。

⑥《淮南子·时则训》："半夏生，木堇荣。"高诱注："木堇，朝荣暮落，树高五六尺，其叶与安石榴相似也。"何宁：《淮南子集释》，第 170 页。

禁忌并治第二十五"曰："安石榴不可多食，损人肺。"① 《初学记》卷二八引《博物志》曰："张骞使西域还，得安石榴……"② 由此可知石榴的传入年代甚早，但可能也有自海路引入者，故有"海榴"之称。《初学记》卷二〇引隋江总《休沐山庭》诗："岸绿开河柳，池红照海榴。"③《初学记》卷二四引隋炀帝《宴东堂》诗："海榴舒欲尽，山樱开未飞。"④ 石榴又有"海石榴"之称，见于《酉阳杂俎》卷九《支植上》："山茶似海石榴，出桂州，蜀地亦有。"⑤ 综上可知，"我国习惯对外来引入品种最初称'胡'，称'海'时代已迟"之说，并不属实。

据《南方草木状考补》介绍，认为嵇含撰写的《南方草木状》可信的学者，有李惠林（1979，1983），彭世奖（1980），梁家勉（1983，1989），苟萃华（1983，1984）等。⑥ 明人罗曰裹在《咸宾录》卷六《南夷志》中说"占城""其产"有"海枣，树如栟榈，实大如瓜，五年一实，味甚甘"。⑦ 其书虽说"录四夷之事也"，"其遐陬珍怪"，"百物而为之备"⑧，但其中"如栟榈""五年一实"等语，应来自《南方草木状》。清人张德彝《航海述奇》三述奇卷一"同治庚午年十月初七日"："海枣，树无歧枝，直耸二三十丈，树顶四面，共十余枝，叶如栟榈，五年一实，大如杯碗。核两头不尖，双卷而圆，味甘美。"⑨ 这应当是"航海"见闻的具体记录，然而与《南方草木状》的文辞一致，只是"直耸三四十丈"改说成"直耸二三十丈"。

---

① 黄竹斋编：《金匮要略方论集注》，第 368 页。

② 徐坚等：《初学记》，第 683 页。

③ 徐坚等：《初学记》，第 483 页。《艺文类聚》卷三引据"隋江总《山庭春》诗"，"岸绿"作"峰绿"。第 44 页。

④ 徐坚等：《初学记》，第 578 页。

⑤ 段成式：《酉阳杂俎》，方南生点校，中华书局，1981，第 281 页。

⑥ 中国科学院昆明植物研究所编《南方草木状考补》，第 15—16 页。

⑦ 罗曰裹：《咸宾录》，余思黎点校，中华书局，1983，第 137 页。

⑧ 刘一焜：《〈咸宾录〉序》，载罗曰裹：《咸宾录》，余思黎点校，第 10 页。

⑨ 张德彝：《随使法国记·三述奇》，左步青点，钟叔河校，湖南人民出版社，1982，第 49 页。

有学者通过《南方草木状》中关于"海枣树"的记述，得出如下认识："西亚产的海枣"，"传入华南，体现中西海路交通，沿南方丝绸之路进行文化交流的古老成就"。① 现在看来，这是有一定依据的。佟屏亚在《果树史话》中写道："大约在西汉时期，海枣沿丝绸之路由商人从西域引进我国。"② 关于"沿丝绸之路""从西域引进"，如果说从西北方向"引进"，可能还需要论证。《南方草木状考补》的作者则分析了海上航线的开发史："学者过去多相信德人夏德等（1885）所说：广州在三世纪时是波斯湾到中国航运终点。〔按所说也许指直航，而不包括像《汉书》记载武帝时（前140～前87在位）"蛮夷贾船，转送致之"的间接航运〕因此认为西亚语音译植物名、药名不能在三世纪前出现而疑《草木状》这些条是后人所加。但安息（后来的波斯、伊朗）、条支（汉时阿拉伯的一部分）在汉武帝前期已有官方使者互聘及交换礼物（参见《史记·大宛列传》）；与印度南部黄支国在汉武帝时由海路也有官方互访和进行贸易，这些都是发生在公元前二世纪或前二与前一世纪之交的事。至于民间往来无疑早于官方。先秦古书《山海经》许多学者认为是以中国为中心，北到北极，南到赤道，西到西亚，东到太平洋东岸（北美）的古亚洲地志，这和《汉书·艺文志》中约占全书目总数1％的海中占验书相吻合。顾实（1878—1956）在《汉书艺文志讲疏》（1924）说：'海中占验书不少，盖汉以前海通之征。'"③ 从《南方草木状》等提供的多种迹象看，"海枣"通过海上路径自"南方"引进中土的可能性是很大的。明人刘基在《多能鄙事》卷五《居室类器用类》"住宅宜忌"条中写道："凡宅畔树，东宜桃柳，西宜栀榆，南宜海枣，北宜杏柰。"④ 这

① 杨竞生：《〈南方草木状考补〉弁言》，中国科学院昆明植物研究所编《南方草木状考补》，云南民族出版社，1991，第9页。

② 佟屏亚：《果树史话》，农业出版社，1983，第347页。

③ 中国科学院昆明植物研究所编《南方草木状考补》，第13—14页。关于所谓"海中占验书"的性质，可参看王子今：《汉代"海中星占"书论议》，《史学集刊》2015年第5期。

④ 刘基：《多能鄙事》，明嘉靖四十二年范惟一刻本，收入《续修四库全书》第1185册，第57页。

是说在住宅旁植树的"宜忌"，其中"南宜海枣"一语，或许可以帮助我们理解和说明与"海枣"有关的文化交流方向。

"海枣"或许与"番枣""波斯枣"有关。

宋元时期海上航运繁荣，更促进了文化交流。元人柳贯在《打枣谱》中写道："溟海枣，李少君食之，大如瓜。"这里沿袭李少君说的安期生故事。此外，其中还说到"波斯枣生波斯国，长三寸""西王母枣三月熟""弱枝枣""玉门枣""玉文枣西王母食之，大如瓶""细核枣《拾遗记》：北极岐峰有，其核细""仙人枣长四寸，其核如针""万岁枣出三佛齐国""西玉枣出昆仑山"等枣种，多为外来品种。① 元人胡助在《寿柳道传博士二十韵》中说："海枣香堪剥，蟠桃味正甜。"② 这里把神异的"海枣"与西王母崇拜联系起来，继承了汉代的文化传统。元人袁桷的《酬周南翁子二首·其二》："博物已知穷海枣，苦心端欲镂冰花。"③ 这里将"海枣"知识作为"博物学"进步的表现，也自有对文化交流史的观察。

明人鲍应鳌的《公祭文》："丛桂正告，灵椿难老。尔祚尔胤，庭阶茂好。永言保之，安期海枣。"④ 所谓"安期海枣"，仍然沿用了汉代的安期生传说。明人李培的《海枣颂》："蓬莱嘉境，云根滋长。刚茎排虚，赤实穰穰。脆如梨雪，润比含酥。瞿昙东度，散比宝珍。西海如瓶，东海如瓜。列仙秘重，白雪黄芽。荐以翠盘，献之华屋。君子千寿，永绥福禄。"⑤ 可见人们对"蓬莱""如瓜"等汉代传说记忆深刻，而"西海""东海"等词语则提示了这种果品来自远洋的路径。其中，

① 柳贯：《打枣谱》，收入陶宗仪编《说郛》，收入《景印文渊阁四库全书》第882册，第143页。

② 胡助：《纯白斋类稿》卷一二《五言排律》，收入《景印文渊阁四库全书》第1214册，第620页。

③ 袁桷：《清容居士集》卷一二，王颋点校，浙江古籍出版社，2015，第304页。

④ 鲍应鳌：《瑞芝山房集》卷一四，明崇祯刻本，收入《四库禁毁书丛刊》集部第141册，北京出版社，2000，第279页。

⑤ 李培：《水西全集》卷六，明天启元年刻本，收入《四库未收书辑刊》第六辑第24册，北京出版社，2000，第137页。

"东度""荐""献"等历史镜头的保留，说明了"海枣"在中外文化交流史上的重要意义。

关于"波斯枣"，《酉阳杂俎》卷一八《木篇》中写道："波斯枣，出波斯国，波斯国呼为窟莽。树高三四丈，围五六尺，叶似土藤，不凋。二月生花，状如蕉花，有两甲，渐渐开罅，中有十余房。子长二寸，黄白色，有核，熟则子黑，状类干枣，味甘如饧，可食。"① 《南村辍耕录》卷二七"金果"条说："成都府江渎庙前，有树六株，世传自汉唐即有之。其树高可五六十丈，围约三四寻。挺直如矢，无他柯干。顶上才生枝叶，若棕榈状。皮如龙鳞，叶如凤尾。实如枣而加大……泉州万年枣三株，识者谓即四川金果也。番中名为苦鲁麻枣，盖是凤尾蕉也。"② 所谓"其树高可五六十丈"，应是夸张之辞。《本草纲目》卷三一"无漏子"条：

【释名】千年枣《开宝》万年枣《一统志》海枣《草木状》波斯枣《拾遗》番枣《岭表录异》金果《辍耕录》木名海棕《岭表录异》凤尾蕉〔时珍曰〕无漏名义未详。千年、万岁，言其树性耐久也。曰海，曰波斯，曰番，言其种自外国来也。金果，贵之也。曰棕，曰蕉，象其干、叶之形也。番人名其木曰窟莽，名其实曰苦鲁麻枣。苦鲁、窟莽，皆番音相近也。

有研究者判断，"为棕榈科植物海枣（Phoenix dactylifera L.）的果实"，并对其化学成分进行分析："果实含蛋白质、脂肪、多糖、果糖、蔗糖、氨基酸、黄酮、黄酮甙、3-O-咖啡酰莽草酸（3-O-Caffeoylshikimic acid）、肉桂酸（Cinnamic acid）衍生物、花白素型缩合鞣质等酚性成分，类胡萝卜素、花色素等色素，以及少量维生素 B_1、B_2、C 等。"③ 清人厉荃的

---

① 段成式：《酉阳杂俎》，方南生点校，第 178 页。
② 陶宗仪：《南村辍耕录》，中华书局，1959，第 331 页。
③ 原注："江苏新医学院编. 中药大词典. 第 1 版. 上海：上海科学技术出版社，1986：343." 陈贵廷主编：《本草纲目通释》，学苑出版社，1992，第 1505 页。

《事物异名录》卷三四《果蓏部》"无漏子"条："千年枣，万岁枣，海枣，波斯枣，番枣，苦鲁麻枣。""《本草纲目》：无漏子，一名千年枣，一名万岁枣，言其树性耐久也。一名海枣，一名波斯枣，一名番枣，言其种自外国来也。番人名曰苦鲁麻枣。"① 或说"椰枣"亦即"海枣"。② 这些关于"枣"的名称所指的枣种，未能一一考证，但是"其种自外国来也"的性质，大体是一致的。

在崇祯《肇庆府志》卷一〇《地理三·土产》的记述中，"海枣"不属于"果品"而属于"木品"："木品多松，多杉，多铁力，多海枣，多楠……"其中列举的树种凡三十二，"海枣"位列第四。其中又写道："海枣，俗名紫京，用作屋，嫌小皴裂。若其坚重，过于力木。盖力木不甚宜水，此则入水及风雨不朽……山荔枝子生毛，味酸，肉少，树大十数围，坚如海枣。"③ 这里说"海枣"的主要特征是"坚""坚重"，却并不关注其果实。嘉靖年间《广东通志初稿》卷三一《果之属》"海枣"条则引用《南方草木状》说。④ 清人揆叙在《隙光亭杂识》卷四中也说："海枣一名紫京。"⑤《南方草木状考补》中有关于"海枣树"的"补注"："海枣五年一实，《录异》说三五年一实，也许如苏铁属植物北移后偶尔结实或终身不结实。今昆明平政街原药王庙内有两株大海枣树不结实。审定者按：法人在滇越沿线引种于开远等处亦不结实；但在元谋由伊斯兰教徒自天方引入的则可结实，当地人叫它仙枣。"⑥ "海枣树"移植之后，发生变异，以致"不结实"，使人们忘记其原本"味极甘美"的果实，只关注其"坚重"宜于"作屋"即作为建筑材料的价值。《广东新语》卷二五"海枣"条也是这样记述的："海枣，俗名紫京，坚重过铁

---

① 厉荃原辑《事物异名录》，关槐增纂，岳麓书社，1991，第 482—483 页。
② 汉语大词典编辑委员会、汉语大词典编纂处编纂《汉语大词典》第 4 卷，罗竹风主编，汉语大词典出版社，1989，第 1080 页。
③ 陆鏊纂修《肇庆府志》卷一〇，明崇祯六年至十三年刻本，第 1132—1133 页。
④ 张岳：嘉靖《广东通志初稿》，戴璟修，明嘉靖刻本，第 2036 页。
⑤ 揆叙：《隙光亭杂识》，清康熙谦牧堂刻本，收入《续修四库全书》第 1146 册，第 84 页。
⑥ 中国科学院昆明植物研究所编《南方草木状考补》，第 324—325 页。

力木。铁力木不甚宜水，此则入水及风雨不朽。以作屋。嫌小皱裂，故不贵。"① 这段文字类同于崇祯《肇庆府志》中的相关描述。其他方志资料中的相关记述，有些也有参考价值。②

关注"海枣"引种之后"结实"或"不结实"的变化，似乎还应考虑历史上不同时期气候的变化。③ 有一信息值得我们注意，就是东汉时期张衡在《南都赋》中提及南阳地区的植被分布时曾说到"楈丫枒桐"。所说应是棕榈科植物。也有人将《南都赋》中所谓"楈丫"解释为"椰子树"。其所引据，有《集韵·平麻》："丫，木名，出交趾。高数十丈，叶在其末，或从'耶'。"④ 由此可以理解南国树种"楈丫枒桐"当时生长的北界。⑤

我们在这里从考察丝绸之路史的视角对"海枣"的传说与史实进行初步讨论。关于"海枣"的历史文化信息比较复杂，相关的早期记忆相

---

① 屈大均：《广东新语》，中华书局，1985，第 664 页。
② 如民国《广东通志》（未成稿不分卷）《岭东山寨记》卷下《核果》"波斯枣"条："波斯枣一名无漏子（《本草拾遗》），一名千年枣（《开宝本草》），刘恂《岭表录》云"广州有一种波斯枣，木无旁枝，直耸三四丈，至巅四向共生十余枝，叶如棕榈。彼土人呼为海棕木，三五年一着子，每朵约三二十颗。都类北方青枣，但小尔。舶商亦有携本国者，至中国，色类沙糖，皮肉软烂，味极甘。似北地天蒸枣，而其核全别。两头不尖，双卷而圆，如小块紫矿。种之不生，盖蒸熟者也。魏文帝谓群臣曰：南方龙荔枝，宁比西国葡萄石蜜乎？且不如中国凡枣味，莫言安邑御枣也。（据《本草纲目》卷三十一"无漏子"条引，魏文帝以下五句据《番禺县志》引）段成式《酉阳杂俎》云：波斯枣生波斯国，叶似土藤不凋，二月生花，状如蕉花，有两甲，渐渐开罅，中有十余房子，长二寸，黄白色，状如楝子，有核。六七月熟，则子黑，状类干枣，食之味甘如饴也。（《本草纲目》卷三十一"无漏子"条引）阮志曰：无漏子即海枣也，亦名夫漏子（卷九十三第二十页）。嵇含《南方草木状》云：海枣大如杯碗，则与波斯枣似有别也。"温廷敬等：《广东通志》未成稿，邹鲁修，民国二十四年稿本，第 2183—2184 页。
③ 竺可桢：《中国近五千年来气候变迁的初步研究》，《考古学报》1972 年第 1 期。
④ 罗竹风主编《汉语大词典》："楈丫，木名，即椰子树。"所引自张衡《南都赋》第 4 卷，第 1199 页，第 814 页。
⑤ 王子今：《秦汉时期生态环境研究》，北京大学出版社，2007，第 284—286 页。

对模糊，但许多迹象仍表明，当自汉晋时代起始。①

　　相关分析对研究这一时期的丝绸之路交通史，应有积极的意义。如果以较长时段考察和关注"海枣"的植物史认知，或许也有益于深化对生物学和生态史的理解。②

---

① 除上文说到的相关例证外，又有杜甫《海棕行》诗："左绵公馆清江濆，海棕一株高入云。龙鳞犀甲相错落，苍棱白皮十抱文。自是众木乱纷纷，海棕焉知身出群。移栽北辰不可得，时有西域胡僧识。"杜甫：《钱注杜诗》，钱谦益笺注，上海古籍出版社，1979，第136页。"时有西域胡僧识"一句值得品味。有学者分析，杜甫歌咏"海棕一株高入云"时，其树龄可"以二百年计"，则应"在六世纪时已栽之"。中国科学院昆明植物研究所编《南方草木状考补》，第330页。又如《南村辍耕录》卷二七"金果"条："成都府江渎庙前，有树六株，世传自汉唐以来即有之。"陶宗仪：《南村辍耕录》，第331页。《南方草木状考补》即理解为"相传汉时物"，第330页。
② 王子今：《说"海枣"：有关丝绸之路的传说和史实》，《中华文化论坛》2020年第3期。

第六章
秦汉时期的南洋航运

　　南洋航运在秦汉时期走向繁荣。《汉书》卷二八下《地理志下》有关于航路走向及到达地点的明确记录，也有关于贸易内容的说明。"杂缯"的输出，明确了海上丝绸之路通行的史实。南海航路得以畅通，是具有世界史意义的历史进步。有学者指出："中国南海海洋文化与世界海洋文化发生联系，由此产生的各种效应，深刻改变岭南及周边地区的社会面貌，真正显示海洋文化对大陆文化的作用力。同时，也显示出中国对海洋科学探索和规律总结，达到一个新水平。"[1] 我们应当注意的是，"海洋文化对大陆文化的作用力"不但表现于对"岭南及周边地区的社会面貌"的"改变"，而且形成全局性的影响。

第一节　"入海市明珠"

　　"入海市明珠"[2]，是中原人关注南海航运的经济主题之一。这体现了南海丝绸之路贸易对象倾向于高端消费品即奢侈品的特点。而处于秦汉帝国南海航道的起点，南海郡治番禺是"珠"贸易的重心，而珠崖、合浦同时作为"珠"的出产地，对"入海市明珠"的南洋贸易取向起到

---

① 张荣芳：《橡笔描绘深蓝色，通史致用谱新篇——评介〈中国南海海洋文化史〉》，载《中国古代史与岭南文化丛稿》，第320—322页。
②《汉书》，第1671页。

了某种引领作用。

一、关于"珠崖""珠厓"

《汉书》卷六《武帝纪》记载，汉武帝平定南越之后，对当地施行行政控制。其措施包括设置郡，共设九郡：

> ……遂定越地，以为南海、苍梧、郁林、合浦、交阯、九真、日南、珠崖、儋耳郡。

汉代的版图，较秦始皇三十三年（前214）"为桂林、南海、象郡"[1] 时有显著的扩张。关于设置"珠崖"郡，颜师古注引应劭曰"在大海中崖岸之边，出真珠，故曰珠崖"，又引张晏曰"在海中"，"珠崖，言珠若崖矣"。[2]

郡名"珠崖"在《汉书》卷八《宣帝纪》、卷九《元帝纪》、卷六四下《贾捐之传》、卷八一《匡衡传》、卷九五《南粤传》、卷九六下《西域传下》，《后汉书》卷四八《杨终传》、卷八六《南蛮传》、卷九〇《鲜卑传》，《三国志》卷四七《吴书·吴主传》，《三国志》卷五三《吴书·薛综传》中的记录相同。[3] 而《汉书》卷二八下《地理志下》则将郡名写作"珠厓"："自合浦徐闻南入海，得大州，东西南北方千里，武帝元封元年略以为儋耳、珠厓郡。"[4] 又有："自夫甘都卢国船行可二月余，有

---

① 《史记》卷一五《六国年表》，第757页。贾谊在《过秦论》中论秦始皇在岭南的
　 扩张："南取百越之地，以为桂林、象郡，百越之君俯首系颈，委命下吏。"《史
　 记》卷六《秦始皇本纪》，第280页。

② 《汉书》，第188页。

③ 《汉书》，第269页，第283页，第2830页，第2834—2835页，第3337页，第
　 3859页，第3928页；《后汉书》，第1598页，第2835页，第2992页；《三国志》，
　 第1145页，第1251—1252页。

④ 《汉书》，第1670页。

第六章 秦汉时期的南洋航运

黄支国，民俗略与珠厓相类。"①

"出真珠，故曰珠崖""珠崖，言珠若崖矣"，都强调当地物产丰富。而"粤地"的经济形势，如《史记》卷一二九《货殖列传》所说："九疑、苍梧以南至儋耳者，与江南大同俗，而杨越多焉。番禺亦其一都会也，珠玑、犀、玳瑁、果、布之凑。"②《汉书》卷二八下《地理志下》也记述："（粤地）处近海，多犀、象、玳瑁、珠玑、银、铜、果、布之凑，中国往商贾者多取富焉。番禺，其一都会也。"关于"珠玑"及"布"，颜师古解释说："玑谓珠之不圆者也，音祈，又音机。布谓诸杂细布皆是也。"③

二、合浦"珠官"

"珠"作为珍奇宝物受到重视，由来已久。《史记》卷三二《齐太公世家》张守节《正义》引《括地志》说，"齐桓公墓"随葬"珠襦"。④《史记》卷四一《越王勾践世家》说，范蠡协助勾践灭吴之后，离开越国，"自与其私徒属乘舟浮海以行，终不反"，出行时"装其轻宝珠玉"。⑤《史记》卷四六《田敬仲完世家》记述梁王语："若寡人国小也，尚有径寸之珠照车前后各十二乘者十枚，奈何以万乘之国而无实乎?"⑥《史记》卷六九《苏秦列传》中说到"宝珠玉帛"。⑦《史记》卷七八《春申君列传》中说到赵国使节"刀剑室以珠玉饰之"，而春申君"其上客皆蹑珠履以见赵使"。⑧"珠"是用于炫富的物品之一。乐毅破齐，"珠玉

---

①《汉书》，第 1671 页。

②《史记》，第 3268 页。

③《汉书》，第 1669—1670 页。

④《史记》，第 1495 页。

⑤同上书，第 1752 页。

⑥同上书，第 1891 页。

⑦同上书，第 2267 页。

⑧同上书，第 2395 页。

财宝车甲珍器尽收入于燕"。① 《战国策·秦策五》记载，吕不韦与其父有"珠玉之赢几倍？曰：'百倍。'"的讨论。经营"珠玉"可得"百倍"暴利，反映了当时社会的消费需求。

秦封泥遗存有"采珠"。研究者以为"诸采"之一，应是"少府"属官。② 汉代社会上层对"珠"颇看重。《汉书》卷三《高后纪》中写道："乃悉出珠玉宝器散堂下，曰：'无为它人守也。'"③ 《史记》卷五八《梁孝王世家》中写道："珠玉宝器多于京师。"④ 《史记》卷一一八《淮南衡山列传》中也写道："行珠玉金帛赂诸侯宗室大臣……"⑤ 这些都是典型例证。

南海珠产，由于可以满足上层社会的消费需求，久已为中原人所瞩目。关于汉代采珠的较早史料，有扬雄的《校猎赋》中有关"流离""珠胎"的著名文句：

方椎夜光之流离，剖明月之珠胎……

颜师古注："珠在蛤中若怀妊然，故谓之胎也。"⑥ 《汉书》卷一〇〇上《叙传上》："……随侯之珠藏于蠯蛤呼？"⑦ 这也体现了当时人们对"珠"的生成缘由及"采珠"方式都是熟悉的。关于"珠胎"的生动比喻，有孔融的"不意双珠，近出老蚌"语。⑧

关于"珠"的生产，人们尤熟知"珠还合浦"的故事。其史实基

---

① 《史记》，第 2431 页。

② 刘瑞：《秦封泥集存》，第 302—304 页。

③ 《汉书》，第 101 页。

④ 《史记》，第 2083 页。

⑤ 同上书，第 3087 页。

⑥ 《汉书》卷八七上《扬雄传上》载录《校猎赋》，第 3550 页。

⑦ 《汉书》，第 4231 页。

⑧ 《三国志》卷一〇《魏书·荀彧传》裴松之注引孔融与（韦）康父端书："前日元将来，渊才亮茂，雅度弘毅，伟世之器也。昨日仲将又来，懿性贞实，文敏笃诚，保家之主也。不意双珠，近出老蚌，甚珍贵之。"第 312—313 页。

础，即《后汉书》卷七六《循吏列传·孟尝》：

> （孟尝）迁合浦太守。郡不产谷实，而海出珠宝，与交阯比境，常通商贩，贸籴粮食。先时宰守并多贪秽，诡人采求，不知纪极，珠遂渐徙于交阯郡界。于是行旅不至，人物无资，贫者饿死于道。尝到官，革易前敝，求民病利。曾未逾岁，去珠复还，百姓皆反其业，商货流通，称为神明。①

这是明确记载南海产珠的资料。晋灭吴后，吴交州刺史陶璜曾上言交州形势，说道："交土荒裔，斗绝一方，或重译而言，连带山海……合浦郡土地硗确，无有田农，百姓唯以采珠为业，商贾去来，以珠贸米。"他意识到"吴时珠禁甚严，虑百姓私散好珠，禁绝来去，人以饥困"，而且"所调猥多，限每不充"，建议放宽"珠禁"："今请上珠三分输二，次者输一，粗者蠲除。自十月讫二月，非采上珠之时，听商旅往来如旧。"② 看来，"采珠"在合浦的社会经济格局中，是主体产业。"珠"的"调""限"，包括所谓"珠""输"，也曾经是合浦地方政府财政的重要来源。

王章冤死于廷尉狱，"妻子皆徙合浦"，得还故郡时，竟然已经"采珠致产数百万"。③ 这是以低下身份在缺乏理想创业条件的情况下靠"采珠"获取成功的典型史例。

"合浦"这一郡名在孙吴政权时期改为"珠官"。《三国志》卷四七《吴书·吴主传》记载黄武七年（228）事：

> 是岁，改合浦为珠官郡。④

---

①《后汉书》，第 2473 页。

②《晋书》卷五七《陶璜传》，第 1561 页。

③《汉书》卷七六《王章传》，第 3239 页。

④《三国志》，第 1134 页。

《三国志》卷五三《吴书·薛综传》载薛综上疏言："赵佗起番禺，怀服百越之君，珠官之南是也。"又说："今日交州虽名粗定，尚有高凉宿贼；其南海、苍梧、郁林、珠官四郡界未绥，依作寇盗，专为亡叛逋逃之薮。"①

既称"珠官郡"，说明"珠"在此地对经济生产与生活有着重要意义。"珠官"，顾名思义，有政府管理"珠"的产销的意思。

三、海外"明珠"

前引《史记》卷八三《鲁仲连邹阳列传》记载，与"随侯之珠，夜光之璧"并列的宝物有"明月之珠"。② 李斯在《谏逐客书》中说到秦王享受的高端物质包括"垂明月之珠"。③ 司马相如的赋作中可见"曳明月之珠旗"和"明月珠子"。④ 扬雄的《校猎赋》中也有"剖明月之珠胎"的语句。⑤

《汉书》卷二八下《地理志下》记述了南海航道的经由、走向、行程及主要贸易内容："自日南障塞、徐闻、合浦船行可五月，有都元国；又船行可四月，有邑卢没国；又船行可二十余日，有谌离国；步行可十余日，有夫甘都卢国。自夫甘都卢国船行可二月余，有黄支国，民俗略与珠厓相类。其州广大，户口多，多异物，自武帝以来皆献见。有译长，属黄门，与应募者俱入海市明珠、璧流离、奇石异物，赍黄金杂缯而往。所至国皆禀食为耦，蛮夷贾船，转送致之。亦利交易，剽杀人。又苦逢风波溺死，不者数年来还。大珠至围二寸以下。平帝元始中，王莽辅政，欲耀威德，厚遗黄支王，令遣使献生犀牛。自黄支船行可八月，到皮宗；船行可二月，到日南、象林界云。黄支之南，有已程不

①《三国志》，第 1253 页。
②《史记》，第 2476 页。
③《史记》卷八七《李斯列传》，第 2543—2544 页。
④《史记》卷一一七《司马相如列传》，第 3009 页，第 3017 页。
⑤《汉书》，第 3550 页。

国，汉之译使自此还矣。"① 由此可知，汉帝国的外输物资是"黄金杂缯"，而"入海"求购的，首先是"明珠、璧流离、奇石异物"。其中，"明珠"位列第一。

关于所谓"入海市明珠、璧流离、奇石异物"，有学者认为，"《汉书·地理志》所载输入物品有'海市明珠、璧流（琉）离（璃）与奇石异物'，②"与奇石异物"误入"与"字。其中，"海市明珠"语是对"入海市明珠"的误解。此处之"市"，并非贸易场所之"市"，即《说文·门部》"市，买卖所之也。市有垣，从门"③ 中的"市"，而是《史记》卷七《项羽本纪》"赵亦不杀田角、田间以市于齐"中的"市"。关于所谓"赵亦不杀田角、田间以市于齐"，裴骃《集解》注："张晏曰：'若市买相贸易以利也。梁救荣难，犹不用命。梁念杀假等，荣未必多出兵，不如依《春秋》寄公待以礼也，又可以贸易他利，以除己害，遂背德可辅假以伐齐，故曰市贸易也。'晋灼曰：'假，故齐王建之弟，欲令楚杀之，以为己利，而楚保全不杀，以买其计，故曰市也。'"司马贞《索隐》："按：张晏云'市，贸易也'，韦昭云'市利于齐也'，故刘氏亦云'市犹要也'。留田假而不杀，欲以要挟田荣也。"④ "入海市明珠"的"市"，是动词，指"市，贸易也""市买相贸易以利也"。

"入海市明珠"的"明珠"，或许与文学遗产中所谓"明月之珠""明月珠子"有一定关系。《后汉书》卷八八《西域传》"大秦国"条中就写作"明月珠"："土多金银奇宝，有夜光璧、明月珠、骇鸡犀、珊瑚、虎魄、琉璃、琅玕、朱丹、青碧。"⑤《三国志》卷三〇《魏书·东夷传》中裴松之注引《魏略·西戎传》："大秦多金、银、铜、铁、铅、锡、神龟、白马、朱髦、骇鸡犀、玳瑁、玄熊、赤螭、辟毒鼠、大贝、车渠、玛瑙、南金、翠爵、羽翮、象牙、符采玉、明月珠、夜光珠、真白珠、

——————————

①《汉书》，第 1671 页。

② 胡嘉麟：《从考古资料看南中国海秦汉时期的文化交流》，《海交史研究》2020 年第 2 期，第 89 页。

③ 许慎：《说文解字注》，段玉裁注，第 228 页。

④《史记》，第 302 页。

⑤《后汉书》，第 2919 页。

虎珀、珊瑚、赤白黑绿黄青绀缥红紫十种流离、璆琳、琅玕、水精、玫瑰、雄黄、雌黄、碧、五色玉……"①　其中也出现"明月珠"。关于"尉他""赐陆生橐中装直千金"，司马贞《索隐》："如淳云以为明月珠之属也。"②　这里也说到"明月珠"。自南越国北行，"明月珠"可能产自南海。

"入海市明珠、璧流离、奇石异物"，"明珠"列于首位，是值得我们注意的。

"两广汉墓出土的珍珠主要有广州南越王墓和广西贵港深钉岭汉墓。南越王墓的珍珠置于漆盒中，其中直径 1.1 厘米的仅 2 粒，0.6～0.8 厘米的十余粒，其余为 0.3～0.5 厘米的小珠。③　贵港汉墓的珍珠置于小铜盒中，多已炭化。"④　《汉书》卷二八下《地理志下》说南海贸易所得之"明珠"规格，"大珠至围二寸以下"。有学者指出，"按照汉尺计算直径大约 1 厘米，与南越王墓出土的大珠尺寸相当"，并认为南越王墓出土的"珠""应该是通过海上贸易输入而获得的"。⑤　认为南越王墓出土的"珠""通过海上贸易输入"的判断应当是成立的，但是"大珠至围二寸以下""按照汉尺计算直径大约 1 厘米"之说，却是错误的。按照度量衡史研究者提供的数据，西汉每尺长 23.1 厘米，东汉每尺长 23.5 厘米。⑥　若按照西汉尺度的测定值，"二寸"应为 4.62 厘米，绝非"大约 1 厘米"。考虑到研究者说明"所见经科学发掘的西汉尺共 10 支，凡无确切纪年的汉尺，均暂定为东汉尺"，这样在《汉代尺度一览表》98 例汉尺

①《三国志》，第 861 页。

②《史记》卷九七《郦生陆贾列传》，第 2698 页。

③ 广州市文物管理委员会、中国社会科学院考古研究所、广东省博物馆编《西汉南越王墓》，文物出版社，1991，第 218 页。

④ 原注："广西壮族自治区文物工作队、贵港市文物研究所：《广西贵港深钉岭汉墓发掘报告》，载《考古学报》2006 年第 1 期，第 108 页。"

⑤ 胡嘉麟：《从考古资料看南中国海秦汉时期的文化交流》，《海交史研究》2020 年第 2 期，第 89 页。

⑥ 根据两汉和新莽尺实物测定，"西汉和新莽每尺为平均长分别为 23.2 厘米和 23.09 厘米""考虑到数据的一贯性，故厘定为 23.1 厘米""东汉尺单位值暂定为 23.5 厘米"。丘光明编著《中国历代度量衡考》，科学出版社，1992，第 54—57 页。

数据中①，除西汉尺 10 例外，88 例"暂定为东汉尺"者，中间应有一定数量的西汉尺。也就是说，西汉尺 23.1 厘米的真实数据应当还要偏大一些。如果按照"东汉尺单位值暂定为 23.5 厘米"的数据计算，则"大珠至围二寸以下"，应在"围"4.7 厘米"以下"。另外，我们还应当考虑到，班固著《汉书》的时代是东汉。

这与南越王墓出土的"直径 1.1 厘米"的"大珠"相差其大。我们现在不能确定《汉书》卷二八下《地理志下》"大珠至围二寸以下"的说法是否有夸张成分，抑或从南越王墓的时代到班固著《汉书》的时代，南海航路方向的"入海市明珠"贸易已有所进步，因而获得了质量更优的"明珠"。

第二节 南海海港与"船行"航线

海上港口的兴起和发展，要以一定的区域地理为背景，其中包括港口与腹地之间，以及各港口之间的陆路交通。海港的分布，与航运线路有重要的关系。秦汉时期，渤海、黄海、东海、南海海岸均已出现初具规模的海港。而南海海港的作用与海上丝绸之路的关系特别值得重视。

一、番禺

番禺作为"南海郡理"②，在南海方向经济区域中居于首要地位。

番禺在今广东广州，曾是南海郡治所在，亦是尉佗所都，在南越政权的长期经营下，成为南海最大的海港，占据"负山险，阻南海"的地理优势。③《史记》卷一二九《货殖列传》曰："九疑、苍梧以南至儋耳

---

① 丘光明编著《中国历代度量衡考》，第 54—57 页。
②《史记》司马贞《索隐》引文颖曰，第 3045 页。
③《史记》卷一一三《南越列传》，第 2967 页。

者，与江南大同俗，而杨越多焉。番禺亦其一都会也，珠玑、犀、玳瑁、果、布之凑。"①《汉书》卷二八下《地理志下》也说："（粤地）处近海，多犀、象、玳瑁、珠玑、银、铜、果、布之凑，中国往商贾者多取富焉。番禺，其一都会也。"② 番禺在当时已是国际商港。从广州南越王墓出土文物的数量和质量可以看出当时番禺地方的经济情况。③ 有学者认为，广州秦汉造船工场遗址的宏大建筑遗存，若性质确实与造船业有关，则可以说明番禺在南海航运系统中的地位。④

番禺后为交州治所。东汉末年，中原战乱不息，士民多有避乱会稽者，及战火延及会稽，又纷纷浮海南渡交州。《三国志》卷三八《蜀书·许靖传》记载，许靖为汝南平舆人，逢董卓乱政，辗转往依会稽太守王朗，后"孙策东渡江，皆走交州以避其难"。⑤

番禺经海路通达交趾、九真、日南，拥有经济中枢的地位，是南海贸易格局的重心。

二、徐闻

徐闻在今广东徐闻南，是沟通大陆与朱崖洲（今海南岛）的主要港口。

《汉书》卷二八下《地理志下》记载："自合浦徐闻南入海，得大州，东西南北方千里。"⑥《水经注》卷三六《温水》中写道："王氏《交

---

① 《史记》，第 3268 页。

② 《汉书》，第 1670 页。

③ 广州象岗汉墓发掘队：《西汉南越王墓发掘初步报告》，《考古》1984 年 3 期。

④ 广州市文物管理处、中山大学考古专业 75 届工农兵学员编《广州秦汉造船工场遗址试掘》，《文物》1977 年第 4 期。

⑤ 第 964 页。关于从中原避乱至会稽，又由会稽转迁交州的例子还出现在其他文献中。如《后汉书·袁安传》："及天下大乱，（袁）忠弃官客会稽上虞"，"后孙策破会稽，忠等浮海南投交阯"。第 1526 页。又如《后汉书·桓荣传》："初平中，天下乱，"桓晔"避地会稽，遂浮海客交阯"。第 1269 页。

⑥ 《汉书》，第 1670 页。

广春秋》曰：'朱崖、儋耳二郡，与交州俱开，皆汉武帝所置，大海中南极之外，对合浦徐闻县。清朗无风之日，迳望朱崖州如囷廪大。从徐闻对渡，北风举帆，一日一夜而至。'"①

《汉书》卷九六下《西域传下》记载："故能睹犀布、玳瑁则建珠崖七郡……自是之后，明珠、文甲、通犀、翠羽之珍盈于后宫……"② 贾捐之建议放弃珠崖时，说"又非独珠崖有珠犀玳瑁也，弃之不足惜"。③古人关注珠崖，史称"中国贪其珍赂"。④ 其实，"珠崖"或"珠厓"并非仅仅在汉地奢侈品消费史中占有地位。关于海岛的控制与开发，"珠崖"或"珠厓"在行政管理上的经验是值得总结的。汉元帝初元三年（前46）"罢珠厓"。⑤ 此后，这一大岛在南洋航路上的地位基本被徐闻替代了。

徐闻汉墓的考古发现，可以增进人们对当时徐闻港历史地位的认识。⑥

徐闻不仅是大陆通向朱崖的重要海港，也因连通南洋航道而在世界贸易史上发挥着作用。

三、合浦

合浦在今广西北海附近。《汉书》卷二八下《地理志下》记述，"自

---

① 郦道元：《水经注校证》，陈桥驿校证，第840页。

②《汉书》，第3928页。

③《汉书》卷六《武帝纪》：元鼎六年（前111）置珠崖、儋耳郡。颜师古注引应劭曰："二郡在大海中崖岸之边。出真珠，故曰珠崖。"张晏曰："珠厓，言珠若崖矣。"第188页。杜笃《论都赋》："郡县日南，漂概朱崖。"李贤注："《前书》音义曰：'珠崖，言珠若崖也。'"《后汉书》卷八〇上《文苑列传上·杜笃》，第2600页。

④《后汉书》卷八六《南蛮传》，第2836页。

⑤《汉书》卷九《元帝纪》，第283页。

⑥ 广东省博物馆编《广东徐闻东汉墓——兼论汉代徐闻的地理位置和海上交通》，《考古》1977年第4期。

日南障塞、徐闻、合浦船行",以通南洋各国,所谓"蛮夷贾船,转送致之"①,说明徐闻、合浦都是当时海外交通的重要港口。《后汉书》卷七六《循吏传·孟尝》记载:"(孟尝)迁合浦太守。郡不产谷实,而海出珠宝,与交阯比境,常通商贩,贸籴粮食。"后来有"合浦珠还"的故事。"(孟尝)以病自上,被征当还,吏民攀车请之。尝既不得进,乃载乡民船夜遁去。"②《北堂书钞》卷七五引《谢承后汉书》写道:"尝革易前弊,不逾岁而珠皆还。上闻征之,尝归,民交攀恋之也。"③ 周天游《八家后汉书辑注》中《谢承后汉书》卷五《循吏传·孟尝》作"民(交)〔吏〕攀〔车〕恋之也"。所据为"《书钞》卷七五,《类聚》卷八四,《事类赋注》卷九,《书钞》卷三五又卷七六"。④ 然而《后汉书补逸》卷一〇《谢承后汉书第二》则作"被征,当还,吏民攀车请之,不得进,乃附商人船遁去"。⑤《渊鉴类函》卷一一三《设官部五三·太守四》"民吏攀车"条下引《谢承后汉书》,也说"乃附商人船遁去"。⑥ 所谓"乡民船",又作"商人船",可见从合浦港进出的商船有相当可观的数量。

年代为西汉后期的合浦望牛岭汉墓出土了大量金饼、金珠、水晶、玛瑙、琉璃、琥珀制品,其中有一件精致的琥珀质印章。⑦ 这些物品很可能来自海外,可以反映合浦曾作为重要的对外贸易港的历史事实。

据《汉书》卷二八上《地理志上》,从合浦出发、前往南洋的远航贸易行为的主要目的包括"珠":"入海市明珠、璧流离、奇石异物,赍黄金杂缯而往。""珠"的等级和规格较高,"大珠至围二寸以下"。⑧ 合

① 《汉书》,第 1671 页。
② 《后汉书》,第 2473 页。
③ 虞世南编撰《北堂书钞》,第 275 页。
④ 周天游辑注《八家后汉书辑注》,上海古籍出版社,1986,第 152 页。
⑤ 姚之骃:《后汉书补逸》,收入徐蜀选编《二十四史订补》第 4 册,第 149 页。
⑥ 张英、王士禛等:《渊鉴类函》卷一一三,中国书店,1985 年影印本,第 10 页。
⑦ 广西壮族自治区文物考古写作小组编《广西合浦西汉木椁墓》,《考古》1972 年第 5 期。
⑧ 《汉书》,第 1671 页。

浦本地盛产"珠"，又引入外来的"珠"，即"入海市明珠"。而引入的"至围二寸以下"的"明珠""大珠"，都是规格、等级较高的珍珠。《汉书》卷九六下《西域传下》中写道："明珠、文甲、通犀、翠羽之珍盈于后宫。"① 这反映了在宫廷消费的奢侈品中，"明珠"居于首位。马援故事中，"上书谮之者，以为前所载还，皆明珠、文犀"，说明"明珠"来自南海。② 《后汉书》卷六一《黄琼传》中写道："羽毛、齿革、明珠、南金之宝殷满其室。"③ "羽毛、齿革"都是南国物产，"明珠"也是，而所谓"南金之宝"尤其明确地指出了这些宝物出产地的方位。

关于合浦"近海"多"珠玑"，可以从两个方面理解：第一，这里是"珠"的重要出产地；第二，这里是海外"明珠""大珠"进入中国市场的重要通道上的中转站。

所谓"南金之宝"，说明在南海的经济交流中，除了"黄金"外流外，还有外域贵金属制品传入中国。《三国志》卷三〇《魏书·东夷传》中裴松之注引《魏略·西戎传》："大秦多金、银、铜、铁、铅、锡、神龟、白马、朱髦、骇鸡犀、玳瑁、玄熊、赤螭、辟毒鼠、大贝、车渠、玛瑙、南金、翠爵、羽翮、象牙、符采玉、明月珠、夜光珠、真白珠、虎珀、珊瑚、赤白黑绿黄青绀缥红紫十种流离、璆琳、琅玕、水精、玫瑰、雄黄、雌黄、碧、五色玉……"④ 其中明确说到"南金"。而合浦及广州出土的金器中有"金花泡饰""金花球饰"等，对此考古学者已经进行了深入的研究。⑤

---

① 《汉书》，第 3929 页。

② 《后汉书》，第 846 页。

③ 同上书，第 2037 页。

④ 《三国志》，第 861 页。

⑤ 白云翔：《岭南地区发现的汉代舶来金银器述论》，载中国社会科学院考古研究所、广州市文物考古研究所编《西汉南越国考古与汉文化》，科学出版社，2010。另载白云翔：《秦汉考古与秦汉文明研究》，第 591—605 页。

四、龙编

龙编在今越南河北省仙游东，海兴省海阳附近，曾是交趾郡的进出港。

海南诸国"自汉武以来朝贡，必由交阯之道"。① 龙编在东汉时是交趾郡治所在。在秦汉的南洋贸易中，龙编又始终是重要的中间转运港。船队可以乘潮迎红河直抵城下。郡属有安定县（今越南兴安南）。

《续汉书·郡国志五》"交趾郡安定"条下刘昭注补引《交州记》曰："越人铸铜为船，在江潮退时见。"② 这种当地人铸造的铜船，有可能是与航运有关的水文标记。

"龙编"邻近地区的人文地理资料中有值得我们注意的信息。《后汉书》卷二四《马援传》记载："援奏言西于县户有三万二千，远界去庭千余里，请分为封溪、望海二县……"李贤注："西于县属交趾郡，故城在今交州龙编县东也。""封溪、望海，县，并属交趾郡。"③ 顾炎武《日知录》卷八《州县税赋》引此以为"远县之害"一例。④《后汉书》卷二三《郡国五》列"交趾郡"所属"十二城"：

> 交趾郡武帝置，即安阳王国。雒阳南万一千里。十二城。
>
> 龙编、羸陵、安定、苟漏、麊泠、曲阳、北带、稽徐、西于、朱鸢、封溪建武十九年置。望海建武十九年置。⑤

西于在今越南河内西北。⑥ "西于县户有三万二千"，与马援家乡右扶风相比悬殊。右扶风这一位列三辅、拥有十五县的郡级行政单位，只有

---

① 《旧唐书》卷四一《地理志四》"岭南道"条，第 1758 页。

② 《后汉书》，第 3532 页。

③ 同上书，第 839 页。

④ 《日知录集释》，黄汝成集释，秦克诚点校，第 276 页。

⑤ 《后汉书》，第 3531—3532 页。

⑥ 谭其骧主编《中国历史地图集》第 2 册，第 35—36 页。

"户万七千三百五十二"①，仅相当于西于县一个县户数的54.23％。

西于县的户数，可以作为我们考察汉代岭南开发程度的重要信息。分析户口的历史变化，当然不能忽略当地部族归附汉王朝管理而使户口显著增长的因素，但这种归附也是开发成功的重要标志。虽然户口增长可能部分因为当地部族附籍，但当地人口密度竟然超过中原富足地区的情形，依然值得研究者重视。②

通过西于县的人口规模，我们可推测其繁荣程度。龙编作为交趾郡第一县，应当有更富足的经济条件。这很可能与海上丝绸之路的通行有密切关系。

在越南北部和中部沿海地方，"发现有大量的汉式城址、汉式墓葬等文化遗存"，③ 其中包括龙编城。汉代龙编的考古工作，也有了收获。④

五、卢容

卢容在今越南平治天省顺化市。

《水经注》卷三六《温水》说：

> 自四会南入，得卢容浦口。

又引《晋书地道记》曰：

> 郡去卢容浦口二百里，故秦象郡象林县治也。

---

① 《后汉书》，第3406页。
② 王子今：《岭南移民与汉文化的扩张——考古资料与文献资料的综合考察》，《中山大学学报（社会科学版）》2010年第4期。
③ 中国社会科学院考古研究所编著《中国考古学·秦汉卷》，刘庆柱、白云翔主编，第1009页。
④ 西村昌也：《紅河デルタの城郭遺跡》，Lung Khe 城址をめぐる》，《東南アジア——歴史と文化》2001年，第50页，第55页。

又写道：

> 康泰《扶南记》曰：从林邑至日南卢容浦口，可二百余里，从口南发往扶南诸国，常从此口出也。故《林邑记》曰：尽纮沧之徼远，极流服之无外。地滨沧海，众国津径。郁水南通寿泠，即一浦也。浦上承交趾郡南都官塞浦。《林邑记》曰：浦通铜鼓、外越、安定、黄冈心口，盖借度铜鼓，即骆越也……①

此所谓"浦"，应是指河海交汇处。"浦"又常常专指泊船之港湾。②

六、《汉志》记录的南海"船行"航线

《汉书》卷二八下《地理志下》有关于"自日南障塞、徐闻、合浦船行"航海路线的记述：

> 自日南障塞、徐闻、合浦船行可五月，有都元国；又船行可四月，有邑卢没国；又船行可二十余日，有谌离国；步行可十余日，有夫甘都卢国。自夫甘都卢国船行可二月余，有黄支国，民俗略与珠崖相类。其州广大，户口多，多异物，自武帝以来皆献见。有译长，属黄门，与应募者俱入海市明珠、璧流离、奇石异物，赍黄金杂缯而往。所至国皆禀食为耦，蛮夷贾船，转送致之。亦利交易，剽杀人。又苦逢风波溺死，不者数年来还。大珠至围二寸以下。平帝元始中，王莽辅政，欲耀威德，厚遗黄支王，令遣使献生犀牛。自黄支船行可八月，到皮宗；船行可二月，到日南、象林界云。黄支之南，有已程不国，汉之

① 郦道元：《水经注校证》，陈桥驿校证，第834—835页。
② 《太平御览》卷七五引《郡国志》："夏曰浦有龙鱼，昔禹南济，黄龙夹舟之处。"又引《江夏记》："南浦在县南三里，《离骚》曰'送美人兮南浦'……商旅从来皆于浦停泊，以其在郭之南，故称南浦。"又引《续搜神记》："庐江筝笛浦，浦中昔有大舶覆水内，渔人宿旁，闻筝笛之声及香气氤氲，云是曹公载妓舡覆于此。"第352—353页。

译使自此还矣。①

根据"自日南障塞、徐闻、合浦船行可五月……又船行可四月……又船行可二十余日……步行可十余日……""自夫甘都卢国船行可二月余，有黄支国……自黄支船行可八月，到皮宗；船行可二月，到日南、象林界云"，可知南洋交通主要是"船行"。

《汉书》记录了西汉南海航道的交通形势。有学者指出："东汉与西洋货物往还里程超过西汉。"②

第三节　关于"蛮夷贾船"的理解

关于南洋航运，《汉书》卷二八《地理志下》说到"自日南障塞、徐闻、合浦船行可五月"，至"都元国"，"又船行可四月，有邑卢没国"，"又船行可二十余日，有谌离国；步行可十余日，有夫甘都卢国。自夫甘都卢国船行可二月余，有黄支国"。此黄支国，"民俗略与珠崖相类。其州广大，户口多，多异物，自武帝以来皆献见。有译长，属黄门，与应募者俱入海市明珠、璧流离、奇石异物，赍黄金杂缯而往"，沿途有所接应，"所至国皆禀食为耦，蛮夷贾船，转送致之。亦利交易，剽杀人。又苦逢风波溺死，不者数年来还"。③ 这里说到的"蛮夷贾船，转送致之"，值得海上丝绸之路史研究者注意。

一、猜想一：西来"贾船"

既然称"蛮夷贾船"，自然可以理解为西来"贾船"曾经是南洋贸

---

①《汉书》，第 1671 页。

② 赵维平：《中国治水通运史》，第 99 页。

③《汉书》，第 1671 页。

易的海运主力。在西北方向的草原丝绸之路贸易中，我们多看到"胡商""胡贾"的活跃①，却未见明确的中原商人的积极表现。

广州汉墓出土的体现南海交通线路畅通的实物胡俑托灯形象，与合浦寮尾13B号墓出土的"胡人俑座灯"性质相同。合浦堂排1号墓出土的怀抱印度弓形竖琴的胡人俑，同样是"面部特征为深目高鼻、络腮胡须的异族人种"，但"缠头绾结"似乎表现出"汉式"风格。② 既然称"蛮夷贾船"，则这类商船的主人、船长和水手，应当是外族人。当时南洋航船由"蛮夷"驾驶的可能性是很大的，因为中国人对这条远洋通道的海洋气候和海洋水文条件是不熟悉的。而热带气旋使海上航行充满危险③，就连熟练的航海者也可能"苦逢风波溺死"。

合浦汉墓的主人，是否是来自南洋的"蛮夷"，即外族商人和航海家呢？对于以往发现的合浦汉墓的人骨遗存，考古学者认为不具备进行族属鉴定的条件。或许现今的DNA提取和比对技术，可以为学界增进相关认识提供有意义的信息。

不过，《汉书》既言"蛮夷贾船，转送致之"，似说其作用仅限于"转送"。关于所谓"蛮夷贾船，转送致之"，有学者在讨论"我国海洋科学之发展史"时说到，据"《汉书·地理志》"，"据考汉使以到南印度"，而"近者乘中国船舶，远者，则由蛮夷贾船转送"。④

二、猜想二："应募者俱入海"背景下的"蛮夷"商人和船员

也许有在南洋航路上冒险转运的"蛮夷"商人、"蛮夷"船长和"蛮夷"水手，经历"苦逢风波溺死"的风险，争取利益。《后汉书》卷八八《西域传》中有关"安息西界船人"的航海体验，可以与此对照理

---

① 王子今：《汉代的"商胡""贾胡""酒家胡"》，《晋阳学刊》2011年第1期。

② 熊昭明、富霞：《合浦汉墓》，广西科学技术出版社，2019，第157—158页；熊昭明、韦莉果：《广西古代海上丝绸之路》，第65—66页。

③ 胡振洲：《海事地理学》，台湾三民书局，1993，第137页。

④ 陈民本、陈汝勤：《中国的海洋》，台湾文物供应社，1982，第25页。

解："海水广大，往来者逢善风三月乃得度，若遇迟风，亦有二岁者，故入海人皆赍三岁粮。海中善使人思土恋慕，数有死亡者。"①

《汉书》所谓"亦利交易，剽杀人"，似乎又在说这些"蛮夷"出身的商运人员只是参与局部的、间接的、不持续的交易。毕竟他们是在"应募者俱入海市明珠、璧流离、奇石异物，赍黄金杂缯而往"的背景下参与这种"市"的过程的。

三、猜想三：中国商人与南洋航海家的组合

是不是可以把"蛮夷贾船"中的"贾船"这个词进行分解呢？就是说，南洋船队是否可能是由中国"入海市明珠、璧流离、奇石异物，赍黄金杂缯而往"的商人与南洋当地的航海家组合而成的，即他们是合作进行海上远航的呢？

就现有资料而言，我们不能排除这种可能。《后汉书》卷八八《西域传》中说到甘英"临西海"的故事：

（永元）九年，班超遣掾甘英穷临西海而还。

和帝永元九年，都护班超遣甘英使大秦，抵条支。

其后甘英乃抵条支而历安息，临西海以望大秦，拒玉门、阳关者四万余里，靡不周尽焉。②

《后汉书》卷八八《西域传》"安息国"条对甘英放弃"使大秦，抵条支"计划的情形有这样的记述：

章帝章和元年，遣使献师子、符拔。符拔形似麟而无角。和帝永

---

① 《后汉书》，第2918页。
② 同上书，第2910页，第2918页，第2931页。

元九年，都护班超遣甘英使大秦，抵条支。临大海欲度，而安息西界船人谓英曰："海水广大，往来者逢善风三月乃得度，若遇迟风，亦有二岁者，故入海人皆赍三岁粮。海中善使人思土恋慕，数有死亡者。"英闻之乃止。十三年，安息王满屈复献师子及条支大鸟，时谓之安息雀。①

甘英在"安息""临大海"处，无法临时造船或仓促训练水手，只能借助"安息西界船人"的航行能力，因此受到消极的影响，"闻之乃止"。

我们还应当注意到，安息王在"章帝章和元年，遣使献师子、符拔"，在"（和帝永元）十三年，安息王满屈复献师子及条支大鸟"，说明他们有远航"大秦""条支"的交通能力，也有往来东土的成功的航行经验。

四、海上丝绸之路开通是多民族合作的成果

我们无论怎么理解"蛮夷贾船"中的"蛮夷"，都必须承认这一文献记录反映了外族参与南洋航行的历史事实。

我们在考察草原丝绸之路开通与繁荣的历史时，应注意以游牧和射猎为主要生产方式的草原民族对丝绸之路贸易表现出的积极态度。丝绸之路交通格局的形成，是多民族共同努力造就的历史成就。对于匈奴与西域其他草原民族促进丝绸之路交通的历史文化贡献，汉文历史文献有所记录，考古发现的文物遗存也可以提供实证。匈奴通过关市及汉王朝"赂遗"得到的超出消费需要数额的"锦绣缯帛"和"絮"，是可以通过转输交易的方式换取更大利益的。② 西域草原民族曾经凭借其在经商方面的能力优势，在丝绸贸易活动中有积极的表现。"西域贾胡"活跃在中原，成为汉代经济生活的重要风景。对张骞"凿空"提供直接帮助的，有堂邑父的实践及张骞"胡妻"的理解和支持。而大宛、康居、乌

①《后汉书》，第 2918 页。

② 王子今：《直道与丝绸之路交通》，《历史教学》（下半月刊）2016 年第 2 期。

孙的"导译"们的历史功绩，也是不可磨灭的。①

根据所谓"蛮夷贾船，转送致之"，我们可以判断，海上丝绸之路的开通与繁荣，是多民族共同成就的伟大事业。

第四节 "杂缯"：海上丝绸之路的确证

《史记》和《汉书》都有关于番禺集散纺织品的记载。而《汉书》卷二八下《地理志下》说，中原人往南洋远途贸易，"入海市明珠、璧流离、奇石异物"，所携带的是"黄金杂缯"。这是关于海上文化交流通道以丝绸为主要交易商品的较早的明确记载。

一、《史记·货殖列传》《汉书·地理志》说南海"布""缯"

《史记》卷一二九《货殖列传》记述岭南地区的经济特点："九疑、苍梧以南至儋耳者，与江南大同俗，而杨越多焉。番禺亦其一都会也，珠玑、犀、玳瑁、果、布之凑。"②《汉书》卷二八下《地理志下》中有大致相同的记述："处近海，多犀、象、玳瑁、珠玑、银、铜、果、布之凑，中国往商贾者多取富焉。番禺，其一都会也。"对于司马迁和班固都说到的"布之凑"的"布"，颜师古注："布谓诸杂细布皆是也。"③

《汉书》卷二八下《地理志下》又提供了非常明朗的相关信息，可以说明南洋航路贸易的丝绸，就是"杂缯"："……（黄支国）民俗略与珠崖相类。其州广大，户口多，多异物，自武帝以来皆献见。有译长，

---

① 王子今：《草原民族对丝绸之路交通的贡献》，《山西大学学报（哲学社会科学版）》2016 年第 1 期。

②《史记》，第 3268 页。

③《汉书》，第 1669—1670 页。

属黄门，与应募者俱入海市明珠、璧流离、奇石异物，赍黄金杂缯而往。"① 在"入海市明珠、璧流离、奇石异物"时，"赍黄金杂缯而往"。"明珠、璧流离、奇石异物"是用于满足中国上层社会高级消费生活的需求，而"黄金杂缯"是中国物产，用于交换"明珠、璧流离、奇石异物"。

二、"杂缯"之名义

关于"杂缯"的明确记载见于史籍，提示这条中外文化交流通道以"海上丝绸之路"定位是切实的。

《说文·系部》言："缯，帛也。"段玉裁注："七篇'帛'下曰：'缯也。'② 是为转注。《春秋传》假为'鄫'字。"③《说文·系部》涉及"缯"的文字还有：

> 綷，籀文缯。从宰省。杨雄以为汉律祠宗庙丹书告也。④
> 緭，缯也。从糸，胃声。
> 绮，文缯也。从糸，奇声。⑤
> 縑，并丝缯也。从糸，兼声。⑥

---

① 《汉书》，第 1671 页。

② 《说文·帛部》："帛，缯也。"许慎：《说文解字注》，段玉裁注，第 363 页。

③ 许慎：《说文解字注》，段玉裁注，第 648 页。

④ 段玉裁注："也字依《韵会》补。綷为祠宗庙丹书告神之帛，见于汉律者字如此作。杨雄言之。雄《甘泉赋》曰：'上天之綷。'盖即谓郊祀丹书告神者。此则从宰不省者也。"

⑤ 段玉裁注："谓缯之有文者也。文者，错画也。错画谓逆道其介画。缯为逆道方文，谓之文绮。引申之曰交疏结绮窗，曰疆埸绮分。皆谓似绮文。"

⑥ 段玉裁注："谓骈丝为之，双丝缯也。《吕氏春秋》：'昔吾所亡者纺缁也，今子之衣禅缁也。以禅缁当纺缁，子岂有不得哉？'任氏大椿曰。'禅缁即单缁也。余谓此纺即方也。并丝曰方，犹并船曰方。此纺非纺之本义。《后汉舆服志》及《古今注》并云：合单纺为一系者同。此方丝所谓兼丝也。'形声中有会意。古甜切。七部。"

绨，厚缯也。从糸，弟声。①

练，湅缯也。从糸，柬声。②

紬（绸），大丝缯也。从糸，由声。③

綮，致缯也。一曰徽识信也。有齿。从糸。启省声。④

缦，缯无文也。从糸，曼声。汉律曰：赐衣者缦表白里。⑤

绢，缯如麦稍色。从糸，肙声。⑥

---

① 段玉裁注："《管子·轻重戊篇》：管子对桓公，鲁梁之民俗为绨，公服绨。即又对桓公：宜服帛去绨。然则帛薄绨厚可知也。《史记·范雎传》《索隐》曰：盖今之絁。按非也，絁即许之繲字。"

② 段玉裁注："湅者，䉤也。䉤者，渐也。渐者，汏米也。湅缯汏诸水中，如汏米然。《考工记》所谓'湅帛'也。已湅之帛曰练。引申为精简之称。如《汉书》'练时日'、'练章程'是也。"许慎：《说文解字注》，段玉裁注，第648页。今按："练时日"，见《汉书》卷二二《礼乐志》。

③ 段玉裁注："大丝较常丝为大也。《左传》：卫文公大帛之冠。大帛谓大丝缯。《后汉书》'大练'亦谓大丝练也。《独断》说飞軨以缇绸广八尺，长拄地。今缯帛通呼为绸，不必大丝也。假借为抽字。《史记》：绸石室金匮之书。徐广：音抽。师古《汉书》音胄。皆是也。音胄谓同籀也。籀者，读书也。《释名》曰：绸，抽也。抽引丝端出细绪也。与许说迥异。"许慎：《说文解字注》，段玉裁注，第648—649页。

④ 段玉裁注："致，送诣也。凡细腻曰致。今之緻字也。汉人多用致，不作緻。致缯曰綮，未闻其证。""各本识作帜。俗字也，今正。《巾部》曰：徽者，徽识也。徽识信盖谓旜载。旜、綮通用也。《汉匈奴传》曰：旜载十。师古曰：旜载，有衣之载也。以赤黑缯为之。《古今注》曰：旜载，受之遗象。以木为之。后世滋伪，无复典型。以赤绸韬之。亦谓之绸载，亦谓之旜载。王公以下通用之以前驱。按用赤黑缯，故曰綮。其用同徽识，故曰徽识信。"

⑤ 段玉裁注："《春秋繁露》：庶人衣缦。引申之，凡无文皆曰缦。《左传》'乘缦'注：车无文者也。《汉食货志》'缦田'注：谓不甽者也。"

⑥ 段玉裁注："色字今补。色讹也，而俗删之耳。自绢至绤廿三篆皆言缯帛之色。而此色字先之。《声类》湄縛绢为一字，由不考其义之殊也。稍者，麦茎也。缯色如麦茎青色也。《射雉赋》曰：麦渐渐以擢芒。又曰：窥阒蔺叶。四月时也。缯色似之曰绢。汉人假为缳字。"许慎：《说文解字注》，段玉裁注，第649页。

綪，赤繒也。以茜染故谓之綪。从糸，青声。①

　　縹，帛如绀色。或曰深缥。从米，枭声，读若枭。②

　　繻，繒采色也。从糸，需声。读若"繻有衣"。③

　　繄，戟衣也。从糸，殹声。一曰赤黑色繒。④

　　在《糸部》之外，《说文·素部》中也可见涉及"缯"者：

　　素，白致繒也。从糸垂。取其泽也。凡垂之属皆从素。⑤

---

① 段玉裁注："《定四年左传》：分康叔以綪茷。茷即旆也。杜曰：綪，大赤。取染
草名也。《杂记注》作蒨旆。蒨即茜也。""茜者，茅搜也。《韦部》又曰：茅搜染
韦，一入曰韎。然则必数入而后谓之綪。今不得其详矣。茜与綪合韵而同音，故
茜染谓之綪也。"许慎：《说文解字注》，段玉裁注，第650页。

② 段玉裁注："如绀色者，如绀而别于绀也。《广雅》系诸青类，盖比绀色之青更
深矣。《礼记》用为澡治字。他书用为缫丝字。""深缥疑有讹舛，缥不得言深
也。"许慎：《说文解字注》，段玉裁注，第651页。

③ "繒采色也"，段玉裁注："此本义也。《左传》纪裂繻，大夫以裂繻为名。此繻乃
褕之假借。《巾部》曰褕，繒端裂也是也。《终军传》：关吏与军繻。苏林曰：繻，
帛边也。旧关出入皆以传，传因裂繻头，合以为符信也。即《左氏》裂繻字，正
当作褕。是以二传作繻。"所谓"读若繻有衣"，段玉裁注："《周易·既济》六四
文。盖有讹夺。证之以絜篆下所偁。则繻当作需，衣下夺絜字。"许慎：《说文解
字注》，段玉裁注，第652页。

④ 段玉裁注："所以韬戟者，犹盛弓弩矢器曰医也。假借为语词。《左传》：王室之
不坏，繄伯舅是赖。民不易物，惟德繄物。《毛诗》：伊可怀也。笺云：伊当作
繄，繄犹是也。"关于"赤黑色繒"，段玉裁注："赤当依《玉篇》作青。巾车，
王后安车，雕面繄总。注曰：繄读为鳧鹥之鹥。鹥总者，青黑色，以繒为之。
郑司农说也。"许慎：《说文解字注》，段玉裁注，第656—657页。

⑤ 段玉裁注："繒之白而细者也。致者，今之缎字。汉人作注不作缎，近人改为
缎。又于《糸部》增缎篆，皆非也。郑注《杂记》曰：素，生帛也。然则生帛
曰素，对湅繒曰练而言。以其色白也，故为凡白之偁，以白受采也。故凡物之
质曰素，如殽下一曰素也是也。以质未有文也，故曰素食、曰素王。《伐檀》毛
传曰：素，空也。""泽者，光润也。毛润则易下垂。故从糸垂会意。"许慎：《说
文解字注》，段玉裁注，第662页。

以上是《说文》对织品的解说中直接说到"缯"的例子。还有若干《说文》正文没有说到"缯"，段玉裁注的解释文字中却涉及"缯"的例子。如《说文·系部》："绡，绮丝之数也。汉律曰：绮丝数谓之绡，布谓之總，绶组谓之首。从糸。兆声。"段玉裁注："言绮以见凡缯也。绮者，文缯也。文缯丝尚有数，则余缯可知。其若干丝为一绡，未闻。"关于"绡""總"，段玉裁解释："《礼经》：布八十缕为升。《禾部》曰：布八十缕为稷。《汉王莽传》：一月之禄十總布二匹。孟康曰：總，八十缕也。今按總即稷也，稷即缫也，缫即升也。皆谓八十缕。《召南》：羔羊五總。传曰：總，数也。"① 居延汉简简文中可见出产于"广汉"地方的织品，即"广汉八稷布"。1972 年至 1974 年发掘所获被称作"居延新简"的出土文献资料中可见"七稷布"简文。《居延新简集释》中《集解》一篇介绍了其他学者的研究成果，也发表了作者自己的见解。《集解》中可见有关"七稷布"的讨论，其中亦涉及"八稷布"：

> 七稷布，稷通"缫"，古代计量织物经线密度的单位，八十缕为一稷。《说文·禾部》："稷，布之八十缕为稷。"《史记·孝景本纪》："令徒隶衣七缫布。"司马贞《索隐》："七缫，盖今七升布，言其粗，故令衣之也。"张守节《正义》："缫，八十缕也，与布相似。七升布用五百六十缕。"《集成》一一（页一八）："七稷布，即七缫布，粗布名，以葛麻为原料织成，为贫民或囚犯所衣。汉代以八十缕为一缫即幅宽二尺二寸，有五百六十缕经线。"赵兰香、朱奎泽《汉代河西屯戍吏卒衣食住行研究》（页九一）："汉代的布，依据其织物组织规格可分为七稷布、八稷布、九稷布、十稷布等。七、八稷布较粗疏，九、十稷布则较细密。七稷布是刑徒和奴隶穿的布料。十稷布在当时是质量上乘的

---

① 至于"绶组谓之首"，段玉裁注："司马绍统《舆服志》：乘舆黄赤绶五百首，诸侯王赤绶三百首，相国绿绶二百四十首，公侯、将军紫绶百八十首，九卿、中二千石、二千石青绶百二十首，千石、六百石黑绶八十首，四百石、三百石、二百石黄绶六十首。凡先合单纺为一系，四系为一扶，五扶为一首，五首为一文，文采淳为一圭。首多者系细，首少者系粗。"许慎：《说文解字注》，段玉裁注，第 648 页。

布，质量上可以与丝织罗、绮相仿。此外还有十一稷、十二稷布。十至十二稷都被称为细布，而以十稷布为常制。"①

关于汉代织品"七稷布、八稷布、九稷布、十稷布"，较早就有学者进行说明："汉代布的类别，有七稷、八稷、九稷、十稷等对织物组织规格的科学分类。"关于"文献记载和出土汉简发现"，"七稷布"举《史记》卷一一《孝景本纪》，"八稷布"举"广汉八稷布十九匹"，"九稷布"举居延汉简，"十稷布"举《汉书》卷九九中《王莽传中》，学者指出："汉制每稷含纱八十根，如十稷布即为八百根纱。如此看来，七、八稷布较粗疏，九、十稷布则较细密。"② 论者举为"九稷布"之例者，居延汉简释文确定其为"九稷曲布"。《二年律令·金布律》中写道：

> 诸内作县官及徒隶，大男，冬稟布袍表里七丈、络絮四斤，裤二丈、絮二斤；大女及使小男，冬袍五丈六尺、絮三斤，裤丈八尺、絮二斤；未使小男及使小女，冬袍二丈八尺、絮一斤半斤；未使小女，冬袍二丈、絮一斤。夏皆稟襌，各半其丈数而勿稟裤。夏以四月尽六月，冬以九月尽十一月稟之。布皆八稷、七稷。以裘皮裤当袍裤，可。

论者指出："这些身份的划分，具有重要的社会意义。"③《二年律令·金布律》规定，"诸内作县官及徒隶，大男"，"大女及使小男"，"未使小男及使小女"以及"未使小女"所稟"布袍""裤"，"布皆八稷、七稷"。清代学者胡承珙在《毛诗后笺》卷二"羔羊"条就"稷""总"及"七总布"写道："王氏伯申《经义述闻》曰：《豳风·九罭》《释文》云：总字又作总。然则緎者，二十丝；总者，八十丝也。孟康注《汉书·王莽传》曰：总，八十缕也。《史记·孝景纪》：令徒隶衣七总布。《正义》与

① 马智全：《居延新简集释（四）》，张德芳主编，甘肃文化出版社，2016，第374—375页。
② 李仁溥：《中国古代纺织史稿》，岳麓书社，1983，第43页。
③ 肖从礼：《居延新简集释（五）》，张德芳主编，甘肃文化出版社，2016，第421页。

孟康注同。《晏子春秋·杂篇》曰：十总之布，一豆之食。《说文》作稯，云：布之八十缕为稯。正与倍纪为緵之数相合。盖五丝为鉈，四鉈为緎，四緎为总，五鉈二十五丝，五緎一百丝，五总四百丝。故先言五鉈，次言五緎、五总也。鉈之数，今失其传。《释文》曰：鉈，本又作佗。《春秋传》陈公子佗，字五父。则知五丝为鉈，即《西京杂记》之繎矣。"① 可知"八稯、七稯"之"稯"或"緵"的区别，在于"缕"之多少，即体现了成本与质量的差异。在某种意义上，这或许类似于现代纺织工艺中以"支"作为质量标志的情形。关于"支"，《现代汉语词典》解释："纱线粗细程度的英制单位，用单位质量（重量）的长度来表示，如1磅重的纱线长度中有几个840码，就叫几支（纱）。纱线越细，支数越大。"② 中国古代纺织史学者正是这样判断的："用八十缕、九十缕来计算布的粗密，等于现在所称的二十支纱、四十支纱的名目意义相同。"③ "七稯布"除见于《史记》卷一一《孝景本纪》记载的"徒隶"廪衣制度外，亦有出土文献作为实证，肩水金关简中即可见有关"入七稯布"的简文。④

段玉裁注超越《说文》本文说到"缯"的情形，还有《说文·系部》："纃，粗绪也。从系，巠声。"段玉裁注："粗者，疏也。粗绪盖亦缯名。《广韵》云：缯似布，俗作絁。玉裁按盖今之绵绸。"⑤ 又《说文·系部》："纚，冠织也。从系，丽声。谓以缯帛韬发。"段玉裁注："冠织者，为冠而设之织成也。凡缯布不翦鬋（剪）裁而成者谓之织成。《内则》注曰：纵，韬发者也。《士冠礼》曰：纚广终幅长六尺。注曰：纚，今之帻。终，充也。纚一幅长六尺，足以韬发而结之矣。《礼经》赞者奠纚而后设纚，宾正纚乃加冠。是以纚韬发而后冠也。此纚盖织

① 胡承珙：《毛诗后笺》，郭全芝校点，黄山书社，2014，第94页。

② 中国社会科学院语言研究所词典编辑室编《现代汉语词典》第6版，商务印书馆，2012，第1665页。

③ 李仁溥：《中国古代纺织史稿》，第43页。

④ 王子今：《汉代河西的蜀地织品——以"广汉八稯布"为标本的丝绸之路史考察》，《四川文物》2017年第3期。

⑤ 许慎：《说文解字注》，段玉裁注，第648页。

成，缁帛广二尺二寸，长只六尺，不待翦（剪）裁，故曰冠织。汉制：齐三服冠献冠帻纚。正是织成者。注云：如方目纱。按引申之，网有名纚者。薛综曰：纚网如箕形，狭后广前。《西京赋》曰：纚鳡鲉。《吴都赋》曰：纚鳘鲹。《释名》：纚以韬发者也，以纚为之，因以为之名。按刘语似误。本为韬发之偁，继乃以为帛偁。如刘语乃倒其先后矣。"① 又《说文·糸部》："紨，布也。一曰粗绸。从糸，付声。"段玉裁注："谓布名。"对"一曰粗绸"，则写道："谓大丝绸之粗者。《汉书·武五子传》严延年'女罗紨'。"② 而《说文·糸部》："緰，緰赀，布也。从糸，俞声。"段玉裁注："谓布名。《急就篇》：'服琐緰觜与缯连。'师古曰。緰觜，緆布之尤精者也。觜赀同。"③ 段玉裁是解释"緰"引《急就篇》顺带说到了"缯"。"緰"之字义和"缯"其实没有直接关系。

　　如果考虑"缯，帛也"及"帛，缯也"的"转注"情形，则涉及"帛"的文字例证更多。如《说文·糸部》："织，作布帛之总名也。"④ 除了前引"缯，帛也"，还有："绫，东齐谓布帛之细者曰绫。""缕，帛文儿。《诗》曰：缕兮斐兮，成是贝锦。""绿，帛青黄色也。""缥，帛白青色也。""绡，帛青经缥纬。一曰育阳染也。""缙，帛赤色也。""《春秋传》曰缙云氏，《礼》有'缙缘'。""缇，帛丹黄色也。""緟，帛赤黄色也。一染谓之緟。再染谓之赪。三染谓之纁。" "紫，帛青赤色也。""红，帛赤白色也。緅，帛青色也。""绀，帛深青而扬赤色也。""綟，帛苍艾色也。"以及前引"缲，帛如绀色"，又如："缁，帛黑色也。""纔，帛雀头色也。一曰敝黑色如绀。纔，浅也。""綟，帛骓色也。从糸，剡声。《诗》曰：'毳衣如綟。'""綟，帛茣草染色也。""纚……谓以缁帛韬发。""纊，薉貊中女子无绔，以帛为胫空，用絮补核，名曰纊衣，状如襜褕。"⑤

────────────

① 许慎：《说文解字注》，段玉裁注，第 652 页。
② 同上书，第 660 页。
③ 同上书，第 661 页。
④ 段玉裁注："布者麻缕所成，帛者丝所成，作之皆谓之织。"许慎：《说文解字注》，段玉裁注，第 644 页。
⑤ 许慎：《说文解字注》，段玉裁注，第 649—652 页，第 655 页。

所谓"杂缯"，可能是许多种"缯""帛"，即丝织品的通称。在汉代社会生活中，"杂缯"名目品类繁多。

斯里兰卡 Delivala Stupa 遗址出土了一件中国丝绸，经测定，其年代为公元前 2 世纪，这可以看作丝绸贸易通路的早期文物实证。[①] 汉地由南洋海路输出丝绸的历史，通过"杂缯"的外贸记录得到印证。

有考古学者注意到，岭南地区汉墓出土的丝绸很集中，可能与汉代"杂缯"自海路输出有关。"在岭南地区，西汉早期的南越王墓和罗泊湾M1……有较多的丝织品出土"，"南越王墓的原匹织品，估计不下 100 匹，出自西耳室，多层叠放，出土时已炭化朽毁……"罗泊湾 M1 已经遭盗掘，但是从出土"从器志"看，"在原来的随葬品中，有大批的缯、布和用缯布缝制的衣服以及囊袋等"。[②]

三、关于"丝绸"疑问的澄清

有学者认为，丝绸从来不是所谓"丝绸之路"贸易的主要商品。

对于这样的意见，这里有必要辨析。陆上丝绸之路的丝绸贸易有比较复杂的形式。[③] 而关于海上丝绸之路的贸易主题，我们也应考察说明。

《后汉书》卷八八《西域传》"大秦国"条记述："土多金银奇宝，有夜光璧、明月珠、骇鸡犀、珊瑚、虎魄、琉璃、琅玕、朱丹、青碧。刺金缕绣，织成金缕罽、杂色绫。作黄金涂、火浣布。又有细布，或言水羊毳，野蚕茧所作也。合会诸香，煎其汁以为苏合。凡外国诸珍异皆出焉。以金银为钱，银钱十当金钱一。"同卷接着又写道：

① 查迪玛：《斯里兰卡藏中国古代文物研究——兼谈古代中斯贸易关系》，博士学位论文，山东大学考古学系，2011。

② 熊昭明：《汉代合浦港的考古学研究》，文物出版社，2018，第 78—79 页。

③ 王子今：《前张骞的丝绸之路与西域史的匈奴时代》，《甘肃社会科学》2015 年第 2 期；《直道与丝绸之路交通》，《历史教学》（下半月刊）2016 年第 2 期；《丝绸之路贸易史上的汉匈关系》，《文史知识》2017 年第 12 期。

> 与安息、天竺交市于海中，利有十倍。①

这里所谓"与安息、天竺交市于海中"，都说明了"安息、天竺"在海上丝绸之路贸易中的重要作用。

关于西方远国"大秦国"与"汉"的交往，《后汉书》卷八八《西域传》中还有这样的记载：

> 其王常欲通使于汉，而安息欲以汉缯彩与之交市，故遮阂不得自达。至桓帝延熹九年，大秦王安敦遣使自日南徼外献象牙、犀角、玳瑁，始乃一通焉。其所表贡，并无珍异，疑传者过焉。②

"通使于汉"的努力，曾经成功过。③ 所谓"安息欲以汉缯彩与之交市，故遮阂不得自达"，和前引有关"安息西界船人"对奉命"使大秦，抵条支""临大海欲度"的甘英说"海水广大""数有死亡者"，致使"英闻之乃止"的记载，是一致的。

所谓"安息欲以汉缯彩与之交市"中的"汉缯彩"三字，明确提示了中西文化交往通道上"交市"的主要商品门类。

四、"杂缯"织作传统及齐地织品南下的路径

"缯"，是中原丝织业的代表性产品。"缯"在社会生活中的普及程度，在东周和秦汉时期可能是空前的。

据《史记》卷一《五帝本纪》，舜帝"东巡狩，至于岱宗"，礼仪道具包括"三帛"。裴骃《集解》引马融曰："三孤所执也。"又引郑玄曰：

---

① 《后汉书》，第 2919 页。

② 同上书，第 2919—2920 页。

③ 王子今：《海西幻人来路考》，载中国秦汉史研究会编《秦汉史论丛（第八辑）》，云南大学出版社，2001；另载中国中外关系史学会编《中西初识二编》，大象出版社，2002。

"帛，所以荐玉也。必三者，高阳氏后用赤缯，高辛氏后用黑缯，其余诸侯皆用白缯。"① 可见"缯"在礼制中的意义。《史记》卷二《夏本纪》引《禹贡》："海岱及淮维徐州……其篚玄纤缟。"张守节《正义》："玄，黑。纤，细。缟，白缯。以细缯染为黑色。"②

"缯"曾经作为国名，见于《史记》卷三《周本纪》。③ 缯地、缯邑、缯县先后属薛郡、郯郡、东海郡④，位于丝织业发展的重心地区。汉初又有"缯"姓封侯者，见于《史记》卷一〇《孝文本纪》及卷一八《高祖功臣侯者年表》。⑤ 史籍中亦可见以"缯"为人名者。⑥ 西门豹故事中有"为河伯娶妇"的情节：被选作"河伯妇"者，"即娉取，洗沐之，为治新缯绮縠衣，间居斋戒"，老巫"送女河上"时，"从弟子女十人所，皆衣缯单衣，立大巫后"。⑦ 似乎"缯"是较高等级的布料。但我们又看到在"缯"的应用记录中，它并未被视为珍贵织品。

例如，田单抗燕复国，在即墨发起过著名战役："田单乃收城中得千余牛，为绛缯衣，画以五彩龙文，束兵刃于其角，而灌脂束苇于尾，烧其端。凿城数十穴，夜纵牛，壮士五千人随其后。牛尾热，怒而奔燕军，燕军夜大惊。牛尾炬火光明炫耀，燕军视之皆龙文，所触尽死伤。五千人因衔枚击之，而城中鼓噪从之，老弱皆击铜器为声，声动天地。燕军大骇，败走。齐人遂夷杀其将骑劫。燕军扰乱奔走，齐人追亡逐北，所过城邑皆畔燕而归田单，兵日益多，乘胜，燕日败亡，卒至河上，而齐七十余城皆复为齐。"⑧ 田单调动冲击"燕军"的突击力量，前为奔牛，后为"壮士"。而"收城中得千余牛，为绛缯衣，画以五彩龙文，束兵刃于其角，而灌脂束苇于尾，烧其端"的方式，是重要的军事

---

① 《史记》，第 24 页，第 27 页。

② 同上书，第 56 页，第 58 页。

③ 同上书，第 149 页。

④ 郭声波：《〈史记〉地名族名词典》，中华书局，2020，第 406 页。

⑤ 《史记》，第 426 页，第 916 页。

⑥ 《史记》卷一八《高祖功臣侯者年表》，第 964—965 页。

⑦ 《史记》卷一二六《滑稽列传》，第 3211—3212 页。

⑧ 《史记》卷八二《田单列传》，第 2455 页。

学发明。其中，"为绛缯衣，画以五彩龙文"的形式引人注目。而"怒而奔燕军"者是"千余牛"，可见"为绛缯衣"所用之"缯"的数量相当可观。

而刘邦功臣"灌婴者，睢阳贩缯者也"①，反映了"缯"在民间商品市场得以流通的情形。

汉与匈奴和亲，"岁奉匈奴絮缯酒米食物各有数"，可见"缯"是汉与匈奴相互交易的重要物资。《史记》卷一一〇《匈奴列传》说到汉地转输匈奴草原物资时，提及"匈奴好汉缯絮食物"，"其得汉缯絮……"，"顾汉所输匈奴缯絮米蘖，令其量中，必善美而已矣"，"故约，汉常遣翁主，给缯絮食物有品，以和亲……"，"缯"在从汉输送至匈奴的物资中位列第一。汉文帝前六年（前174）在致匈奴单于书中附赠送匈奴的物品清单："服绣夹绮衣、绣夹长襦、锦夹袍各一，比余一，黄金饰具带一，黄金胥纰一，绣十匹，锦三十匹，赤绨、绿缯各四十匹。""缯"的数量是最多的。司马贞《索隐》："案：《说文》云'绨，厚缯也'。"② 则"绨"也是"缯"。

《史记》卷一一六《西南夷列传》说"夜郎旁小邑皆贪汉缯帛"③，可见其他民族对汉地"缯帛"也有强烈的消费需求。

"杂缯"通过南洋航路转输域外，是丝绸之路上中原物资对远国物质生活形成影响的重要史例。这种物资运输，必然会刺激内地丝绸产业的进一步繁荣。在丝绸之路河西路段出土的文献中，多见东方丝绸向西转输的信息。④ 东方丝织品不仅在西北方向保留了重要的历史记忆⑤，有

---

① 《史记》卷九五《樊郦滕灌列传》，第2667页。司马迁还写道："方其鼓刀屠狗卖缯之时，岂自知附骥之尾，垂名汉廷，德流子孙哉？"第2673页。

② 《史记》，第2899页，第2901页，第2895页。

③ 同上书，第2994页。

④ 王子今：《汉代河西市场的织品——出土汉简资料与遗址发掘收获相结合的丝绸之路考察》，《中国人民大学学报》2015年第5期。

⑤ 王子今：《宛珠·齐纨·穰橙邓橘：战国秦汉商品地方品牌的经济史考察》，《中国经济史研究》2019年第3期；《试说居延简文"鲁絮""襄絮""堵絮""彭城系絮"——汉代衣装史与纺织品消费史的考察》，（韩国）《东西人文》第12号，庆北大学人文学院，2019。

些产品还享有天下声誉，如"阿缟"①、"阿緆"②、"齐纨"③、"鲁缟"④等。而丝绸生产能力最强的齐地及邻近地区⑤，其"杂缯"转输南海的具体路径和运载方式，我们现在还不清楚。不过，通过卜式在汉武帝征

---

① 李斯《谏逐客书》："必出于秦然后可，则是宛珠之簪，傅玑之珥，阿缟之衣，锦绣之饰不进于前。"关于"阿缟"，有两种理解。裴骃《集解》："徐广曰：'齐之东阿县，缯帛所出。'"《史记》，第2541—2545页。另一种则认为"阿"为细缯。"徐以上文云'江南金锡、西蜀丹青'，故以'阿缟'为'东阿'所出之'缟'也。今按：'阿缟之衣'与'锦绣之饰'相对为文，则'阿'为'细缯'之名，非谓'东阿'也。'阿'字或作'系阿'，《广雅》曰：'系阿'，练也。'"阿，细缯也。"王念孙：《读书杂志》，徐炜君等校点，上海古籍出版社，2015，第358页。又有论者指出王夫之《楚辞通释》卷九早已写道："阿锡，轻縠也。"断定"'阿缟之衣'的'阿'字，不是指'东阿'，而是指'细缯'"。严修：《释'阿缟之衣'和'越葛钱绢'》，《学术月刊》1984年第10期。《水经注》卷五《河水》："河水又东北与邓里渠合，水上承大河于东阿县西，东径东阿县故城北，故卫邑也。应仲瑗曰：有西，故称东。魏封曹植为王国。大城北门内西侧，皋上有大井，其巨若轮，深六七丈，岁尝煮胶，以贡天府。《本草》所谓阿胶也。故世俗有阿井之名。县出佳缯缣，故《史记》云：秦昭王服太阿之剑，阿缟之衣也。"郦道元：《水经注校证》，陈桥驿校证，第143页。《太平御览》卷一六〇"济州"条："《图经》曰：'东阿，春秋时齐之柯地也。'《郡国志》曰：'其地出缯缣，故秦王服阿缟。'"李昉等：《太平御览》，第776页。将"阿缟"之"阿"作地名理解或作织品理解，两种意见的分歧很早就存在。或许"各依其说而留之"的态度是正确的。但不容忽视的是，"齐之东阿县"确实是"缯帛所出者也"。如理解"宛珠"与"阿缟""相对为文"，或许更为合理。

② 《列子·周穆王》"阿緆与齐纨对文"。晋张湛注："齐，名纨所出也。"杨伯峻《集释》："齐纨，范子曰：'白纨素出齐鲁。'"杨伯峻：《列子集释》，中华书局，1979，第92页。

③ 《淮南子·修务训》："今夫毛嫱、西施，天下之美人……衣阿锡，曳齐纨。"高诱注："纨素，齐所出。"张双棣：《淮南子校释》，北京大学出版社，1997，第2021页。

④ 《史记》卷一〇八《韩长孺列传》："强弩之极，矢不能穿鲁缟。"裴骃《集解》："许慎曰：'鲁之缟尤薄。'"第2861页。

⑤ 王子今：《西汉"齐三服官"辨正》，《中国史研究》2005年第3期。

服南越战事爆发后策划齐地"习船者"南下增援的设想①，可知"杂缯"由渤海往南海水上转输的航路是畅通的。

第五节　南海的"琅邪"

战国秦汉时期位于今山东胶南的琅邪作为"四时祠所"所在，曾经是"东海"大港，也是东洋与南洋交通线上的名都。秦始皇东巡海上，对琅邪表现出特殊的关注。琅邪被看作东海重要的出航起点。据说南海有移用"琅邪"地名的情形。如果此说属实，则提示了当时海上航路开拓的路径，应当被看作对早期中外文化交流的纪念。

一、南海"琅邪"记忆

《左传·昭公十二年》说到周穆王"周行天下"的事迹。②《竹书纪年》中也有关于周穆王西征的明确记载。司马迁在《史记》卷五《秦本纪》和卷四三《赵世家》中，也记述了造父为周穆王驾车西行巡狩，见西王母，乐而忘归的故事。记载周穆王西行事迹最详尽、最生动的，是《穆天子传》。《穆天子传》记载了周穆王率领有关官员和七萃之士，驾乘八骏，由最出色的驭手造父等御车，由伯夭担任向导，从处于河洛之地的宗周出发，经过河宗、阳纡之山、西夏氏、河首、群玉山等地，西行来到西王母的邦国，与西王母互致友好之辞，宴饮唱和，并一同登山刻石纪念，又继续向西北行进，在大旷原围猎，然后千里驰行，返回宗周的事迹。许多研究者认为，按照这部书的记述，周穆王西巡行程的终点，大致是中亚吉尔吉斯斯坦的草原地区。有学者甚至认为，穆天子西

① 王子今：《"博昌习船者"考论》，《齐鲁文化研究》2013年总第13辑，泰山出版社，2013。
②《十三经注疏》，阮元校刻，第2064页。

行可能已经在欧洲中部留下了足迹。[1]

顾实研究《穆天子传》，在论证"上古东西亚欧大陆交通之孔道"时，提到孙中山与他关于"琅邪"的交谈："犹忆先总理孙公告余曰：'中国山东滨海之名胜，有曰琅邪者，而南洋群岛有地曰琅琊（Langa），波斯湾有地亦曰琅琊（Linga），此即东西海道交通之残迹，故三地同名也。'"他回忆说，孙中山当时"并手一册英文地图，一一指示余"。顾实感叹道："煌煌遗言，今犹在耳，勿能一日忘。"他指出："上古东西陆路之交通，见于《穆（天子）传》者，既已昭彰若是。则今言东西民族交通史者，可不郑重宝视之乎哉！"随即又指出："然上古东西海道之交通，尚待考证。"[2]

关于"琅邪"地名体现的"东西海道交通之残迹"，确实值得关注。

二、琅邪是 Lingga，还是 Lingayen？

印度尼西亚的林加港（Lingga），或有可能是孙中山与顾实说到的"南洋群岛有地曰琅琊（Langa）"。而菲律宾又有林加延港（Lingayen），或许也有可能是"琅琊（Langa）"的音译。

"大约写于九世纪中叶到十世纪初"的"阿拉伯作家关于中国的最早著作之一"《中国印度见闻录》说到"朗迦婆鲁斯岛（Langabalous）"。中译者注："Langabalous 中前半部 Langa 一词，在《梁书》卷五四作'狼牙'修；《续高僧传·拘那罗陀传》作'棱加'修；《隋书·赤土传》作'狼牙须'；义静《大唐西域求法高僧传》作'朗迦戌'；《岛夷志略》作'龙牙犀角'；印度尼西亚古代碑铭中作 Langacogam，或 Lengkasuka

---

① 顾实在《穆天子传西征讲疏》中写道，《穆天子传》记述周穆王西行至于"羽岭"，"惟此羽岭以下文东归所经今地而证之，当在今波兰（Poland）华沙（Warsaw）之间乎？穆王逾春山而西，有两大都会，第一都会在鄐韩氏，今中亚细亚也。第二都会在此，今欧洲大平原也。此亦天然之形势，古今不变者也"。中国书店，1990，第 175 页。

②《穆天子传西征讲疏》，第 24 页。

Balus，即贾耽书中的婆露国。"① 有学者指出："《梁书》之'狼牙'修，自为此国见于我国著录最早之译名。次为《续高僧传·拘那罗陀（Gunarata）传》之'棱加'修。次为《隋书》'狼牙须'，义静书之'朗迦戌'，《诸蕃志》之'凌牙斯加'，《事林广记》与《大德南海志》之'凌牙苏家'。《苏莱曼东游记》作 Langsakā，则为此国之阿拉伯名。"这就是《岛夷志略》作"龙牙犀角"者。但《岛夷志略》中又有"龙牙门"。苏继庼在《岛夷志略校释》中写道："《诸蕃志》与《事林广记》二书三佛齐条皆有'凌牙门'一名。格伦维尔以其指林加海峡（Notes，p.99，n.2）。夏德与柔克义亦以其指林加海峡与林加岛（Chao Ju-kua，p.63，n.2）。案：林加岛，《东西洋考》作龙雅山，以凌牙当于 Lingga，对音自极合。惟鄙意凌牙门或亦一汉语名，而非音译。疑龙牙门一名，宋代即已有之，讹作凌牙门也。"又说："龙牙门一名在元明时又成为新加坡岛与其南之广阔海峡称。至于本书龙牙门一名，殆指新嘉坡岛。"论者以为"凌牙犀角"这一地名有可能与《马可波罗行纪》"载有 Locac 一名"或"Lochac"，及"《武备志·航海图》之狼西加"有关②，这也是值得我们注意的意见。论者以为"凌牙门或亦一汉语名，而非音译"，即其来自"汉语"的推想，或许比较接近历史事实。

三、"龙牙"与"林加"

有学者解释《西洋朝贡典录》卷上《满剌加国》之"龙牙山门"："《岛夷志略》作龙牙门，云：'门以单马锡番两山相交若龙牙，门中有水道以间之。'龙牙门在今新加坡南海峡入口处，今称石叻门，此为沿马来半岛东部至马六甲海峡所必经，故曰'入由龙牙山门'。"③ 所谓"两

---

① 《中国印度闻见录》，穆根来、汶江、黄倬汉译，中华书局，1983，第 1 页，第 5 页，第 36 页。

② 汪大渊：《岛夷志略校释》，苏继庼校释，中华书局，1981，第 181—182 页，第 184 页，第 215 页。

③ 黄省曾：《西洋朝贡典录》，谢方校注，中华书局，1982，第 38 页。

山相交若龙牙"，"龙牙"是神话传说中的意象，没有确定形式，以"龙牙"拟状似不合乎情理。"龙牙"来自汉地地名的可能性，似未可排除。

也许"林加"地名是我们考虑南洋地方与"琅玡（Langa）"或"琅玡（Linga）"之对应关系时首先想到的。陈佳荣、谢方、陆峻岭在《古代南海地名汇释》Lingga 条中写道："名见《Pasey 诸王史》，谓为满者伯夷之诸国。《南海志》龙牙山，《东西洋考》'两洋针路'条之龙雅山、龙雅大山，《顺风相送》龙雅大山，《指南正法》之龙牙大山，皆其对音，即今印度尼西亚之林加岛（Lingga I.）。《海路》之龙牙国，亦指此岛。"① 冯承钧在《中国南洋交通史》中说："龙牙门，《诸蕃志》作'凌牙门（Linga）'，星加坡之旧海岬也。"关于《诸蕃志》卷上"三佛齐国"条中的"凌牙门"，冯承钧又写作"凌牙（Linga）门"。② 关于其国情，《诸蕃志》说，"经商三分之一"，"累砖为城，周数十里。国王出入乘船"。其情形似与古"琅邪"颇类似。

向达整理的《郑和航海图》就"狼西加"言："据图，狼西加在孙姑那与吉兰丹之间，或谓此应作'狼牙西加'，为 Langka-suka 对音，即为大泥地方。"③ 所谓"狼牙西加"之"狼牙"，确实与"琅邪"音近。

四、"陵伽钵婆山"的"神祠"及"信道士"

另一能够引起我们联想的是《隋书》卷八二《南蛮传·真腊》中的记载："近都有陵伽钵婆山，上有神祠，每以兵五千人守卫之。城东有神名婆多利，祭用人肉。其王年别杀人，以夜祀祷，亦有守卫者千人。其敬鬼如此。多奉佛法，尤信道士，佛及道士并立像于馆。"④ 冯承钧在《中国南洋交通史》中引作"每以兵二千人守卫之"，"陵伽钵婆山"作

---

① 陈佳荣、谢方、陆峻岭：《古代南海地名汇释》，中华书局，1986，第 983 页。
② 冯承钧：《中国南洋交通史》，上海古籍出版社，2005，第 62 页，第 118 页。
③《郑和航海图》，向达整理，中华书局，1961，第 30 页。
④《隋书》，第 1837 页。

"陵伽钵婆（Lingaparvata）山"。① 其中，关于"神祠"及"信道士"的信息，也使人想到此地与战国秦汉时"琅邪"的相近之处。

战国秦汉时东海的"琅邪"本来是以"神祠"闻名的。"琅邪"是"八神"之一。据《史记》卷二八《封禅书》，"上泰山"之后，"始皇遂东游海上，行礼祠名山大川及八神，求仙人羡门之属"。"八神"是齐人信仰世界中的崇拜对象。"八神将自古而有之，或曰太公以来作之。齐所以为齐，以天齐也。其祀绝莫知起时。八神：一曰天主，祠天齐。天齐渊水，居临菑南郊山下者。二曰地主，祠泰山梁父。盖天好阴，祠之必于高山之下，小山之上，命曰'畤'；地贵阳，祭之必于泽中圜丘云。三曰兵主，祠蚩尤。蚩尤在东平陆监乡，齐之西境也。四曰阴主，祠三山。五曰阳主，祠之罘。六曰月主，祠之莱山。皆在齐北，并渤海。七曰日主，祠成山。成山斗入海，最居齐东北隅，以迎日出云。八曰四时主，祠琅邪。琅邪在齐东方，盖岁之所始。皆各用一牢具祠，而巫祝所损益，珪币杂异焉。"② "琅邪"虽然在"八神"中位列最后，却最受重视。《史记》卷六《秦始皇本纪》记载，"二十八年，始皇东行郡县"，登泰山之后，"乃并渤海以东，过黄、腄，穷成山，登之罘，立石颂秦德焉而去"。秦始皇东巡，行至琅邪地方，有特殊的表现："南登琅邪，大乐之，留三月。乃徙黔首三万户琅邪台下，复十二岁。作琅邪台，立石刻，颂秦德，明得意。"琅邪刻石上写道："维秦王兼有天下，立名为皇帝，乃抚东土，至于琅邪。"③ 关于当时的祠祀制度，"……诸此祠皆太祝常主，以岁时奉祠之。至如他名山川诸鬼及八神之属，上过则祠，去则已。郡县远方神祠者，民各自奉祠，不领于天子之祝官"。汉武帝同样重视"八神"祠祀——"上遂东巡海上，行礼祠八神"。在祠祀格局中，"至如八神诸神，明年、凡山他名祠，行过则祠，行去则已"。④

"陵伽钵婆山"的"神祠""信道士"，"八神"中"琅邪"的"奉

① 冯承钧：《中国南洋交通史》，第 90 页。
②《史记》，第 1367—1368 页。
③ 同上书，第 242 页，第 246 页。
④《史记》卷二八《封禅书》，第 1377 页，第 1397 页，第 1403 页。

祠”制度，以及相关“巫祝”“太祝”系统神职人员的存在，似乎显现出某种对应关系。

五、波斯湾地区的 Linga

关于波斯湾地区的 Linga 或 Langa，只有伊朗称作伦格港（Lingah）或林格港（Lingoh）的港口比较接近。这一港口的名称在有的地图上标注为"Bandar Lengeh"。Bandar 即波斯语"港口"。

然而，这处海港是否为孙中山所指的"琅琊（Linga）"，同样尚不能确定。

移民将家乡的地名带到新居住地，是很普遍的情形。[①] 有地名学者称这种现象为"移民地名"，并指出："为应劭诠释的移民地名有新丰、新秦、新郑、阳都四处。京兆尹新丰县，应劭注：'太上皇思东归，于是高祖改筑城寺街里以象丰，徙丰民以实之，故号新丰'；新秦，应劭注：'秦始皇遣蒙恬攘却匈奴，得其河南造阳之北千里地甚好，于是为筑城郭，徙民充之，名曰新秦'。应劭的释名，合理地揭示了新丰、新秦城市创立和地名产生的历史过程。"[②] 所谓"侨郡县"[③]，"侨立郡县"[④]，"侨流郡县"[⑤]，"侨置中州郡县"[⑥]，也是类似的情形。这种"侨

---

① 参看王子今、高大伦：《说"鲜水"：康巴草原民族交通考古札记》，《中华文化论坛》2006 年第 4 期；王子今：《客家史迹与地名移用现象——由杨万里〈竹枝词〉"大郎滩""小郎滩""大姑山""小姑山"说起》，载潘昌坤主编《客家摇篮赣州》，江西人民出版社，2004。

② 华林甫：《中国地名学源流》，湖南人民出版社，1999，第 48 页。

③《宋书》卷六《孝武帝纪》，第 120 页；《宋书》卷三五《州郡志一》，第 1038 页，第 1053 页；《宋书》卷三七《州郡志三》，第 1135 页。《南齐书》卷一五《州郡志下》"雍州"条，第 281 页。《梁书》卷二《武帝纪中》，第 37 页。

④《晋书》卷一五《地理志下》："是时，幽、冀、青、并、兖五州及徐州之淮北流人相帅过江淮，帝并侨立郡县以司牧之。"第 453 页。《宋书》卷三六《州郡志二》"南豫州"条，第 1073 页。

⑤《宋书》卷四四《谢晦传》，第 1347 页。

⑥《魏书》卷六〇《韩显宗传》，第 1341 页。

郡县"，又称"侨邦"。①《隋书》卷二四《食货志》中写道："皆取旧壤之名，侨立郡县。"②有学者作了这样的介绍："八王之乱以后，中原战乱频繁，黄河流域的世家大族和平民百姓为了逃避战争灾难，纷纷以宗族为单位成千上万地移徙南方（主要是长江下游、中游两岸地区），东晋、南朝政府就按他们原籍的政区名称建立州、郡、县来管理他们。这种因甲地沦陷，从甲地流徙到乙地居住并在乙地复置甲地的州、郡、县，就叫侨州、侨郡、侨县。"③

　　航海者也往往习惯以旧有知识中的地名为新的地理发现命名。"琅邪"这个地名在秦代已经十分响亮，因而不能排除"琅邪"这个地名自秦代起就被从这里起航的船队传播至远方的可能。对南海"琅邪"的讨论虽然尚未有确定的结论，但还是应当肯定相关探索对于说明自秦汉时期形成重要影响的海上航运和中外文化交流之历史进步的意义。

第六节　上古南洋航路的考古发现

　　人们在战国至秦汉时期的遗址中发现来自南方海外的文物。针对这一时期重要海港的考古收获也提供了相关的物质文化信息。南洋航路沿线地区的古代遗址也出土了秦汉时期的文物。这些考古文物资料，为证实当时海上交通开发及文化交流提供了可靠的物证。有考古学者在考察"考古发现与外来文化"时指出："文献记录宛如云烟缥渺（缈），实物发现却是真实鲜活。有幸考古这个新学科在 20 世纪后半叶得到飞速发展，埋藏在地下的古代遗迹、遗物的纷纷出土，促使人们不得不在新的条件和时代高度上再次认真考虑中国文化与外来文明这一命题，而且不再需

① 《南齐书》卷一四《州郡志上》"南兖州"条，第 255 页。

② 《隋书》，第 673 页。

③ 华林甫：《中国地名学史考论》，社会科学文献出版社，2002，第 137 页。

第六章　秦汉时期的南洋航运

423

要纸上谈兵，实物标本就带来诸多新的启示。"① 我们并不完全赞同"文献记录宛如云烟缥渺（缈）"及文献研究只是"纸上谈兵"这样的说法，但是重视"纷纷出土"的"埋藏在地下的古代遗迹、遗物"，重视考古发掘所得"带来诸多新的启示"的"实物标本"，重视"真实鲜活"的"实物发现"，确实是推动历史研究得出科学结论的条件。

一、战国晚期南海通道的文物证明

战国时期秦楚交往史上有"张仪为秦破从连横，说楚王"的故事。楚怀王被说服，"乃遣使车百乘，献鸡骇之犀、夜光之璧于秦王"。② 宿白在考察相关考古发现与中西文化交流时注意到："经过过去许多人的研究，知道鸡骇是印度古代梵语 Kharga（犀）的译音（对音）。印度是多犀牛的。夜光璧，从后来扬雄《羽猎赋》中有'夜光之琉璃'句，知道琉璃即玻璃，楚赠秦王的夜光璧就是玻璃璧。楚怀王把玻璃璧和印度犀同列，并且认为都是楚国的珍宝。这是怎么一回事呢？看来它们都是从楚国南方运来楚国内地的。"他又引录《汉书》卷二八下《地理志下》中关于"黄支国"的记载，写道："中外的研究者一般都认为黄支在今印度东南海岸的康契普腊姆（Canjevoram），黄支是不完全的音译。黄支既有玻璃，又有犀牛。看来，海上这条通道，战国时期就已经开通了，所以我国南方的楚，能拿黄支的东西作为自己的珍宝赠送给秦。"

就"据说较晚的个别长沙楚墓还出有玻璃印章"，宿白对比分析道："这些怎么能从海上运来呢？公元 80～89 年间居住在北非的希腊人，写了一本《厄立特利亚海周航记》，厄立特利亚海即红海，但该书的内容并不仅限于红海，其上记：地中海东岸的玻璃原料，很早就向东输出，到了印度西南岸，又由这里转运到印度支那半岛。后一段航线正经过黄支，在康契普腊姆南不远的本地治里近年正好发现了从地中海东岸运来的玻璃器及其原料。因此，玻璃原料的东运得到证实。"宿白还认为：

---

① 齐东方：《碰撞与交融——考古发现与外来文化》，科学出版社，2021，第 3 页。
② 刘向集录《战国策》，第 510 页。

"既然一世纪中期，玻璃原料（应是助熔剂天然纯碱）可运到印度支那半岛，那么再早一点，再运远一点，就有可能在我国战国晚期到了我国的交广地区了。玻璃璧、印章的发现，应当证实这个推测，即战国晚期玻璃原料天然纯碱已船运到我国南方，我国南方开始烧制玻璃制品了。"

除了玻璃制品外，还有其他"考古发现海路开通的遗物"。"近年南方和东南近海的遗迹还一再发现地中海—西亚生产的遍体锤鍱出凸起'O'形纹饰的圆形银盒。这种纹饰特殊的银盒，首先发现于云南石寨山的滇国墓，接着在广州南越王墓也发现了，不久又在山东临淄汉初墓内发现，同类西方器物发现地点的分布，既多毗邻沿海，又相距广远，而所出墓葬的年代又较为接近，这些现象，很难想象短时期可以突然出现（还未包括器物东运途中曾有中介地点耽误的可能）。汉初上距战国末才不过二三十年。因此，我们认为中西海运开始发生于战国阶段似乎更接近事实。"

以文物资料为实证，可以说明这样的历史进步："战国时期中西文化交流的场面扩大了。陆路的通道之外，海上的往还也逐步开始。文化交流的深度也超过了从前……"如果简略归纳，两个方面的考古学认识非常重要：其一，"西方烧制玻璃的助熔剂天然纯碱原料和用天然纯碱烧制玻璃制品的技术，有可能已从海道传到了我国南方"；其二，"南方和近海城址的汉初墓葬一再发现具有西亚制造特点的银盒，也可作为战国末期海运开始的旁证"。[1]

岭南地区汉代遗存中出土数量更多、也受到更多关注的例证，是汉墓出土的玻璃器。[2]

二、岭南汉墓出土的胡人俑

据有关秦汉考古收获的总结，处于岭南的广州、合浦等地的汉墓，

① 宿白：《考古发现与中西文化交流》，文物出版社，2012，第24—26页。
② 黄启善：《广西古代玻璃制品的发现及其研究》，《考古》1988年第3期。黄启善：《广西发现的汉代玻璃器》，《文物》1992年第9期。冯永驱：《广州文物考古集》，广州出版社，2003。

"出土大量与海上丝绸之路有关的文物，如琉璃、琥珀、玛瑙、肉红石髓、水晶、绿松石、金花球、炭化龙脑香料、胡人俑等，这些器物中有的直接从东南亚、西亚、罗马等地舶来，有的使用了海外原料或技术，有的运用胡人或原产非洲、南亚等地的狮子作为创作母题，金饼则可能为用于对外贸易的大额货币，从而印证了《汉书·地理志》的有关记载"。①

所谓"胡人俑"，即异族形象的陶俑，是值得我们重视的发现。齐东方称胡人俑为"陶俑中的异域符号"。他认为："尽管所表现的外国或外族人的胡人俑千姿百态，形象并不重复，但都与塑造的中国汉族的俑类外貌相距甚大，东西方人的形象很容易区分。"这些形象，"再现了强烈的时代气息，述说着在一个宽容的文化氛围内，西方各国、各族人沿着沙漠、戈壁、草原来到中国的情景"。这是论者针对唐代"胡人俑"作出的判断。而我们这里讨论的岭南汉墓出土的"胡人俑"，应当反映了外族人从海路"来到中国的情景"。

齐东方说："隋唐文献中出现频率很高的'胡人'，词义是中性的，有时是对外族和外国人的贬低蔑视，有时是歌颂赞美。从考古发现的雕塑、绘画中观察，赞美歌颂的倾向更浓。"② 两汉文献中出现的"胡""蛮夷"，也是中性词义，但也明确显示了异族往往被奴役的情形，"僰僮""僰婢"就是例证。③《汉书》卷五三《景十三王传·江都易王刘非》中可见"越婢"身份。④"胡奴"也是通行的称谓。张骞的助手堂邑父就是"堂邑氏胡奴甘父"。裴骃《集解》："《汉书音义》曰：'堂邑氏，姓。

---

① 原注："《汉书·地理志（下）》：'自日南障塞、徐闻、合浦船行可五月，有都元国……有译长，属黄门，与应募者俱入海市明珠、璧流离、奇石异物，赍黄金、杂缯而往。'"中国社会科学院考古研究所编著《中国考古学·秦汉卷》，刘庆柱、白云翔主编，第494页。

② 齐东方：《碰撞与交融——考古发现与外来文化》，第52—53页。

③《史记》卷一一六《西南夷列传》及司马贞《索隐》，第2993页。

④《汉书》，第2416页。

胡奴甘父，字。'"司马贞《索隐》："案：谓堂邑县人家胡奴名甘父也。"① 河南方城县博物馆藏 1934 年出土于方城县杨集乡余庄村的汉画像石，其画面上人物多须蓬发，不着冠，"左颊黥印"，"深目高鼻下颌上翘"，"右手拥彗"，左手持钺置左肩，画面上方右侧刻隶书"胡奴门"三字。此前，"据明嘉靖《南阳府志》记载，方城东招抚岗也曾出土过一块'胡奴门'画像石"②。

岭南汉墓出土的"胡人俑"，多为擎灯或顶灯的形象。如广州两汉墓出土的"陶胡俑"，"均裸体"，"有男性也有女性，一般都作屈膝跪坐或箕踞蹲坐的姿势，头上托一灯盘"。③ 有学者分析，这种"胡俑"，"东汉以前，出土数量以两广地区为多。东汉以后，出土地点集中在江、浙两省，尤以浙江东北部（古会稽一带）为最"。④

这些"胡人俑"的社会身份，应多是为主人服务的侍者。按照汉代的等级意识和语言习惯，有些"胡人俑"或许也可称为"胡奴俑"。

熊昭明研究"汉代合浦外来文化因素的植入"，认为"胡人俑"成为"艺术创作母题"是表现之一。"合浦西汉晚期墓堂排 M1 出土的胡人俑""其状似舞俑，而怀中所抱似为弓形竖琴"。论者介绍了国外音乐史学者的研究成果："竖琴有两种类型，一为弓形竖琴，二为角形竖琴。

① 《史记》卷一二三《大宛列传》，第 3157 页。《后汉书》卷四八《应奉传》李贤注引《谢承书》也有关于应奉强记的故事，说他"少聪明，自为童儿及长，凡所经履，莫不暗记"。其实例有："奉少为上计吏，许训为计掾，俱到京师。训自发乡里，在路昼顿暮宿，所见长吏、宾客、亭长、吏卒、奴仆，训皆密疏姓名，欲试奉。还郡，出疏示奉。奉云：'前食颍川纶氏都亭，亭长胡奴名禄，以饮浆来，何不在疏？'坐中皆惊。"第 1807 页。

② 原注："《明·嘉靖南阳府志校注·陵墓》第三册：'方城东二十里招抚岗西多古墓，墓门石刻画像类武梁祠。有二门：一题胡奴门，一题门亭长。'"刘玉生：《浅谈"胡奴门"汉画像石》，载南阳汉代画像石学术讨论会办公室编《汉代画像石研究》，文物出版社，1987。

③ 黎金：《广州的两汉墓葬》，《文物》1961 年第 2 期。

④ 李刚：《从汉晋胡俑看东南地区胡人、佛教之早期史》，《东南文化》1989 年第 2 期；《汉晋胡俑发微》，《东南文化》1991 年第 3 期；《汉晋胡俑及佛教初传中国掇遗》，《东南文化》1994 年第 1 期。

丝绸之路繁盛时，使用竖琴的地区彻底分化为两个部分：一个是使用弓形竖琴的印度，另一个是使用角形竖琴的西方。"① 由此可知，该胡人俑是自海上丝绸之路由印度传入中国的。"另一件为东汉晚期寮尾 M13b 出土的俑座灯②……俑座为胡人形象……胡人屈膝而坐，左腿横屈，右腿竖屈，右手撑地，左手举托灯盘，头仰视，造型生动传神。"熊昭明指出："广州汉墓中，从西汉中期到东汉后期墓的很长一个时期，均有俑座灯和侍俑出土，其胡人的形象，也有与合浦汉墓出土相类，研究者认为与印度尼西亚的土著居民——'原始马来族'接近，更有可能是来自西亚或非洲东岸。③ 胡人俑的造型是否明确源自这些地区，目前还不好定论，但不管如何，'胡人形象的制作，当非无本之木，而应存在现实的写照。'④ 综观我国发现胡人俑的分布规律，是南方早于北方，沿海早于内地，而在数量上，东南沿海地区远远多于其他地方。⑤ 从这一分布规律分析，'胡人'这一外来文化因素传播到中国的路径，似应首推海路。"关于这一文物学现象，论者认为，"在一定程度上说明，随着中西海路贸易的扩大，与域外人种交流接触的增多，胡人的体质特征和文化特征为时人习见，进而运用，作为艺术创作的母题"。⑥ 这样的意见是正确的。如果再探索深层次的原因，或许我们还应当注意到，拥有"胡奴"，很可能是当时社会地位和财富实力达到一定水准的表现，因而是值得炫耀的。

① 原注："劳沃格林著，方建军、林达译：《丝绸之路乐器考》，《交响·西安音乐学院学报》2004 年第 3 期。"

② 原注："广西文物考古研究所等：《广西合浦寮尾东汉三国墓发掘报告》，《考古学报》2012 年第 4 期。"

③ 原注："中国社会科学院考古研究所、广州市文物管理委员会、广州市博物馆：《广州汉墓》，文物出版社，1981 年，第 478 页。"

④ 原注："霍巍、赵德云：《战国秦汉时期中国西南的对外文化交流》，巴蜀书社，2007 年，第 268 页。"

⑤ 原注："李刚：《汉晋胡俑及佛教初传中国摭遗》，《东南文化》1994 年第 1 期。"

⑥ 熊昭明：《汉代合浦港的考古学研究》，第 120—121 页。

三、广州南越王墓的发掘

关于广州南越王墓出土的犀象等文物资料与南海航道的关系，我们应当进行必要的辨析。

朱军在《中国犀角史略》中认为，犀角是中外文化交流的历史见证。[①] 张荣芳、周永卫在《汉代徐闻与海上交通》中指出，徐闻贡献的物产，包括犀、象，并认为这种贡献以"海上交通"为条件。[②]

关于南海通路，《汉书》卷二八下《地理志下》说到"平帝元始中，王莽辅政，欲耀威德，厚遗黄支王，令遣使献生犀牛"事。《汉书》卷一二《平帝纪》中写道："（元始）二年春，黄支国献犀牛。"颜师古注："应劭曰：'黄支在日南之南，去京师三万里。'师古曰：'犀状如水牛，头似猪而四足类象，黑色，一角当额前，鼻上又有小角。'"[③]《西汉南越王墓》的执笔者认为，"犀角模型""大多发现于广州，贵县、梧州和长沙等地也有部分出土，在当时的中原地区则甚为罕见"，也是"有关南越海上交通的考古资料""经研究，犀牛产自东南亚、印度和非洲"。[④]他甚至认为："《汉书·南粤列传》记赵佗向汉文帝进献的方物中有'犀角十'，估计也是从海路输入而转送朝廷的。"这些认识，似乎和王莽时代向黄支王索取"生犀牛"的记载相合。但是，事实上"犀牛产自东南亚、印度和非洲"的说法并不确切。岭南地区当时应当有犀牛生存。《史记》卷二三《礼书》说："楚人鲛革犀兕，所以为甲，坚如金石。"[⑤]《汉书》卷二八下《地理志下》也说："寿春、合肥受南北湖皮革、鲍、木之输，亦一都会也。"颜师古注："皮革，犀兕之属也。"[⑥] 既然长江流

① 朱军：《中国犀角史略》，《文物世界》2000 年第 4 期。
② 张荣芳、周永卫：《汉代徐闻与海上交通》，《中山大学学报（社会科学版）》2002 年第 3 期。
③《汉书》，第 1671 页，第 352 页。
④《西汉南越王墓》上册，第 345 页。
⑤《史记》，第 1164 页。
⑥《汉书》，第 1668 页。

域出产犀皮，那么，自然地理条件更湿热且人为因素影响较少的岭南地区，自当也有犀牛生存。① 《史记》卷一二九《货殖列传》说到岭南经济形势："番禺亦其一都会也，珠玑、犀、玳瑁、果、布之凑。"② 《汉书》卷二八下《地理志下》作了同样的分析，其文句则为："处近海，多犀、象、玳瑁、珠玑、银、铜、果、布之凑，中国往商贾者多取富焉。"③ 其中，犀被列为当地重要的经济物资。陆贾使南越，劝说其放弃帝号，赵佗上书说："谨北面因使者献白璧一双，翠鸟千，犀角十，紫贝五百，桂蠹一器，生翠四十双，孔雀二双。"④ 其中的"犀角十"是值得注意的。《西汉南越王墓》的执笔者认为"犀角十"可能"是从海路输入而转送朝廷的"，似乎没有什么根据。从所贡献的其他物品"白璧""翠鸟""紫贝""桂蠹""生翠"分析，"犀角十"属于当地物产的可能性更大一些。有关岭南地区犀的活动的资料，其实多见于史籍。考察南越王墓中的相关遗物遗迹时，不妨联系有关记载进行分析。⑤

广州南越王墓是出土象牙器及其残件比较集中的墓葬。据发掘报告《西汉南越王墓》中的《器物登记总表》，在"象牙及其他"一类中象牙器及其残件包括：原表作"C151、3"，据发掘报告正文订正。⑥ 除前室和后藏室没有发现象牙及象牙制品外，其他墓室均有出土。可见，当时南越地区有珍视象牙和以象牙作器的风习。

至于出土于西耳室的原支象牙，《广州象岗南越王墓出土动物遗骸的鉴定》一文指出："出土标本的形态特征和大小比例，与现生非洲象

① 参看王子今：《战国秦汉时期中国西南地区犀的分布》，载中国历史地理国际学术讨论会组委会编《面向新世纪的中国历史地理学——2000 年中国历史地理国际学术讨论会论文集》，齐鲁书社，2001。

② 《史记》，第 3268 页。

③ 《汉书》，第 1670 页。

④ 《汉书》卷九五《南粤传》，第 3852 页。

⑤ 王子今：《西汉南越的犀象——以广州南越王墓出土资料为中心》，《广东社会科学》2004 年第 5 期，载中国秦汉史研究会、中山大学历史系、西汉南越王博物馆编《南越国史迹研讨会论文选集》，文物出版社，2005。

⑥ 《西汉南越王墓》上册，第 528 页，第 139 页。

较为接近，而与现生亚洲象区别较明显。现生亚洲象仅雄性具象牙，而且象牙通常较纤细；非洲象则雌雄两性均具有象牙，雄性象牙较大而粗壮，雌性象牙较小而纤细。出土象牙从大小比例看，更接近于前者。但因标本保存不佳，故尚难确定其种名。"① 《西汉南越王墓》的作者在《南越国的考古发现和研究》一章的第四节《交通与贸易》中，将"大多发现于广州，贵县、梧州和长沙等地也有部分出土，在当时的中原地区则甚为罕见"的象牙模型，看作"有关南越海上交通的考古资料"，又说："长沙出现南越式的……象牙模型，表明当地贵族受南越贵族影响，经由南越引进……象牙等海外珍品。"② 这样的判断是不确切的。《西汉南越王墓》的作者就象牙的产地还写道，"（象牙）虽然在当时的岭南和西南边境地区也有出产，但主要产地在东南亚和南亚诸国"，"南越王墓西耳室内发现原支大象牙 5 支，成堆叠放"，"经鉴定，确认为非洲象牙，这是南越与海外通商贸易的最有力的物证"。③ 西耳室出土的原支象牙，"因标本保存不佳"，鉴定者的结论，从字面上看，只说"出土标本的形态特征和大小比例，与现生非洲象较为接近"，但是"尚难确定其种名"，似乎还不能"确认为非洲象牙"。这些象牙的放置形式，或许体现了其特殊价值，其原产地远在海外是极有可能的。南越王墓出土的乳香及圆形银盒、金花泡饰等，是可以作为"南越与海外通商贸易的最有力的物证"的。然而，即使西耳室出土的原支象牙可以"确认为非洲象牙"，似乎也不足以说明"大多发现于广州，贵县、梧州和长沙等地也有部分出土"的象牙模型都是"有关南越海上交通的考古资料"。论者以为，"（象牙）虽然在当时的岭南和西南边境地区也有出产，但主要产地在东南亚和南亚诸国"。这应当是事实。但是如果以此为据，即判定当时中国南部发现的象牙、象牙制品和象牙模型都来自海外，显然是不合逻辑的。既然岭南本地出产象牙，人们为什么要舍近求远呢？在没有资料可以说明海外象牙在质量及价格等方面明显优于岭南象牙的情况

---

① 《西汉南越王墓》上册，第 467 页。

② 同上书，第 345 页。

③ 同上书，第 346 页。

下，似乎不能简单地排除岭南象牙应用于工艺制作以满足贵族消费需求的可能。关于象在岭南地区的生存，历史文献中是有值得重视的记载的。分析有关南越王墓出土象牙的资料时，不宜忽视这些记载。

周永卫等学者曾经详尽论述，"古代中国存在着苏门答腊犀、印度犀、爪哇犀三种犀牛"，秦汉时期"岭南地区是犀牛的重要产地"，"岭南地区是大象的重要产地"。① 这样说来，这些出土的犀象文物并不一定来自海外。

四、徐闻汉墓遗存

周永卫等学者说，"岭南犀、象朝贡贸易"主要利用"水上交通"条件进行。他们指出："《初学记》卷六引谢承《后汉书》云：'交趾七郡贡献，皆从涨海（即南海）出入。'提到交趾七郡的贡物都是从南海出入的。具体来说，交趾七郡中，郁林、苍梧两郡的贡物顺着西江而下，再经过南海郡的番禺，最后沿海东上。而其他四郡（交趾、合浦、九真、日南）的贡物，不是经过徐闻，就是从徐闻出发。古代的船只沿海航行时，要不断靠岸，以补充淡水和食物。"②

其实，即使借助"水上交通"，"其他四郡（交趾、合浦、九真、日南）的贡物，不是经过徐闻，就是从徐闻出发"的意见，也有待进一步论证，毕竟通过合浦转运也是可能的。

五、合浦汉墓遗存

从合浦已经发掘的上千座汉代墓葬中出土的文物非常丰富。从形制上看，这些墓葬均为典型的汉式墓葬。但随葬品中，却包含诸多外来文化元素。除了《汉书·地理志》所言"珠玑、珊瑚、虎魄、璧流离"在

---

① 周永卫、邓珍、万智欣、温淑萍：《秦汉岭南的对外文化交流》，暨南大学出版
　社，2014，第85页，第92—95页。
② 同上书，第108—109页。

上文已经有所讨论，此外我们还看到合浦凸鬼岭汽车齿轮厂 6 号墓出土的石榴子石狮子饰件，合浦第二毛纺厂 4 号墓出土的石榴子石串饰，以及合浦北插江 10 号墓、合浦北插江 4 号墓、合浦凸鬼岭汽车齿轮厂 30B 号墓出土的肉红石髓串饰等。合浦风门岭 26 号墓出土的肉红石髓狮子饰件，也应来自南洋。随葬品中还有玛瑙串饰、戒指、剑璏等。在合浦发现的水晶制品，包括白水晶、紫水晶、黄水晶、茶晶等，据考古学者推断，应来自印度。[①]

这些文物，使人联想到《汉书·地理志》中所谓"入海市明珠、璧流离、奇石异物"中与"明珠、璧流离"并列的"奇石异物"。所谓"南海多珍"，应当是包括这些"奇石异物"的。被称作"钵生莲花器"的文物，出土于合浦风门岭 1 号东汉晚期墓。在合浦三国墓中，同类器物出土 12 件。就现有资料看，这类器物仅发现于合浦。

研究者认为出土文物的莲花造型与佛教有密切关系，并判断这种文物的发现反映了海上丝绸之路与佛教传播的关系。[②]

合浦寮尾 M12B 墓的年代为东汉晚期，2008 年从中出土的青绿釉执壶和铜钹具有典型的安息风格。执壶的造型与中原汉代陶壶完全不同，釉面的化学成分也与中国古代釉陶完全不同。[③] 从合金成分看，铜钹应是域外青铜器，应当来自西亚。[④]

"珊瑚"是热带海洋腔肠动物珊瑚虫的石灰质骨骼遗存。"虎魄"就是通常所说的"琥珀"。这些珍宝在合浦汉墓中多有出土。合浦风门岭 23 号汉墓和盐堆 1 号汉墓出土的琥珀狮子饰件，基于狮子出产地的知

① 熊昭明：《汉代合浦港考古与海上丝绸之路》，文物出版社，2015，第 68—70 页，第 78 页，第 71 页，第 95 页。

② 同上书，第 141 页。

③ 黄珊、熊昭明、赵春燕：《广西合浦县寮尾东汉墓出土青绿釉陶壶研究》，《考古》2013 年第 8 期，第 87—96 页。

④ 熊昭明：《广西合浦汉墓出土铜钹略考》，载中国社会科学院考古研究所、新疆文物考古研究所编《汉代西域考古与汉文化》，科学出版社，2014，第 327—331 页。胡嘉麟：《从考古资料看南中国海秦汉时期的文化交流》，《海交史研究》2020 年第 2 期，第 87 页。

识，可以确定是通过南洋海路输入。① 至于所谓"璧流离"，颜师古注释《汉书》时引录了孟康的说法："流离，青色如玉。"他又说："《魏略》云：大秦国出赤、白、黑、黄、青、绿、缥、绀、红、紫十种流离。"他认为孟康只说了"青色"，是因为知识有限，即"不博通也"。他还说，"此盖自然之物，采泽光润，逾于众玉，其色不恒"，指出"璧流离"的光润色泽超过了各种"玉"，只是"其色不恒"，大意是，就色彩的深沉与恒久而论，"璧流离"不如"玉"。"今俗所用，皆销冶石汁，加以众药，灌而为之，尤虚脆不贞，实非真物。"② 他强调"璧流离"的制作加工采用了高温烧炼的方式，又加入多种化学成分，有"虚脆不贞"，即容易破碎的特点。有人说，"璧流离"就是"琉璃"。宋代学者王观国说，扬雄的《羽猎赋》和左思的《吴都赋》等作品中提到的"流离"，"本用'琉璃'，亦借用'流离'耳"。③ 孙奕也持这种看法。④ 所谓"璧流离"，很可能与外来玻璃制品有关。

合浦汉墓出土的玻璃制品数量很多，样式纷繁，色彩明丽。有些玻璃串珠，在考古报告中或被记录为"琉璃串珠"。⑤ 合浦红岭头 34 号墓出土的湖蓝色玻璃杯、合浦黄泥岗 1 号墓出土的湖蓝色玻璃杯、文昌塔 70 号墓出土的淡青色玻璃杯，都是晶莹明澈、华美精致的绝品。有学者认为，"璧流离"可能是来自印度、阿富汗的绿宝石、蓝宝石、青金石。季羡林说，"璧流离"是梵文的音译，"今天的'玻璃'就是"。⑥ 考古学者熊昭明指出："从合浦汉墓出土的众多玻璃器来看，'璧流离'应是汉代对玻璃的一种称谓。"⑦ 对于这样的见解，我们是赞同的。

① 广西壮族自治区文物工作队、合浦县博物馆编《合浦凤门岭汉墓：2003—2005 年发掘报告》，科学出版社，2006，第 135 页。

②《汉书》，第 3885 页。

③ 王观国：《学林》卷五，田瑞娟点校，中华书局，1988，第 181—182 页。

④ 孙奕：《示儿编》卷二十《字说》，唐子恒点校，第 264 页。

⑤ 广西壮族自治区文物工作队、合浦县博物馆编《合浦凤门岭汉墓：2003—2005 年发掘报告》，第 133—134 页。

⑥ 季羡林：《中印文化交流史》，中国社会科学出版社，2008，第 17 页。

⑦ 熊昭明：《汉代合浦港考古与海上丝绸之路》，第 59 页。

六、叠涩穹窿顶墓

有学者指出："在岭南地区发现的叠涩穹窿顶墓最早于东汉中期在广州出现，合浦较广州为晚，始见于东汉晚期。"[1]《广州汉墓》一书则写道："像这样结砌的墓顶形式，在广州地区所发现的砖室墓中，仅见于东汉后期。"[2] 叠涩穹窿顶墓在广州出现较早，在合浦出现较晚。除在广州、合浦、佛山、贵港等两广地区发现外，这种墓葬形制也见于中国香港及越南等地。

叠涩穹窿顶墓墓顶呈穹窿状，下方而上圆，以楔形条砖叠砌而上，顶部外观呈圆锥形或半球形，与中原地区汉墓墓顶的形制不同。有学者在分析贵港的砖室墓时说，"顶部构筑的四面结顶式穹窿顶在技术上还不够熟练，穹窿顶的弧高还比较低"，而同类型的广州 M5080、M5077 等砖室墓的"玄室穹窿顶明显变得成熟而高大"。[3] 高度似乎是判断的重要标准。《广州汉墓》指出这种墓葬形制的独特性："墓顶""券顶"，"下方上圆，顶部呈圆锥形凸起，结砌方法是，在距墓底高 1 米处，周壁每层都渐次向里收缩，四个方角位置的收进较大，逐渐砌成圆圈形，逐圈内收，到收口只余一小洞，不足容一砖，上面平叠墓砖三四块封盖，结成一个呈尖圆形的穹顶"。[4]

常青指出，公元前 3 世纪至公元前 1 世纪，世界上同时存在 3 个比较重要的砖石拱顶系统，一是古罗马系统，一是中亚帕提亚-巴克特里亚系统，还有一个是西汉中叶后我国中原地区出现的砖石拱顶系统。叠涩

---

① 熊昭明、富霞：《合浦汉墓》，第 53 页。

② 广州市文物管理委员会、广州市博物馆编《广州汉墓》，文物出版社，1981，第 368 页。

③ 黄晓芬：《汉墓的考古学研究》，岳麓书社，2003，第 145 页。熊昭明、富霞则认为："从岭南地区叠涩穹窿顶墓的发展轨迹来看，和四面结顶式并无明显的发展演变关系。"熊昭明、富霞：《合浦汉墓》，第 154 页。

④ 广州市文物管理委员会、广州市博物馆编《广州汉墓》，第 368 页。

穹窿顶与中亚同类结构的做法完全相同。[①] 徐水利认为，"考古学界发现的四隅券进式墓葬穹窿"的"形制起源"，"应是中亚类似穹窿技术传入的结果，而海陆两条丝绸之路对这种传承的影响值得重视"。[②] 他又分别说明了四面结顶式穹窿、四隅券进式穹窿和砖叠涩穹窿的发生原理和演变规律，并指出"砖叠涩穹窿"建筑技术来自域外，尤其强调了叠涩穹窿顶墓葬形制与海上丝绸之路的关系。[③] 熊昭明、富霞也认为："岭南地区发现叠涩穹窿顶墓应是受中亚文化影响发展而来的，而这种影响无疑是通过海上丝绸之路引发的。"[④]

黄晓芬研究"以穹窿顶为特点的砖室墓"的发展脉络，认为起先"有一些顶部弧度还比较小"，"到了东汉晚期，穹窿顶的覆盖空间一般都发展成为弧度高大且圆滑的成熟型构造"。论者认为，"位于边远地带的华南及乐浪地区两地的穹窿顶砖室墓要到东汉晚期才得以出现"。这样的认识与前面所引述的常青、熊昭明等人的说法有异。虽然论者说"汉墓顶部构造的发达是在独自文化氛围中发源的"，但也指出其造型是"历经摸索，在东、西方建筑技术的碰撞和融合之中完成的"。[⑤] 这是肯定了"西方建筑技术"的作用。

七、佛教自海路传入的物证

西汉时期，中国至印度及斯里兰卡的航线已经开通。东汉时期，中国和印度之间的海上交通相当艰难，但仍大致保持通畅，海路于是成了除西北草原丝路外佛教影响中国文化的第二条通道。在江苏连云港孔望

---

① 常青：《西汉砖石拱顶建筑探源》，《自然科学史研究》1991 年第 3 期。

② 徐水利：《试论中国古代四隅券进式墓葬穹窿的分布与源流》，《兰州理工大学学报》第 37 卷（2011 年 9 月）。

③ 徐水利：《汉地砖砌穹窿起源刍议》，《建筑学报》2012 年第 S1 期。

④ 熊昭明、富霞：《合浦汉墓》，第 154 页。

⑤ 黄晓芬：《汉墓的考古学研究》，第 165 页。

山发现的佛教摩崖造像中多有"胡人"形象①，结合佛教文化首先在徐州东海地区盛行的记载②，我们认为海上交通对佛教传入中国起到推动作用。

合浦风门岭1号墓出土的状似莲花的器物，曾经被命名为"陶柱顶座"，或写作"灯模型"。③ 其被认为象征"火焰"的上端部分，曾被学者解释为"莲花"。多件这种器物在合浦发现。据介绍，"类似器物在合浦县博物馆有3件，名为'莲花顶'。1996年在禁山七星堆8号墓出土1件，名为'莲花状器'。之后，在合浦县相继出土，2007年在中粮集团8号墓、2008年在还珠南路1号墓、2009年在公务员小区一期8A号墓和20号墓、2010年在二炮厂13号墓、2012年在罗屋村11号墓和森林公园1号墓、2013年在机械厂3号墓各出土1件，共13件"。熊昭明、富霞称此器物为"钵生莲花器"，认为与"佛教钵生莲花故事及'钵生莲花镜'"有关。

论者认为，"钵生莲花器也是一件供奉神器"。出土这类器物的墓

① 朱江：《海州孔望山摩崖造像》，《文物参考资料》1958年第6期；连云港市博物馆：《连云港市孔望山摩崖造像调查报告》，《文物》1981年第7期；俞伟超、信立祥：《孔望山摩崖造像的年代考察》，《文物》1981年第7期；阎文儒：《孔望山佛教造像的题材》，《文物》1981年第7期。

② 《后汉书》卷四二《光武十王传·楚王英》：刘英"学为浮屠斋戒祭祀"，"尚浮屠之仁祠，洁斋三月，与神为誓"，诏令"其还赎，以助伊蒲塞桑门之盛馔"。第1428页。又《后汉书》卷七三《陶谦传》：陶谦使笮融督广陵、下邳、彭城运粮，"遂断三郡委输，大起浮屠寺，上累金盘，下为重楼，又堂阁周回，可容三千许人，作黄金涂像，衣以锦采。每浴佛，辄多设饮饭，布席于路，其有就食及观者且万余人"。李贤注引《献帝春秋》曰："融敷席方四五里，费以巨万。"第2368页。《三国志》卷四九《吴书·刘繇传》：陶谦使笮融督广陵、彭城运漕，"遂放纵擅杀，坐断三郡委输以自入。乃大起浮图祠，以铜为人，黄金涂身，衣以锦采，垂铜槃九重，下为重楼阁道，可容三千余人，悉课读佛经，令界内及旁郡人有好佛者听受道，复其他役以招致之，由此远近前后至者五千余人户。每浴佛，多设酒饭，布席于路，经数十里，民人来观及就食且万人，费以巨亿计"。第1185页。

③ 广西壮族自治区文物工作队、合浦县博物馆编《合浦风门岭汉墓：2003—2005年发掘报告》，彩版四五。

葬，"规模相对较大"，可推断"墓主人的身份地位应较高"。这也从侧面说明，自东汉晚期起，"佛教已在合浦地区特别是在中上阶层逐渐扎根"。合浦风门岭10号墓出土的石榴子石摩羯佩和三宝佩，也被看作佛教传入中国的"有力的佐证"。在印度神话中，摩羯据说是"河水之神"，是"法力无边的海兽"，这也值得我们在考察海洋交通时予以留意。

研究者指出，"佛教传入与海上丝绸之路关系密切"，合浦汉墓出土的包括钵生莲花器在内的上述文物，是佛教自"海路"传播的"重要物证"。①

我们有必要重温冯承钧的意见："自汉迄晋佛法盛行，其通道不外乎西域、南海两道。当时译经广州或建业之外国沙门疑多由海道至中国。"② 有学者甚至说，海上丝绸之路也是"佛教传播之路"。③

秦汉时期的沿海地区似乎有特殊的信仰和特殊的民俗理念。《汉书》卷二二《礼乐志》："奸伪不萌，妖孽伏息，隔辟越远，四貉咸服。"④ 似乎"妖"都发生于僻远地区，而滨海地区正是中原文化影响较弱的边缘区域，这一地区同时又是外来文化沿海路最早到达并影响中土之处。佛教的传入就是例证之一。

陈寅恪在著名论文《天师道与滨海地域之关系》中指山，汉时所谓"齐学"，"即滨海地域之学说也"。他认为神仙学说之起源及其道术之传授，必然与滨海地域有关，自东汉顺帝起至北魏太武帝、南宋文帝时代，凡天师道与政治社会有关者，如黄巾起义、孙恩作乱等，都可以"用滨海地域一贯之观念以为解释"，"凡信仰天师道者，其人家世或本身十分之九与滨海地域有关"。⑤ 可见滨海地区自成具有独特风格的文化系统，是自汉代起即已存在的显著的历史真实。陈寅恪发表了具有海洋文

---

① 熊昭明、富霞：《合浦汉墓》，第156页。

② 冯承钧：《中国南洋交通史》，上海书店，1984，第21页。引用的句子有语病，疑为"当时来广州或建业译经之外国沙门疑多由海道至中国"。

③ 李庆辛：《唐代南海交通与佛教交流》，《广东社会科学》2010年第1期。

④《汉书》，第1056页。

⑤ 陈寅恪：《天师道与滨海地域之关系》，载《金明馆丛稿初编》，上海古籍出版社，1980。

化研究学术创见的观点，为学界提供了重要的学术启示。海洋航行能力的提升与神秘主义文化生成、传播的关系，应当是秦汉社会意识与宗教史研究应当关注的主题。从这一视角考察秦汉海洋交通的历史文化意义，会有新的发现，对此后较长时段的中国交通史、中国海洋探索史、中国区域文化史和中国宗教文化史的研究，也都有积极的意义。①

八、东南亚出土的海上丝绸之路文物

为了研究东南亚地区在海上丝绸之路交通文化系统中的地位和作用，有学者就"东南亚的古代港口和相关遗址"进行了考察。所介绍的主要遗址有：

（一）泰国的三乔山（Khao Sam Kaeo）遗址和班东达潘（Ban Don Ta Phet）遗址

（二）泰国克拉地峡两岸的遗址

（三）泰国的其他遗址：

1. Ban Wwng Hai 遗址

2. Ban Non Wat（BNW）遗址

3. 泰国中部华富里（Lopburi）等地的遗址

（四）越南的相关遗址：

1. 越南沙莹文化遗址

2. 越南北部的古螺城（Co Loa）

（五）柬埔寨的相关遗址：

1. Lovea 遗址

2. 蓬斯奈（Phum Snay）遗址

3. 柬埔寨东南部的波赫（Prohear）遗址

（六）马来西亚和印度尼西亚的相关遗址②

---

① 王子今：《秦汉交通史稿》，社会科学文献出版社，2020，第 371 页。

② 李青会、左骏、刘琦等：《文化交流视野下的汉代合浦港》，广西科学技术出版社，2019，第 19—57 页。

　　这些遗址出土了很多华美的器物，体现了当时丝绸之路贸易满足高端消费需求的情形。这些器物正是对应《汉书》卷二八下《地理志下》中所谓"明珠、璧流离、奇石异物"①的实物。相关出土文物，也可以与中国考古发现进行比照。

　　值得注意的是，这些遗址的部分出土物，在其他地区也有出土。例如，作为"南亚和东南亚交流的代表性器物之一"的"高质量的蚀刻石髓珠"，与"班东达潘和三乔山遗址出土器物"类似，"在泰国索攀武里府（Suphanburi）、泰国佛统（Nakhon Pathom）、菲律宾巴拉望岛马农古尔洞穴（Manunggul Cave）、印度尼西亚塔拉群岛（Talaud Island）等地的铁器时代遗址，以及中国云南石寨山遗址、西藏阿里地区札达县曲踏墓地（古象雄王国时期，距今 2250—2150 年）等地均有发现"。②

　　汉地文物在这些地方出土，自然值得关注。论者写道，"值得指出的是，三乔山遗址是除越南北部以外集中出土中国汉代器物的一个地点"，这里出土了铜镜、铜镜残片、金属箭镞、铜斧、青铜印章，以及"84 件汉式印纹陶"。就越南的相关发现，论者说："值得一提的是，在越南南部的俄厄发现有与合浦汉墓等地出土相似的镂空十二面体金花球，时间约为公元前 1 世纪至公元 4 世纪。简言之，越南沙莹文化遗址出土的器物为东南亚铁器时代越南中南部与汉代中国、印度及东南亚岛屿等地区的交流提供了重要考古学证据。"

　　据对柬埔寨相关遗址的介绍，"波赫遗址 4 号墓还发现有将死者头部置于铜鼓中的现象，该遗址的套头葬、覆面葬习俗仅在中国可乐文化墓葬中有发现"。这种文化联系是值得特别注意的。"可乐文化是战国、秦汉时期中国西南地区的一支土著青铜文化，大致分布于贵州西北部乌蒙山以东地区，以赫章可乐土著墓为代表，可乐文化墓葬的套头葬等奇特葬俗尚未发现于其他地区或文化。"③在越南北部也有与可乐文化相似

---

① 《汉书》，第 1671 页。

② 原注："仝涛，李林辉，赤列次仁.西藏首次考古出土的古象雄天珠［J］.文物天地，2015（1）：114—118."

③ 原注："杨勇.试论可乐文化［J］.考古，2010（9）：73—86."

的发现。"这些可乐文化因素在中南半岛的发现可能显示了可乐文化的传播，以及西汉晚期至东汉早期可乐文化人群向东南亚的迁徙。"有学者认为："波赫遗址的外来人群可能是来自中国贵州、云南、广西等地的精英，他们在公元前 2 世纪末期至公元 43 年（对应波赫遗址的二期墓葬）为了躲避战乱而来到柬埔寨。"① 和海上丝绸之路相关的人口移动促进文化交流，这也是丝绸之路史研究者应当关注的现象。

在柬埔寨与越南发现的与可乐文化相关的文化迹象，来源或许不一。柬埔寨"波赫遗址的外来人群"或许来自"永昌道"。② 但是他们也加入海上丝绸之路文化交流体系之中。这一情形，也可以说明海上丝绸之路交通结构的复杂格局。

九、在斯里兰卡和印度的发现

《汉书》卷二八下《地理志下》记述南洋航路的经由地点时，说到"黄支之南，有已程不国，汉之译使自此还矣"。③ 关于汉王朝"译使"在这条外交通道上抵达最远地点之"已程不国"之所在，冯承钧无考，日本学者藤田丰八认为在印度南部东海岸的古里港，又有学者认为可能在斯里兰卡。④

前文已经引录这一信息：斯里兰卡 Delivala Stupa 遗址出土一件年代测定为公元前 2 世纪的中国丝绸。这一发现可以看作这条丝绸贸易通路

---

① 原注："A. Reinecke, V. Layehour, H. Sophady, et al. The firsl golden civilization of Cambodia：Unexpected archaeological discoveries［M］. Phnorn Penh：Memot Centre for Archaeology, 2009. A. Reinecke, V. Layehour, S. Sonetra. The First Golden Age of Cambodia：Excavation at Prohear［M］. Bonn：German Foreign Office, 2009." 李青会、左骏、刘琦等：《文化交流视野下的汉代合浦港》，第 19—57 页，第 67 页，第 72—73 页。

② 关于"永昌道"线路，可参考沈光耀：《中国古代对外贸易史》，广东人民出版社，1985，第 8 页。

③《汉书》，第 1671 页。

④ 苏继庼：《〈汉书·地理志〉已程不国即锡兰说》，《南洋学报》1948 年第 2 辑，第 172—173 页。

的早期文物实证。据考古学者介绍，"斯里兰卡兰巴卡那（Rambukkana）的 Delivala 佛塔，2001 年发现一块中国丝绸。兰巴卡那位于斯里兰卡的西南部，距首都科伦坡及著名的珠宝城拉特纳普勒（Ratnapura）均不足 100 千米。丝绸被用来包裹一个铜舍利塔，已经褪色，难以确定它的原始颜色。经 ^{14}C 测定，年代为公元前 2 世纪"。[①] 熊昭明就此指出："斯里兰卡是汉代海上丝绸之路的贸易中心，也是汉王朝、东南亚国家与罗马贸易的中转站，这块丝绸的发现为我们提供了重要的实物证据。"[②]

有学者论述斯里兰卡在海上丝绸之路文化格局与交通系统中的地位。论者指出："斯里兰卡是古代一个重要的陶器、宝石、半宝石珠饰的生产地，与古罗马帝国、印度的泰米尔纳博邦、东南亚地区都有比较广泛的贸易往来，与中国的交流不晚于汉代。"许多斯里兰卡出土的文物，证明了斯里兰卡在海上贸易往来中长期活跃的历史。[③]

前说合浦堂排 1 号墓出土的怀抱印度弓形竖琴的胡人俑，体现了印度文化对中国文化在音乐方面的影响。从西北草原丝绸之路可以看到东西方在音乐方面的互动交流，除汉王朝上层"好""胡空侯、胡笛、胡舞"[④] 外，史籍中也有"（北匈奴）更乞和亲，并请音乐"的记载。[⑤] 合浦出土的演奏印度乐器的胡人俑，体现了海上丝绸之路上同样的文化交流形式。

前引宿白对"地中海东岸的玻璃原料，很早就向东输出，到了印度西南岸，又由这里转运到印度支那半岛"信息的关注，他指出："后一段航线正经过黄支，在康契普腊姆南不远的本地治里近年正好发现了从地中海东岸运来的玻璃器及其原料。因此，玻璃原料的东运得到证实。"

---

① 查迪玛：《斯里兰卡藏中国古代文物研究——兼谈中斯贸易关系》，博士学位论文，山东大学考古学系，2011，第 113 页。

② 熊昭明：《汉代合浦港考古与海上丝绸之路》，第 79 页。

③ 李青会、左骏、刘琦等：《文化交流视野下的汉代合浦港》，第 18—19 页。

④ "服妖"条："灵帝好胡服、胡帐、胡床、胡坐、胡饭、胡空侯、胡笛、胡舞，京都贵戚皆竞为之。"《后汉书》，第 3272 页。

⑤《后汉书》卷八九《南匈奴传》，第 2946 页。王子今：《丝绸之路与中原"音乐"的西传》，《西域研究》2019 年第 4 期。

生产原料和生产技术继续东传，到达中国，对此也有资料可以证明。

有研究者指出，"与印度和斯里兰卡的海上贸易是促进古罗马帝国珠宝首饰生产的可能原因之一，产自印度中部的不透明深蓝色宝石在1～2世纪就输出到罗马帝国"，"普林尼在《自然史》中记载，早在希腊化时代，亚历山大大帝东征就从南亚地区获得了大量的石榴子石、绿柱石、珍珠等宝石"。①

第六章　秦汉时期的南洋航运

① 李青会、左骏、刘琦等：《文化交流视野下的汉代合浦港》，第19页。

主要参考文献

[1] 何兹全. 秦汉史略［M］. 上海：上海人民出版社，1955.

[2] 顾颉刚. 秦汉的方士与儒生［M］. 上海：上海古籍出版社，1978.

[3] 劳榦. 秦汉史［M］. 台北：中国文化大学出版部，1980.

[4] 林剑鸣. 秦史稿［M］. 上海：上海人民出版社，1981.

[5] 广州市文物管理委员会，广州市博物馆. 广州汉墓［M］. 北京：文物出版社，1981.

[6] 马非百. 秦集史［M］. 北京：中华书局，1982.

[7] 谭其骧. 中国历史地图集［M］. 北京：中国地图出版社，1982.

[8] 陈民本，陈汝勤. 中国的海洋［M］. 台北：台湾文物供应社，1982.

[9] 翦伯赞. 秦汉史［M］. 北京：北京大学出版社，1983.

[10] 徐旭生. 中国古史的传说时代：增订本［M］. 北京：文物出版社，1985.

[11] 金秋鹏. 中国古代的造船和航海［M］. 北京：中国青年出版社，1985.

[12] 陈佳荣，谢方，陆峻岭. 古代南洋地名汇释［M］. 北京：中华书局，1986.

[13] 周振鹤. 西汉政区地理［M］. 北京：人民出版社，1987.

[14] 中国航海学会. 中国航海史（古代航海史）［M］. 北京：人民交通出

版社，1988.

[15] 宋正海，郭永芳，陈瑞平. 中国古代海洋学史 [M]. 北京：海洋出版社，1989.

[16] 顾颉刚. 顾颉刚读书笔记 [M]. 台北：联经出版事业公司，1990.

[17] 顾实. 穆天子传西征讲疏 [M]. 北京：中国书店，1990.

[18] 广州市文物管理委员会，中国社会科学院考古研究所，广东省博物馆. 西汉南越王墓 [M]. 北京：文物出版社，1991.

[19] 胡振洲. 海事地理学 [M]. 台北：三民书局，1993.

[20] 田昌五，安作璋. 秦汉史 [M]. 北京：人民出版社，1993.

[21] 王迅. 东夷文化与淮夷文化研究 [M]. 北京：北京大学出版社，1994.

[22] 宋镇豪. 夏商社会生活史 [M]. 北京：中国社会科学出版社，1994.

[23] 郭松义，张泽咸. 中国航运史 [M]. 北京：文津出版社，1997.

[24] 杨宽. 战国史：增订本 [M]. 上海：上海人民出版社，1998.

[25] 袁祖亮. 中国古代边疆民族人口研究 [M]. 郑州：中州古籍出版社，1999.

[26] 张炜，方堃. 中国海疆通史 [M]. 郑州：中州古籍出版社，2003.

[27] 黄晓芬. 汉墓的考古学研究 [M]. 长沙：岳麓书社，2003.

[28] 董平均. 西汉分封制度研究：西汉诸侯王的隆替兴衰考略 [M]. 兰州：甘肃人民出版社，2003.

[29] 中国社会科学院考古研究所，杨锡璋，高炜. 中国考古学：夏商卷 [M]. 北京：中国社会科学出版社，2003.

[30] 叶舒宪，萧兵，郑在书. 山海经的文化寻踪："想象地理学"与东西文化碰触 [M]. 武汉：湖北人民出版社，2004.

[31] 郭郛. 山海经注证 [M]. 北京：中国社会科学出版社，2004.

[32] 张光明. 齐文化的考古发现与研究 [M]. 济南：齐鲁书社，2004.

[33] 刘士毅. 秦始皇陵地宫地球物理探测成果与技术 [M]. 北京：地质出版社，2005.

[34] 姜彬. 东海岛屿文化与民俗 [M]. 上海：上海文艺出版社，2005.

[35] 冯承钧. 中国南洋交通史 [M]. 上海：上海古籍出版社，2005.

[36] 孙光圻. 中国古代航海史 [M]. 北京：海洋出版社，2005.

［37］ 张铁牛，高晓星. 中国古代海军史：2006 年修订版［M］. 北京：解放军出版社，2006.

［38］ 广西壮族自治区文物工作队，合浦县博物馆. 合浦风门岭汉墓：2003—2005 年发掘报告［M］. 北京：科学出版社，2006.

［39］ 王赛时. 山东海疆文化研究［M］. 济南：齐鲁书社，2006.

［40］ 中国社会科学院考古研究所. 胶东半岛贝丘遗址环境考古［M］. 北京：社会科学文献出版社，2007.

［41］ 朱亚非. 古代山东与海外交往史［M］. 青岛：中国海洋大学出版社，2007.

［42］ 李学勤. 东周与秦代文明［M］. 上海：上海人民出版社，2007.

［43］ 刘凤鸣. 山东半岛与东方海上丝绸之路［M］. 北京：人民出版社，2007.

［44］ 季羡林. 中印文化交流史［M］. 北京：中国社会科学出版社，2008.

［45］ 张荣芳，黄淼章. 南越国史：修订本［M］. 广州：广东人民出版社，2008.

［46］ 中国社会科学院考古研究所编著，刘庆柱、白云翔主编. 中国考古学：秦汉卷［M］. 北京：中国社会科学出版社，2010.

［47］ 王云度. 秦汉史编年［M］. 南京：凤凰出版社，2011.

［48］ 宿白. 考古发现与中西文化交流［M］. 北京：文物出版社，2012.

［49］ 蒋炳钊，吴春明. 林惠祥文集［M］. 厦门：厦门大学出版社，2012.

［50］ 厦门大学海洋考古研究中心编，吴春明主编. 海洋遗产与考古［M］. 北京：科学出版社，2012.

［51］ 席龙飞. 中国造船通史［M］. 北京：海洋出版社，2013.

［52］ 周永卫，邓珍，万智欣，温淑萍. 秦汉岭南的对外文化交流［M］. 广州：暨南大学出版社，2014.

［53］ 熊昭明. 汉代合浦港考古与海上丝绸之路［M］. 北京：文物出版社，2015.

后　记

承陈支平教授信任、鼓励和督促，我勉力完成了这部书稿。

我虽然以秦汉交通史为起点，曾经进行中国古代交通史的研究，但是已发表论著中涉及海路交通的内容十分零散，非常肤浅。我也从事秦汉海洋文化的相关研究工作，但是关于以海洋为条件的交通行为，并没有进行认真深入的探究，所言多破碎谫陋。所以，我完成本书的撰写任务，是相当吃力的。现在总算完成了初稿，终于如释重负。自知疏误必多，更有一些问题未及考察，一些重要方面未能涉及，一些重要主题未能讨论，一些重要疑点未能解决。这些都只能期待读者朋友的批评指教了。拭汗亦释卷的同时，我虽未敢充分自信，但也因拙稿中的些许发现和点滴新知而暗自喜悦。

约翰·迈克在《海洋——一部文化史》中引用了这样的诗句："海洋即历史。"他写道："大海可能早已发展为全球性的跨国空间。"他还引导我们一起读另一首诗《海浪》，其中写道：

> 大海
> 不是一个地方
> 是一个事实
> 一个谜。

他提出了这样一个命题，即"书写大海'历史'的可能性"。①

在完成这部书稿后思考这个问题，或者考虑仅仅是"书写大海"与人的关系的"历史"的"可能性"，"书写大海"与中国人的关系的"历史"的"可能性"，大概是难以找到答案，或者只能提交比较悲观的答案。

我在拙著《东方海王：秦汉时期齐人的海洋开发》的后记中写道："我生在东北，长在西北，很晚才第一次见到海。作为个人，我们在海面前实在是太渺小了。但是回顾历史，我们民族曾经有面对海洋高大强劲、积极有为的时代。比如秦汉时期，辛劳的'海人'，多智的方士，勤政的帝王，他们在海上的活动，称得上是中国海洋探索史和海洋开发史上真正的'大人'和'巨公'。"② 我还诚恳致谢拨冗赐序的好友吕宗力教授："……吕宗力教授百忙之中赐序，亦深致谢忱。序文中的鼓励，应看作好友鞭策，而诸多褒扬之词，真心以为实不敢当。其中说到香港科技大学住处俯临大海语句，读来颇感亲切，一如再次迎沐那清新的海风。"这是七年前的文字，读来不免让人产生与"海"有关的沧桑之感。吕宗力教授在序文中写道："几十年来，子今其实去过世界上的许多地方，其中不少地方是能见到大海的。但他在香港科技大学客座半年，所住的宿舍就坐落在清水湾畔，他天天去锻炼的泳池俯临大海，这应该是

---

① 约翰·迈克：《海洋——一部文化史》，冯延群、陈淑英译，上海译文出版社，2018，第 7 页，第 10 页。

② 《山海经·海内北经》："蓬莱山在海中，大人之市在海中。"《山海经校注》，袁珂校注，上海古籍出版社，1980，第 324—325 页。《史记》卷二八《封禅书》："上遂东巡海上，行礼祠八神。齐人之上疏言神怪奇方者以万数，然无验者。乃益发船，令言海中神山者数千人求蓬莱神人。公孙卿持节常先行候名山，至东莱，言夜见大人，长数丈，就之则不见，见其迹甚大，类禽兽云。群臣有言见一老父牵狗，言'吾欲见巨公'，已忽不见。上既见大迹，未信，及群臣有言老父，则大以为仙人也。宿留海上，与方士传车及间使求神仙人以千数。""巨公"，在中华书局 1959 年 10 月版《史记》中作"臣公"。第 1397 页。中华书局 2014 年 8 月版点校本二十四史修订本作"巨公"。第 1678 页。《汉书》卷二五上《郊祀志上》中"巨公"作"钜公"，颜师古注："郑氏曰：'天子也。'张晏曰：'天子为天下父，故曰钜公也。'师古曰：'钜，大也。'"第 1235 页，第 1397 页。

他一生中与大海为邻最久也印象最深刻的经历了。"① 这是确实的。在香港科技大学退休的李伯重教授在前段时间曾用微信发来图片，题"港科大游泳池"，又勾起我蔚蓝色的回忆。不知他是否又回到香港。香港已有大的变化，国家也有大的变化，我们也都老了。

今天是第 37 个教师节。希望明年过第 38 个教师节时，我们依然健康，依然还能思考、工作。

我愿意在这部书稿的最后，再次向大海致敬，向自上古时期就热爱海洋、亲近海洋、利用海洋，同时以智慧和勇力与海洋造成的交通险阻坚持抗争并取得文化交流的成功，或可能并没有获得成功，甚至"逢风波溺死"的航海英雄们致敬。《山海经》记录了这样的中国上古神话："女娃游于东海，溺而不返，故为精卫，常衔西山之木石，以堙于东海。"② 这是对进取精神和英雄主义的赞颂。我们应当沿袭对这种历史文化表现的肯定态度，也应当继承古人以平等眼光看世界、以自尊亦尊重对方的态度面对不同文化的传统。汉代人面对包括"四海"的"天下"时有"以四海为家"③ "天下平均"④ 的认识，这是我们今天依然要记得的。

王子今

2021 年 8 月

---

① 王子今：《东方海王：秦汉时期齐人的海洋开发》，中国社会科学出版社，2015，第 381—382 页，第 3 页。

②《山海经校注》，袁珂校注，第 92—93 页。

③《史记》卷八《高祖本纪》，第 385 页。

④《史记》卷一二六《滑稽列传》，第 1206 页。

后记